(Memc

Biblioteca Terenci Moix
Memorias

Obra publicada de Terenci Moix:

Novelas
Olas sobre una roca desierta (1969), Premio Josep Pla; *El día que murió Marilyn* (1970), Premio de la Crítica Catalana; *Mundo Macho* (1971); *La increada conciencia de la raza* (1972), Premio Prudenci Bertrana; *Nuestro virgen de los mártires* (1983); *Amami Alfredo!* (1984); *No digas que fue un sueño* (1986), Premio Planeta; *El sueño de Alejandría* (1988); *Garras de astracán* (1991); *La herida de la esfinge* (1991); *El sexo de los ángeles* (1992), Premio Ramon Llull, Premio de la Crítica Lletra d'Or; *Venus Bonaparte* (1994); *Mujercísimas* (1995); *El amargo don de la belleza* (1996), Premio Fernando Lara; *Chulas y famosas* (1999); *El arpista ciego* (2002), Premio de la Fundación José Manuel Lara Hernández, 2003.

Narración breve
La torre de los vicios capitales (1968), Premio Víctor Català.

Ensayo
Mis inmortales del cine. Hollywood años 30,
Mis inmortales del cine. Hollywood años 40,
Mis inmortales del cine. Hollywood años 50.

Libros de viajes
Crónicas italianas (1971), *Terenci del Nilo* (1983), *Tres viajes románticos* (1987).

Memorias
El cine de los sábados. El Peso de la Paja 1,
El beso de Peter Pan. El Peso de la Paja 2,
Extraño en el paraíso. El Peso de la Paja 3.

Terenci Moix

El beso de Peter Pan

(Memorias. El Peso de la Paja 2)

Epílogo de Carlos Castilla del Pino

Planeta

Avinguda Diagonal 662, 6.ª planta. 08034 Barcelona (España)

Diseño de la cubierta: adaptación de la idea original de Compañía de Diseño
Ilustración de la cubierta: foto archivo del autor coloreada por Terenci Moix
Fotografía del autor: © Rosa Muñoz
Primera edición en Colección Booket: abril de 2003

Depósito legal: B. 19.798-2003
ISBN: 84-08-04848-1
Impreso en: Litografía Rosés, S. A.
Encuadernado por: Litografía Rosés, S. A.
Printed in Spain - Impreso en España

Estas Memorias, acogidas al título genérico de *El Peso de la Paja,* se componen inicialmente de seis partes. La primera es *El cine de los sábados*; la segunda, *El beso de Peter Pan*; la tercera *Extraño en el paraíso.* Son todavía títulos provisionales los que seguirán en el futuro: *La edad de un sueño «pop», El misterio del amor* y *Entrada de artistas.* No descarto la posibilidad de alguna ampliación en el número de volúmenes, acorde siempre a los sucesos y personas que se digne reservarme el Tiempo, y a mis propios antojos frente al Tiempo.

TERENCI MOIX

IN MEMORIAM

Néstor Almendros
Jaime Gil de Biedma
Joan Sardà
Joan Miralles
Fabià Puigserver
Joaquim Cardona
Manuel Puig
Robert Pujadas
Reynaldo Arenas
Severo Sarduy
Copi
Rock Hudson

... y la Muerte Negra
cayó finalmente sobre todos ellos.

EDGAR ALLAN POE

A Pol Mainat Sardà y
Carlota Benet i Cros,
una vez más

Tres décadas después:
a todos los que teníamos
veinte años el día que murió Marilyn

AGRADECIMIENTOS

A Inés González, Enrique Murillo, Pere Gimferrer y Ana M.ª Moix.

Grand Dieu! ce n'est pas une cause
Que j'attaque ou que je défend...
Et ceci n'est pas autre chose
Que l'histoire d'un pauvre enfant.

EDMOND ROSTAND, *L'Aiglon*

Soñaba con un amigo que compartiera sus hazañas
y con un poeta como Homero para cantarlas.

PLUTARCO, *Vida de Alejandro*

PRÓLOGO EN LAS CIUDADES MÍTICAS

—

EL AÑO 1993, D. DE C.

En el crepúsculo de las ciudades amadas escribo las tristes horas del adolescente que fui. Escribo desde los ojos de ese jovencito excepcional que las revive, ese personaje que es hijo, hermano, compañero hallado al fin. He dado en llamarle el Niño del Invierno debido a la estación de la vida en que me llega, pero también porque el invierno es su estación favorita, la que mejor señala los rasgos principales de su personalidad: algo íntimo, delicado, entrañable como una Navidad de infancia, pero también un soplo rebelde, tremendo, como una inesperada tempestad de nieve que, al concluir, deja el paisaje más hermoso que todos los del verano.

En su nombre, acaso en su provecho, se disponen a formar filas los traicioneros ejércitos de la memoria. Son reglas que él ignora todavía. Sus ojos contienen un vacío en cuyo fondo palpitan, inciertos e impacientes, los años que le quedan por vivir. Y, junto a él, comparece esa caterva de adolescentes que ha llenado mi vida en los últimos tiempos. Criaturas que han dejado de ser niños ante mis ojos mientras sus padres dejaban de ser jóvenes conmigo. Amigos, sí, que sólo ayer eran compañeros de osadía, de rebelión, de dudas y vacilaciones, me obsequiaron con esos críos que lentamente, pavorosamente, se escapan de nuestra vida para estrenar la suya. Y en el doloroso alboroto de las generaciones, los ejércitos de la memoria nos invaden como implacables heraldos de los desmanes del tiempo.

Esos ejércitos me imponen el valor necesario para recordar, me exigen el arrojo imprescindible para revivir. Frente a las escaramuzas con el pasado se requiere más coraje que para vivir el presente o afrontar el futuro. El recuerdo es inmisericorde. La memoria es el más cruel de los monstruos. ¡Ojalá fuese estéril como una Tebaida! No suele serlo. La memoria es fértil y, por serlo, capaz de permitir que medren plantas dañinas que impiden el desarrollo de las otras. No se ha descubierto herbicida de acción tan vigorosa que arranque de raíz el recuerdo de los días mejores. Quedaron ahí, fijos, aspirando a convertirse en obsesión y, al cabo, siéndolo. Los seres que amé, convertidos en difuntos añorados, se han ido instalando en mis libros, como antes en las ciudades que frecuenté en su compañía.

La memoria también está llena de ciudades, cuyo recuerdo marca el paso del tiempo, esa noción que preside mi vida y envenena los espacios. La memoria es jocunda y funesta a la vez. Es libresca y es urbana. De la misma manera que todos los libros son un solo libro, todas las ciudades son una misma ciudad. Entre libros y ciudades se va configurando un legado cuya verdad última es la excepcionalidad. Son los ecos de una cultura que, en otro tiempo, prestó su fuerza a una civilización que ya no sé si existe.

¿Cómo transmitir sus cenizas al Niño del Invierno?

Siento vértigo al pensar en esa distancia que él debe salvar día a día, en todo este tiempo que yo he visto transcurrir. Es largo para él, porque no lo tiene; es corto para mí, porque lo tuve. Relatividad que sólo marcan los años: los que han de llegar, los que pasaron. Y, sobre los arenales del tiempo, las ciudades inamovibles que me iban conociendo poco a poco, sólo para decirme, al final, que ya me conocen demasiado. ¡Malditas y benditas a la vez! Son depositarias de mi vida como lo son las personas amadas, las que se fueron mucho antes de que naciera ese hijo, hermano, compañero hallado al fin.

Visitando la ciudad de París le llevé a conocer una librería en la que pasé mis horas más felices, mezclado entre aquella admirable juventud que inició la diáspora de los años sesenta, aquellos alumnos de Siddhartha que me hablaron por primera vez de la búsqueda del río de la vida.

Se cumplían treinta años desde que yo dormía en el altillo de la librería, que ahora se llama Shakespeare and Company. Para mi asombro, todo estaba igual. Seguía junto a la ventana el desvencijado sofá que me servía para contemplar las vacilantes líneas de Notre-Dame, tras la cortina volátil de un porro encantador. Mayor alucinación que todas las de aquella época era el hecho de recuperar los mismos colores, con ojos que ya no podían apreciarlos en la misma dimensión.

El Niño del Invierno tomó asiento en mi sofá del pasado y guardó un respetuoso silencio. Miraba en la misma dirección que yo solía mirar cada noche. Contemplaba el mismo paisaje sometido a una lluvia muy parecida. Desde su abstraimiento, desde su juventud recién iniciada, quiso que le dejase a solas. ¿No estaba yo tan empeñado en visitar la vecina iglesia de Saint-Julien-le-Pauvre? Me ordenó que aprovechase la ocasión, mientras él se quedaba ensimismado frente a la ventana. En mi ausencia, podría recordar misteriosamente algo que no vivió; algo que sólo está en mi memoria.

Diréis: qué oportuno es ese jovencito, que así ocupa su lugar obedeciendo a las necesidades del autor. Pero es que él es insólito. Él es la respuesta de la vida a la literatura. Es el adolescente que inventé en *Garras de astracán*, restituido a la vida por un milagro que ni siquiera la imaginación había presentido. Llegó por sorpresa, y al poco tiempo descubrí que poseía los aspectos más entrañables del personaje, así como sus rasgos más divertidos. ¿Cómo no adoptar como hijo al niño de quien fui padre literario? ¿Cómo no sentir que aquí, sentado en el mismo sofá raído que ocupé a mis veinte años, él me está recobrando, me arranca de la literatura para devolverme la vida que tuve en las manos durante aquel breve instante que juzgué eterno?

¡Si mi amargura pudiese aprovecharle! Pero es uno de los chistes favoritos del tiempo hacer que las experiencias de uno sean escasamente útiles para los demás. Mi pasado, al regresar, no le evitará el conocimiento del desengaño, la angustia del desamor, la amargura del crimen cotidiano. Ningún error fue único en la historia de la especie, ningún acierto llegó aislado. En este encadenamiento que nos va uniendo a lo largo de la historia, sólo cuenta el instante en que el hijo me ayuda sin saberlo, al tiempo que me eleva el compañero. A fin de engrandecerle, debo engrandecerme yo; para serle provechoso, tengo que rendirme el último provecho: aquel que me rescata para la realidad desde una cárcel de ficciones cultivadas con la obstinación de un niño malcriado.

Cuando publiqué mi novela *El sexo de los ángeles*, pocos repararon en que el tema central era la autoinmolación del *enfant terrible*. La publicidad organizada en torno a la crónica más o menos escandalosa de los años sesenta barceloneses, ocultó el verdadero sentido de la obra: la dramática confesión de un estado de inmadurez largo tiempo arrastrado. Es precisamente esa inmadurez la que ahora quisiera depositar a los pies del Niño del Invierno, para que la patee a fin de que yo pueda resurgir, finalmente realizado, como él me necesita. Como exige el escritor que hay en mí. Pues es cierto que durante muchos años voló un caprichoso niño eterno sobre el hombre y sobre el escritor.

Corría el año 1963 y Néstor Almendros me escribía desde París: «Tu perplejidad ante el amor, tu toma de conciencia de lo relativo de los sentimientos es una prueba de que Peter Pan Moix se ha decidido ya a crecer.»

No sé si Peter Pan Moix creció antes de que muriese Néstor. Tampoco sé si debería guardar silencio ante el primer muerto amado que irrumpe en mi recuerdo. Estación de difuntos es esa que marca la memoria. Ellos siguen en las ciudades de mi vida. Son partes que se ensamblan en una obligación desesperada e inútil a la vez, porque la resurrección literaria jamás implicará la resurrección de la carne y, por tanto, nunca dejará de doler.

Sigue sentado el Niño del Invierno, con la mirada perdida, intentando revivir lo que yo fui en París.

Íntimo es, por su conjuro, el reencuentro con las ciudades. Cuando él las atraviesa, todo lo arcaico parece novedad, todos los fantasmas quedan sepultados. Todavía ignora que esta victoria no puede durar: que su viaje al pasado ya no puede remediar ninguno de sus daños ni resucitar sus virtudes. En cuanto al presente, ¿qué hacer, si es un perpetuo agonizante, a punto de sucumbir ante lo que ha de llegar a continuación?

En este convencimiento, he ido regresando a las ciudades que fueron básicas en mi formación y ahora se disponen a ingresar en la de ese niño. Ciudades que me vieron distinto tantas veces, ¿cómo le verán a él, en el futuro? ¿Qué imágenes de sí mismo reencontrará en ellas? Dentro de veinte años, cuando se recuerde joven en los jardines de Atenas, imberbe entre los canales de Venecia, ilusionado con los gatos de Roma; cuando yo no exista sobre la Tierra, ¿cómo revivirá él esos instantes?

Ensayo ahora una prosa en la que las ciudades vomitan sus mensajes en provecho de esos ojos juveniles y de mi propia búsqueda. Vomita especialmente París. Nunca la ciudad más amada, pero sí la primera que amé. París como era en aquel invierno de 1963.

Llevaba demasiado tiempo sin buscar allí mis recuerdos. Mal hice. Sé que esta ciudad contiene las bases de mi cultura, y que las pompas culturales que la madurez puede ambicionar siguen en sus calles, resueltas a interesarme de nuevo sólo porque la observan, asombrados, los ojos del Niño del Invierno.

Visitamos un megastore de reciente invención en busca de las películas que, en 1963, perseguía por los diminutos cines de arte y ensayo. Tantos inventos se han sucedido desde entonces, que la técnica ya sustituye al fervor. Yo hice colas interminables bajo la lluvia para ver las obras maestras del cine prohibidas en España. Recorrí los más arduos caminos para acercarme a la cultura. Ahora sólo soy un coleccionista de artefactos que tienden al relevo constante, desprovistos de fantasía. Hasta hace poco cogía las películas a montones en vídeo y ahora mismo en disco-láser. ¿Qué nueva tentación me mandará la época? Ya no será el fervor juvenil. En las proximidades de la Sorbona, los cines continuarán programando los mismos ciclos Mizoguchi, los mismos festivales Bergman, pero yo no volveré a estar en la cola. Los jóvenes secuaces del Niño del Invierno marcaron el relevo. Sus hordas esperan, pacientes, el cambio de rollo en la Cinémathèque o hacen peregrinajes incalculables para descubrir una película muda de Fritz Lang. Es cosa de ellos. Es pasión renovada, por tanto ya no es la misma pasión.

El Niño del Invierno me reprende cada vez que me ve cargado de películas. Yo le digo:

—Tú no puedes comprenderlo. Pertenezco a una generación enriquecida, que sacia con artefactos su pobreza de ayer.

Ha nacido ya con la televisión, ese criajo; ha crecido manejando un vídeo; sus referencias son increíblemente cercanas, sus fetiches datan de ahora mismo. Los inventos marcan el paso implacable de las generaciones y algunos modifican el curso de la memoria. Ante el ordenador, los recuerdos pierden ternura. Esa pantalla no estaba prevista en el orden de nuestras adquisiciones. ¡Si tenía yo diecisiete años cuando la televisión llegó a la calle Ponent! ¿Podrá alguno de mis jóvenes amigos imaginar, desde la abundancia, lo que costaba sobrevivir en la época de la carestía? ¿Cómo hacerles partícipes de la emoción que implica poseer la más amada película de la infancia, la más respetada obra maestra de la adolescencia?

Tampoco entenderán que, al buscar el inevitable regalo de viaje para mi hermana Ana María, pase por alto esas discografías modernas, alcachuetas de la mediocridad, y me dirija directamente a los departamentos donde sobrevive, con altivez incomparable, la vieja canción francesa.

—Tete, es el mismo disco que me trajiste hace treinta años.

—¿El mismo, nena Moix?

—Ahora en compacto, pero es el mismo.

¿Es posible que estuviera rescatando los mismos gustos, como si no hubiésemos evolucionado? Era, en efecto, la voz de Juliette Gréco, el lamento por las esquinas perdidas, el suave caer de las hojas moribundas, el furioso grito contra los conformistas del domingo. Y en la foto que reproducía a la cantante en la época de Saint-Germain-des-Prés, volvimos a recuperar, Ana María y yo, las horas de indecisión juvenil: la densa humareda de tabaco negro en su estudio, el inepto rasgueo de mi guitarra, las discusiones teológicas con Maruja Torres, las primeras pesadillas ante la página en blanco...

Bonjour, bonjour tristesse!

Alimentábamos nuestra melancolía juvenil con fetiches que ya eran pura nostalgia. Tan pasada era, que formaba parte de las antologías y había acompañado los sueños progresistas de la generación anterior. Cierto: *C'est une chanson / qui nous ressemble.* La canción que formula preguntas sobre el amor, que interroga a la vida, se hiere a sí misma y, al final, agrede. La suave, pastosa canción francesa que desgrana, melancólica, la humeante voz de Concha Serra; la que convoca los espectros más entrañables del afrancesamiento de Mónica Piquer. ¿Qué fue, sí, de nuestros amores? ¿Conocimos realmente al Milord? ¿Murieron ya todas las hojas? ¿Dónde se perdió el alma de los poetas?

No hace tanto tiempo, trajo Joan de Sagarra a Ventalló un álbum antológico con la música de Saint-Germain-des-Prés. En el exterior, el invierno del Ampurdán diseñaba una perfecta noche de enero demostrando que pocos cielos existen tan plagados de estrellas (los del Nilo, si acaso). En el interior, las llamas del hogar creaban la única iluminación necesaria. Estábamos en el ritual del diálogo, en la pacífica melancolía que favorece la música y el recuerdo. Sonaron en la penumbra las voces que habían llenado nuestro aprendizaje y Jaime Gil de Biedma levantó su copa en un gesto de suprema elegancia:

—¡Qué hermosa fue Europa! —exclamó.

Exquisita proclamación de quien escribió un memorable poema a la canción francesa como sostén agridulce de su juventud, perpetuamente añorada; como réquiem por una civilización que se iba a pique, incluyéndonos en su caída, cuando ni siquiera se había dignado acogernos en su apogeo.

Con el brindis de Jaime, otro sueño se desmorona para confirmar que la muerte sigue su curso. Sólo ella no encuentra barreras a su paso.

En el lento devenir de las ciudades recobradas, llevé a Atenas al Niño del Invierno: recorrimos las calles amadas, las amenas cuestas, revivimos el aliento único de Nuria Espert recitando los lamentos de Salomé a los pies de la Acrópolis. ¿No salí a saludar cogido de su mano en el escenario del Herodes Ático, adosado a la Acrópolis? De su mano, sí, con la cabeza gacha. Al levantarla, y con ella la mirada, me encontré ante el poderío de Atenea iluminando la noche eterna de los mitos. ¡Oh, diosa! Por causa de un mal amor —¿o un excelente amor que se volvió malo por el uso?— yo tenía el alma destrozada, si alma me quedaba; mi dolor se había convertido en costumbre cotidiana, de manera que también Atenas tiene poder para hablarme de mis propias ruinas.

Tan intenso llegó a ser el amor, que envenenó mis posteriores visitas a muchos lugares, haciéndolos invisibles. Esta mala fortuna también fue a actuar sobre Egipto. El gran amor puso ponzoña en vivencias que sólo habían sido mías. El abyecto crimen quedaba como algo inseparable de mis muertos tebanos, mis mártires de la Nitria, mis dioses de Heliópolis. Y aunque El Cairo es una ciudad demasiado moderna para mis veleidades, ese amor acabado se instaló en sus callejas más secretas, en sus *hammans* prohibidos, para herirme desde cada rincón, para mortificarme por todas las esquinas. Igual Atenas. Lo mismo sus ruinas. Al recorrerlas, la memoria es una columna dórica reducida al fuste, un capitel corintio desprovisto de acantos, un friso con atletas decapitados.

¡Qué terror, ese volver a Atenas y recordar a cada paso que los amores siempre acaban, que en cualquier amor recién nacido se encuentra el germen de la destrucción futura! En el mensaje de eternidad que propone el legado clásico, la fugacidad de los sentimientos parece una parodia que, sin embargo, es mi tragicomedia cotidiana.

Con el recuerdo invicto de Jaime fuimos a cumplir el rito que nunca olvido realizar: evocarle en la calle Pandrossou, como él solicita en su poema.

Si alguno que me quiere
alguna vez va a Grecia
y pasa por allí, sobre todo en verano,
que me encomiende a ella.

Pero esta calle ya no es la que Jaime amó; está plagada de recuerdos turísticos, y el viejo zapatero ha recibido demasiadas visitas de personajes conocidos y tiene todas sus tarjetas colgadas en la vidriera, como un reclamo para viajeros cultos. Pero hemos ido, es cierto, a Odos Pandrossou para recordar al poeta Gil de Biedma como hacían los verdaderos egipcios: pronunciando en voz alta su nombre con el propósito de asegurarle un lugar en la eternidad.

En esa vieja Europa, la hermosa, la digna, la que fue encrucijada en la juventud de tantas generaciones, el Niño del Invierno va desarrollando el periplo que rescata a todos los difuntos de mi vida. Volverlos a encontrar en las ciudades implica un dolor que él no puede comprender. Equivale al terror de releer mis libros al cabo de los años. No el miedo de encontrarles faltas o superaciones sino de encontrarme en ellos tal como fui.

¿Qué hacen mis libros al ingresar en la memoria? Me enfrentan a mí mismo. La inexperiencia, delatada a cada línea, es un reflejo de lo mejor de mi juventud. Al mismo tiempo evocan el entusiasmo que me arrastraba. El ardor de lo imaginado, la fogosidad de la prosa, la insensatez misma de atreverse a todo, de arrojarme a actos de audacia que la reflexión de hoy me hace considerar suicidas.

Pero entonces vivía. Por lo menos me sentía vivo. Cualquier error era despreciable ante esta garantía que alcanzaba a mi prosa, la invadía, la desbordaba como un caudal de gozosa heterodoxia, con una insensata, brutal exuberancia.

¡Tenía entonces tanta fe en todo —en mí mismo, en mi capacidad de atrapar el mundo con una sola frase—, tanta fe acumulada, mientras esperaba que los demás me diesen credibilidad! Y cuando ellos me la otorgaron, desapareció aquella capacidad de creer en las cosas, que era, en el fondo, lo más envidiable de la juventud.

También es envidia lo que me asalta en la Shakespeare and Company, ante sus jóvenes inquilinos, efebos y doncellas, probables hijos de los beatniks de aquel tiempo. Cuando pedí al Niño del Invierno que me acompañara en mi visita, nunca esperé que todo pudiera seguir exactamente igual al cabo de treinta años. Podría jurar que incluso el gato es el mismo: aquel animal escrofuloso que se me subía al sofá, ronroneando en busca de mimos. Y el Niño del Invierno asegura que no es posible que ningún gato tenga una vida tan larga. Él debe de saberlo, pues es licenciado en gatomaquia. Ha acariciado los gatos de Roma, los de Venecia, los de no sé cuántas islas de las Cícladas. «Es ilógico que un pobre gatito viva tantos años», dice, con el tono suficiente de esa edad en que nos consideramos dueños de todas las sabidurías.

Si esta bestia es tan parecida a la que yo solía acariciar y, en cambio, ya no es ella, ¿por qué tiene que serlo todo lo demás?

Sigue el mismo, idéntico, señor George Whitman, con su manta sobre los hombros, dando conversación a algún joven de aspecto bohemio, tan parecido a los de ayer. Exactamente igual están distribuidos los libros y las fotos de los escritores famosos que frecuentaron las tertulias en tiempos que incluso anteceden a los míos.

Yo dormía en ese sofá, bajo la misma colcha raída, temiendo que las manchas fuesen el semen reseco de tantos jóvenes que pernoctaron en el altillo. Y los que hayan pasado desde entonces habrán dejado nuevas manchas en el mismo sitio, formando esa superposición que acaba por parecerse a las costras del gato. También los libros son los mismos que entonces rodeaban mi sueño, con una sola diferencia: alguien ha colgado un cartel que dice: «No tocar. Colección personal de Sylvia Beach.»

Aunque tomaba aquellos libros para dormirme —creo que *Lorna Doone*— ignoraba que pertenecían a aquella dama. En realidad, ni siquiera conocía su nombre. El conocimiento llegó después, como tantas cosas. Tantos títulos, tantos autores, tantos porros, tantos viajes imaginarios...

Llegaba de mi ciudad ansioso por ampliar mis horizontes culturales, lo cual significaba ansioso por conocer la verdadera vida. Llegaba en busca de Néstor Almendros, ferviente por Néstor, perro suyo, mastín fiel. Del mismo modo que él había llegado a Barcelona exiliado de Cuba —empobrecido, triste, perseguido—, llegué yo a París siguiendo su rastro, pobre pero sin tristeza, antes bien excitado por la vida nueva que la ciudad me ofrecía.

Néstor me había escrito:

«Esto es duro, muy duro. Todos quieren venir a vivir y trabajar aquí. Hay mucha competencia. Hay un amigo argentino que deja su habitación en el hotel y es muy barata (seis francos al día). Quizá pudieras tú heredarla...»

No fue una herencia factible. ¿Cuántos jóvenes como yo andarían buscando un cuartucho de hotel en el Barrio Latino? ¿Cuántos estarían esperando una plaza en la ciudad universitaria? Fue así como Néstor me llevó a hablar con George Whitman. Era entonces su librería el refugio de los jóvenes americanos que llegaban a París sin más pertenencia que su mochila, pero la lista de inquilinos se ampliaba considerablemente y había allí jóvenes intelectuales de otras nacionalidades, y hasta quienes no querían tener ninguna. Los fugaces huéspedes ocupaban de noche los camastros del primer piso con la sola condición de poner un poco de orden, al día siguiente, y desaparecer hasta la noche.

Así tuve París en las manos y la Shakespeare and Company bajo la almohada. Y a Mirna a los pies de la cama. Y a Alexander entre las sábanas. Tenía que ser en la orilla joven de París, y en atardeceres invernales. Baruchos baratos, brasseries populares, lectura en una mesa del rincón, Alexander hablando de su río espiritual, Mirna tocando su acordeón, y, en el exterior, lluvia, brumas y frío cortante. Tenía que ser en los cafetuchos de Saint-Germain-des-Prés, seguramente con personajes barbudos y vestidos de negro, musas descalzas y sin peinar, aprendices de mal actor, incoloros novelistas, intelectuales gritones, los últimos que hablaban de Kierkegaard en la era de Kerouac y sus personajes siempre *en route...*

Tardes de invierno, necesariamente, bullicio juvenil en el *Boulmich*, Alexander y su sueño místico, las felices horas en las cavas de jazz, las lecturas de poemas en el Luxembourg, una primera intuición de Cavafis... Y Néstor recordando aquellos días muchos años después, cuando ya era un rey en Nueva York y mostraba con orgullo su Oscar sobre la repisa de la chimenea, en aquel *loft* desde donde se divisaba, enorme, el Empire State iluminado...

¿Para qué volar a Nueva York, si el cortejo de los difuntos se detiene en París, cuando todos éramos muy jóvenes y nadie podía morir? ¡Amados muertos que dejasteis tan vacías las ciudades! Por culpa vuestra, las ágoras, los teatros, las bibliotecas se han convertido en una congregación de ausencias. Yo mismo soy un ausente en este París que sigue igual, en esta Shakespeare and Company donde nada ha cambiado. Sólo las ciudades permanecen para revivir en los ojos del Niño del Invierno. Por eso es justo que, de él, arranquen los recuerdos de mi adolescencia.

Sigue sentado en la ventana que da a la lluvia. Mira hacia donde yo miraba. Tiene los años que yo tuve en aquel glorioso año de 1963.

Observo esa época desde una madurez donde lo aprendido no sustituye a lo que fue estallido de pasión, materia prima, aprendizaje más vivo de lo que ha sido después cualquier certeza. Era aquella época en que el mundo se anunciaba avasallador y, sobre todo, eterno. Una época muy parecida a la que describió el clásico: «Era la edad de la sabiduría, era la edad de la locura; era la estación de la luz, era la estación de las tinieblas; era la primavera esperanzada y el invierno de la desesperanza, teníamos el mundo ante nosotros, y no teníamos nada...»

De aquella eternidad fingida intento recobrar la alegría y la rabia del vómito literario, el éxtasis de los errores juveniles, la fuerza que me impelía a darle un puntapié al sacrosanto coño de la Creación.

Al hacerlo quisiera recobrar la frescura, la inquietud, la insolencia, la impagable sensación de que no había nada que perder y que todo estaba por ganar a cada paso. Así, la razón de esta autonarrativa no es tanto restituir como restituirme a mí mismo en la frescura de ayer, en la desmesura de los orígenes. En el descaro primordial que fue el verdadero origen de la vida...

LIBRO PRIMERO

—

UN AVIÓN VACÍO VOLABA SOBRE BARCELONA (1)
(1956-1958)

(1) *Mr. Arkadin,* de Orson Welles.

Cuando Peter Pan me besó en una pérgola de los jardines de Nunca Jamás tuve miedo de que su amor fuese flor de un día y decidí apropiarme de su puñal para obligarle a recurrir a mí en momentos de peligro. Pero el héroe me aseguró que tal precaución era innecesaria porque nunca nos separaríamos. A guisa de confirmación nos hicimos unos cortes en las muñecas y mezclamos nuestra sangre y por eso conozco que por mis venas corre el polvillo de estrellas que sólo tienen los niños eternos.

Recordé que, un año antes, había negado aquel sacrificio a mi mejor amigo, el Niño Rico, porque era yo un crío muy miedica y me asustaba la sangre de los demás, qué no diré de la mía. Pero al regresar del veraneo mi amiguito se había hecho mayor, salía con chicas y, al demostrarle yo mi extremado afecto, me arrojó de su lado, tratándome de maricón. Por eso me hizo tanto daño y sufrí como un perro. Si ahora aceptaba cortarme las muñecas por alguien que no era él, significaba que su recuerdo ya no me importaba en absoluto.

Acababa de cumplir catorce años y no tenía otro amigo que Peter Pan. Sólo su imperecedera juventud merecía tenerme para siempre. Así que dije:

—Amigo, compañero y hermano: ahora sé que vas en serio, porque hemos imitado a la noble Amara y al príncipe Alí, y puesto que eran María Montez y Jon Hall, estamos destinados a volar sobre las cúpulas y minaretes de Bagdad hasta el fin del tiempo.

Pero hacía seis años que a la incomparable María se le había parado el corazón en una bañera de París y ya nadie hablaba de su galán favorito, que estaba acabado, ni de sus secuaces, Sabú y Turhan Bey, que estaban rematados. Los tiempos habían dado un vuelco brutal y ni siquiera Cinelandia era lo que fue cuando yo soñaba con sus luces desde las umbrías vecindades de la plaza del Peso de la Paja.

Todo eso lo sabían los adultos pero no querían decírmelo; me correspondía descubrirlo por mis propios medios mientras Peter Pan continuaba visitándome cada noche para amarnos en secreto.

Aunque ya era lo bastante mayor para salir de noche, la tía Florencia continuaba aconsejándome que nunca aceptase caramelos de los desconocidos. Seguí su consejo al pie de la letra, procurando que no afectase mis quimeras favoritas. Las largas noches invocando a héroes de papel y aventureros del lienzo de plata habían dado paso a la voluntad de emparejarme con seres más reales. Así, los pocos meses que me separaban de la infancia fueron simples pautas que transcurrieron esperando la ocasión. Y si la adolescencia implica el lento, impaciente aprendizaje de la madurez, la mía se caracterizó por la búsqueda de la hombría partiendo de una sexualidad heterodoxa.

Era la época en que los amigos de la oficina hablaban constantemente de sus novias, la misma en que mi padre no paraba de preguntarme cuándo me decidiría a tener parte con mujeres o traer mocita a casa. Y a todo esto la tía Florencia le dirigía miradas sarcásticas, como tratándole de iluso y desinformado. Apostillaba sus comentarios con una lista de las horribles enfermedades que contagian las mujerzuelas y enumeraba a los vecinos puteros que habían pescado una «podridura» en cualquier tugurio del Barrio Chino. Era el tipo de coartada que yo necesitaba. Mucho más pertinente que la de los caramelos.

No estaba yo para muchas pretensiones. Era tímido, solitario entre las cosas y descontento del mundo y sus habitantes. El último en todo después de haber sido el más torpón en el colegio de los curas y en la academia privada de la calle Ponent, donde intentaron inculcarme nociones de contabilidad a sangre y fuego.

Empezaba a envejecer el siglo: hacía ya dos años del primer cinemascope, el tecnicolor estaba al alcance de todo el mundo, los cromos de *Quo Vadis?* e *Ivanhoe* se ponían amarillentos, y habían terminado los amables veranos de Sitges mientras Jo, Amy y Meg contraían matrimonio y la infausta Beth criaba malvas en una tumba rosicler.

Sólo Peter Pan continuaba sin cambiar de tiempo, siempre joven, gallardo, ágil en sus piruetas, los muslos bien formados bajo sus ceñidas mallas verdes, burlona aquella sonrisa que le hendía el rostro de oreja a oreja. Pero supe que era un niño muy perverso y que fue cruel con la pobre niña Wendy muchos años después de la renombrada gira por las tierras de Nunca Jamás. Cuando ella ya era abuela, regresó Peter a recoger a su nietecita y Wendy, arrugada como una pasa, tuvo que contentarse con un simple beso. Y lloró al comprobar que él continuaba igual que antes: ágil, esbelto, apuesto y, sobre todo, joven. Es decir: un asesino precoz.

De manera que pensé: «Para que me ocurra lo que a Wendy, prefiero buscarme la vida por mi cuenta. Y si vuelves algún día, niño Peter, te juro que has de encontrarme igual que tú.»

Peter Pan no contestó aquella madrugada ni otras muchas, y yo temí que pretendiese castigarme por respondón, de manera que durante un tiempo me creí viudito. Pero un día que tuve estreñimiento sangré de lo lindo al hacer mis caquitas y mamá se quedó muy sorprendida al ver el color de la sangre, que era gris perla salpicado con estrellas. Entonces respiré con gran alivio, porque supe que continuaba teniendo el polvillo de las hadas en lo más profundo del ano.

Temo desviar el caudal de la memoria, invocando la excelente calidad de mi sangre, cuando debería referirme a la soledad de los seres únicos. El noviazgo con Peter Pan distaba mucho de satisfacer la desesperada necesidad de compañía que me impulsaba a buscar en los de mi propio sexo un doble de mí mismo: el compañero, el que comparte, el que complementa, el idéntico. La falta de aquel ser ideal no la compensaban ni siquiera los vuelos a que Peter Pan solía impulsarme antes de su enfado. Las quimeras se producían de noche, igual que el mordisco del vampiro. Al desvanecerse con el alba, me dejaban sumido en una soledad insoportable, que nada ni nadie conseguía aliviar. Conocía entonces la amargura de los domingos carentes de rumbo, la tristeza de las noches de sábado desprovistas de intención. Sufría la esquizofrenia del solitario, la que me impulsaba a hablar conmigo mismo por las calles, en interminables paseos por los espacios antañones de mi ciudad maldita. Con tales expectativas continuaba esperando la llegada del Amigo, categoría elevadísima, potestad santificada, a la que no podía aspirar un personajillo literario. En el colegio me había dejado deslumbrar por varios compañeros y acabé esclavizando al Niño Rico y dejándome esclavizar por él. Era inevitable que, al llegar a la adolescencia, me dejase seducir completamente por el Joven Inquieto.

Pero, antes de llegar a este personaje providencial, es justo que diseñe los trazos maestros de mi nueva situación en el mundo.

Se interrumpió mi primera memoria en las vecindades del Peso de la Paja, la plazuela que separaba mis calles populares de las avenidas del Ensanche, soñadas a menudo como un mundo superior, más abierto y sobre todo más elegante. Empezaba a trabajar un 7 de enero, dos días después de cumplir catorce años. Vivía intensamente el entusiasmo por lo que consideraba una manifestación de la libertad, algo que me permitía salir del yugo de mi familia y gozar del mundo en plenitud absoluta. Me creía protegido por la férrea voluntad de los rebeldes. La realidad era muy distinta: debía actuar como un hombre sin haber salido de la infancia.

Todavía estaba vivo el recuerdo del niño feliz y autosuficiente que fue mimo y capricho de una calle entera. ¡Qué niño aquel! Era como un osito de peluche. Redondito, mofletudo, atiborrado de pasteles y chocolate, en una época en que toda la ciudad pasaba hambre. Fue el centro del mundo. Familiares y amigos lo recordaban continuamente, evocaban sus gracias, le convertían en un pequeño mito que no paraba de mortificarme. Sus travesuras, sus antojos, su despotismo, todo contribuía a forjarle una imagen llena de encanto. Una imagen que se perdió en la insignificancia de un pobre adolescente.

Los cambios experimentados en mi físico me hacían sentir como una suerte de esperpento. Se me pusieron cara de mazapán y ojillos de sepia. Porte vulgar y desmañado. Vientre fofo. Rostro cetrino. Pelo grasiento y escaso. Un alfeñique, como decían los cursos de gimnasia de Charles Atlas. Además, cejijunto. Corto de vista sin reconocerlo. Cuerpo precozmente velludo que me creaba un complejo de mona Ramona. Sinusítico para los restos. Era, en resumen, un personajillo aburrido y sin carácter como el mundo en que me disponía a ingresar.

Me protegía una precoz intuición de la literatura. Cuando entré en la Harry Walker como simple aprendiz de oficinista, asustado de todo y por todo, mi jefe de sección me regaló una gruesa libreta de contabilidad en cuyas páginas me propuse anotar las maravillas que, a no dudarlo, me estaban aguardando. Escribí entonces: «Al cruzar aquel umbral entraba hacia una vida nueva, distinta, inquietante y apasionante a la vez...»

La retórica de los catorce años, cuando el espíritu se halla inmerso en la velocidad de los descubrimientos, expresaba la profunda esperanza de que, en adelante, la vida sería una película. Me impuse un apasionamiento que mi pequeña odisea distaba mucho de justificar. Tampoco me ayudaba el absoluto desinterés de mis padres. Se limitaron a reconocer que, por lo menos, llevaría un jornal a casa. Después de mis repetidos fracasos escolares no me juzgaban capacitado para mucho más; si acaso, esperaban todavía menos. De todos modos, dejaban de criticar mi decisión de ser jornalero en empresa ajena, circunstancia ésta que me convertía en tonto a ojos de los demás familiares y en caso perdido para los comerciantes de la calle, cuyos hijos se encontraban también en edad de elegir. A buen seguro que mi decisión podía convertirse en un mal ejemplo, sentando un precedente nefasto. Pudiera ser que, por mi culpa, la nueva generación de tenderos y mercachifles optase por no seguir el negocio familiar. Y el código de aquella pequeña burguesía, heredera de los antiguos menestrales, era muy estricto en cuanto a la utilidad de sus retoños. Si se negaban a seguir el negocio paterno eran considerados una especie de lacra. Sólo se salvaban cuando, por alguna extraña razón, decidían seguir estudios superiores. Pero nadie los consideraba necesarios.

En semejantes circunstancias, mi flamante debut como oficinista no constituyó para las vecindonas el acontecimiento que yo esperaba. No salieron a los balcones para vitorearme, como en mi infancia, ni las tiendas de la calle cerraron sus puertas como el lejano día en que me tragué la peseta y todo el barrio acudió a esperar que la echase. Esta ausencia del aplauso general me dio la impresión de haber crecido más de la cuenta. Y en mi diario recién iniciado escribí una frase que reproduje, después, en futuras intentonas de recordar los días del pasado, aunque fuese tan cercano.

«El tiempo es mi enemigo», escribí. (1)

En verdad, nunca dejó de serlo.

Sentía muy recientes los últimos impactos de la infancia. La consumaba un año antes, con mi última Cabalgata de Reyes, en una noche trágica que ya no justificaba la dulce espera de las noches más iluminadas de mi vida. Lenguas criminales me habían contado que los Magos eran mis padres, mis tías y hasta mi abuela, y si bien aquella revelación me dio la oportunidad de sablearlos a todos, comprar personalmente mis propios regalos y exigir más de la cuenta, lo cierto es que nada me compensaba de la pérdida de la ilusión y del dolor de no disponer de fantasías mejores para sustituirla.

Pero un niño egoísta siempre tuvo recursos que un adolescente tristón debe aprovechar, y yo conservaba intacta la capacidad de transferir mis ilusiones a cualquier experiencia nueva. Aun falto del aplauso popular, cogí mi bocadillo de sardinas y avancé con gran entusiasmo calle arriba, en dirección contraria al Peso de la Paja, y me sentí completamente nuevo porque entraba por mi propio pie en el Ensanche de amplios bulevares, con sus aceras pobladas de plátanos y sus fachadas adornadas con faunas fantasmagóricas y floras delirantes.

Fue el día en que compré mi primer periódico, pagándolo

(1) Pere Gimferrer me dice que la frase es de Ezra Pound. Lo ignoraba entonces y seguía ignorándolo a la hora de redactar estas páginas.

con perras propias. Si este detalle era digno de permanecer para siempre en la memoria, quedaba otro no menos importante: venía anunciada la película de submarinismo *Sexto continente* (en toda la historia de la humanidad nadie, pero nadie había visto una cámara debajo del agua). Desde muy niño me había acostumbrado a manejar la prensa diaria mientras hacía compañía a papá en los bares de nuestra calle. Y aquí la memoria gira de nuevo sobre sí misma, mezcla los tiempos, complica las materias, y me representa encaramado a los taburetes del Bar de los Espejos, buscando ávidamente las páginas de espectáculos para devorar los amados anuncios de las películas.

Llegué a disponer de un buen montón gracias a otro forofo del cine. Era éste un niño que ostentaba unas orejas descomunales, aún más grandes que las mías. Por serlo, y por el alivio que me inspiraban, las consideré virtud, que no defecto. En cambio los otros niños se burlaban de él y le llamaban Orejudo, acaso para diferenciarlo de mí, que seguía siendo el Dumbo. Y era mucha maldad, la de aquellos diablos, pues cuando el niño se mató al caer rodando por la escalera, dijeron que había tropezado con las orejas y que a mí me ocurriría tres cuartos de lo mismo si no me hacía un lazo con ellas, como se vio obligado a hacer el elefante volador para no darse de narices a cada paso. Pero yo sabía que el difuntito fue víctima de la oscuridad de su escalera, una especie de pasadizo angosto y lóbrego donde no se filtraba ni un mal rayo de luz, a ejemplo de todos los edificios de las calles lindantes al Peso de la Paja. Y aunque mis orejas se hubiesen acercado al tamaño normal, mi destino hubiera podido ser el mismo que el de aquel desdichado porque igualmente lóbrega, oscura y cochambrosa era mi escalera, un verdadero asco por más que un rótulo de hierro forjado pregonase que fue construida en 1862, y por mucho que papá la considerase el mejor lugar del mundo para vivir.

Antes de matarse, el Orejudo tuvo tiempo de sugerirme el intercambio de pequeños tesoros. Coleccionaba yo fotogramas de película procedentes de los finales de rollo que vendía algún proyeccionista de los cines del barrio (otros, más pícaros, cortaban fotogramas de chicas en bañador y hasta besos que hubieran escapado al furor de la censura).

Pero también conservaba la nostalgia por los anuncios de prensa que había leído años atrás y que ya eran irrecuperables. Los recordaba como una imagen más fija aún que mis fotogramas de la Fox, y el Orejudo, conociendo mi afición, me propuso un cambio que, dicho sea de paso, resultaba muy ventajoso para él. Si sería aprovechado que me sacó cinco fotogramas de películas americanas por cada página de la sección de espectáculos de *La Vanguardia*. Y es que su padre guardaba todos los ejemplares de los últimos cinco años y estaba a punto de tirarlos, obligado por el casero, que temía se derrumbase el piso con tanto peso. Esto mismo se lo he oído contar a otros coleccionistas de papel, por tanto colijo que los caseros son los más feroces enemigos de la memoria.

Pasé tardes enteras cortando páginas de *La Vanguardia*, sin saltarme un solo ejemplar pese a que algunos anuncios estuviesen repetidos. Cada día bajaba la lóbrega escalera cargado de papel, de modo que estuve a punto de matarme yo en lugar del Orejudo. O pudo atropellarme algún coche porque, en el camino a casa, mi cabeza no asomaba por encima de los recortes, tantos había. Y aunque me libré de morir atropellado, mi madre estuvo a punto de matarme al ver que le llenaba el piso con aquella abundancia de papeleo que iba a engrosar mis pilas de programas, tebeos, cromitos, revistas de cine y recortables de castillos y muñecas.

Estos sucesos habían quedado guardados en las arcas de la infancia. Cerrándolas definitivamente, vuelve el recuerdo de mi primera jornada laboral. Recupero, así, una imagen entrañable: me detuve ante un puestecillo ambulante, a la entrada de las escaleras que conducían a las galerías subterráneas de la Avenida de la Luz, en cuyo cine había visto, tiempo atrás, el cautivador programa doble formado por *Peter Pan* y *Cuando los mundos chocan.* Pero ahora, siguiendo los consejos de los mayores, miraba el mundo con ojos nuevos: ojos de niño que ensayaba intentos de madurez. Siguiéndolos, esbocé mi sonrisa mejor educada y pedí mi periódico al quiosquero. No obtuve respuesta. Estaba el hombre muy nervioso. Le temblaban las manos y no paraba de mirar de un lado para otro, en actitud de alerta.

Volví a pedirle mi periódico. Él gruñó que lo cogiera yo mismo. Me pareció una falta de atención, casi una grosería, pero no quise amargarme: desde que salí de la calle en pleno anonimato empezaba a comprender que los mayores iban a prescindir de mí porque todavía no era como ellos y, además, había dejado de ser el niño que les divertía.

A lo lejos se oían gritos, que juzgué festivos. Falsa impresión. A medida que se iban acercando, se convertían en gritos de guerra. Me recordaban a los indios apaches o a aquellos filibusteros que solía comandar el divino Errol. Lo que fuese, aumentaba la inquietud del quiosquero. En un santiamén, empezó a desmontar su puesto. Demasiado tarde. Pasó volando un soberbio adoquín que estuvo a punto de darle en la cabeza. Él se puso a gritar como un energúmeno. Era inútil. Llegó una nueva carga de adoquines volantes. De pronto, irrumpió una multitud de jóvenes de ambos sexos que gritaban insultos contra *La Vanguardia.* Yo estaba atónito. No entendía que mi afición por los anuncios de cine pudiese provocar la enajenación de masas desconocidas. Mucho menos entendí que, una vez a nuestro lado, los revoltosos se abatiesen sobre los paquetes de periódicos y organizasen con ellos una hoguera parecida a las de San Juan. Una vez más, la memoria cinematográfica improvisó una explicación razonable: la gentuza que asaltaba al primer quiosquero de mi vida era la misma que vi años atrás en la película *María Antonieta.* Las masas asesinas. Las que mis padres me habían enseñado a temer. Eran la personificación del desorden amenazando las óptimas esperanzas de una perfecta mañana invernal.

En un segundo, las siniestras turbas empezarían a quemar iglesias, abadías y conventos varios. El fuego no tardaría en alcanzarme. Tan asustado debía de parecer que alguien me empujó lejos del tumulto. Tropecé con unas señoras que corrían con la cesta de la compra y gritaban que había empezado otra guerra civil. ¿Era una revuelta o una revolución? Era el caos, aumentado, si cabe, por las sirenas de la policía. No sé cuántos coches llegaron. Nunca había visto tantos. Empezaron a surgir policías que arremetían a porrazos contra los revoltosos. Mis antecedentes me llevaban a aplaudir aquella intervención, porque garantizaba el retorno a la normalidad y, además, no podía quitarme de la cabeza el recuerdo de las furiosas turbas que guillotinaron a la gentil Norma Shearer, la más bella reina de Francia.

No tuve vacilación. Salté de tres en tres los peldaños de las escaleras de la Avenida de la Luz, me arrojé al interior del primer tren, y, jadeante, fui a acurrucarme en una esquina del vagón. Al abrir los ojos vi que reinaba la más absoluta calma. Los pasajeros se limitaban a mostrar el cansancio del madrugón y el tedio propio de un día laborable. Respiré con gran alivio, pero cierto elemental sentido de la prudencia me aconsejó esconder disimuladamente mi periódico porque, a poco que entendiese el mundo, aquél había sido el detonante de la batalla en que acababa de verme implicado.

Era el segundo altercado político que interrumpía un acto importante de mi vida, pero en aquella ocasión no mediaba el escándalo de una *vedette* liada con un gobernador civil, como ocurrió años atrás, cuando la huelga de los tranvías. Nada tan *glamouroso*. Era una cuestión relacionada con el catalanismo; movimiento del que yo no tenía siquiera noticia. ¿Podía ser de otro modo? En mi código de valores, Cataluña no tenía mayor significado que la región donde había nacido, y en las naves de la Harry Walker nadie se atrevía a comentar aquel tipo de sucesos, de modo que tuve que esperar algunos años para saber que había vivido un momento histórico, de esos que acaban figurando en los libros.

Al rememorar aquel impacto, desde esta forma de la lejanía que llamamos madurez, se me escapa la visión general de la Historia y sólo acierto a atisbar un encadenado de realidades amorfas que venían a enturbiar mi alegría de principiante. Empieza a desfilar un tropel de horas quemadas en el aprendizaje de asuntos que no iban a servirme para nada, excepto en la repetición del intercambio con el Orejudo. Porque en los sótanos de la Harry Walker había un altillo parecido a un gallinero donde se conservaban diez años de *El Noticiero Universal*. Recibí orden de guardarlos en sacos para venderlos al trapero y así pude recortar a gusto las páginas de espectáculos, tomándome todo el tiempo que se me antojaba, con el consiguiente retraso de mis otras obligaciones, que eran muchas y a cuál más estúpida.

Sólo aquella actividad furtiva amenizó temporalmente las horas de esclavitud del triste personajillo en que el niño dorado de ayer se estaba convirtiendo. Un adolescente gris, destinado a servir y a perder progresivamente el gusto por la servidumbre.

Tardé poco tiempo en percatarme de la trampa en que había caído. La sensación de angustia llegó por una repetición de imágenes que, perdido el impacto de la sorpresa, avanzaban inexorablemente hacia la monotonía. Igual que una obra teatral que careciese de acción y se prolongara durante ocho horas en un decorado único, el mundo de la Harry Walker empezó a aplastarme y al final se convirtió en obsesivo.

Mesas y mesas agrupadas en una geometría mareante por lo irreprochable. Una vetusta caterva de muebles de madera, archivadores, armarios de todo tipo, sillas y vidrieras aprovechados de una oficina del siglo anterior. Y como único signo de modernidad, enormes claraboyas que arrojaban una luz filtrada, deshecha entre la humareda de los cigarrillos como la luz de una catedral se desharía entre los vapores del incienso.

En aquel escenario conocí una nueva dimensión de la soledad, peor que el dolor por no sentirme deseado. Era la confirmación de mi diferencia respecto a los demás, la cualidad de bicho raro que me había atribuido meses atrás el Niño Rico, cuando me alejó de su lado tratándome de maricón.

Aquel insulto no se me había borrado de la memoria y si la ausencia del amiguito me hacía llorar algunas noches, la condición por él denunciada se levantaba como una barrera que me separaba constantemente de los demás. (Sólo encontré afecto y complicidad en mi jefe directo, Lluís Franquesa, a quien califiqué en mi diario como un pedazo de pan inmerecido. Tenía él todos los motivos para mandarme al cuerno a causa de mi constante insumisión y, en cambio, decidió divertirse con ella. Comprendió sin duda que estaba tratando con un niño que jugaba a ser precoz.)

En aficiones, en comportamiento, en físico, mis compañeros me remitían a mi padre. No era la mejor recomendación. En los últimos tiempos renegaba abiertamente de él por parecerme su oficio sucio y plebeyo. No negaré que el niño cursi que fui desembocaba ahora en un adolescente más cursi todavía. Un renacuajo con ínfulas de señorito; un ridículo, ni siquiera precioso, que intentaba aplicar las lecciones de finura de mi padrino Cornelio, sin percibir lo grotesco de ciertos homosexuales venidos a más. En contraste, los empleados de la Harry Walker se me antojaban ordinarios y vulgares por el único hecho de trabajar en mangas de camisa, y literalmente intratables por sus conversaciones siempre ceñidas al fútbol. A la hora del desayuno, cuando sacaban su bocadillo del primer cajón del escritorio, reencontraba en sus discusiones sobre el Barça y el Español el mismo tono agresivo de papá y sus amigos de taberna: idénticas reacciones cercanas a la chabacanería. Estaba despreciando en ellos, a partir de ellos, todo cuanto me recordase la masculinidad.

Mi angustia llegaba al máximo cuando se abordaba algún tema de carácter sexual. Circulaba un erotismo machista con el que me era imposible comulgar y, al no hacerlo, sentía que me estaba poniendo en evidencia y mi angustia iba en aumento por tal motivo. Siempre había alguien que traía una revista francesa, de las que circulaban bajo mano en lo que pudiéramos llamar un mercado negro de la prensa. Eran generalmente aquellos famosos *Paris-Hollywood*, con páginas llenas de tías desnudas, de buenorras, como decían mis compañeros. Yo no ignoraba que muchos se las llevaban al váter para masturbarse y, cuando les veía regresar, disimulando la revista bajo el jersey, se me antojaba que todo nuestro erotismo vivía de apaños cada vez más tristes. Cada vez que me daban a hojear una de aquellas revistas prohibidas, creía percibir el semen que se habrían dejado sus ansiosos seguidores. Y si miraba a mi alrededor, el panorama no cambiaba en absoluto. Para las capas de la población masculina que no tenían acceso a aquel contrabando de tetas y culos, sólo quedaba el recurso del cine, censurado, masacrado, llegado a medias, pero aportando a veces ráfagas de carnalidad que escapaban milagrosamente a los celadores de nuestra moral, esbirros que todavía se estremecían ante los andares devastadores de Marilyn o la apoteosis de Sofía Loren en una pieza cantada con voz desastrosa pero bailada con ritmo incendiario:

Mambo mambo
mambo bacán,
es el mambo que se presta
para armar un gran barullo...

La arrolladora Sofía de *La chica del río,* como antes la Silvana Mangano de los amargos arrozales, voraces llamaradas de la carne, cuando todavía nos estaba vedado reconocerla: cuando oficinistas casados y con hijos tenían que esconderse en un váter para alcanzar el placer de un instante. La represión había conseguido que avanzáramos con el sexo mutilado, y en mi caso concreto sin sexo alguno. En soledad absoluta por no tenerlo o porque, si se anunciaba, resultara tan distinto del de los demás.

No era tan cursi como para creer que la soledad quedaba chic, por lo tanto tendré que atribuir sus ataques al miedo que me producían mis nuevos compañeros. Y ni siquiera tenía armas para seducirlos. Me ocurría igual que en la escuela: cuando pasé de las amables señoritas del parvulario a las clases de los maestros, mis armas se esfumaron y tuve que enfrentarme a un mundo hostil sin otra posibilidad que perder posiciones a cada instante. Y no sólo posiciones: también sentido de la dignidad y estima personal.

Las viejas hostilidades de mis condiscípulos estaban dando sus mejores frutos. Tanto hicieron para hacerme sentir distinto que, al final, lo fui, pero estaba muy lejos de sentir el placer de la originalidad. Todo lo contrario: si antes me desvivía por ser el centro de la atención general, ahora detestaba parecerlo siquiera. Me deslizaba entre las mesas, cabizbajo, la mirada fija en el suelo, temiendo que si tropezaba con los ojos de cualquier empleado encontraría en ellos vejación y desprecio. En realidad continuaba sintiéndome el centro del mundo aunque pensase lo contrario. Y si el método de llamar la atención por medio de los defectos ha de parecer un tanto insólito a los defensores de la virtud, lo cierto es que, en aquella empresa, llegué a ser más popular con mis desastres que cualquier virtuoso con sus méritos.

Al rechazar el compañerismo entre hombres, busqué la complicidad de mis antiguas aliadas, las mujeres. Me la concedieron a manos llenas una farmacéutica, una perfumera y una librera. En sus respectivas tiendas obtenían descuentos los empleados de la Harry Walker. Yo era el meritorio encargado de recoger diariamente sus pedidos. Algunos asaltan la memoria depositando un sentimiento que se parece mucho a la ternura, acaso por lo precario del consumo. Una colonia de tipo práctico llamada Simpatía. Un champú en bolsitas individuales bautizado con un nombre sintomático: Caspolén. Un calmante con sabor muy dulce, el Propyre, que devoraba yo a puñados aunque no me doliese nada, del mismo modo que me arreaba, con mucho vicio, sabrosos lingotazos de Agua del Carmen. Y aún recientemente, pasados treinta y cinco años, encontré una tarjeta dirigida a la empresa Calzados Sagarra donde el jefe de personal escribió a máquina: «Rogamos entreguen a nuestro empleado Ramón Moix unos zapatos de su elección con el descuento pertinente.» Ni que decir tiene que no recuerdo de qué zapatos se trataba, aunque aventuro que no serían los más caros ni los más elegantes.

Sí recuerdo, en cambio, los largos ratos que dejaba transcurrir en compañía de Mercedes la farmacéutica, María Rosa la perfumera y Montserrat la de la imprenta. En las tres tiendas mataba mucho más tiempo del necesario pero sobre todo en la perfumería, donde daba rienda suelta a mi pasión por el cine en las conversaciones con la señorita María Rosa, encantadora joven que al punto me deparó un afecto singular. Yo era el niño desprotegido en un mundo que le excedía y ella la joven que parecía tener cierta dosis de experiencia, la vivaz representante de la nueva clase de señoritas catalanas que empezaban a emanciparse de las convenciones mediante pequeñas rebeldías, hoy ingenuas y entonces casi tremendas. O así lo consideraba yo desde mi óptica: se me aparecía la señorita María Rosa como una espléndida moza, alta y morena, que se iba con la de la librería a ver teatro, escuchar jazz en los festivales del Windsor Palace, bailar sardanas con algún cortejador y bañarse en las playas más selectas de la Costa Brava durante aquellos funestos días de verano en que yo permanecía en la ciudad, sometido a las innobles emanaciones del asfalto.

Para un meritorio de catorce años aquellas salidas de chicas solas eran el desiderátum de la modernidad. También lo era la franqueza, el desparpajo con que me trataba la amable María Rosa. Así dejaba transcurrir el tiempo escuchando sus anécdotas hasta que llegaba otro meritorio para advertirme que los jefes me estaban reclamando, con la reprimenda a punto. Acaso para aportar un ligero consuelo, la gentil perfumista anunció que me reservaba una sorpresa relacionada con el cine y, más concretamente, con la iconografía que siempre me fascinó.

Mi condición de meritorio de los recados me otorgaba otras ventajas: salir del agobio de las mesas uniformes, pasarme la mitad del tiempo deambulando a mi aire, un aire prolongado a voluntad, con inconsciencia y contra todas las ordenanzas. Iba a pie para quedarme con el dinero de la locomoción y aprovechaba el recorrido para ir leyendo las primeras novelas adultas que podía tomar de la biblioteca de la empresa. Y me sentía muy fascinado con los enredos de Agatha Christie, las aventuras exóticas de Pierre Benoit y los elevados pensamientos de las novelas para «lectores preparados». Eran sus autores Somerset Maugham, A. J. Cronin, Vicki Baum y Pearl S. Buck... Mi padrino Cornelio solía citarlos como emblema de buen gusto y discernimiento literario. Y es que para las loquitas de buen tono un libro era sinónimo de todas las distinciones sociales y no de todas las sabidurías, como solía inculcarme papá en los días del pasado, cuando me llevaba a visitar las naves góticas de la Gran Biblioteca.

Las tardanzas en los recados fueron nuevo abono para la hostilidad que me reservaban mis superiores. Doblegarse ante ella formaba parte de una cotidianidad que me provocaba tanta irritación como aburrimiento. Era incluso probable que contestase con muy malos modos a quienes no sabían valorar unas páginas de Agatha Christie por encima de los estúpidos recados de una vulgar empresa de autoaccesorios.

Para aliviarme del sopor llegó la sorpresa de la señorita María Rosa: una enorme caja de cartón llena a reventar de programas de cine. Provenían de los locales de Sant Feliu de Guíxols, donde ella veraneaba, y eran el resultado de varias temporadas de búsqueda y, por consiguiente, un extenso muestrario de mis sueños de infancia.

Pero la venturosa oportunidad de aquel botín no bastó para vencer el tedio de las horas repetidas día a día y el paso de las estaciones sin aportar nada.

Llegaban las horas de la comida, con los aromas rancios, consuetudinarios, propios de la estrechez. Flotaban en el oscuro entresuelo de mis padres los vahos de la estufa de petróleo, el olor a aceite frito y el sonido de la radio emitiendo el alegre reclamo de una cancioncilla publicitaria: «Quien sabe lo que se guisa, compra siempre Sopa Prisa.» O aquella que decía «Avecrem, sopa de caldo mil por cien», y la de la hoja de afeitar Palmera y la de la tableta Okal, el mejor lenitivo del dolor, y las recetas de la leche condensada La Lechera, que creo ya venían de antes de la guerra y contaban cómo utilizar aquel producto de los dioses para hacer compotas de frutas, flanes caseros, crema de mantecado, pastillas y muchas cosas más a cuál más deliciosa. (Pero yo no podía esperar y me bebía aquella leche a chorros, directamente del pote, dando así la razón al célebre pareado: «Haga frío o calor, La Lechera es la mejor.»)

A las dos y media en punto, cuando sonaban los clarines del diario hablado, emprendía el regreso a la oficina en el llamado tren de Sarriá, si iba con retraso, o a pie por la cuadrícula del Ensanche, si disponía de tiempo. Con esta maniobra, repetida un día tras otro, ahorraba las monedas que me permitirían pagarme una sesión de cine extra durante el fin de semana. Porque, siguiendo la costumbre de todo adolescente barcelonés que se jactase de bien nacido, entregaba la paga entera a mis padres, y ellos me daban unas migajas para mis gastos. Las reglas de la menestralía eran sagradas, y una familia que en mi infancia me mimó hasta la exageración, derrochando lo indecible en juguetes, pasteles y tebeos, me regateaba en la adolescencia el sueldo que me pertenecía.

Pero en aquella época no me quedaba tiempo para meditar sobre asuntos tan fundamentales como mis derechos económicos. Soporté estoicamente las absurdas órdenes de mis mayores a cambio de la alegría que me produjeron las primeras mesadas. Llegaron en sobrecitos color marrón, escritos a máquina, con las deducciones pertinentes y hasta un poco de calderilla, demostrando que la empresa no me estafaba ni un céntimo. Pero también fue una dicha de cortos alcances. Duró los dos primeros meses; al tercero, me percaté de las horas de vida que necesitaba quemar para conseguir aquel mísero sobrecito. Y no tardé en comprender que mi tiempo era mucho más importante que todo cuanto entonces podía obtener a cambio.

Estaba aprendiendo que un horario laboral se parece mucho a una cadena perpetua, aliviada con ligeros atenuantes. Sentía la angustia de llegar al trabajo siempre el último, y de comprobar que las mentiras y argucias de la niñez no me servían porque mi retraso quedaba marcado en una tarjeta que introducíamos en un reloj tan antiguo como todo el mobiliario de la empresa. Éstos eran datos muy vigilados y aunque yo lo sabía nunca conseguí llegar en punto. Confiaba en la excusa del frío para levantarme de la cama, o del excesivo calor estival cuando me retrasaba por las tardes. A fin de limpiar mis culpas, me esforzaba por aparentar gran diligencia en todos mis actos, pero éstos eran demasiado repetidos para que mi actividad fuese más que aparente. Si tuve buena voluntad, nadie llegó a creerla. De ser así, no me hubieran despedido sin contemplaciones, alegando que sin duda servía para algo en la vida pero no para ser un digno meritorio de la Harry Walker.

Mientras esto no sucedía, continuaba con mi rutina diaria: cambiar el papel en los retretes, encaramarme torpemente por una escalera de mano altísima para avanzar la fecha del calendario (un calendario que, en plenos años cincuenta, todavía funcionaba a base de cartones), archivar albaranes, hacer recados y recoger los pedidos de los empleados en la farmacia, la imprenta y la perfumería.

Cuando habían transcurrido, mal que bien, las ocho horas de jornada laboral, se nos reservaba a los meritorios una tortura añadida: otra hora más dedicada al estudio de algo que se llamaba Formación del Espíritu Nacional, asignatura compuesta por materias que se parecían sospechosamente a los preceptos de la Falange. Pero en la cimentación de mi conciencia política, ocurría lo que ya ocurrió con los preceptos de los curas: la insistencia de las lecciones tuvo un efecto contrario al pretendido, y el tedio fue la mejor coartada para que yo me negara a escuchar siquiera. Por la machaconería de los servidores del dios cristiano me salvé de ser religioso, por el aburrimiento de los teóricos de la dictadura me salvé de ser fascista. Y en última instancia tengo que agradecer a la mediocridad de mis mentores que me ahorrase muchos traumas de los que agredían a mi generación, perfectamente archivados en el futuro.

Tan equivocados como ellos estaban mis padres a la hora de guiar mis caminos. Parecían tener claro que mi vocación de meritorio estaba destinada a esfumarse a medida que aumentasen las dificultades en el trato con mis superiores. Calculaban que a fin de año estaría suplicando ser admitido en el negocio familiar para tranquilidad de todos los miembros del clan. En cuanto a papá, que ya tenía decidido mi nuevo lugarcito bajo el sol, se empeñaba ahora en asegurarme otro más firme, que me salvase de una probable catástrofe, siempre invocada durante las comidas dominicales...

—Cuando muera Franco habrá otra guerra civil, porque España es un país muy bestia y a los españoles no se nos puede dejar sueltos, porque nos dan un dedo y nos tomamos la mano... —solía pronosticar papá, tocando madera.

—Que nos dure el Franco, que nos dure el Franco... —murmuraba la tía Florencia, con la boca llena de macarrones.

—No le veo yo de mucho durar —decía mamá—. En el No-Do del Florida le encontré pachucho y arrugadito. Para mí que no está bien de la próstata.

La próstata de Franco no era el tema que más podía apasionarme en un mes muy rico en novedades cinematográficas. Pensando en ellas, fijaba la mirada en los macarrones, que flotaban pesadamente sobre un mar de caldo con regusto a domingo (mamá era tan ostentosa en la escudella que la memoria se completa ahora con el aroma penetrante, indescriptible que tiene el hueso de jamón hervido con el caldo).

—Si el Franco pasa a mejor vida, que pongan a la Franca de reina y señora... —decía la tía Florencia, royendo ávidamente aquel hueso, que era su manjar favorito.

—Pondrían a la hija —terciaba mamá—. Se la ve de lo más refinada. En el No-Do del Rondas, con aquel renard...

La muerte de Franco, acaso por temida, tardó en llegar lo que la Historia sabe. Quizá la demoraron todos aquellos temerosos que veían, en su tránsito, una forma inmediata del Apocalipsis. Pero yo ignoraba esas cosas y lo único que entendía era el amor de mi papá, un amor que ya no se limitaba a amontonar caramelos a mi alrededor, sino que se esforzaba en organizarme un refugio antibélico en toda regla.

—Si hay una guerra, al Ramonet le tocará ir al frente. ¿Y cuántos volvieron del frente? Ni el Juanito, ni el de la droguería, ni el Pauet...

Aquí seguía una extensa nómina de amigos de papá que perdieron la vida en tierras del Ebro o cuando fue llamada a filas la quinta del biberón. Significativamente, cada domingo aparecían nuevos muertos.

—¿Por qué será que medio barrio la palmó y, en cambio, yo regresé sano y salvo y sin disparar un mal tiro? ¡Porque estuve en la retaguardia! ¿Y por qué estuve en la retaguardia? Porque sabía dibujo lineal. ¿Y qué quiere decir saber dibujo lineal? Quiere decir que si el Ramonet sabe dibujo lineal podrá ingresar como voluntario en la Brigada Topográfica del Estado Mayor Central y cuando estalle esa guerra que siempre estalla en todas las situaciones ingobernables, el Ramonet estará haciendo planos en la retaguardia, tan pancho él, mientras los demás se matan a tiros en las trincheras.

Aquí reía como un conejo la tía Florencia, satisfecha de haber comprendido algo:

—Usted a veces no es tan tonto como los demás calzonazos de su sexo y condición y estado civil, casado.

Papá contestaba con cajas destempladas. Mamá salía en defensa de la tía cuchillo en mano. Nada nuevo, nada sorprendente. Era la ceremonia que había amenizado mi vida desde que tenía uso de razón. Las indirectas de siempre. Las agresiones disfrazadas de cumplido. La respuesta violenta. El pique, el insulto y, al fin, los gritos.

Pero yo estaba en otra realidad. Me hallaba inmerso en la de los temores. Sentía sobre mi cabeza la espada de unos estudios no deseados. El dibujo lineal y, después, la topografía, materias de lo más inadecuadas para un chico que suspendía permanentemente la geometría y las matemáticas y dejaba todas sus libretas de limpio llenas de garabatos egipcios.

—No quiero estudiar esas cosas. Ya estoy muy ocupado con el inglés.

—¡Pues sí que son estudios! —gritaba papá—. El inglés, para que te empapes, sólo te serviría en la guerra de Corea que, además, ya se ha terminado.

—¿Cuándo? —pregunté.

—Hace la mar de tiempo... —dijo mi hermanito, con aire triunfante—. Cuando dejaron de salir los cromos ya no había tiros.

Papá le acarició con aire aprobador y evidentes muestras de orgullo porque, a sus ojos, un niño que coleccionaba cromos de guerra siempre merecía más respeto que otro que coleccionaba los de *Mujercitas.* Y a pesar de que continuaba meándose encima, en perjuicio del aroma de la escudella, Miguel era el más firme candidato a engrosar la línea de machos de la familia. Los que sabían todo lo que hay que saber sobre las guerras de los tebeos de *Hazañas bélicas.* Los que recordaban en qué puñetero domingo paró un gol el portero Ramallets.

Antes de que papá pudiera reñirme porque prefería las películas de amor a los partidos de fútbol, cuidó la tía Florencia de regresar a las obsesiones injustamente abandonadas:

—¡Qué manía con las guerras de fuera! En la guerra de aquí, hay que pensar; en la de aquí...

Intervenía, por fin, la Yaya, que siempre se reservaba para la traca final:

—Si hay guerra no será por mi culpa. En enero del treinta y nueve inicié una novena al Cristo de Lepanto que no he interrumpido ni un solo día...

La tía Florencia, tan quisquillosa con los demás, era particularmente servil cuando se dirigía a la egregia matrona.

—Es que usted, señora Dolores, es demasiado santa. Es que además de la guerra incluye la conversión de los chinitos de la China...

—Porque ya nadie se acuerda de ellos. Nadie. Y en aquel limbo están, los pobrecitos, más paganos que Nerón y sin un Martín de Porres que les limpie la conciencia...

—Martín de Porres era negro. Y los negros y los chinos nunca se han llevado bien porque son raros de por sí.

—Es que no son pieles de recibo —decía mamá—. Los unos la tienen amarilla que parece la «tiricia». Los otros como si les hubiesen untado con betún.

—No hay como los catalanes, que tenemos la piel como Dios manda.

—Pues hay negras que están más buenas que muchas catalanas —decía papá, con su risa de carajillo—. ¿Cómo se llamaba aquella cachonda de El Molino que cantaba?:

Cómeme el bollo, Senén,
que tengo un bollo fetén.

La tía Florencia disparaba su batería:

—Cállese usted, marrano, caliente, disipado. ¡Qué asco de hombre, qué putrefacción!

Conciliaba, como siempre, la Yaya:

—Los negros y los chinos también son hijos de Dios, igual que todos los animalitos de la Creación, pero al no estar instruidos en el santo Catecismo les falta capacidad para comprender a los que tienen pieles de distinto color. Me consta que, a los blancos, no nos tragan. Y lo peor es que ya nadie se acuerda de que siguen por evangelizar. Por esto propongo que recemos los misterios de dolor...

Era la Yaya, como se ve, una beata de alto riesgo. No se limitaba a convocarnos a las tres familias para el rezo del rosario, aprovechando la suerte, buena o mala, que nos colocó a todos en el mismo edificio; además, nos obligaba a oír misa los domingos si esperábamos de ella algún regalo o, los mayores, un simple adelanto del jornal, pues continuaba llevando la administración del negocio con mano firme y estricta lucidez.

—*Collons!* —exclamaba papá—. ¿Hasta en domingo tenemos que darle al rosario?

Mamá aprovechaba para sentar cátedra de una probidad puesta siempre en duda:

—¡Jesús, que te estás dirigiendo a tu madre! —Y, con suma cortesía—: Empiece, Yaya, que hay mucho negro y pocos domingos.

Se plegaba mamá en su piedad ficticia pensando, a lo mejor, que todos los negritos estaban tan buenos como Harry Belafonte. Y hoy me atrevo a preguntarme si una negra cachonda como Carmen Jones y un negro dotado con atributos de peso no hubieran solucionado los problemas más urgentes de mis padres y así habríamos podido vivir tranquilos todos los demás.

Yo me acordaba de los chinos de la China y los negros del Congo Belga. No por su conversión, que me importaba un pito, sino por las horas que perdí recogiendo fondos para propiciarla durante aquella jornada gloriosa que los curas llamaban el Domund. Regresaba entonces a mi recuerdo la época del colegio, tan reciente y tan perdida. Me recordaba junto al Niño Rico y al Niño Rubio, endomingados los tres, cada uno sosteniendo una hucha, Rambla arriba y Rambla abajo. Pregonábamos: «Una limosna para la conversión de los infieles. Un óbolo para las almas de los sarracenos...» Y aquí preguntaba yo, por lo bajo: «¿Harum al-Rachid era sarraceno?» Y contestaba el Niño Rubio, con expresión beatífica: «Muy sarraceno. Pero tiene perdón porque era heroico.» Preguntaba entonces el Niño Rico: «¿También son sarracenos los negros de *Las minas del rey Salomón?*» «Ésos no —decía el Niño Rubio—. Ésos son antropófagos.» Salía al punto mi sentido práctico: «Entonces, más que convertirles hay que recoger dinero para enviarles comida y que no se coman a Allan Quatermain, que es más heroico que todos ellos juntos.»

Y por la noche me encendía imaginando a Stewart Granger, el aventurero de las sienes plateadas, atado a un palo de los tormentos mientras los pintarrajeados caníbales de la Metro le cortaban a pedacitos y bailaban danzas rituales con los gritos que imitaban, en sus juegos, los niños de la calle: «¡Eh chum-bam-ba, eh chumba-bam-ba!»

Pero antes de llegar a tan placenteras ensoñaciones, me tocaba soportar la tediosa jornada de la recolecta, subiendo y bajando por las Ramblas, con el pregón en los labios y la mendicidad ejercida en nombre del Altísimo. Y aunque Él lo tiene todo previsto, no calcularía aquel día la irrupción en mi vida de un nuevo elemento de concupiscencia.

Siempre me he detenido, siempre me detendré en los quioscos de la Rambla y en los puestos de sus floristas. Arrastro la costumbre desde entonces y forma parte de los recuerdos más agradables de mi ciudad. Pero aquel día del Domund, el último de mi infancia, atisbé entre los montones de libros y periódicos las primeras revistas de culturismo que veía en mi vida.

No se parecían a ninguna de las que vería en años sucesivos. Se acogían a la definición «desnudo artístico masculino», burda coartada para exhibir fornidos mozarrones que imitaban posturas clásicas y apenas se cubrían el sexo con un simulacro de hoja de parra o un triángulo de ropa conocido como *posing strap* o, a veces, *french cachette.* (Recordó Jaime Gil de Biedma, mucho tiempo después: «Nada me ha excitado tanto como aquellos suspensorios que llevaban los atletas americanos de los años cincuenta.»)

Por ser revistas de importación, su precio era prohibitivo. Para alcanzarlo tendría que estafar muchos cambios a mi madre cuando me mandase al restaurante Estevet, a por la paella de los domingos, o a por garbanzos y alubias a la tienda de ultramarinos. De pronto reparé en que no era necesario complicarse la vida ni aplazar el deseo a base de robatorios menores. Tenía en mi poder la hucha del Domund y, en su interior, bailaban las monedas acumuladas durante toda una mañana de esfuerzos. Eran, pues, mis monedas. Un botín que no tenía por qué compartir con nadie. Si acaso, con mi propio placer. Y temiendo que mis dos compañeritos no aprobasen mis ideas y, además, descubrieran mis inclinaciones, me fui rezagando hasta que se perdieron entre la multitud, hucha en ristre. Corrí entonces por la calle Santa Ana hasta dar con una plazoleta poco concurrida y allí rompí mi hucha contra una fuente muy vieja. Acto seguido, regresé a la Rambla con el corazón en un puño. La impaciencia me producía una extraña angustia que, de hecho, disimulaba una erección. Vencí mi timidez y adquirí a toda prisa las revistas deseadas. Las escondí debajo del abrigo, no sin antes reconocer los títulos para repetirlos en voz baja durante todo lo que quedaba de mañana. Se llamaban *Adonis, Body Beautiful, Tomorrow's Man* y *Demigods.* Esta última era la más bonita porque los modelos salían en colores y rodeados por escenografías muy fantasiosas: ruinas griegas, palacios morunos, espacios selváticos, playas salvajes o rocas agrestes. Como apoteosis de la extravagancia, les cubrían el sexo con una concha dorada, les colocaban un penacho de indio piel roja y, en alguna privilegiada ocasión, casco y botas de centurión romano o los arreos de algún gladiador a punto de entrar en la arena.

De regreso en la escuela, el padre encargado del Domund me cogió por su cuenta. No aceptaba ninguna de mis excusas, por otro lado increíbles ante la evidencia del hurto. Me dio varios tirones de orejas y hasta un coscorrón. Y no se privaba de agredirme verbalmente, con el desprecio de rigor en aquella santa orden.

—Mira que llegas a ser perruno, hijo de Satanás. Mira que llegas a ser perruno.

Continuó la sesión con el castigo que yo más odiaba: golpes de regla en la palma de la mano. Creo que fueron diez. Y me hizo llorar de dolor, el malnacido, pero no consiguió que sintiese ni un ápice de remordimiento.

¿Cómo iba a sentirlo si el placer que obtenía por las noches era tan excepcional? Entre mis novelas de la colección Cadete y las aventuras de Guillermo Brown me esperaban los prodigiosos cuerpos de Clarence Ross, Bob Delmonteque, Ed Fury, Glenn Bishop —con su eterna pareja, el rubiales Richard Allan— y muchos otros nombres del *male art*, entre ellos numerosos jovenzuelos anónimos que se ganarían cuatro monedas exhibiéndose en paños menores y, por las noches, ejerciendo de chulo en algún tugurio de Los Ángeles o Frisco. Pero en aquella época yo ignoraba esas cosas y estaba destinado a ignorarlas durante largo tiempo, pues la censura no tardó en prohibir la importación de las revistas de atletas desnudos. En tanto que esto no ocurría, el dinero hurtado al Domund fue una inversión cultural a largo plazo y una excelente inversión en quimeras inmediatas. Así pues, continué adorando la efigie de los semidioses de gimnasio y mandé al cuerno la conversión de chinitos, tailandesitos y mesnadas paganas todas. Y, en última instancia, ¿qué necesidad tenían los pobrecitos de cargar con todos los traumas del cristianismo?

Siguen las mascaradas de la religión, planean sobre la memoria, bombardean la conciencia y corren a reunirse con los fantasmas de la guerra, invocados en todas las sobremesas dominicales.

Aunque los años cincuenta ya habían sobrepasado su *mezzo del camin*, el recuerdo de la contienda civil se perpetuaba en la retórica de los supervivientes. Era un anecdotario constantemente repetido, ya por temor a que regresase, ya para educarnos a través del miedo. Si rechazábamos un plato de lentejas, mamá y las tías nos recordaban sus odiseas cotidianas en una Barcelona tomada por los rojos. Largas colas ante las tiendas de avituallamiento. Sobornos para conseguir un puñado de arroz. Extenuantes itinerarios a pie, a través de bosques y campos, para traer a la ciudad unos pocos alimentos que sólo era posible hallar en la granja de unos parientes.

Parecía que estaban copiando las penalidades de Escarlata O'Hara durante la huida de Atlanta, pero lo cierto es que estas escenas me habían parecido más reales y apasionantes que las de la experiencia directa de mis mayores. Por lo menos, las guerras en tecnicolor se quedaban en el cine, mientras aquella contienda en patético blanco y negro me perseguía continuamente, como si la hubiese provocado yo. La consecuencia de tanto catastrofismo era la frase jeremíaca que me dedicaban invariablemente al manifestar algún capricho o, como dije, al negarme a comer lentejas y pescado:

—Otra guerra os convendría a vosotros. Otra guerra.

Se me repetía esta amenaza hasta la saciedad, mientras *Fotogramas* me hacía llegar las primeras noticias del rock and roll y otros datos de la modernidad que se estaba cociendo en el extranjero. Pero era una modernidad que tendría que sortear los últimos recuerdos de la quinta del biberón para instalarse definitivamente entre nosotros.

Me sentía más a mis anchas cuando me quedaba a dormir en el piso que las tías habían alquilado en la zona de la Diagonal, cuando vendieron la entrañable granja de la calle Ponent, donde había transcurrido mi infancia. Les quedó una pequeña renta que debía durarles toda la vida, y como ya nunca tendrían otros ingresos se vieron obligadas a aceptar realquilados. Era el tributo que pagaban algunas familias para residir en aquel barrio de señorones. Lo cierto es que la gente vivía muy hacinada en aquella época; nosotros acabamos viviendo amontonados. El dormitorio delantero estaba ocupado por el despacho de una Cooperativa Médica que, además, se quedaba una parte de otro dormitorio para archivo de facturas. En la habitación más pequeña de la casa —un simple cuartucho— pernoctaba un simpático chófer que, de vez en cuando, se traía una novia morena para encerrarse en una intimidad que debía de ser angustiosa al desarrollarse en tan poco espacio. Por si algo faltaba, otro dormitorio estaba ocupado por unos parientes lejanos de Caspe, una familia formada por padre, madre y un hijo menor que yo y, por tanto, poco proclive a hacerme incurrir en tentación. En realidad esos tres personajes no eran realquilados: pernoctaban en casa mientras les terminaban su piso, pero las obras tardaron más de un año en llegar a su fin y, mientras tanto, convirtieron nuestra casa en la Posada del Peine.

Por las noches, prescindía de aquella pequeña sociedad de familiares postizos y me encerraba en el despacho de la Médica, buscando mis aprendizajes variados y heterodoxos. Eran prácticas furtivas que los realquilados no debían descubrir a la mañana siguiente; por tanto, si utilizaba la vieja máquina Underwood era a condición de dejarla exactamente como estaba para que no se notase mi intrusismo. Y así con todo.

La sensación de ocupar espacios que no me correspondían acrecentaba el deseo de poseer mi habitación propia. Esto era imposible en un piso con tal exceso demográfico, de manera que tenía que contentarme con nadar y guardar la ropa en previsión de posibles reprimendas. Temía especialmente la de un arisco viejecito que dirigía aquella sucursal; en cambio, me sentía completamente protegido ante la señorita Montserrat Recasens, que actuaba con particular dulzura y simpatía, confirmando una vez más que la verdadera amistad, la verdadera comprensión siempre venía de las mujeres. Y aunque seguramente notó en más de una ocasión que yo había pasado la noche trabajando en su mesa de despacho, nunca me delató al viejales.

Continuaba acumulando aprendizajes nocturnos. Por si en cualquier momento me veía obligado a trabajar de secretario, hacía prácticas de mecanografía utilizando invariablemente las primeras páginas de mi volumen de *Sinuhé.* Presintiendo que papá no cejaría en su empeño de convertirme en topógrafo, me esforzaba sin resultado en no ensuciar con los dedos mis aborrecidos ejercicios de delineante. También repasaba mis estudios de francés, ya que no podía descartar la posibilidad de convertirme en intérprete. (Alguna sabihonda le dijo a mamá: «El día de mañana, el que sepa lenguas tendrá el mundo en las manos.»)

Dormía unas cinco horas. A la mañana siguiente me levantaba a las siete para seguir un curso de inglés por radio antes de desplazarme a la oficina. Y no sé de dónde sacaba tiempo para leer los tres o cuatro libros semanales que tomaba de la biblioteca. Pero lo cierto es que los devoraba ávidamente y, en las noches interminables del verano, bajo el pegajoso calor de Barcelona, salía al balcón y contemplaba las luces de la ciudad y me sentía muy lleno, con la cabeza a punto de estallar de tantas cosas aprendidas. Pensaba que, a aquellas horas, mis compañeros de oficina estarían tomando el fresco en sus balcones o en las sillas de la Rambla, sin haberse aportado nada a sí mismos. Y aunque sentía que mis conocimientos contribuían a hacerme distinto de los demás, no me importaba porque ya no tenía la menor intención de ser igual a nadie.

Sin duda debo de tener algún pacto con la noche, porque ella ha sido durante años mi estancia más segura. Fue, en la niñez, la hora bruja de los cuentos con que atormentaba a mi familia hasta el amanecer; fue, después y siempre, la hora de los despropósitos más sublimes en forma de onanismo. Y de la noche aprendí que los sueños podían trasladarse al día para deformar la realidad a propio antojo.

Las noches en el piso de la Diagonal ya no pertenecían a las fantasías del niño sino a las quimeras que el adolescente preparaba como abono del futuro. No sé cómo llegué a sentir la llamada urgente de la cultura. Era, de repente, como un balance de las horas que había negado a mi aprendizaje, cualquiera que fuese el que querían inculcarme. En la Harry Walker seguía ostentando mi ineptitud a modo de blasón. En la academia privada recibía constantes regañinas del maestro de contabilidad mientras el director me insultaba continuamente por negarme a entender lo que cabía en las entendederas de cualquier analfabeto. En las clases de la Llotja delineaba semana tras semana la planta del mismo taburete que me dieron el primer día, descargaba toda la tinta del tiralíneas, manchaba el dibujo, rascaba el borrón con una hoja de afeitar, agujereaba el papel, el profesor me insultaba, rompía el dibujo colocando otra vez el taburete boca abajo y vuelta a empezar. Y cuando el anciano no me observaba, yo volvía la cabeza hacia las puertas entreabiertas de la clase de dibujo artístico. Estaban los alumnos enfrascados en copiar la cabeza de una Minerva, el torso de algún hoplita, quizá un fauno burlón y hasta aquel emperador famoso que yo asociaba con los anuncios de la colonia Cesar Imperator. Eran modelos lo bastante prestigiados como para que envidiase con todas mis fuerzas a los chicos que disfrutaban del privilegio de copiarlos en lugar de verse obligados a trazar la planta de un enojoso taburete. Y seguramente esta envidia de los alumnos de Bellas Artes me redimía, esta envidia me animaba a ejercer, por las noches, mi albedrío. Fue la envidia más provechosa que jamás sintió cualquier inepto.

La necesidad de entender los anuncios de las revistas americanas me impulsaba a seguir pacientemente los ingenuos cursos de inglés por radio que luego practicaba en voz baja, camino de la oficina. Y a la hora del bocadillo me quedaba en mi mesa repasando unos verbos que sólo dos meses atrás me parecían impracticables (el sonido resultaba un poco bárbaro para el oído de un niño catalán). Tanto me apasioné por los intríngulis de aquel idioma, que me sentí huérfano cuando la locutora anunció entre trompetas y timbales que el curso había terminado y quien deseara ampliar las cuatro nociones aprendidas debía seguir el resto por correspondencia. Me apunté con una avidez como pocas veces he sentido. Lo aprendido o mal aprendido por vía oral tenía su respuesta en lecciones en forma de historieta, de manera que por primera vez en mi vida abarrotada de suspensos podía ejercer un aprendizaje como si estuviese leyendo un tebeo. Quedaba, después, la impaciencia por la llegada de la próxima lección en un sobre enorme donde se me proponían nuevos enigmas, impresionantes aventuras que me estaban enseñando a denominar las cosas con palabras diferentes cuyos sonidos me esforzaba en dominar a través de la pronunciación figurada (había discos, pero en casa no teníamos gramola). Aquella aventura me mantuvo entretenido durante todo un verano y fue un auténtico regalo para el niño sin amigos, para el enemigo oficial del jolgorio colectivo. Y cuando conseguía descifrar los anuncios de la Metro en la lujosa revista *Photoplay* me sentía orgulloso de mi sapiencia y pensaba que no lo hubiera estado menos Lana Turner, viendo que el crío más inepto de un barrio menestral aprendía a entenderla cuando aconsejaba a las yanquis el champú ideal para las greñas o el lápiz que deja los morros hechos un brillo.

No negaré que mi albedrío era desorganizado, como dicen que corresponde a un autodidacto. Salvador Espriu me comentó, años después: «Los autodidactos mezclan a Goethe con la antología del disparate.» Durante mucho tiempo me acusé de haber incurrido en aquella mezcla, si no en otras peores, pero hoy decido con orgullo que a los catorce años, saliendo de la calle Ponent, ya era mucho mezclar a Goethe con algo.

¿Llegó Goethe tan temprano a la vida del adolescente inútil? Es difícil precisarlo a tanta y tan infame distancia. La veracidad de las cosas se diluye con la llegada de las influencias, pero éstas tuvieron que ser muchas, variadas y tan en tropel como para provocar mi constante entusiasmo. Es increíble que pudiera obtener tanto provecho de unos medios tan raquíticos como los que entonces se nos permitían. Al recordarlo, tengo que agradecer a mi adolescencia que fuese tan hambrienta como para encontrar agua en el desierto.

Pienso si aquella voracidad recién descubierta no era una nueva manifestación de una soledad agresiva y cada vez más acentuada. La cultura no evitaba los largos y tediosos paseos del adolescente triste ni las patéticas conversaciones unilaterales, caminando a solas por los bulevares, tragando la lluvia oscura en los domingos otoñales, mientras esperaba que empezase la sesión de algún cine de estreno para olvidarme del mundo, inmerso en la magia de las películas, cualesquiera que fuesen. Y cuando la película tardaba en empezar, amargas esperas en una cafetería, con el libro abierto pero sin ánimo para leerlo siquiera. Permanecía con la cabeza recostada contra el muro, los ojos viajando por el techo, los oídos sordos a las risas de las mesas vecinas, completamente cerrados al guirigay que armaban los seres del domingo. Los acompañados. Los compartidos. Los que tenían amigos.

Supe que me estaba haciendo mayor cuando me dejaron ir solo al cine. Aunque de niño siempre había impuesto mis decisiones a los demás, la posibilidad de decidir sin contar con ellos me revestía con todos los atributos de la autosuficiencia. Podía elegir mi programa, buscar otros, organizar mi tiempo para alcanzarlos a los dos. Las horas eran mías, las pantallas me pertenecían, la soledad se resolvía en aquella forma de la abundancia.

Mis desplazamientos hacia el cine ya no partían únicamente del Peso de la Paja. La ciudad me había revelado la posibilidad de sus mil caminos y en cada uno de ellos había un cinematógrafo esperando. Al igual que la soledad, mi cinefilia no conocía distancias. Podía llegar a los extrarradios para satisfacerla. Llegaba a viajar a localidades vecinas, como Badalona o Gavá, pese a que entonces me parecían el fin del mundo. Vencía tal temor sin dificultad. Bastaba que en un cine pobretón pusieran un programa doble con las viejas películas de mi infancia para que me embarcase en cualquier tranvía cochambroso, de los que tardaban una eternidad en alcanzar su destino. Pero a los catorce años no importan las distancias y, además, no existe el tiempo. La meta se impone como único punto de referencia. La meta es el tiempo y la distancia de todo adolescente ansioso.

La búsqueda de los cines alejados me llevó a los más ruines, allá en el Barrio Chino, al sur de mi calle de infancia, por callejas cada vez más cochambrosas, entre casas sucias y destartaladas. La frecuentación a que papá me había acostumbrado desde niño les quitaba la imagen de peligro que pudieran presentar para los honestos ciudadanos de barrios más legales. Por otra parte, me faltaba picardía para albergar temores, mucho más para desear los peligros de la carne. Si me aventuraba hasta los cines de las calles prohibidas sólo era para ver un programa doble compuesto por *Tres lanceros bengalíes* y *Un americano en París*. Entre mi amigo el leoncito de la Metro y el picudo monte de la Paramount proveían la cantidad de quimeras necesarias para convertir el recinto más mugriento en un templo de oro.

Y, a pesar de mi ceguera, aquellos locales y su paisanaje me revelaban las facetas más espectaculares de su mala fama. Butacas raídas, con el culo a punto de reventar. Pantallas diminutas, sucio el lienzo, remendado a veces. Sonido infame, voces inaudibles. Olor a caca y orines. Y siempre el rezumo de orgasmos imprevistos.

En aquellos tiempos en que el erotismo continuaba ausente de los medios de comunicación, se refugiaba, desmadrándose, en las plateas y retretes de los cines. Plateas pobladas por señoritas masturbadoras (el vulgo las llamaba pajilleras), retretes alborotados por mozuelos que salían y entraban sin cesar (el pueblo los llamaba «maricones»), últimas filas donde los adolescentes recién salidos de la escuela aprendían cuántos y cuán variados prodigios puede realizar una mano anónima que se desliza hacia la bragueta no bien aparecen en la pantalla señoritas vestidas de odalisca...

Ya mamá había denunciado el potencial erótico de las damas del harén del moro cierta noche de nevada, cuando éramos niños. Y es que en un cine situado en lo más profundo del Barrio Chino ponían un programa doble de notable envergadura: *La Cenicienta* y *El halcón del desierto*, película del filón de Orientalia donde aparecía la señorita Yvonne de Carlo, otra de las diosas oficiales del tecnicolor. (Denuncio ahora una injusticia: la indiscutible Diosa Madre del sistema fue María Montez, pero la Universal la despidió implacablemente cuando sus películas ya no daban un duro. Su trono fue usurpado por Yvonne, a quien yo no podía detestar porque no estaba al corriente de la crueldad de la industria cinematográfica. Para mí el cine seguía siendo un universo de sueños y cada reina tenía en él su trono y a todas debía el mundo obediencia ciega, admiración y respeto. Yvonne también, por supuesto. Y espero que María Montez no me lo tenga en cuenta desde su paraíso particular.)

Era tan fantasioso el programa doble que papá nos lo ofreció como regalo de martes por la noche (con esto quiero significar que era un regalo fuera de lugar). Ante semejante despropósito, gritó mamá: «Mira, insensato, que está nevando y para llegar al Edén tenemos que atravesar todo el Barrio Chino.» Pero él insistía, ante mi complacencia, porque sólo había visto diecinueve veces *La Cenicienta* y el cuerpo me la pedía otras cien. Y, además, era fanático de las películas de califas y odaliscas y todavía deambulaban por algún rincón de mi retina todas las que me habían maravillado cuando el tecnicolor era un milagro.

Papá continuaba emperrado en llevarnos al cine y aun cuando la tía Florencia le acusaba de ser más crío que yo y mis hermanos, él acabó saliéndose con la suya. Nos pusieron la bufanda, los guantes, las katiuskas y los pasamontañas, y echamos a andar por los estrechos callejones que se van perdiendo al sur del Peso de la Paja. Imposible pensar en un taxi, en aquella época. No disponíamos de la lámpara de Aladino para que nos lo proporcionase.

Nevaba con un poco de avaricia, pero al fin y al cabo era nieve de verdad. El sueño pocas veces realizado de cualquier infancia barcelonesa.

Debíamos de formar una comitiva entre curiosa y divertida. La calle estaba completamente desierta. Sólo permanecía abierto el Bar de los Espejos, cuyos escasos clientes no pudieron reprimir su asombro al vernos pasar. Algún amigo de papá abandonó las fichas de dominó y se atrevió a abrir ligeramente la puerta, con riesgo de pulmonía.

—¡Papá nos lleva a ver *La Cenicienta!* —iba repitiendo yo—. ¡Papá nos lleva a ver a Gus-Gus y a Jack!

—¿Con esta nevada? —preguntó el señor Peret.

—¡Año de nieves, año de bienes! —gritaba yo. Y añadía la canción del hada madrina—: Salagadula, chachicomula, bidibibá bidibú...

—No abras la boca, niño, que pescarás unas anginas y no podrás ir mañana al colegio.

Vana advertencia la de mamá: con o sin anginas, nadie conseguiría levantarme de la cama al día siguiente. Sería una mañana maravillosa, con la camita abarrotada de libros de *Guillermo el Travieso* y cuentos de hadas *Azucena.* Pero antes debería ganarme el derecho a los novillos. Y papá lo propiciaba con aquella estúpida salida nocturna.

A medida que nos internábamos por las callejas del Barrio Chino, la nevada íbase intensificando. Seguíamos sin encontrar un alma: ni siquiera las putas de rigor. Teníamos que apoyarnos en los mugrientos muros de las casas, porque el adoquinado estaba muy resbaladizo. Ante tantos peligros, iba mamá murmurando: «¡La madre que te parió, Jesús, vaya caprichos!», y entre resbalón y resbalón gruñía su incapacidad de entender la elección de aquel cine de mala muerte en noche tan feroz.

Lo entendimos perfectamente cuando apareció en la pantalla la odalisca Yvonne de Carlo, con el solo atavío de una falda transparente y un sujetador de pedrería. (Eran liviandades que la censura toleraba por entender que las sarracenas son casquivanas mientras que las cristianas siempre serán santas de altar.)

Ante aquella deslumbrante aparición de la odalisca mamá exclamó a voz en grito:

—*Bandarra, més que bandarra! Per veure els càntirs d'aquesta bacona ens has fet pelar de fred* (1)!

Yo estuve a punto de morirme de vergüenza cuando el público rompió en un aplauso unánime que no iba dedicado a la película ni a la odalisca, sino a mi señora madre, tan notable había sido su número dramático. Un prodigio de desgarro, creo recordar.

Más avergonzado quedó mi padre al verse tan puesto en evidencia. Pero todavía le quedaba algún destello de ingenio para excusarse:

—¡Mujer, que es película!

Fue entonces cuando gritó un señor, entre la hilaridad general:

—¡Que paren la película y hable esta señora, que tiene más gracia!

Jamás supondría la guapa Yvonne que su estómago fue capaz de desencadenar una explosión de furia que contenía todo el genio de la barriada. Seguía siendo mamá su más viva encarnación a mis ojos, pero al mismo tiempo estaba incurriendo en una ambigüedad capaz de desconcertarme. Después de los veraneos en Sitges y especialmente desde que su dibujante la sacaba en las historietas, se las daba de señorona y presumía entre todas las demás del barrio por su buena planta, lo que ella llamaba *el pamet.* Le gustaba proclamar que sus cuñadas la odiaban por ser alta —no por gastona, como decían ellas—, y cuando se decidió a vestir bien afirmó que no la soportaban por elegantísima. En cuanto a su dibu-

(1) «¡Sinvergüenza, canalla! ¡Por ver los cántaros de esta guarra casi nos matas de frío!»

jante, la recibía todos los jueves en el coquetón estudio de la Rambla Cataluña y continuaba dibujándola como fondo de sus historietas cómicas. Así puedo asegurar que cuando aparecía entre los monigotes una vampiresa con pamela, guantes y tacón de aguja, era mamá pasada por el modelo de las chicas que el caricaturista argentino Divito publicaba en la revista *Rico Tipo.* Solían copiarlas nuestros dibujantes más reputados, adaptándolas a su propio estilo. El híbrido contribuyó en gran manera al inolvidable prototipo femenino que, durante algunos años, caracterizase los tebeos de la Editorial Bruguera. Pero la dicha duró poco: la censura cayó como una furia sobre la prensa infantil y, además de prohibir a personajes que pudiesen atentar contra la imagen de la familia —como la inefable suegra Doña Tula— se ensañó con las encantadoras señoritas del *D.D.T.* al tiempo que prohibía la difusión del *Rico Tipo.* Y fue una lástima, porque era una revista de humor muy bien hecha: sus parodias de la actualidad argentina servían para revelarme un mundo distinto, que me apasionaba conocer, y las críticas cinematográficas me ponían en contacto con lo mejor del cine contemporáneo, casi todo prohibido en España.

En realidad, la censura prohibía todos los placeres, menos los adulterios de mamá. Que, por cierto, se me antojaban cada vez más refinados gracias a los modelos que ella copiaba de los figurines franceses. Era la única señora de la calle Ponent que iba a reunirse con su amante vestida por Jacques Faith o Pierre Balmain. Lamentablemente, su poderoso rostro presentaba profundas ojeras, porque a fin de lucir lo más *chic* de la temporada parisina tenía que pasarse las noches en vela ante la máquina de coser.

No era ajeno a sus conatos de refinamiento mi padrino Cornelio, que ya se consideraba en la cumbre de la ascensión social por el hecho de frecuentar con cierta asiduidad las veladas del Liceo. Como de costumbre, encontraba en mamá a una fiel oyente de sus discursos sobre las *toilettes* de la Tebaldi, lo refinada que estuvo Virginia Zeanni en *La Traviata*, y que nadie, pero absolutamente nadie como Victoria haciendo de Cio-Cio San. Respecto a los montajes exclamaba: «Tieta, qué lujo en la presentación. ¡Qué de cortinajes, candelabros y hasta mesas rococó!» Y al describir los palcos perdía definitivamente el tino con una sarta de descomedidos elogios a las grandes señoronas de la buena sociedad barcelonesa, especialmente una muy renombrada que se distinguía en la organización de tómbolas, cuestaciones para la lucha contra el cáncer y otras gachupinadas de caridad.

En este punto, mamá tenía algo que decir:

—Pues mira, Cornelio, a mí me ha contado quien lo sabe que esa señora tan fina es alcahueta.

—¡Imposible! ¡Una señora tan chic! ¡Una patricia, perteneciente a una de las grandes familias!

—Sobrino, los dandis de ahora tenéis muy poca ciencia de la vida. Me ha dicho quien lo sabe, que cuando algún miembro del gobierno pasa por Barcelona, esta señora tan patricia le procura chicas de la buena sociedad, cuanto más jovencitas mejor. Y me consta que, cuando hay cuestaciones, tómbolas y bailes de caridad, toda la recolecta se va directamente a un banco de Suiza.

Pero la voz del vulgo era algo que Cornelio siempre se obstinó en desoír porque quería ser finolis a toda costa y, en sociedad, el refinamiento pasaba por la sordera. De modo que si las damas ebúrneas ejercían de alcahuetas sólo significaba que el celestinaje era una actividad de buen tono, pues aprovechaba a los mejores.

El piso de mis tíos continuaba siendo para toda la familia un ostentoso trágala. Su barroco mobiliario, sus enormes espejos biselados, sus vitrinas abarrotadas con recuerdos de los viajes de Cornelio, todo marcaba un signo de recién estrenada opulencia que la Yaya gustaba censurar en nombre del hambre universal. Pero es probable que la repatease mucho más una situación de lujo alcanzada con métodos no previstos por la lógica de nuestra clase social. No entendía que un simple empleo en aduanas pudiese deparar a mi tío y a mi padrino mayores ingresos que nuestro negocio familiar, con todo su prestigio en el gremio y tantos años de antigüedad. Algo estaba cambiando en la vieja escala de valores de mi calle de menestrales. Algo que había empezado a funcionar con el estraperlo de los años cuarenta y culminaba en cada nueva forma de enriquecimiento que nacía de la astucia y no de la tradición.

Y mamá, que adoraba a Cornelio y le mantenía como privilegiado interlocutor de sus frivolidades, no se privaba de ponerles como a unos pingos, tanto a él como a sus padres.

—¡Si serán cursis, si serán nuevos ricos, si serán piojos resucitados!

Seguramente eran las tres cosas, a juzgar por su actuación de los domingos, cuando nos recibían a todos los sobrinos en la ceremonia llamada «los postres». Son instantes conservados en la memoria por el conjuro de algunos objetos, por el ir y venir de sabores y aromas. Ya no era el vaho del hornillo de petróleo, pues los ricos tenían calefacción central; tampoco el tufillo de las sopas en sobre, sino fragancias de repostería selecta, de café bueno, de cocina limpia y baño desinfectado. Y al cerrar los ojos veo las piezas de la abundante vajilla, con sus dibujos de apuestos pastores y exquisitas damiselas, y descubro el servicio de café, con sus paisajes chinos llenos de puentes, pagodas de nácar, arbolitos retorcidos y montañas fantasiosas. De manera que, cuando de muy mayor estuve en la China, creí ver en todos los templos y pagodas el rostro de mi tía Mercedes, incrustado en un servicio de café.

Lamentablemente también veo las habituales regañinas de mi tío por cualquier leve atentado contra los buenos modales en la mesa. Y al mismo tiempo rechazo aquella pintoresca idea de la hospitalidad consistente en limitar las raciones al máximo, de manera que más que una invitación parecía una limosna. Acostumbrado a las opíparas raciones de la lechería de mis tías, donde mi antojo era rey, tenía que inventarme mil tretas para que mi gula continuase sintiéndose reina absoluta y, por serlo, satisfecha. Siempre lo estaba, pero a costa de los demás primos, a quienes chuleaba sin piedad, consiguiendo con mil argucias un pastelillo de coco de los dos que les correspondían.

—Mucho lujo —exclamaba mamá—, pero, a la hora de invitar, más agarrados que un chotis...

—Por eso tienen. Porque saben guardar. Y porque no dan ni un puto moco.

Lenguaje inadecuado, el de la tía Florencia, para definir otra ceremonia a la que se entregaban Cornelio y sus padres en la intimidad. Y, al mismo tiempo, ceremonia que se cuenta entre las más insólitas a que podía dedicarse una familia como la mía, más notable por sus rarezas que por su normalidad.

A Cornelio se le había metido en la cabeza que mis tíos tenían que entender de ópera y, cualquiera que fuese el alcance que él otorgase al concepto entender, era obvio que se consideraba la persona más adecuada para aplicarlo. Una vez a la semana, les obligaba a vestirse de gala para escuchar grabaciones de ópera. Se ponía tía Mercedes el vestido de tiros largos, Cornelio y el tío sus esmóquines y la criada gallega el uniforme y la cofia de los domingos. Ataviados todos de tan liceística guisa, sentábanse alrededor de la radiogramola y Cornelio proponía el programa:

—Hoy nos toca la *Norma* de la Callas.

—Ésa ya la hemos oído.

—Te estás refiriendo a la *Manon*, mamá. Y no era la Callas, que era Victoria.

—Eso. La nuestra. La de aquí.

Nunca comprobé la veracidad de tales ceremonias, pero dado el carácter de mi padrino y la facilidad con que el dinero se sube a la cabeza de quienes nunca lo tuvieron, entra en el índice de las extravagancias plausibles. Y además es lícito aventurar que tres personas solas en aquel piso tan lleno de pretensiones tenían que distraerse de alguna manera.

Para mí, el piso era un refugio de la tentación. Si en ocasiones me quedaba a solas con la criada, esperaba que ésta se fuese a la compra, me introducía furtivamente en la alcoba de Cornelio y hurgaba en los cajones de la cómoda, buscando fotos de él en bañador, costumbre a la que él continuaba muy aficionado como demostración de su magnificencia física, todavía semejante a la de Cornel Wilde, como siempre pretendió. Durante esta búsqueda culpable sentía un estremecimiento delicioso, como si el estómago se me agolpase en la garganta. El temor a ser descubierto se unía a la impaciencia por la llegada de la excitación: esa que sólo podía llegar cuando me encerraba en el baño (un baño de señorones) y daba rienda suelta a mi placer ante las atléticas fotos de mi padrino. Y volvía a recordar las primeras palpitaciones eróticas, todavía en mi infancia, cuando él me tomaba sobre sus hombros en la piscina de San Sebastián y mi cuerpecillo se encendía de manera inexplicable.

Huelga decir que Cornelio continuaba haciendo oídos sordos a mis inquietudes y a cualquier insinuación, si alguna hubo. Respetaba mi parentesco, respetaba mi juventud y, en última instancia, respetaba su propio narcisismo. A cambio de algo más concreto, yo recibía con gran complacencia los constantes halagos de Alberto, que indignaban a Cornelio, no sé si como padrino o como consorte. Esto no evitó que el apuesto

Alberto continuara sometiéndome a interrogatorios ambiguos. Era como si buscase mi complicidad. Como si el hecho de que apareciese otro raro en la familia les redimiese a ellos, o los respaldase, o yo qué coño sé.

Pero papá debió de entender que en nuestra relación existía peligro de contagio («Dime con quién andas y te diré qué hora es», solía sentenciar); lo cierto es que empezó a ver con malos ojos que Cornelio y Alberto viniesen a recogerme para ir al cine o a los baños de San Sebastián. Así pagaba el inocente Cornelio las sospechas que pesaban sobre mi frágil normalidad, y así me quedé sin mi único amigo y más inmediato aliciente de excitación. Mientras, mi hermano seguía jugando con todos los chicos de la calle y haciéndose cada vez más popular entre los socios del Centro Parroquial, donde destacaba como organizador de actos deportivos y hasta de un grupo teatral de aficionados.

Pero yo me sentía excluido de aquellas prácticas, y puesto que papá seguía insistiendo en la necesidad de que me acostumbrase a pensar en mujer, tomé la oración por pasiva y busqué la asiduidad de mi prima Rosa, seguramente la única persona de la familia que se parecía a mí. Por lo menos eso decía la tía Victoria, que acaso habría preferido para acompañar a mi prima un novio cargado de duros antes que un primito tontorrón que le llenaba la cabeza de extraños pájaros. Porque salió Rosa tan cinéfila como yo y, en adelante, fue mi compañía preferida para las largas excursiones en busca de programas dobles cargados de atractivo. Era la mujer amiga, sustituyendo la posible llegada de la mujer sexo. Y así andaba yo, tranquilizado y seguro, por las incontables plateas de Barcelona.

Además de estudiar hasta la madrugada, convertía mis fantasías cinéfilas en textos o dibujos, garabateados de modo muy rudimentario en cuadernos usados que aprovechaba de los archivos de la Harry Walker. Pasaba horas enteras confeccionando mi propia revista de cine, a imitación de *Screen Stories*, entonces mi favorita porque además de permitirme el placer de la traducción presentaba novelizaciones de películas que todavía no habíamos visto. Intentaba imitarlas, improvisaba argumentos y recortaba las fotografías para confeccionar mis propios programas dobles. En ocasiones, improvisaba repartos con mis artistas favoritos, les adjudicaba personajes de mis novelas preferidas o inventaba entrevistas. En algún momento llegué a creer que había estado con los grandes de Hollywood, formulándoles mis preguntas junto a sus espectaculares piscinas. Incluso me atreví a escribir que yo debutaba como hijo de Rock Hudson en un guión que escribiría especialmente para nosotros John Steinbeck. La novelización de *Al este del Edén* publicada en *Screen Stories* me autorizaba a decidir que aquel autor sólo escribía guiones para protagonistas adolescentes.

Durante un tiempo había coleccionado unas fichas que contenían el argumento y reparto de algunas películas, amén de dos fotografías y el logo de la productora. Cuando la colección dejó de publicarse, decidí confeccionar mi propio fichero. Recortaba las cartulinas, las dibujaba, pegaba la correspondiente foto y la marca de la distribuidora y, al dorso, escrito a máquina, el reparto, la ficha técnica y mis pinitos de crítico. Al releerlos, me doy cuenta de que mi opinión no era desatinada, pero el estilo era de una ingenuidad risible, propio del que quiere expresar toda su recién intuida ciencia en un breve comentario sobre películas que, por lo demás, no merecían ninguno en absoluto.

Aunque el cine continuaba siendo mi sustento, me faltaba consejo para valorarlo como vehículo cultural en sí mismo. Mi infancia se había nutrido con las historias del cine que papá cogía en la Gran Biblioteca, y mi adolescencia se alimentaba ávidamente con las críticas de la afamada revista *Destino*, pero continuaba considerando al cinematógrafo como un derivado del mundo de los sueños y, si acertaba a plantearlo con mayor exigencia, era a condición de asociarlo con artes reputadas como selectas. No dudo que necesitaba entenderlo así para acceder a todo cuanto intuía como mensajes de un mundo superior.

Por efecto del primo Cornelio y su pandilla de maricuelas esnobs, sabía que, más que cualquier otra disciplina artística, la ópera y el ballet implicaban una garantía de buen gusto y tono social. Así pues, el cinematógrafo sería más exigente cuando las adoptaba. Películas como *Las zapatillas rojas* o *Los cuentos de Hoffmann* se promocionaban marcadas por un signo de distinción. También lo tenían unas películas italianas que sintetizaban la vida de grandes compositores, como Verdi y Puccini, en argumentos lacrimógenos, jalonados con escenas de sus óperas más representativas, fáciles de reconocer y de asimilar. Tal vez la ventaja didáctica de aquellos folletines inefables fue que yo no llegase desinformado al mundo de la ópera.

No era sorprendente en un pequeño menestral barcelonés. Al fin y al cabo, hasta las vecinas más burdas desearon ir alguna vez al Liceo y más de una había visto fragmentos de ópera en las películas del cine Goya. Y no diré que su explicación del fenómeno resultase menos cautivadora por ser indocta:

«—Yo, qué quiere que le diga, Angelina, sería incapaz de aguantar una ópera entera, pero la película del Goya es otra cosa, como más llevadera, porque han elegido las romanzas más bonitas, las que no tienen desperdicio, y resulta que queda una especie de popurrí que hasta es bonito, ¿sabe?, porque representa que Mario Lanza, que tiene una voz preciosa, como de haber ganado el concurso Fajas Jumar de la radio, pues va Mario triunfando por esos mundos y en cada ciudad que canta te enseñan un teatro de lo más lujoso y sueltan un fragmento de ópera, y mire, Angelina, hasta ilusiona irlos reconociendo, que diría una que es entendida y todo.»

Así empezaba, en mi novela *Amami, Alfredo!*, un diálogo entre dos «corifeas de la calle Ponent» que contaban a su manera el fenómeno operístico. Pretendí sintetizar por medio de la sátira la recepción de las formas culturales superiores en labios de las gentes de mi barrio. No cambiaría aquel fragmento si decidiese escribirlo ahora, para incorporarlo a mi propia vida. En la expresión popular, que en 1956 permanecía incontaminada, lo sublime y lo mediocre se entremezclaban y, en su aparente caos, ofrecían un pequeño milagro de conocimiento, abierto de par en par, para ser aprovechado tantos años después. Y es que acaso el escritor de hoy deba mucho al adolescente solitario que descubría destellos de alta cultura en el discurso de las vecindonas.

Lo extraordinario de una iniciación cultural, cualquiera que fuese su grado, era la sensación de un despertar constante, del descubrimiento continuo, producido por una voluntad que se iba haciendo compulsiva. Pero existía también la intensa maravilla del reconocimiento, de aprender a valorar piezas que conocí en un contexto inferior, en una valoración a ras de tierra. Así me ocurría con melodías clásicas que yo conocía banalizadas a través de otros medios, especialmente la radio. Me sabía de memoria la encantadora melodía que preludiaba un espacio de radioteatro y la tarareaba sin intuir siquiera su categoría, pero cuando escuché por primera vez *La Traviata* reconocí en el preludio las notas de aquel programa y me sentí inmerso en un placer muy parecido al del reconocimiento de la propia sabiduría. Y lo mismo ocurrió cuando pude conceder nombre de autor a cierta marcha de trompetas que abría pomposamente un anuncio conocido por todos los barceloneses: «Para marcos, cornucopias, santas cenas,

Montfalcon, Boters 4 final Puertaferrisa...» La marcha, perfectamente inadecuada para el producto, pertenecía a la escena triunfal de *Aida*.

Esta sensación de sobrepasar valores establecidos, reconociendo su superioridad, era una maravilla y, al mismo tiempo, la confirmación de que me estaba situando por encima de mi entorno. Para las corifeas del barrio, el acompañamiento musical a las firmas citadas se limitaba a ser un sonsonete cotidiano, mejor o peor que otros. Para mí ya eran puro Verdi. Presentía que este solo reconocimiento engrandecía la vulgaridad, enderezándola hacia la apreciación del genio.

Algo parecido ocurrió a través del cine de los sábados, mirado ya con otra óptica, escrudriñado más allá de sus propias intenciones. Los espectaculares anuncios de películas por lo demás mediocres me llevaban al aprendizaje de un idioma raro, pero si eran adaptaciones de obras literarias descubría en los repartos nombres de autores que constituían una revelación y que, sorprendentemente, tampoco se agotaban en sí mismos. Buscando a estos autores que habían gozado del privilegio de ser llevados a la pantalla, recalaba en colecciones desconocidas, en cuyas solapas se anunciaban nuevos títulos. Era lógico deducir su calidad gracias al placer que me había producido el autor leído.

Era aquélla la época de la vida en que la cultura llegaba por las vías más dispares, por los caminos más inesperados. No se podía rechazar nada y, aunque yo no lo sabía con certeza, nada rechazaba, por si acaso.

Así descubrí los grandes fetiches de la cultura llamada eterna, sin otra ayuda que la que yo mismo iba hallando en la cultura misma; sin otro tutelaje que mi afán por evadirme de la mediocridad que me había sido marcada de antemano. Seguía siendo el hijo predilecto de la noche, porque sólo en la noche podía convertir mis fantasmas de infancia en un aprendizaje provechoso. Y si es cierto que ya no se me aparecería Peter Pan, no lo es menos que obtuve una excelente compensación porque empezó a visitarme William Shakespeare. Ocurrió de manera inesperada pero también característica de mi método, ajeno a todo método y siempre marcado por la suprema providencia del cinematógrafo.

El azar del arte actúa al margen de la voluntad del aprendiz, arrojándolo inesperadamente a experiencias que no sospechaba. Un libro, una melodía, un cuadro aparecen por sorpresa en el momento necesario y su impacto actúa de inmediato, pulsando las cuerdas de una voluntad desprevenida. Nada los anunciaba y sin embargo están ahí, dispuestos a cautivarnos y a influirnos durante toda la vida. Son las revelaciones que llegan vírgenes de promoción, nunca impuestas. Es un impacto completamente libre.

Yo llegué al cine Goya de mi infancia atraído por no sé qué película de complemento, y prescindiendo de la principal: una versión en colores de *Romeo y Julieta* debida a Renato Castellani. Ni el argumento se contaba entre mis preferidos ni recordaba más que vagas, difusas imágenes de una versión hollywoodiense rodada enteramente en estudio, con todo tipo de licencias ambientales y libertades atroces en la edad de los protagonistas (Norma Shearer tendría cuarenta años; Leslie Howard, cuarenta y uno). Por otro lado, el director de la nueva versión pertenecía a la escuela del neorrealismo, un tipo de cine al que no me había acercado ni por casualidad. Poco podía saber que el mérito de aquella película consistía en la adaptación de los postulados neorrealistas a la dramaturgia shakespeariana. Y en última instancia, ¿quién era Shakespeare sino el guionista de un *Julio César* en blanco y negro que me había aburrido cuando niño?

Bastaron unas pocas imágenes para hechizarme. La cámara había saltado a los rincones más prestigiosos del Quattrocento italiano recreando en toda su magnificencia un universo que yo desconocía: un mundo bendecido por la belleza, regulado por formas y coloridos que nada tenían que ver con la antigüedad recreada por Hollywood. De repente, el medioevo de *Ivanhoe* se me antojaba falso; el cartón piedra de *Sansón y Dalila*, una bastardía ridícula. Todo esto fue quimera del pasado. En cambio, las murallas de aquella Verona respondían a una realidad que yo podía comprobar con sólo acercarme a los amados rincones de mi barrio gótico. Eran unas murallas veraces. Unas ménsulas sinceras. Unos arcos para siempre míos.

También desde un principio me cautivó el esplendor de los diálogos. Jamás había oído manera más sublime de transfigurar la realidad. Romeo contaba sus penas de amor a su primo Benvolio y, de lo que podía ser un mensaje simplón, emergían multitud de florituras verbales que lo transfiguraban, como si monologasen los propios ángeles. Y en la escena del baile, jugando con manos y máscaras, Romeo Montesco y Julieta Capuleto transformaban los elementos convirtiendo las manos en peregrinos y las máscaras en expresiones vivas. Todo por medio de las palabras.

Lloré a mares con el destino de los *star crossed lovers* pero no retuve la emoción que solía inspirarme el cine de siempre. Era, en todo, otra cosa. Era la inconmensurable belleza de un escenario desconocido —el Duomo de Pisa, supe después—, era la exquisita plasticidad del vestuario de Leonor Fini y los suaves acordes de una música que depositaba la antigua polifonía en la calle Ponent sin que nadie se hubiese enterado. Sólo un solitario de catorce años que, sin pretenderlo, acababa de ingresar en un estadio superior de la belleza.

Presidiendo aquel estadio, y cualquier otro, se encontraba la metáfora poética, finalmente revelada de manera adulta.

Acababa de asumir la grandeza del verbo. Atrapado por su impacto, quise poseerlo a toda costa. Sus ecos martilleaban en mis oídos durante las horas de trabajo, me acompañaban en las clases de delineante, me impulsaban a reconstruir frases enteras mientras caminaba hacia cualquier recado. El mismo eco me estaba reclamando desde el cine Goya, al final de mi calle. Y como sea que pasaba por delante al regresar a casa, permanecía largo rato contemplando los cuadros, como siempre hice. Pero en aquella ocasión ya no me bastaba con las imágenes. Seguía necesitando las palabras.

Aquel fin de semana lo pasé en el Goya, viendo cuatro veces *Romeo y Julieta.* No me importaba llegar tarde a casa ni soportar reprimendas. Ninguna sería más severa que la que el viejo Montesco dedica a su hija cuando ésta se niega a casarse con el apuesto conde Paris. Y, además, bien decía la nodriza: «Corre a buscar felices noches a los felices días.» Así pues, prescindí de la cena consagrando mi noche del sábado a la infinita felicidad de una noche plenamente shakespeariana.

Ni siquiera el alba pudo detenerme. Asistí a la matinal del domingo provisto de una libreta en la que empecé a apuntar los diálogos, cogidos al vuelo, completados o rectificados en los dos pases de la tarde. Continué haciéndolo en los días que siguieron. Al salir del trabajo, ya no me entretenía como antes en las distribuidoras cinematográficas; por el contrario, se me llevaba el diablo en una prisa y entraba en el cine Goya o, mejor dicho, en la plenitud de la Italia renacentista.

Mis continuos retrasos empezaron a inquietar a mamá. No era aquélla una época en que a un obrero de catorce años se le permitiese llegar más allá de las nueve, y si se rompía la regla era sólo a condición de que alguna clase nocturna lo justificase. Como mi orgullo por aquella recién descubierta devoción era más fuerte que mi capacidad para mentir, confesé que pasaba dos horas diarias en el Goya, transcribiendo los diálogos de *Romeo y Julieta.* Al principio mamá no me creyó, pero al recordar anteriores y numerosas extravagancias mías aceptó la excusa, bien que reparando principalmente en la parte económica de la cuestión.

—¡Mira que llegas a ser! Te saldría mucho más barato comprarte el libro.

Fue otra revelación. Mi texto favorito estaba, pues, en un libro como los que papá me había enseñado a amar en la Gran Biblioteca. Sólo necesitaba buscarlo. Lo hice en las solapas de las novelas que solía leer durante los recados: no aparecía mencionado en las ediciones de Agatha Christie, ni en las de Frank Yerby ni en las de Vicki Baum. Pensé por un momento que mamá se había equivocado pero, un día, me llegó un recuerdo lejano: los libritos de la colección Araluce, en los que la excelente señora María Luz Morales había sintetizado las obras clásicas de la literatura universal. En uno de aquellos preciados volúmenes había leído yo historias abreviadas de Shakespeare, acaso la de *Romeo y Julieta.* Pero si el recuerdo era una pista, no constituía en modo alguno una tabla de salvación. Las ediciones para niños no respondían al texto que me regalaba los oídos cada día en el cine Goya. La prosa, que de niño me habría hechizado por sus posibilidades narrativas, carecía de la fuerza poética que estaba guiando mis nuevos pasos. Necesitaba una edición que los atendiera, y la encontré en un volumen de la colección Austral. Contenía la traducción de Astrana Marín que, muy juiciosamente, había sido aprovechada para el doblaje de la película. Con ligeras variantes, las palabras mágicas correspondían a las que yo había estado anotando en la oscuridad del gallinero del Goya.

Aquel volumen comprendía otra obra de Shakespeare. Era el *Otelo.* A los nueve años había visto la versión cinematográfica de Orson Welles, pero no estaba preparado para conocer los alcances del genio, de manera que me dormí. En cambio, la lectura de la obra me mantuvo despierto toda una noche. Y al buscar en el índice de autores de la colección Austral descubrí que Shakespeare tenía muchas más obras, y yo todo un triste verano por delante.

Fueron dos meses de lectura muy intensa, pero no me apartó de mis autores de siempre. Había descubierto la sublimidad sin dejar de disfrutar con lo mediocre. Para ayudarme, tenía que llegar el Joven Inquieto.

Además de los diálogos y los escenarios, el filme de Castellani contenía un nuevo elemento que despertaba mi inquietud cada noche. Como antes ocurriese con los niños prodigio del cine, Romeo Montesco era el adolescente a quien quería como compañero, y al sentir a mi tía roncando a mi lado imaginaba que su cuerpo era el de Romeo, portador de palabras maravillosas. Y creo que llegué a llorar amargamente al constatar que no era así.

Es posible que estuviese enamorado del joven actor inglés que interpretaba a Romeo en aquella gozosa ocasión. Años después hice un apasionado retrato del personaje en mi novela *Onades sobre una roca deserta*, pero estaba inspirado por otro gallardo actor a quien conocí durante mis años en Italia: un Romeo de diecisiete años, fogoso, idealista y sobre todo provisto de un físico que recordaba a un *garzonzel* del Renacimiento. Y si bien caí prendido de su encanto, me liberé cuando él pasó a interpretar papeles que ya nada tenían que ver con su primera encarnación. Sin Shakespeare y con dos años más, el divino efebo perdía todo su encanto.

Lo mismo ocurrió con el Romeo de la película de Castellani: le rendí culto cuando fue el valeroso sir Kenneth de *El talismán*, perdoné su insignificancia cuando abordó la comprometida empresa de interpretar a uno de los compañeros de la nueva e innecesaria versión de *Las cuatro plumas* y dejé perder su pista cuando Hollywood le incorporó a una serie de personajes que mi fantasía no tenía previstos.

Quedaba, pues, la permanencia del pequeño mito de Romeo Montesco. Es difícil precisar qué pudo seducirme en un personaje que se pierde a cada momento, un adolescente que casi se esfuma aplastado por la férrea voluntad de su compañera y ante la vehemencia del discursivo Mercucio (dicen las gentes del teatro que Shakespeare mató a Mercucio al final del segundo acto porque amenazaba con llevarse la obra, en detrimento del etéreo protagonista). Lo que sin duda me conmovió fue su vulnerabilidad ante el amor, ese fenómeno cuya llegada estaba yo ansiando, sin saber nombrarlo, del mismo modo que no sabía nombrar las cosas de Shakespeare.

Todo jovencito anómalo tiene que acostumbrarse a buscar sus raíces, y la sobada incógnita de qué fue primero, el huevo o la gallina, nunca es invocada en vano. En el caso del adolescente soñador que yo era, justo es preguntarse si fueron primero los actores o su máscara, si los actores me seducían por su prestancia, la de sus personajes o la carga que yo depositaba en ellos. Sentí transportes amorosos sin reconocer que detrás de este sentimiento pudiese existir una inclinación culpable; en este proceso de idealismo desproveía a mis actores de todo efecto erótico, que descargaba en otros menos queridos o, a partir de un momento determinado, en los adonis de las revistas de culturismo. Desvié hacia aquellos cuerpos desnudos la burda carga del deseo. Era como si no quisiera mancillar a mis galanes, y esta maniobra de ocultación me hace pensar que tenía una clara conciencia del pecado, aunque la disfrazase bajo la aureola de menefreguismo que mi tranquilidad espiritual necesitaba. No fueron coartadas lo que me faltaba. Ya que Romeo me había llegado bajo un envoltorio estético sublime, consideraba mi fogosa devoción como una licencia platónica. Como Sinuhé se presentaba con la coartada de la antigüedad, su apostura quedaba tan inofensiva como la del niño Tutankamon. Y cuando vi la *Aida* cinematográfica me sentí violentamente atraído por Radamés, interpretado por un actor por demás inocuo, que sólo pudo despertar alguna admiración a causa de unos muslos generosamente mostrados gracias a unos uniformes muy menguados. Las referencias al Egipto faraónico me sirvieron de excusa. Pero llegó un punto en que resultaba demasiado casual que me sintiese fascinado por Sinuhé y el príncipe estudiante al mismo tiempo y que ambos estuviesen interpretados por un actor de escasa gloria, Edmund Purdom. En cuanto al Radamés cinematográfico, salía demasiado ligero de ropa para atribuir a Giuseppe Verdi la culpa de mis desvaríos.

Sueños rosados, quimeras azul celeste, raptos propios de un romanticismo degradado, sustituyen en la adolescencia a los arrojados capitanes de ayer. Empiezo a motivarme con las situaciones ñoñas, vibro con las comedias suntuosas, me acojo a las melodías que buscan el reclamo del pasado, la nostalgia por épocas perdidas. Mi sueño de amor se concentra ahora en la renuncia de *El príncipe estudiante*, una versión en colores de la opereta de Sigmund Rosenberg cuya carrera comercial por todos los cines de la ciudad sigo paso a paso, tarareando en solitario sus canciones con el mismo fervor que los versos de Shakespeare. (¿Fue el Bardo quien escribió *Verano en Heidelberg*?) La cursilería que parece condición inherente de cierta homosexualidad no me ha abandonado. A los catorce años alimento las quimeras de una modistilla mientras imagino que soy el arquitecto del Partenón.

Soñaba con las ventajas de la alta cultura pero me entregaba a masturbaciones completamente subculturales. Los papeles interpretados por los galanes del cine se encarnaban en mí, provocando deliciosas quimeras que podían resultar atormentadoras si me obligaban a elegir entre el mundo del ensueño y mi realidad de la calle Ponent. Íbanse sucediendo los equívocos. Si me imaginaba representado bajo los rasgos de Radamés, esto no significaba que desease ser heroico, sino lindo. No existía mayor drama que mi acusado complejo de inferioridad ante la belleza de otro hombre.

El miedo a los demás me llevaba a crear situaciones que me permitían vencerles, superando todos sus méritos. En ocasiones sucesivas fueron méritos que yo les atribuía, engañado siempre por un mundo de apariencias que a la postre resultaba falso oropel. Pero en su momento les creía superiores, me humillaban con su apariencia, luego, tenía que reaccionar oponiendo realidades que ellos nunca pudieran conquistar...

Cuando cumplí quince años, todavía era un niño que jugaba a ser mayor porque llevaba un jornal a casa. Se me exigía comportarme como adulto y, sin embargo, mi alma continuaba absorbida por los sueños de la infancia. Esto no ocurría sin que tomase mis pequeñas venganzas: en realidad, eran defensas contra los daños del recuerdo. El principal causante de mis dolores, el Niño Rico, quedaba perdido entre las diversidades que la vida nos había impuesto a ambos. Poco más de un año había bastado para que perdiese su pista: estaría terminando su bachillerato, quizá trabajando como oficinista en otra ciudad o como mecánico en la misma que yo. En cualquier caso, empezaba a olvidar su rostro. No sus palabras de desprecio, pero sí sus rasgos, su mirada, el timbre de su voz. Empezaba a mitificarle bajo su distinguida apariencia de pequeño lord y el brillo de sus increíbles rizos negros. Y aunque yo no lo sabía entonces, el amor que incurre en mitificación está buscando una de las formas del olvido.

En cambio, sí quería recordar el cuerpo del Niño Nadador, mi mejor compañero en los veranos de Sitges. Siempre fue simpático conmigo, y, desde su virilidad, sumamente afectuoso. Era uno de los pocos intérpretes de mi infancia con quien llegué a entenderme, sin que nuestra relación tuviese un final violento o desagradable. Todo lo contrario: nos despedimos al final de las vacaciones con el propósito de reunirnos el verano siguiente en la barbería del Cap de la Vila, cuyo amable propietario solía guardarnos una voluminosa caja con todos los programas de cine de la temporada de invierno.

El reencuentro nunca llegó para mí. La familia decidió que no volveríamos a veranear en Sitges a causa de no recuerdo qué problemas económicos, y durante tres meses primó sobre mi recuerdo aquel cuerpo de piel lisa, tostada, casi mulata, con sus potencias varoniles realzadas por el escueto eslip imitación piel de tigre. De esta guisa imaginé siempre a Boy, el hijo de Tarzán, aunque nunca nos lo mostrase así la Metro. En cambio, lo consiguió sin pretenderlo el Niño Nadador. Y aquella imagen continuaba subyugándome en el año de mi soledad.

Una vez más confundía los términos. El impacto de un cuerpo me llevaba a pensar que era el acompañante ideal para mi espíritu y esta confusión, esta mezcla de atribuciones, me empujó a buscar a Jordi en la ciudad, en un intento desesperado por reanudar nuestros encuentros. Esperé, pues, con impaciencia la confortante llegada del otoño, final de todos mis males y regreso de los seres queridos.

Le recuperé en una dimensión que yo no estaba en condiciones de asumir: en una piscina cubierta donde entrenaba diariamente, a últimas horas de la tarde, cuando se lo permitían sus clases o, no recuerdo bien, la actividad en el taller de encuadernación propiedad de su padre. Y aunque aquellas obligaciones cotidianas se imponían sobre su imagen, bastaba con verle aparecer en el tercer trampolín de la piscina para que mi imaginación se disparase, restituyéndole al universo heroico en que originariamente le tuve situado.

Aquel universo se inscribía en la tradición de los tebeos del jueves, mucho más que en la del cine de los sábados. ¿De qué extrañarse? El exacerbado compañerismo que practicaban nuestros héroes de papel dio lugar, en ocasiones, a jugosos equívocos de carácter erótico que incluso sus autores estaban muy lejos de sospechar. Cuando, doce años después, publiqué mi libro sobre los *cómics*, el autor de *El Guerrero del Antifaz* manifestó su disgusto por las implicaciones homosexuales que yo encontraba en la relación del héroe con su rubio escudero Fernando. No era una aproximación que inventase yo; cuando menos, no completamente. Algo parecido se escribió en América sobre la relación de estrecho compañerismo entre Batman y el joven Robin («el sueño de dos homosexuales que quieren vivir juntos»), y aunque la admiración que yo sentía por mi amiguito de los veranos de Sitges distaba mucho de presentarse con tan rotunda claridad, no por ello dejaba de encenderme por las vías más directas: las de una carne que despertaba sin advertir y reclamaba sin aclarar. Porque yo continuaba sin confesarme de una vez por todas que mis compañeritos me atraían más allá de lo normal.

Hasta entonces yo no había visto en la vida real a un adolescente tan bien formado como aquél. Cualquiera de sus acciones en la piscina reclamaba al modelo atlético más cercano, que para mí se hallaba en los agentes Jack y Bill de la serie *Aventuras del FBI.* Jack era el maduro, el más poderoso; Bill, el jovencito colocado bajo su tutela. Ambos presentaban un físico atlético, acorde a su edad y condición: más hercúleo el uno, más efébico el otro. Pero lo decisivo para mi fantasía era que en numerosas ocasiones veíanse obligados a quitarse la camisa —¡gajes del aventurero!— y en otros casos se zambullían en piscinas, ríos o mares con el solo arreo de un eslip de competición. Sin duda yo continuaba asociando aquella prenda con la imagen de Cornelio y Alberto en los baños de San Sebastián. Y al descubrir que mi amiguito de Sitges circulaba de idéntica guisa por la piscina, la imagen del adonis ideal quedó completamente fijada. Por si alguna perfección faltase, se revelaba extremadamente diestro, fuerte y ágil. A ojos de un meritorio que se mareaba al subirse a una escalera de mano, cada gesto suyo se convertía en una hazaña de alcances inconmensurables.

El joven campeón era completamente ajeno a mis fantasías. Otras bien distintas eran las suyas. Pretendió inducirme a la práctica del deporte, con resultados nulos. Me hablaba de novias, sin percibir que a su sólo conjuro yo me volvía irritable y, por reacción, extremadamente posesivo. Cada uno de sus galanteos era fuente de intensos sufrimientos. Y así resultaba que el amiguito al que quise recuperar como consuelo de mi soledad me estaba obsequiando con un infierno peor que la soledad misma.

Comprendí que nuestra amistad ya era de todo punto irrecuperable cuando le propuse ir juntos a un cine situado en la misma acera de la piscina. Sólo tenía que dar unos pasos y reunirse conmigo, pero se excusó alegando que se había comprometido con su pandilla de chicos y chicas para ir a jugar a la bolera. Aquella elección me pareció imperdonable. Porque en el cine daban *La condesa descalza* y todo el mundo sabía que era el asunto más escabroso proyectado jamás en un cine de Barcelona.

Tuve que escandalizarme a solas. Y, entre lágrimas, comprendí que todos los niños se habían hecho mayores mientras que yo continuaba sin cambiar de tiempo.

¿Pude solucionar mis problemas aceptando la urgencia de mis pensamientos impuros? No sería aquel año, porque me lo hubiera impedido el rapto de misticismo que se adueñó de mí, convirtiéndome en aprendiz de santito. Y a fe que mi cambio no carecía de mérito porque se producía lejos de la influencia de los curas y me inculcaba con poderosa fuerza lo que ellos habían intentado inculcarme durante años sin resultado alguno.

La inductora fue mi augusta abuela. Pocas personas me obligaron a sufrir tantos latazos religiosos y en ninguna he visto tan rastrera servidumbre a los símbolos vaticanos encarnados en su entonces cabeza visible: Su Santidad el papa Pío XII. Este gerifalte adornaba el dormitorio de la Yaya en multitud de estampas, calendarios y recortes de periódicos. Aparecía en todo tipo de actitudes, vestuario, ambientaciones y ejercicio de potestades. En silla gestatoria (¿qué gestaría?), bajo palio, entre miembros de la Guardia Suiza, con mitra, báculo y tiara. A decir verdad, la Yaya descubrió para su dormitorio el empapelado pontificio. Fue una precursora de Laura Ashley con indulgencia plenaria.

Desde niño había aprendido que para conseguir algo conviene seguir la corriente a los orates y, al llegar a los dieciocho años, seguía practicando. Conseguí que la Yaya me pagase la entrada del fabuloso Cinerama, al decirle que salía Pio XII celebrando una misa solemne allá en sus fincas. Mejor dicho, le chuleé la entrada en dos ocasiones, porque el primer programa de aquel invento descomunal coincidió con la muerte del pontífice y, para mejor rentabilizarla, los exhibidores incluyeron un avance de la citada ceremonia. Y así queda escrito para la Historia que de la oportuna muerte de un representante de Cristo siempre saca provecho un aprendiz de pícaro.

Con anterioridad a tan fúnebre evento, me llevó la Yaya a pasar unos días de vacaciones en una localidad costera. Recuerdo que en el cine al aire libre vi a Marlene Dietrich haciendo de gitana morena, casi negroide, en algo titulado *En las rayas de la mano.* Éste es el tipo de despropósitos que nunca se olvidan, pero mis cortas vacaciones fueron días menos olvidables porque las radios anunciaron estrepitosamente que nos encontrábamos a pocos meses del Fin del Mundo.

Era la noticia más terrible que yo oía desde que Rita Hayworth se divorció de Ali Khan.

¡La destrucción de la Tierra! ¡El día del Juicio! Son amenazas ideales para aterrorizar a un adolescente sensible; las mismas que una yaya beata sabe aprovechar para convertir a un nieto prematuramente ateo. Por otra parte, la amenaza no carecía de lógica, más aún si el nieto ha soñado imprevistas catástrofes, tremendos cataclismos, resultantes de ver veinte veces *Cuando los mundos chocan.* La destrucción de la Tierra entraba en las posibilidades de cualquier año funesto. Bastaba con mirar las estrellas para comprender que eran muchas —nunca reparé en que fuesen tantas— y que podían colisionar de un momento a otro con el Empire State. De hecho, era un milagro que no hubiesen colisionado antes. Era increíble que no se hubiese producido un castañazo nuclear por ley natural. Pero la Yaya tenía algo que decir a este respecto:

—No es una ley natural. Es una ley a la que el Señor se ve obligado.

—¿Y a santo de qué?

—Por los pecados del mundo. Lo hizo ya cuando nos mandó el Diluvio. Y anunciaron los profetas que la próxima vez que la humanidad se pervirtiera, el mundo sería destruido por el fuego.

—¿Y qué podemos hacer, abuela?

—Rezar, hijo. Rezar mucho.

—¿Para que el Señor no nos liquide?

—Para que después de muertos nos reciba a su diestra.

—Yo no quiero estar a la diestra del Señor, Yaya. Quiero estar en Barcelona para el estreno de *La última vez que vi París,* que es de Liz Taylor.

—Esa vampiresa también se morirá. Todos nos moriremos porque el Señor ha decretado el fin de todo lo creado. Y si Él fue el creador, ¿quién se atrevería a discutir su decisión?

—¿O sea que nos vamos a la mierda, Yaya?

—Nos vamos al cielo los congraciados con el Señor y al infierno los mal hablados como tú, nietecito.

Obsesionado por aquellas palabras, me quedé varias horas observando la bóveda celeste, y así volví a percatarme una y otra vez de su inmensidad, pero no para admirarla, antes bien para temerla. Porque aquella visión añadía más miedo al que ya tenía. Y si al miedo a la naturaleza se añadía el remordimiento por los pecados de tanta gente, el pavor estaba asegurado.

Viví obsesionado por la idea de redimir mis pecados y el de los seres queridos. Y como a nadie quería más que a mi madre, y su relación con el dibujante de tebeos era la más pecaminosa de todo el barrio, decidí que mi deber era sufrir por ella a semejanza de aquel santito griego, san Panuflo, quien padeció martirio para redimir a su madre, que era puta de las de entonces. (No cortesana, tampoco hetaira; no: puta de lo más tirada.)

Yo me había excitado a menudo pensando en martirios infligidos a los cristianos, pero aplicármelos a mí mismo era mucho más de lo que mis tendencias místicas aconsejaban. Por otro lado, mi mamá no era como la de Panuflito: se limitaba a ser adúltera de las de velo negro, encuentros furtivos en un estudio coquetón de barrio distinguido y mucho mentir al llegar a casa.

Empecé a observarla con malos ojos. Pecadoras como ella

habían atraído sobre la raza humana la ira de Dios. Por culpa de sus citas amorosas pagábamos con un Apocalipsis todos los que no teníamos ninguna. Empezaba a detestarla. Estaba claro que era una viciosa irredenta. De admirador de sus artes de seducción pasé a convertirme en inquisidor de su conducta. La vigilaba estrechamente cuando hablaba por teléfono en voz baja; preguntaba a mis tías a qué hora solía regresar los jueves, día de sus citas galantes y, a fin de hacer ostensible mi desprecio, tardé algunas semanas en abrir los tebeos donde su amante solía dibujarla.

A medida que se acercaba el Fin del Mundo, mi alma se ablandaba en provecho de una actitud más caritativa. Pudiera ser que los pecados de mamá se debieran a falta de consejo y, según mis últimas noticias, dárselo a un pecador equivalía a una obra de caridad. Ninguno de nosotros estaba tan libre de culpa que no necesitase un intercambio de favores. Si yo salvaba a mamá, poniéndola en manos de alguien autorizado para aconsejar, le rendía un gran servicio que repercutiría en favor mío. Cierto que intenté convencer a la tía Florencia de que se arrepintiese de sus tacos ante la proximidad del día del Juicio, pero mi acción era de poca monta, porque lo era la falta. Redimir a una liviana era el servicio que me correspondía cumplir para que, al llegar el cercano Apocalipsis, me fuesen perdonadas mis numerosas masturbaciones, que era mi pecado más al alcance de confesión. Tanto lo era que el confesor de los mercedarios me espetó un día:

—¿Otra vez, criatura? No sé cómo no se te rompe la muñeca, con tanta repetición.

Desde el regreso de mis vacaciones frecuentaba la iglesia con una asiduidad que dejó perplejos a todos, incluida mi abuela. Confesaba al menos tres veces por semana. Por las noches volvía a abrir mi misal de infancia, un polvoriento *Mi Jesús*, para acordarme de los ritos que llevaba tanto tiempo sin practicar y muchos de los cuales me negué a aprender cuando me correspondía. Pasaba el rosario cada noche, rezaba en la cama oraciones en tropel, y a la mañana siguiente prescindía de mis lecciones de inglés para consagrarme de nuevo a la plegaria. Y mientras me dirigía a la Harry Walker, caminaba con la mirada fija en el cielo, para comprobar si el sol se estaba apagando o algún planeta se movía.

El Fin del Mundo se estaba acercando, pero los planetas seguían en su sitio. Todo estaba demasiado tranquilo para que intentase siquiera convencer a mis compañeros de trabajo. Si hubiese interrumpido sus discusiones de fútbol para hablarles del Apocalipsis me habrían tomado por loco. Además, eran tan machos que no tenían la menor intención de ir al cielo. Así pues, la pecadora más a mano seguía siendo mamá.

Curiosamente, la redimí por despistada.

Uno de sus habituales descuidos me sirvió en bandeja la posibilidad de redimirla. Se contaba entre mis aficiones favoritas el buscar y rebuscar en sus armarios, ya con la intención de hurtar algún dinero para mis gastos, ya para encontrar fotografías de la infancia que me permitiesen recordar las horas más felices de mi vida, que todavía asociaba con las de todos los míos. A medida que iba buscando, aparecían fotos de la primera comunión de mis hermanos, material del lejano noviazgo de mis padres, allá en los años treinta, fiestas y bautizos que apenas recordaba y sobre todo una ocasión que siempre me fascinó: papá, mamá y Cornelio disfrazados para un sonado baile de piñata en los elegantes salones Rigat. Ella iba de chula madrileña, en versión inspirada por su apego a las castizas de pro: más que una catalana y aun que una aragonesa parecía la planchadora más guapa de Lavapiés. En cuanto a papá, aparecía disfrazado de el Zorro, personaje recurrente en muchos padres sin imaginación y, en su caso, vano recuerdo de las películas de Douglas Fairbanks que solían impresionarle de niño. Cornelio era el bailarín flamenco o gitanillo del Perchel: pantalones negros ceñidos, marcando trasero, blusa de lunares anudada a la cintura, clavel reventón en el ojal —milagro que no fuese en la boca— y sombrero cordobés ladeado de tal guisa que más que un atributo de la gitanería diríase la boina de Ingrid Bergman cuando se atrevió a hacer de dudosa en *Arco de Triunfo*.

Tan adentrado estaba yo en mi beatería que aquella foto antes admirable se convirtió en símbolo de actitudes frívolas y, por tanto, escasamente propicias para que sus modelos merecieran la Gracia Divina. Pero la frivolidad era una menudencia en comparación con lo que encontré. Una carta de amor que el dibujante de historietas había dirigido a mamá en tiempos no demasiado lejanos. Por lo que entendí, estuvieron unas semanas sin verse a causa del veraneo de él, y mamá puso el grito en el cielo por tan larga ausencia. El hombre le prometía solución inmediata: bajaría un día a la semana a Barcelona con el pretexto de entregar sus historietas y chistes en la editorial.

Aquella carta, escondida entre un montón de sábanas, se limitaba a confirmar una relación largo tiempo conocida y que en cierto modo me divertía, no tanto por la felicidad de mamá cuanto por mi admiración hacia los dibujantes de historietas humorísticas. Pero aquel día mi nuevo oficio de beato cambiaba radicalmente mis opiniones, especialmente en los párrafos en que el dibujante se dedicaba a describir con añoranza las cosas que mamá le hacía en la cama. Pero, además de la repulsa del beato, aparecía la morbosidad del inquisidor. La complacencia que produce la posibilidad de castigar. Era sin duda una de las formas más refinadas de la maldad, y yo la estaba experimentando sin calcular su alcance.

Tampoco lo hice cuando fui al encuentro de la abuela, apretando la carta en el bolsillo del pantalón:

—Yayuska bonita, si un ser muy querido comete una falta

mortal a ojos del Señor y no es consciente de ello, ¿cómo debe obrar el perfecto jovencito cristiano?

—Si el castigo es merecido, ponerle en evidencia. Sólo así podrá acceder al arrepentimiento...

En cualquier otra ocasión habría pensado que la Yaya era una vulgar acusica. Pero en trance tan delicado, decidí que sus palabras eran el Evangelio. Y entonces recurrí a todas mis fuerzas y saqué del bolsillo la carta fatal.

—¿Es de tu padre?

—No, Yaya, es del fulano de mamá.

La Yaya se quedó perpleja. Aceleró el ritmo de la lectura. A medida que avanzaba iba perdiendo la respiración. Sus reacciones me inspiraban muchos grados de malsana curiosidad: ¿hasta qué punto podía herirla el pecado de mamá? Y si la hería en lo más hondo, como yo esperaba, ¿en qué medida pagaría con tamaño sufrimiento todos los latazos que me había infligido? Yo no sentía arrepentimiento alguno. Si acaso, esa otra forma de la complacencia que produce el cotilleo cuando revelamos algún secreto que los demás están muy lejos de esperar. Y el contenido de la carta superaba el impacto de la secretividad para introducirse directamente en el de la pornografía.

La Yaya sucumbió al patatús. Exhaló un grito casi tan obsceno como la carta del dibujante y cayó rodando por el suelo. No tardaron en acudir mamá y la tía Florencia con el vinagre de los cuarenta ladrones. Ella seguía delirando con figuras del Apocalipsis, trompetas y sellos mal abiertos.

Al punto se puso mamá en guardia. Conociendo mi afición a registrar intimidades ajenas, así como su propia tendencia al descuido, entendió la situación sin que nadie necesitase explicársela. En un santiamén, me agarró por el cogote y me obligó a entregarle el cuerpo del delito. Cuando lo tuvo a buen recaudo en un bolsillo, rompió en amargo llanto. ¿O sólo lo parecía? ¡No, qué va! Lloraba. Lo que ignoro es si dolida por mi acción o avergonzada porque la Yaya conociese sus tejemanejes o rabiosa porque el más elemental sentido de la prudencia le obligaría a interrumpir sus visitas al dibujante durante un par de semanas.

Cuando subimos al piso me propinó un bofetón sin más explicaciones. Ya no podía castigarme dejándome sin postres como dos años atrás pero, al menos, conservaba el derecho a considerarme un pequeño monstruo. No obstante, en mi candidez, me consideré yo el ofendido.

—Lo he hecho por ti —grité—. Para que no quedes como un putón verbenero a la hora del Juicio Final.

Recibí un nuevo sopapo, señal inequívoca de que mi heroica gesta no motivaba un acto de contricción ni nada parecido. Se mostró muy antipática de aquel día en adelante, y yo decidí que algunas madres no merecen los hijos que Dios les dio.

De todos modos, la idea del Fin del Mundo continuó fermentando en mi cerebro y cuando las radios volvieron a anunciarlo pasé noches de insomnio. Ya no era el terror religioso, cósmico, metafísico, sino el terror simple de morir engullido por el maremoto que inevitablemente arrasaría mi ciudad cuando el maléfico asteroide chocase contra la Tierra.

Llegó el día señalado. Aseguraba una locutora gallega que el cataclismo se produciría a las dos del mediodía en punto, es decir una hora después de mi salida del trabajo. La idea de soportar la catástrofe en pleno condumio, con la conciencia alerta y los cinco sentidos despiertos, era lo que más me aterraba. No quería sentir la muerte, cualesquiera que fuesen sus formas. Entonces recordé que mi conciencia siempre quedaba en letargo cuando caía presa de las trampas de la ficción. Y de todas sus formas conocidas ninguna la presentaba tan convincente y arrolladoramente como el cine. Así pues, sólo podría abstraerme del terror en una sala oscura, con la atención acaparada por un argumento y unos artistas que consiguieran subyugarme.

En el pequeño cine de unas conocidas galerías comerciales daban *Trapecio*, una de las películas que me habían apasionado aquel año, llevándome al extremo de leer la novela de un tal Max Catto, sólo para descubrir que no se parecía en nada. No importaba. Las diez veces que había visto la película me aseguraban el apasionamiento, nunca el tedio como otros pudieran pensar. Revivir lo que tanto me había gustado era el mejor sistema para olvidarme del castañazo nuclear. Y cuando la sufrida *écuyère* Katy Jurado empezó a pelearse con su marido, el tiránico domador de caballos, yo me encontraba viviendo en el Cirque d'Hiver de París y no en una Barcelona amenazada por la muerte.

Cuando terminó la película me di cuenta de lo avanzado de la hora: faltaban cinco minutos para entrar en la oficina y pasaban cuarenta del Fin del Mundo. Al salir al Paseo de Gracia los árboles continuaban revelándome su magnificencia. Ningún edificio se había desplomado. Tampoco estaban inundadas las calles ni hundido el Tibidabo. La gente circulaba igual que antes. Allá, en el cielo, el astro rey brillaba sin competencia: su poder no había sido oscurecido por ningún asteroide ridículo. Y de aquella luctuosa jornada sólo recordaría en adelante los egregios cuerpos de Burt Lancaster y Tony Curtis saltando de trapecio en trapecio, cual ícaros semidesnudos que surcaban los aires sin otro impulso que la fuerza y la apostura.

También estaba Gina Lollobrigida, pero yo aprendí aquel día que cada cuerpo tiene su público y que cada quisque debe adorar a los dioses desde el cuerpo que mejor le plazca.

Cierto día dijo Franco que estábamos en la era moderna, y algunos entendieron que se largaba, pero no fue así. Al contrario, aquel año hubo muchas hostias en varios lugares de España, y la gente lo comentaba por lo bajo y callando lugares y personas, de manera que yo entendí que la modernidad era como dicen de la letra: que con sangre entra. De todos modos, la modernidad seguía entrando en casa a través de las revistas de modas de mamá, los llamados «figurines». Andaba ella ejerciendo de modista, como siempre, con la astucia de mirar por el propio lucimiento más que por el de las clientas, y bien hacía si estaba destinada a enriquecer alguna viñeta del *Pulgarcito* o el *D.D.T.* Pero incluso en revistas consagradas a la moda podíamos percibir que en el mundo estaban ocurriendo cosas importantes, cosas que cambiaban las costumbres y aportaban nuevos y deslumbrantes sistemas de comodidad. Y esto era lo que más podía importarnos en aquel mundo caracterizado por la estrechez.

De pronto, los objetos se volvieron obsoletos.

Ya no nos bastaba la pequeña neverita de madera que era menester cargar continuamente con barras de hielo de la bodega de la esquina (¡qué lata, bajar a recogerlas cada día!). También la máquina de coser de mamá se había vuelto anticuada (esto sí me dolía porque desde niño estaba acostumbrado a ver aquella esfinge de la Singer y me quedaba largo rato contemplándola, en la certeza de que rompería a hablar). El receptor de radio ocupaba demasiado espacio: los había más pequeñitos y coquetones. Una vecina tenía un ingenio mecánico que hacía el trabajo de las escobas. El Gran Concurso La Lechera anunciaba aparatos que parecían inspirados por la imaginación de un Julio Verne: máquinas para lavar Lavina (todavía no las llamaban lavadoras), cafeteras y planchas eléctricas, batidoras Turmix-Berrens para hacer zumos de fruta, tostadoras de pan —¡qué cosas, señor, qué cosas!—, cacerolas a presión y secadores para el pelo. Puestos a rizar el rizo del superasombro, incluso había quien aseguraba que no tardaría en llegar el milagro de la televisión. (Pero llevaban tantos años hablando de ella que ya no me lo creía ni en pintura.)

De todos los inventos de la era moderna, ninguno constituyó una necesidad tan acuciante como el tocadiscos. Cualquiera de los electrodomésticos destinados a favorecer el trabajo del hogar era sin duda mucho más urgente, pero nuestros vecinos de la tintorería, que por posición económica disponían de todos los adelantos, acababan de adquirir el llamado pick-up y los primeros discos de Gloria Lasso. Y mamá, que tenía muy arraigado el sentido de la competitividad, decidió que el invento del microsurco solucionaría nuestros problemas ancestrales y, lo que era más importante, no tendría que soportar que la tintorera la mirase por encima del hombro. El pick-up serviría para demostrarle que no éramos pobres de pedir.

Lo novedoso estaba asaltando el mercado de la música servida a domicilio: de la monumental radiogramola que adornaba el comedor de mi primo Cornelio se había pasado al maletín que podía colocarse en un rincón sin abultar demasiado. Los discos de pasta dura y 78 revoluciones por minuto eran sustituidos por otros que contenían cuatro canciones en lugar de dos e incluso doce si nos apuntábamos al nuevo milagro llamado long-play. Por no hablar de las fundas, que ostentaban magníficas fotos en colorines de los intérpretes y rótulos que se parecían a los de las películas de gran espectáculo.

Mamá, que conocía el poder de sus escudellas dominicales, aprovechó una de las mejor surtidas para sugerir la compra del pick-up. La tía Florencia se aferró a su hueso de jamón en la seguridad de que estaba a punto de empezar la bronca. No podía ser de otro modo. Papá se apresuró a levantar sus defensas argumentando que atravesábamos tiempos de crisis, había poco trabajo y, en consecuencia, no era prudente plantearnos más gastos superfluos. En casos así, mamá recurría a sus más aceradas frases de desprecio: «¡Vaya birria de burgués eres tú, que no puedes comprar ni un mal pick-up!» Y ante tamaño desafío contestó papá que lo comprase ella ahorrando de la paga semanal. Como sea que esta virtud no se contaba entre las más desarrolladas de mi madre, decidió ella adquirir el artículo a la inversa: en lugar de pasarse meses ahorrando para conseguirlo al final, hacerse con él de golpe y ahorrar después para ir pagando en cómodas mensualidades, que así se decía.

Al parecer todo el mundo empezaba a hacer lo mismo, sólo que mientras algunos compraban coches de lujo, nosotros comprábamos disquitos de nada, abrigos, jerséis y hasta ropa interior. Lo encontrábamos todo amontonado en tiendas pequeñas, negocios de barrio cuya propia exigüidad casi quitaba importancia a la mercancía. Daba igual: nosotros creíamos que estábamos adquiriendo artículos de superlujo.

La facilidad con que se presentaba la adquisición de los ponderados microsurcos nos hacía incurrir en el abuso, rápidamente y sin darnos cuenta. Incluso papá cayó en la trampa cuando supo que podía tener su música preferida en un suntuoso cofrecillo y en sólo dos placas grandes. Como sea que se trataba de *Marina*, tuvimos largas y apasionadas discusiones de sobremesa: ¿era una ópera, como aseguraba papá, o una simple zarzuela, como decía mi hermano? A fin de demostrarnos que estaba en lo cierto, papá quiso que comparásemos «su» obra maestra con zarzuelas propiamente dichas, y, así, adquirió sin dilación *La rosa del azafrán* y *Gigantes y cabezudos*. Puesto que en rigor sólo se trataba de justificar su capricho, prosiguió con *Las leandras* de Celia Gámez, como era de esperar, y los clásicos de Concha Piquer, como era de ley.

Lo apurado de aquellas primeras adquisiciones y las batallas caseras que provocaron, tiñen ahora el recuerdo con los patéticos colores del cutrerío. A nadie le importaba entonces, porque todo el mundo quería el bienestar, aunque fuese en forma de microsurco. Así llegó el imprescindible long-play de aquel año: *El último cuplé*, con una foto de Sara Montiel tan maravillosa que despertó la admiración de toda la familia. Y Gloria Lasso con *Extraños en el paraíso* (Borodin falsificado por Broadway) y además en su celebrado dúo con Luis Mariano (*¡Canastos, quererse es lo mejor!*) y tuvimos las rancheras de Miguel Aceves Mejía y a la escultural Abbe Lane con una bomba atómica al fondo («Ay que me vuelvo loca, amor, amor») y hasta vino Nilla Pizzi diciéndole *arrivederci* a Roma y cantando las gracias de «la spagnola». Y entre tantas otras formas de lo moderno-remilgado, llegó pletórica de trinos Elder Barber, la exquisita argentina a quien llamaban «la voz rosa de la radio»:

Tenía una casita
pequeñita en Canadá
con un estanque y flores
las más lindas que hay allá.

¿Qué son esas voces? ¿Qué esas canciones? ¿De dónde llegan sus ecos, qué mercancía pregonan en su navegar sobre los piélagos del tiempo? Todavía estaba yo comprando en quioscos de barrio unos cancioneros que me permitían aprender de memoria las letras de Renato Carosone, y sus páginas ya envejecían en mis manos. Todavía pedían las vecinas una copla de la Piquer a los programas de discos solicitados, y su solicitud ya se inscribía en el pasado, como un lejano recuerdo de los años cuarenta.

He bloqueado durante años el recuerdo de aquellos tiempos, disimulando con los tintes inciertos de la melancolía un mundo empapado de gris oscuro. A no dudarlo, me ha ayudado la literatura: al traspasar a mis personajes mi tristeza he llegado a creer que no era yo quien la sentía. Y al recordar los años cincuenta como moda que las revistas se empeñan en resucitar y los diseñadores en copiar descaradamente, tiendo a confundir el modelo del extranjero —una paleta audaz y agresiva— con lo que recibíamos de él. Es injusto que así deforme el recuerdo, coloreándolo y prestándole formas audaces, porque la herencia era patética.

Puestos a ser modernos, lo eran incluso cuatro azafatas mexicanas que vivían a su aire en *Llamas contra el viento.* La propia Italia, tan antigua, enviaba prototipos rompedores con la mujer gacela llamada Guendalina, adolescente rica que disponía de todos los modernismos inherentes al pijerío, incluyendo unos padres separados, refinadas vacaciones en Viareggio, vestuario ultramoderno y todo tipo de adelantos técnicos en su habitación de adolescente emancipada. Y yo envidiaba aquellas formas desde un mundo en que lo moderno seguía mezclándose con el subdesarrollo y la sofisticación con las formas más ancestrales del comportamiento. Empezando por la higiene.

No entraban en las normas de mi calle ni la limpieza ni la urbanidad y, por ser así, tuve que acceder a ellas por voluntad propia. Y a fe que costaba aplicarla. Nada censurable, por otra parte, si se piensa que el solo hecho de ducharse constituía una fatigosa peregrinación. Había que desplazarse hasta unos baños públicos de la Ronda, sacar una entrada, pedir una toalla diminuta que habrían utilizado muchos otros, hacer cola ante una de las duchas, violentado por el hecho de exhibir mi desnudez entre otros cuerpos literalmente asquerosos: cuerpos de barrio, enclenques, panzudos, blancuchos, oliendo a sudor y exhibiendo costras de porquería entre los dedos de los pies. Voluntarios de la limpieza, en cualquier caso. Esforzados paladines de lo que nos estaba negado en el hogar.

Fotogramas seguía dando cuenta puntual de los adelantos del extranjero y las visitas de grandes figuras de Hollywood. Yo continuaba abrazado a la revista que encerraba a mis ídolos mientras otros niños se abrazaban a sus ositos de peluche. Y llegaban Richard Burton, Ruth Roman, Merle Oberon; aterrizaban con sus chinchillas, sus pamelas, sus cigarrillos rubios y nos observaban por encima del hombro, considerando que en el índice del progreso todavía estábamos en la última letra.

Exageraciones. Al fin y al cabo, en 1958 algunos anuncios de la película *Indiscreta* destacaban que Ingrid Bergman utilizaba los pañuelos Kleenex. Eso significaba que ya estaban en España. ¿Qué más podíamos pedir para sentirnos a la hora del mundo?

¡Cuánta ternura en aquel constante ejercicio del quiero y no puedo! ¡Con qué fluida melancolía brotan las lágrimas del alma cuando rememoro aquellos retazos de ingenuidad que nos permitían sorprendernos ante cualquier novedad, por pueril que fuese! Eran tiempos de espíritus vírgenes, violados de pronto por un huracán de artículos que empezaba a sobrepasarlos: un dentífrico mentolado, un refresco rebosante de burbujas, un bar de estilizada decoración que sirviese *snacks* en lugar de bocadillos, una lámpara de formas retorcidas, una mesa de formica en la cocina, una vajilla de platos Duralex comprados en Andorra, una canción de Andy Russell que decía: «Soy un extraño para ti / que pasa sin decirte nada...»

¡Qué amorosos quedamos, gente mía, qué tiernos y sobre todo qué tristemente pasados, cuán irremisiblemente perdidos! Sois, somos, como aquella herida que se produce en la virginidad ante el primer envite de la vida. Somos el pasado que sólo muere con la muerte definitiva del ser.

Fuimos, somos, la patética modernez de la antigualla.

Pude sentirme plenamente moderno cuando tuve mis primeros contactos con los Estados Unidos de América, mediante la novedosa forma de saltar fronteras que se llamaba «amistad por correspondencia». No fue un descubrimiento casual: el encuentro estaba programado desde que saqué el carnet de la Casa Americana, entidad que dependía de la embajada de los Estados Unidos o algo por el estilo. Los progresistas de años después igual dirían que estaba bajo control de la CIA o el FBI, pero entonces yo sólo pensaba en la posibilidad de asistir a sus sesiones de cine, pensando que proyectarían películas prohibidas. En realidad, las sesiones eran una estafa: documentales de propaganda yanqui sobre campos de trigo, industrias siderúrgicas, colegios ideales y párese de contar. Pero el ingreso en aquella entidad me deparó, cuando menos, la posibilidad de frecuentar diariamente la biblioteca, y en sus estanterías sí obtuve grandes momentos de placer hojeando las revistas de lujo, aquellos *Life*, aquellos *Saturday Evening Post* cuyos enormes anuncios reproducían en maravillosos colores todos los ceremoniales de una raza cuyos miembros disponían de los más avanzados descubrimientos de la técnica y sonreían a la vida vestidos con cazadoras de ante y camisas de llamativa cuadrícula.

Ante aquellos prodigios aspiré con todas mis fuerzas a ser americanito.

En el tablero de anuncios de la biblioteca encontré la solicitud de una chica de Nevada, lugar que se me antojaba lo más parecido a América que era dado imaginar. La muchacha tenía quince años, quería practicar español y sólo exigía que a su corresponsal le gustase el cine y una nueva música que las revistas daban en llamar rock and roll. Y ya desde sus primeras cartas mostraba unas costumbres que, para mí, eran la respuesta a las deslumbrantes formas de vida glorificadas en los anuncios del *Saturday Evening Post* y en las películas de la Fox. Sólo tenía un problema: se llamaba Mary Martin, que no es exactamente lo que mi mitomanía esperaba. Pero ella lo solucionaba al describir su ascendencia: «*I am of Cherokee indian, French, Dutch, Irish and English descent.*» Una mezcla que hoy, al releer sus cartas, me hace sonreír recordando que en mi calle llamábamos charnegos a los que tenían sangre castellana. Para definir la mezcla de Mary Martin habríamos necesitado inventar nuevos y más espinosos despectivos.

Según la fotografía que me envió a guisa de presentación, parecía mayor de quince años, y no por su altura, como ella me indicaba, sino por su aspecto de frivolona. Exhibía un vaporoso vestido de noche, tipo tobillero, con la falda muy abultada por una nueva prenda interior de gran moda que se llamaba can-can y convertía a las chicas modernas en una especie de peonzas ambulantes. Además, lucía un escote bañera con tirantes y el pelo cardado en forma de torre. Me contaba que se había vestido de aquella manera para asistir al baile de las *sophomores* de la High School de Sparks. Y se consideraba la hostia de la eficacia porque había ayudado a preparar el ponche. Después, los de su curso bailaron música de Bill Haley.

Me quedé de piedra. Al fin y al cabo, lo más parecido al mundo de los estudiantes que yo conocía era el que salía en la novela de Pérez Lugín *La casa de la Troya.* La idea de una High School se limitaba a una congregación de tunos que cantaban pasacalles a toda voz, cortejando a las niñas que ponían en su balcón suspiros de verbena *(sic).*

La fotografía de Mary Martin provocó una reunión familiar a la que también se apuntó una de las cuñadas Moix, la tieta Victoria, a quien llamábamos «la sieteciencias» porque siempre lo sabía todo y en todo quería tener razón. Y justo es decir que solía tenerla.

La foto pasó de mano en mano sin entusiasmar. Después de larga meditación, dijo papá:

—Fea no es.

—Ni guapa, Jesús, ni guapa —decretó mamá.

La tía Florencia llevó la comparación a su propio terreno, que continuaba siendo rural pese a los años vividos en Barcelona:

—Tiene la quijada más larga que todas las «someras» de Nonaspe juntas.

—Yo la encuentro extremada... —intervenía la tía Victoria—. A lo mejor demasiado escote para tener quince años, pero fijaos en el cancán: ¡es un despliegue! Y dime, Ramonet, ¿es hacendosa?

—Aquí dice que en la clase de español celebraron la Navidad con una piñata y ella ayudó a hacerla.

—¡Ah, eso significa que sabe coser!

—¡Ya me dirás! —exclamaba mamá, con tono suficiente—. Hoy en día, todo el mundo se piensa que sabe coser. A lo mejor, esta pájara pegó cuatro papeles en la piñata y ya se considera la Christian Dior de su aldeúcha.

Mary Martin anunciaba otras habilidades: *«I like to draw and seem to have been with a talent for it.»* Para demostrarme el alcance de la bendición me anunció que estaba dibujando mi retrato a partir de una fotografía que yo le mandé con mi primera carta. Cuando me mandó el dibujo, éste no se me parecía en nada: era una extraña mezcla de James Dean y Sal Mineo. Se lo agradecí en lo más íntimo de mi ser.

Aquella deformación pertenecía a sus propias preferencias. Aseguraba que, aunque le gustaban montones de actores, su preferido era el efébico Mineo. Había visto casi todas sus películas menos *Gigante*, pero esperaba verla a la semana siguiente. Y ante esta noticia estuve a punto de reventar de envidia. ¡Aquélla era mi película soñada, la que tardaríamos tres años en ver los españoles! Era evidente que Dios repartía sus dones de una manera harto desconsiderada.

El mundo que me proponía Mary Martin iba colocando en mis quimeras una idea completamente rosada de la vida provincial americana. Me comentaba los discos de Elvis Presley mientras yo tenía que contarle que en casa habíamos comprado el último de Renato Carosone *(Marcelino, torero, bambino...)*. Esperaba que sus padres le comprasen un tocadiscos nuevo para tener en su habitación y yo, extrañado, le decía que teníamos uno en el comedor, para toda la familia y, según cómo, para todos los vecinos. Me daba una lista de sus programas de televisión preferidos, y yo le decía llanamente que en España no teníamos televisión, y esta carencia me hizo sentir muy desgraciado. Pero cuando me dijo que no habían llegado a Nevada películas como *La leona de Castilla, Agustina de Aragón* y *Pena penita pena* me sentí completamente vengado.

Continuaba contándome su experiencia cotidiana dando por descontado que respondía a la mía: fiestas de graduación en la escuela, excursiones a las montañas Rocosas, barbacoas en el jardín de su casa, salidas en coches con su pandilla y desplazamientos a la vecina ciudad de Reno para ver los rodeos anuales. También en esto la envidiaba yo, no tanto por el acontecimiento, que me parecía de lo más idiota, sino porque a él acudían actores famosos que, además, se dejaban ver de cerca. Cada año se premiaba la mejor película del Oeste, y cuando premiaron *El hombre de Laramie*, Mary Martin consiguió un autógrafo de James Stewart. También me comunicaba que había visto con sus propios ojos a Glenn Ford, Rod Cameron, Dean Martin y Jerry Lewis. Ninguno de ellos se contaba entre mis locuras oficiales, pero al fin y al cabo eran artistas de cine y con esto me bastaba. Porque una puta vez que vi a José Isbert cruzando en un semáforo casi me desmayé de la emoción.

Mientras a mí me reconcomía el gusanillo de la envidia, mis familiares continuaban alborotando las sobremesas del domingo:

—Lo de Mary Martin me suena poco americano —decía mamá.

—Como que no es otra cosa que María Martínez —opinaba papá, con tono ilustrado.

—¡Burro, más que burro! —murmuraba la tía.

Intervenía la Victoria:

—Que traduzca el nombre Ramonet, que tiene idiomas.

Yo me encogía de hombros, aburrido. Mamá seguía ejerciendo de emperatriz de la palabra.

—Si por lo menos se llamase Elizabeth o Audrey... son nombres más de por allá.

—Que se llame como le salga de la apoteca —decía papá—. Lo importante es que sea americana. ¿Y dices que tiene coche?

—Sí, papá, un Chevrolet para ella sola. Y el hermano otro.

—¡*Collons*, nene! Aquí hay pela larga.

—Querrás decir dólares, Jesús.

—Pues más pela, Angelina... ¿O no te has enterado del cambio oficial? Y tú, manso, no pierdas el tiempo. Pídele relaciones, que lo está esperando.

—Yo lo encuentro precipitado —decía la tieta Victoria—. Además, conviene pedir informes a la embajada. Ni siquiera sabéis si la chica está entera.

Se especuló entonces sobre la edad exacta en que las chicas de Nevada dejaban de estar enteras y la tieta Victoria aprovechó para elogiar a sus tres hijas, presumiendo de haberlas educado como a pocas de la calle Ponent, dentro de las más estrictas reglas del pudor y la prudencia. Y así debía ser a juzgar por los consejos que les lanzaba a gritos desde el balcón cuando ellas salían, los domingos, con una amiga feúcha. «Nenas, cuidado no os abran las potencias.» Y en otras ocasiones aconsejaba: «No os fiéis del primer baranda que os diga que tiene posibles. Pensad que, en el bolsillo, diez céntimos y una llave hacen ruido.»

Por su parte, papá me aconsejaba sobre los requisitos que yo debía exigir a mi corresponsal de Nevada:

—Que tenga el virgo intacto y la cabeza más intacta para vigilar su virgo. Que no quiera gastar más de lo que aporta en su dote y te permita administrarla, que para eso eres catalán y en Cataluña se inventó la administración mucho antes de que nos visitase Aníbal. Que su madre se quede a vivir en Nevada y no se le ocurra traérsela, pues suegra metida en casa es perro rabioso y, además, en Nevada falta gente. Que la casa sea para ella balsa de aceite quieto y no la abandone ni un segundo para irse de cotilleo. En resumen: que no sea mujer ventanera porque el tiempo que pase de palique es dinero que sale de tu bolsillo. Y, como dice el clásico:

Obrero sin jornal,
mujer ventanera,
y mierda sin orinal
siempre acaban mal.

Ajena a aquellas divagaciones, Mary Martin continuaba enviándome sus cartas, pregoneras del mejor de los mundos posibles. Continuaba viendo las películas que yo soñaba, compraba discos del nuevo cantante Pat Boone, consumía hamburguesas, coca-colas y palomitas de maíz y sus padres le cambiaban el coche para que pudiese ir más a gusto a la escuela. Además, me escribía apoyada contra el tronco del alcornoque de un jardín que yo imaginaba inmenso, mientras yo tenía que quedarme leyendo en el balcón del piso de las tías en las largas mañanas del verano urbano.

Pero cuando abandonaba el piso de la Diagonal y volvía a mi calle, me encontraba con la ironía de los amigos de papá. Porque él fardaba de mi correspondencia como si por fin yo me hubiese decidido a tener parte con mujer. Y los parroquianos del Bar de los Espejos me decían, entre risas:

—Anda, sinvergonzón, que ya sabemos que hay una americana del Norte que se te quiere tirar.

Tantas veces escuché aquella broma que, al final, expuse mis quejas en los cónclaves de sobremesa. Pero ninguno de los habituales quería renunciar a las esperanzas de convertirme en machito.

—Seguro que tu padre tiene razón —decía la tieta Victoria—. Una americana que se escribe con un extranjero tiene que ir con segundas.

—Y con primeras. De lo contrario, ¿para qué escribe?

—Para practicar el español —dije yo.

Se echaba a reír mamá, con tono de lo más despectivo:

—¡Que no practique tanto, que la harán miembro de la Real Academia!

Difícil hubiera sido, a juzgar por los fragmentos en español de las cartas de Mary Martin: «Visto muchos cinemas en el tiempo después de escrito a usted tales como...» Y más adelante: «Espera español de mi no es mal conozco ser. Pero probar, al menos.»

Exclamaba aquí la tía Florencia:

—Esta mujer está lirona. No se le entiende ni pum ni pam.

Para ser sinceros, la pobre Mary Martin distaba mucho de presumir de intelectual. Era inútil hablarle de libros. En cierta ocasión se puso en evidencia ante mis ojos: «No he leído la novela *Sinuhé el egipcio*, pero vi la película el año pasado y la encontré bonita. Nunca he visto una película italiana, pero puedo citar de memoria algunas de sus estrellas.» Ante semejante panorama tuve que optar por el tipo de información que ella dominaba de primera mano. Era socia de un «record club» que le mandó un disco titulado *A Tribute to James Dean* y contenía los temas musicales de las tres películas del difunto. Me admiraba la franqueza con que Mary Martin le trataba, llamándole simplemente «Jimmy». Era un grado de familiaridad al que yo no podía aspirar por no haber visto ninguna de sus películas. Tampoco *La casa de té de la luna de agosto,* donde hacía de japonés picarón nada menos que Marlon Brando. Al comentarla con agrado, Mary Martin aprovechaba para informarme sobre su familia: «Tengo una cuñada japonesa que nos contó muchas cosas sobre el rodaje de la película. Ella y mi hermano residen cerca de los lugares donde transcurre la acción. Y mi novio también los visitó recientemente y dice que son iguales que en la película...»

¡Un novio! La aparición de aquel nuevo personaje causó perplejidad en mi familia y honda indignación en mi padre:

—¡Mira que te lo tengo dicho! —exclamó, a grito pelado—. Se te escapará, se te escapará. Tienes que anticiparte a ese pelanas. ¿Por qué no pruebas a dejarla preñada?

Mamá encontró la salida más razonable:

—¡Tienes unas cosas, Jesús! ¿Cómo va a dejarla preñada por correspondencia?

—Eso —gruñía la tía Florencia—. Todavía querrá que le mande el «precipucio» en un sobre.

—Que nos visite ella. A los americanos no les viene de un billete de avión. Se la invita para un *aplec* de sardanas, que esto sí que no lo habrán visto en Nevada. Después la llevamos a las atracciones del Tibidabo, para que vea lo que puede conseguir la técnica aplicada a la diversión.

—¿Y el hotel? Porque con el dinero que me pasas, no se paga ni un sopicaldo en la pensión Rosenda.

—De hotel nada. Le ponemos un catre en el comedor y va que chuta.

Aquí empezó a gritar mamá, protestando por todo el trabajo que se le vendría encima. Y la tía Florencia:

—¡Si tuviese que fregar él! Pero como se pasa el santo día tomando carajillos en el bar del Peret... (APARTE) ¡Alcoholizado tengo que verle, alcoholizado!

Seguían las peleas, los insultos, los ataques y contraataques, pero en aquella ocasión no me afectaron en absoluto. Tampoco me quitó el sueño el destino de Mary Martin. Más que enfadarme por lo de su novio, me sacaba de quicio pensar en las películas que habían visto juntos: *Testigo de cargo, Sayonara* y *Orgullo y pasión*. Aquello sí era digno de envidia; lo demás eran gaitas.

Cuando se acercaban las Navidades, Mary Martin me mandó un microsurco de Elvis Presley, con las canciones de la película *Jailhouse Rock*. A todos nos asombró la calidad del cartón de la funda pero mamá no estaba para tales nimiedades y empezó a preocuparse por el regalo que debíamos enviar a cambio. Tuvo lugar una nueva reunión con la tieta Victoria y, como era de esperar, una elección en apariencia simple se convirtió en un asunto de Estado. Al final decidieron que lo más propio para sorprender a la americana era una muñeca vestida de flamenca. Se la mandaron junto a una postal de la Sagrada Familia firmada por todos nosotros. Al parecer, el genio de Gaudí no fue muy apreciado —«¿Es un banco?», preguntó Mary Martin—. En cambio, la muñeca circuló por numerosos hogares de Sparks, Nevada, USA, y dejó admirados a todos por sus faralaes, lunares y castañuelas.

El profundo agradecimiento de Mary Martin iba a durar poco tiempo: pasadas las Navidades me envió una última carta en la que me comunicaba que a su novio le habían destinado a Alaska. Como sea que ella había decidido acompañarle, tenían que casarse a toda prisa y, por tal razón, no podría volver a escribirme.

Mamá no daba crédito a sus oídos:

—¿A toda prisa se han casado? ¡Ya podéis pensar! Tendrá el bombo hinchado de tres meses.

Y se iba a la cocina, dejando que papá gritase por lo que más dolía: el ultrajado honor de la casa Moix.

—¡Mira que eres corto! Al final ha tenido que quitártela un americano...

La tía Florencia intervenía en mi defensa:

—¿Y quién quiere que se la quite, si es de allí? Lo estrambótico sería que se la hubiese quitado uno de Caspe.

—Usted cállese, señora, que nadie le ha dado vela en este entierro...

—Cállese usted, borracho, más que borracho. —Y lanzando un aullido feroz—: ¡Angelina, tráele la cena a este mal hombre, que está a punto de clavarle un cuchillo a tu primogénito!

El espectacular regreso de mamá, hecha también un grito, se mezclaba con las protestas de Miguel y su característico olor a meados. Y yo me retiraba a mi rincón de lectura, para pensar en mis cosas. Que no eran Mary Martin y su novio de Alaska, sino los bien rizados cabellos de aquel morenito llamado Sal Mineo.

Y un día aciago, hasta el amado cine americano me abandonó. Por culpa del bloqueo del gobierno español a las grandes productoras agrupadas en la Motion Picture Asociation, sólo llegaron a estrenarse dos o tres títulos de los programados para la siguiente temporada. No podía pedirse mayor desamparo.

Si el año 1955 había sido el más feliz de mi vida gracias al lote cinemascope de la Fox, la inminente temporada de otoño no le iría a la zaga, porque el lote continuaba con otros títulos de gran relumbrón. Además, el sistema de las maravillas estaba siendo adoptado por otras productoras. Lo descubrí en los escaparates de la Warner Bros, en el señorial Paseo de Gracia. La lista de material incluía títulos como *Helena de Troya*, *El cáliz de plata* y *El talismán*: todos de tema histórico y gran presentación. En el escaparate de la Fox, justo en la esquina de la Harry Walker, se anunciaba *Anastasia*, la película que marcaba el regreso de Ingrid Bergman al cine americano. Mi amigo oficial, el leoncito de la Metro, vencía como siempre a todos los demás convocando a mis estrellas favoritas en un lote deslumbrador; y entre otros estaban Lana Turner, sacerdotisa babilónica tentando a Purdom en *El hijo pródigo*, y Robert Taylor y Eleanor Parker buscando la tumba del patriarca José en *El Valle de los Reyes*.

Casualmente, estas y otras varias distribuidoras se agrupaban en las cercanías de la Harry Walker, en lo cual quise ver una especie de providencia. Era yo un fanático del sistema de estudios, distinguía desde niño sus estilos, sus temas recurrentes, sabía de memoria los artistas bajo contrato, la duración de los mismos, el estilo físico que se les imponía; catalogaba mis programas según la marca, recortaba de las revistas las listas de material de cada una y me indignaba cuando una película aparecía bajo el auspicio de una distribuidora nacional que negaba su auténtica procedencia. Para completar mis conocimientos o simplemente saciar mi avidez tomaba de la biblioteca de la Casa Americana ejemplares del *Motion Picture Herald*, publicación dedicada a los exhibidores de todo el mundo. Les informaba sobre recaudaciones, costes de producción, recepción crítica, triunfos o fracasos del material hollywoodiense que no llegaba a España. Sin darme cuenta me estaba introduciendo en los entresijos económicos de la industria cinematográfica.

Diez años después publiqué en *Film Ideal* un ensayo que causó cierta impresión y fue largamente imitado: se titulaba «A la búsqueda de un pop cinema» y era una aproximación al cine americano pero no a través de una política de autor, como imponía la revista *Cahiers du Cinéma*, sino una política de estudios basado en el *look* personal de cada uno de ellos. Es cierto que mi estancia en Londres y la frecuentación de críticos locazas me habían ayudado a adquirir cierta dosis de eclecticismo que entonces todavía era insólito en la crítica española, pero aquellos conocimientos los intuía ya a los catorce años, cuando recorría las distribuidoras americanas buscando información en sus escaparates.

Cuando se impuso el bloqueo a las películas de Hollywood yo tomé partido por las cinco grandes productoras vetadas. Me parecía que tenían toda la razón al rechazar la ley que les exigía coger una película nuestra por cada cuatro de las suyas. ¿Cambiar a Grace Kelly y Stewart Granger por los artistas de Cifesa? Nunca había oído yo un desatino semejante. Cosa de locos.

En mi alma de pequeño cinéfilo colonizado sabía perfectamente que ni la Metro ni la Fox ni la Warner ni la Universal ni la Paramount cederían ante una presión a todas luces irracional. Cedió la RKO, casa que, de todas maneras, era un poco ni fu ni fa, y cedieron también algunas productoras independientes, como la Republic, pero las películas que nos iban mandando en cuentagotas eran, como mucho, aventuras de relleno de programa protagonizadas por artistas que habían sido famosos en los años cuarenta y ya no vendían ni una entrada. La United Artists era la que mandaba mejor material, pero sin pasarse. Llegaban también películas europeas rodadas en cinemascope, como *Notre-Dame de París* o *Lola Montes*, pero al no ser de la Fox perdían toda su magia y ni Gina Lollobrigida ni Martine Carol habían rodado en Hollywood, circunstancia ésta que las hacía sospechosas de petardez. Las películas de amor y lujo, las de Elizabeth Taylor y Rock Hudson, ésas no llegaban ni a tiros. Y de tanto retrasarse, me obligaron a buscar consuelo e información en la iconografía que continuaban publicando mis revistas favoritas. Y también la que me proporcionaban las delegaciones españolas de las grandes productoras, que permanecían casi inactivas a la espera de que el conflicto se solucionara. Sólo así se explica que sus empleados tuviesen tiempo para atender a un adolescente orejudo que llegaba tímidamente al mostrador pidiendo folletos, lanzamientos publicitarios y hasta pasquines de películas que habían sido famosas en el pasado.

La proximidad de las distribuidoras, agrupadas en tres manzanas del Ensanche, alimentó en gran manera mi avidez de coleccionista, pero al mismo tiempo degeneró en un *casus belli* de amplias repercusiones familiares. Al salir del trabajo, entraba en las oficinas de la Metro o la Columbia para recibir mi limosna cotidiana y me entretenía discutiendo con una mecanógrafa a quien no le gustaba Stewart Granger, pese a estar contratado por la empresa que a ella le daba de comer. Evidentemente, el cielo me había elegido para redimir a la hereje. El tiempo que dedicaba en mi labor de apostolado a favor del canoso galán retardaba considerablemente el regreso, de manera que al llegar a casa estaban ya en el segundo plato, daba sus noticias el diario hablado y mi padre gritaba que por culpa mía estarían sus obreros esperándole a la puerta del taller. Su indignación coincidía con la de los jefes de la Harry Walker, quienes no veían con buenos ojos que un meritorio llegase veinte minutos después que ellos. Y creo que ésta fue una de las razones esgrimidas para echarme de la empresa, según dijo mi tío Miguel con aire contrito, porque mi negligencia recaía sobre él, que me había recomendado. Y cuando le dije que gracias a mis retrasos la mecanógrafa de la Metro empezaba a reconocer la autoridad de Stewart Granger, mi tío contestó que este señor nunca tendría el reloj de oro de la Harry Walker y yo, al paso que iba, ni una manecilla siquiera.

Pero continué coleccionando listas de material y enviaba mis votaciones a las revistas para que concediesen a la refinada Deborah Kerr el premio a la mejor actriz del año. En el fondo, vivía de prolongar mi tortura, pues continuaron pasando meses y meses sin que llegase el anhelado maná. Pero un cinéfilo esquizofrénico no se arredra fácilmente, tiene que seguir respirando, busca a la desesperada su balón de oxígeno en lo primero que tiene a mano. A falta de Yul Brynner o Marilyn Monroe encuentra asilo en el culto a la dulzona Sissi; a falta de los suntuosos escenarios de las películas bíblicas descubre que las esquinas italianas se parecen a las esquinas de su barrio y en las comedietas del neorrealismo rosado encuentra las reacciones habituales de su vida cotidiana. Que Ave Ninchi se parece a las señoras gordas de la calle Ferlandina, que en el Bar de los Espejos los amigos de papá gesticulan igual que Vittorio de Sica, que el humor de Alberto Sordi es muy parecido al de un pariente despistado. Y que los desplantes de mamá los hace Sofía Loren y, encima, le pagan.

La ausencia de superproducciones americanas había obligado a los distribuidores a tomar medidas desesperadas recurriendo a las reposiciones. Quedaba sobradamente justificado que la Fox desempolvara los doce grandes éxitos del primer lote cinemascope, tan fuerte fue su impacto en las dos temporadas anteriores. Para mi deleite las daban de dos en dos. ¿Cómo explicar lo que significaba ver un programa doble compuesto por *Desirée* y *Cómo casarse con un millonario*? ¡Cuántas estrellas en una sola sesión! No digamos *Sinuhé el egipcio* seguida de *Creemos en el amor*. De mi Tebas natal podía pasar a la elegante Roma de los enamorados sin abandonar la butaca más que para comprar caramelos Darlins.

Si alguna vez hubo concursos que sirvieran para algo fueron aquellos que regalaban localidades de platea para los muy selectivos salones de estreno. Ya en los tiempos de la infancia obtuve localidades gratuitas al colorear unos dibujos de *Robín de los Bosques* y, más adelante, cuando la infancia estaba a punto de concluir, conté una a una las bombillas que formaban los gigantescos rótulos del cine Coliseum y pude invitar a la Yaya a ver *Sansón y Dalila.* Y es que incluso los niños más ineptos saben disponer de tretas apropiadas cuando está en juego la devoción a Hedy Lamarr y Errol Flynn.

Aquel verano de 1956, tuve el privilegio de asistir a un programa en directo en un auditorio radiofónico. Un atildado locutor con voz de rapsoda formulaba preguntas sobre películas bastante conocidas, de manera que siempre había quien levantaba el brazo velozmente, haciéndose con el premio que consistía en dos codiciadas localidades para los programas dobles del cinemascope. Y mientras yo iba odiando a cada ganador que me arrancaba un pedacito de túnica sagrada o una perla del collar de Desirée, formuló el locutor una pregunta fundamental:

—¿Cómo se llama la protagonista femenina de *El honor del capitán Lex*?

Nadie respondía. El silencio general me envalentonó. Hice acopio de valor. Levanté la mano. El locutor indicó que me levantase. No dijo «el bajito ese de las orejas». No. Se limitó a indicar que me levantase. Y le encontré tan considerado, tan gentil que me sentí heroico y proferí a voz en grito:

—¡Phyllis Thaxter!

Dudo de que en todo el ancho mundo existieran tres cinéfilos preparados para adivinar el nombre de una actriz tan segundona. Pero yo, además de saberlo, añadí más datos:

—Producción y distribución Warner Bros. Año 1953. Dirigida por André de Toth. En magnífico sistema warnercolor.

Pude añadir: «Y tiene mucho mérito, porque no he visto esta película por ser de tiros y sucios vaqueros del ordinario Oeste y además hace de chico el viejales de Gary Cooper, que no vale un pito comparado con el rubísimo Karlheinz Böhm en *Sissi.*»

Aquella aclaración no fue necesaria. Una salva de aplausos acogió mi primera respuesta. Creo que alguna señora comentó: «¡Qué niño tan sabio!», y otra: «Sí que está enteradillo.» Por primera vez no me sentí inepto. Como si las largas horas transcurridas ordenando mis programas de cine por productoras y luego subdividiéndolos en orden alfabético me concediesen el título académico que por mi torpeza en los estudios jamás habría alcanzado.

Aunque estábamos en los ardores del verano me puse la corbata de bodas y bautizos y al entrar en la platea del Fémina, precedido por el acomodador más emperifollado de toda la ciudad, estuve a punto de exclamar a gritos: «Antes iba al gallinero, pero ahora puedo ir a la tercera fila de patio porque sólo yo en toda Barcelona sé que Phyllis Thaxter protagonizó *El honor del capitán Lex* y *Guantes grises* y *Veneno implacable...*»

Comenté, después, en casa:

—Tengo mucho mérito, porque en el cine americano nunca han triunfado las que se llaman Phillys. Como es el caso de Phillys Kirk.

Y aquí comentó mi padre:

—Es cierto, hijo. Sólo ha triunfado la «Phillis Morris». ¡Jo, jo, jo!

Le encontré idiota. Y creo que fue entonces cuando empecé a odiarle con todo mi corazón.

Tampoco mamá ni las tías, ni siquiera mis hermanos, me dedicaron un triste ahí te pudras. Nadie me prestaba atención, como hubieran hecho en mi infancia por mucho menos motivo. A lo más, papá dijo:

—¡Por lo menos te ahorras una entrada. Que te lo gastas todo en cine, desgraciado!

Y entonces me recordaba el viejo chotis de la Manuela, a quien llamaban «la Greta Garbo en Chamberí»:

Tienes, Manuela,
desatendida a toda la clientela
que es mucha tela
la que en el cine gasta la Manuela.

Era el alfilerazo ideal para iniciar una pelea de mayor envergadura. Yo, que siempre fui respondón, me consideraba con más derecho a serlo desde que llevaba un jornal a casa, especialmente si pensaba que la mayor parte del dinero se lo quedaban ellos, mis agresores. Pero la razón del obrerete distaba mucho de convencer a un patrono de ideología tan arraigada como mi padre.

—Un grano no hace granero pero ayuda a su compañero.

—¿Y eso a qué viene?

—Que si lo que te ahorras en una entrada de cine lo juntases con lo que ahorras en otra entrada de cine ya serían dos entradas de cine ahorradas. Y así, después de muchos ahorros, te irías haciendo un rinconcito para cuando seas viejo. ¿O es que no piensas en la vejez, so mangante?

Pensar en la vejez a los catorce años no parece el sistema más eficaz para solucionar la desgana de una tarde estival. Para remediarla sólo pensaba en el momento de irme al cine, o a dos cines y, después, los largos paseos bajo el bochorno de la ciudad, buscando calles desconocidas, inventándolas acaso, fabulando quiméricos senderos más allá de las grandes vías que, según los libros, nos enlazaban con la Roma metropolitana en tiempos muy antiguos. Puntos, en fin, donde la evasión se convertía en vitamina y, al poco de consumirla, en esperanza.

Continuaba disponiendo de la fabulosa oportunidad de asistir a los programas radiofónicos, sueño de cualquier hortelilla de clase media. Ya no se trataba únicamente de ganar unas localidades para cines de estreno. El cara al público permitía la posibilidad de contemplar en carne y hueso a los artistas del cine español que pasaban por Barcelona e incluso a cantantes que se habían puesto de moda en el Festival de San Remo. Y a mi hermana y a mí nos gustaba particularmente cierta Nella Colombo que siempre cantaba la misma canción, titulada *Tua.* Su renovada insistencia en aquella melodía la hizo un poco popular. Por lo menos en mi casa.

La radio siempre tenía a punto programas de emergencia para los adolescentes tristes que padecían la galbana de los sábados urbanos, con el estío encendiendo las aceras o destilando desde el cielo una pegajosa humedad, encendida a su vez.

También la radio me trajo una nueva dimensión del cinematógrafo: algo que se parecía mucho a la actitud crítica. Llegó ésta con el programa *Cine-Forum,* que llevaban los señores Esteban Bassols y Jorge Torras. Contribuyó a introducirme en un idioma nuevo, que servía para analizar las relaciones entre las imágenes como en la escuela me habían enseñado a analizar una frase gramatical. Semana tras semana, aprendí a catalogar las películas según sus valores artísticos, o atendiendo a sus complejos contenidos, llamados también «mensajes». Lo hacía con voz prestada, es cierto, pero al fin era una voz que expresaba la razón del cine, no su sentimiento.

Y mientras intentaba volverme sabio aprendiendo la poética de Chaplin, el realismo de Elia Kazan y otras lindezas, plantó sus reales en la pantalla del Montecarlo Sara Montiel y caí rendido a sus pies. Después de ver treinta y nueve veces *El último cuplé* comprendí que, pese a mis intentos de culturización, la voz del barrio y la herencia de mamá continuaban reclamando sus derechos en mi corazón. Ese extraño espectador cuyas reglas no sabe reconocer la razón.

Al mismo tiempo, la napolitana Sofía Loren, teñida de esclava nubia, llegó desde el palacio real de Menfis para auspiciar mi iniciación sexual.

El cine Cervantes no existe hoy. Sobre sus ruinas se instalaron hace tiempo una ruidosa discoteca y una sala de fiestas, que también desapareció. Sobre las ruinas del recuerdo, irrumpe una ventolera de deseo que la protomemoria no tenía prevista. Fue una tarde memorable porque durante la gran escena de celos entre Aida y Amneris sentí el contacto de una mano deslizándose sobre mi pierna. Al punto me estremecí.

No recuerdo en toda mi vida caricia tan cálida ni ardor tan intenso. Sin duda era una mano muy experta. Iba ascendiendo por el muslo. Contuve la respiración. La mano seguía avanzando. Suavidad y lentitud. Diríase que disponía de todo el tiempo del mundo. Sentí que era éste el que transcurría. Tiempo eterno. Inagotable. Instantes dilatados. La mano llegó a la bragueta. Desabrochó un botón, luego otro. Un dedo empezó a hacerme cosquillas en el eslip. Me iba quemando. Frotaba. Aceleraba. Descansó unos segundos. Celeridad de nuevo. Disminución. Yo era incapaz de mover un sólo músculo. Ni siquiera me atrevía a mirar de soslayo. Mantenía la mirada fija en la pantalla. El placer se me iba acumulando en la garganta de modo tan imprevisto que lo confundí con el llanto. O era una necesidad urgente de llorar. También una intensa opresión, un agarrotamiento, una voluntad de echar a correr, de liberarme y al mismo tiempo de sucumbir. Lo que fuese, lo que fuese, pero al menos una acción, algo que no me dejase en aquel enervante inmovilismo, prisionero de una voluntad ajena. Porque durante años me había acostumbrado a procurarme yo mismo el placer y, de pronto, mi placer estaba en otras manos. O cuanto menos en una, a la que el recuerdo no deja de considerar caritativa.

Amneris acababa de sonsacar a Aida su secreto de amor cuando me sentí mojado, al tiempo que una voz muy queda susurraba: «Sobre todo no grites, criatura.» Y yo apreté los dientes hasta hacerlos chirriar, cerré los ojos con violencia y, al abrirlos, ya entraban en Menfis los primeros soldados de Radamés, victoriosos de la campaña de Nubia.

Ignoro cuánto tiempo transcurrió hasta que la mano se apartó; no bien lo hizo me levanté de golpe y salí precipitadamente de la fila. Puedo deducir que seguían sonando las trompetas triunfales del ejército egipcio o acaso los arabescos del ballet, pero no me concedí la ocasión de volverme para comprobarlo. Bajé corriendo las escaleras del gallinero y, al llegar al vestíbulo, me detuve, jadeante, todavía ansioso, dominado por aquel pintoresco deseo de llorar. Entonces sentí que alguien jadeaba también a mis espaldas y, al volverme, descubrí a un individuo calvo, poco agraciado, que sonreía mientras se acariciaba sus partes. Parecía convidarme a un ágape mayor y más extenso, pero yo acababa de abandonar mi estado de complacencia para adentrarme en un océano de terrores. No pude soportar por más tiempo la situación. Aferré con todas mis fuerzas el libro que siempre llevaba conmigo y eché a correr por el Paseo de San Juan, sin mirar atrás, tanto temía que el hombre optase por seguirme.

Aquella noche me acaricié como lo hiciera la mano del Cervantes, intentando imitar su ritmo maestro, mientras visionaba mi cabalgata de espectros preferidos. Buscándolos en mi imaginación continué restregándome, como hacían los cerditos en el corral de Nonaspe. Y más adelante encontré divertido contar que la primera vez que me metieron mano fue en un cine con nombre de escritor manco.

He de aceptar los reproches de quien considere que mi iniciación no fue en absoluto resplandeciente. Diré más: en la memoria se me representa a tono con los ridículos decorados de aquella *Aida* imposible. No podía pedirse mayor acumulación de falsedades: Sofía Loren embetunada para parecer princesa etíope y expresando sus cuitas con la voz prestada de la Tebaldi, mientras la Simionato cedía la suya a Lois Maxwell, disfrazada de hija de los faraones sin anunciar que, con los años, acabaría haciendo de permanente secretaria de James Bond. Si cautivado quedé ante tanta fantasía de bazar, también es probable que me diese perfecta cuenta de la impostura, porque en aquella época ya empezaba a captar los mensajes de los entendidos, y a imitar algunas de sus lecciones. Respetaba mucho a Mr. Belvedere, el entrañable personaje de Clifton Webb que un colaborador de *Fotogramas* utilizaba para contestar semanalmente a las cuitas y dudas de los cinéfilos. Yo solía devorar aquella sección porque en cada respuesta había consejos para una mejor apreciación del buen cine y resultó de una elevadísima utilidad formativa para mucha gente. Claro que algunos sólo escribían solicitando correspondencia con otros lectores o la dirección de sus artistas preferidos (Eleanor Parker: Metro Goldwyn Mayer Studios, Culver City, California, USA), pero había muchos que pedían a Mr. Belvedere un análisis de películas tenidas entonces por el paradigma de la calidad, como *El salario del miedo* o *Brigada 21*, y era en este apartado donde yo más aprendía. Otros lectores, más inquietos y avezados en el discernimiento (los llamados veteranos del consultorio) mandaban su lista de películas, directores, actores y actrices preferidos. El oráculo decidía si eran o no entendidos. A veces se mostraba muy gruñón. ¡Ay de quien osara incluir una película descaradamente comercial entre los títulos privilegiados por las minorías! Mr. Belvedere le reprendía severamente, le negaba todo respeto y poco faltaba para que le ordenase coger el tractor o quedarse ordeñando vacas.

En un momento concreto, me sentí maduro para examinarme de cine. Amparado tras un seudónimo que siempre me cuidé mucho de revelar, mandé mi carta a Mr. Belvedere. Ponía los títulos canónicos de la sensibilidad cinematográfica y, en mi afán porque alguien me tuviese en consideración, deslizaba alguno que no había visto pero conocía a través de lecturas. De todos modos, no pude reprimir un escape de sinceridad, y entre los filmes inevitables de Wyler, Kazan y De Sica, dejé colar *Sinuhé el egipcio* y *El príncipe estudiante*. El oráculo me reprendió con severidad, preguntándome airadamente cómo me atrevía a incluir dos vulgares pastiches de Hollywood entre obras maestras del cine. En otras palabras muy propias de la época: la alienadora industria hollywoodiense era indigna de alternar con las elevadas ambiciones artísticas y sociales del cine europeo.

Ni siquiera Mr. Belvedere, con toda la ciencia que le atribuíamos, podía entender que por mi boca no hablaba el cinéfilo, sino el enamorado. No voy a censurarle. Ni yo mismo lo sabía a ciencia cierta. Pero no era tan ciego para esconder a mi comprensión el verdadero significado de la segunda demanda de mi carta. Solicitaba la dirección particular de un niño prodigio del cine español, intérprete de una de las películas que más me habían marcado aquella temporada. La cercanía me estimulaba. Comprendía que, aun obteniendo la dirección de Glenn Ford, sería imposible coincidir algún día con él, por culpa de las distancias interatlánticas. En cambio, un actorcito residente en Madrid no lo tendría difícil para cabalgar en su hermoso alazán y sortear los agrestes caminos que le conducirían hasta las acogedoras murallas de mi ciudad cortés.

Peter Pan continuaba visitándome, disfrazado de los actores que me seducían.

Preso en este juego de opciones, me iba encerrando en mí mismo, y más que encerrarme me clausuré al leer las filípicas de Mr. Belvedere contra los lectores que se aferraban al gusto de las masas. No era aconsejable seguir ese gusto, era detestable caer en él, resultaba poco distinguido compartirlo. Sin saber en qué consistía la originalidad, me sentía profundamente atraído por ella. Era una forma de enfrentarme a los que siempre me habían rechazado.

—Yo quiero ser de las minorías —decidí.

No reparaba en que ya pertenecía a una minoría muy concreta. Me lo hizo comprender el amante del primo Cornelio, cuando le pedí que me recibiese en su consultorio con el pretexto de un catarro recién improvisado. Como era de rigor en nuestros encuentros, empezamos hablando de cine. Le mostré una copia de la carta que había enviado a Mr. Belvedere. Aspiraba a que Alberto considerase maduros mis gustos, a que me viese como un jovencito provisto de algún talento. Pero mi necesidad de sentirme reconocido por alguien chocaba con su permanente curiosidad acerca de mis inclinaciones. De modo que en lugar de felicitarme por mi certero ojo cinéfilo, me espetó:

—¿Cómo se te ha ocurrido pedir la dirección de este actorcillo?

—Para escribirle. Para pedirle que sea mi amigo.

—Es un guapito... —dijo él, fingiendo desinterés.

Reconocí aquella obviedad que, sin embargo, nunca me había planteado, ni siquiera interiormente:

—Es verdad. Es muy guapo. Me gustaría ser como él. Por eso le escribo. Para que me enseñe a parecerme a él.

Alberto permanecía meditabundo. Se abanicaba distraídamente con el borrador de mi carta. No sé si sonreía o se limitaba a esbozar aquella mueca a medio forjar propia de los cínicos de las películas. De pronto me ordenó que me desnudase de cintura para arriba. Mi aspecto aterrorizado debió de resultar cómico a alguien avezado a ver gente desnuda por mor de una simple revisión.

—¿No venías a auscultarte? Pues te ausculto, niño. No diga después tu madre que te acatarras por mi culpa.

Pero incluso los catarros de 1956 ya no eran los de antes. Tendría que ser muy fuerte el que me diese autoridad para faltar al trabajo como falté a la escuela casi todos los días de mis cursos.

Sentí sobre mi espalda el contacto del fonendoscopio. Era un toque gélido. Lo soporté. También cumplí con el ritual del treinta y tres. Acto seguido, Alberto empezó a palparme el pecho; luego, el estómago. Se detuvo en la barriga. Su mano era cálida, como la del cine Cervantes.

—Si ese actorcillo te contestase, ¿qué le darías?

—A un amigo se lo daría todo.

—¿Si te acariciase la mejilla...?

—Me gustaría, pues sería mi amigo.

—¿Y si te besase?

—Lo mismo. Por ser mi amigo.

Recordé con cuánto nerviosismo recibió Sinuhé las insinuaciones de la cortesana Nefernefernefer en la penumbra de la sala hipóstila del gran templo de Amón. Maravillado por estar inmerso en una situación tan parecida, cerré los ojos con fuerza cuando Alberto sustituyó los clásicos golpecitos por caricias declaradas. Y volví a sentir el temblor de unos días antes, en el cine, pero de forma más gratificante al venir de un hombre a quien siempre había profesado un gran cariño. Sólo que él sabía contener el suyo. O calibraba plenamente la obligación de intentarlo, pues apartó la mano de repente y se puso muy serio.

—Levántate de una vez. Lo que haces está muy mal.

Me incorporé, pero procurando que mi cuerpo se acercase al suyo.

—¿Está mal porque no eres mi amigo o por ser el fulano de mi padrino?

Él pareció escandalizarse. Quizá de veras, quizá por exigencias sociales.

—¿De dónde has sacado semejante disparate?

—Lo habré oído en el diario hablado... —exclamé.

Tanto él como Cornelio vivían en la esperanza de que su ya añeja historia constituyese un secreto a ojos de mi familia. Semejante pretensión me divertía, tantas veces oí en boca de las tres cuñadas los más esperpénticos comentarios sobre el asunto.

Opté por echarme a reír, de manera pretendidamente perversa. Alberto me propinó un cachete. Ligero, pero cachete al fin.

—Eres un niño enredón. Un deslenguado.

—No soy un niño. Ya llevo un jornal a casa. Puedo pagarme yo mismo la entrada del cine. Y por eso voy a locales donde ocurren cosas que tú no puedes imaginar.

Le conté mi experiencia. Esperaba su asombro, pero no se produjo. Lo cierto es que era mucha mi candidez. Él tenía que saber perfectamente lo que ocurría en los cines llamados de ligue. Incluso era probable que en uno de ellos, o en más de uno, su mano hubiese acariciado el muslo de adolescentes como yo, enfrentándolos a abismos parecidos. Acaso por esta posibilidad, o sólo a causa del afecto que me profesaba, pasó a interesarse vivamente por mis reacciones.

—Creo que sentí mucho miedo —reconocí con voz entrecortada—. No consigo quitármelo de la cabeza. Cada noche me acuerdo de este miedo.

—¿Y te gusta?

—No lo sé.

—Deberías averiguarlo, ya que te consideras tan mayor.

—A lo mejor con alguien que me enseñase...

Se apartó rápidamente. Parecía dispuesto a renegar de sus anteriores avances.

—Eso casi sería un incesto... —dijo, entre risitas nerviosas.

—También sé lo que es un incesto. Y tú no eres de mi propia sangre. A lo máximo eres primo consorte.

Intenté que me tocase de nuevo. Él se escurrió como buenamente pudo. Me observaba como si fuese un bicho malo, una alimaña presta a irrumpir en un campo perfectamente ordenado y depositar entre las flores ponzoñas de alcances incalculables. El campo era su relación con Cornelio, la que yo llevaba años idealizando, la que les presentaba como arquetipo ideal, la única pareja cuya unión no comportaba disgustos, ofensas o rencores mutuos.

Yo deseaba una relación de aquel tipo, pero supe desde el principio que no iba a encontrarla en el gallinero de un cine de barrio. Disponía de un modelo largo tiempo fijado. Alberto y Cornelio, precisamente. Siempre los dos. Cornelio y Alberto. La norma. Los dos en uno. Me ofrecían, como pareja, un mensaje civilizado; el tono urbano, la pátina cultural, la sensación de protección mutua. ¿O no era tal? A poco que pensase, veía que era uno el que protegía y otro el protegido. Uno dirigía y el otro se dejaba dirigir... o lo fingía. Era, en cualquier caso, un dirigismo llevado a la práctica con exquisita perfección. Cornelio dejaba entrever que Alberto era el dominador, y de esto se ufanaba. Actuaba como un hijo mimoso y remilgado, complacido en todo momento por los cuidados de un padre perfecto. En consecuencia, el papel que yo necesitaba asumir era el de mi padrino.

Al plantearme la necesidad de usurpar su privilegiada posición, descubrí un tipo de maldad que no había conocido en la vida real y sí en las películas: la perversa que se entremete, la que siembra cizaña, provocando el cataclismo en el seno de familias perfectamente avenidas. Bette Davis no dictó sus lecciones en vano. Y al ponerlas en práctica, un adolescente avispado podía alcanzar un sobresaliente sin demasiado esfuerzo.

La perversidad empezó a ejercer una fascinación irresistible. Equivalía al tipo de acción que no se atrevería a acometer ninguna de las personas que me rodeaban. Por tanto, era algo nuevo, original, creativo. Me obligaba a salir de mi propia personalidad para improvisar otra distinta, recrearla paso a paso, gesto a gesto, diálogos incluidos. Y, como banda sonora, un bolero petardón.

Recordé que en algunas películas una armoniosa relación entre cónyuges maduros era destruida por un tercer personaje más joven. Era un reto que no podía desoír. Además, el hecho de vencer en su propio terreno a un hombre tan apuesto como mi padrino me otorgaba cierta categoría: ya no sería el orejudo, el inepto, la risa de todos; me convertía en el pizpireto que, en su primera escaramuza sentimental, derrotaba a todo un experto en galanura.

Cuando estuve seguro de mis recién adquiridas armas, empecé a ensayarlas ante el espejo. El del enorme armario ropero de la tía Florencia se convirtió en maestro de arte dramático. Ensayaba todas las posturas, gestos y muecas que asociaba con la seducción, el aplomo o la seguridad. Me revestía con los peores tics de mis ídolos de la pantalla y, cuando hube incorporado a los más expertos en el arte de amar, inicié una segunda persecución de Alberto. Poco a poco se convirtió en un acoso. Y tanto insistí en llamadas telefónicas, muy comprometedoras ante su madre y hermana, que al final accedió a concederme un encuentro.

Me citó en una cafetería muy frecuentada, sin duda para evitar algún exceso por mi parte o cualquier tentación por la suya. Porque no era un secreto que le gustaban los jovencitos. Me lo contaron, años después, algunas maricuelas de su grupo. Eran malignos, aquellos personajes, y para comentar la tendencia de Alberto contaban el caso de otra pareja de amigos liados desde mucho tiempo. Decían que en sus viajes por tierras exóticas Guillermo se acostaba con los menores más apetecibles mientras Josep se solazaba tostándose al sol en la piscina del hotel. Y cuando el insaciable fornicador ya estaba demasiado avejentado para atraer a sus presas, utilizaba como cebo al otro, que seguía estando de muy buen ver gracias a la abstinencia sexual, según proclamaba a menudo y con la suficiencia de una *esthéticienne* diplomada. En su opinión, hacer el amor estropeaba el cutis, de manera que atraer niños para que los aprovechase su amante era una forma de compensarle por el tiempo que llevaba negándole sus favores en la cama. Cuantos más niños le conseguía, más se aseguraba su buena conservación, como si aquel pacto fuese el equivalente de un tarro de Helena Rubinstein. Y a juzgar por sus famosas declaraciones, era evidente que las constantes traiciones del amado no le afectaban en demasía:

—Puede ir Guillermo con quienquiera y hacer cuanto le plazca porque al final siempre vuelve a mí. Esos niños de los países subdesarrollados son tan pobres que se contentan con nada. En realidad, le cuestan cuatro duros, de manera que no nos rompen el presupuesto y podemos seguir comprando piezas de porcelana y colmillos de marfil. Además, ¿cómo podría influir en una relación tan sólida como la nuestra un morito de doce años? Yo siempre continuaré teniendo las llaves de la despensa. Yo siempre seré la propia.

Aquella historia me deprimió profundamente porque desmontaba la rosácea teoría de una relación entre hombres que yo había imaginado a partir del ejemplo de Cornelio y Alberto. Al mismo tiempo, obraba con mis propias armas contra aquella unidad perfecta: Cornelio se había convertido en mi rival en la lucha que me estaba planteando con abundantes dosis de mala literatura y una forma de deseo que ni siquiera me atrevía a nombrar. Y Alberto no me ayudaba a hacerlo. Por el contrario, se mostraba frío, distante, inabordable. Adoptaba la actitud de un maestro, sólo que mucho más distinguido que todos los maestros que yo había tenido y, desde luego, mucho más que mi padre. Y al reconstruir esta similitud, no pude evitar la imagen de papá, siempre omnipresente con sus ridículos calzoncillos de posguerra tan opuestos a los ceñidos eslips de competición que solían llevar Alberto y Cornelio. Maldije entonces su belleza playera, aquella cualidad que contribuía a fortificar su unión y, al mismo tiempo, les compenetraba en la manera de tentarme. (¿Por qué ha de ser que los verdaderamente guapos se entiendan sólo entre ellos?)

—Tu padrino está muy preocupado. Diré más: sufre por tu causa.

No resultaba difícil imaginar a Cornelio organizando una escena de esposa histérica, pero no era él quien me preocupaba sino la posibilidad de que supiese demasiado y pudiera ir con el cuento a mis padres.

—¿Qué le has contado?

—Nada. Ni falta hacía. Es absurdo que creas esconder lo que se viene anunciando desde que eras niño. ¿Sabes?, los mayores no somos tontos. Por lo menos no todos. Cornelio ve reproducirse en ti sus propias tendencias. Tiene grandes remordimientos porque piensa que nuestro ejemplo te ha influido.

A buena hora llegaban los temores. Además, Cornelio no estaba preocupado por mí, sino por él. No lamentaba que yo cayese en el pecado, sino que él hubiese sido el inductor. Pero en el fondo daba lo mismo. Seguía importando mi voluntad. Sólo que a Alberto le importaba especialmente la moral, según me permitía deducir su resistencia.

—La opinión de Cornelio, y también la mía, es que no sabes lo que quieres. Para ser exactos: es imposible que lo sepas sin haberlo probado todo.

—¿Y qué tengo que probar?

—A ir con chicas.

—Lo hago. Pero las chicas no tienen conversación. No leen *Fotogramas* ni nada.

Omití intencionadamente que las chicas del barrio me despreciaban porque era orejudo, porque llevaba gafas, porque pisaba en el baile y porque, en última instancia, preferían a los chicos mayores. Pero el más elemental sentido de la autodefensa me aconsejó ocultarle aquella lluvia de carencias que podían ir en contra de mis intereses. Cuando un orejudo quiere deslumbrar, lo mejor que puede hacer es disimular sus orejas y no lo contrario.

—Entrénate con mujeres y, dentro de un año, volveremos a hablar del asunto.

Aquella decisión me enfureció. Tenía que hacérsela pagar. Y lo hice con mi absoluta mudez. En todo el trayecto de regreso no pronuncié una sola palabra. No quería mirarle a la cara. Fue un viaje muy tenso. Sólo cuando me depositó a tres esquinas de mi casa, exclamé a guisa de despedida:

—¡Todos los maricones sois iguales!

Y él se echó a reír, mientras encendía un cigarrillo rubio como los románticos protagonistas de los tebeos *Claro de Luna*.

Alberto tenía razón en algunas cosas, siendo la primera que yo sólo intuía aspectos parciales de mi sexualidad. Una masturbación en un cine de barrio había conseguido encenderme, pero la mano inductora carecía de personalidad, podía ser la de cualquiera, incluso la mía propia. Si cerraba los ojos, podía imaginar que era la mano de alguna *maggiorata* del cine italiano y el efecto era el mismo. Habría sin duda una koiné de la masturbación, y en su ejecución lo que menos importaba era el ejecutante.

—Esto te pasaría a ti con una puta.

Me lo dijo, así de claro, un compañero de Bellas Artes. El corrido. El que se las sabía todas. El trotasábados.

Aparecía, diáfana, la regla dorada para acceder a la hombría en los años cincuenta: una hora de sexo con la mercenaria especializada en descapullar palominos. Ni su personalidad ni su físico importaban demasiado. Se trataba de hacerme hombre, no de personalizarla a ella como mujer; menos aún como persona. La menos avejentada, la menos hinchada, la que se le marcasen menos varices. Eso sí, todas pintarrajeadas y oliendo a tabaco rubio. Todas en la última playa de la vida y con peligro de morirse en mis brazos, si resultaba medianamente fogoso, como era de esperar. Pues en el trato con las putas la fogosidad se presuponía, igual que el valor en la mili.

Así, avancé cierta noche de sábado por las zonas más bajas de mi ciudad. Las callejas eran familiares, pero ya nada tenían que ver con las que yo había conocido de niño, cuando papá me llevaba a pasar las tardes del domingo a los selectos salones de Madame Rosario, amenizados por sus vivarachas obreritas del amor. Lamentablemente, al clausurarse las mancebías por orden gubernamental aquellas amables señoritas saltaron a las esquinas para ofrecerse de la manera más abierta y en sus aspectos más descarnados. Mis queridas putas pasaron de ser amigas a constituirse en amenaza. Ésta fue mi primera sensación al hallarme frente a uno de los bares de la calle de Robadors. Después de dar varios paseos, con las manos en los bolsillos y la mirada en el suelo, acabé sin decidirme a entrar.

Volví muchas veces, con idéntico nerviosismo, si no peor. Llegaba a los bares, me detenía, daba varias vueltas a la manzana y giraba a toda prisa sobre mis talones, buscando espacios más aireados o encierros más reconfortantes. Entraba en cualquier cine, ansiando que la oscuridad me devorase; pero, por primera vez en mi vida, la magia de las películas resultaba insuficiente. La sexualidad estaba llamando con baldonazos ensordecedores. Ya no importaban únicamente los consejos de Alberto. Me había comprometido a demostrar a mis cama radas de la Escuela de Bellas Artes que, a los quince años, podía ser tan hombre como un rudo legionario.

Más adelante, la literatura me ayudó estableciendo una duplicidad y, así, la mujeruca que vulneró mi adolescencia reaparece en el recuerdo de Bruno Quadreny bajo el nombre de Berenice, procedente de Esmirna. Pero mi contrafigura literaria supo cumplir como un macho de ley y ella le cogió afecto. Siempre he lamentado no poseer los atributos del personaje que creé. O de todos. Porque ellos siempre nos sobrepasan.

Ignoro cuál habría sido mi destino si aquella noche hubiese conocido el sexo en brazos de alguna dama comprensiva y refinada; si el sexo se hubiera revelado con todos los tópicos de las películas lujosas: Montecarlo o Cannes en lugar del Barrio Chino. No fue así: tuve que pasar mi examen de hombría en un ambiente sucio, pestífero, degradante y sin posibilidad de elección. Porque en la calle de Robadors, las opciones no diferían mucho de las que ofrecía la calle de las Tapias. Cualquiera de las dos servía para iniciarme en la cochambre. Una sucesión de tiendas de gomas y lavados, baruchos y tabernas putrefactas, decorados al modo tropical, putas y macarras y alcahuetas a las puertas de casas destartaladas, todo muy excitante para leerlo en un texto *maudit*, pero opresivo para una ceremonia de iniciación tan importante en la vida de un chico que, además, era sexualmente indeciso.

Supe que el sexo podía ser una práctica odiosa, como todo lo que llega impuesto o bien en vertientes no deseadas. Así, recuerdo mi noche de farra como una suerte de calvario interminable, donde desaparecí completamente como persona para ejercer como semental y sin ninguna carta a mi favor. Se trataba de demostrar potencia, sin pensar siquiera en disfrutarla. ¿Cómo podía, en cualquier caso? Acostumbrado a las idealizaciones de las películas, me encontré ante una realidad que sólo invocaba los mil rostros de la miseria.

En lugar de los salones *art-nouveau* de la mancebía de Madame Rosario, me encontré inmerso en la más chillona horterez de una decoración pseudoafricana en un bar que, no en vano, se llamaba Tabú. Era el típico decorado en que depositaban los años cincuenta todo su repertorio de mal gusto coloreado: palmeras, cactus, lianas, bongos, lanzas y escudos, todo propio de un *Mogambo* de plástico. Y era una experiencia luctuosa para un adolescente que se esforzaba por superar la fealdad de su entorno cotidiano buscando en las calles y plazas de Verona el eco de palabras sublimes.

Recuerdo a mi puta como una mole edificada a base de michelines, colgajos, rojeces y senos a punto de saltar por encima de un sujetador negro y raído. Sobre aquellas hiperbólicas protuberancias descansó mi mejilla cuando la dama me arrastró a bailar a los sones de una especie de cha-cha-chá que surgía de un *juke box* camuflado entre el follaje de plástico.

Fueron sólo unos minutos: los necesarios para ponerme a tono. Ella no disponía de tiempo para perderlo en bailoteos. En cambio, mi desesperación deseaba que el baile no terminase nunca.

Me condujo a una casa vecina. Subimos por una escalera oscura y pestífera como aquella en la que se mató mi amiguito el Orejudo. Después, un pasillo angosto, iluminado por una luz roja, el papel de las paredes impregnado por un aroma que asocié con el cloroformo, ignoro por qué razón. Entramos por fin en un cuartucho cuyas limitadas dimensiones hacían honor a la casa. El mobiliario no podía ser más escaso: un catre, dos percheros, unas litografías raídas y un bidet portátil de hierro oxidado. También había en la pared rastros de cucarachas. En cuanto a mi dama, no tardó ni un segundo en adecuarse a las necesidades del decorado. Empezaba a desnudarse sin que yo pudiera impedirlo. Ya era tarde.

La mujer no era completamente horrenda: sólo vulgar. Pero más que esta condición me desarmaba su absoluta falta de interés. No ofrecía en su actuación el menor asomo de afecto, nada que yo pudiese asociar con una relación entre humanos. Seguramente no podía quejarme: las posibilidades de elección estaban a tono con el poder adquisitivo de un meritorio de quince años; es decir, posibilidades penosas. El pecunio sólo daba para una ración de sexo poco remilgado, a toda velocidad, después de un cliente de Cuenca y precediendo a otro de Tarragona.

Ella dejaba aparecer más adiposidades a cada prenda que se iba quitando con una indiferencia que no era para alentar. Cuando me quitó las mías —ni para eso servía yo—, se esmeró en lo que pudo para excitarme del modo más rápido posible. Otra vez el problema de la rentabilidad, si bien inútil para el caso. Yo era un muerto en vida.

—Rediez, niño, colabora un poco, que una no es la Virgen de Lourdes. —Y reía, reía salvajemente—. A ver si se te pone tan gorda como las orejas, leche.

No era el mejor método para excitar a un pobre orejudo. Consideraría ella más apropiada una generosa exhibición de su sexo. Abriéndose de piernas sobre la cama, me lo mostró abierto de par en par. Una especie de ovillo piloso que sus dedos regordetes abrían y cerraban dejando ver abismos oscuros, salpicados por pedazos de carne trinchada.

Yo intentaba recobrar imágenes de un ayer más amable. Las putas siempre habían sido muy afectuosas conmigo. Las putas me habían enseñado canciones de Juanita Reina, me daban Flan Chino el Mandarín y reían todas mis gracias. Madame Rosario me acariciaba la cabeza, mientras iba recitando versos en un catalán salpicado de francés. Ella y sus chicas me querían.

Mi pareja no tenía por qué quererme. Cumplía con provocar mi excitación. Lo intentaba a base de magrearse. Era inútil. En un determinado momento vomité en el bidet. Ella no aparentó ofensa alguna. Entendería que aquella noche no iba a utilizarlo. Por lo menos si del cliente dependía. Y en verdad que era escaso mi albedrío para decidir tal pleito. Sólo ansiaba salir de aquella habitación y de aquel barrio. Echar a correr hacia el muelle y vomitar a todos los mares la miseria de mi fracaso.

Pero esas catástrofes no se contaban, después, al reunirse con los condiscípulos. Se daba por cierto que me había portado como un hombre y que por fin tenía lo que hay que tener. La mentira no carecía de ventajas. Noté que me respetaban más que cuando les hablaba de mi devoción por los personajes de las películas. Pero el respeto no bastó para tranquilizarme y la angustia tardó mucho tiempo en desaparecer.

Pasé noches enteras en vela. Me sentía aplastado por visiones miserables, aromas infectos, colores violentos. Me aterrorizaban los ecos de una rumba más o menos tropical. De pronto, aparecía el sexo de la puta y recordaba mi pretensión de introducirme en él a cualquier precio. Pero aquella masa de pelos enmarañados se abría de par en par y al fondo aparecía una vulva monstruosa, una planta carnívora o el cuerpo de una ternera desollada de cuyas entrañas manaba un manantial de sangre que, en su abundancia, amenazaba con ahogarme. Me restregaba los ojos con fuerza brutal, en busca de otras imágenes. Preferentemente un hotel de lujo en Singapur, en cuyos suntuosos salones Alberto y Cornelio alternaban con diplomáticos de Agatha Christie o tomaban cócteles exóticos con distinguidas damas que se parecían a Grace Kelly.

No esperé a que concluyera el plazo fijado por Alberto. No tenía por qué respetarlo. Estaba demasiado angustiado para conceder treguas, incluso para andarme con rodeos. De manera que le conté mi primera experiencia sexual y, sin darle tiempo a reflexionar, me declaré su esclavo dispuesto a todo.

Tendría mi súplica un aspecto muy patético, porque él me acarició el pelo con cierta tristeza.

—Hay un detalle que olvidas —dijo—. Es cierto que me gustan los jovencitos, pero no todos.

—¿No todos?

—Tú no eres mi tipo, pequeño.

Ésta fue la parte más atroz de toda la experiencia. El rechazo me dejó atónito. No supe cómo reaccionar. Era peor que cuando los niños de Sitges me llamaban Dumbo, era mucho más doloroso que cuando las chicas de los guateques me tildaban de patoso en el baile. Era una humillación absoluta, que desmontaba todas mis defensas. Sentí que tenía que llorar en algún lugar, en cualquiera menos delante de Alberto. Corrí al piso de la Diagonal y me encerré en el dormitorio que compartía con la tía Florencia. Al mirarme en el espejo me encontré monstruoso. La puta me había despreciado por mi impotencia. El objeto de mi deseo me despreciaba por mi escaso atractivo. Todas las cábalas eran posibles en el seno de la derrota. Todas las derrotas.

La obscenidad de una prostituta negaba el compañerismo que siempre me habían demostrado las mujeres; la selectiva actitud de Alberto negaba el afecto y la protección que yo buscaba en el hombre. Del mismo modo que en mi búsqueda no había predominado el atractivo físico, esperé que tampoco él lo considerara necesario. ¿Pues no era tan sensible y culto? Esperé que apreciara sobremanera las cualidades que me había esforzado en potenciar: la inteligencia, los conocimientos cinematográficos o la sensibilidad para la música clásica que tanto gustaba a los de su grupo. En cambio, él sólo buscaba aspectos de mi físico que yo había descuidado completamente: buscaba todo lo que me atraía en mi amiguito el Niño Nadador.

Mucho después, tuve que reconocer que la actitud de Alberto estaba muy extendida. En aquel año de 1957, sólo entendí que había sido despreciado, que jamás podría gustar a nadie. No volvería a caer en la trampa. Reprimiría mis emociones, callaría mi necesidad en provecho de experiencias más elevadas, que no me obligasen a circular por los terrenos del sexo, donde tenía todas las de perder.

Regresé a mi refugio habitual, mi verdadero domicilio en el mundo: las salas de cine. Estuve a punto de nacer en una de ellas y conocí mi primer momento de placer en el gallinero de otra muy parecida. Eran mi cuna y mi burdel al mismo tiempo. El único lugar donde no me sentiría agredido por los ataques del mundo real. Volvía a ponerme en manos de la soledad, pero esta vez me serviría de defensa. En aquel recinto, no entraría ninguno de mis agresores. Había fracasado en la búsqueda del padre desde la homosexualidad. Seguiría buscando a la ambigua figura que pobló mis sueños infantiles, cuando mi verdadera naturaleza no estaba clara: el compañero, el otro yo, el siamés espiritual. Estaba maduro para recibir con albricias la llegada del Joven Inquieto.

Mi primer ídolo de adolescencia ejercía las veces de providencial celador de un tesoro cuya existencia nadie imaginaría al pasar por delante de una empresa de autoaccesorios. Se trataba de una biblioteca de cierta importancia, pensada para solaz de los empleados. Desde el primer día la consideré el único rincón digno de frecuentar en el vasto dominio de los hombres cabizbajos y conversaciones futboleras. Lo cierto es que era un armatoste de gran prestancia, con largas estanterías de madera de ébano, protegidas por sólidos cristales. Contenían una notable cantidad de volúmenes, renovada mensualmente a petición de los propios empleados, con criterios no necesariamente simplones. No podían serlo, pues los supervisaba el Joven Inquieto.

Tendría uno o dos años más que yo, pero su experiencia en la empresa y el hecho de cuidar de sus intereses culturales le revestían con una cierta autoridad no desmentida por su propio aspecto: formal, circunspecto, de los de pullover y corbata lisa, convencional a decir verdad. Distaba de ser un adonis, por tanto no lo pretendía. Tampoco necesitaba prendas físicas para cautivarme. Tenía relación con la cultura. Eso bastaba tanto a mis intereses como a mi capacidad de sublimación. En cierto modo recuperaba la imagen de mi padre, cuyo respeto por la letra impresa marcó mi vida desde el principio. Era una versión de papá, aunque en menos tarambana. O en absoluto. Era la parte de maestrillo que caracterizaba a papá cuando podía tomársele en serio.

Aunque mis visitas a la biblioteca se producían con una periodicidad casi diaria, apenas habíamos cruzado dos palabras. Cierta mañana acudí a cambiar mi novela de Vicki Baum por otra de Louis Bromfield. El Joven Inquieto me miró con cierta ironía. Al rellenar mi ficha comentó lo insólito de mi asiduidad. Le extrañaba que tomase casi un libro diario. Lo consideré una prevención estúpida: en fin de cuentas yo me sentía muy orgulloso de mi ritmo de lectura. Era el propio de un jovencito culto. Pero él tuvo algo que oponer:

—Es lógico que tardes tan poco tiempo. Con los libros que eliges, no tienes que molestarte en pensar.

Por escasas que fuesen mis luces, bastaban para dejarme ver en sus palabras un insulto. Me apresuré a aclarar que los títulos que solicitaban mi atención habían sido adaptados al cine en aquella época dorada de Hollywood que yo venía recibiendo, desde niño, por transmisión oral. Al referirse a *Grand Hotel* y *Vinieron las lluvias* exclamaban mamá y mi padrino: «Ya no se hacen películas como las de antes.» En ley pareja, yo pensaba que las novelas de origen serían de las que ya no se escribían.

En cierto modo fui profeta. La señora Baum y el señor Bromfield son hoy autores perfectamente olvidados. Sin embargo, en aquella época gozaban de cierta credibilidad o, cuando menos, tanta como para que aparecieran sus obras en una colección de Janés titulada «Clásicos del siglo XX». Era un sello que mandaba, y mucho. Era, pues, mi coartada. Un clásico, cualquiera que fuese, ¿no implicaba calidad? Este razonamiento no servía para convencer al Joven Inquieto. En un país donde permanecían prohibidos los libros más importantes de la literatura universal, la consideración hacia aquellos autores sólo podía ser tomada como *faute de mieux.*

Mientras repasaba mi ficha, él no paraba de criticar mis gustos. Quedé profundamente intrigado y a la espera: nadie puede exigir una renuncia sin ofrecer otra opción a cambio. Acordamos tratar del asunto a la salida del trabajo. Me sentí halagado. Era la primera vez que alguien me prestaba atención desde que abandoné la infancia.

Durante el trayecto a nuestros respectivos condumios, el Joven Inquieto me expuso las virtudes que él exigía a una obra literaria. Todas podían resumirse en la palabra «mensaje». Especialmente, los alcances sociales del mismo. Lajos Zilahy los tenía, sin duda. También Knut Hamsun. Sonaron, después, los nombres de Curzio Malaparte y Maxence Van Der Meersch. Parecían palabras mayores: convenía atenderlas como tales. Al día siguiente, desdeñé a Agatha Christie y tomé de la biblioteca dos obras de aquellos autores. El Joven Inquieto manifestó su satisfacción. Como era de esperar, salí de *La piel* despellejado, pero con la atención vivamente despierta. La estética de la crueldad respondía a mi nueva necesidad de revelación del mundo: cuanto más feroz aparecía éste, más meritoria la obra literaria. Las de Van der Meersch me sirvieron para imaginar la nueva realidad de los miserables, que ya había atisbado en las novelas de Dickens. Sólo que ahora aparecían sin la menor posibilidad de entretenerme con una estructura dramática o unos personajes fascinantes. Sin necesidad de ser huerfanitos puteados como Oliverio Twist, los personajes de mis descubrimientos más recientes se movían entre los detritus del mundo industrial, en ambientes suburbanos oscurecidos por una profusión de fábricas, hornos y chimeneas. Era inevitable que pasase al realismo más cercano, a la miseria más inmediata. El Joven Inquieto me proporcionó su propio método, disciplinado y estricto. A los sombríos, deprimentes exteriores de algún puerto báltico, correspondía sin dilación el impacto de una España más negra que la tiña, que fue la del *Pascual Duarte*, y acto seguido el retrato de una realidad agobiante con *Nada*, de Carmen Laforet. Sólo nos quedaba pasar al chabolismo, y así fuimos a parar directamente a Francisco Candel *(Donde la ciudad cambia de nombre)*.

Para convencerme de la calidad de sus miras, el Joven Inquieto ampliaba su lista con temas de supuesta profundidad humana. También era inevitable. Le gustaba mucho filosofar, y una novela cuyo nombre he olvidado —pero seguramente era de Van Der Meersch— le ofrecía la oportunidad en bandeja con el monólogo interior de alguien que no se decidía a matar una mosca por razones éticas. Las intensas divagaciones destinadas a dilucidar la magnitud de aquel crimen nos proporcionaron largas horas de reflexión y polémica. Al final, decidimos que pocas veces habíamos leído algo que nos comprometiese en tan alto grado con el verdadero conflicto espiritual del hombre contemporáneo.

Como era de esperar, el Joven Inquieto era además un cinéfilo empedernido. Devoró el cine cuando niño, igual que yo, y lo desentrañaba críticamente al alcanzar la adolescencia, como se suponía que yo debía hacer a partir de entonces. Era otra forma imprescindible de acceder a la cultura. Al fin y al cabo, conozco a pocos jóvenes inquietos de mi generación que no recorriesen un itinerario parecido.

Era lógico que coincidiésemos en nuestras preferencias porque, a causa de la penuria de la exhibición, las opciones no eran muchas. Nuestras películas más admiradas respondían al mismo esquema que exigíamos a las obras literarias: el mensaje, cierta audacia técnica y acusada complejidad psicológica. Pedíamos al cine «que hiciese pensar», frase ambigua pero muy característica de los aprendices de la época. Dando por descontado la lista de películas que me gustaban y silenciando astutamente las más comerciales, opté por ofrecer una lista más original pero igualmente reveladora:

PELÍCULAS QUE DETESTO

La Reina de África, porque Bogart es tan sucio, tan esquelético, y la Katharine Hepburn más fea que Picio.

Casablanca, porque no es en colores y, a pesar del título moruno, no sale María Montez. Una estafa.

Pasión de los fuertes, porque Linda Darnell muere y Henry Fonda es tan sosainas y Victor Mature no sale de gladiador. Y tampoco es en colores.

Las de guerra, ninguna, pero ninguna, con tanta miseria, destrucción y hombres sin afeitar y mujeres mal vestidas. Y casi nunca son en colores.

Las de Charles Laughton, tan gordo, tan feo, tan como baboso.

Esperé con impaciencia el veredicto de mi elegido mentor. Ciertos aspectos de mi lista le escandalizaron. Empezó arremetiendo contra mi tendencia a juzgar a los intérpretes según su físico o su significado fuera de la pantalla. Iba más lejos todavía: me criticaba por juzgar el cine según los intérpretes, cualesquiera que fuesen. Aunque él admiraba a los del Actor's Studio —Brando era sinónimo de calidad y vanguardia—, sabía que la altura de una película depende de otros muchos factores. Me acostumbró a considerar en primer lugar al director, antes que a las estrellas. De sus labios empecé a oír conceptos como «belleza plástica», «rigor expresivo» y «coherencia narrativa». Y para completar sus lecciones me dio a leer libros sobre la estética del cine, las leyes del montaje y los grandes directores del pasado. A partir de entonces mis aproximaciones fueron más serias, sin ser por ello excluyentes. De la misma manera que en literatura continuaba escapándome hacia las aventuras de Pierre Benoit y Julio Verne, en las pantallas disfruté a escondidas de las delicias del cine de los sábados, reservando la noche de este día para las experiencias más exigentes decretadas por el rigor de mi compañero.

A las pocas semanas, el Joven Inquieto se había impuesto en mi vida con una imperiosidad cuyo verdadero sentido me negaba a reconocer. Su presencia me inspiraba seguridad, su conversación fuerzas, sus consejos persistencia. Me estaba mejorando al tiempo que me invadía. Gracias a él, por él, terminaron los domingos solitarios. Al igual que yo, no vacilaba en hacer kilómetros para visionar por tercera vez una película, y yo me congratulaba no sólo por la complicidad sino porque la distancia favorecía que pudiésemos pasar más rato juntos. Confiaba completamente en él, aprendía a depender de su oferta. Si bien es cierto que durante un tiempo fui su lorito de repetición, no lo es menos que muchas cosas merecían ser repetidas. Fue una fortuna para mí que casi siempre tuviese razón, cuando menos en las disciplinas que yo necesitaba para aquel momento de mi vida.

Gracias al programa radiofónico *Cine-Forum* supimos de la existencia de sesiones cinematográficas especiales que se celebraban los sábados por la noche en la Casa del Médico. Era éste un recinto de capacidad limitada, una sala de actos presidida para la ocasión por una pantalla desplegable, no demasiado mayor que la que solían alquilar los ricos para bodas y bautizos o cuando querían entretener a sus crías con las viejas películas de Charlot y el Gordo y el Flaco, proyectadas con un Pathé Baby. Recuerdo, también, un pianista que acompañaba las películas mudas y el sesudo presentador que introducía cada proyección con una extensa, a menudo interminable perorata sobre el autor de la película y el contenido de la misma. Eran hombres que gozaban de alguna autoridad en la crítica local y no mucho más, pero yo los escuchaba con la boca abierta mientras tomaba notas en un cuaderno que había titulado: «Lecciones de arte cinematográfico.» No era buena fe lo que me faltaba.

Hoy, en plena era del vídeo, puedo consultar las obras maestras del cine a cualquier hora del día o la madrugada, en mi cómoda intimidad, repitiendo una o mil veces las imágenes deseadas. Desde posiciones tan privilegiadas se hace difícil comunicar la impaciencia, la expectación que nos despertaban aquellas sesiones y la importancia que llegaría a tener para nosotros la institución de los cine-clubs. No la hubo más noble para un cinéfilo aprendiz de adulto. No pudo llegar más oportunamente ni ser recibida con mayor afán en el yermo cultural que nos rodeaba.

Nuestra fiebre del sábado noche era la del cine culto, por no decir la arqueología del cine, ya que se trataba de obras muy añejas presentadas en copias imposibles. Llegaban en dieciséis milímetros, les faltaban planos, escenas, secuencias enteras; la imagen saltaba, se precipitaba o ralentizaba y, en muchos casos, los diálogos eran inaudibles. Y, a pesar de tantas deficiencias, aquellas sesiones se me presentan como el símbolo más emotivo de nuestra urgencia por adueñarnos de todas las sabidurías.

La plasticidad, en su sentido más estricto, ganaba muchas batallas en nuestra apreciación. Nos pirrábamos por *El gabinete del doctor Caligari* y otras muestras del expresionismo alemán y, si se trataba de películas sonoras, aplaudíamos una y otra vez *Varieté*, de Dupont, o *Mazurca*, de Willy Frischt, títulos que, ya en aquella época, quedaban desfasados. Cuando aparecía por arte de magia una destartalada copia de *Sous les toits de Paris* o *A nous la liberté*, los inspirados se lanzaban a extensas disertaciones sobre la poética de René Clair y algún avanzado introducía una discusión sobre el manifiesto audiovisual de Pudovkin. En aquella época continuaba vigente la absurda polémica sobre la pureza del séptimo arte: todavía prosperaban ciertas teorías que sostenían la preeminencia del cine mudo sobre el sonoro. Aquél encarnaría la pureza de la expresión; el sonoro, su bastardía más escandalosa. Quienes tenían superado este problema se acogían a la polémica entre el fondo y la forma; estábamos tan hambrientos de contenidos que nos aferrábamos al testimonio del neorrealismo italiano, pese a que la mayor parte de sus obras seguían inéditas en España. No era cuestión de referirse siquiera al gran cine soviético, bestia negra de la censura. En cuanto al cine americano, era generalmente repudiado por los puristas, aceptándose sólo algunos de sus títulos de carácter más o menos social.

La escasez de material era escandalosa: en primer lugar a causa de la represión, que impedía la llegada de todo el cine importante de la posguerra. Ante aquellas dificultades, los organizadores de cine-clubs eran auténticos héroes, capaces de rastrear en los más profundos subterráneos para descubrir un corto de Chaplin o dos rollos de Fritz Lang. El mismo problema se presentaba con el cine más reciente, ya que una ley obligaba a destruir las películas a los cinco años de su estreno. Nos desesperaba pensar en las obras maestras que ya no podríamos visionar por culpa de aquella estúpida masacre. Y cuando en el más remoto cine de los extrarradios anunciaban alguna película importante cuyo plazo de exhibición estaba a punto de caducar, nos apresurábamos a verla un par o tres de veces, como si se tratase de la despedida a un amigo fiel. Mientras, los amables organizadores de los cine-clubs seguían buscando películas debajo de las piedras y comunicando sus hallazgos en voz baja: «No aseguro nada, pero es probable que dentro de dos semanas nos llegue una copia de *El limpiabotas* que ha aparecido en el desván de un cine de Teruel...» Como era de esperar, la copia era un desastre... que recibíamos como una bendición.

Cuando salíamos del cine-club, paseábamos durante largo rato por las calles solitarias, discutiendo la película, proponiendo problemas, rescatando soluciones que otros habían encontrado mucho antes. Nos adentrábamos, así, en la madrugada del Barrio Gótico, en sus nidos más recónditos, y en cualquiera de ellos encontrábamos un bar que convertíamos en ágora privada. Yo intentaba prolongar las discusiones a cualquier precio, tan grande era el placer que me proporcionaba caminar junto a mi amigo, sentirme amparado por su instrucción, protegido por su afecto.

Me lo demostró con creces el día de mi decimoquinto aniversario. Con singular sigilo, se acercó a mi mesa y deslizó una nota equivalente a una invitación para una sesión cinematográfica sorpresa. Antes, me hizo prometer que guardaría silencio absoluto, porque podía comprometer a las personas que habían preparado aquel evento. Cuando llegó la noche del sábado, me obligó a jurar de nuevo, y así repetidas veces mientras nos dirigíamos al lugar de la proyección. Llegamos, por fin, a una casa de la calle Gerona. En el ascensor, me comunicó el verdadero sentido de la velada: alguien había conseguido una copia en ocho milímetros con escenas sueltas de *El acorazado Potemkín.* Todo había sido llevado con tal sigilo, con tantas precauciones y llamadas secretas, que bien podría aprovechar ahora para describir una poderosa escena de conspiradores antifranquistas. No he de caer en la trampa de la demagogia. Los congregantes éramos cinéfilos en su estado puro, coleccionistas de imágenes, amantes de la nueva musa, maniáticos ansiosos de comprobar si lo que nos habían explicado los libros correspondía a la realidad.

Supe después que aquellos fragmentos del *Potemkín* viajaron por diversos hogares barceloneses, como la capilla de Santa Eulalia que solía recibir mi abuela para rezarle durante unos días, hasta que se la llevaban a otros hogares cristianos. Cada forma de religiosidad tiene sus fetichismos y quienes entonces creíamos en el cine como arte mayor reaccionábamos igual que las beatas. Sólo que, en lugar de estampitas de la Madre Ràfols, nos prestábamos revistas que hablaban de Visconti o reproducían el manifiesto de Salamanca denunciando las miserias del cine español.

Aquella noche vino a visitarme Peter Pan, pero me negué a recibirle. Estaba demasiado enfrascado en la lectura de un ensayo sobre Eisenstein, que alguien había ciclostilado pensando en el bien común y no sin riesgo de acabar en alguna comisaría, porque algún torturador oficial pensase que una peligrosa secta de cinéfilos intentaba imponer el comunismo desde un piso del Ensanche.

Con la llegada del Joven Inquieto, mi tendencia a la sublimación encontró un nuevo objeto al que glorificar. Al mismo tiempo, inició una fatalidad. Descubrí el pretexto ideal para amar sin avergonzarme de aquella forma de amor que, entonces más que nunca, no se atrevía a decir su nombre. Pero en mis transportes no existía asomo de sexualidad. Del mismo modo que no quería mancillar a mis galanes del cine con la mirada del deseo, intentaba proteger de la misma la imagen del Joven Inquieto. Era mi consejero literario, mi asesor cinematográfico, mi mentor pictórico y hasta mi consejero en asuntos sociales, pero en modo alguno podía rebajarlo a la categoría de fetiche erótico. No ofrecía a mi deleite la increíble apostura del Niño Nadador ni se manifestaba con el esnobismo de Cornelio. Nuestra relación se limitaba a los estrictos dominios del espíritu y en ellos se realizaba. Pero el espíritu es un verdugo tanto o más feroz que la carne. El espíritu exige una correspondencia total, y ésta tiene unas barreras que sólo la entrega sexual puede salvar.

Llegó así un sufrimiento inesperado, fruto de la mentira que estaba viviendo. Probablemente, mi mentor me daba todo lo que era capaz de entregar en una amistad entre camaradas, una amistad viril en toda regla, pero mis aspiraciones eran mucho más drásticas. Cuanto más me daba, más le exigía. No me contentaba con sus horas de asueto: le acosaba en las horas de oficina, buscaba su presencia, controlaba sus actos, juzgaba cada una de sus acciones. Sin darme cuenta, sometía al mentor a las reglas de un noviazgo formal y lo demostraba ejerciendo una tiranía malsana, que se volvía constantemente contra mí. En realidad, era la misma tiranía que había establecido toda mi vida con los compañeros de colegio; una tiranía que, al no resolverse en la sexualidad, acababa resolviéndose en la desesperación.

Además, no me atrevía a hablarle directamente de las causas de mi actitud.

Sufrir a causa de los amigos heterosexuales es una de las condenas a que se ve precipitado el homosexual adolescente. Obliga al encierro, al silencio, a no poder profesar siquiera su dolor. Todo tiene que desarrollarse de una manera más secreta aún que su propia tendencia. Llegan horas y horas de indecisión que desembocan en el sufrimiento. El adolescente se debate en una confusión enloquecedora: está ansiando confesarse, pero sabe que una confesión a destiempo puede recibir algo más doloroso que un chasco: es suficiente para provocar la pérdida del amigo, quien a partir de entonces le considerará un apestado. Ninguna otra forma del amor obliga a pagar un precio tan alto porque implica verse obligado a renunciar a los demás, cuando uno ya no puede renunciar a sí mismo.

Entonces, el adolescente enamorado tiene que recurrir a las aficiones comunes para enmascarar lo que el otro pudiera considerar una pasión insultante. Utiliza las aficiones como un dogal que se estrecha sobre el cuello de su amigo, impidiéndole siquiera moverse. El nivel de exigencia es alto, porque mucho exige quien mucho concede. Pero el receptor, que no es consciente de tamaña entrega, acaba por sentirse asfixiado. Acaba por hartarse de aquel dominio que ni siquiera está en grado de explicarse, porque también se resiste a aceptar la desviación de su amigo.

A los catorce años, yo estaba asimilando sublimaciones que sólo podían conducir a la frustración continua. Era una cadena de engaños que pagaría muy caro en la madurez, cuando el sexo ya estuviese demasiado enmascarado para gozar de él en plenitud. Mis inclinaciones me llevaban hacia los robustos adonis de las revistas de culturismo, pero me negaba a reconocerlo, y terminaba amando a alguien que era su antítesis: un oficinista exento de heroísmo, un sedentario con tendencia a la obesidad y una alarmante propensión a pensar que le convenía buscarse una mujercita para el futuro. Mientras, los atletas de papel reclamaban sus derechos en la soledad de la cama. Se los concedía a la fuerza, sintiéndome culpable y prometiéndome que aquella vez sería la última.

Cuando había cumplido mi cita con las revistas, volvía a la tristeza habitual. Lloraba amargamente por culpa del Joven Inquieto. Si no me llamaba, si no quedaba conmigo, si me rehuía... Unas veces lloraba por despecho, otras por desesperación, todas por la soledad en que sus citas con chicas me dejaban sumido. Y contando con el precedente del Niño Nadador, empecé a ver en la mujer a una rival. ¡Ellas, que habían sido mis mejores aliadas, venían a disputarme los pocos compañeros que tenía! Y lo hacían esgrimiendo un arma contra la cual yo tenía poco o nada que hacer: la diversidad que estaba en la base de la naturaleza y que yo intentaba sustituir con un hipotético triunfo de la igualdad. Pero el amigo no buscaría jamás a su igual, sino a su opuesto. Y así, mi desesperación se enzarzaba en un combate perdido de antemano. Tal vez por esto Néstor Almendros, imitando el acento de los viejos melodramas caribeños, solía decir despectivamente: «Ellas siempre ganan.»

En todo caso, ganó aquella rama para mí desconocida de la naturaleza. El Joven Inquieto empezó a espaciar nuestras salidas en beneficio de señoritas cuyo nombre nunca llegué a conocer. Eran ellas las que a partir de un momento determinado le acompañaron al cine, usurpando la función que hasta entonces me había correspondido. Volvieron los domingos solitarios. Volví a patear la ciudad, en busca de los ambientes más románticos, consciente de su poder, que había aprendido por vías literarias. Recuperaba las conversaciones conmigo mismo, los lentos soliloquios por las callejas antañonas, los prolongados suspiros en plazuelas recoletas, a la luz de un mísero farol decimonónico. No puedo negar que, además de la tristeza, estaba reproduciendo todos los gestos de una larga espera. La que me llevaba a suplicar al mundo que tuviera la bondad de restituirme la posición de preeminencia que ocupé en el pasado.

Cierto día me echaron de la Harry Walker. Hoy se diría que era un despido largamente anunciado. Entonces lo busqué. Mi amistad con el Joven Inquieto continuó, cada vez más intensa, más seguida y, en mi caso, desesperadamente necesitada. Se había convertido en una dolencia de la que todavía tardé algún tiempo en curarme.

Cuando ya me tuteaba con Eisenstein, la vida me devolvió a los tebeos, no como un entretenimiento de infancia sino como una vocación a la que, durante años, había contribuido la insistencia de mamá. Porque mientras ella continuaba viendo en mi padre el resumen de todos los desastres, confirmaba en su amante el compendio de todas las perfecciones. Y no habría sido una buena madre si no hubiese deseado para su hijo el mejor de los modelos.

También importaba mi propia inclinación. Desde mucho tiempo atrás, yo tenía la mirada puesta en la Editorial Bruguera, entonces el gran imperio de los tebeos. Mi sueño dorado consistía en llegar a engrosar sus filas, lo deseaba con la misma vehemencia que, en otro tiempo, esperaba cada martes la llegada de mamá con el paquete de tebeos que le regalaba su dibujante. De entre todos, prefería yo el *Pulgarcito* y el *D.D.T.*, es decir, los que parodiaban mi realidad inmediata. En los personajes de Don Pío y Doña Benita, la Familia Pepe o los Ulises del *T.B.O.*, encontraba semanalmente un universo costumbrista que parecía la reducción al absurdo de la novela decimonónica, como pude comprender mucho tiempo después. Además, la Bruguera contaba con un equipo de caricaturistas a quienes yo tenía por los mejores. Cinco de ellos, los que se autodenominaban Los Cinco Grandes de la Risa se independizaron en 1957 y fundaron su propia revista de humor, llamada *Tiovivo.* Era la ocasión ideal para que una madre devota utilizase todas sus influencias en provecho de su hijo. Hablaría con quien tenía que hablar para que me enchufase en la redacción.

Cierta tarde se puso su *tailleur* mejor copiado y me llevó a merendar a una cafetería del Ensanche. Deseaba exponerme el estado de sus negociaciones. Como sea que conocía su ascendiente sobre mí cuando llevaba guantes negros y rimmel de espía, adoptó una actitud autosuficiente, y, tras asegurarse de que nadie nos escuchaba, me habló en clave como siempre que se refería a su amante:

—He hablado con quien tú sabes y le he pedido lo que supones.

—¿Y ha contestado lo que espero?

—Ha dicho que sí y ha dicho que no. Más claro el agua.

—¿Está claro que me aceptan de una puta vez en la redacción o está claro que me mandan a tomar por el saco?

—Está claro que el dinero que pagábamos a los escolapios fue dinero tirado, porque tienes la lengua más sucia que el váter de la Reme, que no le han echado lejía desde que entraron los nacionales. Tu modo de hablar disgustará profundamente a quien tú sabes cuando estés trabajando donde supones.

—Pues esto es como decir que me aceptan, mamá, o yo soy tonto.

—Tonto no, pero un poco cortito siempre lo fuiste. Quien tú sabes dice que puede enchufarte donde supones, pero sólo a medias; conviene guardar las apariencias por el qué dirán de los otros dibujantes y sobre todo para que no diga el dueño de la empresa.

—¿Los dueños no son ellos?

—¿Ves como eres cortito? ¿De dónde iban a sacar el capital para hacerse editores? La vida del dibujante de tebeos es muy dura, y todos tienen familia que mantener. Han puesto sus ahorrillos en la empresa, según me ha contado quien tú sabes, pero el capital fuerte es de una agencia de publicidad que, además, tiene una imprenta. De manera que, para disimular tu enchufe, te tocará trabajar primero de aprendiz de artes gráficas y cuando hayas aprendido cuatro o cinco cosas, te subirán a la redacción y santas pascuas.

—Para celebrarlo, ¿me invitas a una ensaimada?

—Te la pagas tú, niño, que para eso llevas un jornal a casa. Y ahora atiende: lo de la imprenta también es para despistar al loco de tu padre, que no sé yo si no sospecharía de quien tú sabes al ver que te ponía amarrado a sus pantalones, así por las buenas y sin haber hecho mérito alguno.

—Papá no sospecha nada en relación a quien tú sabes, te lo digo yo. Está ofuscado creyendo que te timas con el carnicero.

—¡Piensa el ladrón...! Si las miradas que le echa tu padre a la carnicera se las echase yo una sola vez al marido, no te digo el parsifal que me montaba. Pero, en fin, tú ándate con tino y sé más reservado, porque tu padre será un botarate y un cafre, pero por nada del mundo quisiera yo causarle el menor daño.

Yo pensé que el único daño sería la fatiga provocada por su cornamenta, pero los obsequios que mamá hacía a su esposo era lo que menos me importaba en aquel momento: sólo estaba pendiente del grado de obsequiosidad de su amante para conmigo.

No era un regalo que me hacían de manera gratuita; por el contrario, estaba debidamente preparado para aquel puesto. En los últimos años, mi tebeofilia no se limitaba a la admiración. Había pasado horas enteras copiando a mis personajes más entrañables y recibí con verdadero interés la llegada de un método. Esto había ocurrido tres años antes, cuando *Pulgarcito* acudió en ayuda de todos los niños aficionados al dibujo con una sección semanal titulada «¡Atrévete a dibujar!» En ella, los dibujantes Cifré y Peñarroya exponían sus secretos profesionales.

Conservo debidamente encuadernada mi colección de *Pulgarcito,* rememoro con cuánto ahínco subrayé los rasgos principales de sus lecciones, y los releo con nostalgia, es decir con dolor. Decían exactamente: «Vale más que dibujéis caras y cuerpos por separado y, más adelante, cuando hayáis adquirido más experiencia, podréis unir las dos cosas.» Eran consejos muy provechosos para los aprendices, pero me exasperaba esperar toda una semana para realizar la figura entera, primer paso de una conquista que se prolongaba semanalmente en experiencias cada vez más avanzadas y apasionantes.

Aconsejaban también los expertos que el aprendiz formase su propio archivo de consulta, pegando en grandes cartulinas dibujos de tebeos y revistas y subdividiéndolos en apartados temáticos: tipos psicológicos, exteriores urbanos, animales... Con tal pretexto, pasé noches enteras recortando, de mis tebeos encuadernados, butacas, perritos, edificios, señoritas, vestidos, medios de locomoción y todos cuantos elementos pudiese utilizar algún día en mis chistes e historietas.

Ignoro qué harían los otros pequeños lectores de la revista. Yo tomé aquellas lecciones con la misma pasión que me llevaba a todas las parcelas de la alta cultura y, como me había ocurrido con el aprendizaje del inglés, quise prolongar mis primeras experiencias con afán de perfeccionismo. Cuando *Pulgarcito* dio por terminadas sus lecciones, por otro lado elementales, me apunté a un curso por correspondencia titulado «Humor gráfico». Era su director, propietario y maestro el dibujante Escobar, autor de personajes como Carpanta, Zipi y Zape, Petra, criada para todo y Doña Tula, suegra, mi vitriólica favorita. Yo había seguido su carrera, como la de todos los dibujantes de su grupo editorial y, siguiéndola, fui más allá de los tebeos rodeándome de los muñecos de goma coloreada que reproducían a aquellos personajes y otros que también se contaban entre mis favoritos, especialmente Gordito Relleno, de Peñarroya, y Doña Urraca, de Jorge.

(En cierta ocasión realizó Escobar una película de dibujos animados titulada *Érase una vez*, basada en el cuento de *La Ce-*

nicienta. No me planteé siquiera que fuese inferior a la de Walt Disney y repetí la visión todas las veces reglamentarias mientras iba coleccionando los cromos de la FHER, entrañable editorial bilbaína especializada, además, en los álbumes de las películas de Disney, que solían ser ediciones más lujosas que cualesquiera otras del mercado.)

El curso de dibujo me permitió aprender una técnica que pocos aprendices poseían. Con periodicidad semanal o quincenal, según mi avidez y disponibilidades, tenía que realizar muy dispares ejercicios, empezando por los cánones de la figura humana y terminando con portadas iluminadas a la témpera, la acuarela o con la combinación de ambas técnicas, según los casos. Al mismo tiempo, los exámenes incluían un apartado literario que me exigía redactar situaciones cómicas, describir ambientes, escenarios y tipos psicológicos, contribuyendo así a fortalecer mis capacidades de observación de la realidad. Y Escobar fue durante aquel tiempo mi profesor invisible, el que devolvía mis ejercicios corregidos: una página de papel cebolla con sus propios trazos corrigiendo los errores de los míos. Más que correcciones eran un regalo, pues me permitían tener semanalmente un apresurado original del gran creador. Conservados a lo largo de tantos años, sobreviviendo a lo largo de cambios y traslados, aquellas correcciones me ofrecen el valor del recuerdo personal y el testimonio de la pequeña historia.

En realidad, estaba aprendiendo las bases de un oficio sin dejar de perpetuar mis ceremonias infantiles ni apartarme un ápice de la tradición de mi barrio de artesanos.

El nuevo empleo distó mucho de ser tan idílico como mi entrega nocturna a las clases de dibujo permitía esperar. Descubrí lo dura que puede ser la vida de un aprendiz de imprenta, máxime cuando nada me destinaba a ese oficio. Era un tránsito que me correspondía soportar, luego tuve que hacerlo pensando siempre en el estadio superior, cima que se había vuelto la de todas mis ambiciones. Y aunque las tendencias más indolentes de mi carácter me llevaban a desinteresarme por los peldaños que exigían mayor fuerza de voluntad, era cuando menos consciente de que ya no podía comportarme como el niño mimado que conseguía las cosas a su primer antojo. Entonces menos que nunca. Acababa de descender a las simas del mundo laboral. Y de ellas no se sale en ascensor.

Sumido en el oscuro subterráneo de las artes gráficas, llegué a añorar las claraboyas de la Harry Walker. En la nueva cripta, moviéndome entre espacios angostos ocupados por máquinas y montañas de papel, recordé como un paraíso aquella inmensa nave que por lo menos permitía a los esclavos desplazarse con holgura. Y al añorar la luz de las claraboyas pensé que también en la esclavitud existen jerarquías.

La misma mañana de mi llegada a la imprenta tuve que enfrentarme a la primera de muchas experiencias desagradables. Se me confió la misión de recoger diariamente los desperdicios, especialmente el papel sobrante o malgastado en los tirajes. Cargado con varios sacos, levantaba una trampilla situada junto a la guillotina y me introducía en una especie de pozo que servía de habitáculo a una tribu de ratas compuesta por numerosos miembros. El primer día, no pude contener mi horror, el encargado insistía en que saltase de una puñetera vez. Cerré los ojos para no ver a las bestias. Inútil precaución. No bien me dejé caer en la montaña de papeles, sentí las ratas correteando entre mis piernas. Estuve a punto de gritar, pero la mirada severa del encargado me lo impidió. Empecé a golpearme el cuerpo, para quitarme de encima las ratas más pequeñas. Parecía una pesadilla. Por cada una que apartaba de un manotazo, aparecían diez de los más distintos tamaños.

Intenté accionar los brazos, para asustar a mis siniestros compañeros. Era un sobresalto permanente. Una rata me corría por las piernas, otra por el brazo, dos o tres se introducían en el saco que iba llenando de papeles, apresuradamente, a velocidad de vértigo, para salir cuanto antes de aquella pesadilla.

Así, pasé cada mañana entre ratas: enormes, oscuras, amenazadoras y sin embargo cotidianas, como el reloj de la entrada, el ruido acompasado de las linotipias y el bocadillo de tortilla a media mañana.

La compañía de los roedores no era la única mortificación que me tocaba afrontar. Al salir del pozo, me esperaban recados entre fatigosos y denigrantes. Si en la Harry Walker salir de recados representaba una posibilidad de evasión, en la imprenta se convertía en trabajo de forzado. Ya no se trataba de llevar una carta o cobrar un talón en el banco, ahora me veía obligado a descargar pesadas resmas de papel, desmontar máquinas enteras para fregar los rodillos, o atravesar la ciudad transportando paquetes descomunales.

La situación llegó al colmo cuando el dueño de Crisol decidió ampliar la empresa, reuniendo todos sus departamentos en un solo edificio, sito a diez manzanas de distancia del anterior local. Recuerdo el trajín del traslado así como los aspectos más absurdos del mismo. Por alguna razón que se me escapa, una parte de la maquinaria no fue cargada con el resto en los camiones alquilados al efecto. Acaso decidió el dueño que, para traslados menores, disponía de dos meritorios que podían hacer de tracción animal. Y nunca mejor dicho, pues mi compañero Primitivo y yo nos encontramos transportando gigantescos rodillos de hierro o armarios de madera con la sola ayuda de un rudimentario carretón.

Primitivo era aún más bajito y enclenque que yo, de manera que resultó de muy poca ayuda. Pero el dueño de la Crisol, o nuestros jefes más directos, no se molestaban en averiguar cuáles eran las fuerzas de sus bestias de carga. Aferrados al carretón, lo arrastrábamos por el Paseo de San Juan, entre coches, camiones y autobuses. Atrapados por el tráfico, padecíamos sustos continuos, con el consiguiente peligro de dejar caer nuestra carga. Un coche estuvo a punto de atropellarme un pie. Creía enloquecer con el clamor de las bocinas que nos pedían paso. Al volver la cabeza, descubría a mi espalda un autobús de dos pisos. Seguíamos empujando el carretón, y era tal nuestra torpeza, o acaso nuestra fatiga, que provocábamos numerosas retenciones. Los conductores nos arrojaban un variado florilegio de insultos, desde «muertos de hambre» a «charnegos». Éste era, en efecto, el caso de Primitivo; a mí se limitaban a tratarme de «orejudo». Sufría mucho y se me notaba. Y a pesar de todo, algo importante, vital, significaría para mí el solo hecho de trabajar, porque aquel traslado me inspiraba la ilusión de la novedad y la excitación del que está montando su propia casa de muñecas.

Naturalmente, empecé a plantearme de qué iban a servirme tantas penalidades. La redacción del *Tiovivo* quedaba cada vez más lejos, se iba mitificando, por lo inaccesible. Si en alguna ocasión se me concedía el honor de visitarla era por una casualidad ajena a mis intereses: entregar a los dibujantes las pruebas de imprenta o recoger algún original literario que urgía componer. En tal caso, abría el sobre en plena calle, sin reparar en las consecuencias, y acariciaba la codiciada presa, símbolo del trabajo en que anhelaba verme implicado algún día.

En aquella época descubrí asimismo una nueva y no calculada forma de humillación: la que distingue a los que hacen el trabajo limpio de los encargados del trabajo sucio. De momento, me vi obligado a ponerme el uniforme que más detestaba viéndoselo puesto a mi padre: el mono azul de los obreros. Resultaba bien estúpido que, en mis intentos por huir de un estrato social que consideraba bajo, me hundiese en otro todavía inferior. Y tal vez por sentirlo así inspiré en los demás un parecido sentimiento de rechazo. Me bastaba con subir al estudio de los publicitarios para sentirlo plenamente.

En el primer piso se hallaba la agencia, fuente de ingresos de la empresa. Aunque en los últimos tiempos el dueño estaba empeñado en disputar a la Bruguera el cetro de la edición, debía su fortuna y prestigio a los anuncios para la prensa diaria y las transparencias que se pasaban en los intermedios de los cines. Desde las que decían «Descanso» o «Prohibido fumar» a los reclamos de bebidas gaseosas, perfumes baratos y casas de muebles. También abarcaba otras facetas más importantes de la publicidad y las artes gráficas, pero aquélla es la que mejor puedo recordar, por razones de fetichismo personal. Por la misma razón, ambicioné la amistad de las señoritas encargadas de iluminar las transparencias, pues me parecía su artesanía el colmo de la exquisitez, como si en lugar de un tresillo de Muebles Maldá estuviesen iluminando un códice medieval.

También ellas serían conscientes de su importancia, porque me trataban sin la menor consideración, haciéndome añorar el afecto que me habían demostrado mis amigas de sólo meses antes, la farmacéutica, la librera y la perfumista. Se me daba a entender claramente que incluso en el terreno ínfimo del meritoriaje existían categorías dependientes del atuendo. Un mono, sucio de tintas de varios colores, me convertía en un ser inferior en cualquier idioma y en cualquier situación.

Lo cierto es que tuve que despersonalizarme para sobrevivir.

Despreciado por los fatuos señoritingos de la sección de publicidad, busqué comprensión y afecto en las capas bajas del taller. No recuerdo si había alguna más humilde que la de las plegadoras de papel, dos jóvenes situadas unos grados por debajo de las encuadernadoras profesionales y encargadas de manipular el material publicitario más barato y rudimentario. Las horas que pasaba en su compañía eran las más agradables de mi jornada laboral. Para que ellas pudiesen actuar con mayor rapidez, yo hacía un trabajo de preparación previa que me parecía el colmo de la responsabilidad: separaba los folletos de los pliegues de papel que los protegían durante el tiraje, evitando que se pegasen unos con otros. Al cabo de unas semanas, me dieron mi propia regleta y me permitieron doblar como las oficialas. Fue también una actividad que tomé con la ilusión del progreso continuo, aunque sin dejar de preguntarme de qué me serviría en el futuro.

Para comunicarme con mis compañeras y, además, divertirme con sus chismorreos tuve que rebajar el contenido de mis conversaciones, porque podían tomarme por pedante; también me vi obligado a reprimir cualquier intento de modernidad para que no pudieran tildarme de pijo. Y aunque yo quería ser ambas cosas, tenía claro que para evitarme hostilidades convenía dar a cada grupo social la imagen adecuada, que era exactamente la que ellos querían recibir. De manera que en la imprenta hablaba de los cuplés de Sara Montiel y las coplas de Antonio Molina, pero al desprenderme del mono azul volvía a ser el híbrido nacido de un asombroso coito entre Elvis Presley y Pat Boone. Un espécimen de los años cincuenta que dormía en un limbo de papel couché.

En la abulia de mi nueva situación me aferré a las quimeras que solía comunicarme Mary Martin, aquellas formas de comportamiento pregonadas también en las revistas americanas que seguía comprando en la Rambla, a base de mucho ahorrar de aquí y de allá porque costaban quince pesetas de las de aquellos siglos. (Era lógico: ¿acaso no ofrecían páginas a todo color?) Aquellas publicaciones ya no se limitaban a la glorificación de un firmamento estelar archisabido: el de las pompas, lujos y prosopopeyas del Hollywood de siempre. Ahora me proponían una iconografía completamente nueva: la de una América joven que se debatía en una revuelta constante.

En una de sus cartas, Mary Martin expresaba su predilección por la comedieta musical *Rock, Pretty Baby,* sólo porque demostraba que los jóvenes americanos «no eran una pandilla de asesinos». En rigor, atacaba la moda de la delincuencia juvenil desencadenada a partir de la película *Blackboard Jungle (Semilla de maldad)* y degradada posteriormente en numerosos productos de la serie B, tan pobretones que ni siquiera llegaron a Europa. En cuanto a la que había provocado el filón, tardó tantos años en ser permitida por la censura que, al llegar, había perdido gran parte de su virulencia. Las crónicas ya sólo recordarían que en 1955 sentó las bases de una revolución musical con la canción *Rock Around the Clock,* incluida en su banda sonora.

Las películas prohibidas me permitían adivinar, en la distancia, el dudoso aroma de las nuevas flores del mal: las del furor de ser joven, las de la rebeldía contra todo lo instituido. Golpean brutalmente la memoria unas imágenes de Marlon Brando ataviado con la ruda chaqueta de cuero negro; el rugido implacable de su moto se mezcla con la barbarie de las tribus urbanas que empezaban a brotar en Europa. Las batallas entre grupos *mods* y *rockers* animaban las noticias llegadas de Inglaterra, mientras en Francia sonaba el rugido no menos feroz de los *blousons noirs,* así llamados precisamente por su chaqueta de cuero negro.

Como sea que la violencia me horrorizaba, recibí con gusto los aspectos más románticos de la revuelta juvenil, según la contaba Mary Martin: unos aspectos amables, sólo rebeldes en sus actitudes más elementales: la oposición al padre, la búsqueda de independencia económica y las concesiones a un rock que revolucionaba las costumbres sin atreverse a quitarse la corbata; un rock para efebos con el pelo cortado a la navaja y el escudo del *college* en la americana de paño azul, glorificación pasajera de galancitos bombón, como Sal Mineo o John Saxon. Al mismo tiempo tuve noticias de Elvis, con su pelvis tan juguetona como la de Blanquita Amaro, Ninón Sevilla y otras rumberas de crédito.

Resulta sintomático que el baile que revolucionó a mi generación se plantease desde dos frentes tan distintos: tranquilizador el de los adonis universitarios; aterrador el de los caníbales urbanos. Lo mismo el cuero. Me parecía el colmo de la liberación en prendas dedicadas al asueto campestre; pero quedaba opresivo en los antros malolientes de los suburbios. Si lo llevaba un galancete de la Metro, quedaba varonil; si Nick Romano, amenazador. Nunca he olvidado, por cierto, el nombre de este desdichado antihéroe. Era el joven delincuente de la novela *Llamad a cualquier puerta* y una de sus frases se convirtió en divisa existencial de James Dean: «Vive joven, muere joven y serás un hermoso cadáver.» Nick murió en la silla eléctrica. Dean a bordo de un Porsche mítico. Si doña Concha Piquer pidió que la enterrasen con la mantilla de blonda, ésos pedirían ser enterrados con la chaqueta de cuero. Y, para réquiem, alguna pieza de rock duro cuyo nombre ignoro. Y no es porque en aquel momento no hubiese acogido con alborozo sus notas beligerantes.

Gracias al rock dejé de pasarme las verbenas en el rincón de los ineptos. Por fin llegaba un baile que no exigía precisión matemática. Sólo liberar la furia, soltar la impaciencia, desatar el nerviosismo largo tiempo reprimido. Pisar a la pareja también era una libertad aceptada; rebotar ambos contra la silla de una madre gorda no dejaba de ser un mal menor. Como máximo, podían exclamar las matronas: «Hay que ver, qué lanzado se ha vuelto el nene del pintor.»

Y no deja de ser irónico que, en ocasiones, el baile definitorio de la modernidad me llegase en su traducción más basta y subdesarrollada:

Una, dos y tres toca el reloj
y las horas se van bailando el rock
ya no nos debe importar el tocar
si con frenesí prosigue nuestro rock.

Con semejantes influencias me convertí en el rockero más aplicado de la calle Ponent en aquellos días.

No llegué al aprendizaje sin esfuerzo físico ni perplejidad por parte de la familia. Reaccionaron con malos modos cuando me descubrieron brincando de un lado a otro del comedor, amenazando con cargarme floreros y dándome algún coscorrón contra las paredes del pasillo. Me había convertido en una peonza mecánica que, además, tenía la facultad de botar como una pelota y dar trancos como un saltamontes.

Comoquiera que al ensayar con mi prima Rosa la arrojaba por encima de la cabeza, la tía Custodia gimió ante su hermana, la Florencia:

—Por fuerza la deslomará, pobrecita. Y además de bizca, se quedará impedida para los restos.

No podía dejar de meter baza la Florencia:

—Para mí que este crío tiene el mal de San Vito.

Seguía yo extenuándome a brincos, sin hacer caso de los demás. En cambio, papá sentíase profundamente herido en su orgullo:

—¿Mi hijo el mal de San Vito? ¡Lo tendrá usted, cotillona, metomentodo, lengualarga!

—Pare cuenta, no pesque usted la sífilis, putero redomado, más que putero redomado...

No recuerdo si le quedaban a papá muchos arrestos para el puterío, pero éste continuaba siendo el pretexto favorito para los ataques de la tía Florencia, convertidos a su vez en los últimos alicientes capaces de poner un poco de color en nuestras vidas. Aparte de los progresos de Miguel en el cuadro escénico de su centro parroquial, lo único novedoso era mi reciente afición a brincar por el piso. Y la mejor noticia, cierta Fiesta Mayor de Nonaspe en que saqué a bailar a la moza más decidida. Con sólo un par de pases nos hicieron corro. Cuando la pasé por debajo del sobaco, ya se hicieron cruces.

La americanización todavía era un fenómeno demasiado anómalo en el barrio como para no provocar suspicacias, primero en mis primas y, poco a poco, en los demás miembros de la familia. Enfrentada a la evidencia de mis rarezas, sospechó mamá que alguna envidiosa de su hermosura se vengaba de ella echando mal de ojo a su hijo preferido. Y avanzó todavía más en sus deducciones: me habían metido el demonio en el cuerpo y por eso iba dando brincos, por no poderlo echar. Ante panorama tan desolador, sugirió una de las cuñadas:

—Yo lo llevaría *isofato* al curandero de la calle de Trafalgar, que le haga un ensalmo bien hecho.

Disponíase mamá a expresar sus dudas, pero al punto añadió la cuñada que el curandero de la calle de Trafalgar dejaba a los taraditos como nuevos, a los gotosos andariegos y a los bronquíticos con los pulmones rebosantes de aires pirenaicos. Pero mamá sólo quedó definitivamente convencida cuando supo que el curandero tenía mano de santo para la neurastenía, denominación de moda para definir a los que hasta entonces nos habíamos contentado con ser meros lunáticos.

Un neurasténico imponía respeto. Papá recordaba haber visto el retrato de uno de ellos en un librito del doctor Vander titulado algo así como *A la salud por la alimentación*. Pero pudo ser cualquier otro folleto de aquel médico especializado en medicina natural y que lo mismo cantaba los beneficios de los baños de sol que las virtudes del ajo para la prevención del cáncer y las avellanas para la memoria. También tenía libritos para evitar el artritismo, el ácido úrico, la gota y el estreñimiento y otros que lo contaban todo sobre la próstata, los riñones y así hasta casi cincuenta.

Papá coleccionaba aquellos volúmenes y de todos sacaba algún provecho: por lo menos sabía a qué podía conducirnos comer poco pescado, ir escasos de fruta o no beber la leche suficiente. Era tan arbitrario como para obsesionarse por las ventajas de la medicina natural mientras fumaba dos paquetes de cigarrillos y un par de habanos diarios. Además, nadie le quitaba de cinco a siete carajillos en su ronda cotidiana por los tres bares de la calle. Pero esto no evitaba que, después, nos diese la lata invocando las propiedades de la lechuga. (El doctor Vander también recomendaba mejunjes para el estreñimiento y dejaba bien sentado que el zumo de uva hace orinar.) Y no descartaba papá otras obras destinadas a la formación del carácter, con una sarta de consejos al parecer imprescindibles para hacerse un hombre de provecho. Porque, según rezaba la publicidad, enseñaba cómo conseguir amistades, triunfar en los negocios y ser más feliz en la vida. («Indispensable para comerciantes, maestros, abogados, pintores, actores y todas las personas cultas.»)

Los libritos estaban ilustrados con un estilo muy primitivo, más cercano a la bastedad de los años cuarenta que a la estilización propia de la era moderna. Nos impresionaban mucho los dibujos casi tenebristas que reproducían a un enfermo de beriberi (un chinito), otro de pelagra y alguno de sinusitis. Era patética la mujer con erupciones, asqueroso el niño con hemorragia nasal y horrible la dentadura con encías ulceradas y sangrantes. Pero sobre tantas calamidades destacaba por su virulencia el delírium de los alcohólicos, personificado por un individuo de expresión agresiva, con los dedos crispados sobre un vaso y la mirada observando fijamente una botella situada en primer término a fin de acentuar su peligrosidad.

Aprovechó la tía Florencia para meterse con papá:

—Usted vaya dándole a los carajillos, que acabará como este sujeto.

—No incordie, tía —exclamó mamá—. Aquí dice bien claro que el delírium de los alcohólicos proviene de trastornos causados total o parcialmente por falta de vitamina B.

—¿Ahora le llaman vitamina B al morapio? ¡Cuando lo sepan en el pueblo!

Dieron por zanjada la cuestión antes de que papá se pusiera gallo. Interesaba conocer de una vez el verdadero, inconfundible rostro de un neurótico. Nunca lo hiciéramos. Aquel hombre que se sujetaba la cabeza con las manos, esbozando una mueca de terror, era la más perfecta imagen de la infelicidad que jamás habíamos visto.

—¡Qué mala cara tiene el pobre! —exclamó mamá—. Seguro que la neurastenia es fuente de males mayores, porque éste parece tenerlos todos.

—Pues fíjate en la señora que sufre de varices —exclamó la cuñada—. ¡Qué expresión de amargada se le pone! ¡Hay que cuidarse, reina, hay que cuidarse!

Pero mamá declaró con orgullo que todavía no estaba en edad de quejarse de varices y que, de estarlo, sería muy réproba si las anteponía a los trastornos mentales de su pobre hijo. Así pues, se mudó como para ir de adulterio y me llevó personalmente a la calle de Trafalgar, donde habitaba el curandero de la fama.

Era un piso típico del Ensanche: enorme, oscuro, sobrecargado de muebles vetustos y cortinajes raídos que contribuían a perfeccionar una idea de senectud. Conté unas veinte escupideras entre el largo pasillo, la sala de espera y el consultorio. Pero lo que más me impresionó fueron los animales disecados que campaban por doquier, como pastando unos, a punto de atacar otros. Había varios pajarracos, un par de zorros, una cabeza de jabalí y una piel de cebra. Todo apolillado y con cierto olor a naftalina.

—¡Qué asco de bestias! —comentó mamá, con lógica aversión—. Seguro que tienen mal fario. Es lo que siempre digo: los muertos al nicho, hijo, al nicho.

Estaba yo a punto de obsequiarla con una sesuda disertación sobre los sistemas de embalsamamiento descritos por Herodoto cuando apareció, por fin, el ponderado curandero de la calle de Trafalgar.

Presentaba un aspecto de gran señor venido a menos. Tendría unos cincuenta años, que entonces eran más de lo que parecen hoy. Era alto y enjuto, de facciones delicadamente cinceladas, un poco pajariles a decir verdad. Nariz aguileña, pómulos hundidos, una tenue línea a guisa de boca. Dijérase el compañero ideal de alguno de los animales que nos rodeaban. Si, como nos contó, su abuelo había comenzado aquella colección antes de nacer su padre, es posible que los aspectos de disecación que revelaba su físico se hubiesen producido desde la infancia, por un proceso mimético familiar.

Noté la satisfacción de mamá cuando el caballero le besó la mano con exquisita ceremoniosidad. Hubo un intercambio de pleitesías propias de una alta comedia:

ÉL: No me advirtió su cuñada de que fuese usted tan vistosa.

ELLA: *(risita frívola)* Ah, ¿pero esas cosas hay que avisarlas con tiempo?

ÉL: Por el peligro, señora, por el peligro. Una seductora que no avisa, tienta dos veces.

ELLA: Calle, doctor, calle. A ciertas edades...

ÉL: Está usted en la flor de la vida, señora.

Pasó mamá a elogiar el piso y el aspecto del galán. Como era de rigor, se interesó por su señora madre. Hubo un momento de pausa casi devota:

ÉL: Murió.

ELLA: ¡Tan joven!

ÉL: Noventa y siete años.

ELLA: No es ninguna edad. La juventud no está en los años, sino en el corazón.

ÉL: ¡Cuánta razón tiene usted, señora! Hasta el último momento se levantó ella solita de la cama para alcanzar el orinal. Mientras hacía sus pipís, tarareaba sardanas de su juventud. ¡Cuán vacía quedó la mansión sin aquellas sardanas inmortales!

Estuvieron media hora contando las gracias de la vieja. No tardé en detestar la situación, las pleitesías postizas, la madre difunta y, para ser sinceros, que me hubiesen dejado de lado cuando se suponía que era yo la estrella.

—¿Y yo qué leche pinto aquí?

—¡Niño! —exclamó mamá—. ¡Ten al menos un poco de modos! —Y, dirigiéndose al curandero—: No sé de dónde habrá sacado esa forma de hablar, no sé.

Yo estuve a punto de contestar: «De cuando tú le sueltas a papá: *al cul et pixo, Jesús.*» Me abstuve de hacerlo para evitar males mayores.

El curandero me dirigió una mirada decididamente torcida.

—Según me ha dicho su cuñada, temen ustedes que esté endemoniado...

—A saber si endemoniado o endiosado —dijo mamá—. El caso es que, de un tiempo a esta parte, se nos descuelga pegando unos brincos, unas cabriolas, que son de faltarle un tornillo.

Expuso los rasgos principales de mi anomalía, limitados finalmente a los movimientos exigidos por el rock. Y, después de descartar la posibilidad de una epilepsia, preguntó el curandero:

—¿Tú oyes voces, jovencito?

—No, señor. ¿Por qué?

—Por si te mandasen órdenes secretas. A veces, desde lo alto, voces superiores a nuestro entendimiento nos ordenan empresas quizá justas, quizá malas, según quién las dicte. En ambos casos, los resultados pueden ser desconcertantes.

—En esto tiene usted razón —dijo mamá—. Las voces que oía Juana de Arco venían del cielo y, en cambio, bien achicharrada acabó, la pobrecita. Mismamente un pollo a *l'ast*.

El curandero de la calle de Trafalgar le dirigió una mirada fulminante. No toleraba sarcasmos a costa de las voces celestes. Él mismo las oía de vez en cuando, según contó con relativa inmodestia. Como era de esperar, era la voz de su madre, sardana incluida.

—A mí nadie me manda voces —dije, tras una nueva pregunta—. Yo, lo que hago, es entrenarme con el *Rock de la cárcel*.

—¿De la cárcel? ¡Santos Justo y Pastor nos asistan!

Mientras él se deshacía en imprecaciones, mamá se entretenía alisándose el pelo y yo acariciando alguno de los zorritos disecados.

—Niño, no toques a esa bestia, que a lo mejor está encantada...

—Un respeto, señora. Aquí no hacemos encantamientos. Aquí todo se consigue a través del espíritu.

—¿Pero no tiene usted poderes? ¿O es que nos ha engañado la analfabeta de mi cuñada?

—Tengo un don, señora, que no es lo mismo. Yo lo hago todo con las manos... —agitó los dedos con tal agilidad que diríase un concierto de palillos—: Mire qué manos, mire qué dedos. ¡Ay qué manos, ay qué dedos! Dan la paz, señora, dan la paz.

Decidido a restituirme la paz o cualquier otra cosa que el Maligno me hubiese arrebatado, me empujó sobre un taburete giratorio. Yo estaba con los nervios a flor de piel: sentía los ojos vidriosos de zorros, rebecos y jabalíes. En realidad eran las manos del curandero. Las mantenía fijas sobre mi tupé. Mientras me recomendaba absoluta concentración, él iba murmurando no sé qué plegaria dirigida a santos de ignoto linaje. Mamá se aburría lo indecible. Sacó la polvera y se entretuvo hermoseándose. Yo intentaba concentrarme por todos los medios. Era inútil. Rompí el silencio para preguntar si aquella ceremonia tenía algo que ver con el libro de Stefan Zweig *La curación por el espíritu*. El hombre me trató de repelente y, por fin, de caso grave.

Al descubrir en su rostro una expresión de desaliento, mamá cerró de golpe la polvera y preguntó:

—¿Está mal de la cabeza?

—Esto no se puede saber sin una trepanación.

—*Collons!* —exclamé yo. Y me puse a gritar—: ¡No quiero que me trepanen, no quiero que me trepanen!

—¿Lo de la trepanación entra en el Seguro? —preguntó mamá.

—Depende de la Mutua.

—La de Maestros Pintores. Nos dedican algunos miramientos, porque mi suegro fue socio fundador del gremio.

Equivalía a decir: ¿Con quién cree tratarse, muerto de hambre? Pero el hecho de que considerase la posibilidad de pasar por la Mutua confirmaba los temores de una trepanación. Y yo recordaba cómo me impresionó el cráneo abierto de un paciente de Semmut, padre de Sinuhé, en la secuencia inicial de la película, cuando él todavía es niño.

Para mi alivio inmediato, contestó el curandero:

—Era una forma de decir. Un expresarse por expresarse. Un divagar por divagar.

Mamá se estaba poniendo nerviosa:

—Mire usted: yo, para divagar, no me muevo de casa, que bastante faena tengo. Y para expresarme, con la sin hueso me basta. Así que al grano, don Salomón: ¿tengo al niño endemoniado o es estrambótico y a otra cosa, mariposa?

—Estrambótico es, qué duda cabe, pero muchos los hay y no van por la vida haciendo el badulaque. No, señora, no. Lo que ocurre es que su hijo es... moderno.

—¡Moderno! —exclamó mamá, desalentada. Y al punto afloró su sentido práctico—. ¿Eso es rentable o se mueren de hambre?

Entonces se me escapó la gran verdad, largo tiempo ocultada:

—No es que sea moderno. Es que odio a mi padre. Le odio con todas mis fuerzas.

En vano intentó mamá reprimir aquel escape. Yo había descubierto que mi afirmación causaba algún efecto en el curandero y pensaba lucirme.

—¡Muerto quisiera verle, muerto para escupir sobre su tumba!

Ninguno de los dos conocía la novela de Boris Vian, de manera que mi representación perdió parte de su efecto. Y también la pierde, ahora, mi imagen de jovencito culto, porque yo sólo conocía aquel título a través de su versión cinematográfica y ésta, prohibida en España, me llegó por medio de la revista *Cinémonde*.

Mis referencias empezaban a ser una redundancia de préstamos ajenos.

—No le haga caso, doctor. Esto le viene de imitar a James Dean.

—¿Y ése quién es, señora?

—Uno que murió estrellado, allá en Yanquilandia.

El curandero de la calle de Trafalgar se apresuró a tocar madera.

—¡Ah, no, difuntos en esta casa no! Bastantes hemos tenido. Para difuntos búsquese usted una médium, que las hay excelentes. Le recomiendo a la señora Portells. ¿Sabe con quién me hizo hablar? Con el general Prim. Así que ya lo sabe. Si lo del chico es cosa de ultratumba, a la señora Portells, a la señora Portells...

Lo cierto es que yo había hecho de médium para resucitar a James Dean cuando me apunté a su club de París. Lo dirigía una señora con aspecto de solterona cuyo nombre he olvidado, del mismo modo que extravié, lamentablemente, todo el papeleo que me envió. Contenía el carnet de identificación, una placa con la efigie del difunto, una lista de ritos para establecer contacto con el otro mundo y un volumen que contenía su vida, fraseología y las normas para ser un perfecto rebelde, con o sin causa. También se hablaba del vestuario que, por cierto, era barato y en absoluto complicado; de hecho, servía para todo tipo de rebeldías: jersey negro de cuello alto, tejanos para todo llevar y una chaqueta de látex reversible —negro por fuera, rojo por dentro— y cinturón con otra efigie de Dean, que también me proporcionó su club. Como es lógico, acabé comprándome un bongo al leer en las revistas que el difunto lo tocaba para alcanzar su nirvana neoyorquino.

Tenía yo todos los números para que me tocase el síndrome James Dean. Era el equivalente psíquico de la primera lavadora que entró en casa: la incomprensión importada sin pagar aduanas. Mary Martin me hablaba de aquella enfermedad que enfrentaba a los jóvenes yanquis contra sus padres: como sea que me pareció la última moda del comportamiento, necesité traducir sus síntomas al dudoso catalán del

Peso de la Paja. Por supuesto, la rebelión contra el padre no constituía un acto nuevo en todas las generaciones que pasaron por el barrio, pero sólo yo, entre todos sus retoños, estaba capacitado para darle un nombre apropiado. Éste no podía inspirármelo un curandero ni las echadoras de cartas a quienes solía consultar mamá con harta frecuencia. Acaso un psiquiatra tuviera algo sensato que decir en el asunto, pero en 1957 aquel oficio era inexistente para los tranquilos vecinos de mi calle, que hablaban de «médicos de los nervios» en casos no demasiado alarmantes, y de «médicos de la cabeza» en casos muy extremos. Los psiquiatras quedaban para las películas americanas y sólo parecían útiles si curaban a Lana Turner cuando temía que el fogoso Ricardo Montalbán la quería por su dinero y no por ella misma. Pero me había atrevido a declarar abiertamente el odio a mi padre, igual que James Dean hiciera en su primera película que, además de su revelación, fue mi favorita. *Rebelde sin causa*, más emblemática, más acorde al mito del «furor de vivir», presentaba actitudes demasiado vinculadas a las mitologías de la violencia para seducirme completamente. Además, la maldita censura la tuvo retenida durante varias temporadas para evitar el daño que pudiera causar a una juventud desprevenida. Precaución inútil: el daño ya me lo había causado *Al este del Edén*, sin necesidad de bandas juveniles, navajazos ni chaquetas de cuero. Llegué a verla varias veces en una semana y, cuando abandonó el local de estreno, la seguí por casi todos los cines de la ciudad. Estuve literalmente fascinado y poco a poco me obsesioné por el personaje de Carl Trask. Tenía el mozo la coquetería del solitario que sabe explotar su indefensión. Poseía un encanto, una ternura como yo nunca había visto en la pantalla. Aprendí a imitarlo al tiempo que me imbuía de su personalidad. Carl Trask podía ser perfectamente yo, y lo fui. Llegué a alcanzar un estado mimético inquietante: hablaba a destiempo, comía con la cabeza pegada al plato, caminaba con las manos en los bolsillos y los hombros hundidos. Todos mis sentimientos, reacciones y actitudes estaban inspirados por los de Carl Trask. Era a él, no a James Dean, a quien intentaba resucitar cada noche, cuando me encerraba en el despacho de la Médica para ejecutar los rituales propuestos por el club de París. Me concentraba con todas mis fuerzas y llegaba a creer que el protagonista de *Al este del Edén* corría por la habitación, presto a lanzarme su mensaje. No era, como en la película, un acta de reconciliación con el padre. A mí aquel señor tan perfecto, tan riguroso y puritano me parecía un perfecto gilipollas. Si algo me fallaba en aquel poderoso argumento era que un chico tan majo, tan dispuesto al amor, perdiese el culo por ganarse el cariño de un viejo tan insoportable. Me parecía simpática la madre, por su oficio de ramera emprendedora, y Carl, por tierno y rebelde. Y la novia del hermano porque era Julie Harris y el hermano porque era un guapísimo. Pero lo que es al padre, lo hubiera dejado reventar en la estación, así tranquilamente. Nunca vi embolia más merecida

En realidad, el caso de Carl Trask y el mío se parecían en muy pocas cosas. Aquel joven luchaba por obtener el amor de un padre que se lo negaba constantemente; en cambio, no era falta de amor lo que yo percibía en el mío. Semejante reconocimiento era de vital importancia, aunque entonces no supe verlo. Yo había sido el niño mimado de papá, su ojito derecho. Nos separaba la cuestión generacional, pero esta explicación no agotaba el tema, puesto que tenía que llegar un día u otro por ley natural. Lo que verdaderamente nos separó tenía connotaciones sexuales y papá tuvo que percibirlas de algún modo aunque nunca aludió a ellas ni quiso darse por enterado cuando ya no eran un secreto para nadie.

Solía decir, con extraordinario convencimiento:

—Preferiría tener un hijo muerto antes que maricón.

Dudo que el secreto existiera alguna vez para mamá. Como decía Néstor Almendros, «las madres siempre saben». Yo añadiría que, además, son muy ladinas y perciben el privilegiado rincón que les conviene retener en el alma del hijo a fin de tenerlo amarrado a perpetuidad, demostrándole que jamás encontrará mejor protección. (Desde luego, nunca en otra mujer.) Aprenden así las madres a nadar y guardar la ropa, por lo menos mientras la presencia del llamado «vicio nefando» no sea demasiado ostentosa ni mortificadora. Y es muy probable que mamá supiese que sus mimos de infancia, tan desproporcionados, fueron una excelente semilla para la adolescencia y seguirían siéndolo aun cuando yo alcanzase la mayoría de edad: jamás me soltaría de sus faldas, nunca aceptaría aflojar sus garras. Su celo desmesurado correspondía al mío propio respecto a ella y, al final, todo se resolvería en un intercambio de tiranías. En cualquier caso, resultó una tiranía muy cómoda y una garantía para la tranquilidad de ambos.

De momento, ella aprovechó la acritud que yo manifestaba hacia mi padre para reforzar sus propias posiciones de pobre malmaridada. Por mi parte, acepté gustoso aquella complicidad contra el ser odiado, y entretanto continué jugando a ser rebelde, iconoclasta, incomprendido y tristón. Así, durante algunas noches, dejé de volar con Peter Pan y actué como paquete en la moto de James Dean. Pero en el fondo era el mismo viaje y el mismo beso, esta vez teñido con un suntuoso sabor a necrofilia y un abrazo materno que se parecía a una cadena.

Mientras tanto, papá apostillaba las escudellas dominicales con su famoso comentario:

—Preferiría tener un hijo muerto antes que maricón.

·

La modernidad administrada en cuentagotas me había llevado a pasar por endemoniado. Pero esto ocurrió un año después. Mientras, continuaba estando solo, pero muy bien acompañado por mis sombras. Con el final del bloqueo a las productoras americanas llegó el aluvión de películas soñadas. Las tuve de forma desordenada, en tropel, a imitación exacta del cuerno de la fortuna pero con rollos de celuloide en lugar de frutos. Mi fiebre de cinéfilo se vio colmada al máximo: veía todas las películas, sin discriminación, bastaba con que fuesen de las productoras que habían acompañado mi vida y protagonizadas por los artistas que siempre fueron mis mejores amigos. Pero ya he dicho que también quería conocer a los nuevos, y Dean era el más espectacular a causa de su leyenda, que llevaba dos años coleando por el mundo. No sin merecimientos, justo es decirlo. Al fin y al cabo, superó a doña Inés de Castro en lo de reinar después de morir.

Por su causa devoré montañas de literatura a menudo infecta. Leí una serie de tonterías de esas que sólo los franceses son capaces de suscribir —sólo ellos poseen el arte de hacer poética la petulancia—, pero a fin de encontrar alguna ventaja a tantas noches en vela, considero que, por lo menos, aquellas vacuidades me sirvieron para practicar el idioma. Y gracias a un imbécil que firmaba un artículo sobre Dean pomposamente titulado «Julien Sorel en Californie», tuve la referencia del personaje que me remitió directamente a la lectura de *Rojo y negro.* Eran, por supuesto, palabras muy mayores.

Las referencias que iba tomando de aquí y de allá siempre tenían alguna compensación literaria. Gracias al culto a James Dean me introduje en la lectura de la novela de Steinbeck, no sin sorpresa porque en otro tiempo el Joven Inquieto me había dado a leer *La perla* y ahora me encontraba ante un tipo de experiencia literaria distinta. Pero fue una experiencia que me apresuré a ampliar con la lectura de todas las novelas del autor, que me llevaron a la lectura de otros norteamericanos. Aunque empecé contentándome con el neohumanismo de

William Saroyan, descubrí rápidamente Hemingway y Dos Passos y quise probar también con Faulkner, aunque sin éxito por culpa de lo que me parecían desesperantes embrollos narrativos. ¿Cómo era posible que un autor que contó con tanta claridad las perversidades de Joan Collins en *Tierra de faraones* me complicase la vida con la novela *El ruido y la furia*? Tomemos tal apreciación como un inevitable desliz de juventud, como la típica experiencia que todavía no estaba en condiciones de abordar. Una cosa era cierta: debía agradecer al cine que todavía me sirviese de pauta para descubrir realidades culturales cuya existencia desconocía por completo.

También llegó la música a mi vida, pero más que el rock, necesario para exhibirme, me acompañó el jazz, ideal para interpretarme. Tuve que llegar a sus esferas mediante compromisos con la ficción un poco más sofisticados de lo habitual. Habría visto en alguna película que los personajes llegaban al jazz a través de la tristeza y a costa de derramar muchas lágrimas. La chica abandonaba al chico y éste se encerraba a olvidarla en una oscura cava con un solo de saxo acallando sus lamentos. Una trompeta lánguida, sonando de madrugada, expresaba la muerte de un ser querido. Un espiritual desgarrado culminaba gloriosamente cualquier entierro de esclavos en el *Old Man River*. Era la música ideal para los desamparados, los solitarios, los malheridos. La que mejor se prestaba a los diseñadores de escenografías bellacas. Esquinas prohibidas, puertos lejanos, antros cargados de humo, bombillas tambaleantes, jugadores de billar, tahúres del póker, mujeres con pasado interesante (parecidas a mamá, sin duda), detectives con tirantes, bombín y revólver al cinto. También un cuarto de hotel barato, la cama deshecha, montañas de colillas en el cenicero, reflejos de un rótulo luminoso que parpadea al otro lado de la ventana entreabierta. Un disparo. Un solo de trompeta. Una lágrima que se abre paso furtivamente a través de la perversidad. Y, después, el silencio, que siempre es el resto de todo.

No encontré ninguno de aquellos elementos en el lugar que acogía mi melancolía jazzística de los quince años, luego tuve que inventarlos. Estaba acostumbrado a elegir para mis quimeras espacios imaginarios, completamente vacíos que iba decorando lentamente, con ayuda de mis fetiches. Los consejos de cierta iluminadora de la Crisol, más simpática que las demás, me ayudaron a seleccionar en la programación de los festivales de jazz celebrados a instancias de alguna organización benemérita y un tanto abnegada, porque no era aquélla la distracción que las masas barcelonesas estaban esperando con mayor ansiedad. Yo la necesité y la aspiré intensamente, como un perfume fatal, para olvidarla luego. ¿Escuché a Sister Coreta y a Thelonius Monk en una sesión única del glorioso cine Windsor Palace o acaso lo he soñado? En cualquier caso, estuve allí, mezclado entre un público desconocido, que hablaba un lenguaje de iniciados, comunicándose por medio de conceptos que, por lo incomprensibles, se me antojaban fascinantes. Era un lenguaje que me urgía comprender y asimilar, porque era consciente de que cualquier parcela del conocimiento me estaba engrandeciendo. Y en aquellos años de soledad absoluta sólo tenía el recurso de engrandecerme más y más si aspiraba a sobrevivir un poco.

Seguía interpretando mi tristeza por los ambientes del jazz. Pronto encontré a faltar un refugio que sustituyera al encuentro entre entendidos. Un refugio donde los amantes del jazz conciliasen la afición con sus propias tendencias y la cultura con el drama de vivir. No se me ocurría entonces que una cosa pudiera ir separada de la otra. Seguía aprisionado por la estética utilizada como disfraz. Y lo cierto es que pude ponérmelo a placer cuando descubrí el Jamboree, un local situado entonces en el barrio de San Antonio y no en unos seductores subterráneos de la Plaza Real, como ocurrió después (todo esto si la memoria no me falla, si no se ha adueñado definitivamente de mí la ficción que empecé a montar en aquel tiempo).

Cuando en casa nadie utilizaba el flamante pick-up, yo ampliaba mi tristeza escuchando las voces de las que había oído hablar en los entreactos de los festivales. Empecé a escuchar los blues de rigor —Ella y Satchmo—, los imprescindibles espirituales —Mahalia— y al poco ya sonorizaba mi soledad con la trompeta de Miles Davis, el piano de Art Tatum, el descaro de Pearl Bailey. Avanzaba lentamente en el terreno del entendimiento y, en consecuencia, del deleite. Y me extraviaba cada noche entre la humareda del Jamboree, mientras los viejos maestros sonaban en las improvisaciones de algún voluntario o en el *jam* de músicos profesionales de nombre ya olvidado, como se olvida fatalmente una improvisación hecha a la medida del sentimiento fugaz.

Y para estar a la altura de la ambientación, encendía un cigarrillo de la marca del camello, lo aspiraba con torpeza, entre ataques de tos, mientras me aferraba a una botella, poniendo cara de vicio. Lamentablemente, era de gaseosa o coca-cola, del mismo modo que era de plástico el sol de mi nuevo verano.

Otra vez el estío urbano, la forma más desesperante de la esterilidad. Los demás han aprendido a edificar sus defensas. La naturaleza les ha dictado órdenes de diversión a ritmo frenético, en espacios abiertos que el adolescente triste se guardará de frecuentar. Piscinas públicas, baños colectivos, merenderos en la playa, deportes y diversiones compartidas... El imperativo de la alegría empieza con las verbenas de junio: farolillos de gasa y guirnaldas de papel en las azoteas, coca de piñones y un sorbito de champaña, musiquillas movidas —el mambo, en realidad—, mozas y mozos que todavía bailan con timidez, aunque tendrían derecho a más, porque también llevan un jornal a casa. Todos y todas son oficinistas o aprendices de almacén, pero el adolescente insípido les observa con terror, considerándoles superiores. No se atreve a intervenir, mira a su alrededor, y las sonrisas de las pizpiretas se le antojan muecas de burla: se creen monísimas, acaso lo son para un alfeñique que tanto desmerece frente a los varoncitos fortachones, decididos, corridos: los que tienen leyenda de ocurrentes y carnet de dinámicos, los que ostentan con lícito orgullo el primer bronceado del año.

Es inútil que el adolescente solitario intente ganar batallas haciendo gala de las pequeñas parcelas conquistadas en los combates de la inteligencia. En esta época del año se elogia al joven deportista, al buen bailarín, al arriesgado de la moto, pero el pequeño sabiondo queda arrinconado a la espera de que alguien acceda a reconocer sus méritos cuando llegue el otoño.

Busca entonces refugio en sus únicos amigos de fidelidad probada: el cine y los libros. Pasa los domingos acurrucado en el balcón del piso de la Diagonal, leyendo todo cuanto cae en sus manos. Los rusos principalmente. Los griegos por primera vez. Busca a la desesperada alguien con quien compartir tanta excitación. Sólo recibe desplantes. El mundo se está volviendo playero y aspira a adornar la realidad, no a recrear ficciones. Él se ve forzado a crearse su propio mundo de soledad, ese rincón privado al que ya nadie tendrá acceso.

La tristeza dominguera volvíase dramática cuando se interponía el zarpazo del sexo. Sería absurdo suponer que mi capacidad de sublimación había conseguido desterrarlo. Por el contrario, continuaba llamando con golpes feroces, baldonazos agresivos a los que debía atender urgentemente, recurriendo a fantasías nocturnas más sofisticadas que las de la infancia, ayudadas por los nuevos mitos del cine, fetiches juveniles que dejaban de lado su guitarra para adornarse con ropajes clásicos, asegurando al onanismo algún valor cultural.

La inclemencia del calor barcelonés despertaba al leviatán, impulsándole a serpentear sin consideración, a morder sin piedad. Aquel verano de 1957 me sentí devorado. Y era curioso que ya no fuese por exigencias internas, sino por la tentación que llegaba de fuera. Las fabulaciones del niño soñador fueron sustituidas por las necesidades del adolescente buscón.

Acompañaba a Cornelio a los baños de la Barceloneta, recuperando así uno de los paisajes fijos de mis veranos infantiles. Solía llevarnos mamá, antes de iniciar el veraneo en Sitges, para llegar con un poco de color y no hacer el ridículo ante los próceres. En aquellas piscinas familiares conocí desde muy pronto la humillación de mostrar mi cuerpo desnudo y, con extraordinaria precocidad, el placer de sentir la desnudez de mi padrino. Todo cuanto yo podía asociar con el estremecimiento de la carne se remontaba a aquella época en que él me tomaba sobre sus espaldas para enseñarme a nadar. Pero nadie se exhibe con un chico de dieciséis años sobre sus espaldas sin que esto resulte sospechoso. Un chico de dieciséis años debe espabilarse, buscar nuevas espaldas y apoyarse en ellas con intenciones decididas, claras y nunca en piscinas familiares. Para tales negocios disponían los baños de la Barceloneta de zonas más apropiadas.

Leería pocos años después, en una obra de Tennessee Williams (1), algunas descripciones sobre los oscuros trámites a que se sometía la sociedad homosexual entre las casetas de San Sebastián, nombre por demás propicio a fabulaciones más so-

(1) *Suddenly Last Summer (De repente el último verano).*

fisticadas («cousin Sebastian» es, precisamente, el homosexual inmolado de aquella obra). Desde que tengo uso de razón aquella playa fue un lugar de trato, pero en aquellos días mi razón estaba más enfrascada en tareas de cine-club que en los usos de la carne, de modo que lo viví con sorpresa y no sin alarma.

Me extrañó que los amigos de mi padrino actuasen con una libertad poco común, no tanto en su enfrentamiento directo de temas sexuales cuanto en el abierto desarrollo de comportamientos mariconiles: el tratamiento en femenino, los apodos del mismo género a otros amigos, los comentarios picantes sobre algún bañista de buen ver, la exageración poética de sus atributos resaltados por el eslip... Pero no todo se limitaba a un curso acelerado sobre el lenguaje del ambiente o lecciones de comportamiento sofisticado (¡así lo llamaban ellos!). Con sólo volver la mirada a mi alrededor, me daba cuenta de que me hallaba en terreno muy propicio a los buscones de toda edad y predisposición. En todo cuanto alcanzaba la vista, no se veía una sola mujer; sólo eran hombres, hombretones, hombrecitos, con el cuerpo untado de aceite y el eslip reducido a su mínima expresión. Mis ojos amedrentados atisbaban por primera vez la gran diversidad del ligue: miradas ávidas, gestos de aprobación o rechazo, según la apostura de la presa, sonrisas a la caza de sonrisas, toqueteos a los propios genitales como expresión de determinada urgencia. Después, cuando me introduje entre los vestuarios, pude descubrir cómo funcionaban los encuentros: hombres que entraban juntos en la ducha, gemidos bajo el agua y algún grito que encendió mi imaginación. Porque imaginar lo que estaba ocurriendo allí dentro era mucho más provocativo que contemplarlo, como por cierto me ocurrió en ocasiones sucesivas, cuando las puertas batientes quedaban entreabiertas, ya fuese por descuido derivado de la urgencia, ya porque los ocupantes de las duchas quisieran encender a los demás, mostrándoles una penetración o una felación.

Mi padrino y sus amigos se quedaban a almorzar en los baños, para aprovechar el mediodía, como lagartijas hambrientas de sol. (*«Fer bronze»*, decía Cornelio.) Yo regresaba a casa en un tranvía descubierto, cuyo toldo blanquiazul pretendía aportar un poco de alegría a mi verano. Pero cualquier intento quedaba sin prosperar, porque la soledad acorralaba todas mis defensas y, además, no tenía modo alguno de aliviarla. Entre los amigos de mi padrino tenía poco que hacer y en las duchas nada que esperar. Continuaba siendo un adolescente poco atractivo, sólo apto para despertar el deseo de algún desesperado. Precisamente lo último que mi estima podía aceptar.

Pero aquellos domingos me desconsolaban todavía más, porque mostraban aspectos del sexo que no estaba en grado de asumir. En el mundo onírico podía sentirme en cierto modo original sin moverme de mí mismo; en cambio, la experiencia que los demás llamaban el ligue era común a muchos y, además, me exigía saltar a la palestra y enfrentarme a una realidad hostil. Una realidad que me aterrorizaba porque contenía la posibilidad del rechazo. Por temor a él, prefería abstenerme. Y si en alguna ocasión violé mis propias reglas fue para saborear fracaso tras fracaso. Los mezcla a todos la memoria hasta formar un monstruo unitario, en cuyos ojos me reconozco, una vez más, triste, solo y amargado. Un trastito inútil, que se aceptaba como tal.

Al año siguiente, regresé a los baños de San Sebastián animado por un joven a quien conocí en uno de los bares de alterne que ya empezaba a frecuentar. Llamaremos a este pollo Lucio *la Zarzamora*, por los aires que se daba de coplera. Anoté posteriormente en mi diario las características de los dos extranjeros que se nos unieron, un suizo y un inglés que distaban mucho de entrar en mi lista de solteros elegibles. Eddy era un hombre mayor, afeminadísimo como sólo puede serlo un inglés cuando se vuelve loca; el otro, Richard, era un suizo maduro, casi provecto, de piel blancucha y ademanes igualmente afeminados. Pero era tal mi desesperación en aquella época que ansié entregarme a cualquier riesgo, incluso al de asumir la mariconería que tanto detestaba. Así que temblé con singular emoción cuando Eddy me susurró por lo bajo: «*You haven't got to your home yet...*», implicando presuntamente algún interés por mí, exactamente el mismo tipo de interés que el otro demostraba hacia mi amigo Lucio. Yo me las prometía muy felices, pero en el curso de la conversación oí que Eddy le decía a Richard: «*Je t'envie.* —Y señalándome—: *J'ai de la sympathie pour lui, mais son physique ne me plait pas du tout...*» Fue un nuevo desengaño. Fue el convencimiento de que jamás podría atraer la atención de nadie. Fue sentirme tan feo como cuando me rechazó Alberto, tan rechazado como siempre desde que dejé de ser niño.

Empecé a reconocer la parte de culpa que me correspondía; tan absorto estuve siempre admirando el físico de los demás, que nunca me había preocupado del mío. En la desesperación que me dominaba, prometí con todas mis fuerzas ponerle remedio. ¿Acaso no había demostrado gran fuerza de voluntad en mis conquistas culturales? Había conseguido alcanzar metas que me hacían sentir plenamente satisfecho de mí mismo, pero que no me servían para nada en el mundo que intentaba abordar. Mis conversaciones sobre poetas latinos serían soliloquios en chino para unos sujetos sólo atentos a las dimensiones de un pene o la disponibilidad de ciertos culos. Era menester que me esmerase en la conquista de la atención sexual. Después de todo, debió de ser esta cualidad la que permitió a Lucio acostarse con uno de los extranjeros.

Lucio era una maricona de lo más vulgar, una loca analfabeta. ¿De qué artes disponía para conseguir victorias que estaban negadas a un brillante jovencito experto en Plutarco y carne de cine-club?

De pronto, el listón colocado por Lucio me pareció peligroso, y no precisamente por su altura, que era mínima. Las concesiones que yo debía hacer para alcanzarlo me provocaron un pavor indescriptible. Cambié radicalmente de actitud. Decidí que mis sucesivos fracasos no debían preocuparme en absoluto. Yo era demasiado para tipos tan banales. Yo no era solamente un culo con patas. Y a fin de convencerme, escribí en mi diario: «Son ellos los que no me merecen. Dentro de esta desgracia, este vicio que me agobia, yo busco una cierta belleza. Tal vez una suerte de matrimonio físico e intelectual que, por lo visto, es muy difícil de encontrar en las playas de San Sebastián. Esta gente nunca piensa en todas las cosas que puede ofrecer un espíritu sensible.»

Al releer aquel diario a tantos años de distancia, descubro que definía la homosexualidad como una desgracia y, en ocasiones, como un vicio atroz. No me asombra en absoluto este detalle. Significa que no estaba tan conforme con mi naturaleza como he pretendido después. Significa que sufrí por su causa, que lloré mucho, que estuve en numerosas ocasiones sumido en la desesperación. Con qué añagazas ha conseguido la memoria borrar aquellos instantes es algo que sólo puede atribuirse a mi constante necesidad de sobrevivir. Empresa que debió de resultar difícil para un niño que se comportaba como un adulto y tenía, para colmo, un padre que le preferiría muerto antes que maricón.

Un minervista, de nombre Andrés, fue el primer homosexual que conocí por mis propios medios, fuera del círculo de mis padrinos. Uno que, por fin, me correspondía por derecho propio: no prestado, no prefabricado ni influido por recomendaciones a menudo indeseadas. En absoluto chic, antes bien horterilla. Un obrero cualificado, bajo de estatura, moreno, pelo rizado, facciones simpáticas y conversación centrada en los cuplés de Sara Montiel. Fue ella nuestra alcahueta, sin presentirlo. Bastante trabajo tendría promocionando *La Violetera* en apariciones personales por esos mundos.

Acababa de estrenarse aquella película cuando todavía no se habían apagado los ecos de *El último cuplé*. Por el contrario, las viejas canciones estaban en labios de todos y algunas figuraban en los *hit parades* de las principales emisoras radiofónicas. También el mundillo homosexual vivía convulsionado por aquel baño de nostalgia. Como sucedió con otros *sex-symbols* que se acogieron a la coartada de la extravagancia, la guapa hembra iniciaba un pintoresco trasvase: empezaba como objeto de deseo de los machos y, al punto, pasaba a ser seguida, idolatrada, imitada por numerosas cofradías de maricuelas. La sexualidad exacerbada gasta este tipo de bromas. En cualquier caso, lo único que quedaba claro era que un cuplé citado a tiempo era el santo y seña por el que se reconocían muchos.

Si el linotipista tenía alguna sospecha sobre mis inclinaciones, bastó el contacto Montiel para disiparlas. Empezamos con un intercambio de picardías y siguió él con un aluvión de deferencias, siendo la más espectacular una invitación a coca-cola. Supe después que pidió a los altos jefes que me dejasen a su lado, en calidad de aprendiz particular. Mi trabajo era la parte más humilde de la anticuada manufactura en que todavía se movían las imprentas españolas. Se trataba de ir cubriendo el tiraje. Él introducía uno a uno los folletos en la máquina y, al retirarlos, yo los cubría con hojas más grandes para evitar que se pegasen entre sí. Después, las mujeres retiraban las hojas protectoras, ordenaban el material impreso y volvían a amontonarlo para el tiraje de la segunda tinta. Mientras, yo limpiaba los rodillos con aguarrás y Andrés cambiaba el color y así vuelta a empezar.

Continuábamos aquel ritual con exasperante parsimonia. El ritmo de la máquina me taladraba el cerebro, la uniformidad de mis acciones amenazaba con hacerme caer dormido. Acaso para superar la tentación me ponía a cantar. Al principio eran las melodías de moda de aquel año, pero inevitablemente terminaban siendo las del repertorio Montiel.

Era en cierto modo la señal que Andrés esperaba. Era la pauta para el intercambio. Yo iniciaba la primera estrofa de *Sus pícaros ojos* y él continuaba con el estribillo. Seguíamos, después, con *Nena*, el *Ven y ven*, el *Balancé* y, así, hasta *La nieta de Carmen*. Acompañábamos las letrillas con miradas y mohínes de tal intensidad que dejaban en sosainas a la glamorosa Sara. Poníamos tanta intención en cada palabra, que la convertíamos en una declaración de principios. Por cierto que ya no pudo él seguirme al atacar *La Madelon*, porque no tenía nociones de francés ni para imitar el de Sara, tan parecido a un manchego deformado. Así que durante unos minutos personifiqué por mi cuenta a la entera alegría de muchos batallones.

El trabajo me obligaba a permanecer casi pegado al cuerpo de Andrés durante toda la jornada laboral. Era un juego constante, una invitación al roce y, por qué no, al toqueteo.

Algún mohín más intencionado que los demás haría yo con mis canciones, porque Andrés me cogió fuertemente la mano por debajo de la máquina y, mirándome fijamente a los ojos, susurró:

—*Saps que tens una boqueta molt petonera?*

El lector que no conozca el catalán me ahorra la humillación de un piropo tan cursi; quienes lo entiendan deberían disculparme porque, además de aceptarlo, me permití un asomo de rubor y hasta cierta complacencia. Porque al recibir un piropo parecido a los que dedicaban a mi madre, dejé de sentirme inferior por unos momentos. Corrí al lavabo y, mirándome en el espejo, pensé que acaso los problemas con mi físico tuvieran arreglo. De momento, había dejado la puerta entreabierta para que Andrés acudiese a comprobarlo con sus propios ojos.

Nos habíamos quedado solos.

Era la hora del almuerzo. Los demás empleados estarían comiendo el bocadillo en el bar de la esquina. La situación me hacía temblar intensamente, poniendo en mi garganta un ardor parecido al que sentí bajo la mano anónima del cine Cervantes. Sólo que aquel día no tenía a la oscuridad como defensa. Un indiscreto fluorescente estaba dispuesto a iluminar cualquier escena que yo quisiera montar. Y aunque la luz industrial nunca fue la más adecuada para una escena galante, tampoco Andrés era el galán adecuado para exigir mucho más. Toda idealización sobraba. El esmoquin no era requerido.

No hubo tiempo para reflexiones. El indómito impresor se introdujo como un rayo en el lavabo y, con la misma celeridad, cerró el pestillo. No me dio tiempo de reaccionar. Todo transcurría a un nivel de estricta animalidad. No hubo ternura en su trato, ni astucia en su acoso, ni inteligencia en el ataque. Tampoco abnegación en mi entrega. Ocurrió de la manera más normal, en lo que algunos pueden considerar una anormalidad. Me agarró con fuerza, y obró a su pleno antojo. Fue una experiencia brutal que derivó lentamente hacia el placer absoluto. No pude esconderme esta evidencia, después, cuando tantas cosas iría escondiendo bajo las trampas y pretextos de la memoria. Quedó una escena para archivar reteniendo sus aspectos positivos o mitificando sus aspectos más siniestros. Y ninguno podía serlo tanto como el escenario: un váter discreto, un lavabo colectivo, una luz mediocre. Y al no recordar siquiera una leve reflexión de orden moral, debo reconocer que yo continuaba siendo un crío podrido de estética.

Así puedo contar hoy que a los quince años perdí la virginidad, pero también debo lamentar que esto no solucionase en absoluto mis problemas, porque seguí siendo tan tonto y vulnerable como cuando era virgen. No sabía qué hacer con mi cuerpo, y mi alma continuaba vacía.

Mientras el cuerpo reprime sus necesidades, el alma se va llenando con los productos más humildes de la pequeña historia. Temo que sólo interesen a quienes la vivieron, perplejos hoy al recordar que fuesen tan ingenuos. ¿En qué otra época podrían tolerar las calles españolas la aparición de un cochecito de bolsillo, el Biscuter, parodia de la industria automovilística y de los propios usuarios? ¿En qué otra subcultura podía darse impunemente la popularidad de José Luis y su guitarra, con aquella canción de título imposible *Mariquita bonita...*? No es que en la soñada América faltasen alucinantes fenómenos de un día y proyección exclusivamente local —¡lo que era el pianista Liberace y la horrenda muchacha llamada Annette Funniccello!— pero las revistas nos servían los engendros envueltos en un estuche de suntuosidad que los sublimaba. Enormes pianos de cola, cortinas de terciopelo rojo, esmóquines blancos, señoritas rubias tocadas con diademas de guardarropía y, presidiéndolo todo, el escudo de la Warner Bros. En cambio, José Luis se presentaba con la sola apoyatura de una guitarra que ni siquiera tenía el prestigio de las de la canción francesa. Todo lo más recordaba la mitología de los estudiantes alegres, pendencieros, galantes, como los tunos encargados de ocultar los dramáticos sucesos que en aquellos momentos estaban sacudiendo las universidades españolas, sucesos que, naturalmente, ni siquiera llegaban a mis oídos. En contrapartida, se llenaban éstos con el swing del conjunto Los Platters y los suntuosos coros de Ray Coniff, que tanta prestancia daban a cierta canción melódica interatlántica. Y si hoy pienso en lo cursi de tales manifestaciones comprendo cuán ridícula era nuestra necesidad de las mismas. Éramos pedigüeños de suntuosidades. Mendigos de oropeles. Tristes, tristísimos pordioseros del falso *dernier cri*.

Sigue la memoria llenándose de voces que corresponden a la adolescencia de los demás y apenas a la mía, que son mi testimonio y, en cambio, ya no pueden ser mi biografía:

«Sube espuma, sube espuma / que la negra está lavando...» «Dime tú, puente de piedra, / dónde se ha ido, dónde se ha ido...» «Cuando recibas esa carta, sin razón / Eufemia / ya sabrás que entre nosotros todo terminó...» «Es la historia de un amor / como no hay otro igual / que me hizo comprender / todo el bien, todo el mal...»

Boleros, rancheras, mambos, valsecillos, fox-trots y en algún rincón de tantas verbenas perdidas el duduá, el badababá, el chin-chín de las bandas pretendidamente modernas que llegaban de Italia para contarme que también los jovencitos de allí habían abandonado los harapos del neorrealismo para someterse a la fiebre de la americanización:

Yo soy americano,
porque en Brooklyn yo nací
y me gusta cantar napolitano...

Poética de la clase media que, lentamente, progresivamente, se irá convirtiendo en poética universal. Pequeñas victorias de apreciación que, poco a poco, se adueñan de las emisoras, las verbenas, las playas, los chiringuitos: todo, todo impregnado de ese gusto que va prestando a los años cincuenta su inconfundible toque entre hortera y avanzado. El final de la década confirma nuestra evolución hacia una etapa donde las apariencias serán más prósperas y menos sinceras. Mis ojos, educados en la ficción, mi alma, resistente desde ella, descubre que el afán de modernidad es un elemento invasor que empieza a depredar las zonas más entrañables del mundo que me ha visto crecer. En la calle Ponent empiezan a aparecer automóviles que se quedan aparcados durante toda la noche, ocupando para siempre el espacio que los niños utilizaban para jugar. Algo anuncia que tal vez somos la última generación de niños que jugaron en las aceras de la calle Ponent, como fuimos con certeza los últimos que las ocuparon en las bochornosas noches del estío, cuando los vecinos sacaban su sillita de mimbre y su pay-pay para ponerse a la fresca. ¡Entrañables tertulias de mi infancia! Pero en los años cincuenta ya iban desapareciendo aquellas gentes, aquellas costumbres que luego he evocado en algunas de mis novelas como homenaje a un sistema de comunicación directo, sensible, practicado en mis viejas calles desde tiempos que ni ellas mismas se atrevían a recordar.

Cada noche, la radio evocaba aquel mundo trasladándolo al absurdo en un programa que enloquecía a todo el país: *El hotel la sola cama, donde hay bronca toda la semana*, del cómico argentino Pepe Iglesias *el Zorro*. Él hacía todas las voces de una familia disparatada cuyas réplicas pasaron a formar parte del lenguaje de la calle durante aquella temporada. Fue tan grande su impacto que *Tiovivo* le dedicó un número especial y Los Cinco Grandes de la Risa convirtieron en muñequitos encantadores a los personajes que tanto nos divertían: la niña pesada —«¿A ti te gutó? A mí me gutó»—, la vampiresa petardona que gritaba «¡Canaglia!», el nipón que no paraba de repetir «Ta loca la pelota», el Finado Fernández con su «Seré bereve» y el «No me peregunte, no me peregunte».

Yo seguía aferrándome a aquel mundo de comunicación inmediata presintiendo su desaparición al tiempo que me esforzaba por imponer mis derechos a la vida. No era extraño que buscase en los cine-clubs la película de Chaplin *Tiempos modernos* para confirmar mis temores ante el individuo convertido en masa; no era extraño que me identificase con Monsieur Hulot cuando, en *Mi tío*, mostraba su incomodidad en un hogar dominado por los adelantos de la técnica y el diseño. Sin darme cuenta, estaba retrocediendo ante todo cuanto implicase un cambio, quería detener desesperadamente un mundo que siempre se había portado bien conmigo: el de mi entrañable pasado popular. Era precisamente la supervivencia de ese recuerdo lo que seguía buscando en las comedias italianas, donde la canción del barrio todavía era posible (y no lo sería por mucho tiempo, justo es decirlo), donde personajes que parecían caricaturas de los de mi entorno pugnaban constantemente entre el atavismo y la novedad.

Pero mis quince años también buscaron refugio en la cursilería que, impuesta por el cine, saltaba a los tebeos para uso y abuso de quinceañeras. Si en la infancia mi soledad me llevaba hacia el mundo de las niñas, donde todo era más entrañable, en mi adolescencia me condujo hacia el universo de la pollitas, donde todo parecía menos comprometido. Sustituí a los heroicos paladines de la aventura por las historias de institutrices enamoradizas y secretarias vivarachas. Los años cincuenta ya no fomentaban las historias de hadas y príncipes azules nacidos del beso de la rana. Los tebeos femeninos que compraba semanalmente ostentaban títulos que, en la memoria, caracterizan la sensibilidad enfermiza de la década: *Guendalina, Rosas blancas, Maruzzella, Romántica* y, sobre todo, *Clar de Luna*, que tomaba una canción de moda y la convertía en historieta sentimental con damitas y pollos-pera ataviados a la ultimísima usanza: jerséis esport de anchas hombreras ellos, vestiditos vaporosos, abombados por amplios cancanes, las chicas. Y esos personajes, nuevas cenicientas para nuevos príncipes, se movían en ambientes de moda a los que un aprendiz con mi sueldo no podía aspirar ni en el más alocado de los sueños: estaciones de esquí, salas de baile, playas tropicales, transatlánticos de lujo...

Mi carácter estaba adoptando rasgos feminoides que no hubieran sido graves de no ser, lo repito, cursis. Intentaba redimirme el Joven Inquieto, con sus interminables discursos sobre el montaje de atracciones, si tratábamos de cine, o el profundo contenido de los novelistas rusos, cuando estábamos en ínfulas de letraheridos.

Mientras recorría los más indecisos vericuetos, alguien decidió que por fin era digno de pertenecer a la redacción del *Tiovivo*. Pero el regalo no llegó sin una última concesión a trabajos indiferentes. Me tocó pasar varias semanas entrenándome como cajista. Y mi madre comentó que, en fin de cuentas, éste era el oficio que ejercía con lícito orgullo el Julián de *La verbena de la Paloma*.

Me pusieron a las órdenes de un viejecito que llevaba medio siglo ejerciendo el oficio. Solía decirme que, si perseveraba, llegaría a ser oficial en menos de cinco años. No me pareció una opción en absoluto esperanzadora, así que me limité a considerar aquella nueva circunstancia como otra prueba que debía sufrir para alcanzar mis fines. Me dieron mi propio tipómetro y tuve que vérmelas con lo que me parecía una demencial acumulación de letras. Estaban representadas en todas sus posibilidades, ya fuese en tipos, ya en caracteres.

Aprendí a distinguir entre las versalitas y las redondas, la parisina y el paloseco, con preferencia de la elegante cursiva y cierto respeto ante la gótica, que me parecía el colmo del prestigio. Y cuando ya había conseguido entender qué demonios eran los cíceros y cómo distribuirlos, me arrancaron de las manos de mi maestro y me sentaron en un taburete de la redacción del *Tiovivo.*

Fue un ascenso que presentaba algunos aspectos dolorosos, pues llegaba cuando mis grandes ídolos ya habían abandonado la empresa. Por razones económicas, se vieron obligados a regresar a la Bruguera. Aquel fracaso de la privatización del trabajo demostró la imposibilidad de oponerse a los grandes monopolios y dio la razón a mamá cuando, en alguna ocasión, se refirió a los esfuerzos que debía hacer su amante para mantener una familia y permitirse un ritmo de vida más o menos confortable. Es decir, los aspectos dorados con que el oficio de dibujante se había presentado a mis ojos infantiles cambiaron de signo para adquirir los tintes grises de la necesidad de supervivencia. El sentido práctico catalán, tan tópico, tenía mucha lógica al tocar este tema. Algo así quiso decirme Josep Pla cuando le visité con asiduidad, después de ganar el premio que lleva su nombre: «Usted no deje nunca de trabajar para *Destino* —me dijo—. Pagan poco, pero pagan siempre.» Era una razón de peso, porque unas editoriales quebraban antes de pagar y otras quebraban por pagar en exceso. El término medio seguía siendo el más aconsejable... y el más catalán.

Lo cierto es que en la Bruguera seguían pagando poco y los grandes genios de la risa se veían obligados a prodigarse hasta la extenuación, dibujando historietas, chistes y portadas en cantidad abrumadora. Resulta indignante pensar que ni siquiera percibían derechos de autor. El material quedaba en propiedad de la empresa, que se reservaba el derecho a reeditarlo hasta el fin de los tiempos. De hecho, historietas y chistes que Peñarroya, Cifré o Escobar dibujaron en los años cincuenta fueron reeditados en numerosas ocasiones sin que ellos cobrasen un duro más de los tres o cuatro que percibieron en aquella lejana época. O al menos así me lo contaron, con amargura y desaliento.

En semejantes circunstancias, no es extraño que ninguno de mis ídolos llegara a hacerse rico, ni siquiera a conocer la holgura que yo les atribuía. Se derrumbaba, así, otro mito de la niñez, porque yo veía en aquellos artistas el culmen de la importancia y el equivalente local de las figuras del cine.

En la redacción del *Tiovivo* había varios dibujantes de la nueva generación destinados a tomar el relevo de los grandes (o «los viejos», como les llamábamos cariñosamente). Eran Joso, Gin, Buixadé, Pañella el Loco y mis jefes directos, Beltrán y Enrich. Llegué a sentirme el hermano menor de aquellos jóvenes que actuaban con un entusiasmo impresionante, animados por la necesidad de sacar a flote una publicación que se estaba hundiendo. Esto era tan cierto como que racionábamos con cuentagotas las colaboraciones que el anterior equipo había dejado como remanente. Para llenar aquel hueco, recurrimos a uno de los grandes humoristas barceloneses: Joaquín Muntañola, que colaboraba con textos de intenso sabor local y otros referidos al cine. Como es natural, eran éstos los que más me atraían. En sus retratos de estrellas internacionales, el caricaturista alcanzaba la genialidad por el sistema de reducir su grandeza al puro absurdo. Así, cuando acusaba a la insigne «Joan» Crawford de tener nombre de carretero. Seguramente la humorada no se entendía demasiado fuera del área lingüística catalana, y es posible que este ascendente, inevitable por otro lado, encerrase al *Tiovivo* en un callejón sin salida, como ocurrió con otras revistas editadas en Barcelona.

Cuando venía por la redacción, Muntañola nos obsequiaba con amenas conversaciones que nos hacían morir de risa. Pero lo más importante para mí es que me estaba permitido compartirlas con los otros dibujantes, especialmente Enrich y Beltrán. No era sólo una muestra de confianza, era también la posibilidad de participar por primera vez en el mundo de los jefes. No podía evitar una sensación de importancia, aumentada al descubrir mi nombre en la lista de colaboradores. Y aquí tengo que decir que mi padre se sintió todavía más emocionado que yo y cada semana se llevaba un ejemplar para enseñarlo a sus amigos de taberna. Aunque fuese por poco tiempo, el pobre hombre pudo presumir de hijo.

Otra circunstancia favoreció mi sensación de progreso: por fin podía dejar de lado el mono azul, que tanto me humillaba. El solo hecho de pensar que iba a dedicarme a un trabajo limpio me alentó a parecerme más y más a los nuevos galancitos del cine americano. Pedí al peluquero del barrio que me dejase el pelo exactamente igual que el de Sal Mineo. También los nuevos modos habían llegado a la calle Ponent, de manera que la mímesis estaba al alcance de todos. Presumí de lo lindo con mi pelo cortado a la navaja y, cuando volvió a crecer, ostenté como un galardón uno de aquellos enormes tupés que llevaban los rockerillos, y un cogote afeitado al máximo, como el de los deportistas.

Pero mi disfrute no se limitaba a las formas externas, ni siquiera al comportamiento. Conocí por primera vez el intenso placer de la vida de redacción y la posibilidad de permanecer toda la mañana en un mismo sitio, sin odiosos traslados llevando recados de un lado al otro de la ciudad. Ocupaba por fin un lugar que era mío, con un espacio donde guardar mis cosas (no muchas, pero intensamente poseídas: un libro, una revista, una agenda muy rudimentaria o una foto robada en el archivo). Era, además, un placer y un orgullo sentirme útil en algo para lo cual había sido verdaderamente preparado.

Pero nada me complacía tanto como completar el trabajo de los dibujantes. Consideré el mayor de los privilegios que me mandasen rellenar con tinta china las americanas de los personajes o las faldas de las chicas imitadas de *Divito*. Si el dibujante dejaba a lápiz el fondo de una viñeta —un tranvía, un pirulí, una casa—, yo lo reseguía con el pulso cada vez más firme. Al mismo tiempo, aquellos acabados me permitían conocer de cerca todos los trucos de los artistas. Me asombraba ver cómo una simple deformación en el trazado de la boca, reducida a una sola línea, podía dar lugar a la más variada tipología: «hombre brutal», «joven tímido», «avaro ruin» o «sabio filósofo»; y era grande la sorpresa al comprobar las posibilidades que una figura podía admitir según el grosor del trazo, el sombreado o la utilización del puntillado. Después, me maravillaba cuando la figura ya estaba plenamente conseguida, el infinito campo de acción que proporcionaba su inclusión en la viñeta: adquirían entonces gran importancia la perspectiva, el interiorismo o la ambientación de exteriores; y, una vez compuesto el cuadro, la distribución de los «bocadillos», que era el sorprendente nombre técnico de las nubecillas que surgían de la boca de los personajes conteniendo el diálogo.

Mi placer veíase completado por el afecto que me dispensaban Beltrán y Enrich. Eran dos tipos fantásticos, y supe percibirlo al momento. Gracias a ellos no me sentía marginado como en los tiempos de la Harry Walker. Todo lo contrario, me consideré el aprendiz más mimado del mundo. Tantas deferencias sólo presentaban un inconveniente para mi formación: los hombres continuaban tratándome como a un niño y yo buscaba en ellos al padre ideal que seguía necesitando desesperadamente. Buscaba siempre a un Odiseo que había partido hacia tierras muy, muy lejanas.

Esos periplos de la memoria me devuelven siempre al origen, y es bien cierto que el origen de un adolescente soñador sólo puede ser el Mito. Regresa y regresa y vuelve a regresar al cabo de los años. Lo reencuentro en unos grabados barrocos que contemplo diariamente en mi estudio madrileño. Reproducen los azares del príncipe Telémaco, hijo de Odiseo y el más discreto de todos los jovencitos, según el vate ciego. La decisión de salir en busca de su errático papá, perdido de isla en isla, es el gran tema de los cuatro primeros cantos de la *Odisea.* Sin embargo, en mis grabados barrocos la inspiración es distinta, pues procede de *Les aventures de Télémaque,* de Fénelon. Contemplo a Telémaco reposando en la isla de Ortigia, idílica patria de los lotófagos. La oronda dama vestida de rosa, a quien el efebo cuenta sus aventuras, es la ninfa Calipso, amante con vocación de perdedora: primero se prendó de Odiseo, después de su heredero. Ambos la dejaron para vestir dioses. La Ítaca nativa constituía un reclamo demasiado poderoso para abandonarlo, por fuerte que fuese la droga del olvido. Ley de vida. Crecer, formarse, madurar en el periplo y regresar perfeccionado al origen.

Al igual que en mi infancia, el origen estaba en el mensaje de los milenios. Así, Egipto, la tierra soñada desde la infancia, la nostalgia permanente, el reclamo de una eternidad revelada en una imaginería pintoresca que no dejaba de convulsionarme. Siempre ha sido así. Lo que puedo tener de catalán, y de español, es demasiado reciente: viene de hace mil años como mucho... ¡Casi una posmodernidad en la anchura de lo eterno! Lo que tengo de nilótico vaga hacia tan lejos en el tiempo que casi lo asesina. Mis raíces son más antiguas que las pirámides. Las estableció algún primate asustado, cuando huía de los monstruos de la noche por las enmarañadas ciénagas del río sagrado.

El recuerdo, tan inmisericorde cuando sirve para confirmar las heridas del tiempo, se vuelve dulce no bien mezcla las cosas en una dimensión donde cada una se revela origen o consecuencia de otras que creíamos olvidadas. Así, treinta años después de la época del *Tiovivo* me hallaba en el Valle de las Reinas, durante los trabajos de restauración de la tumba de Nefertari. Eduard Porta y Eudald Guillamet, grandes especialistas y amigos entrañables, me dejaron en manos de una restauradora italiana, *signora* Laura Mora, que me mostraba paso a paso el trabajo efectuado por los artistas tebanos en aquel pozo maravilloso. En la penumbra de la muerte reaparecían rasgos de vida auténtica, y el lejano recuerdo de los artistas anónimos se me reveló como un impacto mucho más emotivo que toda la pedantería de las grandes firmas contemporáneas. En un rincón del techo aparecían las huellas digitales de algún artesano que, hace tres milenios, se apoyó en la pintura todavía húmeda. En otro muro destacaba una línea demasiado precipitada o el goteo del pincel. Y en muchos casos —los más apasionantes— aparecían muestras de *pentimento.* El primer artista había dibujado unas líneas que no aprovechó en la pintura final. ¿O acaso fueron obra de algún aprendiz? Era probable que un muchacho como yo hubiese reseguido los trazos iniciales, y que los rectificase en un último momento, según su antojo, como forma de rebeldía o simplemente de admiración. ¿Por qué descartar aquella posibilidad? Siempre hubo aprendices en la historia de la especie y todos desearon ocupar un día u otro el lugar del maestro.

Extraña vida, esa que es capaz de combinar a Telémaco y a Mentor, al *Tiovivo* y a los pintores tebanos en una visión que se erige en testimonio de una búsqueda donde me sigo reconociendo, siempre indeciso, siempre a tientas y, sin embargo, perpetuamente ilusionado y lleno de ambición.

Y mientras la madurez llama a la puerta, Peter Pan continúa revoloteando, Campanilla nos inunda con su polvo de estrellitas y en algún lugar de Nunca Jamás los felices pieles rojas entonan un viejo bolero empapado de nostalgia...

Cuántos sueños forjé
en mis noches de infancia
mi primera ilusión
y mis sueños de amor
son recuerdos del alma...

La memoria está llena de libros. Seguramente pertenezco a la última generación que leyó con avidez y, sobre todo, con placer. Y sin embargo, ¡cuántas horas consumidas en la asimilación de sinsabores espirituales que ya sólo cuentan a guisa de aprendizaje! Estaba yo en la edad precisa en que el alma busca en los libros una respuesta a los páramos en que se ve sumida. Buscaba autores que supieran plasmar el lado oscuro de las naturalezas humanas, puesto que así sentía la mía. Llevaba las alas de pesimismo imprescindibles para volar hacia infiernos cuanto más negros más literarios. Fue una genial intuición del Joven Inquieto comprender que estaba en la edad precisa para recibir a Dostoievski, gran demoledor de conciencias.

El alma adolescente es contradictoria, mucho más si es romántica: al descubrir la luz del mundo, descubre también sus tinieblas. Pero éstas ejercen sobre ella una mayor fascinación. Por su influjo, mi capacidad de soñador abandonó la seguridad de los amores eternos para sumirse en la agonía cotidiana de las soberbias torturas espirituales. Continuaba profundamente atraído por la opción del mal, considerada en sus aspectos más eclécticos porque, al mismo tiempo, apreciaba la bondad imposible, el misticismo neurótico, de León Mischkin, el príncipe idiota. Y es que fui autodidacto incluso en el sentimiento. Pero Dostoievski me apasionaba hasta el punto de condicionar mis ideas. No podía ser de otro modo. En su infierno se celebraban arduos combates entre ángeles caídos y serafines a punto de derrumbe. Esos torneos eran una mina para un solitario empedernido. Por fin descubría el espejo que me reflejaba.

Llegó por vías de expansión otra avalancha de autores rusos, tomados sin orden ni concierto. Tolstói no podía entusiasmarme: me faltaba madurez para su magnitud. Me faltaba incluso paciencia. También necesité sentido de la medida para valorar a Chéjov, a quien aprecié antes en teatro gracias a un soberbio montaje de *El jardín de los cerezos*, debido a José Luis Alonso. No necesité más que furia y angustia para apasionarme con Andréiev y, muy especialmente, con la historia del joven anarquista que se esconde en la habitación de una ramera en estado de putrefacción. En todas esas novelas me seducía lo que las solapas anunciaban solemnemente como «los misterios del alma eslava». No puedo recordar esas obras si no es tras una bruma espesa, no tanto la de un paisaje invernal ruso como la propia del alma humana. Aprecié a partir de entonces a los escritores que se hunden en sus laberintos, los asumen, rescatan lo más dolorido de sí mismos para ofrecerlo en sacrificio permanente. Es un problema de sangre, de vísceras o simplemente de cojones. En mis primeros escritos, acaso en otros, quise sacar a flote aquel caudal de experiencias, todas desastrosas. Las expulsé, para quedarme igualmente dolorido. Leyendo a Dostoievski aprendí a calibrar la miseria del hombre y a intuir su grandeza. No fue el mejor de los grandes escritores, pero sí el primero que me adiestró en el arte de las lamentaciones. Yo acababa de cumplir dieciséis años. Tenía mucho de qué lamentarme.

¿Por qué ese adolescente se siente tan desamparado? Está accediendo al homosexualismo en soledad absoluta. No tiene una tradición a la que acogerse o siquiera que le preste cobijo. De pronto, se da cuenta de que sus libros preferidos no le contienen. Las grandes pasiones, los estupendos heroísmos, incluso los pequeños dramas cotidianos se desarrollan en ámbitos ajenos al suyo. Todos los libros que va encontrando conciernen al mundo de los heterosexuales, todos los tiempos se conjugan en dos géneros perfectamente diversificados. Tampoco encuentra ayuda en el gueto que empieza a frecuentar. Está en la edad de compartir sus dudas, sus tropiezos en el terreno recién descubierto, pero los de su misma condición no están dispuestos a llegar hasta el fondo del problema. Las conversaciones del ambiente suelen ser banales, aunque se disfracen de distinción, cuando no de libertad. Sus miembros llevan tan arraigada la necesidad de encubrirse, acaso de olvidar, que disimulan o esconden las primeras vacilaciones, las luchas internas, los dramas personales, si los hubo (y él intuye, en su ignorancia, que el drama existió desde siempre).

Antes que aceptar el terror de ser único, intenta hallar su justificación pensando que todo el mundo es como él o, cuando menos, todo el mundo a quien admira. Para consolarse, encuentra en el pasado un catálogo de nombres egregios. Si lo fue Miguel Ángel, si lo fue Platón, si lo fue Alejandro... pero sabe que las condiciones eran otras, la moral distinta. Son modelos que ya sólo sirven para la retórica. Necesita buscar en su tiempo, con gentes que estén padeciendo su mismo problema. Empieza a hacer interminables quinielas sobre las posibles inclinaciones sexuales de sus actores favoritos, metiendo la pata unas veces, acertando otras, pero siempre por sí mismo porque la información continúa siendo nula, más bien la esconden los propios interesados, temerosos de arruinar su carrera. En realidad, los homosexuales famosos están haciendo con la sociedad lo mismo que él hace ante su familia: ocultarse desesperadamente. Pero el chismorreo de los del gueto es continuo: se dice, se sabe, se afirma. Una vez construido su Quién es Quién, el adolescente desamparado busca una pareja posible. Tiene que ser la mejor, la más romántica. ¿Está obrando al modo de una modistilla que se considera con grandes posibilidades para acabar casada con el sha de Persia? No llega a tanto, pero nada le impide imaginar que Hollywood es Sodoma y que ninguno de sus fabulosos habitantes será invulnerable a sus encantos.

Llega así al sueño de las parejas ideales, pero desde el ideal de su mundillo. No Paolo y Francesca, sino Marais y Cocteau; no Abelardo y Eloísa, sino Adriano y Antinoo. Cuando se entera de esta amistad particular, quiere ampliar su información y acude a la Gran Biblioteca para consultar la Espasa, recordando su reputación de vademécum de todas las sabidurías. Algo ocurre en esos artículos de redacción anticuada. Puede leer que el emperador Adriano «era de costumbres muy libertinas... se entregó al vicio de la sodomía, escribió versos en honor de sus bardajes... y tuvo una baja pasión por un favorito llamado Antinoo...». Semejante definición, publicada en 1908, nunca fue corregida. Y así la recibe nuestro adolescente y así se siente más y más hundido. La moral oficial le está jugando una mala pasada. La moral de los heterosexuales se revela bribona. Busca y rebusca con mayor ahínco, se enfrasca en investigaciones hasta alcanzar el desaliento. Acude a la Gran Biblioteca, buscando en enciclopedias extranjeras todo tipo de datos sobre los grandes homosexuales del pasado. ¿De qué ha de servirle? La moral de los demás acusa y, ante el menor signo de heterodoxia, rechaza en bloque. Pero él continúa investigando con ahínco. Regresa a la época del diccionario, en la escuela, cuando buscaba afanosamente las palabras vetadas por los curas. Cuando él y los otros niños manoseaban el diminuto volumen azul para averiguar el significado de palabras como «ramera», «pene», «sodomita» o «fornicación».

Está perpetuando, una vez más, la celebración de su infancia mientras trata de afirmarse como adulto. Si en parte lo ha conseguido es gracias a su escalada de la cultura; parece lógico presumir que sólo en ella encontrará explicación y ayuda. Continúa buscando indicios de lo que él todavía llama su «desgracia». ¿Nadie se ocupó de explicarla antes? Mucho peor: la ocultaron. Salvajemente, brutalmente, la escondieron para que él no pudiera consolarse asumiendo que no era el suyo un caso único (y nada consuela tanto como descubrir que el daño es para todos y concierne a muchos). Busca consuelo en sus aficiones inmediatas. ¿Qué le ofrecen? Bien poca cosa. Es imposible encontrar una película donde los hombres se amen declaradamente y tengan una vida en común, expuesta con todos sus conflictos. El jovencito heterosexual ha visto desde niño cómo funcionan las relaciones humanas. Posee, desde un principio, las claves que le permiten enjuiciar la historia. El adolescente homosexual, por el contrario, tiene que contentarse con la anécdota. Sus amigos pregonan a bombo y platillo el estreno de cualquier película donde aparecen atisbos del llamado «asunto»; tan escasas son que basta con una insinuación argumental o una mirada equívoca de los actores para que las loquitas de clase media llenen la segunda sesión de tarde de un domingo para ver *La gata negra*, donde se dice que Barbara Stanwyck alimenta una pasión malsana hacia mademoiselle Capucine. También murmuran que en la versión no censurada de *La gata sobre el tejado de zinc* el marido de la ardiente Maggie está enamorado de su mejor amigo. Ignoran las cándidas mariquitas que este detalle ya fue censurado al pasar la obra del teatro al cine, porque en América la situación del homosexual está igualmente reprimida. No parece importarles. El solo hecho de que el tema se insinúe en las carteleras españolas les inspira la ilusión de normalidad.

Pero no es normalidad, sino escándalo. El jovencito homosexual aprende a saber que todo lo que le interesa es escandaloso. Y lo suyo es más que una tendencia, un vicio o una desgracia: es un «caso». Intuye su presencia, aunque tímida, en obras de teatro. Le desconsuela comprobar que se presentan bajo el auspicio del atrevimiento. Incluso los críticos más progresistas escriben de ellas con gran cautela: «Pese a lo escabroso del tema...» ¡Escabroso! Luego él forma parte de una escabrosidad. Ya no es un adolescente; es un escabroso. Y ¿cuántas cosas más? Hasta ahora se contentaba con la amenaza de ser maricón, como teme su padre, como le acusó el Niño Rico. Pero ahora tiene que pactar con una nueva sarta de eufemismos. Su inclinación es verde, atrevida, osada, audaz y, para los más pacatos, inmoral. Son las palabras que utiliza la publicidad. Y él se ha convertido en parte de un escándalo.

El estreno de obras teatrales que aluden vagamente a la homosexualidad representa un soplo de libertad en pleno franquismo, pero ésta sólo es engañosa. Le conmueve enormemente *Ejercicio para cinco dedos* y muy en especial la personificación del joven José Luis Pellicena. Le impresiona su aspecto, típico de los inmediatos años sesenta: es la pinta del joven airado, un posible existencialista atormentado, efecto que complace la necesidad de sublimación de todo adolescente solitario. Al mismo tiempo, es el efebo ideal para satisfacer las ansias amorosas de su profesor, pareja perfecta si alguna vez la hubo. La relación se le antoja ideal. El maestro y el discípulo. El viejo sueño de su infancia. Pero en el teatro comprometido los amores no terminan como en las películas de amor y lujo. En ellas, chico encuentra a chica y ambos se casan; en los dramas con la homosexualidad como pretexto, chico y chico se conocen, se atraen y uno de los dos tiene profundos remordimientos que le llevan directamente al suicidio. Esto le ocurría al profesor de *Ejercicio para cinco dedos.* ¡Lástima de hombre! Parecía hecho a la medida de su inquieto discípulo.

(Sobre Pellicena en esta obra, escribí frases de entusiasmo en mi diario. Él nunca supo la existencia de estas frases porque yo mismo las había olvidado hasta que volví a dar con aquellos papeles, marchitados por los años. Pero esto pertenece a una época en que ya llamaba a los actores de teatro por su nombre y empezaba a conocer a los directores; una época en que descubría el fenómeno llamado teatro, y sus posibilidades más allá de los sueños del Peso de la Paja.)

Prosigamos con el triste adolescente de 1959.

En cada una de sus adquisiciones, literarias o teatrales, sólo va encontrando homosexuales sufrientes y lacerados. ¡Vaya sarta de calvarios! Él, lejos de reaccionar, cae en la trampa. Está predestinado a la angustia. Si quisiera alcanzar la alegría imitaría a las locas desinhibidas, las que sólo piensan en playas y guateques, las flamenconas de la madrugada, las adeptas a la frivolidad. Pero ese adolescente poético no nació para vivir en paz. No buscará sus modelos en los transformistas parisinos de los que tanto se habla: la Coccinelle, la Bambi, Madame Arthur... Mejor concepto le merece el joven protagonista de *Té y simpatía,* la obra escandalosa por antonomasia; la que se atreve a llevar a la escena lo que nadie osó exponer antes. Pero ¿qué es, en realidad, ese famoso atrevimiento, cuál la afirmación capaz de herir a los sensibles espectadores de la época?

El adolescente la recordará siempre, porque asiste tres domingos seguidos a las representaciones, celebrando que por fin pueda reconocerse y, además, en un galán muy guapo. Pero el tema se resuelve por caminos más engañosos aun que la propia ignorancia: ¡ese pobre estudiante, Tom, acusado de mariquita por sus compañeros de escuela sólo porque le encanta coser, hacer ganchillo, cultivar flores y conversar con las profesoras! Por si algo quedaba, fracasa con la puta del pueblo. No encuentra el adolescente solitario mejor reflejo de sus propias desviaciones; así pues está de parte de Tom, querría ofrecerle su amistad, decirle que su problema no es único y, en última instancia, enamorarse de él para ayudarle a soportar su pesada cruz. Demasiado tarde: entra en escena la esposa de un profesor y se apiada del pobre homosexualillo. Decide redimirle, demostrándole las ventajas de una normalidad que sólo el sexo femenino puede otorgar. Se entrega a sus brazos con afanes didácticos, pronunciando unas palabras inolvidables: «Cuando en el futuro cuentes estos momentos, porque todos los hombres lo hacéis, ten piedad de mí.»

Al caer el telón sabemos que la entrega de la profesora acaba de salvar a un pobre desgraciado. Algunos quitan abnegación al asunto: al fin y al cabo, la redentora se lo habría pasado bomba porque el chico estaba como un tren. Pero, a efectos de moraleja, tenía razón Néstor: «Ellas siempre ganan.» Y los americanos son capaces de hacer que así sea incluso a la hora de redimir a un jovencito que, si no era maricón, tenía todos los números para serlo.

Surge siempre la misma pregunta: ¿Me habría yo redimido de conocer a una profesora tan fina como Deborah Kerr en lugar de una avejentada ramera del Barrio Chino? Tal vez. De momento, la idea de redención se me anunció obsesiva y clasista. Nunca podría conseguirlo una chica del barrio, sólo una diosa. Era una manera como cualquier otra de decidir que ninguna mujer del mundo era digna de redimirme.

Por las noches llegaba Peter Pan, empujaba a la tía Florencia fuera de la cama y usurpaba su lugar por unas horas. Me abrazaba con apretujones de dominador nato, señor de todas las victorias sobre los estragos de la madurez. «Nunca dejarás de pertenecerme —susurraba—. Por muchas lecturas, por muchas películas, siempre serás mi esclavo.» De momento, Peter Pan tenía razón.

Estaba desarrollando una doble personalidad, típica de la ocultación de personalidades reales. Por un lado, alimentaba la necesidad de que mis tendencias fuesen reconocidas; por el otro, cultivaba el terror de que mis familiares las reconocieran. Escribía en mi diario: «Me complazco en contar a mis primas que asisto a reuniones donde hay muchos invertidos y que mis mejores amigos lo son. Es como si quisiera presentarme ante ellas con una imagen de libertino, pero acto seguido invento historias de amoríos con mujeres. Creo que más bien juego a desconcertar. En cuanto a los de casa, no deseo que se sepa nunca... ¡nunca! Sería demasiado terrible y ellos, a pesar de todo, no lo merecen. Me han querido mal, pero me han querido mucho.»

En última instancia recordaba que Escarlata le dijo a Reth: «Jamás afrentaré a mi familia con un divorcio.» ¿Qué hubiera pasado de tener que confesar a los de Tara que se había hecho lesbiana, por un decir?

Llegaba el otoño, la estación de las dulzuras, la sutil alcahueta de la intimidad. Se ponían resplandecientes las aceras a causa de la lluvia cuyo paciente gotear inspiraba largos paseos por callejas y plazas recoletas, itinerarios presididos por la melancolía, con un libro bajo el brazo, buscando refugio en el rescoldo de las librerías de lance y, en sus abigarrados interiores, el acre olor de volúmenes viejos, revistas manoseadas, postales y folletos amarillentos mezclados con el vaho de la estufa. Proseguía la búsqueda de la intimidad en vetustos baretos de barrio donde discutir con el Joven Inquieto, con el alma hecha trizas porque se fue a ver *Bellísima* o *Calle Mayor* con su nueva novia. Y era por cierto imposible que una mujer, la que fuese, apreciara a Visconti y Bardem como yo podía hacerlo. Imposible que comprendiese las necesidades de polémica de mi amigo. Pero ellas continuaban ganando y yo volvía al cine a solas, si bien con insidia. Porque buscaba el local y el horario donde sabía se hallaba el amigo con su mala hembra de turno, y sólo ansiaba coincidir con ellos para demostrarles que no me importaban nada, que mi vida continuaba, que podía disfrutar del cine sin ayuda de nadie. Y era una mentira absurda, otra máscara, porque perdía el hilo de la película, sólo pensaba en que él estaba allí, unas filas más atrás, con la rival, la vencedora absoluta. Y lo que empezaba siendo un desafío o una machada (¡paródico nombre en este caso!) se transformaba en una derrota que me sumía en la desesperación.

Era la estación en que la lectura se hacía cómoda, íntima, confesional, premiando con inconmensurables ventajas mi pobre soledad. Seguía buscando mi realización en lecturas propicias a los tormentos derivados del sexo. Mis nuevos amigos me habían ofrecido una lista de títulos prohibidos en España, que convenía buscar bajo mano o que de este modo circulaban. Me dieron a leer *Fabrizio Luppo*, de Coccioli, y *La máscara de carne*, de Van der Meersch, tremendos dramas morales, exacerbación del remordimiento homosexual, con personajes que sufrían como perras. Y era tan estúpida la censura franquista que los prohibía cuando, en rigor, debiera haberlos subvencionado, porque tantos calvarios interiores bastaban para disuadir a cualquiera de abrazar la homosexualidad y aun de practicar el sexo. Pero me servían de ayuda, como a tantos otros adolescentes que, sin tener aún conciencia de hallarse encerrados tras las cancelas del gueto, buscaban con ansiedad una literatura que les fuera propia. Una literatura para uso de prisioneros.

Buscando justificaciones, semejanzas y parejas ideales irrumpió en mi vida el amor pagano; accedí a él no por el camino de la alta cultura, antes bien por el que los amigos me habían enseñado a buscar: las novelas que trataban del amor entre hombres en la Atenas de Pericles. Sólo esta distancia temporal explicaba la aprobación de la censura; de otro modo jamás hubiera permitido la franqueza con que la autora, Mary Renault, exponía las relaciones de los dos protagonistas. El tono de la narración era brioso, rotundo, ameno y muy ilustrativo de un período histórico fascinante. Servía maravillosamente a mis necesidades de sublimación.

El amor entre los efebos, así cantado, aparecía por primera vez ante mis ojos con la naturalidad de un bolero. No había nada que esconder. Las palabras de amor se producían espontáneamente, en ámbitos propicios y hasta elogiables; es más, aquel amor tenía atributos de grandeza, alcanzaba los más elevados grados de la sublimidad, exaltaba la robustez de los sentimientos. ¡Qué diferencia de las mariconaditas propias del gueto! Los amantes áticos no pronunciaban una sola palabra cursi, no se les escapaba un ademán afeminado, jamás perderían un instante comentando la vida íntima de las folclóricas. Para más belleza, frecuentaban el círculo de Sócrates, se tuteaban con Alcibíades, compartían hasta el final de sus días una vida plena y digna. Representaban al homosexual convertido en ciudadano de primera clase. Y cuando a uno de ellos le alcanzaba la muerte, su espíritu permanecía en el amigo, como un legado ético fundamental.

El último vino fue el libro que necesitaba para que en la búsqueda del amigo se introdujera una coartada ética, decididamente presentable. El viejo problema ya no se dirimía en una estúpida universidad yanqui o en una mansión del viejo Sur pasada por los engaños de Broadway. Las necesidades físicas que ayer me inspiraban los atletas promocionados por la subcultura cedían paso a las dos figuras fundamentales del amor griego: el erasta y el erómeno. El amante y el amado. El profesor y el discípulo trasladados a unos extremos que la propia Naturaleza no conseguía abarcar. Sin embargo, ofrecían modelos suficientes para acreditarse como modelos: la belleza física y la juventud del mancebo frente al carácter varonil, experimentado y sabio del protector. Y enmarcando a aquellas figuras fundamentales, el alma reconstruía el ágora de una ciudad-estado, remota e ideal, presidida por las esculturas de héroes y dioses mucho más bellos que cuanto pudo imaginar el leoncito de la Metro.

Pero al despertar descubría que los edificios del ágora habían sido sustituidos por las angostas calles de mi infancia y que no tenía pareja para descender solemnemente por el camino de las panateneas. Los domingos volvían a ser tristes y, a medida que transcurrían, se hicieron patéticos: la fuerza del sexo volvía a imponerse, pugnaba por realizarse y, al no conseguirlo, entorpecía cualquiera de mis acciones. La ausencia del amigo convertía la soledad en una condena existencial.

Tendría ya diecisiete años cuando volví a buscar el sexo de manera abierta y donde se encontrase. Buscar adquiere aquí su sentido más estricto. No entré en uno de aquellos bares necesitado de conversación, comprensión o afecto. Me llevaba la urgencia de la carne. Necesitaba saber de una vez si la carne podía actuar por sí sola, disociada del espíritu y en qué medida.

Así caminé por mi propio pie hacia una zona del Barrio Chino que no había frecuentado durante mi infancia: la que se halla al otro lado de la Rambla, la que intrinca su ovillo de callejas detrás de la Plaza Real y tiene su eje en la calle de Escudellers. Y aunque es cierto que, desde que cumplí catorce años, visité en ocasiones esa arteria a causa del cine Alarcón, donde daban muy buenos programas dobles, no es menos cierto que desconocía sus posibilidades de noche, cuando abrían sus puertas los bares. Y eran los principales, creo recordar, el Nagasaki, el Tabú, el Áncora y el Rívoli. Estando situados todos en la misma calle Còdols, demostraban que la Barcelona del franquismo fue una sucursal de Sodoma sólo superada por Gomorra.

Resulta irónico que en aquel yermo de represión moral conociese tal prosperidad la industria de la carne. Durante el franquismo la búsqueda homosexual era mucho más activa de lo que normalmente se piensa. Los bares funcionaban a local lleno. Y aunque alguien pudiera pretextar que se trataba de puntos de encuentro, se convertían directamente en lugares de trato. Se perseguía el vicio —así llamado— pero no se impedía que el vicio prosperase. Era cierto que la policía podía entrar en un bar y llevarse a todo el mundo a la comisaría, pero afortunadamente sólo actuaba de vez en cuando (cuestión de propinas, decían los malintencionados). La permisividad, de tal modo obtenida, beneficiaba hasta a los menores, de manera harto contradictoria. Así, un adolescente de quince años podía aspirar a ser penetrado con cierta frecuencia, mientras se le prohibía la entrada a películas «no aptas», como *Gigi* o *El príncipe y la corista.*

En aquellos bares de luminotecnia perversa, el trato era directo, desnudo, eficaz. Ríos de hombres entraban, echaban un vistazo, volvían a salir si la mercancía no era de su agrado, y así de un bar a otro de la misma calle. Los que se quedaban iban directamente al ataque. Había junto a la barra taburetes altos, ocupados a menudo por la mercancía más joven. Y debo decir que permanecer allí sentado, esperando la llegada de una conquista, producía una angustia insoportable. Me sentía profundamente humillado. Era la penosa sensación de ofrecerme en puterío.

Seguramente me dije: «Ésta es la cruel evidencia de la oferta y la demanda. No valen subterfugios, no valen pretextos. Aquí se sabe quién gusta o no. De aquí sales hundido o encumbrado.»

Yo prefería permanecer medio escondido detrás de un *juke-box.* Me había acostumbrado a buscar el anonimato en los guateques, cuando los desprecios de las chicas me dejaban reducido a la categoría de un pinchadiscos. Sólo que en aquella noche del Nagasaki debí de pinchar piezas más apropiadas, acaso alguna melodía incitante, porque en los ratos que se lo permitía el servicio en la barra, un camarero morenito y con ojos de bandolero se acercaba y me hacía la corte. Yo no podía creerlo. Nunca había tenido suerte en aquellos bares.

Me ofreció un cigarrillo y aunque yo no fumaba decidí tomarlo para imitar a quienes sabían hacerlo en las películas. Esta imagen me hizo crecer a mis propios ojos: entregué a aquel joven todos los mimetismos que había venido desarrollando a lo largo de una vida dedicada a la imitación del cine. No pude ocultar mi asombro cuando él me pidió una cita. Teníamos ante nosotros la Semana Santa y ninguno de los dos pensábamos salir de la ciudad. Eran los días más aburridos del año. Los días siniestros, de silencio obligado, que yo dejaba transcurrir con el ánimo hundido, deseando ardientemente la llegada de los estrenos cinematográficos y teatrales de Pascua.

¡Si todavía un año antes tenía que rendir cuentas a un confesor sobre la película que me disponía a ver en el Kursaal!

El camarero andaluz me citó en una antigua cafetería situada en los confines del Barrio Chino. Un local roñoso, saturado de cristalerías y motivos modernistas, cuyo valor ignoraba yo y sin duda el ayuntamiento, porque no tardó en ser derribado.

Desde el primer momento estuvo claro que el joven y yo no teníamos nada que contarnos. Me hablaba él de la procesión de su pueblo, allá por Jaén. Había al parecer una Dolorosa que los vecinos transportaban en hombros hasta una ermita, situada en la cima de una abrupta montaña. Dijo que en cierta ocasión hizo de costalero, oficio cuyas características se me escapaban por completo. Pero tenía brazos fuertes, manos nervudas y músculos que podían sostener a los tres sujetos de la Trinidad, si se terciaba.

El Viernes Santo barcelonés se desarrollaba a nuestro alrededor con la falta de sustancia que siempre le caracterizó. Recordé vagamente la época en que mi abuela me obligaba a visitar monumentos a cambio de una taza de chocolate suizo en la granja de la calle de Petritxol. Tampoco había olvidado a mi padre, con la radio puesta a toda marcha para oír el sermón de las siete palabras, del que era muy devoto. Creo que pasaba alguna procesión por la Rambla, pero ya era de poca monta, con sólo cuatro encapuchados de guardarropía y un par de grillados que arrastraban cadenas con los pies descalzos. Por lo demás, había poca pompa ya que las señoras habían dejado de lado la peineta y la mantilla para ponerse pantalones playeros si el tiempo acompañaba. («La elegancia se pierde», decía mamá. Y contestaba la Yaya: «Peor aún: se pierde la fe.»)

De todos modos el Viernes Santo continuaba gozando de algún prestigio místico y la gente iba por las calles cabizbaja y con aspecto de rezar mentalmente. A lo mejor estaban pensando en sus cosas, pero el caso es que parecían rezar como si todo el mundo se hubiera vuelto beato.

Fue entonces cuando susurró el camarero:

—Niño, me estás poniendo muy caliente.

Era lo más escandaloso que nadie me había dicho en toda mi vida, de manera que decidí recoger el desafío para ser yo más flor de escándalo.

—Me hace mucha ilusión poner caliente a alguien. ¡Ya era hora! —Y me atreví a añadir directamente—: ¿Vamos a magrearnos a cualquier cine?

—¡Ni cine ni teatro ni tablao! A mi pensión, nos vamos. Está ahí mismo, en la calle del Carmen. Y sin miedo, tú, que la dueña es muy amiga.

—Me da un reparo si nos ve.

—Nada que temer. Me respeta mucho desde que le traje a Rock Hudson a la pensión.

—¿A Rock Hudson? —pregunté yo, perplejo.

—A Rock Hudson, niño. ¿Pues qué te habías creído?

No me había creído nada, pero imaginaba que si Rock hubiese puesto los pies en la calle del Carmen se habrían enterado *Fotogramas, Imágenes, Cine Mundo* y *Primer Plano.* Pero es cierto que algunos mariquitas son megalómanos a la hora de hablar de sus conquistas, como hizo el travesti monsieur Arthur cuando declaró en la época de la democracia:

«Me desvirgó Burt Lancaster.»

No quedaba tiempo para averiguar quién había desvirgado a mi camarero: seguro que, a la hora de dar nombres, no tendría bastante con toda la nómina del cine americano. Opté por levantarme con mi decisión tomada. A la urgencia de la carne se unía la prisa de su contacto inmediato.

Fue gran sorpresa descubrir que la pensión se hallaba justo enfrente de la escalera de Bellas Artes, donde pasé tantas horas copiando la planta de un taburete. Resultaba irónico que el holocausto destinado a poner fin a mi adolescencia transcurriera donde ésta había empezado. Lo pensé mientras atravesábamos a paso rápido el hospital de la Santa Cruz, sede de la Gran Biblioteca. Sus naves góticas, tantas veces visitadas cuando chico, fueron mi último contacto con algo parecido al buen gusto antes de ingresar en el universo de mi conquistador. Escalera oscura, vestíbulo tétrico, cuartucho paupérrimo, escasa luz a través de un balconcito que daba a un patio y geranios de plástico en macetas pintadas de rosa. Olía a limpio, pero limpiado diez años atrás. Los muros estaban empapelados con fotos dedicadas de artistas del Paralelo, fundas de discos de algunas folclóricas y portadas de cancioneros de Andy Russell y Renato Carosone. Formaba todo ello una estética chirriante con la que me sentía incapaz de pactar. Estaba luchando por acceder a capas superiores del gusto y ahora me hallaba sumido en el peor de todos. No tuve elección. Prescindí de la estética para buscar los aspectos más directos de la carne. Estaba temblando. El deseo se presentaba sin velos, el deseo se estaba desarrollando con la normalidad que sólo en ocasiones me había atrevido a soñar. No existían trabas: sentía mi cuerpo acariciado lentamente, sin prisa alguna, con sabiduría. Era un ritmo experto, al que me estaba entregando sin el menor remordimiento, de forma abierta, sincera, capaz de cambiarme la vida, otorgando al cuerpo derechos largo tiempo silenciados.

De pronto, el camarero soltó un grito. Temí haberle mordido más de la cuenta, tal era mi nerviosismo e inexperiencia. Se apartó de mí, con expresión despavorida. Resultó ser un mordisco en el alma. Porque entre todas las cosas posibles, aquel insensato acababa de decidir que tenía alma y que aquella tarde debía permanecer blanca.

—¡Hoy es Viernes Santo! —exclamó—. ¡Hoy es Viernes Santo!

Lo repitió varias veces y todas las consideré un gran despiste por su parte. Pues vaya novedad que no estuviera en los calendarios, en los periódicos del día anterior y en el hecho de que no se publicaban aquel día. Todo señalaba que, en efecto, era Viernes Santo. ¿Y qué?

—¡Hoy ajusticiaron al Cristo! En cruz me lo pusieron, tal día como hoy.

Por seguirle la broma, comenté:

—Los historiadores no acaban de ponerse de acuerdo.

—¡Cristo en la cruz! ¡Ay, qué lanzada en el costado! ¡Ay, cuánta hiel en los labios!

No estaba yo tan atrasado como para no conocer postales extranjeras con imágenes de exagerados que encontraban su placer en la crucifixión y otros suplicios de gran prestancia. Pero no era esto lo que él pedía. Ni siquiera era un honrado fetichista. Sólo estaba recurriendo a atavismos propios de mentalidad subdesarrollada.

—Mi santa madre estará en la procesión del pueblo. A estas horas ya llegan a la ermita. ¡Si supiese que su hijo está pecando con un pervertido! ¡Mi santa madre! En un altar debería tenerla y en cambio la escupo, la profano, follando en Viernes Santo!

No puede existir peor carga para un homosexual que una madre santa. Esas buenas señoras, generalmente ancianas consumiditas, sufridoras, limpias y beatonas han destruido la vida de muchos hijos a base de imitar la abnegada contemplación de las Tres Marías. Una madre santa aplasta como una losa la conciencia de un homosexual de pueblo. Y aquella madre en particular me estaba partiendo el alma a distancia con los insultos de su hijo.

No bajaba de tratarme de cerdo, cochino, marrano y puerco, hasta que, agotados los sinónimos, optó por un repertorio más original:

—Tú eres el diablo. El demonio que viene a tentarme. El demonio que quiere hundirme. ¡Satanás, Belcebú y Lucifer, todos juntos, eres tú!

No era posible. Entre todas las sorpresas del mundo no podía tocarme aquélla. No podía caerme una maricona que se ganaba la vida en un bar de alterne, que se había acostado con media humanidad en días laborables y le daba por organizarse un purgatorio en fiestas de guardar. Temí que disimulaba un nuevo rechazo. La evidencia que más podía herirme. Lo único que no podía soportar. La aterradora posibilidad de no gustar.

Fue imposible abordar el tema. Él seguía con el suyo:

—Eres el demonio. Has venido a condenarme en Viernes Santo. ¡Maldito seas! ¡Ojalá te consuma el fuego que me echas!

Avanzaba de rodillas, de un lado a otro de la habitación, se mesaba los cabellos como una histérica, gritaba tanto que consiguió asustarme en serio. Que así iba él, por supuesto: de verdad y a la brava. No se arrastra uno por los suelos, ni se derraman lágrimas, ni se pone en evidencia ante toda una pensión si no se lleva el drama hasta en los centros. Gritaba insultos, exorcismos, recurría a las bienaventuranzas, creo que a las postrimerías y cuando llegó a las amenazas de tipo corporal decidí poner pies en polvorosa no fuera que le diese por convertirme en mártir.

Ignoro cómo encontré tiempo para vestirme a toda prisa, abrir la puerta y salir al oscuro vestíbulo, todo a la una. Llegaban los sonidos de las *Siete Palabras*, que la dueña estaría escuchando por la radio. Más oscuridad en la escalera. Bajé los gastados peldaños de cinco en cinco, sin pensar que así debió de matarse el Orejudo.

La calle del Carmen estaba desierta. Yacía bajo un manto de muerte. Era la inspiración típica de aquellos días santos. Sería media tarde, pero el mundo estaba de luto y decidido a estrenar la noche antes de tiempo. No sabía qué hacer. No quería volver a casa. Estaba demasiado afectado para que no me lo notasen. Por el contrario: se me notaba excesivamente. Estaba a punto de llorar.

Quedaba el cine, mi supremo refugio, mi único hogar, pero la mitad de los locales de la ciudad estaban cerrados y en los que permanecían abiertos sólo proyectaban películas de tema religioso. No me apetecía ver una versión mexicana de la pasión de Cristo. Hubiera sido llover sobre mojado. Me ponen un plano del Calvario y quemo el cine. Sale Judas y lo denuncio por chivato.

Llover sobre mojado. Era precisamente lo que estaba haciendo la religión. ¡Qué espantosa broma volvía a jugarme! Siempre estaba planeando sobre mi vida la tiranía de lo sacro. Ya no era imprescindible que me afectara directamente. Ya no era sólo el legado de los curas. La religión podía dañarme en lo más hondo desde los estragos que había ejercido en los demás. La religión me golpeaba por reflejo. Dios servíase del efecto bumerán para jorobarme.

Pero había una evidencia más rotunda y que me hacía sentir más miserable. De nuevo se presentaba el sexo bajo aspectos sórdidos, de nuevo me arrojaba al desengaño. Sexo como pecado, sexo como placer de cerdos, sexo como fuente de dolor y, en última instancia, transmitido mediante una estética miserable. Era el equivalente de la fealdad, el mal gusto, la horterez. Bares oscuros, con decorados de plástico raído, cuartuchos de pensiones malolientes, retretes públicos, cuerpos deformes revolcándose en el estiércol...

Odié entonces el sexo como sinónimo de abismos. Lo odié tanto como aquel viernes putrefacto, que envolvía con más dolor el dolor que yo arrastraba. Negro el cielo, negra la ciudad, negra el alma. ¿Dónde estaban los blancos mármoles que servían de asiento a los civilizados amantes de la antigüedad clásica? En algún lugar de la ficción, que no en la vida. ¿Dónde estaban el erómeno y el erasta? No digo que fuese la mejor de las relaciones posibles, pero sí la que yo necesitaba para sobrevivir. La posibilidad que se llevó consigo el Joven Inquieto, dos días antes.

Se había ido a pasar la Semana Santa de excursión, como solían hacer los jóvenes sanos de aquellos tiempos. Estaría escalando montañas, bordeando lagos, cantando himnos catalanes en una tienda de campaña compartida por otros jóvenes cargados de virtudes. ¡Maldita la salud mental de los jóvenes que le acompañaban! Tan maldita como la arrogancia de sus amigas del sexo opuesto. Aquel mundo de normalidad era el que me apartaba del Joven Inquieto. Le necesitaba para no volver a caer. Le necesitaba como fuese, en calidad de cualquier cosa. Pero él sólo podría aceptarme de una manera: normal, sano, limpio, robusto y sobre todo macho. Es decir, para permanecer junto al ser amado tenía que renegar del amor. No podía pedirse mayor absurdo a una pobre vida que apenas acababa de empezar.

Regresaba el Joven Inquieto por la tarde del lunes de Pascua, con el tiempo justo de quitarse las botas de escalar, cambiarse los pantalones de pana y meterse en un cine a ver uno de los estrenos del día anterior. Yo había aprovechado domingo y lunes para verlos casi todos, con la correspondiente dosis de espectacularidad, exotismo y romance en cada uno de ellos. Manjar de dioses era el cine en aquellos tiempos y más en aquellas fechas, como he dicho. Estaba dispuesto a repetir todos los títulos, menos la película del Oeste. Volvería a ver diez veces *El rey y yo* y doscientas la de Ava Gardner haciendo de mestiza, hindú, pero la del Oeste nunca, nunca, nunca...

—Yo voy a ver el *western* —dijo él—. Si te apetece, te apuntas, si no te apetece nos vemos el sábado...

Era un ultimátum que recogí sin vacilar. Una y mil veces habría visto aquel exponente de un género detestado antes que esperar tantos días para reunirme con mi amigo. Fui obediente, fui sumiso, fui un buen esclavo. Conseguiría que el *western* se convirtiera en mi género favorito. El cine quedaba en segundo término. Sólo importaba tener a alguien a mi lado. Desde la soledad todos los pactos eran posibles; más que eso: eran urgentes.

Intenté pactar con Dios, después de tantos años pensando que era más cómodo ignorarlo. Cuando hube acompañado al Joven Inquieto a su casa, como un perro lazarillo, acerté a pasar por delante de la catedral y se me ocurrió entrar en busca de algún consuelo basado en la espiritualidad. Pero sabía que entre todos los objetos almacenados en aquel recinto no había ninguno que tuviese oídos. En cuanto a Dios, era un individuo que no me inspiraba la menor confianza.

Pasé de largo.

Lo cierto es que cuando Dios nos manda tantos sufrimientos innecesarios estamos autorizados a mandarlo a hacer puñetas. Son cosas que se piensan a los diecisiete años, cuando la religión todavía no ha enviado su última trampa, la que la hace pasar por el tamiz de la razón, la que conduce al agnosticismo, medido después de muchos padecimientos mentales. Quedaba por llegar aquella última etapa, tan enojosa por ser adulta. Mientras la esperaba, tenía yo buenos motivos para blasfemar. Porque todo adolescente homosexual sabe que Dios no ahoga, pero, con lo que aprieta, puede darse por satisfecho.

LIBRO SEGUNDO

—

AÑOS DE APRENDIZAJE
(1958-1962)

Desde el presente he aspirado a recuperar la frescura de mis primeros escritos. ¿Será posible, a semejante altura? Si lo es, ¿desde dónde? ¿Desde qué parcela de la memoria, ese órgano tan maltratado y a la vez maltratador, ese enésimo sentido que se rebela sin advertir, que revoluciona a traición, mezclando, combinando, confundiendo a su antojo? Acaso la añorada frescura ya se perdió en aquellos últimos años cincuenta, del mismo modo que se perdía la espontaneidad a causa de las desaforadas ambiciones de la adolescencia. Y eran éstas, principalmente, el afán por la sabiduría y la necesidad de afirmarme más allá de la sinceridad e incluso negándola, si convenía. Quién sabe si no se perdió la frescura cuando mi memoria intentó condensar la memoria de los siglos.

Llevado quizá por la voluntad de negar para siempre al inepto niño de ayer, escribí en mi diario: «Mi mundo será a partir de ahora el de la cultura. Voy a interesarme por todas sus manifestaciones, quiero tener amplios conocimientos de todo.» Proseguía, así, el desbarajuste mental en una repetición de intenciones que, además, ya no eran en absoluto ingenuas: eran las de un espontáneo que se enviciaba con propósitos fabricados por otros.

Pendiente sólo de mi formación, no me concedía tiempo para observar los cambios que se estaban efectuando en mi carácter. No debí de constituir, en esto, una excepción entre los adolescentes, de antes o después. ¿Cuál de ellos se da cuenta de que está avanzando, a veces contra sí mismo, para afirmar su personalidad futura? No conozco otra época de la vida que favorezca mutaciones tan veloces e incontrolables ni en semejante cantidad. Sólo ahora acierto a ver cuán múltiples eran. Desde mi presente, veo a tres personas distintas que se llaman Ramón y alternan en un solo invierno. Son un niño, un adolescente y un hombre prematuro. Los tres pugnaban por dominarme, sin respetar ninguno el espacio concedido a los otros. Sentía dolor por el niño, que se iba perdiendo tras una niebla indecisa; me angustiaba por el adolescente, cuyos cambios acusaban el paso de los días, horas y minutos. Me horrorizaba ante el hombre que, esbozándose, acabaría matando a los otros dos. Y ellos continuaban escribiendo en cada nueva página de mi diario: «El tiempo ha pasado de una manera cruel», «El tiempo me está derrotando» y obsesivas afirmaciones por el estilo.

Aquellos cambios inconfesados me producían una profunda sensación de angustia, que no relacionaba con los procesos lógicos de la transformación sino, a la inversa, con la desaparición de períodos anteriores. Como había pocos difuntos amados, no habría sido lógico utilizar la muerte como punto de referencia. En su defecto, enumeraba obsesivamente a los seres que habían intervenido en escenas de mi vida pasada y ya no estaban en ella. Eran esas ausencias las que más me desesperaban, por considerarlas el germen de sustituciones futuras, muchas de ellas inmediatas. Al mismo tiempo, hacían que lo sustituido se revelase mucho más bello y, por tanto, su ausencia más dramática.

Era dudoso que pudiera atribuir mi angustia a una fase del crecimiento. Fui vulnerable a esta sensación desde mi infancia, desde que sentí desaparecer las entrañables costumbres que habían marcado mi ámbito familiar. Constituía una evidencia que recordé machaconamente cinco años después, cuando una serie de circunstancias dramáticas acabó de disolver los vínculos que me unían a mis seres más próximos. Escribí: «Tal vez esa separación de las cosas, ese irlas dejando atrás inexorablemente, sea lo más trágico del crecer y lo que más nos hunde.»

A los veinte años hablaba en plural, asumiendo sin duda mi papel de conciencia del mundo. A los dieciocho todavía lo singularizaba a través de experiencias que sólo afectaban mi sensibilidad. Y ésta se iba agudizando, pese al cerco que a menudo le imponía la razón. En las películas, en las novelas, seguían emocionándome particularmente las escenas que mostraban el efecto de los años, como aquellas en que el niño aparecía convertido en hombre o cuando la boda de cuatro hermanitas desintegraba una entrañable realidad familiar. Mi crecimiento, pendiente aún de aceptación, se desarrollaba con el concurso de fetiches largo tiempo conocidos.

Cuando quería averiguar la razón de mis angustias vitales, recurría invariablemente al cine. Me había provocado una honda impresión la escena final de la película *Si Versalles pudiese hablar.* Era un majestuoso desfile que descendía por la gran escalinata. Aparecían todos los personajes de la película: reyes, nobles, soldados, escritores, músicos, ministros, todos desfilando a los acordes de una marcha solemne, que parecía fúnebre...

Como no sabía a quién comentar mis sensaciones, recordé que Alberto había sido mi confidente en cierta ocasión. Decidí recurrir a él. En fin de cuentas, me conocía desde niño. No tendría que perder tiempo informándole desde el principio.

Nos vimos un domingo por la mañana, a la salida de misa. Alberto y Cornelio observaban esa curiosa costumbre, de manera que tuve que contar con la presencia del segundo. Imagino que fue una condición impuesta de antemano. Informado de todos los detalles de mi acoso a Alberto, es seguro que mi padrino no quería correr el riesgo de que volviese yo a las andadas y el otro rectificase su opinión. Porque últimamente no paraba de decir que me estaba haciendo guapo. Y volvió a afirmarlo cuando nos sentamos los tres en un bar del Paseo de Gracia, dispuestos a saborear el amable aperitivo de los domingos.

No estaba yo de humor para recibir galanterías que, sin embargo, necesitaba para afirmarme. Conté el final de la película de Sacha Guitry.

Una referencia de tanto pedigrí era una provocación para la frivolidad de Cornelio:

—¿Música fúnebre en Versalles? *Mais non!* ¡Una marcha de lujo! ¡Y cómo desciende la escalinata Claudette Colbert...! ¿No está divina, haciendo de Madame de Montespan? Me han asegurado que las esmeraldas que luce son suyas. No se las debe a Francia. Las ganó cuando trabajaba en la Paramount.

Yo desesperaba de la capacidad de Cornelio para no seguir ninguno de mis razonamientos. Se sabía de memoria los libracos de la serie *Grandes cortesanas de la historia de Francia* y era capaz de soltarnos toda la historia de la Montespan, la Voisin y demás implicados en el proceso de los venenos. Pero no eran datos que me importasen en aquel momento, de manera que prescindí de su perorata y me amparé en la complicidad de su amante. Al fin y al cabo, era el único homosexual del mundo a quien mi familia concedía el beneficio de la inteligencia.

—¿Tú me entiendes, Alberto?

—Perfectamente.

—Quiero decir que esa cabalgata de personajes históricos me produjo una especie de angustia. Ganas de llorar, ¿sabes? Y también cierto miedo.

Me recordó la ocasión en que le había comunicado otro miedo: el que sentí cuando una mano anónima se dignó masturbarme en el cine Cervantes. Y si entonces me había dicho que no era más que un niño, al comunicarle mis referencias sobre el paso del tiempo se quedó meditabundo y, al cabo, murmuró dulcemente:

—¿Sabes que te estás haciendo mayor?

Yo quise reír con la airosa frivolidad de mi padrino, pero sólo me salió una exclamación patética:

—¡Ay, Alberto, Alberto! Si fuese mayor ya no tendría esos miedos.

—¡Bravo, bravo! —gritó mi padrino—. Has dicho «Alberto, Alberto» con el mismo tono de la Callas cuando exclama *«Alfredo, Alfredo di questo cuore...»*.

Respuestas como aquélla bastaban para quitar trascendencia a cualquier cuestión. Cada vez podía soportar menos las mariconaditas de Cornelio y me amparaba más y mejor en el consejo de su severo amante.

—¿Por qué has dicho que me estoy haciendo mayor, Alberto?

—Por la tristeza que te inspira ese final. Reconocerás que más bien parece una apoteosis revisteril. Ahora bien, si tanto te ha emocionado es porque, lógicamente, representa mucho más que eso. Los reyes, ministros, cardenales que van descendiendo por la gran escalinata de Versalles forman parte del tiempo que transcurre, mata y convierte un palacio en un pedazo de memoria. ¿Te afectó por esta razón, o me equivoco?

No se equivocaba en absoluto. Y yo, en lugar de confirmarlo, le miré fijamente a los ojos:

—¿Te afecta a ti? —pregunté.

Afirmó con un movimiento de cabeza que escondía sin duda mucho más de lo que expresaba. Comprendí, después, que yo había sido cruel sin saberlo, porque el envejecimiento de un homosexual no es un tema que apetezca poner sobre el tapete, tanta soledad esconde. A no ser que el homosexual posea las defensas de Cornelio, decidido a creer que el tiempo no pasa para quien usa los productos de belleza que solía aconsejar Lana Turner. Vana ilusión. ¿De qué le sirvieron a la propia Lana, si Cronos siempre fue más poderoso?

Acostumbrado a encarnar personajes cinematográficos, pasé a imaginarme bajo los rasgos de personajes literarios, preferentemente listos, cultos, apuestos y vencedores. Seguía el ritmo marcado por los sueños del barrio. ¿Extrañará que fuesen tan convencionales? Durante la década de los sesenta, una ola de neorromanticismo puso de moda la fascinación por los perdedores. Los escritores de mi generación, al cumplir los treinta años, descubrieron la nostalgia por los antihéroes de Humphrey Bogart, y alguien invocó las frustradas búsquedas de sus películas como testimonio de toda una época. Son aproximaciones que quedan muy bien para la sociología de la imagen, donde todo es voluble, pero fracasan al enfrentarse a los sueños que se gestaban en los aledaños del Peso de la Paja. ¡Estábamos nosotros para mitificar a cualquier pelanas! Nos gustaba el héroe que vencía en todas las batallas y, al final, se quedaba con la chica. Queríamos que Cornel Wilde encontrase el tesoro del Cóndor de Oro y sus doblones le sirvieran para recuperar la hacienda que le había arrebatado el villano. ¿Cómo iba a seducirnos el tesoro de Sierra Madre, que acaba perdiéndose en la nada, convertido en símbolo de la frustración? Esto hubiera sido capricho de niño rico, pero impensable en espectadores que pasaban verdaderos apuros para subsistir. Lo que menos podía cautivarnos era la permanente exaltación de las derrotas.

A ese respecto anoté con gran fervor una frase de Dostoievski que definía los rasgos indecisos de Raskólnikov: «Podría ser rico con sólo proponérselo. ¿Quién tiene la culpa de que él no lo comprenda?» Máximas de este estilo me iban inculcando la necesidad de sobreponerme a mi circunstancia, y yo las adoptaba con fervor, acaso en perjuicio de actitudes más idealistas y dignas de elogio.

Llevado por el más elemental entendimiento de lo que debe ser una persona culta, me obligué a emprender la lectura del *Quijote.* Fue uno de esos errores de anticipación, una obligatoriedad que pagan caro quienes confunden la cultura con un peaje. Desde el punto de vista del vocabulario, a un niño de habla catalana tenían que planteársele las más serias dificultades; si, además, este niño estaba alimentando una moral del triunfo, los elevados mensajes de aquel libro sólo le servían como símbolo de lo que nunca debe hacer un hombre de provecho. De manera que el ingenioso hidalgo tuvo que esperar algunos años para beneficiarme con su profunda carga de idealismo. Y no sé por qué esta aseveración me viene asociada con la madurez, y, en cambio, asocio con mi adolescencia el mundo de los pícaros. En sus desesperadas estrategias vi reflejada una parte de mi experiencia vital: la de alguien obligado a sobrevivir a cualquier precio.

A imitación de aquel príncipe que todo lo aprendió de los libros, pensaba que todos eran buenos, todos me convenían, ninguno iba a presentar problemas a mi entendimiento. Del respeto y el placer por la lectura pasé a una obligación que tenía sus raíces en las que el Joven Inquieto me había comunicado. Escribí entonces: «Se me plantea una nueva lucha entre lo que debo y lo que me apetece leer. Lo que enseña y lo que me distrae. Necesito una cultura que me enseñe a formar parte del universo en el que tengo que ingresar cuando sea mayor y al mismo tiempo me obligue a practicar una disciplina de la que carezco.»

Aquella disciplina estaba comprendida en la famosa lista de los cincuenta libros que debe conocer toda persona culta, equivalente literario de las diez mejores películas de la historia del cine y, en ambos casos, elección tan dudosa como la obra maestra que se llevaría usted a una isla desierta o la pieza de música sinfónica que escucharía en el último minuto de su vida.

En la lista de libros necesarios figuraban clásicos que yo conocía en versión para niños o por adaptaciones cinematográficas. Es como decir que los conocía a medias, cuando no reducidos a su esqueleto argumental, pero los entendidos mandaban, y si para ser culto era imprescindible conocer a la vez el *Quijote* y *El criterio*, sólo me quedaba obedecer a ciegas. Lo cierto es que yo no estaba en edad de que me aprovechase ninguno de los dos libros.

Si bien resultaba conveniente saber que Cervantes era más que el cine donde me masturbaron, no me servía de mucho comprobar que Balmes era más que una calle principal. Fue *El criterio* uno de tantos libros por los que transcurrí innecesariamente, para cumplir una obligación, engañado acaso por la máscara que me obligaban a ponerme los entendidos. Pero lo disparatado de tales catalogaciones significaba, por lo menos, un paso hacia la seriedad. Mi infancia y primera adolescencia se habían alimentado con las novelas que explotaban el placer de narrar y sabían comunicarlo al lector. No importa que sus pretensiones fuesen mínimas o que pesase sobre ellas la culpa del éxito: sirvieron a mis propósitos y dieron a mi fantasía el hábito de alimentarse. Pero la adolescencia era la época de las reflexiones intensas, y hasta de la guía telefónica me hubiera servido para plantearme continuamente mi devenir en el mundo.

Contemplado con la debida perspectiva, mi carácter tenía que reaccionar más favorablemente ante las obras que trataban sobre la pasión, en cualquiera de sus múltiples formas; pero no tardé en saber que la pasión no se contaba entre los temas preferidos de la censura, no sólo en la literatura moderna sino en todo lo referente al saber de los siglos. De la misma manera que había conocido la existencia de los cincuenta títulos imprescindibles para las personas cultas, supe de las numerosas obras incluidas en una lista eclesiástica llamada el Índice, aberración inquisitorial que incluía las prohibiciones necesarias para evitar que las personas cultas cayesen en pecado mortal. Lamentablemente yo estaba deseando la caída y no puedo asegurar que fuese por mala fe, antes bien por la fatalidad que, desde niño, me llevaba a evolucionar en dirección contraria a la establecida. De modo que si la cultura me hizo madurar antes de tiempo, si la experiencia como lector compulsivo me llevó a desear temas cada vez más maduros, no tuve otro remedio que levantarme contra los torquemadas igual que en mi niñez me levanté contra el Dios que me prohibía las películas. Con mayor motivo, si se piensa que su actuación era más grave en lo referente a los libros. Aunque mi cinefilia siguiese en su punto más encendido, no se me escapaba que entre vetarme la visión de un vulgar melodrama de la Metro y prohibirme una novela de Stendhal existía una gran diferencia cualitativa y, en rigor, constituía un daño más grave para mi formación.

No es justo hallarse inmerso en una época decisiva de la vida y que unos malnacidos nos veten el acceso a *La cartuja de Parma* o el *Decamerón*, por citar dos inocentes títulos que, si mal no recuerdo, figuraron en una lista que haría sonreír a la presente generación, pensando que le estoy hablando de un mundo de locos.

Como no era tal, como respondía a una represión perfectamente organizada, me apresuré a racionalizar mis defensas, escasamente favorecidas por mi precariedad económica. Me informó el Joven Inquieto de una librería especializada en la importación de libros editados en Sudamérica, tanto los incluidos en el *Index Librorum Prohibitorum* de la Santa Madre

Iglesia como los que prohibía por su cuenta la censura española, cuya saña no cesaba. Huelga decir que la prohibición marcaba las leyes del mercado, de manera que un ejemplar de *El amante de lady Chatterley* costaba tres veces más que las narraciones de un tal Borges. Y el ansioso que necesitaba reunir dinero para comprarse obras presuntamente cargadas de azufre infernal, como las de Voltaire o el mismísimo *Satiricón*, no buscaría a Bioy Casares, por muy argentino que fuese y a pesar del gran predicamento que tuvo el tango en mi ciudad, allá en los años treinta.

La librería recomendada por el Joven Inquieto no sería la única de su clase en España, pero sí fue la que durante varios años me suministró las lecturas más necesarias; primero, las que exigía mi avidez de lector; después, las que necesitaba mi formación política. Y es que también este apartado estaba debidamente representado en la librería. Al verla, nadie habría dicho que escondía en su interior una sucursal del averno. En el escaparate sólo se anunciaban algunos libros juveniles y material escolar en abundancia: plumieres, carteras de cartón con el ratoncito Mickey, lápices de colores Alpino y Torneo, cajas de tinta china; es decir, todos los enseres que habían poblado mi infancia aportando una brizna de ilusión a la mediocridad de las horas escolares.

Mediante una consigna que no acierto a recordar, el dueño nos conducía a la trastienda con gran sigilo y, previa advertencia de lo delicado de la situación, descorría una cortina que daba paso a la mercancía, debidamente ordenada por materias y éstas, a su vez, por autores. Era curioso cómo los mezclaba la prohibición, reuniendo disparidades que nunca aspiraron a alternar. ¿Qué pintaba Jean Cocteau junto a las ediciones del Ruedo Ibérico? ¿Cuál sería la exclamación de Gramsci al verse enfrentado al marqués de Sade? ¿Qué tendrían en común Manuel Azaña y Sacher Masoch?

La trastienda estaba muy bien surtida con varios ejemplares de los títulos más vendibles. Me extrañaba que tan gran almacenaje no hubiese despertado las sospechas de la ley, provocando su intervención. Alguien me dijo que la bofia estaba debidamente informada y recibía algún óbolo bajo mano para hacer la vista gorda, como decían que ocurría con los bares homosexuales y los de putas. Pero no era menos cierto que, a veces, se desencadenaba una redada y caían maricas, putas y librerías que vendían libros de Sartre, pues todo era uno y lo mismo para la pintoresca ley que nos regía. Cabe preguntarse si esas redadas no eran un simple pretexto para que, pasado el susto, putas, maricas y Jean-Paul Sartre continuasen actuando a sus anchas. Tal vez sí, tal vez no. ¿Quién podrá saberlo nunca?

De nada me hubiera servido saberlo entonces. En otras preocupaciones andaba yo. Me embargaba un nuevo sentimiento de culpabilidad. Aspiraba a satisfacer mis necesidades de lector y éstas me ponían fuera de la ley. Si el tratamiento de la homosexualidad en el teatro me había convencido de que yo era un adolescente escabroso, la lectura de autores como Albert Camus me convertía en delincuente juvenil. Me sentía inmerso en una aventura siniestra, de la que podía salir con pena de silla eléctrica. Antes de decidirme a entrar en la librería, daba vueltas a la manzana, lanzando miradas furtivas a mi alrededor para cerciorarme de que nadie me había seguido. Tenía que actuar ante la cultura con el mismo sigilo que ante un bar de mariconeo. El mismo pavor, idéntica vergüenza. Cuando salía de la tienda, con el único volumen que me había permitido adquirir mi escaso pecunio, juraba que nunca podría perdonar a la Iglesia y el Régimen que me hiciesen sentir culpable por alimentar la necesidad de la sabiduría.

Pero seguía remordiéndome la conciencia el pensar que estaba quebrantando la regla que pretendían inculcarme a fin de convertirme en un adolescente irreprochable:

Haz que en su propio terreno
resulten para contigo
cada amigo un libro bueno
y cada libro, un amigo.

Los libros que me estaba procurando eran el equivalente de las malas compañías. Tuve motivos para sentirme más culpable todavía a causa de un nuevo ataque de mimetismo provocado por uno de los autores menos recomendables para la pureza de cualquier adolescente. Se trataba de André Gide y justo es decir que llegaba a tiempo. Los azogues de la pasión acababan de alcanzarme gracias a Stendhal y Zola, autores que podían no corresponder a mi edad pero sí a mis ansias; Gide se encargó de proveerme con las delicias de lo amoral absoluto, las torturas de la singularidad y la inquietante atracción del acto gratuito.

Trabé conocimiento con el compinche que mis nuevas ansias estaban esperando: Lafcadio de Baraglioul, protagonista de *Las cuevas del Vaticano.* No he vuelto a leer la novela, apenas la recuerdo como una divertida, irreverente trama que clavaba dardos envenenados en la intocabilidad de la Iglesia católica. Sin embargo, el joven Lafcadio permaneció como una referencia intocable en mi afán de originalidad.

De todas sus peripecias, sólo recuerdo que arrojaba a una anciana del tren por el sólo placer de arrojarla. ¡Ni siquiera la conocía! Esta fantástica ausencia de motivo me sedujo completamente. La filosofía del acto gratuito, por gratuita que fuese en sí misma, se manifestaba como algo esplendoroso, un manifiesto de libertad digno de alternar con la atracción que siempre me habían despertado los poderes del mal y la inteligencia que presuponía a quienes los aplicaban impunemente.

En tales reflexiones transcurrían mis días, creándome la ilusión de que con tanto devanarme los sesos filosofaba y que, al hacerlo, ascendía a un grado superior de la cultura. Seguramente estaba trasladando juegos infantiles a una obsesión que se pretendía adulta porque había nacido en una librería de libros pecaminosos.

Iba yo sobreviviendo sin enterarme de que lo hacía. Más que fijarme en modelos literarios, pude haber buscado soluciones en mi propia capacidad. A esto le llaman los entendidos crearse las propias defensas. Cierto que me quedaban bastantes por descubrir, pero la mayoría ya habían ido apareciendo cuando niño y se hicieron inexpugnables gracias a la protección del egoísmo. Por no reconocerlas en su justa utilidad, se impuso la ficción una vez más. Necesitaba aprender el sistema defensivo de los pícaros y practicarlo a fondo, partiendo de un arquetipo simple, propio de manual. Desde mi cubil urdiría todas las astucias, todas las tretas que, si no me servirían para conseguir una hogaza de pan, que ya tenía asegurada, me ayudarían a triunfar frente al mundo. Y así de bien me lució el pelo. Porque de las situaciones desesperadas pasé a imaginar las más cotidianas y no hubo ninguna de la que no saliese triunfante y con grandes ventajas a mi favor.

Hallándome en este aprendizaje de la vida perdí mi empleo. Diré en mi pobre favor que esta vez no me echaron. Por razones ajenas a mi curiosidad, el imperio que la Crisol pretendía edificar se derrumbó de la noche a la mañana, como un castillo de naipes. Así las cosas, el *Tiovivo* fue absorbido por la Bruguera, como por otro lado era de esperar conociendo el poderío de esta empresa y la indefensión de los independientes. No ignoraba yo que el pez poderoso se come al débil y la nube grande acaba escondiendo a la pequeña, pero soporté muy mal que aquél fuese mi caso. Me dolió pensar que, de todo el equipo, yo era el único prescindible. Por razones de contrato o de necesidad, la Bruguera se llevó a los dibujantes que habían relevado a los fundadores. En cuanto a meritorios, sobraban en su sede, reputada como gigantesca, de manera que me quedé en la calle.

En casa pasábamos apuros. Mientras el sector se estaba modernizando, nuestra empresa continuaba sometida a unos métodos de producción ancestrales. Faltaban todavía un par de años para que papá cargase sobre sus hombros con la tarea de remodelar estructuras y estrategias. Nos salvarían sus conexiones con la Renfe y otras organizaciones descomunales. Mientras tanto, teníamos que llenar la olla realizando trabajos mínimos: pisos, tiendas del barrio o bien oficinas de poca monta. La olla se llenaba espléndidamente, según costumbre familiar, pero el resto del hogar se resentía de la estrechez. A partir de un momento determinado, mamá tuvo que recurrir a situaciones extremas para permitirse sus antojos de siempre. Si no llevó su mantón al Monte, como hacían las chulaponas, fue porque no tenía ninguno. Pero sus alhajas sí viajaron periódicamente a los antros de los prestamistas del barrio. Que no los llamaban así, sino «usureros» como en las novelas de Dickens.

Llevaba mamá sus alhajas al usurero Martínez, las rescataba para la boda de algún pariente, y las volvía a empeñar para llevar a mi hermano al médico. Yo me sentía profundamente humillado ante aquellos empeños que ponían cruelmente en entredicho mis pretensiones de niño bien. Habían pasado los días en que mis padres podían permitirse caprichos y vacilaciones y, desde luego, ni se planteaban la posibilidad de darme una carrera. La había rechazado en tiempos mejores y no era el caso de plantearla a la hora de la miseria, sobre todo cuando mamá seguía considerando que para acabar de dependiente en una tienda de tejidos no hacían falta muchas luces.

Fue un momento patético aquel en que examiné mis posibilidades en el mundo laboral. Me di cuenta de que todos mis aprendizajes nocturnos no me capacitaban para ninguna actividad práctica. ¿Qué ciencia poseía? Dos idiomas por perfeccionar, lecciones dispersas de latín y griego, noches de cineclub y un extenso catálogo de lecturas que ni siquiera estaban ordenadas. Era, como mucho, un empecinado soñador de la cultura. El más complaciente de sus amantes y el menos autorizado para propagarla.

Ni siquiera me fue concedido ampliar mi más profunda ilusión de aquella temporada: un cargo tan sencillo, tan poco exigente desde un punto de vista académico, como promocionar películas desde el departamento de publicidad de la Fox o la Metro. Al desearlo, no pensaba ni por un momento en las exigencias propias del trabajo, sólo en la posibilidad de manejar continuamente el material fotográfico que me apasionaba desde niño. En realidad, era la persona ideal para el cargo: no sé de nadie que hubiese podido realizarlo con tanto amor. Pero a causa del bloqueo a las películas americanas, las grandes casas no podían plantearse siquiera la posibilidad de tomar nuevo personal. En cuanto a las distribuidoras más pequeñas, estaban muy por debajo de mis ambiciones. En su mayoría funcionaban a base de material europeo, y un forofo de mi categoría no había nacido para tan bajo empeño. O Rock Hudson o nada. En realidad, seguía actuando como el niño mimado de mi infancia. Otra vez, y siempre, la pugna entre la necesidad y el antojo.

Me puse a buscar trabajo de oficina. Poco más de un año me había bastado para olvidar las exquisitas habilidades que me enseñaron en la Harry Walker, pero estaba dispuesto a aprenderlas de nuevo y convertirme en meritorio de por vida. No hubo suerte, si así puede llamársele, y las semanas iban pasando y mi madre me reconvenía continuamente porque ya no llevaba un jornal a casa.

Así que regresé a una imprenta, mucho más modesta que la anterior, una imprenta sita en una de esas callejas del barrio de Vallcarca que van ascendiendo hacia la montaña. Era una pequeña empresa familiar, al estilo de la de papá, de manera que me hallé inmerso en una estructura conocida y viviendo de nuevo la contradicción de estar peor de lo que me correspondía, sólo por levantarme en armas contra mi familia. Para mayor mortificación, cobraba todavía menos que en la Crisol. Si quería ahorrar dinero para el cine, no me alcanzaba para tranvías y autobuses. No tuve elección: ganó el cine. A fin de merecerlo, hice a pie todos los trayectos que me llevaban a aquel lejano trabajo. Me despertaba media hora antes para atravesar la ciudad de parte a parte, no con demasiada fatiga en los primeros avances de la marcha, pero decididamente extenuado cuando llegaba a las empinadas calles de la montaña. Era toda una escalada. Además, hacía un frío espantoso. Fue aquélla la primera y acaso única vez en que odié el invierno. Cierto que me protegían unos gruesos guantes de lana («Muchos pobres los quisieran», decía mamá), pero no podía usarlos cuando, en la imprenta, me ordenaban trabajos de exterior. Recuerdo un pequeño patio donde tenía que lavar cubos y rodillos. A los tres días, el contacto con el agua helada me había producido unos sabañones tan gordos que estuvieron a punto de sangrar.

También en mi nueva imprenta tuve que hacer de bestia de carga, con mayor fatiga si se piensa que el barrio estaba formado literalmente por cuestas que parecían descender en línea recta y rauda. Cada paquete era motivo de desuello. Cuando descargábamos las resmas de papel, sudaba la gota gorda mientras el termómetro anunciaba el bajo cero.

La memoria juega sus acostumbradas trampas cuando trato de reflejar aquel barrio, que no he vuelto a recorrer. Está presente a lo largo de mi obra, transfigurado por la necesidad de reflejar una ciudad finisecular, tan seductora en el recuerdo de mis mayores y acaso desaparecida hoy. Siempre que en mis libros aparece un barrio extremo, poblado de casas modernistas, plazuelas recoletas o tímidos jardincillos estoy hablando de aquellas calles que recorrí cargado de paquetes, echando la hiel por la boca. Y si la ubicación no es del todo exacta en mis libros, será porque la memoria poética no sabe de urbanismo.

Si en Crisol tuve como compañero a un pobre Primitivo, aquí me correspondió un miserable Remigio. En aquella época parecía fatalidad de la miseria que sus hijos tuviesen nombres parecidos a los de los tebeos; nombres de risa, aunque nunca me la inspiró aquel pobre ser. Si a algo me recordaba era a los miserables críos del neorrealismo italiano. Era, sin embargo, murcianito. Todavía le faltaban unos meses para cumplir los catorce años reglamentarios, pero una desesperada situación familiar y las lágrimas de una madre suplicante habían persuadido al dueño de la imprenta para que actuara a espaldas de la ley. No descarto la posibilidad de que esta circunstancia permitiera al dueño tener un obrero a mitad de precio. Se hacían mucho esas cosas cuando tocaba contratar a los muertecitos de hambre y yo no sabía de nadie que lo estuviera más que Remigio. Era de aspecto depauperado, muy feo el pobrecito, y más débil aún que Primitivo. Tan indefenso me pareció que en alguna ocasión me sentí obligado a ayudarle en alguna carga, gran mérito si se piensa que, desde mi infancia, jamás se me ocurrió pensar que algún ser humano necesitase ayuda.

Noté con desagrado que no tenía conversación. Fue un desagrado innoble por mi parte. Imbuido en mi egoísta absorción de la cultura, pretendía que cualquier adolescente de mi edad comulgase con ella. ¡Qué estúpido fui al pensar que Remigio pudiera estar viviendo sus años de aprendizaje! Este título corresponde a un lujo cultural, típico de los románticos, y el único lujo que aquel niño podía permitirse era que las sardinas de su bocadillo no estuviesen completamente podridas, cosa que solía ocurrir. Yo me sentía un privilegiado al devorar mi tortilla de dos huevos, tan seguro estaba de que éstos no estarían pasados. Y es que mamá podía ser adúltera y desordenada, pero siempre cuidó con interés de sibarita la elección de las materias primas, consiguiendo lo mejor de los grandes mercados.

Recuerdo que en los días de las sardinas podridas estábamos preparando un cargamento de folletos a dos tintas. Remigio los pasaba por la guillotina y yo los iba empaquetando. Los golpes de la cuchilla íbanse haciendo monótonos de tanto subir y bajar. Para no ceder al tedio, comentábamos el dibujo de los folletos: eran anuncios de una peluquería del barrio que se apuntaba a la finura a base de poner orlas y cenefas alrededor de las letras. También se veía a una señora antes y después de entrar en el secador. Entraba hecha un asco y salía horrenda. Remigio se reía mucho, el pobrecito. Por una vez se le veía contento. Bromeaba a costa del anuncio, yo le seguía la broma y así estuvimos durante largo rato, la mar de felices. De pronto, Remigio descubrió que se había equivocado al introducir los folletos en la guillotina. Estaban al revés, y la horrenda del secador podía quedar decapitada. Remigio se apresuró a enmendar su error. Pasó su mano por debajo de la guillotina con la celeridad del rayo. Pero nunca sería tan veloz como la cuchilla. Se desplomó ésta sobre su muñeca, certera, limpiamente. Oí un chasquido acompañado de un grito y, después, de muchos otros. Sobre la platina quedó la mano cortada. Y yo sólo acerté a ver que el desdichado niño se agarraba desesperadamente el brazo ensangrentado y caía al suelo, golpeándose la cabeza contra las máquinas, hasta que perdió el sentido.

La mano continuaba agitándose sobre la platina. Se retorció por unos instantes, como un miembro autónomo, un órgano insólito que tuviera respiración y vida propia y las disfrutase por última vez, sobre un charco de sangre.

Cuando se lo comenté a los demás obreros me trataron de loco. No diré que les faltase razón. Es posible que la monstruosidad, al revelarse sin ficciones, hubiese organizado mi ficción más desesperada, para ayudarme a soportar la realidad. O para que incorporase sus aspectos más atroces a mi aprendizaje, tan lleno de artificios.

Se llevaron a Remigio a la Seguridad Social, con el muñón envuelto en un papel de periódico. Habían cogido la página de la cartelera, lo cual me provocó gran incomodidad, pero pensé que no era el momento de protestar. Si acaso, era el de meditar sobre las vicisitudes de la vida que acababa de emprender y que mi fantasía empezaba a asociar con una cadena de peligros mortales. No se me presentaron dudas. Ese día decidí que nunca me dejaría la mano bajo una guillotina, ni siquiera bajo un grifo de agua helada a las ocho de la mañana. Tenía que haber una forma de esclavitud menos arriesgada. A buen seguro que existiría algún lugar para los esclavos de lujo. Decidí buscarlo, por agotadora y desesperante que fuese la búsqueda. Y en este convencimiento empaqueté el mono azul y no volví a aparecer por la imprenta.

Tenía dieciséis años y estaba en paro. En aquella época era una culpa muy grave: nadie lo atribuiría a la falta de trabajo, sino a mi incapacidad para encontrarlo. A los jovencitos de mi clase social se nos exigía que rindiésemos provecho, el que fuese, aun el más inconsecuente. No se trataba de demostrar que éramos de alguna utilidad sino simplemente que no éramos inútiles. Yo me estaba ganando este título con todos los merecimientos, máxime porque, al negarme a regresar a la imprenta, dejé pendiente el sueldo de medio mes. Era suficiente para provocar malas caras en las comidas y burlas de los familiares de papá, que encontraban el terreno abonado para continuar considerándome el idiota de la familia.

Empezaban a prosperar en aquellos años las empresas de publicidad. No me hubiera molestado en absoluto trabajar en la sección de dibujantes de alguna de ellas, pero fui rechazado en todas. Revolví entonces el mundo editorial: fui recorriendo empresas, siempre con resultados negativos. Ya ni siquiera me molestaba en mirar los anuncios de los periódicos. El puerta a puerta era el más práctico de los sistemas, por si funcionaba, pero también el más humillante, por lo mucho que fallaba. El rechazo era permanente, mi ánimo se hundía más y más, nunca me había sentido tan rebajado. No conseguía explicármelo. El rechazo general debía obedecer a un error, si no a un cúmulo de errores. Sin duda los altos cargos que me rechazaban desconocían mi personalidad. Yo era el hijo del mimo, el campeón de la carantoña. Era el reyecito de la calle Ponent, el niño más lindo, más consentido y más simpático que jamás existió en aquella ciudad. Y era, sobre todo, el novio de Peter Pan.

En realidad, era menos que una mierda. No era absolutamente nada. Y el mundo me lo hacía sentir una vez más.

Recorriendo editoriales iba ascendiendo hacia la parte alta de la ciudad. Me encontraba en barrios que no había visitado nunca. Estaba lejos del casco antiguo, incluso por encima de la Diagonal. Y a fuerza de ir para arriba, temí que me tocase subir hasta las más altas cimas de Montserrat para encontrar algún alma bendita que se dignase concederme una oportunidad. Después de todo, también tenían los monjes una editorial, según contaban los catalanistas. («¿Qué no tendrán los curas?», pensé yo.)

No fue necesario ir tan lejos. Cierta mañana, decidí probar suerte en una de las editoriales de mi lista. Se hallaba en el distinguido barrio de la Bonanova, precisamente en la esquina de la calle donde vivía el dibujante Escobar. Fue un paseo muy agradable, porque en aquella época abundaban en el barrio las mansiones señoriales, con sus complicadas arquitecturas finiseculares rodeadas por frondosos jardines y arboledas. Era una Barcelona distinta: augusta, majestuosa, severa y digna, como la pretendían los autores. Y aunque empezaban a alzarse edificios de apartamentos, éstos respondían al mismo tipo de selectividad que dominaba todo el barrio.

Di con un chalet que difería de los demás por la carencia absoluta de árboles y plantas en el terreno que lo rodeaba. No aconsejaría su cultivo el trajín que se percibía del interior. Había varios hombres que trasladaban paquetes de libros hacia unos sótanos habilitados como almacén. En su aspecto externo, el edificio obedecía a la estructura convencional de las «torres» catalanas, tal como pueden verse todavía en algunos pueblos de la costa. Un bloque severo, con ventanas neogóticas y la fachada presidida por una pérgola. El resto era un largo camino que conducía a unas escaleras y, éstas, a la calle. Presidiéndolo todo, el emblema de Editorial Mateu.

No tuve necesidad de entrar. En la verja colgaba un cartel que pedía rotuladores profesionales. Maldije mi mala suerte. Ésta era precisamente la ciencia que no me había molestado siquiera en practicar por considerarla aburrida y excesivamente minuciosa. Era, de hecho, un equivalente de la meticulosidad que se me exigía en las odiadas clases de dibujo lineal. La soga serpenteando en casa del ahorcado.

Algo me diría que nunca hay que dejar a la suerte la última palabra. Esta certeza de supervivencia me hizo aguzar el instinto, y lenta, cuidadosamente, pergeñar una mentira. Tenía que demostrar un dominio técnico del que carecía por completo. No importaba. En los variados fracasos de las últimas semanas había aprendido que la verdad y la modestia son malos consejeros para los parados. Cuando uno busca empleo, debe esconder sus carencias. Exactamente igual que en la búsqueda de la carne. Hay que creerse guapo, para que los demás lo crean. Lo aprendí del rechazo de Alberto y nunca lo olvidé.

En algún lugar conservaba unas historietas que había guardado celosamente cuando desmontaron el estudio del *Tiovivo*. Aquellas páginas constituían un recuerdo dorado del arte que aspiré a practicar y que estaba desterrando en provecho de otros aprendizajes. Como sea que en el *Tiovivo* dábamos los originales a rotuladores profesionales, aquéllos estaban perfectamente ejecutados. Las letras eran un primor, una credencial fantástica que no tuve el menor escrúpulo en presentar como propia. El director de producción las examinó atentamente, sin disimular su admiración. Era un hombre generoso que al instante supo inspirarme un poderoso sentimiento de confianza. Se llamaba Giménez y, durante mis años en la editorial, fue el equivalente del comprensivo padre que, en los días de la Harry Walker, había sido el señor Franquesa. Uno de esos protectores que iba encontrando en mi camino mientras clamaba que nadie me comprendía.

—¡Qué bien rotulas para ser tan jovencito! —exclamó el señor Giménez en un catalán del de antes de la guerra. (Es decir, un catalán irreprochable.)

Me tendió la mano amigablemente, indicando que me aceptaban. Empezaría a trabajar tres días después, un lunes. Respiré, aliviado, y creo que salí de la editorial dando brincos. El puesto era mío, nadie podía quitármelo. ¿O sí? Naturalmente, podían arrebatármelo el martes, no bien descubriesen que les había mentido. Era necesario justificar mi mentira: era imprescindible aprender lo que había prometido o, mejor aun, ir mucho más allá de cuanto ellos podían esperar. No podía convertirme en el mejor rotulador del mundo, pero sí en el más importante que jamás salió del Peso de la Paja. Tenía un largo fin de semana por delante.

Encerrado en el despacho de la Cooperativa Médica empecé a copiar mayúsculas de los tebeos antiguos. Copié infinidad de bocadillos sin el menor placer. No tardé en experimentar el aburrimiento de mi nuevo oficio. A cada momento me sentía agobiado por la abulia. Luché contra ella. Luché contra la fatiga y el sueño. Avanzaba a ciegas hacia un fin que no me importaba en absoluto, pero que debía alcanzar. Negado para el juego de la escuadra y el cartabón, tenía que utilizarlo ahora continuamente para crear la pauta que me serviría para el rotulado: dos líneas paralelas, de unos cinco centímetros que, para mi desesperación, siempre quedaban torcidas. El rotulado no era menos exasperante: requería una plumilla muy fina, que se me despuntaba continuamente, provocando copiosas manchas que ensuciaban el enunciado de frases y titulares. No salía del desastre.

Continué practicando a pleno disgusto, odiando aquel trabajo aun antes de dedicarme a él. En consecuencia, mi letra era tan fea y desordenada como antes de las prácticas. Ha quedado prueba fehaciente de ello en numerosos ejemplares de la revista femenina *Picnic* y otras publicaciones de la editorial. Puede distinguirse perfectamente mi trabajo por las numerosas chapuzas inmortalizadas en aquellas infaustas páginas.

Así fue como alcancé mis propósitos, consiguiendo un trabajo para el que no me había llamado Dios. Pero, una vez más, engañé al propio Dios demostrándole que mi providencia le ganaba en listeza. Después de aquella victoria, me sentía preparado para engañar, además, al diablo mundo.

Atrapado por el paso del tiempo y los imperativos de la vida cotidiana empecé a preguntarme si existió alguna vez, en algún lugar, el país de Nunca Jamás. Aunque todos los elementos de mi entorno se negaban a contestarme, la respuesta seguía siendo urgente para los niños que nunca llegamos a crecer. Peter Pan huía cada noche sin dejarme la limosna de una respuesta; y yo me quedaba preguntándome por qué, en alguna ocasión, tuvieron vigencia sus trampas. Muchos las compartimos, muchos creíamos en ellas. Recuerdo como más cercano a mi afecto el caso de Josep Maria Benet i Jornet, cuya búsqueda de senderos perdidos en la memoria empezó a ser inquietante a partir de la segunda parte de su obra. No bien quedó desencantado de los caminos que no llevarán a Nunca Jamás, colocó a sus personajes en una desesperada búsqueda de la Atlántida, otra asignatura pendiente no sólo en las cuitas de una generación, sino en la crisis de valores de la cultura occidental. Buscando, buscando, llegó Papitu al explorador de sueños por excelencia, el señor Domènec Badia, más conocido en los grandes desiertos y las lejanas colinas con el mote de Alí Bey. Una obra sobre sus manuscritos ficticios permitió al autor formular una estremecedora declaración de principios: «Estoy vivo, y, a pesar de vuestro desprecio, contra todos vosotros, un día sabré crear la Atlántida.»

Papitu decidió acogerse a los derechos y a la vez penalidades de todo escritor, descendiendo al fondo de sí mismo. No sé si encontró abismos, pero sí que regresó a la superficie provisto de un caudal de sueños muertos que en gran parte correspondían a los míos propios. Convirtió nuestra imagen en la de un niño que no quiso crecer y, a falta de continentes hundidos, exorcizó los senderos de estrellas que conducen, por los aires, a la pequeña isla donde todo es posible. Huérfano de una mitología sólida, como huérfanos somos todos de lo mismo, Papitu rodeó a su niño de pequeños mitos de cartón, heredados en el consumo y en la abstinencia de una infancia más paupérrima que la mía, según él cuenta y escribe.

En cierto momento me regalaron un teatrillo, como a otros niños les regalaron un balón de fútbol. Era *El teatro de los niños*, de Seix Barral. Luego, al bucear en la nostalgia de mi generación, supe que muchos jugaron con aquel teatro, pero a pocos marcó tanto como a Papitu y a mí. Era un regalo engañoso, una nueva encerrona de la ficción, la clausura definitiva en sus trampas. Era una Atlántida atrapada entre bambalinas falsas, con titanes que no existieron nunca o que sólo existirán al precio de nuestra entrega a ese mundo que pervive de espaldas al mundo. En la memoria, aquel teatro de cartón llega a parecer auténtico. Crean sus luces una imagen irreal, contrastes de los decorados de papel convertidos en paisaje lunar cuyos límites atraviesa un efebo rubio puesto en trance de saltimbanqui. Todas las imágenes anteriores —colegios religiosos, familias aburridas, consignas dominantes— desaparecían en provecho de aquellas escenografías milagrosas. Decorados de una magnificencia inusual, ejecutados con arte primoroso, con elementos que habrían envidiado los más reputados coliseos. Ambientes que llevaban nuestra imaginación a sus extremos: la Venecia de los Dogos, el Egipto faraónico, los bosques de Andersen, incluso el fondo del mar primorosamente solucionado con gasas sobreimpuestas, todo contribuía a hacernos comulgar con la magia atribuida al teatro. Y en este nuestro Nunca Jamás particular Papitu y yo descubrimos la posibilidad de la creación literaria.

Esta vocación vino largamente anunciada por las distintas mutaciones del personajillo que yo había sido: el que lloraba porque se sentía crecer, el aliado de Kim de la India, el esclavo favorito de María Montez, el mantenido de Peter Pan, según las exigencias del guión de la vida. Así, el pequeño mutante se convertía sin dificultad en una diana para cualquier flecha. ¿Y por qué no? Las tristes obligaciones de la especie —crecer, envejecer, morir— acompañan a las mediocres herencias del hombre industrial, junto a la película que no olvidamos, el programa radiofónico grabado en la memoria, la ilustración del tebeo que se ha convertido en modelo de imitación, las onomatopeyas que aprendimos para retornar, esperanzados, a una perdida prehistoria del lenguaje. Son los heraldos de nuestra identidad confusa.

Ya no es la mitomanía sometida a las exigencias de la memoria, sino edificada y justificada por ella. Y de no haber sido tan pregonada la magdalena de Proust, bien pudiéramos decir que nuestro cortejo de mitos pertenece a la misma repostería. ¿En qué nevera se conservó para así perdurar? Kim de la India engañó, María Montez fingía, Nunca Jamás era un retrete público, Peter Pan pudo ser un chulo de putas, las hadas madrinas unas alcahuetas, Gus-Gus y Jack ya no son los ratoncitos que amamos en una lejana Navidad, sino espantosos reptiles, y Cristo se detuvo en Éboli porquc ya no le quedaban ganas de ir a otro sitio, tan asqueado estaba del humano despropósito. Pero en ese cúmulo de ausencias, como la infancia que nunca tuvimos y la madurez que nunca conoceremos, sobrevive la imagen del pequeño teatro aureolado por luces de un ensueño verdadero. ¿Es algo que continúa existiendo cuando la farsa acaba? Quién supo, quién sabrá. Seguramente, ese nuevo paso es el peregrinaje a la Atlántida acompañando a exploradores cuya madurez también se nos antoja cada vez más incierta.

Prisionero en esta complicada trama de incertidumbres, el adolescente que yo era recobró un viejo sueño del crío que se empeñaba en no morir. El sueño del arte dramático. El regreso a la dualidad, el intercambio de máscaras que me alucinaba en el comportamiento humano convertido en base de la materia artística. Y nadie podía pregonarla con alaridos tan estremecedores como Nuria Espert durante los años en que se erigió en celadora de la máscara trágica.

Descubrí a Nuria Espert como otro misterio de la noche, en un teatro a la griega, en la montaña de Montjuïc. ¡Divina comparecencia del legado clásico, que venía a revelarme la experiencia suprema de lo imperecedero! Durante todos mis años de tanteo andaba huérfano de aquella extrema seguridad y en las noches de aquel verano se me planteó la urgencia de localizarla. Sentía con mayor fuerza que nunca los zarpazos de la soledad. El agobio tenía últimamente un tono más desgarrado que de costumbre porque la búsqueda sexual me había colocado ante las puertas del propio infierno. Azuzado por el deseo me perdía Rambla abajo, hasta los callejones del muelle, buscando mi satisfacción en los locales más abyectos, saliendo de ellos tan solo como había entrado, despreciándome a mí mismo por entrar y con intensas ganas de llorar por no atreverme a quedarme. Y en una de aquellas noches desesperadas decidí cambiar mi itinerario y buscar, en el teatro, el consuelo que únicamente la cultura podía proporcionarme.

Representaba Nuria Espert la *Medea* más famosa de su generación.

El ritual escénico restituido a sus orígenes. No la musa aprisionada en locales parecidos a bomboneras. Por el contrario, un espacio abierto, diáfano, infinito. Un mensaje que se negaba a ser encasillado, y una musa que precisaba la magnitud de la naturaleza para manifestarse. En aquel escenario todos los mensajes adquirían una dimensión sobrenatural. Incluso el sentido de la culpa era mayor que todos los pecados que yo pudiese cometer. Justicia, culpa, purga, todo era más grande que la vida. Y, planeando como un pájaro de mal agüero, la pasión desbocada, la pasión terrible, anuladora, catapultada también a la altura de los astros y destruyendo a su paso todas las galaxias.

La magia del teatro como iniciación. Vida y tiempo que soñé en algún lugar. La voz y el rostro del Mito, arrojando sus estremecedores alaridos desde la *orchestra.* El cosmos por juez, la bóveda celeste por testigo, la luna como inspiradora de maleficios cósmicos.

¿Es posible que luciera el plenilunio o será la imaginación la que lo coloca como parte esencial del rito? ¿O acaso la fuerza creadora del verbo pone luna en esa naturaleza a cuyas entrañas se dirigía Medea, invocando a todas las deidades de la venganza, reclamando su complicidad con una voz que parecía surgir de las profundidades del Averno?

Llegaba Medea, como antes llegó Scaramouche. Seres misteriosos que ocultaban su rostro tras una máscara. Él, su fealdad; ella, su patetismo disfrazado de fiereza. Máscara que era a su vez la de la intérprete, la de Nuria Espert transfigurada en súcubo quc, desde los abismos más tenebrosos de la pasión, intentaba conmover a los astros. A fe que lo conseguía. ¿No iba a hacerlo, si era capaz de crear un plenilunio con el solo conjuro de su voz?

La recuerdo vestida de rojo, ante un pebetero donde se consumía el fuego ritual. Evoco los brazos desnudos, agitándose como serpientes en la noche, la estremecedora flexibilidad del cuello, girando sobre sí mismo a la sola invocación del dolor destilado en furia. Y, sobre todas las cosas, el prodigio de su voz, una voz que ya no era un instrumento de la ficción sino la ficción misma. Voz que escapaba a todas las reglas, voz que se ahogaba cuando no debía, estallaba en lo inesperado, se hundía en tonos cavernosos, se proyectaba en agudos estremecedores. La negación de lo convencional. El rechazo de lo cotidiano. Nada en el mundo como la voz de Nuria Espert. Nada.

Voz imposible para algunos, fascinante para otros, decisiva para mí. No pueden ser normales esas voces de la tragedia, como nunca lo serán las del genio. Así era la voz de Maria Callas. Así debió de ser la voz de la Pitia: incontrolable, múltiple, desaforada. Sólo así se puede conmover el destino y al mismo tiempo desafiarlo.

Aquel caudal de emociones contradictorias convertía a la malvada cósmica en mi diosa particular. Lo más grande de Nuria Espert influyó de manera misteriosa en mi búsqueda de la cultura y al cabo de los años ingresó triunfalmente en mi obra de creación. En mis libros ha aparecido continuamente, transfigurada en personajes femeninos que empezaron evocando a Medea para ir incorporando los fascinantes aspectos de su evolución personal, ese avance continuo que me lleva a admirarla y a respetarla como a muy pocas personas en el mundo.

Toda la gama de mi admiración arranca de aquella noche de *Medea*. Yo tenía dieciséis años, Nuria la edad del teatro. Ella era el teatro en una dimensión que no he vuelto a encontrar. Era algo que se escapó de los divinos solares de Delfos, hace muchos siglos, y llegó a mi adolescencia insípida para iluminarla. Fui afortunado. Después de ver a la primera Espert en *Medea* pude hablar con propiedad de las verdaderas dimensiones del genio.

Estaba preparado para que mi adolescencia tocase el cielo con el beso de Maria Callas.

También la ópera había llegado a mi vida como otro heraldo de la pasión. En realidad, hacía tiempo que ocupaba un lugar privilegiado gracias a los discos y a la mitomanía generada en torno a la gran Maria, pero me faltaba el contacto directo con la representación. Igual que me había ocurrido con el jazz, mi nuevo fanatismo tenía que alternar con la sabiduría de los entendidos, y aunque durante el franquismo el Gran Teatro del Liceo se había convertido en feudo de una burguesía indiferente y en madriguera de piojos resucitados, mantenía intacta su reputación de contar con el público más preparado de España.

Debatiéndose entre el pijerío de unos y la sincera afición de otros, la tradición musical era acaso la única que, en mi ciudad, permaneció en plena efervescencia durante los años de la esterilidad. Era lógico que sirviera a mis intereses en un doble sentido. Por mi vocación de jovencito culto y también por aquella disposición de esnob, que me llevaba a embobarme ante las disertaciones de Cornelio sobre la esplendorosa platea del Liceo y sus palcos abarrotados de elegantes. En última instancia estaba fatalmente destinado a la ópera porque era punto de referencia de los homosexuales selectos y los pasillos del Liceo un lugar de trato, como he descrito en alguno de mis libros.

Sin embargo, mi debut como liceísta no pudo ser más humillante. Lejos de entrar majestuosamente en uno de los palcos principales, ocupé con Ana María dos roñosas butacas del quinto piso, y seguimos ocupándolas en lo sucesivo, de manera que después de varias óperas todavía no habíamos visto la famosa escalinata por donde subían los próceres en noches de gala y por cuyos peldaños alfombrados rodaron una a una las perlas del collar de Mariona Rebull, la adúltera más reputada de la crónica barcelonesa. Y sobre este asunto, mamá siempre tuvo algo que decir:

—Pues mira, Victoria, a mí me parece que Mariona Rebull tenía más razón que una santa; porque, ya me dirás: te encuentras en la flor de la juventud, eres plantosa, ardiente y además pubilla, y te toca un marido que sólo piensa en la fábrica y te deja arrinconada, ¿qué puedes hacer?, pues echas mano del primer galán que te da el sígueme pollo y te lías la manta a la cabeza. ¿Que tienes la mala suerte de que un anarquista piojoso tira una bomba mientras estás de flirteo en un palco? Pues mira, Victoria, apechugas con tu sino y que te quiten lo bailao.

Más adelante me contó el Joven Inquieto que el tema de las perlas de Mariona Rebull estaba plagiado de una película checa titulada *Éxtasis,* que hizo famosa a Hedy Lamarr antes de la guerra. Al parecer, Hedy aparecía completamente desnuda y después cometía pecado de fornicación, insinuado con una mano que le arrancaba las perlas mientras un fundido indicaba que allí había habido tomate.

Todo esto lo sabía el Joven Inquieto por referencias librescas, pues, al igual que muchas otras películas de antes de la guerra, *Éxtasis* se exhibía mutilada en los cine-clubs; en cambio *Mariona Rebull* se había exhibido completa en todos los cines. Nada más lógico. Mientras la adúltera checa gozaba lo indecible en el coito, la catalana pagaba el suyo con la muerte y las perlas desparramadas por la escalinata adquirían, así, un sentido de moraleja. Pero aunque yo entendía aquella explicación, la juzgué poco conveniente para mis intereses, de manera que continué disfrutando con la novela *Mariona Rebull* porque mitificaba los rincones más amados de mi ciudad, los reconstruía bajo tintes muy románticos y sobre todo contaba la vida interior del Liceo, que era el no va más de la fascinación.

En 1959 se necesitaba mucha fuerza de voluntad y un gran poder de abstracción para fascinarse con los montajes liceístas. Para ponerlo suave, constituían un escarnio del arte operístico y del buen gusto *tout court.* Los he recreado en numerosas ocasiones y no es caso de plagiarme, pero conviene recordar que, en cuanto a creación escénica, eran lo más parecido a una mala película de Cifesa que era dado imaginar. La orquesta no sonaba mucho mejor que la de Juanita Reina en sus espectáculos del Poliorama. El coro se permitía cantar en italiano cuando la ópera era en alemán y en este idioma se expresaban, lógicamente, los solistas. Semejante estado de cosas duró muchos años y cuando ya había recorrido el ancho mundo y conocido los espectáculos más renovadores del arte operístico publiqué algunos artículos en los que atacaba las deficiencias del Liceo y solicitaba las reformas que llegaron mucho después. Como tantas cosas de las que se publican en la complaciente ciudad de Barcelona, esos artículos, aquella polémica, están hoy perfectamente olvidados.

Pero no he olvidado mi primera ópera porque, al igual que el *Quijote*, llegó a mi vida con notoria precipitación. Se trataba del *Sigfrido*, que si resulta una primicia indigesta para almas núbiles, lo es más cuando se la escucha entera desde el quinto piso y ocupando la última butaca lateral. Esta ubicación sólo nos permitía vislumbrar un tercio de escenario. En cambio, acertábamos a ver todo lo que ocurría entre bastidores. Veíamos el trasiego de los cantantes a punto de entrar en escena, de manera que antes de ocurrir la acción ya la adivinábamos. Y le decía yo a mi hermana:

—Ahora va a salir la que hace de walkiria, conque al tanto, nena, que tiene un cacho de música muy importante.

—Pues ya sería hora —dijo Ana María—. Porque de momento esto parece un tebeo.

Lo cierto es que la intervención del dragón nos había dejado un poco fríos, tanto se le notaba el paso de los años y lo irrisorio de sus materiales. Era de cartón forrado con una piel apolillada. Además, las ruedas chirriaban y el hombre que lo conducía desde dentro debía de ser un descuidado, sólo así se explica que dejase asomar un brazo por encima del ala. Cuando la bestia tenía que resoplar fuego se oía una mísera explosión de petardo verbenero y en lugar de salir por la nariz, que era lo suyo, aparecía por detrás de un árbol que no juraría yo no fuese una palmera colocada por voluntad de Wotan en los bosques nibelungos. O sea que, con tantas deficiencias, la aparición de los dos héroes constituía un alivio.

Temblaron las rocas ante el paso de una oronda soprano que iba a reunirse con un Sigfrido gordinflón. Tanto poderío nos impresionó vivamente. Por desgracia para nuestras expectativas, el crepitar de las corazas, al vacilar contra aquellos cuerpos descomunales, sonaba más fuerte que la percusión de la orquesta. A cada movimiento teníamos dúo de corazas. Se prolongó el asunto esa eternidad que suelen durar los recitativos wagnerianos. Situados a cada lado del escenario, Sigfrido y Brunilda aullaban sus réplicas sin reparar en que el tiempo es oro más valioso que el del Rin. No paraban de echarse réplicas. Llegué a pensar que aquélla era una costumbre de mi ciudad, porque días antes había asistido a una representación de la *Andrómaca* de Racine montada en catalán por un grupo independiente y ocurrió tres cuartos de lo mismo: dos actores pésimos, envueltos en sendas sábanas, se arrojaban alejandrinos de un lado a otro del escenario y de ahí no había Dios que les sacase.

Pero llega un momento en que hasta el propio Wagner se apiada de los adolescentes —no así Racine—, de modo que los recitativos concluyeron con un estrepitoso crescendo de los platillos que anunciaba un fragmento sinfónico. Era uno de esos gloriosos momentos en que la música de Wagner se justifica, alcanzando cotas más grandes que la vida. Transportados acaso por tanta sublimidad, el tenor y la soprano iniciaron una carrerilla para encontrarse en el centro del escenario y, allí, coincidir en un ferviente abrazo. Fue una coincidencia estrepitosa. Con el impulso y el trote les salió un choque de corazas que, así encontradas, produjeron un chasquido fenomenal. Y aquel estrépito nos dio a entender que algo tenía que cambiar en el Liceo para que llegásemos a encontrar en el escenario las maravillas que nos prometían los discos.

Cuando Brunilda estaba encasquetándose los cuernos reglamentarios, me preguntó Ana María:

—¿Y todas las óperas son de vikingos?

La miré con cierta conmiseración porque, evidentemente, le faltaba aquella cultura operística que sólo podía dar el cine italiano de los melodramas biográficos. Y como yo tenía muy recientes todos los perpetrados por la Lux y la Titanus, me puse en clave didáctica y hasta me sentí orgulloso. Me gustó descubrirme en posesión de cosas que alguien ignoraba y disfruté todavía más comunicándolas.

Señalé el famoso techo. Tan cerca lo teníamos, que era como el de nuestro entresuelo de la calle Ponent. Sólo que aquél pertenecía al reino de la magia. Lo había visto en postales, admirado en fotos, soñado a través de las explicaciones de mi padrino. Era mucho más impresionante que la bóveda celeste: era la gran bóveda de la ficción. Allí estaban Otelo, Pamino, Fígaro, Manrico y los personajes de la tradición wagneriana, siempre tan poderosa en mi ciudad. Algún soñador los había pintado para todos los soñadores del futuro. Considerándome uno más entre sus filas, conté a mi hermana que había óperas de egipcios, de medievales, de chinos, de escoceses, del rey Herodes, de rusos no soviéticos y hasta una del Oeste que no ha llegado a gustarme en toda mi vida.

La estupenda variedad del género operístico nos permitía esperanzarnos pensando en futuras ocasiones. Consolaba saber que no todo el repertorio era tan sublime. Pues es cierto que la sublimidad, a veces, empacha. Y para dos adolescentes apenas salidos del cascarón, con una dosis de Wagner bastaba para varias temporadas.

Después admiré a Wagner sin ser wagneriano, como admiré a Brecht sin ser brechtiano, medida prudente para no caer en el ridículo en que incurren a menudo los extremistas de los ismos, convirtiendo el arte en algo parecido a un campo de concentración. Ni siquiera el pueblo, que es tan sabio, supo decir nunca la última palabra en materia de gusto y si don Ramón escribió que no comprendía el amor de los efebos ni la música de ese teutón llamado Wagner, yo nunca diré lo mismo de lo primero, y guardaré mis reservas sobre lo segundo. Así, mientras el amor de los efebos encendía mis noches solitarias, la música del teutón fue una disciplina que me impuse con tenacidad, porque intuía su grandeza y no quería rechazarla por aburrimiento o ignorancia. Sin descontar las dosis de esnobismo e ingenua pedantería que caracterizaron aquella etapa de mi adolescencia. Esnobismo, pedantería y adolescencia que encontraron numerosas víctimas a su paso. Porque una vez supe que Wagner valía la pena, me serví de él no tanto para deslumbrar cuanto para humillar. Y así acosé a los selectos amigos de mi padrino presumiendo de que mi ópera preferida era *Parsifal*, y esto me distinguía por encima de ellos, que sólo atendían a lo más pegadizo y vulgar de Puccini y Donizetti. Diré en mi favor que sólo empleaba aquella táctica contra los que pretendían humillarme a base de unos conocimientos de relumbrón. Equivalía a decirles a la cara: «¿No vais de cultas, mariconas? Pues, para culto, un seguro servicial.»

Temo a veces que la voluntad de ser crítico me lleve a dar una falsa imagen de la minoría homosexual, y sé que no sería justo. Mi empeño personal contra la frivolidad e inconsecuencia de los que rodeaban a Cornelio no debería empañar la imagen de tantos hombres que buscaban, en el arte, una forma de evasión desesperada, que acababa siendo la más sincera forma de admiración. Para ellos la ópera no era un factor de lucimiento social sino un principio sagrado, que mantenían a capa y espada con un convencimiento conmovedor. Su procedencia social era ambigua. Había quien trabajaba en un banco, quien tenía una pequeña peluquería, acaso un estanco. El abono para toda la temporada constituía para ellos un esfuerzo. Como sea que siempre prosperaba en el Liceo la polémica entre wagnerianos y bel-cantistas, no era raro encontrar en las filas de estos últimos a algunos homosexuales perfectamente preparados para discusiones de muy elevado tono.

Prendidas en la religión del arte y siempre pendientes de sus sacerdotisas, las divas, esas almas nobles formaban una afición poderosa que organizaba el entusiasmo vitalicio, mientras la burguesía se paseaba por el Salón de los Espejos en plena representación, prescindiendo de cuanto no fuese el lucimiento social, tan elogiado por los cronistas más conspicuos de la vida ciudadana, que sólo ansiaban alternar con la flor y nata y ser aceptados en sus banquetes. Leyendo los textos de estos lameculos iba saboreando yo aquel ambiente que sólo tenía de operístico su fatua ostentosidad y la exaltación de la mera apariencia. No tardé en comprender que la lectura de semejantes textos dejaría de interesarme en cuanto me pasase la influencia de Lana Turner. Sólo era cuestión de tiempo, pero tiempo que tardó en llegar. Mientras, me consumía en la mortificación de los advenedizos.

Ya no era sólo la posibilidad de ser rechazado: era la certeza de no estar siquiera planteado. Dirigía obstinadamente mis prismáticos hacia los palcos, dominio que me urgía conquistar para afirmarme. Era un océano de escasa profundidad, si es que tenía alguna; un oleaje de telas preciosas, salpicadas por joyas de precio que disparaban sus resplandores como diminutos flashes proyectados hacia todos los rincones del gran teatro. Me extasiaba aquel desfile de formas refinadas. ¡Cuánta fantasía en los vestidos llamados, precisamente de fantasía! Formidables escotes bañera, con tirantes, redondos o cuadrados. Escotes de espalda que llegaban hasta allá abajo. Drapeados en el busto, lazos en el talle, flores de tafetán en la cintura. Mangas fruncidas, sobrefaldas, capas, abrigos de raso. Seda brocada, guipur, organdí, terciopelo.

Señoronas del Liceo. ¿De qué iban?

Llevaban medias Eugenia de Montijo porque es la media que engalana a la mujer, pero algunas se habían pasado a Glory porque es la media que da gloria. Ninguna tenía un pelo en las piernas, mucho menos bigote, porque se depilaban con Taky y, las viajadas, con Velours. ¿Estaban tan morenas porque se untaban con Brunsil Milady? Por cierto que no: llegaban morenísimas de sus posesiones en la Costa Brava. ¿Lucían tan divinos sus cabellos gracias al extracto antiseborreico Diploma? Jamás. Las cuidaban peluqueros de gran lujo. No tenían seborrea ni caspa ni piojos, aunque es cierto que la refinada esposa de un alto cargo del ayuntamiento pegó ladillas a varios jóvenes de los palcos.

Cabellos en bandó para parecer aristocráticas, en cucurucho para parecer modernas, ondas grandes sobre la frente y pequeños bucles a los lados para disimular la anchura del rostro. Se las sabían todas. ¿Y si les olían los pies? No había peligro: la fetidez nunca llegaría al quinto piso porque lo evitarían los perfumes de Jean Patou o el Canasta de Jacques Fath. ¿Usaban, como las demás mujeres de la especie, Bon Korest para adelgazar? No, ellas nunca. Más bien las imaginaba rejuveneciéndose con el *serum tiissulaire* de Lancaster, carísimo porque estaba hecho a base de extractos placentarios humanos. Limpias, sí parecían. ¿Usaban jabón Heno de Pravia, con su garantía de más de medio siglo, o se habían pasado a Lux, el de las estrellas, con su garantía estrictamente californiana? ¡Y qué bocas! Imposible que apestasen. ¿Dientes limpiados con Profidén, de fabricación nacional, o acaso Colgate, que tantos problemas de autoestima solucionó a las chicas yanquis? En cuanto a los labios, Lápiz Roberta, el de la boca perfecta, o bien Lápiz Vera, creador del juvenil color rosa de té. Si después, alternando en el Salón de los Espejos, veíanse obligadas a levantar el brazo para fumar un Winston («Por primera vez en España directamente de Estados Unidos») los sobacos no les apestarían porque se ponían unas gotas de *parfum finesse* y las menos finas se los untaban con Glacis Stick («El olor corporal puede destruir su encanto»).

Seguía yo profundamente humillado ante tantos fastos, y más si pensaba que la noticia más fastuosa que había llegado a mi barrio era que Avecrem sorteaba su famoso millón con casa y coche, y mamá contestaba que aquella sopa la hacían con polvos y yo tenía que contradecirla mostrándole un anuncio que rezaba: «Expertas operarias, trabajando en cadena rulante, preparan diariamente centenares de pollos y gallinas.»

Con todo, no era yo un debutante en los ambientes de la buena sociedad, porque leía en *Siluetas* las crónicas que escribía Lidia Falcón, llenas de distinguidas pollitas apadrinadas por aristócratas y altos cargos militares; primorosas novias para jovencitos gafudos, vestidos de alférez provisional y con cara del Opus. Pero ya aprovechaba la Falcón para guiñar el ojo a los pensantes, describiendo con gran sentido crítico las características de una de aquellas pollitas: «No la han aficionado a la lectura, no han pretendido hacer de ella sino una linda muñeca. Y como en nuestros días hasta las muñecas hablan y se están tratando de inventar cerebros mecánicos, el suyo parece pertenecer, a pesar de su juventud, a una momia de cualquier dinastía faraónica.»

Descubrir que las señoritas del gran mundo podían ser gilipollas no me consolaba. Siempre les quedaría la nobleza de cuna. Mayor motivo de envidia para un desclasado. Pero también era cierto que las apariencias podían engañar. ¿Y si sus padres no eran señores de toda la vida? ¿Y si su alcurnia era comprada? Cabía la posibilidad de que todos fuesen unos horteras, una raza de mediocres encumbrada por el estraperlo y todo tipo de especulaciones. Y hasta se decía que muchos ni siquiera eran pudientes; por el contrario, pasaban verdadero apuros económicos para que sus mujeres pudieran comparecer en el palco posando como emperatrices sin dejar de ser pedorras.

A medida que avanzaba en mis conocimientos musicales comprendí que sólo podría intercambiarlos con los verdaderos aficionados, los del quinto piso. No había allí madamas empingorotadas, ni estraperlistas enriquecidos, ni enchufados del gobierno ni pollitas por casar. Había adorables señoritas de mediana edad que se ahogaban subiendo las escaleras después de hacer interminables horas de cola en la taquilla. Señoritas de traje sastre, cuando no discreto bolero o simple torerita. Bibliotecarias, maestras, oficinistas. Era la gente que demostraba su adhesión al arte. Los que mantenían los saludos durante mucho rato, los que se rompían las manos aplaudiendo mientras la platea y los palcos se habían quedado vacíos porque su personal de preciosas ridículas tenía prisa para llegar cuanto antes al resopón.

Recuerda siempre Ana María a los ocupantes del paraíso que seguían la ópera partitura en mano, con la ayuda de una lamparita. Recuerdo yo cómo me quedaba extasiado, escuchando los recuerdos de los más viejos, los que todavía hablaban de Caruso y la Toti dal Monte, los que habían oído los grandes momentos de Lauritz Melchior y Kirsten Flagstad. Los que conocían al dedillo los compases del *Così...* y recitaban con fervor la traducción al catalán de las obras de Wagner. Y se dio el caso de que conocí la existencia de la cultura catalana por las traducciones de algunas óperas antes que por nuestro acervo literario. (En el Liceo, el catalán era la lengua de los últimos pisos; en el resto, la burguesía que se pretendía refinada se expresaba en castellano, lo cual no quita que, a la muerte de Franco, todos se volviesen separatistas.)

Estoy anticipando mis recuerdos. Debí quedarme en el asombro de la primera vez o en el renovado interés de las primeras temporadas. Birgit Nilsson vino a cantar *Isolda,* Giovanna d'Angelo hizo de Hilda, Fedora Barbieri fue Azucena, y adoré decididamente a Alfredo Kraus cuando debutó encarnando al duque de Mantua y, seguidamente, a Edgardo. (Le habíamos visto antes, haciendo de Gayarre en el cine.) Por todos esos recuerdos, que nadie puede comprar, tendré que exponer más adelante mis años de plenitud liceísta y de cómo fui bajando pisos hasta instalarme en la platea. Era ya un hombre, cuando esto ocurrió. Y tanto el Liceo como el arte de la ópera habían evolucionado conmigo.

El que no evolucionaba era papá con sus contrasentidos. Me reñía porque frecuentaba el Liceo y, al mismo tiempo, aplaudía sin reservas su prestigio. Esta última actitud era más lógica, toda vez que se consideraba un archivo viviente de mi ciudad, pregonero de sus calles y costumbres, incluso las que no había transitado o las que nunca vio porque las derrumbaron antes de que naciese. También tenía a gala ser ramblista, oficio consistente en pasear una vez al día por la Rambla durante toda una larga vida. Ignoro si él falló en alguna ocasión, aparte las que estuviera ausente de la ciudad; de todos modos, la Rambla se le antojaba mucho más que un paisaje urbano o la pura esencia del barcelonismo: era una manera de entender la vida, una pauta de comportamiento, una ideología. Incluía un microcosmos de complejas palpitaciones donde se mezclaban los puestos de las floristas, los bares canallas, los palacios señoriales, abandonados por la desidia municipal, y, entre aquella escenografía, el constante ir y venir de la multitud exhibida como un escaparate de los tipos más variopintos y a veces extravagantes. Se alcanzaba así un suntuoso híbrido entre lo popular y lo aristocrático, lo vulgar y lo refinado, en un pintoresquismo que el paso de los años cinceló con los atributos de la obra maestra. Y el Liceo la coronaba con su propia excepcionalidad.

Otorgaba mi padre altos valores artísticos a sus representaciones, analizadas desde su óptica eminentemente popular. Recordaba siempre el caso de un tenor de fama local a quien llamaban *el Musclaire* porque había pasado de trabajar en el muelle a cantar *Marina*. Ahora bien, que no le sacasen de esta ópera, pues podía arruinar cualquier *Africana* escupiendo de repente contra el decorado o rascándose los genitales. Estremecía a los oídos menos impresionables con agudos poderosos, aptos para romper un cristal, pero adolecía de falta de escuela y ausencia total de estilo. Los otros ídolos de papá también eran de alcance muy local, aunque de superior categoría: Marcos Redondo e Hipólito Lázaro y, entre las mujeres, Mercedes Capsir. En cuanto a intérpretes extranjeros, ni siquiera se molestaba en conocerlos.

Papá distinguía sobremanera al Liceo por su tradición social. Como todos los menestrales que se consideran señores, tenía un gran respeto por los señores de toda la vida, del mismo modo que mamá, aprendiz de señorona, sabía apreciar a una verdadera dama cuando la veía. Como era de esperar, acabaron alquilando un palco en el Liceo, pero esto no evitó que me azotasen con las contradictorias reprimendas que he citado, reprimendas que contribuían a acentuar mi desconfianza sobre la lógica de los mayores y su estado de salud mental.

Era imperdonable que un chico de mi condición se permitiera el lujo de pagar por una butaca, aunque ésta fuera una lateral del quinto piso. Surgía la habitual reprimenda: «Yo a tu edad no había estado en el Liceo», letanía que se me estaba haciendo insoportable por ir emparejada a otros presuntos privilegios. A fuerza de enumerar privaciones resultaba que a mi edad papá no había estado en un cine tan lujoso como el

Kursaal ni oído un concierto de jazz en el Windsor. Siempre fue éste el problema de los mayores: nunca estuvieron en los sitios donde estaban los jóvenes y lo más humillante para éstos es que nunca estarán donde esté la siguiente generación. Pero la insistencia de papá implicaba pretensiones de lección ética y moral y era esto lo que me sacaba de quicio. No soportaba su insistencia en quererme demostrar que era un privilegiado, cuando él podía serlo mucho más con sólo empeñarse. ¿Quién tenía la culpa de que el orden de los privilegios fuese tan distinto para cada uno? Mis mayores eran tan disparatados que lamentaban la dificultad de ir al Liceo y lo pregonaban constantemente como síntoma de prudencia; en cambio, se gastaban un dineral en comilonas dominicales y se pagaban dos asientos de tribuna en el campo del Barça. Y en esto sí se sentía mamá muy poderosa porque un asiento de tribuna daba al parecer mucho prestigio, servía para que rabiasen las amistades pobretonas y ponía a parir a la portera del piso de las tías, que era la persona más fanática del fútbol que yo haya visto nunca, antes o después de aquellos años excesivos.

El caso de la señora Margarita era sencillamente especial. Todos los de la escalera estábamos advertidos: en su casa reinaban Dios y el Barça. Su devoción por el fútbol transformaba el domingo en un día fatídico. Nadie se atrevía a dirigirle la palabra. Se despertaba con el alma en vilo y así la mantenía durante toda la mañana. Sólo vivía esperando el partido de la tarde. Daba de comer a la familia a toda velocidad, retiraba la mesa en un santiamén y, acto seguido, disponía todos los preparativos de su particular liturgia. Una hora antes de iniciarse el partido, sintonizaba un aparato de radio de porte descomunal, de los de antes de la guerra. Sólo se apartaba de su lado para alumbrar a su jugador preferido, Kubala. Y alumbrar adquiere aquí su sentido más exacto porque la señora Margarita encendía dos cirios casi pascuales y los emplazaba ante la foto del ídolo, permanentemente exhibida sobre la cómoda del dormitorio. Supe, después, que los dos cirios eran por las piernas de Kubala, al parecer milagrosas. Y si la señora Margarita las animaba a actuar a base de sortilegios, mamá cantaba sus alabanzas porque eran robustas y poco peludas.

Nunca se privó mamá de piropear a Kubala, aclarando, de paso, que siempre los prefirió rubios. Y así intuí desde muy pronto que su agresiva afición al Barça no le venía tanto por tradición de barrio cuanto por deseo de muslos.

Yo había oído contar que en el hogar de un futbolero no se cenaba la noche en que perdía su equipo. Lo cierto es que en la portería de la señora Margarita se cenaban lágrimas de sangre. Y ella misma coronaba el melodrama cuando exclamaba, al día siguiente: «Ese Barça me hace llevar corona de espinas.»

Al empezar el Barça uno cualquiera de sus partidos se iniciaba también mi tortura dominical. Aunque vivíamos en el ático, nos alcanzaba la radio de la portera, puesta a toda voz. Yo me esforzaba por leer o estudiar, pero mi habitación daba a la escalera y cualquier actividad que emprendía veíase acosada por el vocerío del locutor que transmitía el partido. Acabé odiando a aquellos profesionales, no por ellos mismos, tampoco por la misión que cumplían, sino por cómo me alcanzaban sus clamores. No podía soportarlo. Oía martillear en mi cerebro aquella interminable verborrea, salpicada de vez en cuando por gritos desaforados, tanto si un jugador marcaba un gol como si lo había fallado. Así eran los berridos de la portera, clamorosos ante la victoria y desoladores ante la derrota. Cuando mamá la oía, se apresuraba a ejercer de enfermera:

—Prepare el vinagre de los Cuarenta Ladrones, tía, que hoy el Barça nos ha salido rana y a la Margarita ya le habrá dado el patatús.

Despotricaba yo contra aquella forma de fanatismo que se me antojaba propia de papanatas. Pero recordaba mamá que no era yo precisamente austero en mis admiraciones, de manera que dijo:

—No hables mal de la señora Margarita. Será una obcecada, pero todavía no ha llegado al extremo de hacer sesiones de espiritismo para resucitar a James Dean.

Aducía yo en mi defensa que no es menester ponerse en trance para ser memo, que bien se cumple encendiéndole velas y cirios a un jugador de fútbol. Más aún, que una cosa era el fanatismo derivado de una forma de arte como el cine y otra muy distinta excitarse con once brutos que se limitaban a correr detrás de una pelota.

—La señora Margarita es heroína, que no fanática —sentenciaba papá—. Sufre su alma por una causa noble, porque el Barça es el movimiento espiritual más importante que ha aparecido en España desde la guerra carlista y, muy especialmente, porque es espíritu que perdurará por encima de las guerras y sobrevivirá a todos los gobiernos. Recuerda el himno, hijo, recuerda el himno:

Barça, Barça, Barça
és el crit que els cors agermana...

No hacía falta que me lo recordase. Disponíamos del disco a guisa de memorial permanente. No era una placa convencional: era un single de plástico, con una fotografía del Camp Nou que le daba un aspecto moderno, bien diseñado, como correspondía al espíritu de la ciudad. Era un cromo para el porvenir, que papá se ocupaba de exhibir para el presente, pues lo mantenía colocado de pie, en la vitrina, como si fuese una obra de arte. Y es característico del gusto pequeño burgués que pudiesen alternar tan felizmente una copia de la

Santa Cena de Leonardo y un disco de plástico con una estampita del bendito campo.

Me guardaba yo mucho de contradecir a papá en nada que afectase a su club favorito. No podía olvidar que, en cierta ocasión, me había propinado un puntapié en el labio porque osé bromear sobre la caballerosidad de los jugadores barcelonistas. La menor ironía en este sentido podía provocar una reacción parecida y yo no podía permitirme en modo alguno circular por los estrenos con un labio partido, precisamente en una época en que luchaba por considerarme un adolescente lindo, después de tantos complejos de inferioridad.

Era un catecúmeno de la vida que aprendía a revalidarla a base de odiar todo cuanto apreciaba el padre. Seguía éste intentando imponerme sus gustos por medios harto contraproducentes que creaban un efecto contrario al esperado: si me imponía el amor a la Rambla, yo contestaba con mi atracción recién descubierta por los barrios pijos; y si se empeñaba en aficionarme a la tradición del teatro catalán, yo reaccionaba detestándola y prefiriendo los dramas de Arthur Miller por una parte y las películas de Marlon Brando por la de siempre. Y no invoco a este actor en vano porque, inesperadamente, encontré una réplica suya en mi realidad, en mi propia escalera, en la portería. Se trataba del hijo de la señora Margarita, un agradable mancebo que había sabido aprovechar del fútbol lo necesario para ponerse atlético, dejando para su madre las ansiedades, las noches en blanco y las velas a Kubala.

La aparición de aquel jovencito me produjo el mismo efecto que la del Niño Nadador y, como éste, se exhibió en el marco apropiado a las mejores idealizaciones: los espacios abiertos de una zona de recreo conocida como Piscinas y Deportes. Fue muy popular en aquella época y nos quedaba mucho más cerca que los baños de la Barceloneta. Por otra parte, éramos víctimas de un ataque de esnobismo: mientras todo el mundo buscaba el mar, nosotros encontrábamos más originales las piscinas abiertas entre un césped perfectamente cuidado y rodeadas por instalaciones de bares y salas de fiesta (de hecho, el complejo permitía la celebración de verbenas, reveillones y otras cachupinadas que, durante algún tiempo, fueron cita obligada del pijerío de la parte alta).

Mi amigo y yo acudíamos los domingos por la mañana. A veces nos acompañaban Alberto y Cornelio. Si al principio se contentaron haciendo de carabina, no tardó Alberto en insinuarse abiertamente al admirable machito. No censuro el deseo, muy comprensible dada la exuberancia con que el llamado Víctor exhibía sus atributos, pero sí critico abiertamente el descarado método de abordaje. Se asustó tanto el joven Apolo que no volvió a mostrarse en taparrabos durante el resto del verano.

La actitud de Alberto dejó por lo menos una cosa en claro: Víctor era heterosexual y, por tanto, otro joven a quien no debía molestarme en abordar. Otro más en una larga carrera de fracasos. De todos modos la precaución llegaba tarde: hacía tiempo que su presencia me inquietaba; hacía tiempo que me mordía los puños cuando él se iba de guateque con las chicas de su oficina. La única solución a mi alcance era harto conocida y decididamente patética: quedarme acurrucado en el balcón leyendo a Tirso de Molina, lectura acaso útil para mi instrucción pero magro consuelo para la circunstancia. Y así seguía todas las tardes del verano hasta que la tía Florencia puso a la familia sobrealerta:

—A este niño se le volverá el cerebro agua de tanto leer.

Aprovechaba papá para gruñir con su esperanza habitual:

—Buena cosa es leer, pero un chico de esa edad que se pasa los domingos en casa confunde la letra con la magnesia y la gimnasia con el cloruro potásico. Hace una intemerata de tiempo que lo vengo yo diciendo: tiene que encontrar una novia que lo descapulle de una vez.

—¡Ay, Jesús, qué poca gracia te ha dado Dios! —exclamaba mamá, mirándolo con su desprecio habitual.

Dispuesta a decir siempre la última palabra, la tía Florencia soltaba por lo bajo una de sus apostillas geniales.

—Eso. Una novia. Y que se parezca a Clark Gable que, si no, no sirve.

Debuté como actor en el Centro Parroquial, un domingo de invierno, estación que seguía siendo la de mis mejores cosas. No lo fue en el pasado, cuando acudía a aquella entidad todos los domingos por la tarde para asistir a las clases de catecismo. Ya se ha visto que, excepto en casos de pura histeria, la religión no se contaba entre mis pasiones: si aceptaba asistir a aquellas clases dominicales sin oponer la resistencia habitual no era con el único propósito de recibir lo que los curas llamaban la propina, que era por cierto miserable: un tazón de chocolate, un vetusto bollito y proyección de películas mudas de Harold Lloyd, Charlot y la Pandilla.

Mi nueva adscripción al Centro obedecía a motivos más inteligentes. Había oído contar a mi hermano Miguel las principales actividades de los socios, actividades que, dicho sea de paso, eran las que menos podían apetecer a un carácter prematuramente sedentario como el mío: excursiones, partidos de fútbol, gimkanas, tómbolas, verbenas y otros saraos de parecido corte. También por mi hermano, sabía de las enconadas batallas de los socios jóvenes para incluir alguno de sus representantes en la junta de gobierno, a fin de modernizar el centro y sus actividades. Tampoco eran asuntos que pudieran interesarme en absoluto. Desconfiaba de las juventudes sanas; por serlo tanto, estaban muy alejadas de mis libros.

Cierto día Miguel se descolgó ganando un premio de poesía doblemente inesperado: por un lado ignoraba yo sus veleidades de vate, y por el otro distaba mucho de imaginar que en el centro se dedicasen a organizar juegos florales. Pero resultaba que aquél era sólo uno de los numerosos poemas que venía escribiendo mi hermano y el Centro era una más de aquellas ejemplares entidades recreativas que servían de refugio a los voluntariosos de la cultura, en sus más distintas variantes y a veces las más pintorescas. Supe que existían parecidas organizaciones en muchos barrios de Barcelona, y por los pueblos de toda Cataluña. Y que precisamente en uno de esos grupos empezó su carrera la admirada Espert.

Sólo mi tendencia a ignorar olímpicamente cuanto no afectara a mis intereses justificaba la ignorancia de costumbres tradicionales que estaban, además, muy acreditadas. No tenía perdón de Dios. Al fin y al cabo, me había pasado toda la infancia escuchando los recuerdos de papá y sus hermanos. Mucho antes de la guerra, habían hecho sus pinitos como actores y, no contentos con esta experiencia, estrenaron obras propias. Porque los hermanos escribían en sus ratos libres, organizaban tertulias, y hasta frecuentaban círculos literarios y cenáculos bohemios; según parece, sólo la absoluta dedicación al negocio familiar truncó unas carreras que, en otras circunstancias, acaso habrían dado algún fruto. Para confirmar esta posibilidad, para recordar la lejana época en que fue una brillante promesa, el tío Pedro solía cerrar los banquetes dominicales con la lectura de varios de sus poemas, escritos en castellano o en catalán, según le daba. Y a fe que podía darle fuerte cuando recitaba cosas de este estilo:

Nineta, nineta
tu i jo farem casa.

Llevado por mi animadversión al mundo de los mayores, consideraba aquellos recitales como tostonazos del mismo alcance que los referidos a la guerra civil. Pero al recordarlos hoy, se me ofrecen como un recuerdo sumamente entrañable que no pasó por mi vida sin dejar alguna influencia. Es posible que deba parte de mi vocación a los deslices poéticos de papá y sus hermanos, y el hecho de que se fraguasen en humildes centros de barrio no deja de ser un curioso ejemplo de fertilidad local en abierta contradicción con la cultura cosmopolita que busqué, en adelante, como base de mis progresos.

El recuerdo del Centro Parroquial se presta a una estupenda estampa de género. Se hallaba situado en un viejo edificio modernista, pegado al convento de las Dominicas y justo enfrente de la antigua Casa de Caridad. El Centro ocupaba todo el edificio, y estaba compuesto a su vez por el teatro con todas sus dependencias y una amplia sala que ejercía funciones de bar, zona de recreo y sala de juntas ocasional.

Al entrar por primera vez en el bar, me percaté de las características de los habituales, cosa por otro lado fácil tratándose de gente del barrio. Había distintas categorías, desde los socios de nuevo cuño a los más veteranos, que enarbolaban con orgullo una antigüedad muy apropiada para mantener el prestigio de la entidad. Nunca me atreví a discutírsela. Contando con mis antecedentes familiares, me habrían tratado de borde.

Aquellos señores mantenían la costumbre de reunirse a diario. Recreaban, en cierto modo, un rito pueblerino que, al hacerse urbano, había dado lugar a los corros de vecinos que se reunían en la calle para tomar el fresco en las noches de estío. Desde que los automóviles invadieron las aceras, el bar se convirtió en un último recurso. Se conversaba a placer. Se mantenía viva la llama de la tertulia, incluso agotándola por saturación y tedio. Otros socios jugaban a las cartas, al dominó y al ajedrez. Algunos tenían a gala pertenecer al cuadro escénico desde su fundación. Cuando intervenían en las representaciones, solían interpretar papeles prestigiados por el teatro de antes de la guerra, especialmente los grandes clásicos catalanes. Todavía encuentro ancianos que presumen de haber interpretado toda su vida el papel del «avi Tomàs» en *Terra Baixa*. Y cuando me dicen que conocieron a mi abuelo y trabajaron con mi padre, siento una extraña congoja en el pecho al pensar que yo ni siquiera había nacido.

El cuadro escénico seguía la estructura de las compañías de repertorio. Las jerarquías se mantenían escrupulosamente. Estaba en primer lugar el monstruo sagrado, la primera actriz, ebúrnea dama de edad indeterminada, madura pero de buen ver, siempre respetable. A la primera actriz le pedíamos que mandase en el escenario, fuese cual fuere su papel. Los más codiciados de esta especialidad eran la Gloria de Sagarra y la Raimunda de Benavente. La magnífica señora Juanita de la Riera Alta arrancaba las lágrimas del barrio en aquellos papeles y se dice que, para verla, habían bajado hasta nuestro teatro espectadores del Ensanche. Junto a ella se lucía el señor Bartomeu de la calle Tallers, primer actor un tanto exagerado para mi gusto, aunque al parecer estaba espléndido en *El gran galeoto*. La señorita Rodríguez del taller de fluorescentes tenía a su cargo las damas jóvenes, ese delicioso arquetipo del que dijo Conchita Montes: «Es una promesa de gran actriz, o una probable gran actriz que se quedó en cursi.»

El probo ebanista Llaneras hacía siempre los galanes. Sin ser guapo tenía que parecerlo, lo cual no carece de mérito pues su escualidez era la de un Nosferatu. Mejor le hubieran cuadrado los papeles de villano que, en cambio, corrían a cargo de un droguero de la calle Llop. La señora Obdulia de la panadería y doña Clementina, la de los pepinillos, se repartían los codiciados papeles de característica: a la primera le tocaban siempre las entregadas; a la segunda las jacarandosas. En realidad estaban muy bien las dos porque eran frescachonas, directas y un poco barriobajeras. Cuando se ponían en jarras para soltar algún desplante, levantaban al respetable.

Los demás éramos comparsas. Nos faltaba pagar muchas cuotas antes de que nos confiasen un papel de labriego socarrón en un drama rural o un galán simpático y desenvuelto en una comedia urbana. Era éste el género más representado, junto a los sainetes de Arniches, y muy especialmente los entremeses de los hermanos Quintero, que permitían recrear una Andalucía amable para que la primera actriz demostrase empaque —¡aquella Doña Clarines!— y se lucieran las características, imitando el seseo sevillano con un deje de Lérida.

Cuando la obra era en catalán, se recurría al siempre celebrado repertorio de Sagarra, con sus versos maravillosos, y a la inmarchitable *Terra Baixa.* (Papá solía decirme: «No serás buen actor hasta que hagas bien el salto del Manelic y pongas correctamente el acento en los versos de *Les vinyes del Priorat.*») En ocasiones muy especiales, la Junta aceptaba tirar la casa por la ventana: entonces se montaba una zarzuela con invitados de verdadero lujo: la señora Conchita de la calle de Valldonzella, que era tiple lírica, y el señor Conrado de Gavá, que tenía voz de tenor. En tales circunstancias, el abigarrado almacén de Peris Hermanos proveía de un suntuoso vestuario de época y Muebles Las Columnas, de la calle Ponent, cedía consolas, canapés y otomanas que habían rendido grandes servicios en montajes profesionales. (Había un cuadro de abuela victoriana que había salido hasta en el Liceo.)

El del Centro era un repertorio pensado para los gustos de un público de barrio, gustos que coincidían con los excelentes radio-teatros que entonces emitían las emisoras locales. De algunas de aquellas obras nadie se acuerda hoy, tan vulgares eran. Contaban con la oposición de los socios jóvenes, empeñados en modernizar la compañía igual que el Centro. Al triunfar su candidatura, nos invadió un avance del espíritu crítico más cercano a los grupos de teatro independiente. Obras de vestuario contemporáneo, con fondo social. Textos llamados «de denuncia», de los que revolvían la conciencia del espectador, según los cultos.

Los títulos más representados de este estilo eran *Llama un inspector*, de Priestley, y *La muralla*, de Calvo Sotelo. Este último drama era muy famoso. Contaba lo siguiente: un ricachón había hecho su fortuna estafando a un señor y de esa estafa vivía toda la familia, que era de esas del barrio de Salamanca, muy de guardar las formas y muy de misa y de jugar a la canasta todo el tiempo. Bueno, pues resulta que al ricachón le daba de pronto un patatús y al verse la muerte delante de las narices, no se le ocurría cosa mejor que arrepentirse y devolver lo que había robado en otro tiempo. A todo esto, la familia se oponía en redondo, porque no les daba la gana de renunciar a su tren de vida, y el ricachón venga decir que devolvía la finca que robó, y al final lo mataban todos de una rabieta, y acababa que decía: «Perdóname, Señor... Tú sabes que yo he querido vencer la muralla», o una cosa parecida, llena de sentido humano, fuerza social y latiguillos que hacían exclamar al público: «¡Hostia, Manuela, atiende, que aquí hay verdades como puños!» Y una vez Joaquín Calvo Sotelo había demostrado que los ricos siempre tienen la sartén por el mango, todos los grupos redondeaban su prestigio social y humanista con la obra de Priestley, acerca de un inspector que se presentaba de improviso y servía de catalizador al comportamiento de todos los demás personajes y soltaba al final la moraleja oportuna, demostrando que algo está podrido en Dinamarca.

Al remitirme a aquel corto espacio de tiempo que ocupó parte de mi vida, vuelve la memoria a llenarse de ternura.

mientras crece mi admiración por tantos artistas anónimos. Su dedicación al teatro era absoluta, su pasión total. No había ninguno que no ejerciese diez trabajos a la vez, y todos de forma gratuita. Clavaban travesaños para apoyar árboles de madera, cosían pespuntes en un hábito de Doña Inés que, en otro centro, había lucido una dama joven más llenita, arreglaban los focos y hasta repintaban la concha del apuntador, que estaba hecha un asco. Trabajaban hasta el desmayo para conseguir cada fin de semana un estreno distinto. Salían del taller o la oficina y se encerraban en el Centro, con la sola interrupción de una cena apresurada en el bar. Y repetían, repetían incansablemente sus textos hasta la una de la madrugada y aun después se iban en grupo, discutiendo mil detalles, sin pensar que al cabo de seis horas tenían que reintegrarse a la oficina o al taller.

Éste era exactamente el espíritu que animaba a mi hermano en los últimos tiempos y que intentó transmitir a toda la familia. Pretendía que saltásemos al escenario como habían hecho otros vecinos de la calle. Era inútil. Papá y mis tíos habían perdido su voluntad de bohemios cuando perdieron la juventud y mamá se contentaba haciendo de actriz en su vida privada. Y cuando Miguel sugirió que la tía Florencia hiciese de viejecita en una zarzuela de tema agrario, exclamó ella: «Ni hablar, que al verme tan vistosa, se la pelarán los de la primera fila, como cuando salía la Pinillos en las revistas de antes de la guerra.»

Por fortuna para la tradición familiar, Ana María carecía de tantos escrúpulos o, acaso, le faltaba autoridad para resistir convenientemente el acoso de los mayores. Como si fuera el más porfiado agente artístico, Miguel consiguió arrastrarla al escenario para interpretar un papelito en una comedia sentimental. En realidad, más que un papel era una frase, pero mamá comprendió que sonaría más contundente cuanto mejor vestida fuese la niña prodigio. Y cuando le dijeron que del vestuario se cuidaban unas hermanas de la calle del León, respondió:

—¿Vestirme ésas a la nena? ¡Hasta aquí podríamos llegar! ¿Tú no te acuerdas, Victoria, de la mortaja que le cosieron a su madre? ¡Si le colgaba por todas partes, pobre difunta! Bueno, lo de pobre es un decir, porque era malcarada y criticona como una mala cosa. Fíjate tú que, con el aguante que yo tengo, un día no pude más y le dije: «¿Sabe qué, Secundina? Usted, para mí, está muerta y bien muerta.» Claro que una cosa es decir esto en vida y otra muy distinta que tuviese que ir al cementerio con aquella mortaja, que tenía unos dobladillos que no se podían mirar. Yo se lo dije a la Irma de la confitería: «Hay que ser muy mala hija para mandar a una madre al otro mundo hecha una perdularia.» O sea, que a mi nena no me la visten estas chapuceras, mientras tenga yo la aguja y el dedal pidiendo guerra.

Para que Ana María no pareciese aquello tan feo, mamá le cosió un vestido con todos los volantitos de organdí que pudiera lucir una muñeca Mariquita Pérez y, rematando la fantasía, le encasquetó un lazo descomunal, que destacaba sobre todos los demás elementos del decorado. No se vio el tresillo, ni la puerta falsa, ni el florero. Ni siquiera a mi hermana: se veía un lazo con ella debajo.

Y cuando su madre en la ficción le preguntaba «¿Quién te quiere a ti?», Ana María contestaba:

—Papa y mamá.

Eso fue todo, pero constituyó un éxito personal de Ana María, quien a partir de entonces tuvo que soportar que le recordasen permanentemente aquella anécdota. Mucho terror debió de pasar sobre el escenario, porque su réplica constituyó el final de su carrera escénica. Y siempre que le proponían un papel de niña con lazo se escabullía por algún rincón y no asomaba la cabeza hasta que oía a mis padres gritarse insultos por culpa del dinero, señal inequívoca de que el tema quedaba saldado en provecho de la habitualidad.

No fue así entre las vecindonas. Ninguna conseguía explicarse que mi hermanita abandonara una carrera tan llena de promesas, de manera que siempre había quien se interesaba por su reaparición. Entonces, decía mamá:

—La cohibió la pelandusca que hacía de madre. ¡Qué poca gracia tenía! Es que no se puede preguntar «¿Quién te quiere a ti?» con esa voz de cazalla. Mira, Victoria, lo que corre hoy en día no son actrices ni nada. Si en lugar de la Rosita hubiese preguntado «¿Quién te quiere a ti?» una doña María Fernanda Ladrón de Guevara, la nena se habría contagiado y hoy estaría haciendo *Marianela*, que es un papel para el que se nace o no se nace. Como ocurría antes, Victoria, que sólo hacían teatro los que habían nacido para hacer teatro. Vamos, que una voz de cazalla como la de la Rosita no la oías tú en un escenario. Con gente como la de antes tendría que haber topado esa zarrapastrosa. Fíjate en el gran Sagarra: le pidieron que diese un papel a una jovencita y, después de probarla, llegó a la conclusión de que no servía. Y va el empresario y dice: «Pero es muy buena chica.» Y Sagarra, que no se guardaba una, va y contesta: «*Cony*, pues que le pongan una mercería.»

—Es que, mercería, ya tiene una la Rosita...

—Pues que le pongan un estanco. A lo mejor descubre que sirve para vender Ideales y mejor le iría, porque para hacer papeles de figura ya te digo que no ha nacido.

No es el momento de decidir para qué papel nació Ana María. En cualquier caso, su debut me planteaba un reto. Mis dos hermanos habían pisado el escenario del Centro. Sólo faltaba yo que, paradójicamente, era el mitómano de la familia. Pero con mis antecedentes de niño mimado, se comprenderá cuál era la única diana de mis ambiciones. Apuntaban éstas mucho más lejos que los voluntariosos servicios de los demás actores del Centro. Si actuar era un acto de servicio, tenía que servirme a mí, al margen de cualquier causa.

Yo no aspiraba a ser actor. Aspiraba a ser divo. Y aprovechando el tercer nombre que me pusieron en la pila bautismal, decidí que debía ser César o nada. De modo que vi el seudónimo de César Moix muy apropiado para figurar en las marquesinas de los teatros del mundo; mucho más que el de Ramón, más propio de actor especializado en personajes cazurros, de esos que constituyen un obstáculo para despertar el interés de los productores americanos. Porque al socaire de mis sueños más desaforados estaba convencido de que los grandes estudios de Hollywood tenían desplazados a sus mejores cerebros por todas las entidades recreativas del mundo, en busca de mozuelos prometedores. En sus decisiones no importarían el tamaño de mis orejas, pues no eran más pequeñas las de Clark Gable y ahí estaba él, ocupando los sueños de muchas mujeres desde que el cine era cine. Es decir, desde que el mundo era mundo.

Todas mis expectativas se vieron frustradas no sólo por la brevedad de mi papel, sino porque salía vestido de viejales decimonónico, con chistera, barba y perilla. Hice varios personajes de esta guisa, agazapado al fondo del escenario o borrado por otros secundarios más altos. Desde mi confinamiento, observaba con odio a los actores protagonistas. Para el que aspira al triunfo absoluto no hay papel que no considere adecuado a sus posibilidades, ni actor que no se lo haya robado. Y yo estaba convencido de que me estaban robando mi oportunidad el galán, la dama joven, el villano y las dos características. Seguía desesperado por no ver reconocido mi talento, pero los ejemplos del cine proyectaban una esperanza diminuta y sin embargo luminosa: recordaba que, en alguna ocasión, la primera actriz se rompía el tobillo y tenía que ser sustituida rápidamente. Por fortuna, la más humilde de las coristas, la más del montón, se sabía el papel al dedillo y estaba en condiciones de sustituir a la *vedette* en una noche y con gran ventaja. No en vano la animaba el director, diciéndole con firmeza: «Sales a ese escenario siendo una desconocida. Quiero que vuelvas convertida en una estrella...»

Yo esperaba que al joven ebanista que hacía los galanes le atropellara un coche, o que se matase al caer rodando por las escaleras, como un día se mató mi amigo el Orejudo. En el entierro, el director de la compañía se me acercaría, literalmente destrozado: «César Moix: ¿te atreves a aprenderte en dos días el papel de Segismundo? De ti depende el porvenir de toda una compañía.» Súplica innecesaria. No sólo me sabía de memoria el Segismundo; también el Calixto, el Pedro Crespo y la romanza de la Mari Pepa.

Ignoro quién se rompería el tobillo o la médula pero, en cierta venturosa ocasión, me repartieron un papel privilegiado. Era el adolescente de la función. Un efebo hipersensible, henchido de ínfulas artísticas, y maltratado por la vida aun antes de empezarla. Era un papel para actores emotivos y sufridores. Porque, además, el efebo estaba impedido.

—¡Como Laura en *El zoo de cristal*! —exclamé al leer el texto.

Me quedaba corto: ella se limitaba a ser una pobre cojita; así pues, con aprender a arrastrar la pierna, cualquier actriz con recursos cumplía. En cambio yo no podía valerme de ninguna de las dos piernas: era un impedido en toda regla, condenado a pasar horas enteras recitando monólogos desesperados mientras esculpía un busto femenino con callada devoción. ¿De quién era ese busto? De una famosa soprano a la que amaba en secreto, mientras sufría el dolor de no poderla conocer para manifestarle mi amor y mostrarle la obra maestra que estaba forjando a cuenta de su divino rostro. Hasta que, cierto día, mi adorada venía a cantar al Liceo y la santa de mi madre se iba al Monte y empeñaba sus cuatro miserables chucherías para llevarme a escucharla...

Conviene decir que la obra se desarrollaba en una pensión de gente miserable donde vivían, como de limosna, aquella abnegada viuda y su patético crío. Mucha tragedia cotidiana había en el texto, porque no éramos nosotros los únicos que no salíamos de penas. En la pensión, quien más quien menos vivía del aire. Incluso había un actor en paro cuyo hijito estaba en las postrimerías. Como sea que se acercaban las fiestas navideñas, el hombre aceptaba hacer de Rey Mago para comprarle turrones..., con la consiguiente humillación y disgusto del moribundo, que tenía a su padre idealizado como un Laurence Olivier del Raval.

Hacía de madre mía una actriz invitada que, en realidad, parecía mi prima mayor. Pero esa cuestión de las edades no se contemplaba en el teatro, así que le encasquetaron una peluca blanca y le pusieron arrugas con un lápiz tan oscuro que parecía tiznada. Dicen que desde la quinta fila daba el pego, pero yo cada vez que la miraba creía estar viendo a un indio de los que tanto me atemorizaban en las películas de Cochise y Jerónimo. Fue una circunstancia que estuvo a punto de perjudicar notablemente mi interpretación porque me esforzaba por poner en práctica todas las teorías de Stanislavski sin haber leído uno solo de sus textos, sólo lo que contaban James Dean y Marlon Brando en las entrevistas. Más mérito a mi favor, pensaba yo. Buscaba las motivaciones más recónditas del personaje, hurgaba en mi interior, reconvertía mis sensaciones en provecho de las de mi criatura. Y tanto hurgué, que al cabo de pocos días había llenado tres cuadernos con los datos psicosomáticos del joven impedido, incluyendo sus gustos, tendencias sexuales, traumas de infancia y montones de detalles que ni siquiera aparecían en la obra, de manera que al final parecía que el personaje lo había escrito yo y no el autor, Castillo Escalona.

Cuando llegó el día del estreno, me encontré cumpliendo un viejo sueño: el dualismo absoluto. Aquel muchacho era yo. Sus penas eran idénticas a las mías. También su parálisis. Los dos teníamos madres que empeñaban sus alhajas. Además, compartíamos la mitomanía: su devoción por la soprano era la que yo siempre sentí por las estrellas de Hollywood; su obsesión por inmortalizarla en arcilla equivalía a mis intentos de dibujar a los jóvenes atletas de las revistas de culturismo. En mi personaje acababa de encontrar, por fin, mi otro yo, mi doble, mi réplica. Estaba tan enamorado de él que interpretarlo equivalía a masturbarme.

Para seguir con la jerga teatral diré que me correspondía abrir el fuego. Al empezar la representación, me hallaba a solas en el escenario, sentado junto a una mesa camilla y acariciando el busto de la diva. Me aconsejaron que no mirase al público por nada del mundo. Su presencia podía coartarme. Fijé la mirada en la escultura que aparentaba cincelar, pero era tan birriosa que estropeaba la concentración. En este punto, se descorrieron las cortinas. Se me hizo un nudo en la garganta. Miré al vacío. Oí que alguien rompía a hablar. Era yo. Estaba hablando hacia aquel vacío. Estaba desatendiendo los consejos de los expertos. Mejor. Se equivocaban. ¿Cómo se puede no mirar al público cuando les estás explicando todas las penas de tu otro yo?

No sé por qué extraño misterio perdí el miedo que solía dominarme ante la gente, y que, después, seguí conservando. Nunca más volvería a encontrarme en aquel estado de gracia que me permitió recitar todo un largo monólogo de carrerilla, y, seguidamente, hablar a los demás personajes como si todo fuese un trozo de vida que estaba en mi albedrío inventar y reinventar mientras pasaban los segundos, los minutos, hasta una hora. Salían otros actores, hacían sus cosas, montaban sus propios dramas y yo seguía adelante, por mi cuenta, pensando en mi escena de lucimiento, a punto de llegar.

Llegó, planteando serias dificultades. Mi madre tenía que cargarme sobre sus espaldas para llevarme al Liceo. De pronto, yo tenía un acceso de terror: me negaba a ir, no podía presentarme ante mi amada ideal convertido en un guiñapo, no podía soportar la vergüenza de avanzar por el pasillo del patio de butacas cargado por mi madre. En resumen: no quería ser un fardo. Lamentablemente lo era, toda vez que mi peso y altura sobrepasaban con mucho las fuerzas de la actriz. (Durante el año 1959 fui considerado alto para mi edad. Dos años después, todos decían que me había quedado bajito para las edades que me restaban.)

Cuando mi madre consiguió cargar conmigo, dio la espalda al público y se dispuso a avanzar hacia el foro. Pero yo seguía emperrado en que no quería ir al Liceo. Continuaba con mis berridos. Estaba alcanzando una temperatura dramática inigualable. Era ese tipo de berridos por el que ganan un Oscar las actrices de Hollywood cuando hacen de borracha.

En tan penoso trance mi madre tenía que tropezar y dejarme caer al suelo. Lo habíamos ensayado muchas veces porque no estaba yo para iniciar mi carrera teatral a base de batacazos innecesarios. Incluso vino un aficionado a la lucha libre, a enseñarnos cómo hacen los campeones para caer de mentirijillas cuando hay tongo. Pese a tantos preparativos, yo me moví antes de tiempo, mi madre vaciló fuera de horario, la tarima tembló ante nuestros ojos y rodamos los dos por el suelo con tan mala pata que el público irrumpió en una sonora carcajada.

Quedé con el rostro pegado a la tarima. No quería levantarlo para no encontrarme con la mirada del público. Sólo quedaba una salida airosa: no darles tiempo a la reflexión, apelar directamente a sus lágrimas. Tenían que llorar más de lo que lloraron en toda la guerra civil. No había tiempo que perder: me salté el texto de mi madre, y empecé a lanzar mis palabras como bombas, una tras otra, mientras aporreaba el suelo con los puños, gritando, aullando, y hasta llorando de verdad. Me fui del texto a base de colocar onomatopeyas, morcillas y todo tipo de imprecaciones destinadas a prolongar el monólogo. Para rematarlo, solté un aullido terrorífico, me di tres puñetazos en la frente y la dejé caer de nuevo contra la tarima.

¡Qué fervor en el público! ¡Qué salva de aplausos! Y en mi interior, cuánta satisfacción. Hacía años que no sentía algo parecido. Necesitaba prolongarlo. Era vital que aquel instante no terminase nunca. Había visto mucho teatro, sabía cómo prolongan un aplauso los verdaderos profesionales. Si permanecía con la cabeza baja, el público no dejaría de aplaudir y la representación no podría continuar. Permanecí inmóvil hasta oír unos golpecitos en la tarima. Era la primera actriz. Me instaba a que levantase la cabeza, de lo contrario, no podía incorporarse ella. Y alguien me dijo, después, que quedó muy raro ver a una madre y a un hijo tendidos boca abajo durante tanto rato.

A partir de aquel momento me fui creciendo y conduje la representación hasta un clímax que, según me dijeron voces autorizadas, sólo había conseguido la Paquita de la calle Floridablanca cuando hizo la monja de *Canción de cuna.* Cierto que los demás intérpretes se jactaron de haber conseguido una excelente labor de equipo, pero esto es algo que nunca aceptará un aprendiz de divo, por lo tanto me molestó mucho que, al terminar la representación, saliéramos a saludar todos juntos. Era una injusticia. ¿Cómo podía recibir los mismos aplausos que yo una petarda que se limitó a decir la hora exacta? En cuanto a los que tenían un nivel protagonístico parecido al mío, no habían conseguido arrancar ni una sola lágrima. Yo lo sabía, porque me pasé toda la representación espiando al respetable y pude comprobar que no lloraba ni dios.

Después del primer telón se cerraron las cortinas y todos los componentes del reparto se agruparon en torno al primer actor, comentando los incidentes de la representación. Yo oía los últimos aplausos. Nadie los aprovechaba. Era lógico: eran míos, su clamor me pertenecía por completo, y yo estaba allí, oculto al público, compartiendo un éxito en el que los demás no habían participado. Entonces se me ocurrió una idea digna de la tía Florencia.

¿Quién no ha oído hablar de la vanidad de los actores? No es menester que sean profesionales: todo aquel que sube a un escenario la siente y le gusta que se la hagan sentir. Conociendo el paño, señalé hacia bastidores:

—¡La Nuria Espert! ¡Es ella! ¡Viene a felicitarnos!

Mis compañeros no tuvieron un instante de vacilación. Corrieron todos hacia bastidores, ahítos de reconocimiento. Fue un instante que aproveché con la celeridad del rayo. Me abrí un huequecito entre las cortinas y al punto me hallé de nuevo junto a la concha del apuntador. Con mi sonrisa mejor ensayada hice una reverencia versallesca, sin dejar de mirar fijamente al público. Los aplausos aumentaron de volumen. Hice otra reverencia. Más aplausos. Oí que decía una señora: «¡Qué mono es!» Me sentía tan hinchado como en los lejanos tiempos de la infancia, cuando las vecinas salían a la calle para corear mi encanto. En realidad, era una situación que, al repetirse, me compensaba por tantos rechazos como había sufrido durante toda mi adolescencia. Quería cobrármelos todos en aquel momento único. Saludé una y otra vez y así seguí hasta que sólo quedaban tres personas en el teatro.

Cuando se descorrieron las cortinas tuve que enfrentarme a la realidad del escenario. La ficción había terminado. La maravilla ya no tenía lugar. Me esperaban los demás miembros del reparto, con los brazos cruzados y mirada feroz. Yo creo que me cogieron manía, porque no volvieron a confiarme ningún protagonista, antes bien me relegaron a un papel de conserje en la siguiente comedia intitulada *Ramón, dame el porrón*. Se imponía un desplante. Tenía que demostrarles mi elevado sentido de la dignidad, confirmando de paso mi jerarquía estelar. Así pues, abandoné el cuadro escénico sin perder por ello mi vocación. Todo lo contrario: desde entonces alimenté fervientemente el deseo de ser actor. Pero tenía que cumplir otros compromisos con la vida antes de consagrarme a tan sangriento empeño.

Los aplausos no tardaron en apagarse. El afecto que los demás me habían demostrado en el teatro remitió en la vida privada. Tuve que enfrentarme de nuevo a la soledad y, desde ella, busqué muletas en la cultura. No siempre obtuve el apoyo esperado. Aunque la cultura me servía para evadirme de mi entorno, no solucionaba en modo alguno mis problemas más acuciantes; si acaso los complicaba, porque había aprendido a meditar sin perder, con este ejercicio, mis hábitos de soñador. Continuaba preguntándome si existió alguna vez Nunca Jamás, dónde se hallaban las ruinas de la Atlántida y si era posible hacerse ciudadano de Shangri-la, el remoto valle del Himalaya cuyas nieves conservan eternamente jóvenes a sus habitantes a condición de que nunca las dejen atrás.

Volvía la soledad a ejercer su imperio en días festivos, cuando podía cogerme por sorpresa. Sus ataques me impulsaron a buscar las soluciones más desesperadas, y así me apunté a actividades en sociedades recreativas que, por su propio espíritu, me excluían. Recordé que papá tenía una lista de opciones para convertir el domingo en un excitante safari a la aventura. Largas, interminables horas en las rocas de Sitges, vigilando seis cañas de pescar, a la espera de una posible presa. En los veranos urbanos quedaba la posibilidad de matar el tiempo en el rompeolas, con una cañita provista de un alambre que permitía agarrar a los cangrejos por la pata. Trofeo ideal para exhibirlo, con petulancia, en el bar del señor Peret. No era el tipo de aventura que mis diecisiete años estaban reclamando a gritos. Quedaba otra opción en una actividad de honda raigambre popular: ir a buscar setas por las montañas. Lo tenía yo muy fácil, por ser mi padre un reputado *boletaire*. Aseguraba que, en su juventud, dejó sin níscalos los bosques de Cataluña; y era ésta una de las pocas aseveraciones que mi madre no se atrevía a ridiculizar, acaso porque pensaba que alguna virtud habría de tener, el pobre hombre.

Papá podía ser el mejor maestro de mi flamante afición. Me seducía la posibilidad de regresar a la calle Ponent la noche del domingo con el cesto lleno a rebosar. Fue una de las pocas veces en la vida en que quise parecerme a mi padre, pero el espejismo duró poco. Para regresar en olor de triunfo era necesario salir como humilde buscador, muy de mañanita, cuando todavía era de noche. Yo emprendía la aventura con los ojos dormidos y sin ganas de ver un solo árbol. Mi ánimo y el de la Naturaleza no iban a la par. Incluso la famosa poesía atribuida a las gotas del rocío me parecía una idiotez. Mi ánimo contrastaba con el de los demás excursionistas, todos con la sonrisa invicta, marchoso el porte, enfrascados en animadas conversaciones aun en horas tan criminales. Discutían sobre quién había conseguido más *rovellons* la semana anterior. Su entusiasmo, su fanatismo no me eran completamente desconocidos. Aquello era una cofradía de machos, no necesariamente distintos de los futboleros. Allí estaban con su chaqueta de pana, boina o sombrero tirolés, el bastón de punta metálica y los cestos provisionalmente vacíos. No era una compañía demasiado estimulante, ni pudo serlo la mía para ellos, entre otras cosas porque, al llegar al bosque, desoía sus consejos y me quedaba sentado debajo de un árbol, leyendo alguna novela de Faulkner, mi ídolo de entonces. Y continuaba regresando a mi calle sin que nadie me cantase un puto magnificat.

Supe, después, que mi nuevo fracaso con otra de las aficiones favoritas de mi padre no debía deprimirme en absoluto, ya que en este caso él obraba más o menos como yo. Era demasiado comodón para patearse las colinas, agacharse continuamente, buscar y rebuscar entre la maleza y, caso de atisbar alguna seta, ponerse a estudiar que no fuese venenosa. Tenía él muy claro que el esfuerzo físico no se ha hecho para los señores de toda la vida, de modo que, a la media hora de llegar al bosque, se dirigía a la masía más próxima y se quedaba charlando con los campesinos a ritmo de porrón y tabaco de picadura. (No diré yo que no aprovechase para flirtear con alguna rústica a fin de mantener en alto su autoestima.) Compraba, después, un buen cargamento de esplendorosas setas y las disponía en el cesto sobre unas hojas de higuera, formando así el botín que tantos elogios merecía en el barrio. Para que yo no me chivase, intentaba sobornarme con cinco duros de los de entonces y la promesa de no protestar si llegaba demasiado tarde a casa en días laborables. Fue un gasto innecesario, porque yo nunca le hubiera delatado. Su fanfarronería me inspiraba cierta ternura y hasta piedad. ¿Para qué desengañar a mi madre de una de las pocas hazañas por las cuales lo admiraba?

Tras haber comprobado que en los deportes de papá había mucho de ficción y petulancia, decidí buscar otras distracciones por mi cuenta y riesgo. No fui muy sagaz: gustándome la ópera, me apunté a un equipo de baloncesto; detestando por sistema el ejercicio físico, me enrolé en un famoso gimnasio popular de donde se salía convertido en atleta profesional, tal era la intensidad de los entrenamientos. En cuanto a las opciones de ocio, no diferían de las que planteaba el Centro Parroquial: bailoteos, chocolatadas comunitarias y tómbolas a beneficio del Hogar del Atleta Inválido. Era evidente que estaba buscando la comunicación en los lugares menos adecuados. Decidí rastrearla en ambientes que guardasen relación con el espíritu, y así di con los viajes semanales organizados por los expertos de *Destino*.

Era entonces la revista cultural por excelencia y la que mantenía vivo lo mejor del espíritu catalán, si bien de manera solapada a causa de las circunstancias políticas. Su propietario, don Josep Vergés, había conseguido reunir a una distinguida pléyade de colaboradores, encabezada por el intocable de la casa: el señor Josep Pla, de Palafrugell. Cultura y actualidad, innovación y tradición se entremezclaban con extraordinaria habilidad. Se hablaba de arte vanguardista y, al mismo tiempo, se conmemoraban en portada las más añejas y variadas tradiciones y festividades, con todas las garantías del conservadurismo. El primer plano de un gallo navideño ilustraba un espíritu que hoy sería impensable en cualquier quiosco:

«Aquí está, brillante, enhiesto, madrugador, el gallo de Navidad, viejo amigo hoy poco frecuentado, con su cresta alegre, el ojo medio iracundo, su pico cantador. En esta triste época del pollo racional, este gallo navideño nos parece una bella imagen tradicional y reconfortante.»

Semana tras semana me ilustraba *Destino* sobre temas tan dispares como los judíos barceloneses del siglo XV y los lugares de Dublín que inspiraron a Joyce; el enigma de la gran duquesa Anastasia y los secretos de la guerra de Secesión americana; la vida y obra de Jacinto Verdaguer, lamentaciones sobre la decadencia de las tertulias, aproximaciones al románico de Soria y hasta apuntes para una iconografía sardanística de la Edad Media en adelante. Era la época en que colaboradores como Ana María Matute, Miguel Delibes o Álvaro Cunqueiro me introducían en los placeres del castellano divinamente escrito. También se tenía muy en cuenta la sensibilidad cosmopolita de muchos lectores, que por otro lado disfrutaban con las incursiones en el localismo transparentadas en las Cartas al Director, con temas como: «Crisis en la industria textil», «¿Por qué no lavan la estatua de Colón?» o «¿Es lícito comulgar de pie?». Encajaba esta última carta con el espíritu de catolicismo progresista que iluminaba a numerosos lectores y que encontraba su máxima expresión en los artículos de José Jiménez Lozano, titulados «Los cristianos frente al ateísmo» o cosas por el estilo. Por fortuna para los lectores laicos, Néstor Luján culminó su égida excepcional con una serie de números monográficos acogidos al título genérico de *La historia que sobrevive.* Fue el primero el dedicado a la revolución francesa, y su utilidad me alcanzó de pleno. Mi pasión por la historia sentíase ampliamente satisfecha con aquellas síntesis tan bien realizadas.

Durante unos años, *Destino* mantuvo vivo el pulso cultural de la ciudad: aglutinaba desde un público entendido y esnob hasta una pequeña burguesía ansiosa por reconocerse en los valores de la cultura eterna. Por todo lo dicho se entenderá que *Destino* sabía convertir sus recomendaciones en ley. Todos nos guiábamos por ellas a la hora de elegir un cine, un teatro, cualquier exposición o algún restaurante. ¿Quién, de entre los lectores, no presumía de experto *gourmet,* consumado viajero y civilizado tertuliano? Era lógico que la revista condensara las tres actividades en una sola, organizando sus famosos viajes semanales por las comarcas catalanas y hasta allende los Pirineos cuando el cruce de la frontera se hizo menos difícil.

En cierta ocasión anunciaban un periplo dominical por tierras del Ampurdán, con visita a las ruinas de Ampurias. Eran éstas uno de mis lugares soñados, y el patrocinio de *Des-*

tino representaba la mejor opción que podía ofrecerme la vida. Seguro que los viajeros estarían reclutados entre lo más florido de la sociedad barcelonesa: chicos y chicas de mi edad, jóvenes cultos y sensibles a quienes yo no había sabido localizar porque estarían escondidos en algún lugar privilegiado.

Una vez en el autocar descubrí cuán vana había sido mi esperanza. El pasaje estaba formado por matrimonios maduros, si no decididamente provectos. También había un grupo de amigas solteronas y algún viudo con cara de malas pulgas. ¿Cómo no lo había sospechado antes? Todos los jóvenes de Barcelona tendrían el domingo lleno de cosas, les faltarían horas para cumplirlas. Estarían abarrotando sus refugios naturales: bailes, boleras, guateques particulares y, los más iluminados, cines y teatros. Sólo yo pasaba mi domingo junto a los coetáneos de mis padres, escuchando a un guía que, micrófono en mano, iba comentando las incidencias de un viaje más que rutinario. Exponía las características del paisaje —«aquí un terreno fértil en abedules»— y descripciones apresuradas de cuantos ríos, afluentes y colinas íbamos dejando atrás. Salpicaba su discurso con recetas gastronómicas, aconteceres de carácter histórico y anécdotas de personajes pintorescos: el Gep de Can Barnuls, que ostentaba el récord de beber vino en porrón, la Margalidona de Servià, que bordaba tapetes con la imagen de la Virgen de Nuria, y el Cisco del Torrent, famoso por sus butifarras de cebolla. Si Pla había citado a aquellos personajes en alguno de sus textos, el éxito de la anécdota era mayor.

Aquellos itinerarios obedecían al culto al paisaje, la pasión por el localismo y el gusto por lo comarcal vistos con óptica urbana. Estaban pensados para gente que no sabía decidir por su cuenta, pero acaso también para solitarios como yo. Me horrorizó pensarlo. Quizá aquellos personajes no tenían otro aliciente en la vida que viajar por las rutas de Cataluña, almacenando anécdotas insustanciales y luchando por relacionarse de alguna manera («viajando se hacen amistades», solían decir). En realidad, formaban un espectáculo aterrador. Eran la negación de lo mágico, el rechazo de lo imprevisto, el mentís de la pasión. Yo permanecía aislado en mi asiento, sin posibilidad de ofrecer conversación ni interés por recibirla. Me sentía más triste que si me hubiese quedado en mi ciudad, paseando a solas entre las brumas del Barrio Gótico.

Al llegar a las ruinas ninguno de mis acompañantes manifestó la menor intención de vibrar. Dos elegantes señoras se quedaron sentadas en el autocar, quejándose de varices. Un caballero con aspecto de notario se interesó por la renta per cápita de los pueblos ampurdaneses y otro señor, médico jubilado, se admiró de que los griegos construyesen murallas tan gruesas sin conocer el hormigón. Pero yo no pude seguir su comentario porque nunca me había molestado en tales cuestiones acerca de los griegos o de cualquier cultura que me emocionase de verdad.

Opté por quedarme rezagado, lejos de los demás, para mejor percibir la intimidad de las ruinas. Ni siquiera me molesté en estudiar su compleja disposición. Se trataba de percibirlas intensamente. Un día dispondría de todo el inmenso tiempo de la creación literaria. Todos los personajes que crease en el futuro vendrían a las ruinas de Ampurias para expresar su furia romántica, para encontrar un curioso sentimiento que alterna el erotismo, la muerte y el clamor de la juventud fugaz.

Me enfrentaba a una escenografía fantasmagórica cuyo poder de evocación era tan poderoso como la Corinto resucitada por Nuria Espert en el escenario. Pero al mismo tiempo sentía una intensa emoción, provocada por la certeza de que las ruinas estuvieron habitadas.

Tuve entonces una visión tan extravagante como la que, años después, tendría mi personaje Lleonard; sólo que yo estaba más necesitado que él, sin contar con que mi visión llegó mucho antes. Había existido en aquel lugar un adolescente muy parecido a mí, un chico que tenía un amigo muy parecido a los filósofos de las esculturas. Formaban una pareja excepcional, porque el adolescente era dulce y sumiso y con ganas de aprender, y el adulto tierno y afable y lleno de sabiduría. Precisada la dignidad de los personajes, ya no tenía inconveniente en asumir mi sueño en primera persona. Nos bañábamos juntos, retozábamos bajo los pinos de la playa, paseábamos por el ágora, intercambiábamos regalos en las tiendas de la estoa y, por las noches, nos vestíamos de gala para ir al anfiteatro a divertirnos con una parodia de las costumbres alejandrinas o a meditar sobre los excesos de la infausta Fedra por culpa del bello indiferente de los bosques. A la salida del teatro, paseábamos bajo la luna, discutiendo la función, y al filósofo le divertía mi inexperiencia y a mí me maravillaba su saber. Yacíamos, después, en una estancia repleta de obras de arte y yo experimentaba por vez primera aquella anhelada sensación que los libros llamaban serenidad.

Ese amigo que soñé en Ampurias no se parecía a ninguna de las personas que me rodeaban. Era el ser a quien estaba esperando con toda mi devoción.

Por esa devoción de alcances incalculables, me detuve en un altozano y contemplé las ruinas como una meta situada más allá del tiempo y sus estragos. Era el momento ideal para suplicar a mis dioses —los verdaderos, no el cristiano— que me dejasen para siempre en aquel paraíso.

Ignoraba que la vida me destinaría a vivir en las inmediaciones de Ampurias y que sus tierras serían el escenario de numerosos paseos y tema de meditación en muchos momentos de futura soledad. Aquella mañana de mi adolescencia, alimenté la férrea determinación de resucitar las ruinas, de restituirles todo su esplendor, y eso es exactamente lo que me llevó a escribir la novela *Nuestro virgen de los mártires*. Pero tenían que pasar muchos años para llegar a este libro. Y entonces pensaría una vez más en la desvergonzada ironía del tiempo, que se complace en jugar con nuestros deseos y también con nuestros desengaños.

Continuaron los míos aquel día. Tras la visita a las ruinas me tocaba soportar el rito preferido de mis compañeros de viaje: un ágape de lujo en un restaurante tradicional de Figueras, prestigiado por los dos únicos artistas que ellos podían conocer y apreciar: Dalí y Josep Pla, que por allí paraban de vez en cuando. No les concedía yo valor en aquella época, y mucho menos a la decoración tradicional, hecha a posta para que los viajeros se sintiesen como en el interior de una masía. Dominado por la abulia, ocupé mi asiento junto a tres matrimonios de mediana edad y aspecto distinguido. Hablaban los hombres de sus negocios y las damas de sus refinados viajes de otros domingos. Hablaban con la boca estrecha, arrugando la nariz, con ademanes finos, rígidos, perfectamente calculados. Me apresuré a precisar que yo no venía de la alpargata, pues mi papá era un burgués de los de toda la vida. Al comprobar que no les iba a la zaga en categoría, mis acompañantes me dedicaron algunas consideraciones; a fuerza de sonsacarme, un señor descubrió que conocía a papá y a mis tíos de comilonas como la que nos disponíamos a emprender. Pero no tuvo tiempo de extenderse en sus recuerdos, pues acababan de llegar unos entremeses tan pródigos en embutidos de todo tipo que parecía merendola de regimiento. Se pusieron los seis a cortar que si un pedazo de butifarra blanca, que si una rodaja de salchichón, ahora un pedazo de lomo, después tres lonchas de jamón, acompañado todo por una no menos pantagruélica cantidad de rebanadas de pan mojadas con aceite y untadas con tomate y ajo, por lo cual pensé yo para mis adentros: «¡Anda que si se les ocurre follar esta noche!» Bien lejos estaría de sus intenciones aquel deporte. Se habían puesto a hablar de comidas mientras dejaban la bandeja más limpia que si la hubiese lamido el perro Pluto. Sentenció entonces otro señor: «No ha estado mal el aperitivo, no ha estado mal.» Apenas hubo pronunciado estas palabras cuando volvieron los camareros transportando fatigosamente dos enormes fuentes abarrotadas de marisco. Lo había en tal cantidad que su sola visión estuvo a punto de marearme. Había gambas, cigalas, centollos, almejas, mejillones, *espardenyes*, pulpitos y hasta un par de langostas. Ahí fue la desbandada. Es cierto que se hizo el reparto obedeciendo a los modales que caracterizan a la gente educada, pero todos se olvidaron de las normas no bien tuvieron el plato lleno. En un momento, se esfumaron las exquisitas maneras, los medios tonos, las sonrisas corteses. Eran bocas feroces que masticaban ruidosamente, labios que chupaban con ferocidad, dedos que se empapaban de salsa sin la menor contemplación. Sólo alguna voz previsora se atrevía a aconsejar:

—No te lo comas todo, Manuel, que detrás viene la parrillada y aquí suelen servirla muy abundante.

—Aquí, lo que les sale bueno es la zarzuela.

—No lo será tanto como la que me dieron en Palamós cuando la cantada de habaneras.

—¡Alto! —exclamó otro—. ¡Para zarzuela ni Palamós ni Figueras! La Nieves de la Escala, créame. Tienen allí un *suquet* de chuparse los dedos.

Se los chupaban de igual modo en Figueras. Seguían tragando a mansalva, tenían los carrillos a rebosar, y aún hablaban de lo que habían comido tres domingos antes en Ripoll; les salían pedazos de langosta por las comisuras de los labios y elogiaban un bogavante de La Coruña; mamaban la cabeza de una cigala y describían el lechoncillo que se zamparon en Segovia. Una señora solicitaba permiso para mojar el pan en la salsa, y otra comentaba cierta matanza del cerdo en Valls y lo buena que es la butifarra de sangre, mientras la tercera hablaba del codillo con tomate y su marido casi se atragantaba por el pedazo de langosta que acababa de engullir sin dejar de cantar las delicias de cierta bullabesa en Colliure. Yo me limitaba a imaginar un océano de sangre donde flotaban piernas de cordero, hígados de buey, tripas de ternera, cuellos de gallo y hasta peces espada con las entrañas abiertas y las vísceras cayendo en las fauces de los bacantes. Si no llegué a vomitar fue por respeto al sonoro eructo de una de las señoras. En cuanto lo hubo soltado señaló mi plato, todavía lleno:

—Y tú, niño, ¿cómo es que no has tocado la comida?

—Es que soy de poco comer.

—¡Pobrecito! ¡Con esa gloria de cigala! ¡Con ese biendediós de percebes! ¿No te da un no sé qué dejarlos, habiendo en el mundo tanta hambre? No es de cristianos. Para esto lo aprovecho yo.

—Sin cumplidos, señora, sin cumplidos.

No tuvo ninguno. Se zampó mi comida en un santiamén. Y volvió a eructar con exquisita delicadeza mientras exclamaba, ahíto, su marido:

—¡Lástima que tanta suculencia tenga que ir váter abajo!

Le reprendió, entre risitas, su señora —«¡Ay, Joan, allá cada uno con su vientre!»— y una de las otras exclamó en tono igualmente jovial: «Ya se sabe, querida: caga el rey y caga el papa», y así habríamos seguido, mezclando manjares con caquitas, de no llegar a tiempo una parrillada, rebosante en carne de todo género. ¡Qué plétora, virgen santa! Lomo, morcillas, trinchado, menudillos, patas, pies, tuétanos y hasta una cabeza de cordero. Dieron ellos buena cuenta de las piezas más descomunales, dejando para mí unas humildes costillas de lechón, que ni siquiera probé, tal era el asco que me daban. Pero ellos prescindieron de mi opinión para masticar salvajemente piernas, filetes, espalditas y algún chorizo que se hubiera olvidado el *maître*, y, mientras cuarteaban y devoraban, seguían hablando de las delicias del conejo al alioli, lo indigesto del corzo y lo difícil de masticar que resultaba el jabalí para las dentaduras postizas. Pero al llegar los postres —crema catalana, repostería y *taps* de Cadaqués— decidieron regresar al pescado y así se pusieron a hablar a discreción de los *suquets* de la Costa Brava, las conchas de Málaga, la paella valenciana y la merluza a la vasca.

Mientras les veía atracarse pensaba, con profunda tristeza, que tampoco aquél era mi lugar ni aquélla mi comida y nunca se centraría durante largo tiempo mi conversación en cosas que una vez tragadas iban váter abajo. Y aunque mi formación cultural me aconsejaba viajar, el temor a envejecer prematuramente me disuadió en lo sucesivo de enrolarme en excursiones culturales. Tenía que buscar algún lugar entre la gente de mi generación. Al planteármelo, en la absoluta soledad que me inspiraban aquellos burgueses estúpidos, surgía de nuevo la pregunta primordial: ¿quién, entre todos los jóvenes tristes, aceptaría concederme un poco de compañía?

Un buen día descubrí que mi hermana había estado a mi lado durante todo aquel tiempo y corrí hacia ella, para hacerla de mi propiedad. ¿Cómo no me había percatado de que tenía a mi alcance el germen de un ser excepcional? No se notan seguramente esos milagros hasta que se producen, y quienes saben profetizar las futuras virtudes de una persona deben de ser, en el fondo, unos bienaventurados de la adivinación. Si no era éste mi caso, se debía sin duda a que durante años había vivido en el convencimiento de ser el centro del cosmos. O, mejor, yo era el astro rey y mis hermanos se limitaban a formar parte de alguna humilde constelación que sólo existía para recibir mi fulgurante luz. Si no era la culminación del egotismo, se le parecía mucho.

Este mismo sentimiento me llevaba a considerar a Miguel y Ana María como una parte de mi infancia, como objetos o circunstancias que habían embellecido mis mejores años y huyeron con ellos. Juegos compartidos, complicidades en la desobediencia, riñas a veces brutales, todo formaba parte de aquel lote almacenado en la memoria. Tal vez ellos eran un recuerdo demasiado hermoso, un legado que no me atrevía a actualizar para no sentir en todo su dramatismo los estragos del tiempo.

Mi temor era infundado. Miguel se había convertido en un chico inteligente, lleno de posibilidades creativas y Ana María se estaba desarrollando de manera esplendorosa, convirtiéndose fácilmente en la alumna preferida de los maestros que saben detectar un talento. Por otro lado, era una niña tímida a quien nunca sabré si llegó a perjudicar el lugar preponderante que yo ocupé en la familia. En cualquier caso, no habíamos estado completamente distanciados, pese a la diferencia de edad y a las dificultades con las películas no aptas; por el contrario, habíamos compartido muchas matinales de cine y estrenado zapatos nuevos el día de San José para ir al Windsor Palace a ver *Coraza negra.* (Recuerdo que llovía y las suelas, demasiado nuevas, nos hacían resbalar por la Diagonal.) Ningún daño visible afectaba nuestros lazos fraternales, si se me perdona la lamentable falta de estilo que supone sacarlos a colación. No creo, además, en semejante tópico. El amor que se apoya únicamente en la hermandad de la sangre nunca tendrá la solidez de las mil experiencias compartidas durante la infancia, y, a partir de una determinada etapa, en la poderosa comunicación de tipo intelectual. Y no necesariamente de la cultura superior.

He escrito a menudo, acaso obsesivamente, que muchos de los lazos que me unen a algunos compañeros de mi generación arrancan de las experiencias subculturales. Lo he dicho al hablar de Papitu, y podría añadir a otros que, como él, están próximos a mi afecto y a mi oficio: Juan Marsé, Juan de Sagarra, Pere Gimferrer, Román Gubern, Carlos Mir, Maruja Torres. Entre todos ellos, siempre Ana María. Y más que lazos fraternales, vínculos de quiosco, lazos de pantalla, cadenas de ondas sonoras. Porque al convertirse ella en compañera de mi soledad —mejor, un lazarillo, un guía fiel— compartió todas las cosas que me gustaban, desde las películas americanas a los libros clave de la literatura universal, así como las colecciones de tebeos románticos que empecé a comprar poniéndola a ella por excusa, tanto me avergonzaba pedírselos al quiosquero. Y es que un machito de diecisiete años que se embebía con historias de hadas y princesas debía de tener muy poca justificación, por más que alternase su lectura con Platón, Jenofonte y la Antología Palatina.

Aunque tenía cinco años menos que yo, empezó ella a poseer todas aquellas referencias a causa de mi inveterada inclinación a compartir con los demás las cosas que amo (y en esto me reconozco pesado). A veces pienso si no intentaba desarrollar con Ana María la voluntad didáctica que alguien debiera haber empleado conmigo. Y es que seguía siendo un bien dispuesto discípulo que no hallaba a su maestro. Un Telémaco obligado a ejercer de Mentor para convencerse de que todos sus esfuerzos le estaban aprovechando de alguna manera.

Conviene insistir en que los ejércitos de la cultura no avanzaban solos. El impacto de *Medea* y la emoción ante las ruinas de Ampurias habían sido debidamente preparados por revelaciones previas. Mi antigua devoción por las formas externas del mundo helénico se estaba desarrollando en los últimos tiempos por la vía del intelecto. Igual ocurrió años atrás con el Antiguo Egipto: la fascinación que me despertaron una novela de Mika Waltari y el libro de divulgación *Dioses, tumbas y sabios* desembocó en una vocación sincera que habría desarrollado profesionalmente de haber sido mi familia mínimamente razonable.

La cultura helénica fue otra cosa. Me guiaba hacia ella un respeto importante. Empezó como una coartada para justificar la forma de amor a que me sentía condenado, el amor griego como lo llaman los cursis, y como lo llamaba yo. Era un amor que invocaba las esferas más eminentes de la sensibilidad, por consiguiente la cultura que lo toleraba tenía que ser de índole superior. Me arrojé a su conquista con la avidez que caracterizaba cada uno de mis descubrimientos. Entre distintas colecciones localicé la de Clásicos Iberia, y, en ella, los tres volúmenes de la *Historia de la cultura griega*, de Burckhardt. Como sea que seguía con la costumbre de buscar en las solapas una continuidad de mis descubrimientos, me fue fácil ir localizando los grandes títulos de aquella literatura en otros números de la colección y, así, pasé a los filósofos, a los cronistas, y a los grandes trágicos. Como siempre me había ocurrido, cada título incluía el indicio de otros nuevos, cada libro me llevaba a otros diez. Las notas a pie de página me remitían a nuevas fuentes de consulta y, éstas, a posteriores revelaciones. Nunca había hallado tan provechosos viveros de ideas. Nunca tantos pensamientos que desencadenaran los míos en tan caudaloso tropel. Nunca tantos héroes.

Al llegar al heroísmo, era inevitable que sucumbiese ante la fascinación de Alejandro. Otros más fuertes lo habían hecho, en su afán por dominar el mundo. César, Antonio, Augusto, Bonaparte, todos quisieron ser Alejandro. Ningún conquistador pudo escapar a su influjo, mucho menos escaparía yo, que aspiraba a conquistarme a mí mismo.

Plutarco me había dado la pauta cuando definió las pretensiones de inmortalidad del héroe y, al mismo tiempo, su anhelo de ser mitificado:

«Soñaba con un amigo que compartiera sus hazañas y con un poeta como Homero para cantarlas.»

No podía encontrar mi adolescencia un espejo más sublime en que observarse ni disponer mi época de más indoctas desviaciones para transmitirlo. Porque no tuve mi primera revelación de Alejandro a través de las crónicas de un vate ciego; que fue en el gallinero de un cine de Badalona, siguiendo mi costumbre de ir a buscar las películas donde Cristo perdió el cinto. Dijo mamá en aquella ocasión que me hubiera salido más barato ir a Grecia y lo único cierto es que habría resultado más legítimo, porque en la gigantesca pantalla del cinemascope sólo veía paisajes españoles y varios actores nacionales haciendo de amigos de Alejandro. Eran exigencias de las coproducciones que se hacían entonces, pero yo no podía evitar cierta extrañeza cada vez que Richard Burton entraba, victorioso, en una ciudad persa y ésta ofrecía el aspecto de un pueblo castellano como los que salían en las vidas de Felipe II y gente parecida. Igual ocurría con los soldados, ya fuesen macedonios, tebanos, persas o egipcios: era un ejército formado por cohortes de baturros, sevillanos, gallegos, catalanes y hasta algún vasco inesperado.

El cine me preparaba como siempre para la alta cultura a base de deformarla, y mi incipiente panhelenismo veíase obligado a hacer la vista gorda cuando regresaba al cine para disfrutar con los contenidos culturales más irrisorios. Soñaba con asistir a una representación de *Prometeo* en Epidauro, pero me contentaba con el mundo clásico banalizado en aquellos deliciosos engendros cinematográficos que los críticos franceses dieron en llamar *peplum* (el público del Peso de la Paja las llamaba simplemente «películas de romanos»). Fue el reinado de Hércules, Maciste, Ursus y otros titanes de gimnasio yanqui emplazados ante decorados de cartón piedra que intentaban recrear modestamente el esplendor de la antigüedad clásica

(«*Thegrandeur that was Rome / the glory that was Egypt.*») Se comprenderá que, protegido por las lecturas citadas, podía contemplar aquellas películas con una saludable dosis de ironía. Mientras el público indocto aullaba de placer ante los tongos perpetrados a costa de la mitología, yo me divertía analizando los anacronismos cometidos por los guionistas. Aunque ya sabía que Shakespeare permitió que sonaran las campanadas de un reloj en la Roma cesárea, reconocía que el genio puede permitirse todas las herejías, pero que las mismas han de parecernos ridículas cuando incurre en ellas un mediocre.

El *peplum* tenía poco o nada que ver con las películas históricas a que nos había acostumbrado el cine americano. En éstas solía destacar el elemento religioso, convertido en pretexto para disfrazar la tendencia al carnaval circense y un erotismo solapado. En el llamado *peplum*, tal como empezó a desarrollarse en los estudios italianos, se prescindió de mártires, apóstoles, diáconos y otros especímenes del santoral cristiano. *Hércules*, primer título del nuevo género, marcó el tono a seguir y sorprendió a los públicos. Era agradable encontrarse ante una visión de la antigüedad que no conllevaba una moraleja. Si había mensajes sobrenaturales, no concernían a los ángeles del purgatorio sino a los poderosos inquilinos del Olimpo. Sus protegidos se dedicaron a romper templos, arrancar montañas, salvar rubias cieguecitas amenazadas por los leones y liberar a pueblos oprimidos, todo sin necesidad de recurrir a la inteligencia.

Pero este género constituyó un gozoso tributo al esplendor de la carne mientras se prestó al lucimiento del divino atleta Steve Reeves. En el divertido cortejo de gimnastas despistados, él constituyó una maravillosa excepción. No sólo llegó el primero: fue superior a los demás. Su cuerpo era equilibrado, sus músculos racionales, sus rasgos poseían cierta nobleza clásica. Por pura lógica, quedaba siempre vencedor en el concurso

«Le plus bel Apollon du cinéma», que organizaba la revista *Cinémonde* por votación popular y, no nos engañemos, para presentar las formas más permisivas del desnudo masculino bajo pretextos que los moralistas no pudiesen reprochar. Ciegos que eran, pues Steve se convirtió en divinidad tutelar de los onanistas de medio mundo.

Con tales atributos el género *peplum* no pudo sino impactarme. En realidad no aportaba grandes novedades a mis fantasías: era una extensión de las revistas de culturismo que descubrí en los tiempos del Domund. Pero el cine sabía disfrazar las cosas a mi medida. Para evitar que me sintiese culpable, me devolvía a los atletas revestidos con todos los atributos de la cultura y aun de la Historia. Tras hacer de Hércules, Steve fundó Roma en dos ocasiones consecutivas: vestido de Rómulo y disfrazado de Eneas. No contento con duplicar tan legendaria gesta, venció a los persas en Marathon, salvó al imperio del furor de los bárbaros y se convirtió en primogénito de Espartaco. Amplió el alcance de sus hazañas introduciendo en ellas elementos sadomasoquistas que no carecían de empaque.

Yo seguía empeñado en enfrentarme a aquellas películas como una licencia intelectual, un capricho acaso esnob. Nadie podría pescarme en un renuncio. Me autodisculpaba poniendo un poco de orden en las disparatadas mezclas de las tramas argumentales. En la primera película reconocí con sonrisa de suficiencia cada uno de los trabajos de Hércules; y no me gratificó menos denunciar que, además, se les había colado la gesta de los argonautas. En un segundo título, *Hércules y la reina de Lidia*, el héroe era raptado por una fogosa soberana que le robaba la memoria a base de filtros y le sometía por medio del sexo, referencia solapada a la tiranía que Onfalia ejerció sobre Hércules en la mitología real. Pero había metraje suficiente para convertir en tebeo al propio Esquilo y, así, durante el resto de la película, los hermanos Empédocles y Polinice revivieron las disputas de *Los siete contra Tebas* sin pagar derechos de autor.

Por si esos descubrimientos no hubieran contribuido a distanciarme, allí estaba el aspecto estético, capaz de los mayores delirios. La reina de Lidia y sus damas de honor iban maquilladas como señoritas de Pigalle y sus atuendos y actitudes eran una réplica exacta de cualquier cuadro del Folies Bergère. Y es que la reina en cuestión fue Sylvia López, *vedette* de revista y esposa del compositor de *Violetas imperiales*. ¡Singular itinerario, que empezaba en el Olimpo y podía terminar en el camerino de Luis Mariano! ¡Suculenta combinación de todas las posibilidades de la horterada! Después de los atuendos de aquella dama, todos los disparates fueron posibles. Las reinas destinadas a enloquecer a los héroes se volvieron petardas. Enriqueció el género la cubana Chelo Alonso, especie de rumbera a la que solían disfrazar de egipcia pérfida o hija de general mongol, según las peripecias. En ninguna faltaba una danza exótica que le permitiera lucir sus contoneos, sustituyendo las maracas por liras, siringas y crótalos. Sólo era de lamentar la ausencia de los componentes de la Sonora Matancera disfrazados de esclavos bitinios.

Las perversas del género *peplum* constituyeron un arquetipo que me encandilaba. Solían ser emperatrices libidinosas, cortesanas podridas de ambición o hetairas traicioneras. Eran lobas cuyas garras se disputaban a los musculosos de turno, prendados a su vez de virgencitas ingenuas, que siempre me caían fatal. Nadie estuvo más cerca de la perfección de la villanía, ni más alejada del arte interpretativo, que Gianna Maria Canale, sublime *maggiorata* que ya había hecho de Teodora con todas las consecuencias. Por su acreditada perversidad tenía que morir al final de cada película, pero yo la consideraba una pobre despistada, que se mataba por error, clavándose el puñal destinado a la ingenua.

La distancia crítica me llevaba a divertirme con esas apasionadas, pero en el fondo no hacía sino imbuirme de su papel desde mi voyeurismo tradicional. Porque todo intento de establecer distancias se volvía contra sí mismo al entrar en juego la belleza de los atletas. Ante ellos era inútil buscar la redención de la ironía. Steve Reeves posando contra una columna dórica era la ensoñación esperada desde mi infancia. Se parecía mucho al ideal estético que observaba con delectación en las esculturas paganas. Era un cruce entre Hércules y Apolo, y cuando caía prisionero de sus enemigos parecía Laoconte, Marsias y el Sebastián cristiano. Los que le sustituyeron en las películas se limitaron a parecer camioneros de Arkansas.

Así continuaba mezclando la cultura y la subcultura. Y no me apetecía renunciar a ninguna de las dos porque en el híbrido me reconocía. Mis aspiraciones al ágora nunca me harían desatender cuantas provocaciones ofrecieran los mass media. Sólo así se explica que, mientras me emocionaba con los poemas de Catulo, tararease con igual fruición una melodía griega que acababa de triunfar en el Festival de la Canción Mediterránea. La cantaba cierta debutante llamada Nana Moskouri y su traducción castellana no podía ser más ridícula:

Xipna agapi mou
que es como en Grecia
dicen amor mío
porque te quiero.

Nos amamos
al sonar el vago son
de antiguas liras
al subir al Partenón.

No cedía el espíritu contradictorio que me llevaba a mezclar mundos, pero ninguna mezcla fue tan apasionante como la que me deparó mi época en la Editorial Mateu. Acababa de encontrar un ambiente aureolado por un prestigio muy superior al que mi fanatismo atribuyó a una redacción de tebeos. Me descubrí inmerso en el reino del libro. Todo el chalet olía a libros. Los cientos de volúmenes almacenados en el sótano. Los paquetes que, por falta de espacio, se amontonaban en el primer piso. Los que esperaban el mismo destino en las escaleras. Y aún quedaba espacio en la cocina para guardar volúmenes que hubieran salido defectuosos.

Al entrar en la biblioteca estuve a punto de proferir una exclamación de júbilo. Servía de antesala al despacho del gran jefe y estaba presidida por una enorme mesa de juntas que se convertiría en mi pupitre provisional durante un tiempo. El resto eran libros. Todas las paredes estaban cubiertas por estanterías que conservaban los volúmenes de las colecciones editadas por la empresa y, además, lo más selecto de distintas editoriales. En realidad, eran las más prestigiosas, representadas por sus productos más necesarios. Allí estaban la colección Austral, la Biblioteca de Autores Españoles, los clásicos griegos y latinos de varias procedencias, la narrativa del editor Janés; también colecciones francesas, inglesas, italianas; libros de arte, de poesía, de historia; enciclopedias, diccionarios, antologías, e incluso las colecciones encuadernadas de revistas gráficas consideradas entonces de gran prestigio, como *Paris Match, Life, Epoca* y *Oggi*. Más de veinte años de historia contemporánea archivados en las páginas de aquellas publicaciones.

La biblioteca superaba con creces a la de la Harry Walker, de impacto tan poderoso en su momento. Aquí no se trataba de satisfacer el ocio de los empleados; aquí, los libros habían sido reunidos en función de su utilidad profesional.

Además, en la Harry Walker la biblioteca era una entidad que nunca llegó a incluirme: el Joven Inquieto abría las puertas durante una hora, yo cambiaba mi volumen y la biblioteca dejaba de existir hasta la mañana siguiente. En cambio, en Editorial Mateu los libros estaban pensados para rodearme, existían para servirme de compañía, mientras yo realizaba mi trabajo en la mesa de juntas. ¡Qué distinto del despacho de la Médica, donde tenía que escribir o dibujar rodeado de facturas!

En cierto modo, la compañía de los libros me devolvía a mis orígenes, cuando papá me llevaba a las naves góticas de la Gran Biblioteca y proclamaba solemnemente:

—Hijo mío, cuando los libros son buenos no envejecen nunca.

—¡Como Shangri-la! —exclamaba yo, embobado.

Luego papá tenía razón en ocasiones, por más que yo le odiase por mandato expreso de James Dean.

En aquel ingreso en la madurez que para mí representaba una factoría del libro volvió a traicionarme el avieso Peter Pan. Su voz vino a decirme que el cambio y la novedad eran sólo aparentes. También aquella empresa me devolvía a la infancia porque era la editorial de la colección juvenil Cadete, cuyos títulos alegraron mis onomásticas, aniversarios y noches de Epifanía. Eran los inolvidables volúmenes de tapas verdes, responsables de mi iniciación literaria, del ingreso real en todos los mundos de la aventura; las primeras intuiciones de la Historia, el exotismo, todo cuanto pudo convertir la lectura en un placer directamente disparado hacia la pasión. Allí, en la sala donde yo iba a trabajar, estaban reunidos todos mis amigos. Allí estaban Quintin Durward y Phileas Fogg, Robinson Crusoe y Tom Sawyer, Ivanhoe y Marco Vinicio, Miguel Strogoff y Oliver Twist, el capitán de quince años y el pequeño lord. Y ellas. Las cuatro hermanitas March y Lady Marian, Fabiola y Ligia, Rebeca y Rowena, Alicia, Heidi y la pequeña Dorrit, Alicia y la irascible señorita Moby Dick...

Verlos reunidos a todos y a todas me produjo una tremenda sensación de poder. Ya no necesitaba esperar a los grandes eventos del año para que los mayores me regalasen sus aventuras de dos en dos. Mis amigos estaban allí formando ejército. Había, además, nuevos camaradas, más maduros, más arrogantes en su sabiduría: filósofos, historiadores, ensayistas que brindaban abiertamente, sin trabas, el resultado de sus pesquisas. Y así mi vida se sintió abocada al vértigo de todo lo que me quedaba por saber y necesitaba dominar urgentemente. Pero esto seguía ocurriéndome en cada cosa que descubría a diario, con un apasionamiento como nunca había sentido. Y aunque era ya tan viejo como mis calles, creo que nací exactamente aquella mañana de 1959 en un chalet de la parte distinguida de mi ciudad.

Mientras despertaba a aquel mundo nuevo, las salidas con el Joven Inquieto eran cada día más esporádicas. Nos encontrábamos para ir a algún cine-club pero sin el entusiasmo de antes, ni por su parte ni por la mía. Necesitaba un reemplazo urgente. Nos faltaba la asiduidad que me permitiera contarle una a una todas las cosas que contribuían a hacerme maduro. Porque la madurez no se alcanza a solas. Es buena la soledad para la sedimentación, pero yo llevaba toda mi adolescencia sedimentando. Necesitaba devolver a la vida todas las experiencias que le había arrebatado para desfigurarlas, después, en mis fantasías. Las dificultades por hallar al compañero en sus aspectos míticos me devolvieron a la búsqueda desesperada de los seres humanos y este cambio, en apariencia insignificante, obtuvo su recompensa. Era una búsqueda que carecía de sexo, una búsqueda que no presentaba el peligro de hacerme sufrir por amor. El ser humano era un término demasiado abstracto para que pudiese mortificarme y, en cambio, serviría para hacerme sentir mejor.

Para paliar todas mis carencias encontré una aliada magnífica en Amparo Miera, la secretaria particular del señor Mateu. Teníamos la misma edad y desde la primera conversación descubrimos numerosas afinidades, empezando por un desaforado amor a la cultura en todas sus manifestaciones y siguiendo por la necesidad urgente de trasladar nuestros pensamientos a la máquina de escribir. Cumplíamos con inexorable rigor un rito epistolar que nos enriquecía mutuamente. Me comunicaba ella algunos aspectos esenciales de su carácter: «La monotonía me parte. Me gusta lo inesperado, lo inseguro, lo bohemio, todo lo que no me sujeta a horarios determinados... En fin, que todo lo que me gusta es justo lo contrario de lo que hago.» En realidad estaba haciendo lo mismo que yo: quemar la juventud entre cuatro paredes mientras todas las cosas que soñábamos ocurrían a espaldas nuestras, muy lejos de allí, en una tierra de providencia que los enterados llamaban «el extranjero». No carecíamos de referencias: nos hablaban de aquel paraíso las revistas encuadernadas de la biblioteca. ¿Fue su continuada consulta el veneno que me inspiró la primera necesidad de huida? Sería, de momento, una inspiración literaria porque aquellas referencias nos impulsaban a seguir escribiendo con mayor intensidad. La mía empezaba a ser obsesiva y acaso profesional sin saberlo. En mis fantasías, cambiantes día a día, estaba entrando la posibilidad de que mis textos fuesen leídos por otros. Amparo, por el contrario, se declaraba incapaz de escribir una línea pensando que pudiera publicarse. Sus cartas sólo pretendían dejar constancia de sus intensas convulsiones espirituales: «Me consuela que no sea yo la única en sentirse impresionada con la contemplación del color otoñal de las hojas. No sabes cómo me gusta pasear después de una tarde de viento, cuando el suelo queda alfombrado y alguna hoja que cae despistada se posa en tu hombro o en la cabeza...»

Seguía encontrando a mis mejores amigos entre las mujeres. Por fortuna, el departamento administrativo de la editorial era un terreno abonado para el mimo de adolescentes desprotegidos. Con sólo salir de la biblioteca, me encontraba con ocho señoritas, algunas de mi edad, otras un poco mayores, y no recuerdo si un par de solteronas. Es probable que durante los primeros días me mirasen con impertinencia, pero no tardaron en percibir mi necesidad de abrirme al afecto. Una necesidad tan desesperada que ya tenía la facultad de conmover. ¿O era acaso una coquetería que estaba aprendiendo sus propias leyes y se manifestaba por medio de la ternura para ganar batallas? Si era una astucia, las chicas no lo notaron. Por otra parte, era obvio que yo estaba mucho más próximo a ellas que los demás hombres de la editorial. Les hacía reír, les pedía consejo y les ofrecía los míos, tras escuchar pacientemente todos sus problemas como si fuese el titular de un consultorio sentimental. Además, era completamente inofensivo. Imposible advertir en mis avances el menor indicio de sexualidad. Ellas premiaron tanta seguridad con dulzura, simpatía y mucha diversión. Incluso me invitaron a verbenas de azotea, y aceptaron bailar conmigo sin quejarse porque fuese un patoso. Bien podría decirse que me dieron té y simpatía sin exigirme, a cambio, el compromiso de la redención.

Hacía tiempo que no me sentía tan feliz entre la gente. No podía contener mi júbilo. Tenía diecisiete años y los sentía dentro de mí. Estaban hirviendo, ansiosos por manifestarse. No podía permanecer en mi silla más de diez minutos seguidos. Iba y venía de un lado para otro. Empezaba a rotular una viñeta, se me ocurría un chiste, corría a contárselo a Mari Carmen. Conversaba, después, con Rosita. Volvía a mi mesa, empezaba a dibujar un titular, recordaba un chisme cinematográfico, volaba hacia la mesa de la señorita Nuri. Cuando las chicas no podían atenderme, bajaba corriendo al almacén y me entretenía rebuscando entre las pilas de libros o daba conversación a los encargados y hasta a los mozos. Así transcurría mi jornada laboral: de arriba abajo, de mesa en mesa, de plática en plática, de chiste en chiste. Mi jefe directo se vio obligado a tomar cartas en el asunto cuando la imprenta reclamó por enésima vez unas páginas que llevaban varios días inacabadas en mi mesa de trabajo. Al reprenderme, el señor Giménez recitó los versos de la ardilla demasiado inquieta:

Tantas idas
y venidas
tantas vueltas
y revueltas
deja, amigo,
que te diga
¿son de alguna
utilidad?

Era un buen hombre que manifestaba su bondad incluso en las regañinas. Llegó a decir que yo era un chico magnífico a quien no se le podía otorgar demasiada confianza, porque si me daban un dedo me tomaba el codo. Seguramente tenía razón, pero le faltaban datos para calcular lo que para mí significaba aquel despliegue de comunicación correspondida. Significaba que volvía a tener a los demás pendientes de mí, que contaba con gente amiga, personas con posibilidades de quererme algún día. Y así obraba yo, a la recíproca, ofreciendo más simpatía que té, por si las moscas.

Es uno de los derechos de la santidad perder algún día la paciencia, y al señor Giménez se le estaba agotando la suya, de manera que opté por parecer trabajador interesándome de cerca por los asuntos de su departamento. Fue una decisión que no quedó sin recompensa, ya que me reveló los entresijos del mundo de la edición desde la base. Resultaba apasionante seguirlos a través del material que abarrotaba todos los rincones de aquel despacho.

Era la réplica de una biblioteca en su estado bruto. Apenas se podía avanzar, tan lleno estaba el suelo de paquetes de metal, en realidad páginas de un libro compuesto en tipografía. Por las atestadas estanterías, encima de los archivadores y aun del escritorio, se amontonaban originales literarios en fase previa a la corrección de estilo y después de haber pasado por ella. También las primeras galeradas de imprenta, seguidas por las compaginadas. En otro lugar aparecían numerosos dibujos de Fariñas, autor de las portadas de la Cadete, entremezclados con sus grabados, planchas o fotolitos, según los distintos sistemas de impresión. Algunos eran nuevos, otros dispuestos para ser reutilizados en nuevas ediciones o para los llamados «refritos», sospechoso sistema que consistía en sacar un libro ya publicado, cambiando la portada o el título. Yo tenía los ojos abiertos como platos mientras el señor Giménez me instruía pacientemente. Por una vez respondí con creces a lo que de mí se esperaba. Si en la redacción del *Tiovivo* me había apasionado ante la posibilidad de manipular los originales de los dibujantes, aquí sentía la intensa emoción de acariciar folios que acababan de salir de la máquina de escribir. Pertenecían a autores vivos, gente inmediata, que estaban efectuando su creación en un tiempo que era exactamente el mío. Y aquella idea me emocionó profundamente, como si acabase de descubrir una nueva forma de amor.

Así, mientras seguía consumiendo literatura, se me imponían con fervor las ansias de imitación. Mis noches en vela se habían vuelto más selectivas en los últimos meses. Dejaba de lado el dibujo humorístico para concentrarme en traducciones de textos extranjeros que, por alguna razón, me atraían más que otros. Era lógico que los primeros fuesen obras de Tennessee Williams, las que me habían impresionado en el cine o el teatro. Pasé días enteros traduciendo el monólogo de Blanche Du Bois en un intento de recuperar la integridad que le había arrebatado la censura. También me entretuve con algunos fragmentos de *Madame Bovary*, texto que era imposible encontrar en el mercado por idénticos motivos. Como, además, llevaba algún tiempo recibiendo clases de italiano, intentaba traducir el libreto de alguna ópera de Puccini (mi favorita era *Turandot*, por la calaña de la princesa adornada con tan pintoresco nombre).

Sólo Amparo Miera se enteró de mis actividades y, por su mediación, llegó a enterarse el señor Mateu. Hacía tiempo que no podía disimular su curiosidad. Me miraba de manera muy especial, como si estuviese estudiando todas mis acciones. Supe por Amparo que me llamaba «el inquietorro» o algo parecido. Dicho por él, era un buen síntoma. En cierta ocasión me deparó el más alto honor con que puede distinguirse a un subalterno: me acompañó a casa en su automóvil. No tardé en comprender que se trataba de un pretexto para mantener una conversación seria. Me preguntó sobre mis novelas preferidas. Salió *La Regenta*. Se extrañó mucho. Cuando quiso conocer los motivos de mi predilección quedé un poco cortado: me intimidaba la posibilidad de parecer pedante, pero no tardé en decidir que tenía todo el derecho a parecerlo si me había tomado el esfuerzo de interesarme por aquel libro, robándome el tiempo que los jóvenes de mi edad dedicaban al ocio. Mi disertación fue quizá muy larga, pero bastó para que el señor Mateu recibiera el mensaje que yo llevaba mandando inútilmente a los demás desde hacía tanto tiempo. Al bajar del coche me dijo: «Tú vales, chico.» Son cosas que suelen decirse, pero el señor Mateu quiso demostrarme que lo decía sinceramente. Por mi parte, quería hacerle notar con urgencia que estaba en posesión de algunos conocimientos probablemente útiles para empresas más arriesgadas que las de un vulgar rotulador.

Valía para algo, pero nadie, ni yo mismo, sabía para qué. Acaso traductor. No era una pretensión excesiva. Cuando el señor Giménez me permitía curiosear los originales de algunos traductores de la casa descubría tal cantidad de faltas que me sentía sobradamente capacitado para superarlos. Algunos textos daban verdadera pena. Un eficaz corrector de estilo, Ramón Gómez, ponía cada palabra en su sitio, ordenaba las frases, invertía la construcción de las mismas y al final yo me preguntaba si no era más loable su trabajo que el del apresurado traductor.

El señor Mateu se olvidó de su interés por mí durante una temporada. No me di por vencido. Como sea que debía pasar por la biblioteca cada vez que entraba o salía de su despacho, intentaba abordarle, sin el menor éxito. Mi trabajo de rotulador me aburría lo indecible, y si me quejaba al señor Giménez, él respondía que me contrataron en la casa para darle a la plumilla y por consiguiente no tenía motivos para quejarme. No le faltaba razón, pero a mí me sobraban causas. Éstas se notaban. Mis últimas rotulaciones eran del todo penosas, y yo no ponía el menor interés en enmendarlas. Cuando los jefes descubrieron mis chapuzas, confiaron las historietas a otro rotulador más diestro y entonces me pusieron en un trabajo parecido al que había hecho en el *Tiovivo*. Tenía que compaginar un semanario humorístico de parecido corte, con el cual pretendía el señor Mateu hacer la competencia a la Bruguera. Así que de nuevo me vi condenado a pegar tramas, rellenar espacios y recuadrar chistes. Era una variación sobre el mismo tostonazo.

La necesidad de superar el tedio me convirtió en sembrador de escándalos. Eran nimios, por supuesto, y se parecían a los de siempre: hacer todo lo contrario de lo que los demás esperaban de mí, y arrojarles todas mis faltas a la cara, a fin de atraer su atención. Me estaba convirtiendo en un exhibicionista del desastre, pero no todo el mundo estaba capacitado para considerarlo divertido. Movía los hilos de la editorial un ogro con cargo de jefe que se dedicaba a devolver mis afrentas con pequeños tormentos cotidianos. Quiso demostrarme que, pese a las deferencias del señor Mateu, yo era el último mono y, además, estaba sin amaestrar. Intentó hacerlo por su cuenta, devolviéndome a trabajos inferiores. Debió de entender que sería una humillación apartarme de mi puesto de rotulista y convertirme en chico de los recados. No se equivocaba. Protesté vivamente pero el ogro dejó bien claro que era cierto el impertinente refrán catalán que dice: «Quien paga, manda.» Aunque él era un pagado como yo, cobraba mucho más y esto le concedía la autoridad necesaria para dominarme. Así pues, decretó que a partir de entonces sacrificase mis mejores horas llevando los originales de las dos revistas de la editorial a la delegación del Ministerio de Información y Turismo, tristemente conocida como la «censura» en la jerga de los subyugados.

No hay en el mundo trabajo que no resulte provechoso al cabo de los años, sólo que esto se sabe cuando ya han pasado. Los enojosos desplazamientos a la guarida de los censores me convirtieron, sin yo presentirlo, en testigo excepcional de la barbarie. Estuve en el escenario del crimen, ocupando un asiento de primera fila.

La delegación se encontraba en un edificio de las Ramblas que no me era desconocido. En uno de sus pisos estuvo instalado el despacho del abogado Ulled, al que acudían mis padres cada vez que decidían separarse. El mismo piso que, años después, ocuparía la redacción de *Fotogramas*, bajo el gobierno de Jesús Ulled y Elisenda Nadal. No podía pedirse mayor cúmulo de coincidencias. Es aquél un edificio construido con fragmentos dispersos de mi vida.

Yo había conocido la indignación ante la lista de libros prohibidos por el Índice de los curas, pero nada me había preparado para enfrentarme a la arbitrariedad y estupidez de los censores de la prensa ilustrada. De las dos revistas de la Mateu, una estaba destinada al público juvenil femenino; la otra era «de humor para adultos». Por lógica, pensaba que se regirían bajo códigos distintos. Sólo era así en apariencia, porque la palabra adulto no existía para la censura. Se ha señalado que se cebaban contra las inofensivas «chicas» del *Tiovivo* bajo acusación de pornografía. Igualmente podían eliminar una foto de vampiresa en el *Pepe Cola* o un casto beso de mejilla en las fotonovelas de *Picnic*. Además, los cortes dependían de las fobias de cada censor, por lo cual era imposible atenerse a una regla fija.

Cada jueves coincidía con el meritorio de Editorial Bruguera, encargado de los originales de la revista juvenil femenina *Sissí*, rival de la nuestra. Llegábamos con dos enormes carpetas y en tranvía. Después de esperar más de una hora en la delegación, salíamos con ganas de reponer fuerzas. Mientras desayunábamos en un bar cercano nos dedicábamos a intercambiar información:

—¿Cómo te ha ido, Ramonet?

—Tonto día, Ventura. Se han cargado una foto del Moulin Rouge de París, chico.

—¿Salían coristas en bikini? ¡A ver, a ver! ¡Pero si todas van de traje largo! ¿Dónde está el vicio, tú?

—Dice el maldito Fulánez que el vicio está en el local. Que no se puede sacar el local bajo ningún pretexto. ¿Y a ti qué te han cortado?

—Un beso de la historieta, una respuesta del consultorio sentimental y un escote de la Deborah Kerr...

—¿Deborah Kerr, dices? ¡Pero si es de lo más recatada!

—Y más lo ha quedado con las puntillas que le pusimos en el escote.

En efecto, a la casta Kerr le habían pintado más blondas que a una virgen de altar. Supe, después, que en la Bruguera tenían un dibujante especializado en retocar fotografías. Era sin duda un hombre de gran inventiva, capaz de convertir un escote bañera de Ava Gardner en un jersey de cuello de cisne. Además alargaba faldas, pintaba mangas y suavizaba los senos de las vampiresas italianas a base de retocarlos con témpera blanca. También a mí me tocó hacer idénticos retoques en algunas fotos de Sofía Loren y Jayne Mansfield, pero el de la Bruguera alcanzó la culminación de la inventiva al modificar sustancialmente una famosa fotografía de Marilyn Monroe y Cary Grant junto a una piscina. Era una escena de la película *Me siento rejuvenecer*, sobradamente conocida. Las prendas de baño de los dos protagonistas no podían ser más recatadas. Pues bien, gracias a la témpera y la tinta china, el dibujante consiguió que Marilyn apareciese con pantalones y un chaquetón y Grant con una toalla que le cubría completamente el torso. De esta guisa aparecieron en la portada de la revista *Sissí* (1). Como sea que en la actualidad una parte de este archivo obra en mi poder, puedo certificar la autenticidad de la anécdota y de todas las que me iba contando Ventureta.

Aunque en principio me sentía profundamente humillado, opté por considerar aquel trabajo como una oportunidad de oro, que me permitía conocer a los censores cara a cara. Lo cierto es que eran decepcionantes. No iban vestidos

(1) *Sissí*, revista femenina. Año III. N.º 114. 2 de mayo de 1960.

de inquisidor. No disponían de aparatos de tortura. Tampoco presentaban el aspecto monstruoso de los demonios ni padecían flojera mental, como permitían adivinar sus acciones. Diríanse personas normales. Era posible que fuesen excelentes padres de familia. Incluso podían ayudar a un ciego a cruzar la calle. Eran, en resumen, ciudadanos como los demás. Por serlo, sus crímenes no tienen perdón ni atenuante.

Mi censor particular era un senecto espécimen de funcionario de piel rojiza, dos cepillos por cejas, nariz ganchuda, varios dientes de menos y espalda ligeramente encorvada. Diría yo que se le puso así a base de pasarse horas enteras doblado sobre los papeles portadores de pecado. Los examinaba con una parsimonia que conseguía exasperarme. Era imposible atraparle en falta u omisión. Estudiaba los dibujos uno a uno y los textos palabra por palabra. De vez en cuando, fijaba la mirada en una página y se quedaba meditabundo, esgrimiendo el lápiz rojo que le servía para tachar cuanto no le cuadrase. Así ocurrió cierta mañana...

—Esto no puede pasar, jovencito. ¡Es una provocación!

Enarcó una de aquellas peludas cejas, frunció los labios con cierta complacencia, presto al desaguisado. Le exhorté a que esperase un segundo. Quería conocer el pecado para justificarlo de regreso a la editorial. En la primera viñeta aparecía una niña practicando patinaje sobre hielo. La observaba un caballero. En la segunda viñeta, la niña giraba como una peonza, provocando cortes en el hielo. El caballero seguía observándola. En la tercera viñeta la niña se había hundido en el hielo y el caballero esbozaba una risotada.

El chiste me pareció una idiotez pero en modo alguno una provocación. De manera que tuvo que explicármelo el censor:

—La guarrada no puede ser más explícita. El hombre se calienta tanto viendo a la niña que acaba derritiendo el hielo.

Me quedé atónito. Simplemente atónito.

—¡Que no, don Fulánez, que no! Es la niña quien lo rompe a base de dar vueltas sobre sí misma.

—Pues todavía peor: es ella la que se calienta al recibir sobre su cuerpecito la mirada libidinosa del viejo verde.

Entablamos una vigorosa discusión. Creo que incluso llegué a gritar de ira. En cualquier caso no debí de ser demasiado respetuoso con el censor, pues acabó dando un puñetazo sobre el original y hablándome a gritos:

—¡Basta ya, retaco! ¿Es que lo has dibujado tú? ¿Verdad que no? Entonces, ¿por qué lo defiendes tanto?

Yo no lo había dibujado, pero él tampoco. De ser así no habría empleado tanta saña. Cogió su grueso lápiz rojo y tachó con una cruz. Opté por encogerme de hombros, en el convencimiento de que toda acción sería vana. Si no comprendía la razón de mi defensa, no la comprendería nunca por más que yo me deshiciera en explicaciones.

—Yo ni ataco ni defiendo —dijo, al despedirme—. A mí me pagan para cortar; así pues, que me den tijeras. Pero es cierto que el mundo anda podrido. Malo es que los jóvenes de tu edad os complazcáis en el oprobio y la inverecundia.

Después de consultar aquellas palabrejas en el diccionario me dio un ataque de risa. ¿Qué no habría dicho, el botarate, si le hubiese contado mis experiencias en el cine Cervantes y en el lavabo de la imprenta?

Cuando el señor Mateu descubrió el original censurado se puso fuera de sí. No le faltaba razón. El número ya estaba en máquinas y cambiar todo un pliego significaba un gasto considerable. Era evidente que nos habíamos adelantado. Y es que a veces éramos excesivamente ilusos: sometíamos a la consideración de varias personas el contenido de una página y, si todos la consideraban blanca, procedíamos directamente, en la seguridad de que no nos ocurriría ningún percance. Era una actitud peligrosa porque la censura no consideraba blancos ni los calzoncillos de Su Santidad el papa.

—¡La madre que los parió! —gritaba el señor Mateu—. ¿Qué tiene este chiste para que lo censuren? Y tú, ¿cómo lo has tolerado? ¿Es que no tienes agallas para defenderte?

—¡Y a mí qué me cuenta! —exclamé, definitivamente hastiado—. ¡Al fin y al cabo no lo he dibujado yo!

El señor Mateu me miró fijamente. Debió de entender que, con mi impertinencia, daba rienda suelta a la ira acumulada durante toda la mañana.

—¿Sabe qué le digo, jefe? Este país es una mierda atada con un cordel.

—¿Y eso qué significa?

—No lo sé. Lo dicen en mi barrio desde tiempos ancestrales.

Entre bromas y risas, me invitó a un aperitivo para seguir hablando de literatura. Era una conversación que habíamos dejado interrumpida y que me urgía reanudar por mi propio interés. No era tan audaz como para pensar que el señor Mateu pudiera publicar alguno de mis escritos, todos informes, todos sin terminar, pero mantenía mi pretensión de convertirme en traductor, y las deferencias con que él me distinguía señalaban que había llegado el momento de atacar.

Al día siguiente, deposité un sobre en su despacho. Quería demostrarle que mis conocimientos de idiomas eran considerables. Tanto como para atreverme a traducir un largo poema de Leopardi que, sintetizado, había quedado así:

HIMNO A ITALIA

¿Quién habla, quién escribe
que al recordar tu pasado
no exclamara: Grande fue,
pero ya no es la que era?

Escucha, Italia, yo veo
un cortejo de infantes y corceles,
polvo, humo, espadas relucientes
cual rayos detrás de la tiniebla.

Veo, patria, muros y arcos,
columnas, simulacros,
estériles torreones,
mas no veo la gloria
de nuestros padres muertos.

Cuántas heridas
cual palidez, qué sangre.
Así te veo, bellísima señora.
A cielo y tierra grito: Decidme
quién la redujo a esto.

Como yo esperaba, la llamada del señor Mateu no se hizo esperar. A la mañana siguiente me la comunicó Amparo, con una sonrisa de satisfacción que delataba su parte en el asunto. Cuando me disponía a entrar en el despacho, me informó por lo bajo: «Se ha quedado de piedra. Seguro que le sacas algo.»

Recuerdo al señor Mateu detrás de aquella mesa sobrecargada de papeles, pese a que Amparo se la arreglaba con extrema solicitud cada mañana. Le recuerdo rodeado de los mejores libros de la casa, cual portaestandarte del gremio editorial. Y es como si estuviese viendo su astuta sonrisa, propia del que está dispuesto a conceder algo sin que se note demasiado la dádiva. O como decían los mayores: sin que sirva de precedente.

Agitaba mi carta con cierta ironía.

—¡Conque Leopardi!

Yo me puse alerta. Una elección equivocada podía arruinar mis propósitos.

—¿Qué pasa? ¿Es mal poeta?

—Todo lo contrario. Es grande. Lo que es malo es tu final.

Tenía razón. La imposibilidad de traducir con propiedad la frase *«qui ti ridusse a tale»* constituía un obstáculo que ni siquiera mi profesor pudo ayudarme a salvar. Siempre se dijo en Barcelona que el italiano no ofrecía dificultades, por su estrecho parecido con el catalán. Es cierto que así ocurría con numerosos vocablos, pero al llegar a su estructura me ofrecía tantas dificultades como el inglés. Por esto me reía cuando las complacientes burguesas del Liceo proclamaban con aire sabihondo que no necesitaban leer los argumentos de las óperas: «El italiano se entiende todo», decían las muy creídas.

El señor Mateu se rió conmigo a costa de las madamas. Creo que él era de origen humilde, un hombre que se había hecho a sí mismo, por lo tanto sentía el mismo desprecio que yo ante las ridiculeces de la burguesía. En todo caso, aquel intercambio de bromas constituyó un momento afortunado, de absoluta complicidad. Entendí que quería ayudarme sin más dilación. Lo hizo de la manera que mejor podía entonces: encargándome pequeños trabajos literarios para sus dos publicaciones. No era escribir para *Les temps modernes*, pero era publicar, en cualquier caso.

De pronto, me quedé con la risa helada. Acababa de entrar en el despacho la hija del señor Mateu. Venía a recogerle para almorzar, y vestía de acuerdo a la circunstancia: discreta pero elegante, como siempre se dijo de las chicas de buena familia. Pero, además, me pareció extraordinariamente bella. En rigor, era bellísima.

Sentí un impacto tremendo. Esa chica sí me gustaba. Me gustaba con locura.

Los numerosos cambios experimentados en mi vida me habían hecho olvidar que, a veces, era homosexual. La belleza de Montserrat Mateu me hizo suponer que no lo fui nunca. Su presencia me turbaba de tal modo que no entendía cómo, antes, pudieron turbarme las películas de Steve Reeves. ¿De dónde habían salido mis quimeras, si la simple aparición de una chica maravillosa bastaba para desmontarlas? Estuve equivocado todo aquel tiempo. Los soberbios atletas del mundo griego se desvanecían tras su nube de siglos, cuando aquella muchacha me dirigía una mirada dulce, serena, impregnada de lo que yo juzgaba el paradigma de una feminidad exquisita.

En aquel momento fui un chico que descubría el poder de la chica. Una situación tan sencilla, rudimentaria y elemental como los tebeos románticos; tan evidente y simplona como las cancioncillas de la radio. Nada original para los demás y, sin embargo, completamente revolucionario para mí. Porque no podía olvidar que yo era, también, el muchacho que tembló de placer cuando le masturbaron en un cine, el mismo muchacho que hizo el amor con un minervista en el lavabo de una imprenta sombría.

Algo estaba a punto de cambiar. Después de descubrir a Montserrat caí en la cuenta de que las chicas no me habían sido tan indiferentes como yo creía. Si es cierto que siempre reaccioné contra las novias impuestas por la pesadez de mi padre, no lo era menos que había sentido ciertas pasiones hacia las que yo admiraba por mi cuenta. Y era curioso que todas respondiesen al arquetipo de Montserrat Mateu. Chicas inteligentes, refinadas, exquisitas, con un pie en el internado y otro en una estación de esquí. Ellas representaban mi candidatura a la normalidad y yo no me había dado cuenta. O era tonto de remate o estaba edificando mis defensas en el bando equivocado

Cuando trabajaba en la imprenta, sometido al rechazo de los finústicos, fui objeto de las atenciones de una secretaria mucho más refinada que todos los demás. O quizá yo creí que lo era a causa de su parecido con una actriz adolescente que, según las crónicas de mi corresponsal yanqui, estaba muy de moda en América: se llamaba Sandra Dee y era lo que los remilgados llamaban un pimpollo. Mi amiga Emma era consciente de su parecido y lo explotaba a conciencia: era rubia, con bucles, carita redonda, mejillas sobresalientes. Iba siempre de blanco o azul celeste, con vaporosos vestidos de vuelo estimulado por el brío de aquella prenda llamada can-can. Era linda, sí; era un cielo, seguramente. Cuando menos, la memoria la pinta etérea, tenue, inmersa en un baño de mermelada.

Recuerdo que me invitaba a sus guateques. Incluso me sacaba a bailar, cuando yo me atrevía. Desgraciadamente, siempre aparecía un chico mayor que me la arrebataba. El estudiante de letras. El futuro interventor de algún banco. El hijo del dueño de cualquier charcutería de segundo orden.

Tardes de guateques, tan mitificadas por los cantores de mi generación. Incluso mi personaje Bruno Quadreny cayó en la mitificación en *El día que murió Marilyn*, al reencontrar su propia memoria: «Reunidos, como si todavía viviésemos una de aquellas tardes de domingo, inviernos de fiesta particular, cuando íbamos a bailar a casa de Cinteta Font, Lidia Balcells o Alfons Bru, durante aquellos años cincuenta tan irremediables y dolorosamente nuestros; cuando nos descubríamos y temblábamos ante los primeros juegos del mundo y del amor, cuando éramos adolescentes, apasionados por el rock and roll y enamorados de Marilyn y las chicas, e incluso Jordi, de Tab Hunter y Rock Hudson. Lo mismo, sí: aún podía ser una tarde de entonces, de todos los domingos, y una chica más fea que las otras se quedará sin que nadie le pida un solo baile y se ofrecerá para ir poniendo discos; y yo besaré a Silvia en aquel rincón, y nos enamoraremos y seremos muy tiernos, estaremos muy llenos de fe y de alegría...!

¡Qué irónico resulta volver a leer este fragmento al cabo de los años! Ese Bruno a quien yo mismo inventé era el rey de los guateques mientras yo tenía que contentarme siendo el convidado de piedra. El patoso del baile. El panoli que pisaba a las chicas. El bajito destinado a quedarse en un rincón soñando que era Guaglione, aquel adolescente italiano que se enamoró de mujer madura y se dedicaba hacerse el machito, hasta que Renato Carosone le aconsejó:

Anda, chiquillo,
tira el cigarrillo
y márchate a tu casa
deja ese aire lánguido
que eres aún muy cándido.

Forjé muchas ilusiones a costa de Emma. La había idealizado como ahora estaba sublimando a Montserrat Mateu, si bien ésta me intimidaba mucho más a causa de su educación. En el fondo, Emma era una muchacha de clase media que aprendía refinamiento a través de las películas. Pero Montserrat era fundamentalmente distinguida. Su refinamiento empezaba en el modo de emplear la voz. Era una plácida sucesión de sonidos equilibrados, prudentes, que contrastaban con los estruendosos vozarrones, tan propensos al griterío, que habían acompañado mi infancia en las calles del Peso de la Paja.

Tantos signos visibles de un estamento social superior me hicieron recordar que, ante todo, era la hija del dueño. Reaparecía el sentimiento clasista, que tanto me mortificaba en el Liceo: el temor a sentirme rechazado, cuando ni siquiera había sido planteado. Y aunque nunca tuve la impresión de ser un pobre obrero, aquella pasión incipiente me hacía sentir como el más miserable de todos.

Para superar aquella sensación me convertí en exhibicionista de virtudes inexistentes. Para crecerme delante de Montserrat, transformé en motivo de fama y gloria las más fútiles incidencias. Por ella, se transfiguraba en aventura una vida cotidiana de lo más aburrida. Todo galancito presume, todos se vuelven gallitos, pero yo era un polluelo que sólo exhibía aspiraciones ridículas. Para parecer fuerte a sus ojos pasaba las noches imaginándome con los rasgos de un poderoso triunfador. Inventaba viajes imposibles, fabulosos destinos —pueblos, ciudades, playas donde nunca estuve— sólo para contárselos exhaustivamente. Si no coincidíamos en alguna de sus visitas a la editorial, se los contaba a los demás para que se los transmitieran, acompañados por la imprescindible dosis de envidia y admiración. Tenía ella una amiga magnífica, Francisca, que me servía de confidente y aun de celestina. La llamaba a diario para hacer averiguaciones: cómo le caía, si aceptaría salir conmigo, cómo reaccionaría si osaba llamarla por teléfono...

Me aventuraba a planear una salida. Si Emma, tan deseable y deseada, había aceptado mis invitaciones, ¿por qué iba a rechazarlas aquella niña bien? Pero volvía la sublimación. Montserrat era mucho más que Emma. Ocupaba un lugar tan alto que todos los demás quedábamos como gusanos y a sus pies. Nunca me había sentido tan inferior. Nunca había tenido tantas vacilaciones antes de dar un paso, luego no lo daba. La inercia me llenaba de rencor y autodesprecio.

Finalmente la llamé. Para mi sorpresa, se puso al teléfono; para mi inmenso júbilo, salimos. Creo que me porté como un hombrecito durante mucho rato. Todo fue magnífico mientras pude basar mis defensas en la conversación. Las defensas se derrumbaron cuando entramos en una sala de fiestas. Estuvimos bailando, poniendo en ello gran maestría, pero al sentir su cuerpo junto al mío me embargó una insoportable sensación de incomodidad. Regresaba el miedo a la mujer.

En aquel momento cometí el gran error de mi vida, la equivocación destinada a marcar definitivamente mis caminos. En lugar de atribuir mi inquietud a una causa natural, algo que afecta a todos los chicos que se enfrentan a una chica, lo atribuí a la homosexualidad. Pude haber retrocedido ante esta idea y acoger todos los miedos como dificultades que tenía que salvar, igual que todos los hombres del mundo. Sin embargo, volvía el viejo, conocido espectro. Seguía sin olvidar mis antecedentes: además del antiguo enamorado de la rubia Emma, era el muchacho que tembló de placer cuando le masturbaron en un cine; el mismo muchacho que se dejó la virginidad en manos de un minervista hortera. Jamás podría mirar a los ojos de una chica por miedo a que descubriera en ellos lo que era imposible esconder.

Aquellos hechos, que me habían producido placer, se convertían ahora en fuente de dolor. Pero éste no bastaba para redimirme. Mientras de día inventaba padecimientos de amor, por las noches los atletas de las películas de romanos seguían reclamando sus derechos. ¿Qué era esa gente y, sobre todo, qué pretendía? De nada servía la coartada del amor griego. La sospecha de que por su causa era rechazado me hizo tomar venganza contra mis instintos. Las circunstancias continuaban ayudándome porque todos los homosexuales que iba conociendo pertenecían a la cuerda que tanto detestaba. Tuve la oportunidad de confirmarlo durante una de aquellas mañanas estivales, en la playa de San Sebastián: insulté vivamente a los amigos de mi padrino porque sólo hablaban de mariconadas. En lo más sañudo de mi reacción me sentí infame o, cuando menos, hipócrita. ¿Qué estaba escondiendo?

Lo cierto es que intenté salir de aquel atolladero a través de una idea sublimada de la mujer, y hasta poniendo a Dios por testigo, como los personajes católicos de ciertas novelas redentoristas, las mismas que satirizaría años después: «Homosexuales disidentes. La loca inconfesa y mártir. La que no se atreve a decir su nombre. La que se arrodilla ante la Macarena y exclama: "Virgencita mía, ¿por qué me has cargado con esta cruz?"»

Convencido de que me había correspondido una sobrecarga de cruces, me imaginé semejante a un Cristo, y, además, un Cristo más solitario que todos los de la iconografía tradicional. Si no había encontrado a un cirineo, era preciso buscar a una cirinea. No era una decisión descabellada. Néstor me dijo, años después: «Siempre te irá mejor con una mujer. Ellas son más sufridas que nosotros.» Seguramente tuve la intuición de esta frase cuando decidí ensayar con otra chica lo que jamás me hubiera permitido hacer con Montserrat. La admiraba demasiado para convertirla en conejito de indias o siquiera en objeto de deseo.

Tuvo que serlo, durante un tiempo, esa otra chica, hija de un comerciante de la calle para alegría de papá, que veía con muy buenos ojos la unión de dos negocios. Me obligué a desearla y probablemente lo conseguí, pero el juego carecía de excitación por lo fácil de la presa, de modo que, después de varios besos en un cine de estreno, empezó a aburrirme. Tuve algún remordimiento porque, si bien se mira, no está bien hacer experimentos con seres humanos. En pleno conflicto, continuaba bañándome en la Barceloneta con las mariconas y mortificándome también por ello. Era Cristo lacerado por una parte y Tenorio bisoño por la otra.

Mientras jugaba de modo tan absurdo con mis sentimientos, entró en escena un viejo espectro de la infancia, magníficamente convertido en jovencito cinéfilo. Regresaba sin advertencia previa aquel personaje a quien en otro tiempo di en llamar el Niño Limpio.

Se me apareció el espectro en el cine-club del S.E.U. la memorable noche del 4 de marzo de 1959. Fue el final perfecto para una jornada ideal. Por la tarde había disfrutado dos veces con el seductor programa doble formado por *Sayonara* y *Las chicas de la Cruz Roja*. Según observo en mis notas de entonces, las veía por sexta o séptima vez cada una. Mi reacción, tan favorable, demuestra que si alguien ansía recibir mensajes, los saca de cualquier parte. *Sayonara* me enseñó que es muy duro ser bailarina japonesa y enamorarse de un oficial americano, luego decidí que nunca sería bailarina japonesa. Las peripecias sentimentales de las señoritas postulantes en la fiesta de la banderita me demostraron que si en mi niñez hubiese sido honrado como ellas, entregando a los curas el dinero del Domund, me habría correspondido en la adolescencia un futbolista, un taxista o un locutor de televisión, que es aproximadamente lo que les tocó a ellas por recorrerse todas las calles de Madrid a los sones de aquella canción tan pegadiza sobre las muchachas bonitas que acababan de florecer tal día como aquél.

Por la noche me puse serio porque el cine-club del S.E.U. había conseguido una copia del filme de Eisenstein *Tempestad sobre México*. Por razones obvias, los organizadores no pudieron anunciarlo públicamente, obrando así a imitación del cine-club Monturiol, que se vio obligado a anunciar una proyección del *Potemkin* con el título *Las escaleras de Odessa*. Pese a tantos inconvenientes, la noticia de aquellas proyecciones corría de boca en boca. La noche del S.E.U. reinaba tal expectación que los organizadores se vieron obligados a celebrar tres proyecciones a puerta cerrada. Nos rogaron que no esperásemos en la escalera, por temor a que la policía sospechase que celebrábamos una manifestación no autorizada. Amparo y yo seguimos a otros espectadores dispersos por los bares de la Rambla a la espera de la siguiente proyección, que se celebraría de madrugada. Al volverme para curiosear entre mis compañeros, descubrí un rostro familiar, aunque lejano.

Más que un rostro era una circunferencia. Pertenecía a un adolescente con aspecto finústico. Pelo perfectamente cortado a la navaja. Traje gris y corbata impecable. Cartera de mano. Síntomas todos de los que bastan para caracterizar a un joven aseado.

¡Noche de grandes casualidades! El cine-club que nos ofrecía la limosna de un Eisenstein estaba dirigido por Sergio Schaaff, que muchos años después se convertiría en uno de mis grandes amigos o, mejor, en parte de mi entorno familiar, junto a los suyos. Aquella noche no me hubiera atrevido a dirigirle la palabra: había leído su nombre en crónicas sobre cine-amateur. En estas filas era una estrella y los jovencitos cinéfilos teníamos muy bien establecidas las jerarquías estelares. Mirábamos con auténtica reverencia a los entendidos, gentes de prestigio, a quienes observábamos como maestros potenciales, jamás como compañeros. Ni siquiera de charla. No me correspondía estar entre ellos.

Pero el Niño Limpio sí me correspondía por completo. Procedía directamente de mis recuerdos escolares, aunque no los más gratos. Recordé velozmente las ocasiones en que solían ponérmelo como ejemplo los maestros bordes: sus cuadernos eran irreprochables, mientras los míos estaban llenos de manchas, raspaduras de hoja de afeitar marca Palmera y garabatos de temas egipcios. Los curas completaban su nefasta labor convocando a mamá para que viera mis desaguisados y, como contraste, las monísimas obras de mi rival. Y aunque mamá tenía demasiada prisa, porque le esperaba su cita galante, no dejaba de aconsejarme que intentase imitar en todo al Niño Limpio. A partir de entonces, la repelente criatura se convirtió en mi obsesión. Era un ejemplo que me rebajaba porque no tenía voluntad para medirme con él.

Mientras hablábamos de los tiempos pasados le observé con una curiosidad que iba más allá del recuerdo. Había sido lindo y ahora se estaba haciendo apuesto. Su rostro redondo, su nariz respingona, aparecían revestidos de una gravedad que le sentaba muy bien. Su impecable aspecto revelaba un sentido del orden y el aseo que, si antes me mortificaba, ahora estaba dispuesto a agradecer porque contrastaba con el mundo caótico de mi familia. Y por todos sus atributos, mejorados con la edad, le llamaré a partir de ahora el Joven Limpio.

Era necesario que yo pasase del odio infantil a la atracción adolescente. Si él no era un galancito capaz de apasionar, resultaba ideal para provocar ensoñaciones. Sin pretenderlo, porque no era coqueto; sin sospecharlo, porque era demasiado puro para imaginar que otro chico pudiera sentirse atraído por él. Era el tipo de pecado que un joven verdaderamente limpio nunca sería capaz de concebir. No aparecía en las películas soviéticas.

Desde nuestro encuentro no volví a pensar en Montserrat ni en la chica de la calle Ponent. Era un olvido la mar de curioso. Tanto, que me resultaba incomprensible. Y al no comprenderlo no quise complicarme la vida en averiguaciones. Era una evidencia que me producía un placer singular, lejos de las torturas que me habían dominado en los últimos tiempos. Al parecer, volvía a ser homosexual. O a sentir como uno de ellos, de repente y por las buenas. Era una enfermedad muy rara, esa que llegaba o desaparecía según el objeto que se me pusiera delante.

Inicié con el Joven Limpio una tanda de paseos nocturnos cuyas consecuencias preveía yo sobradamente. Paseos fatales, porque siempre empezaban con conversaciones sobre cine y terminaban en el enamoramiento. Podía repetirse la historia del Joven Inquieto, si bien con algunas diferencias. De momento, el Joven Limpio y yo no establecimos una relación maestro-discípulo: salíamos del mismo origen, del mismo tiempo, y nos habíamos formado al unísono con las mismas experiencias. Íbamos en todo por un igual. Los dos éramos ratitas de cine-club, recorríamos todos los de la ciudad, y conocíamos tanto sus ventajas como sus deficiencias. Nos gustaba tocar este último tema, con ánimo de crítica acerada. Al igual que cualquier joven de nuestra condición y afición, guardábamos una lista de las películas que nos gustaría ver y nunca llegaban. Lo más natural era atribuir la escasez a las realidades objetivas, de todos conocidas. No nos bastaban. Teníamos la petulancia de la juventud, que siempre se cree capacitada para recomponer todos los desarreglos de los mayores.

—¡Si yo tuviera un cine-club...! —solía exclamar mi compañero.

—Pues, ¿qué harías?

—Pondría todo Renoir.

—¡Ostras, Limpio! ¿Hasta *La marsellesa* pondrías?

—Claro. Y *La bestia humana.* Y *Toni.*

—Y *French Can-Can*, tú, que la recuerdo divina.

—No, porque ésta la hizo Renoir pensando en el gran público. Es en colores, y un cine-club que se precie de formal no puede permitirse el tecnicolor.

—Pues yo pondría todas las películas de Marilyn Monroe.

—Sacrilegio. Esta tía es demasiado comercial para un cine-club.

—Que no, Limpio, que no. Que ahora se ha vuelto actriz.

—No seas frívolo. Esta tía está muy bien para calentarse con ella, pero no pasará a la historia del cine. Anda, ponte serio de una vez. ¿Qué programarías?

Capté la onda. Cuanto más pedante me mostrara, más respetado sería. Cuanto más raro en mis gustos, más entendido.

—Programaría un ciclo de cine polaco de la época muda. Todo el cine checo. ¡Ah, y el cine japonés experimental!

—Esto ya me parece más serio —dijo mi amigo, con el esperado respeto.

—Oye, Limpio, ¡qué bonito sería tener nuestro propio cine-club!

—Daría la mano derecha por dirigir uno.

Después del accidente del pobre Remigio, lo de la mano me sonó a mal agüero. En cualquier caso, el Joven Limpio había manifestado un deseo, y yo sabía que para conseguir a la gente nada hay mejor que convertirse en su hada madrina. Nadie sabe resistir este tipo de astucias. Decidí entonces que mi amigo tendría su cine-club en previsión de más firmes ataduras.

Después de mucho meditar caí en la cuenta de que el Centro donde militaba mi hermano carecía de cine-club. Era extraño que las famosas juventudes no se lo hubiesen planteado. Estaba claro que alguien tenía que abrirles los ojos. ¿Pues no querían renovar las estructuras del Centro? El cine-club era la más moderna e imprescindible de las invenciones. En las revistas para entendidos se veía que estaban muy de moda. Había fundaciones por toda España. No había institución que no tuviera su cine-club. ¿Quién podía sobrevivir sin tener uno en su vida?

Para mejor convencer a los esforzados jóvenes del Centro, me integré en sus actividades. Les arreglé la biblioteca con un garbo que nunca tuvo el lampista que hacía las veces de bibliotecario. Llegué al extremo de acompañarles a una excursión al monasterio de Ripoll. Compartí con ellos unos repugnantes pies de cerdo y bebí tintorro en bota para demostrarles mi buenísima voluntad. Si es cierto que me aburrí, también lo es que no me dolieron prendas, tanto pensaba en las del Joven Limpio. Incluso acepté un papel secundario en la inmortal comedia *Qué listo es Calixto* con la sola intención de hacer méritos cerca de la Junta. Después de muy distintas escaramuzas y picardías, aceptaron mi propuesta, ignoro si por fatiga ante mi insistencia o por comprender que un cine-club era el invento más imprescindible en el barrio del Raval desde que llegó la luz eléctrica.

Pensaron inmediatamente en el buen nombre del Centro. Yo sólo pensaba en la felicidad del Joven Limpio. Quería darle su cine-club. Un cine-club para él sólo. Un cine-club aseado. El cine-club de su vida. Si hubiese estado en mi mano se lo hubiese regalado junto a un cheque en blanco. Dándole vueltas al asunto, decidí que era una buena experiencia. Seríamos los empresarios más jóvenes de España.

—Nada de empresarios —decía el Joven Limpio—. Somos mensajeros del cine.

—¡Qué bonito suena! —exclamé yo, admirado ante sus luces.

Mi admiración era cierta y, además, legal. El Joven Limpio representaba una posibilidad nueva dentro del homosexualismo: aportaba el amor que construye, el que aprovecha, el que rinde. Y, por mediación de este amor, me pareció apasionante ser mensajero de algo. Como un Mercurio del cine-clubismo nacional.

Yo sabía que acabábamos de meternos en un buen lío. Por más que nos animase el idealismo juvenil, no podíamos ignorar que nuestro cine-club nos daría tanto trabajo como un cine de los de verdad, pero con una desventaja inicial: ellos contaban con películas comerciales para arrastrar al público y en cambio nosotros teníamos que servirnos de títulos minoritarios que, por serlo, ya se habían exhibido a local vacío años o meses antes. Por suerte, nos guiaba un estímulo del que carecían los empresarios normales: ellos tenían que arrastrar al público a la diversión; nosotros a la cultura y a la politización. Como insinuaba el Joven Limpio, lo nuestro era un apostolado.

A veces se expresaba como un cura, señal de que no había dejado de frecuentar a los del gremio. Todo lo contrario: supe que continuaba visitándoles y participaba en aquellas reuniones de antiguos condiscípulos a las que yo siempre me había negado a asistir. También me enteré de su colaboración en el cine-club de la escuela. Al conocer su existencia, anoté inmediatamente en mi libreta: «El público del otro cine-club puede servirnos de mucho. Pedirle conformidad al Joven Limpio para que se pasen a nuestras filas.» Él no quiso ni oír hablar del asunto. Llegó a reprocharme que se me hubiese ocurrido siquiera: al parecer, quitar público a los demás era un acto vergonzoso. Yo no lo consideraba así. No podía dejar de pensar que estábamos metidos en una carrera. De apostolado, si se quiere, pero carrera al fin.

Empezamos a hablar de cosas concretas. Era esencial bautizar a nuestra pequeña entidad. El solo nombre tenía que distinguirnos, así como nuestra gigantesca tarea de culturización. Así lo expresó el Joven Limpio, poniéndose casi en trance al recordar la elevada misión del arte cinematográfico:

—Puesto que a los dos nos gusta Fellini, podríamos ponerle cine-club Cabiria. Al mismo tiempo quedaríamos bien con los nostálgicos del cine mudo por la película de Pastrone. Y, además, el cameraman Segundo de Chomón era catalán. Es algo que no podemos olvidar.

—Yo prefiero cine-club Alejandro —dije.

—¿Alejandro? ¿Por quién?

—Por el Magno.

—Era una película muy mala.

—La película sí, pero el verdadero Alejandro era un tío formidable.

—Si fuera Alejandro Nevski todavía, porque es de Eisenstein. Pero no puede ser porque nos tomarían por rojos.

Pero nos dijeron que teníamos que llamarlo cine-club de Nuestra Señora de Belén, porque los curas ponían la sala y el solo nombre de la entidad nos daría prestigio y no nosotros a ellos, como yo suponía. Así que le dije al mandamás de los curas:

—Esto es hacerles propaganda a ustedes, mosén. O sea que deberían poner un dinerito para el alquiler del proyector. Piense que se nos lleva ciento cincuenta pesetitas, así por lo bajo.

—Nosotros no ponemos ni un céntimo. Dad gracias que no os cobramos la luz.

—Pues paguen los programas, que no se les caerán los anillos.

—Ni hablar. La parroquia necesita dinero para los niños del catecismo.

—Ustedes no tienen en cuenta lo que se forrarán en el bar. Sólo con las pesetas que sacarán de cervezas, patatas fritas y cacahuetes tostados ya estaría justificada la rebaja.

El Joven Limpio me iba dando codazos y repitiendo: «Que no somos comerciantes, que somos mensajeros.» Pero yo le di un pisotón para que se callase de una vez y volví a acaparar la atención del cura.

—¿Tanta gente esperáis que venga? —preguntó él, retorciéndose las manos con fruición.

—Mire usted, sabemos de buena tinta que los empresarios están muy alarmados por la competencia que vamos a presentarles. Si sabe guardar un secreto, le diré que los del Coliseum han llegado al extremo de adelantar el estreno de *Gigante*.

—Como si quieren adelantar el día del Juicio. Yo, de todos modos, desconfío.

—Pues será usted desconfiado de nacimiento. ¿No comprende que todo el barrio está esperando nuestras sesiones? Imagínese que, en lugar de cura, es usted proletario. Le dan a elegir entre irse al Fantasio a ver una del Oeste, o venir aquí, al Centro, a ver obras maestras del expresionismo alemán de la época muda, que son muy difíciles de localizar; además, se la ofrecemos presentada por un crítico de la afamada revista *Cinema Amateur* y, acto seguido, la posibilidad de dos horas de apasionante coloquio sobre los valores estéticos del claroscuro. ¿Usted qué eligiría?

—Yo la del Oeste, toda la vida.

Le dirigí una mirada de desprecio y conmiseración. Ya a solas con el Joven Limpio, comenté:

—Si te lo digo yo, que con los curas no se puede tratar. Este mismo, para ahorrarse un duro, es capaz de desfigurar la realidad sociológica del barrio.

—Yo es que no soy tan confiado como tú. ¿Y si no viene tanta gente como esperas?

—Vendrán, vendrán. Verás tú qué llenazo. Tendremos que pedir sillas prestadas a las Dominicas. Y correrá la voz. Dirán las vecinas en la panadería de la calle León: «Señora Juanita, no se pierda la película de Pudovkin. Contiene la mejor aplicación del manifiesto audiovisual que puede usted ver en el barrio.» Correrá tanto la voz, que se extenderá por talleres y fábricas de aquí a los suburbios. Vendrán todos los obreros de La Maquinista. Nos veremos obligados a abrir los sábados. Después, los domingos. Más adelante, toda la semana.

—No sé, no sé. Mientras vengan cincuenta vecinos...

¡Qué chico tan pusilánime! Se contentaba con bien poco. Ésta era, al parecer, una característica propia de los apóstoles de cualquier causa.

Tan arduo como animar al Joven Limpio era encontrar una película de Pudovkin en el páramo que nos rodeaba. Sumido en tales pesquisas, pude comprobar en mis propias carnes lo que costaba levantar un cine-club. La escasez de material, el pésimo estado de algunas copias, las películas cuyo plazo de exhibición estaba a punto de caducar, y, naturalmente, los problemas económicos. ¿Y si no cubríamos los gastos? ¿De dónde iba a salir el dinero? Pero yo le había prometido al Joven Limpio que llenaríamos y teníamos que llenar a toda costa. Nuestra futura relación dependía de aquel éxito.

Empecé un cuaderno donde revelaba por primera vez un sentido del orden que sin duda me había inspirado el Joven Limpio. Llevé las cuentas con una precisión tan implacable como inesperada. Mientras él buscaba el material recorriendo a pie las distribuidoras de películas en 16 mm, yo hacía un plan de publicidad basado en los ámbitos que podía dominar: lo que llamaba «campañas fuertes» en la editorial, intercambio de anuncios con otros cine-clubs, carteles en todas las tiendas del barrio, enviar programas a los socios del Centro, fijar una pizarra en su bar y así un largo etcétera de humildes posibilidades. Pero me asombra ver en mi cuaderno cómo en aquel lejano tiempo ya me estaba planteando una operación comercial a gran escala: «Primeramente es necesario en estos quince días una propaganda eficaz. Para ello debe hacerse con astucia y cuidado a la vez. Si tomamos a X para que presente la película nos anunciará gratis en su programa de radio. Si tomamos a otro, nos quedamos sin anuncios...»

Todo me parecía factible y en todo puse gran empeño. Llegué a repartir carteles por las tiendas del barrio y programas a las puertas de los cines de estreno. Fui a las redacciones de dos periódicos, suplicando la inclusión gratuita de una gacetilla, pero me mandaron directamente al cuerno. Y más hubiera hecho si más se me hubiera ocurrido. Deseaba el éxito con todas mis fuerzas, lo necesitaba absolutamente para despertar la admiración y el reconocimiento del Joven Limpio.

Además, se me había contagiado la ilusión de contribuir a levantar el nivel cultural de las gentes del barrio. Más aún: de las masas universales. Gracias a mi esfuerzo, los trabajadores aprenderían por fin a distinguir el buen cine. Ésta era una bendición que no podía quedarme para mí solo. Debía compartirla con el resto de la humanidad.

En esta esperanza, anoté el resultado de la primera:

Película: *El salario del miedo.*
Proyectada: 6 de octubre de 1959.
Gasto película: 450 ptas.
Alquiler proyector: 150 ptas.
Crítico-presentador: 200 ptas.

TOTAL 800 ptas.
Ganancias 0
Pérdidas .... 112 ptas.

Los resultados eran desalentadores para mi ambición y, en cambio, muy halagüeños para la del Joven Limpio. Dijo que habíamos tenido más público del que jamás consiguió el cine francés en aquel barrio. Era decir muy poco, porque el cine francés sólo gustaba si enseñaba el pompis Brigitte Bardot, que encima estaba prohibida. Pero esta circunstancia no me preocupaba tanto como nuestra situación económica. Anoté cuidadosamente en mi cuaderno: «Si no hubiésemos tenido que pagar al crítico presentador habríamos ganado 88 pesetas; este riesgo queda suprimido para la próxima semana porque no gastaremos nada en críticos...»

El Joven Limpio se opuso a aquella decisión, alegando que necesitábamos nombres de prestigio para potenciarnos, pero yo alegué que la señora María, la señora Vicenta y mi tía Florencia no tenían ni pajolera idea de quién era aquella gloria de la crítica. Además, cogiendo cualquier revista podíamos hacer nosotros mismos la presentación: me sentía con ánimos para superar a aquellos cantamañanas tan llenos de ínfulas. Pero el Joven Limpio insistía y sólo ahora he comprendido la razón.

Los presentadores profesionales formaban una mafia que se repetía como los cromos del sidral. Habían empezado como heroicos paladines del séptimo arte, pero cuando se produjo el auge de los cine-clubs empezaron a endiosarse. Lo importante era que controlaban todos los resortes y se llevaban un dinerito. Claro que cobraban una miseria, pero como habría dicho papá, doscientas pesetitas de un cine-club de Reus y doscientas pesetitas de un cine-club de Tortosa hacían cuatrocientas pesetitas. Como se pasaban la vida recorriendo la geografía catalana, algo provechoso debían recoger al final. En realidad, los presentadores de cine-club eran los primeros señores que conocí con capacidad para sacarle dinero a la cultura.

El Joven Limpio los conocía a todos, los respetaba a todos y se atrevía a acercarse a ellos, celebrándoles inexistentes gracias. Había leído la crítica de uno, escuchado el programa de otro o asistido a la presentación de *Ladrón de bicicletas* que, al parecer, bordó un tercero. O sea que en el fondo era más listo que yo, porque se estaba programando un futuro dentro del cine-clubismo, y más adelante en la exhibición cinematográfica de arte y ensayo, donde por cierto hizo una gran labor en los tiempos tardíos del franquismo.

Pero en aquella época yo sólo me interesaba por nuestro cine-club, pues lo habíamos creado juntos y, además, era el único medio de estar pegados todo el día. Para conseguir semejante merced, tuve que acceder a pequeños compromisos, soluciones intermedias, igual que cuando el Joven Inquieto me proponía ir a ver un *western* odiado y yo accedía, babeante de gusto, por estar junto a él. En mi nuevo estado amical, accedí a contentar a mi socio programando una película de tema religioso. La presentación y el coloquio irían a cargo de un conocido sacerdote muy elogiado en su tiempo porque daba pan con chocolate a los pobres de las barracas y les enseñaba a pedirlo en catalán y todo.

El cura de marras nos cobró más dinero que los otros presentadores, pretextando que estaba destinado a los leprositos del Cotolengo.

—¡Menudo mangante! —exclamé—. Más barata nos habría salido la madre de Ben-Hur, que también era leprosa y tiene más cartel por el mucho nombre del hijo.

La película elegida fue *El renegado*, que tenía fama de fuerte por tratar de un cura que colgaba los hábitos, decisión que no me impresionaba en absoluto: para mí lo normal era colgarlos, no ponérselos. Pero la gente de buena fe consideraba muy escandalosa aquella actitud y muy especialmente una escena en que el apóstata hacía la consagración en un cabaret, valiéndose de tintorro, champaña o leche merengada, no recuerdo bien. O sea, que no había tema que se prestase mejor a la discusión encendida porque estaba el pueblo muy pendiente de los chanchullos de la Iglesia, y que si se ponía al día dejando de decir misa en latín y que si los sacerdotes podían hacerse obreros y que si patatín que si patatán. Yo me pasé la película y el coloquio contando la recaudación con la señorita Carmelilla; lo cierto es que quedé perplejo: quinientos espectadores, cantidad inaudita para cualquier cine-club. Por primera vez nos quedaron beneficios.

—¡Hostia, Carmelilla! ¡Dios nos ha venido a ver!

—Nunca mejor dicho, Ramoncito. Nunca mejor dicho.

En el mundo del espectáculo siempre tiene la razón el que ha contribuido al éxito, y como en este caso había sido el Joven Limpio yo me olí que volvería a imponerme su criterio y que me llenaría la programación con temas de misa. Para empezar, hablaba de una película titulada *Los traperos de Emaus*, llena de curas obreros. Me negué en redondo. Yo quería una película de autor, que permitiera al público comprobar que el cine, como arte, podía ofrecer temas de discusión más estimulantes que la hostia consagrada en un cabaret de Pigalle.

Gastamos todos los beneficios en contratar *Estación Termini*, que tenía gran renombre por ser el guión de Zavattini y la dirección de Vittorio de Sica, artífices del noble movimiento del neorrealismo. También pensé que nos ayudaría la acreditada fuerza del *star-system*, porque las vecindonas habían visto a Jennifer Jones haciendo de Bernadette Soubirous y, además, Montgomery Clift hacía latir corazones por su aire desprotegido y su aspecto anémico. Pero alguna vecina que había visto la película en su momento largó que era muy aburrida, que es lo peor que alguien puede decir de libro, función teatral o película alguna. Después supe que *Estación Termini* era famosa por tratarse de uno de los mayores fracasos comerciales de la historia del cine y de su productor, David O. Selznick. Fracasó en Nueva York, en Roma, en Tokyo, en París y, por último, en la calle de Montalegre. De todos modos, por fin nos parecíamos en algo al productor de *Lo que el viento se llevó*: estábamos en la ruina.

Con un déficit de 262 pesetas no era posible seguir adelante, y es dudoso que nos apeteciese sinceramente después de comprobar que el público estaba muy lejos de nuestra cinefilia exquisita y sólo se sentía atraído por motivos ajenos al cine. Por otra parte, los curas del Centro insistían en poner películas de tema religioso, no sé si por convencimiento propio o porque acababan de comprobar que era el único modo de que el dinero entrase por la taquilla. Por si esto fuese poco, el capitoste de los curas nos atornillaba con sus exigencias, pese a nuestros apuros. No sólo no rebajaba ni un céntimo, sino que un día vino con la pretensión de que compartiéramos el recibo del agua porque, en la última sesión, el público había ido mucho al váter y habían tirado de la cadena una barbaridad. Y este detalle, que nos enorgullecía en cuanto a la pulcritud de nuestro público, significaba para el cura otro gasto extra que volvía a repercutir en los niños del catecismo. Y al llegar a este punto yo me lamenté amargamente a mi amigo:

—Mi tía Florencia suele decir que los curas nunca dieron ni la mierda que cagan, pero es que los de hoy ya no dan ni el agua para los que orinan.

—No deberías meterte siempre con los curas —lamentaba el Joven Limpio—. Piensa que les debemos nuestra educación.

Bastante bien lo recordaba. Llevaba maldiciéndoles desde entonces. Todo lo contrario de mi amigo, que seguía estando a buenas con los curas, igual que con los críticos. En realidad parecía estar inmejorablemente con todo el mundo, de modo que el malo era yo. Pero aceptaba serlo, una vez más, si esto significaba la continuidad de nuestro cine-club y la manera de tenerle atado a él, aunque fuese con tiras de celuloide rancio. No se me escapaba que sus necesidades de expansión le estaban llevando hacia otras entidades parecidas y que, por consiguiente, perdía su interés en lo que era nuestra creación mutua.

Ocurrió con él como con el resto de mis amigos: cometí el error de insinuarle los verdaderos alcances de mi afecto, y mi voz sonó tan necesitada que, sin duda, le asustó. Recuerdo que puso cara de pavor ante mis confesiones, por otro lado indecisas. Él me habló entonces de su novia y pretendió convencerme de que la sociedad debe sustentarse en la familia. Salieron a relucir los hijos que un día tendría y hasta los nietos que tendrían ellos. Ante tantas presencias inesperadas, decidí que, después de *Estación Termini*, no volveríamos a programar ninguna otra película juntos.

Cuando, años después, volví a encontrar al Joven Limpio, no se acordaba de nuestro amado cine-club, tantos debió de frecuentar a partir de entonces. Ni siquiera podía precisar cómo había terminado aquella peripecia. Yo le recordé nuestra bancarrota, pero me abstuve de confesarle que fue su indiferencia la verdadera causa de mi abandono. Si él me hubiese amado un poco, yo habría luchado con uñas y dientes por sacar nuestra empresa adelante. Mucho más que la falta de dinero, me desmontó completamente la aparición de la futura esposa, los hijos y los nietos. Yo no estaba dispuesto a sufrir de nuevo como en el caso del Joven Inquieto. Si la cultura del proletariado dependía de mis lágrimas, los obreros barceloneses podían quedarse toda la vida sin conocer la obra completa de René Clair.

Mientras me dejaba golpear por aquella tanda de indecisiones, vivía en la editorial una existencia idílica. No sólo me reconfortaba el contacto con los libros; además, el señor Mateu me permitía manejarlos a mi antojo e incluso tomarlos en préstamo para desesperación de una paciente señorita, que venía a ordenarlos una vez por semana. Ella era la más eficaz celestina que jamás conocí, porque ocultar la ausencia de los diez volúmenes que yo me llevaba a casa requiere la suprema perfección de aquel oficio. Y debo confesar que más de un volumen se quedó en mi armario azul, aunque no tantos como suponía el señor Mateu. No se le escapaban ni mis préstamos gordos ni mis pequeños hurtos, pero me atrevería a decir que en sus acusaciones se escondía una suerte de extraña complacencia, porque a todo bibliófilo le halaga que sus hallazgos sean compartidos, aunque sea por los pillos y a riesgo de sucumbir a sus pillajes. Y sé que muchos años después seguía diciendo el señor Mateu que su biblioteca era como un anuncio de crecepelo: antes y después de pasar Ramón por ella.

En un determinado momento me cambiaron de la biblioteca a una galería vecina, escenario tanto más agradable porque recibía de lleno el sol invernal, delicioso en aquella parte de la ciudad. Y aunque es cierto que no había calefacción central en el chalet, tampoco la encontraba en casa ni en ninguno de los lugares que frecuentaba. La tibieza del sol y el calor de una discreta estufa que mantenía casi pegada a mis piernas me bastaban para sentirme tropical. Cuando levantaba los ojos y atisbaba las ramas desnudas en el parque del chalet vecino, sentía que el invierno se ponía novelesco y volvía a ser la estación de mis mejores cosas. (No dudo que en esto dicta sus caprichos la memoria. Porque a veces el frío era muy intenso y en la parte trasera del chalet, adonde no llegaba el sol, las chicas veíanse obligadas a trabajar con guantes en los días más duros de enero.)

Tenía ahora por jefe inmediato al señor Rius, rotulista de gran categoría que me deslumbró con su pericia, sin entender que, en realidad, se limitaba a la vieja tradición del trabajo bien hecho, tradición que según mi padre se estaba perdiendo. Era lamentable que no entrase en mis planes recuperarla y que, en cambio, me dejase deslumbrar por un artilugio de muy nuevo cuño que el señor Rius se sacó del bolsillo superior de la chaqueta. Era un rotulador maravilloso que parecía mismamente una estilográfica y me producía un intenso ataque de celos cuando lo comparaba con mi humilde plumilla y el mango de colegial tardío.

Por lo demás, el recién llegado era un distinguido solterón, cuyos excelentes modales despertaron el fervor de algunas chicas con vocación de gerontófilas. Yo sólo reparé en que poseía un amplio caudal de conocimientos y una exquisita sensibilidad para todas las materias del arte, desde la pintura al cine. Era, además, conversador nato, lo cual me permitía pasar las horas hablando de cultura, aunque fuese una síntesis de la que nos transmitían *Destino* y sus seguidores. Era yo entonces muy preguntón. Asaeteaba a los demás con todo tipo de averiguaciones, de modo que el señor Rius podía adorarme, si tenía vocación de maestro, o detestarme si le aburría verse convertido en una réplica viviente de la sección «Curiosidades Culturales» de mis tebeos de infancia. Pero estoy seguro de que le halagaba mi acoso, por la desorbitada pasión que en él ponía en cada respuesta y también porque le permitía demostrar sus conocimientos y deslumbrar, de paso, a alguna de las chicas.

Como sea que era culto a la manera tradicional, por no decir antigua, aquel caballero me permitía desarrollar facetas que no interesaban a mis compañeros de generación. Se parecía a mi madre y a Cornelio en su aprecio por artistas veteranos, y así yo supe de la existencia de muchos de antes de la guerra, con gran ventaja de mi cinefilia, que se apartaba de los años cincuenta para viajar cada mañana al Hollywood remoto y a los espectaculares ambientes de la *Belle époque* barcelonesa.

Salvé el peligro de convertirme en una flor de estufa gracias a otro compañero mucho más cercano a mi edad y a las inquietudes de mi tiempo. Se llamaba Miguel Roglá y se presentaba con la autoridad, el vigor y la osadía que entonces presuponíamos a los poseedores del carnet de periodista. En razón de la ley de prensa, que exigía a cada publicación un director con aquel carnet, Miguel prestaba el suyo al *Pepe Cola*, revista humorística con la que el señor Mateu intentó plantar cara al poderío de las revistas de Bruguera durante una breve temporada. En rigor, fue muy poco tiempo, ya que no llegó al número diez.

Lo que más me impresionaba de Roglá era su actividad como periodista de calle. Le otorgué el título de asesor personal en materias de actualidad. No fue una elección errónea. Por las informaciones que nos transmitía a diario, debía de ser el perejil de todas las salsas. Siempre llegaba contando chismes de exposiciones, conferencias, cócteles teatrales o presentaciones literarias. ¡Cuántas experiencias podía vivir aquel chico en un solo día! A partir de un momento determinado me ordenó que me pusiese corbata y me llevó de ayudante cuando iba a hacer alguno de sus reportajes. Me aconsejaba sobre el oficio, que yo tenía muy mitificado a través de las películas americanas. Era lícito creerme protagonista absoluto de una de ellas cuando Roglá me llevaba en moto a alguna recepción en la Terraza Martini y me decía: «Tú no dejes de observarlo todo, que después te pediré que me lo expliques de pe a pa.» Terminada la recepción recorríamos las desiertas avenidas a una velocidad que yo consideraba suicida. Me agarraba fuertemente a la cintura del héroe y echaba todo el cuerpo hacia atrás mientras sentía los cabellos agitarse al viento frenético de la carrera: «Grita, grita a todo pulmón», aullaba él. Yo rompía a gritar como un vikingo o cantaba una ranchera frenética hasta quedarme afónico, y así creía liberar todos los demonios que llevaba dentro.

Era dudoso que pudiera existir un empeño más apasionante y arriesgado que el periodismo de calle. Imaginaba la de hazañas en que me vería envuelto, cuántos y cuántos peligros tendría que arrostrar. No escatimaba mi fantasía aventuras con que adornar mi futuro. Tampoco me quedaba corto a la hora de imaginarme saludando a las personalidades más importantes de mi época. A buen seguro que Kruschev me invitaría a cenar en un suntuoso salón del Kremlin para contarme sus impresiones sobre el rodaje de *Can-Can* cuando estuvo en Hollywood. Tenía que ensayar un saludo adecuado para la reina de Inglaterra, a la que me presentarían en el curso de una Royal Performance. ¿Cómo debía reaccionar cuando Eisenhower se dejase caer por la redacción de *Picnic*, aprovechando su visita a España?

Hallándome en esos delirios aterrizó Sara Montiel para presentar su película *Carmen la de Ronda*. Como era de esperar, Roglá tenía que cubrir la información y, a ser posible, conseguir una entrevista. No necesité hincarme de rodillas para que me permitiera acompañarle. Él conocía perfectamente mi devoción por las estrellas y mi inclinación por los cuplés. Sabía que, en los tiempos de la imprenta, fueron el propicio telón de fondo de mi iniciación sexual. Así que me puse mi sombrero tirolés, con pluma incluida, y me dispuse a vivir la excitación del reportaje en directo.

La tienda Foto-Club, de la calle Pelayo, había anunciado que la Montiel firmaría sus discos la tarde anterior a la *première* de su película. Era una tienda de corte moderno, muy de diseño, muy distinta del tugurio donde comprábamos nuestros discos a plazos. Era coquetona, íntima, selecta, pero presentaba un inconveniente: estaba situada en un sótano, disponía de aforo muy escaso y la puerta sólo permitía el paso de dos personas, tres a lo sumo, si se apretujaban.

En previsión de probables excesos, llegamos una hora antes. No sirvió de nada. Nunca había visto una aglomeración como la que, de repente, apareció ante mis ojos. La calle Pelayo estaba tan abarrotada que era imposible circular. Miles de personas se habían apiñado para ver el paso de la estrella, que ya estaba en el interior de la tienda. Roglá se vio obligado a dejar la moto en una de las calles adyacentes. El acceso a la tienda constituyó una verdadera odisea: tuvimos que avanzar a empujones, propinando codazos a diestro y siniestro. Creo que rompí el tobillo a un par de señoras gordas; si así fue mereció la pena, porque conseguimos llegar a Foto-Club y colarnos en su interior después de que Roglá exhibiese su carnet todopoderoso. Aunque yo creo que los policías ni siquiera lo examinaron, tan desbordados estaban por el gentío que continuaba presionando hacia el interior en sus intentos por entrar, y los que empujaban desde dentro, en un esfuerzo desesperado por salir del agobio.

En la tienda, la barahúnda superaba todas las previsiones. Era tal el apiñamiento que algunas personas se habían colgado de las estanterías para conseguir un breve atisbo de la diva, ya que llegar a su lado era una quimera. Ella se hallaba en un rincón, firmando discos sobre una mesa que se tambaleaba a cada acometida del público. La tomé por heroína, tan alto era el riesgo de morir aplastada. En cuanto a Roglá, se reveló un estratega formidable. Me agarró de la mano y nos introdujimos entre, por detrás y por encima de las estanterías. De vez en cuando oía un crac. Eran los discos que me estaba cargando a pisotones. Fue una suerte para mí que el desastre pasara inadvertido, de lo contrario me hubiera dejado en aquella tienda el sueldo de tres meses.

Mientras unos empleados contenían la multitud, la estrella se volvió hacia Roglá dispuesta a contestar a sus preguntas. Iba mucho más sencilla de lo que permitían suponer sus películas, que solían presentarla plumona y recargada. Llevaba un simple traje sastre negro sobre una blusa roja. Por joyas, un broche de diamantes. Ni plumas, ni marabúes ni escotes descomunales. Y en medio de tanta sencillez resultaba más guapa de todo cuanto creíamos los alelados espectadores de la época. No le faltaba maquillaje ni pinturas, y a lo mejor la peluca era postiza, pero el efecto era deslumbrante.

Pasamos nuevas e incontables penalidades hasta llegar a la calle donde habíamos dejado la moto. Pisotones, manotazos, algún coscorrón. Mi valioso sombrero tirolés voló por los aires y fue a parar a los pies de la multitud, me agaché para recogerlo y algunos zapatos saltaron sobre mi mano al tiempo que la bufanda se me enredaba entre unas piernas con el consiguiente riesgo de morir estrangulado. Huimos a escape de aquellos barrios, que eran los míos, y no paramos hasta alcanzar una cafetería del Ensanche. Estábamos empapados de sudor, arrugados, el nudo de la corbata deshecho, pero yo me sentía orgulloso de mí mismo porque acababa de sortear con éxito los peligros que acechan la vida del reportero de calle. Pero, sobre todo, me complacía descubrir que había otra cosa nueva que aprender, aunque fuese algo tan elemental como salir con vida de un aluvión de masas en torno a una cupletista. (Dicho sea de paso: el único tipo de manifestación que no acababa con sangre y detenciones.)

A partir de aquel día, ya no cesaron mis salidas como reporterillo, debidamente asesorado por Roglá y siempre de paquete en su moto supersónica. También me llevaba en la suya el corrector Ramón Gómez, que aprovechaba para darme lecciones gramaticales. Pero acostumbrado al dinamismo de mi amigo el reportero, me parecía que todas las demás motos eran hormigas. Con él me sentía como el joven Robin debió de sentirse junto a Batman. Por suerte para mi futuro, su influencia no se limitó a ámbitos tan tebeísticos. Gracias a él aprendí la nómina completa de la nueva promoción de periodistas, nombres a los que leí asiduamente en los años sesenta; algunos de la prensa más progresista. También le debo mis primeras nociones de política, materia que hasta entonces no me había molestado en conocer. Además, durante la fugaz etapa en que estuvo de director del *Pepe Cola* me permitió publicar algunos chistes, firmados incluso. Era inevitable que imitase a las chicas que los dibujantes de la Bruguera imitaban a su vez del argentino Divito, y también era inevitable que, como a ellos, la censura me obligase a rebajar tetas. Pero pronto me cansé de dibujar y volví a la literatura o a aquella raquítica manifestación de lo literario que era la traducción de fotonovelas italianas.

Lo más importante era que me sentía querido por todos, menos por el ogro, que todavía se negaba a reconocerme el menor talento y sólo atendía al desorden provocado por mis constantes idas y venidas. Con el propósito de arrancarme de sus garras, el señor Mateu decidió trasladarme a la primera planta, al estudio que ocupaban su esposa y una amable solterona, secretaria de un alto magistrado de la Audiencia, y poetisa y periodista vocacional en horas libres.

Así entré en la redacción de *Picnic.* Abandonaba momentáneamente el contacto con los libros, pero obtuve una compensación: me hallé sumido entre montones de revistas internacionales, publicaciones de todo tipo en cuyas páginas asomaban de vez en cuando el cine y sus asuntos. Eran, además, revistas de gran utilidad profesional, porque solíamos piratear sus mejores fotos, procurando guardarnos de la venganza de las grandes agencias.

Llevaba nuestra revista la señora Rosa Mateu, una verdadera dama que, en aquel trabajo, encontraba distracción y escape de lo que supongo sería un entorno burgués más que aburrido. Ella sentía un gran afecto por su revista, y la llevaba con el tacto excepcional que caracteriza a la verdadera educación, así como la prudencia propia de un refinamiento no improvisado. Lo manifestaba sobradamente al tolerar las continuas interferencias de su esposo, siempre inquieto en lo que se refería a cambios y mejoras que no siempre resultaban tales, ya que en realidad se trataba de abaratar costes para conseguir una mayor rentabilidad. Ni más ni menos que lo que hacían otras editoriales, pues no estaba el mercado boyante para ninguna, a excepción de Bruguera, siempre la gran reinona, con sus publicaciones que ocupaban espacios privilegiados en el despliegue de los quioscos.

El segundo personaje de la redacción, la señorita Pilar, era una civilizada maritornes de aspecto descomunal; una aragonesa de físico imponente, que ofrecía una curiosa paradoja: sufría ataques de ternurismo y feminidad que podían rayar en los límites de la cursilería. Si era de tendencias sáficas, como aseguraban las chicas de la editorial, lo cierto es que manifestaba vocación de damisela del siglo XIX y esto se notaba particularmente en el consultorio sentimental, cuyas respuestas redactaba como si todas las lectoras fuesen hijas suyas y a todas tuviese que casar honestamente y por la vía más recta. También corrían a su cargo las otras secciones sensibles de la revista: labores, modas, rincón poético —donde siempre aprovechaba para colocar poesías propias—, recetas de cocina y el horóscopo, que redactaba cuidadosamente para mejor favorecer el destino de sus lectorcitas y el porvenir de sus jóvenes pretendientes.

Picnic estaba especializada en la fotonovela, curioso género que en Italia gozaba de gran predicamento desde los años cuarenta pero que no había llegado a cuajar en España, pese a algunos intentos previos. Recordaba yo, como lejano precedente, una revista titulada *Gran Hotel*, y aun en tal caso mis recuerdos se limitaban a las llamativas portadas, con chicas topolino que usaban hombreras enormes y galanes con trinchera y sombrero de ala ancha. Evidentemente, si un niño tan sensiblero como yo no recordaba el contenido, ¿quién estaba en condiciones de hacerlo?

Picnic alternaba una fotonovela con unas historietas sobre clásicos de la literatura femenina, también de procedencia italiana. Cuando entré en la redacción ofrecían *Jane Eyre*, con dibujos inspirados en fotografías de artistas de cine. Reconocí perfectamente a Audrey Hepburn, sacada de escenas de la película *Guerra y paz*. Así volví a comprobar que los dibujantes profesionales podían ser grandes copiones y si los de la Bruguera explotaban el modelo del *Rico Tipo*, los italianos recurrían a las grandes casas americanas para dar a sus actores papeles que nunca habían interpretado. O sea que el cine continuaba dominando incluso en cosas que inicialmente le excluían

En un principio, las fotonovelas nos llegaban en originales montados de Italia, de manera que sólo tenía que traducirlos para que las rotulase el señor Rius. Recuerdo una que se titulaba *La hija del gondolero*: contaba con exteriores en Venecia —¡lujo total!— y estaba interpretada por la pareja Mirella Vanni y Corrado Alba. No tiene por qué conocerlos el lector. ¿Cómo podría? Eran grandes estrellas del medio según daban a entender las propias revistas, que los anunciaban como si hubiesen trabajado para la Fox. No descartaba yo que pudiera ocurrir así algún día. A fin de cuentas, en fotonovelas de aquel tipo empezó Sofía Loren cuando se llamaba Sofía Lázaro. Mejor era tratar adecuadamente a los otros dos, por si también llegaban a alcanzar el triunfo y algún día podía yo recordarles que les di consideración de superestrellas cuando nadie les conocía en España. Como estaba muy entrenado en la lectura de los anuncios de las películas americanas, no me costaba escribir frases rimbombantes destinadas a proponer aquellos productos como si fuesen el asombro del mundo. Cosas como: «La fotonovela que conmoverá su corazón» o «Nada tan emotivo desde *Rebeca*».

Ésta fue la primera literatura mía que salió a la luz. Pero pronto me permitieron escribir artículos de cine, tener mi propia página, donde recomendaba discos de Nina and Frederick, proporcionaba direcciones de artistas de cine y seleccionaba las solicitudes de correspondencia de gente de mi edad, no sin la esperanza de que en alguna carta apareciese el amigo que estaba esperando. Un anhelante joven de algún pueblo gallego que, sin duda, quedaría emocionado al saber que el chico que contestaba a su solicitud no era otro que el autor de su página favorita; el misterioso, sensible reportero que se firmaba Ramón Dean y le recomendaba los discos de Pat Boone, la película que era conveniente ver y, de vez en cuando, las novelas publicadas por la editorial. (Teníamos que someternos a extraños subterfugios para poner al día los libros editados tiempo atrás. En general, aprovechábamos la actualidad de una adaptación cinematográfica. ¿Quién le hubiera dicho a Dostoievski que *Los hermanos Karamazov* llegaría a más público de La Mancha gracias a que un futuro escritor redactó la inspirada frase: «Una fabulosa novela que ha inspirado una gran película»?)

No optaría por convertir estas cosas en literatura si no supiese que, precisamente por su escasa importancia, no han quedado en las crónicas y, por tanto, nadie las recuerda. Recientemente me manifestaba Montserrat Mateu su temor de que este pequeño universo, evocado a tanta distancia, quedase un poco cutre (vocablo que es de hoy). Todo lo contrario. Al revisarlo, me acomete una poderosa sensación de ternura por tanta gratuidad, tantos esfuerzos que no servían de nada a nadie. ¿O acaso sirvieron? Tal vez entonces no lo pensaba yo, ni siquiera el señor Mateu, pero en realidad me han servido a mí mismo, en la manera menos ortodoxa posible, del mismo modo que entonces, en el trabajo, me servían mis largas noches dedicadas a pasatiempos que los demás consideraban inútiles.

La lenta ordenación de los programas de cine, la paciente elaboración de fichas sobre películas que no llegaban a España, el incesante trapisondeo con mis fetiches de infancia, todo contribuía a la formación de un archivo mental del que carecían los meritorios de las revistas rivales, y aun muchos empleados de las distribuidoras. Como era de temer, éstas guardaban el mejor material para el meritorio de la Bruguera, cuyo poder continuaba intacto y siempre envidiado. Todo esto no ocurría sin producirme más de una frustración. Si la Paramount había cedido a aquella editorial todas las fotos de *Los diez mandamientos* para una colección de cromos, esta exclusiva arrastraba todo tipo de material de promoción. Mucho tenía que suplicar yo para que me diesen bajo mano una foto de Yul Brynner disfrazado de Ramsés II y en modesto blanco y negro, mientras Ventura se llevaba los preciados *ektachromes* tamaño holandesa, que llegaban de América en cuentagotas y constituían una revolución en la industria del color (sólo en los años sesenta el sistema se impuso en otras revistas españolas, hasta entonces grises y casi paupérrimas).

La escasez de material no se limitaba al color. En realidad, Ventura se llevaba a todas las estrellas de renombre y a mí me tocaba apechugar con secundarios o jóvenes promesas, por lo cual estaba furioso con la Paramount. (Se hallaba, por cierto, situada en un lujoso piso del Paseo de Gracia. En la misma escalera había un estudio fotográfico donde acudí a retratarme con presuntuosa pose de actor consagrado. Como sea que *Picnic* publicaba en la contraportada las fotos de lectores que aspiraban al estrellato, me empeñé en poner la mía (1), con la mínima modestia de omitir el nombre, pues, en fin de cuentas, la revista la estaba confeccionando yo, y no parecía bonito presumir de dos cosas a la vez. Pero tuve motivos de presunción involuntaria porque el original en blanco y negro de mi rostro estuvo exhibido durante dos años en el escaparate del fotógrafo, mientras en el balcón de la distribuidora anunciaban *Guerra y paz*. De manera que, durante algún tiempo, me hice la ilusión de que yo estaba incluido en el fenomenal reparto de aquella superproducción o que, en último extremo,

(1) Esta misma foto, coloreada a mano tal y como se publicó en 1959, fue utilizada en la portada de la primera edición de este libro. *(N. del e.)*

era la alegría del Paseo de Gracia sin haberlo pretendido siquiera desde ninguno de mis sueños.)

De la misma manera que opto por convertir en literatura las cosas que el tiempo arrasó implacablemente, elijo a personas que transcurrieron, dejando huella sólo en quienes los tratamos. Así ocurrió con Joaquina Vidal Gomis, encantadora señorita de edad madura que llevaba el departamento de publicidad de la Metro Goldwyn Mayer, justo delante de la casa donde supe que pasó su infancia Juan Antonio Bardem. ¿Inocuidad de las anécdotas? Tal vez, pero las películas de este director influyeron decisivamente en la maduración de mis gustos cinematográficos y la señorita Joaquina, sin ella saberlo, contribuyó a hacerme inmensamente feliz cultivando los aspectos más fetichistas de mi manía.

Además de trabajar en la Metro, la señorita Joaquina se ocupaba de las páginas cinematográficas de *Siluetas*, la selecta revista de modas que yo devoraba una y otra vez, cuando íbamos a casa de mi tía Anita, la mejor modista de Sants. Sin duda alguna, la riqueza iconográfica de aquella publicación se debía a los contactos de la señorita Joaquina, quien firmaba, además, muchos artículos sobre el cine americano. Como yo conocía estos hechos, recité de carrerilla títulos y párrafos que ella había publicado cinco años antes. Recuerdo su alegría, su pequeño, lícito orgullo al ver que alguien se había molestado en retener sus textos que, en el contenido general de la revista, se limitaban a cumplir una función de relleno. Era su caso parecido al de muchos periodistas que no alcanzaron notoriedad, escritores anónimos acostumbrados a quemar sus noches en la redacción de textos efímeros y, a veces, anónimos. Es imposible, pues, que no me emocione el recuerdo de aquella amable señora y, con ella, tantas y tantos de su mismo anonimato.

Yo no era tan ingenuo como para ignorar que tenía mucha mano para seducir a aquel tipo de señoritas. Los desaforados mimos de que me hicieron objeto durante mi infancia me habían enseñado distintos métodos para avanzar paulatina, astutamente en la obtención de mimos mayores. Nada funcionaba mejor que la expresión de niño indefenso, convertido de repente en adolescente desamparado. Puesto que sufría este mal de todos modos, ¿por qué no utilizarlo en cosas más positivas que la simple desesperación?

Aparecí convenientemente desesperado al expresar mi dolor por el hecho de que todas las distribuidoras guardasen sus joyas para mi amigo Ventura. ¿Tenía los ojos húmedos, mientras hablaba? Es posible. A la señorita Joaquina no se le escapó que mi empleo pudiera estar amenazado por llegar a la editorial con fotografías de poca categoría. Seguramente no había visto a una criatura tan desprotegida desde que Freddie Bartholomew hizo de David Copperfield para aquella misma empresa. Refunfuñando, abrió el cajón de los tesoros y sacó alguna maravilla que había escapado a otros más importantes que yo. Con una sonrisa de absoluta benignidad me dijo: «Sobre todo, acuérdese de devolvérmela, de lo contrario no me sacará una foto más.»

Es muy duro pedir tamaño sacrificio a un niño indefenso. No fue necesario decirlo directamente. Con señoras tan bondadosas, los huerfanitos indefensos vencen batallas que nunca podrán ganar los propios titanes. Y así, con esa fuerza que los demás no imaginaban, pude obtener las fotos que precisaba, y más que hubiera exigido mi capricho.

Se estaba cumpliendo otro sueño: yo, que en la época de la Harry Walker me dirigía temblando al mostrador de la Metro para que me diesen programas repetidos, tenía acceso ahora al departamento de publicidad y me era permitido consultar los sobres y carpetas donde se guardaba el preciado material. Cuando éste fallaba, recurría a mis propios recuerdos y buscaba intensamente hasta que aparecían fotos que habían pasado de actualidad o que nadie quiso en su momento porque el actor empezaba su carrera y era poco conocido.

De momento teníamos solucionada la portada de aquella semana, pero no podía dormirme sobre los laureles porque los meritorios de las otras editoriales estaban al acecho, de modo que volvía al ataque cada mañana, y si los jefes de publicidad se dejaban camelar como la señorita Joaquina, siempre regresaba a la editorial cargado de fotos, de manera que terminaron para siempre los recortes de revistas y pudimos dar material de calidad. Por desgracia, no siempre se notaba, porque al señor Mateu se le ocurría reducir costes cada tres semanas y volvía a métodos de impresión rudimentarios o a papel de baja calidad y entonces las fotos no se veían de puro oscuras. Y esto era particularmente grave cuando salían Joan Fontaine y Harry Belafonte tan mal impresos que parecían negros los dos, de manera que perdía el sentido mi pequeño texto sobre el tremendo escándalo que se había armado en América porque se besaban un negro y una blanca. En cuanto a las portadas, lucían mucho más cuando poníamos un *ektachrome*, que alguno llegué a conseguir a base de carantoñas y caritas de niño desvalido, pero como éramos semanales no podíamos permitirnos el lujo de esperar a que nos lloviera del cielo el dichoso material americano, de manera que coloreábamos a mano los primeros planos en blanco y negro y creo que el público no se daba cuenta de nada.

Cuando la portada quedaba bonita —yo decía «preciosa»—, la exhibía con orgullo ante la señora Mateu, que siempre tenía algún elogio. Luego se la mostraba a la señorita Pilar, que tampoco los regateaba aunque temía, con razón, que mi fetichismo estuviera colocando cine por todas partes en detrimento de la poesía, las recetas de cocina y las labores para el hogar, materias que, por lógica, debían ser prioritarias en una revista femenina. De manera que nos repartimos funciones: ella se cuidaba de recortar noticias sobre monjas que enseñaban ballet clásico a las niñas bien, condesitas que iban por el mundo tocando la guitarra, e intimidades de Soraya, llamada «la princesa de los ojos tristes», desde que la repudió el sha de todas las Persias. (Sin embargo, no desatendíamos a la nueva emperatriz, una tal Farah Dibah, porque en esto de los populares siempre había que tener encendida una vela a Dios y otra al diablo. Y de todos modos, cuando nos poníamos a discutir sobre las dos resultaba que una nos caía bien por repudiada y la otra porque era joven, visitaba asilos y hospitales y sabía francés de la Sorbona.)

Después del chismorreo, me volcaba en mi propia página, dispuesto a distribuir mi fabuloso botín de fotos y a comentar cada una de ellas con textos que consideraba muy bien informados. También aquí recuperaba el sueño de pocos años atrás, cuando me encerraba en la intimidad de la noche para montar mi propia revista de cine. La señora Mateu decía que parecía un niño con un juguete nuevo, y esto era, en realidad. Un niño que jugaba con recortes de personas mayores y se dejaba asesorar por Peter Pan más que por sus jefes. Nada más natural, porque mientras la señorita Pilar se atrevía a decirme que era muy chapucero, Peter me celebraba todas las gracias. Y por esto le quería yo tanto, porque me ocultaba graciosamente todas las cosas que los otros se empeñaban en hacerme saber contra mi real voluntad.

Así fueron transcurriendo los amables días de aquel invierno. Todo eran pequeños aprendizajes, trucos para la vida, supervivencias cotidianas en aquellos días en que la supervivencia del adolescente se contaba por horas. Mi nuevo cargo me permitía conciliar a Jenofonte con Leslie Caron y a Plutarco con Rock Hudson. A los unos me llevaba la curiosidad intelectual, a los otros el culto al fetiche. Pero fue virtud de mi eclecticismo hacer compatibles ambas cosas con una pintoresca mezcla de diversión y apasionamiento que, durante unos meses inolvidables, se pareció mucho al amor. Como me ocurrió cuando seguía los cursos de Humor Gráfico, estaba recuperando la voluntad artesanal de las calles que me vieron nacer.

Iba de Wagner y Descartes a los personajes del Gotha sin solución de continuidad ni escapatoria. A partir de un momento determinado, me empeñé en demostrar continuamente mis conocimientos o, mejor dicho, hacer ostentación de los mismos. Me convertí en un crío insoportable, uno de esos marisabidillos que hoy me sería difícil tratar. Pero mi gente de entonces tuvo que soportarme. Tal vez lo hicieron recordando que, en su adolescencia, también ellos habían sido exhibicionistas. Si no de cultura, pues carecían de ella, sí de los innominados cambios que intuían en sí mismos, cambios tanto más inquietantes cuanto menos parecidos al carácter de los mayores.

Que yo no me parecía a nadie era una verdad ampliamente demostrada. Que mi diferencia representaba para mí una inquietud, también. Incapaz de cambiar, no se me ocurrió nada mejor que seguir utilizando la diversidad como arma que me permitiera agredir continuamente a los demás. Mi actitud tuvo un efecto bumerán, porque cada día salía más herido de la contienda. Me sentía agresivo, violento, hasta cruel, sin entender por qué. Tal vez la mansedumbre que me veía obligado a demostrar en el trabajo me llevaba a desahogarme en casa; allí compensé mis horas de sumisión ejerciendo una incruenta tiranía más sofisticada que la del niño mimado, pues era la del pedantuelo repelente. Me atribuía una notable superioridad intelectual sobre todos los demás y los trataba como vasallos. Sobrevalorando mis esfuerzos, despreciaba a quienes no se hubieran atrevido a realizarlos, sin detenerme a pensar en su falta de oportunidades o, ¿por qué no?, en la humildad de su talento. Lo más triste del caso es que no buscaba rivales de talla para demostrar mi preparación, sino a los que no podían presentarme batalla. Sin duda el señor Mateu repitió demasiadas veces que era un genio, porque al final me lo creí. ¡Lástima de chico! El pleito se resolvía en una incesante necesidad de montar polémica a cualquier precio y, de resultas, me convertí en el espíritu de la contradicción. No había tema al que no le diese la vuelta, aun sabiendo que no estaba en lo cierto. Temía que dar la razón a los demás fuera concederles una victoria que, inmediatamente, les permitiría cebarse en mí. No quería perder puntos en ningún terreno, y no advertía que los estaba perdiendo en todos. Era un pequeño déspota ilustrado cuya ilustración, en última instancia, no valía tanto como creía. De haber sido así, no habría necesitado exhibirla a cada paso.

Por aquellas fechas el piso de las tías consiguió parecerse a un hogar gracias a dos incorporaciones inesperadas. En lugar del chófer, teníamos a una señorita entrada en años y de profesión indecisa a quien llamaré Paquita para formar el seductor diminutivo de Paqui, muy semejante al que tenía en realidad. Había trabajado en un club nocturno, nunca supimos en calidad de qué, pero al oírla diríase que siempre hizo de dama de reinas. Se esforzaba por aparentar distinción, luego no era distinguida; y como sea que demostraba un extremado puritanismo, comprendimos que lo hacía por contrarrestar las deducciones de mis tías sobre su trabajo. Tanta dignidad, tanta estrechez moral, tenían que despertar mis ansias de provocación. En consecuencia, llevaba mis agresiones a los terrenos de la pornografía. No evité a la Paqui un solo sofoco. Se retiraba a su habitación, anegada en llanto, mientras mis tías me suplicaban que cambiase de actitud («¡No la trates de puta!

¡No la trates de puta!») o de lo contrario nos quedaríamos sin realquilada.

El otro personaje era un primo lejano del pueblo, José Santos, que tuvo gran influencia en mi afecto y sobre todo en mi estado de ánimo durante aquellos meses fundamentales. Ello no evitó que le mortificase también a conciencia, zahiriéndole cuando no debía, hundiendo el cuchillo en llagas que no me correspondía siquiera conocer.

Pese a mi afición a infernar al prójimo, la sensación de hogar se alcanzaba mediante largas veladas como yo no recordaba en el piso de mis padres. No había tema que no fuese del día, ni historia que no mereciese ser tratada. La Paqui, José Santos y yo nos enzarzábamos en vigorosas discusiones que habrían resultado razonables de no surgir mi tiranía, presta a encenagar situaciones que, en un principio, parecían idílicas. No quería encontrar la verdad sino el derecho a imponerla. Buscaba la propia afirmación rebajando a mis contertulios hasta extremos que pocas personas habrían tolerado. Hoy pienso que debían de quererme mucho para no sustituir mi cola-cao nocturno por una buena dosis de arsénico.

En los últimos tiempos, mis hermanos se alternaban para quedarse a dormir en el piso de las tías; en tales casos yo accedía a bajar al entresuelo de mis padres, de manera que nuestra vida se convirtió en un continuo trayecto arriba y abajo de la ciudad. Pero mamá mantenía vivo el culto de las apariencias: el piso de la Diagonal conservaba el prestigio necesario para figurarse que era tan señora como la que más. Aunque soy seguramente injusto si me atengo a esta única apreciación: en realidad, existía una diferencia cualitativa muy considerable entre las espaciosas, soleadas habitaciones del piso de las tías y el lóbrego entresuelo de la calle Ponent, donde nunca se filtró un rayo de luz. Así pues, mamá subía a coser cada tarde y en sus idas y venidas encontraba los ratos necesarios para hacer lo que le daba la real gana en las partes elegantes de la ciudad, sin vecinas de la calle Ponent que espiaran todos sus movimientos.

Había llegado la televisión no inopinadamente, antes bien anunciándose a bombo y platillo durante varios años. Esto en lo que se refiere al común de los españoles. En nuestro caso concreto, llegó gracias a un pique entre mujeres de genio. Pues una vez más, nuestra vecina de rellano, la tintorera, acababa de demostrar su poderío económico adquiriendo el primer televisor de todo el barrio.

—Pasen a tomar café, Angelina, que podrán «ver» el fabuloso programa de Lucille Ball.

Si hubiese dicho «escuchar» mamá habría contestado: «Se figurará esa zarrapastrosa que no tenemos radio», pero el simple cambio de verbo la ponía en la dramática evidencia de que no teníamos televisión; así pues, la zarrapastrosa no era la otra sino ella. Fue un golpe muy duro, una verdadera afrenta, y aunque mamá juró y perjuró que no le daría a la tintorera el «gustazo» de celebrar su compra, la curiosidad de todos nosotros pudo más que su orgullo, de manera que cruzamos el rellano y vimos el telediario y, otras noches, un programa de variedades llamado *Gran Parada* y una obra de teatro titulada *El bosque petrificado,* con la fantástica nueva actriz Conchita Velasco haciendo el papel de Bette Davis en la versión cinematográfica.

Diré en honor de mamá que no le dolían prendas a la hora de admirar lo que consideraba merecedor de admiración. Así pues, dejó muy alto el honor de la tintorera en todas las tiendas del barrio:

—No se puede negar que tiene muy buen gusto. Pues mire, Asunción, la pantalla es lo de menos, porque ya sabrá que la llevan todas las televisiones. Lo que tiene valor es el mueble. Caoba de primera calidad. Y las molduras son a lo barroco, no le digo más. Queda como una consola de mucho empaque, ideal para solucionar rincones tontos. Yo, si fuese ella, colocaría encima una estatua de japonesita o uno de esos peces de cristal bicolor, tan de moda. Quedaría una divinidad. Además, lleva incorporado un pequeño armario que puede servir de bar, muy apropiado para gente como ellos, que reciben a menudo.

—¿Y cuesta muy cara la televisión, Angelina?

—Tengo que preguntárselo a la tintorera para decírselo cuanto antes a mi marido, pero, vamos, no creo que sea un Perú. Piense que las hacen en serie.

Papá estuvo a punto de escupir el café cuando oyó el precio. Sin duda lo imaginaba inscrito con letras de sangre en el déficit familiar. Así acabó por ocurrir, no sin que antes se produjeran algunas sesiones de gritos, insultos y llantos. Una vez más asistí a uno de aquellos despliegues de violencia que convertían mi vida en un continuo sobresalto. Y de nuevo rozó mamá el descrédito, rebajando ante mis ojos al padre que supuestamente debía merecer mis respetos. Volvía a ridiculizarle con la acusación que mejor podía herir su orgullo: era una mierda de burgués, un pobre aprendiz de capitalista, la solera y el prestigio de su empresa eran pura farsa, y no llegaba a los ingresos de una simple tintorería...

—¿Y qué culpa tengo yo si hay más ropa para lavar que pisos para pintar? —exclamaba papá, desalentado ante un acoso tan brutal.

Como último recurso mamá invocó el truco de los plazos y él le recordó que estábamos pagando muchas cosas a la vez, incluido mi abrigo de piel de camello. Y aunque me sentí un paria cuando lo sacaron a colación, di el oprobio por bien empleado si, a cambio, llegaba a casa la anhelada «teúve», como la llamaba yo para diferenciarme del resto de la calle.

La triste realidad era que la televisión llegó para servir de entretenimiento a mi hermano, que en los últimos meses se veía obligado a guardar cama por culpa de alguna de sus enfermedades. No se trataba de nada grave, según los médicos, pero atendiendo a su estado general era preferible tomar precauciones. Se quedó, pues, Miguel con las tías, deambulando por el piso durante meses. Recuerdo que le compraron una bata y unas zapatillas de felpa y éste fue su uniforme a partir de entonces.

Si Miguel se convirtió a mis ojos en el convaleciente privilegiado, la televisión pasó a ser un elemento que hacía más deseable el piso de la Diagonal.

Como había ocurrido con la radio, la televisión empezó a fomentar hábitos que, en el recuerdo, considero deliciosos. Congregarnos a su alrededor se convirtió en un ritual que implicaba el germen de otros, igualmente entrañables: la conversación reencontrada, el intercambio de opiniones, la discusión en tono apasionado, los gritos de entusiasmo ante el éxito de algún concursante, el asombro cuando desfilaban ante nuestros ojos los paisajes más exóticos, todo como partes subyugadoras de una coacción total, cuyos fines estábamos muy lejos de columbrar, tanto nos fascinaban sus inicios.

¡Qué lejos quedaban, de pronto, los intentos infantiles por trasladar al comedor la magia del cinematógrafo! Lejanos y, sobre todo, rudimentarios, pero tiernos, entrañables en la distancia. ¿Cómo olvidar el famoso cine Nic, la diminuta caja verde que hacía las veces de proyector con sus películas de papel vegetal y, como signo de holgura máxima, el diminuto tocadiscos adosado, que emitía voces como un cine de verdad? Tenía la concesión de las películas de Disney y algún personaje emblemático del *T.B.O.*, como el explorador Morcillón y su negrito Babalú, de Benejam. Por su parte, el dibujante Escobar trasladó a la industria del cine infantil el estilo y los personajes del *Pulgarcito*, patentando un proyector llamado Cine

Eskob, que despertó de inmediato mi codicia y fue mi regalo de Reyes más preciado durante tres años consecutivos. Uno por año, sí, porque los destrozaba al poco de poseerlos.

Ésas son cosas que han de resultar incomprensibles a los niños de la generación del vídeo. ¿Cómo explicarles lo que significaba ver cuatro sombras maltrechas que se movían sobre una sábana colgada, provocándonos ilusiones que sólo la más elemental ingenuidad sabría justificar? De todos modos, era la misma que nos llevó a entusiasmarnos con el nuevo invento, entusiasmo que, en mi caso, coincidía con una profunda nostalgia por lo que siempre fueron mis medios favoritos. Yo era un hijo de la radio, el cine y los tebeos; la nueva mitomanía sólo me afectaba en cuanto se relacionase con mi mundo: programas de variedades para contemplar en directo a mis estrellas favoritas, programas dramáticos que me permitían la posibilidad de conocer algún texto importante interpretado por actores de prestigio y alguna película antigua, de las que todavía se exhibían con cuentagotas.

Si a mis diecisiete años la televisión era algo que sólo me pertenecía indirectamente, ¿qué iba a ser para mis queridas ancianas? A la tía Florencia se le metía en casa cuando todavía comentaba el susto que se llevó el día en que Maurice Chevalier rompió a hablar en *El desfile del amor.* ¿Qué generación conoció jamás tantas y tan vertiginosas innovaciones en su vida cotidiana? Pensé que nunca llegarían a asumir las más recientes. Craso error. Si habían llegado a asimilar toda una guerra civil, si asumieron los largos años del hambre, ¿cómo no iban a pactar con las ventajas de la comodidad? Quedaron pegadas a la pantalla y no hubo manera de desengancharlas. Se acostumbraron a tener a los artistas en el comedor, compartiendo nuestra cena, y no tardaron en tomarles confianza, cariño o tirria. Cuando actuó Joséphine Baker en un programa de variedades, la tía Florencia se empeñó en que se quedase a cenar y la encontró muy mal educada porque no tuvo el detalle de responder siquiera. No fue caso aislado: desde un principio, la tía Florencia mantuvo diálogo con todo aquel que aparecía en la pantalla: trataba de fresca y hasta de putón a una locutora de continuidad que le parecía demasiado desenvuelta; insultaba al locutor del telediario que transmitía una mala noticia; trataba de imbécil al hombre del tiempo que hubiera anunciado sol en un día lluvioso («El que siempre se equivoca», le llamaba); pero nada la irritaba tanto como un busto parlante que, al aparecer, no saludase al respetable. «Se dice buenas noches, animal», le gritaba. Y, ante aquellos excesos, recomendaba la tía Custodia en tono plácido: «No te esfuerces, mujer, que no te oye.» Los demás nos limitábamos a sugerirle que se callase, porque no nos dejaba oír el diálogo. Ella continuaba haciendo cualquier labor —calceta, generalmente— y manteniendo su coloquio con las sombras. Que para ella no eran tales, pues estaba convencida de que todo cuanto aparecía en la pantalla vivía en el interior de la caja.

¿Creaba su fantasía un reino de ilusión como los que yo soñaba, de niño, en mi camita de la lechería? Era bonito creerlo, al cabo de tantos años. En las vísceras del televisor se escondía sin duda un bosque mágico, lleno de setas gigantescas que servían de habitáculo a los gnomos amiguitos de cervatillos cantarines. Nada ni nadie escaparían a tantos sortilegios, y la tía Florencia los conjuraría constantemente, amparada en su asombrosa credulidad. Así, cuando acababa la programación y todos nos disponíamos a acostarnos, ella permanecía impasible en su butaca, como si esperase un último golpe de efecto.

—Yo no me acuesto hasta que se vaya el «endeviduo».

—¿Qué individuo, tía?

—El que está dentro de la televisión. Porque igual sale, me viola y me quedo preñada. Y tendré que abortar y me dirán de todo porque, a los sesenta años, es una cosa muy fea ir dejando fetos por ahí.

Las genialidades de la tía vienen y revienen sobre mi adolescencia, ampliando continuamente el toque de surrealismo que había marcado mi niñez. ¿Qué sería de mi carácter sin esas constantes irrupciones del absurdo? Mi decisión de ser lógico a toda costa amenazaba convertirme en un vulgar tributario del *seny*. No era imaginación lo que me faltaba, es cierto, pero incluso en sus excesos seguía una lógica, estaba perfectamente organizada, se la podía ordenar. Mis sueños más desmadrados estaban incluidos en un mundo presidido por cierta disciplina, mis ensueños eróticos se desarrollaban como piezas de teatro con sus personajes arquetípicos, sus diálogos, ambientación y hasta acompañamiento musical. Eran premoniciones de películas pornográficas cuyo guión hubiera escrito Pierre Benoit, cuyos trajes hubiera diseñado Leonor Fini. Nada había en mi delirio que no obedeciera a una estructura que era precisamente la de la ficción tal como me había sido inculcada por sus heraldos más queridos: la novela, el teatro y el cine.

En cambio, las salidas de la tía arrancaban de la nada, constituían un delirio no calculado, una musa ebria, negada a la respetabilidad de la cultura; algo que traía a colación secretos atavismos, y se introducía en los dominios de la más descarnada obscenidad por medios completamente ingenuos.

Lo más sorprendente es que la tía Florencia siempre estuvo en su sano juicio. Tanto como para maniobrar con los demás, manipularlos a su antojo en provecho de unos intereses que, no por limitados, eran menos drásticos. Al igual que yo, ejercía su tiranía desde terrenos que resultaba difícil comprobar. Se aseguraba el dominio sobre los miembros de la familia, dándoles a entender que estaba al corriente de todos sus secretos y que si no los soltaba era por ser demasiado buena.

Pero todos temíamos que, de un momento a otro, le diese por no serlo. ¿Cuántas reputaciones podía destruir, con sólo un par de desplantes?

Junto a ella, su hermana la Custodia pasaba casi inadvertida. Extrañará que hubiera dos hermanas tan fundamentalmente distintas, y hasta opuestas. No eran ellas muy distintas de las Hermanas Gilda, famosos personajes que marcaron una época con sus continuas batallas domésticas y su tendencia a agredirse mutuamente. Y aquí sería justo recordar hasta qué punto obedecían a las estrictas leyes del realismo los dibujantes de la escuela Bruguera. («Parecéis las hermanas Gilda», decía la gente cuando dos se peleaban.)

Al igual que las hermanas de los tebeos y de tantas otras que dejaban morir sus días en oscuros pisos del Ensanche, las dos tías de mamá litigaban continuamente y sólo la obstinada machaconería de la Florencia conseguía hacer callar a la otra, que optaba por volverse sumisa, seguramente para no oírla gritar más. Como consecuencia de tan sabia actitud se acostumbró a quedarse al margen en todo lo referente a las historias galantes de mamá. Ansiosa la otra de conocerlas en sus detalles más ínfimos, estableció una cuidadosa red de espionaje cuya evidencia se negaba a reconocer, igual que sus otros cotilleos. Entre todas las cosas increíbles, le interesaba sobremanera averiguar si mamá llegaba en taxi. Como así solía ser, aquel gasto diario convertíase en un arma de la que se servía para acusarla de manirrota, pero dejando claro que la acusación salía de su hermana.

Se le metió en la cabeza que mamá, al salir del taxi, solía mirar hacia arriba para averiguar si era observada. Tales sospechas no eran infundadas, de manera que para quedar eximida de toda culpa obligaba a la Custodia a permanecer en el balcón, montando guardia hasta que mamá bajase de su taxi.

—¡Con esos fríos! —se lamentaba la Custodia.

—Para eso te compraste la toquilla hace dos años: para aguantar los fríos. Al balcón, a vigilar a esa loca. Piensa que cada taxi que toma es una rebanada de pan que les quita a sus hijos.

Más que la toquilla, la Custodia se ponía el abrigo, dos bufandas y los guantes. Daba pena ver a aquella viejecita, de natural plácido y discreto, muriéndose de frío en el balcón mientras la otra esperaba cómodamente agazapada tras los visillos. Yo creo que a la pobre vigilanta la mató una pulmonía atrapada durante un acto de espionaje.

Porque un buen día se fue apagando, como las heroínas de los cuplés: como una candelita, la pobre, exactamente igual que hiciera años atrás su hermana la del pueblo. Dejó los platos por lavar y se metió en la cama sin causar mayores molestias que una corta enfermedad, una agonía sin alharacas —sólo lo justo: «¡Que me voy, Florencia, que me voy!»— y un entierro ni mejor ni peor que otros. El entierro que se había venido pagando durante una larga vida de ahorros, como hacían los antiguos egipcios.

¡Qué personaje tan poco agradecido esa mujer a la que, sin embargo, quise tanto! Se limitó a transcurrir y a querernos mucho. Se llevó, todo lo más, inmejorables recuerdos de ternura y mimo. Se fueron con ella las pálidas tardes de los años cuarenta, los maravillosos días de la granja de la calle Ponent, los trayectos hacia los cines de barrio, con el bolso repleto de comida y botellas de leche para los tres hermanos. Arrebató a mi vida una parte de la dulzura que todavía la impregnaba, y yo la recordé para siempre como la amable proveedora de nuestras largas tardes de sesiones continuas, cuando el cine era lo más bonito del mundo y sus ensueños caían tan cerca del Peso de la Paja.

La enterramos en un nicho que daba al mar, pero este detalle tenía poco valor en una ciudad que entonces vivía de espaldas a él. Y en última instancia, ¿qué les importa a los muertos el paisaje donde van a pudrirse para toda la eternidad?

Algo muy especial ocurrió en mi interior con esa muerte. Siendo la primera que me afectaba, retrocedí, horrorizado, ante el dolor. Sentí por primera vez una evidencia contra la que no podía luchar, una realidad atroz, indomable, que nadie me había enseñado a combatir. Regresé al cine la misma tarde del entierro, sin plantearme siquiera que el luto fuese más allá que un botón negro en la solapa de mi abrigo de piel de camello. Los muertos de la ficción, tan inofensivos, fueron borrando el recuerdo de aquella muerte que tanto me dolía. Se desplomó sobre ella una persiana de imágenes que, sin ser complacientes, arrasaban con su fuerza todas las que se empeñaba en imponerme la realidad. Y quedó la Custodia como una entrañable referencia de por vida, alguien a quien no cesaba de recordar su hermana en términos tan pacíficos que parecía como si su convivencia hubiera sido una balsa de aceite. Quedó mitificada gracias al amor que sentía hacia mí. Pues a partir de entonces, en los momentos más inesperados, la tía Florencia invocaba el recuerdo de la «pobre Custodia» (ella trataba así a todos los difuntos) y nunca se olvidaba de añadir: «Te quería tanto que murió con tu nombre en los labios.» Lo cual me parecía un poco macabro, dicha sea la verdad.

Tal vez el carácter inofensivo y discreto de aquella dulce difunta es el motivo de que aparezca tan mal representada en mi recuerdo. Vivió más de treinta años con una hermana incordiante. Sufrieron las mismas penalidades, compartieron idénticos afectos y, sin embargo, tengo que esforzarme para darle voz y aun recordar su rostro. Frente al surrealismo arrollador de la Florencia, su sobriedad pierde continuamente la batalla.

De su discreto pasar por este libro obtengo una conclusión

cruel para muchos y satisfactoria para unos pocos: en literatura, como en la vida, el protagonista nace, pero no se hace.

Dispone el tiempo las cosas tan a su antojo que a veces me parece un taimado guasón. O quizá es un patoso que tropieza continuamente con lugares comunes. ¡Qué de mezcolanzas llega a combinar! ¡Cuán traviesa trama de encuentros y desencuentros! Así los míos con Nuria Espert a lo largo de la vida, así los de ella con el arte. La admirable máscara trágica que conmocionó mi adolescencia también fue alguna vez una niña deslumbrada por la magia del teatro. Todo adolescente asaeteado por el arte busca sus modelos, y ella encontró el suyo en una película titulada *Soy sangre y fuego*, interpretada por la actriz sueca Viveca Lindfords. Años después, cuando representaba *Yerma* en Nueva York, Nuria se hizo amiga de su inspiradora, buscando seguramente una leve sombra de sí misma. Lo mismo que yo. Me hallaba divinamente instalado en la intimidad de Nuria sin que ella pudiera recordar que, en otro tiempo, me llamé Ramón y acudía con mi hermana a su camerino del teatro Talía en la humilde cacería del autógrafo.

Al cabo de los años, unas fotos dedicadas a un tal Ramón y a cierta Ana María me recuerdan el nerviosismo que nos asaltaba al penetrar en el santuario del gran modelo. Evocan, aquellas fotos, rasgos de timidez, impactos de la ficción y los atisbos de un mundo insólito, encarnado en el primer camerino que visitábamos en nuestra vida. (¡Oh, sí, era muy parecido a los que salían en *El gran Caruso*!)

Después de su éxito en *Medea*, cimentada su reputación como actriz trágica, Nuria la había abandonado momentáneamente para encerrarse en las cuatro paredes de los teatros convencionales. Que no lo fue, en su caso. Si bien es cierto que consiguió ser ingenua deliciosa en la *Gigi* de Colette, pronto regresó a sus raíces y se especializó en el drama fuerte, para mi mayor deleite y el de mi hermana. Nos apasionaba oír su voz única en el espot radiofónico de la obra *El comprador de horas.* Era una ramera en pugna con un cura. El colmo de la permisividad, aunque aparente. En aquella pugna feroz por la redención de un alma viciosa, vencía el siervo de Dios a base de comprarle horas a la dama. Se trataba al parecer de un truco excelente para que, en el ínterin, ella no pudiera ejercer su oficio (así de sencilla era entonces la redención). En cuanto al oficio de la Espert, se completó con tres obras de O'Neill que la presentaban como la preferíamos: mujeres desgarradas, heridas por la suerte, maltrechas por la pasión, anulándose en ella. Eran señoras muy conflictivas, que recuperaban rasgos primordiales de algunas heroínas trágicas. Muy parecida a Fedra era la sañuda Abigail, enamorada de su hijastro, a quien convertía en padre de un bebé que estrangulaba ella misma, tan mañosa era. A Electra recordaba Lavinia Manon, una reconcomida de mucho cuidado metida a incordiar en el seno de una familia que no le iba a la zaga en retorcimiento. Los Atridas pasados por Freud y haciendo de las suyas en plena guerra de Secesión americana. Y, puesta a consagrarse en cabeza de todas las forajidas de la moral, vino Anna Christie con su pasado sobrecargado de hombres y dejándose un poquito de esperanza por todos los puertos de la aventura.

Leía yo que estos títulos con fama de osados colocaban a la Espert en el ala más progresista del teatro español. Lo del progresismo era un tema que empezaba a plantearme tímidamente, gracias al semanario *Triunfo,* de cuya lectura fui devoto. Debo precisar que aún no se había convertido en la lectura politizada que marcó el tono de la audacia en la segunda mitad de los años sesenta. En 1959 era el ostentoso clarín del mundo del espectáculo madrileño, distinguiéndose así del amado *Fotogramas*, cuya visión del espectáculo era esencialmente barcelonesa: mucho más cauta, menos oropélica, en absoluto triunfalista y con notoria tendencia a dejar el cine español en último término, dándole la misma importancia que a un anuncio de aspirinas.

Triunfo era, por el contrario, la revista que prestaba mayor atención al cine español, a sus dimes y diretes, a los nuevos rostros destinados a subir vertiginosamente, y también a las numerosas promesas que nunca llegaron a cuajar, las pobrecitas. En sus aspectos más frívolos, me impresionaban las crónicas de los espectaculares estrenos de la Gran Vía, siempre abarrotados de joyas y visones según contaban las entrañables crónicas de los periodistas Jordán y Tocildo.

Leía yo, babeando de gusto, el reportaje sobre la fiesta campera que ofrecieron Luis Miguel Dominguín y Lucía Bosé a Maria Callas y la gordísima cotilla Elsa Maxwell. Siguiendo paso a paso el itinerario madrileño de la Divina, me derretía literalmente con las fotos del cóctel que le ofreció el bailarín Antonio en su famoso estudio. No sólo acudieron la marquesa de Villaverde, la condesa de Quintanilla y otras damas de ringo-rango madrileño; además estaba una tía que sonaba muy bien: la multimillonaria señora de Guest, «Cee Zee» para sus íntimos de Sutton Place y Park Avenue, según el reportero. Y añadía que una invitada vestía bolero de visón blanco, otra un dos piezas de lamé, una tercera algo de tafetán negro... ¡y al parecer fluía el champaña francés y abundaban los canapés de caviar!

El teatro recibía una atención excepcional que no se limitaba a la gran abundancia de noticias sobre el mundillo; para mis intereses de entonces y mis proyectos de futuro, contaba con las críticas de José Monleón, entonces el crítico joven de mayor exigencia. Gracias a sus escritos y los de Eduardo Haro Tecglen empecé a abrir los ojos a actitudes críticas portadoras de los primeros signos del pensamiento de izquierdas que pudiera transmitirme cualquier publicación española.

Empezaba a oír hablar del teatro que se estaba haciendo en el mundo: de Laurence Olivier en el West End londinense, del Teatro de las Naciones, de los textos de Ionesco, John Osborne y Harold Pinter... Aprendía a desear las obras que se presentaban en función única porque eran consideradas difíciles y su dificultad implicaba un símbolo de exigencia. Me fijaba en la importancia del director de escena, el valor de las luces, el alcance social de ciertos textos de Buero Vallejo y Alfonso Sastre y los aspectos renovadores de los nuevos escenógrafos. Y entre aquel caudal de conocimientos nuevos, se iba confirmando mi viejo, acendrado odio a la censura, que planeaba sobre el teatro igual que sobre el resto del mundo.

No quisiera presumir ahora de unos conocimientos teatrales que me limitaba a intuir. A los dieciocho años, lo que más me impresionaba era el intérprete, su presencia física, inmediata y también imposible de retener, como una parte más de la fugacidad del teatro. Entendí desde muy pronto que en la irrecuperabilidad de aquel fenómeno residía su grandeza y su miseria. En el cinematógrafo, los intérpretes quedaban archivados en el interior de un plano, con mohínes, muecas y ademanes perpetuados para siempre. En el teatro todo desaparecía al terminar la función; los intérpretes morían cada noche y aunque resucitasen al día siguiente la magia no podía ser la misma. Lo que había visto nunca tendría una segunda vez. Tampoco podría revivir nadie mi experiencia como espectador. Era un entusiasmo o una decepción que me pertenecían en exclusiva.

Obraba con los actores de teatro como antes hiciera con los del cine: empecé a conocer sus nombres, a admirar a algunos y repudiar a otros. Inevitablemente, quise poseer su imagen, retenida en la memoria de la fotografía. Supe que algunos tenían la gentileza de dedicarlas. No manifestaban el rechazo furioso atribuido a los artistas de Hollywood, entre otras cosas porque su jerarquía estelar era mucho más raquítica.

Tardé tiempo en vencer el respeto, casi el miedo que me inspiraba la puerta del escenario pero, una vez cruzada, la convertí en mi domicilio permanente. Cuando iba al teatro, en tardes de domingo, no perdía la ocasión de entrar a saludar a los intérpretes. Y el tiempo daría nuevas muestras de su mordacidad haciendo que, al cabo de los años, coincidiese con muchos de ellos en un terreno profesional apto para favorecer no sólo el trato sino la amistad. Ninguno de entre los más queridos podrá recordar que yo fui, en otro tiempo, el solitario adolescente de los autógrafos.

Estaba reproduciendo las constantes del fetichismo infantil, con una diferencia: el prestigio atribuido al arte teatral hacía que mis ratos de cola ante los camerinos se me antojasen un vicio más culto que escribir a los estudios de la Metro Goldwyn Mayer, Culver City, California, USA (si se trataba de Eleanor Parker y Stewart Granger, claro).

Mi nuevo fanatismo me enseñó a abominar de la intransigencia que suele mover las admiraciones en este país. Aunque poco inclinado a apreciar la fiesta de los toros, conocía la famosa frase «Joselito o Belmonte», que no permite la opción a que dos figuras triunfen a la vez en el ibérico solar. Recuerdo a tal respecto la producción madrileña de la obra de O'Neill *A Electra le sienta bien el luto.* Era un soberbio ejemplo del arte de José Luis Alonso, sin duda uno de los mayores talentos que ha tenido el teatro español. Dentro de un reparto formado por primerísimas figuras, destacaban las señoras Espert y Julia Gutiérrez Caba. Cada una contaba con sus defensores y detractores. En vez de actuar por la vía lógica, que sería celebrarlas a las dos, la afición se dividió atacando a una para celebrar a la otra. Desde la general del María Guerrero asistía yo, con asombro, a aquella batalla inútil. Salía la Espert y gritaba alguien: «¡Julia, Julia!» Salía a continuación la Gutiérrez Caba y gritaba otro exaltado: «¡Nuria, Nuria!» Era una actitud estúpida, porque las dos señoras estaban magistrales, en dos estilos tan distintos como distintas eran Clitemnestra y Electra, o sus equivalentes en aquel drama.

Por caminos bien opuestos iba mi devoción, gracias al chovinismo del primer *Triunfo,* que me ayudó a apreciar al máximo de gente por el mismo esfuerzo. Supe descubrir en numerosos artistas españoles unos valores que me habían pasado inadvertidos. Desarrollé, sin notarlo, el sentido de la equidad necesario para comprender que algunas figuras grandes de nuestra escena tenían poco que envidiar a los extranjeros. Reconocerlo no era una limosna, sino un acto de justicia. Era justo admitir que Conchita Montes, en *Tía Mame,* estaba casi mejor que Rosalind Russell; que Pepita Serrador, en *La rosa tatuada,* podía parangonarse perfectamente con Anna Magnani; y que Adolfo Marsillach y María Cuadra eran un César y una Cleopatra a la altura de las exigencias del señor Bernard Shaw. Y cuando Tamayo montó *La Orestiada,* pensé: «Esta Micenas no la mejora ni la compañía de kiria Katina Patxinou y kirios Alexis Minotis.» No exageraba. Muchos años después he visto tragedias en Epidauro, y nada tiene que envidiarles aquel soberbio espectáculo que marcó mi adolescencia.

Al mismo tiempo aprendía a perdonar faltas pasadas en provecho de mi placer presente. No se me escapaba que algunos actores de la escena española habían hecho el ridículo en películas que no les merecían. No juzgaba pertinente recordarlas siquiera, como hacían algunos críticos. ¿De qué me servía resucitar errores cuando estaba tan necesitado de disfrutar virtudes? Era un gasto de energías recordar que Aurora Bautista estuvo sobreactuada haciendo de reina Juana en *Locura de amor,* si resulta que, al saltar al escenario, estuvo espléndida en *Réquiem para una mujer.* No es que fuese un espectador generoso; era un admirador dotado de sentido práctico y un solitario que partía de un precepto primordial: la única vida que podía interesarme me la estaban dando los artistas. Sólo ellos me ayudaban a superar mi pobre realidad. Boicotearlos era un daño que me infligía a mí mismo.

Fueron años en que las grandes compañías madrileñas ocupaban los teatros de Barcelona, a excepción del Romea que luchaba contra todos los vientos por mantener viva la llama del teatro en lo que entonces llamaban «lengua vernácula». Existía ese teatro, como parte de una cultura marcada por una resistencia tenaz, rabiosa, a la que yo era completamente ajeno. Falto de información, sólo conocía los aspectos más tradicionalistas de la cultura catalana a través de la machacona insistencia de mi padre. Como siempre que él insistía en una cosa, yo me resistía con todas mis fuerzas. En sus labios, la cultura me olía a escudella de los domingos, a alpargata, a sardanas y a tercera edad. Equivalía a la nostalgia por el mundo de antes de la guerra. La absoluta negación de lo moderno.

Volvía aquí mi esnobismo invertido: defendía lo español contra su equivalente extranjero, en cambio supeditaba el localismo inmediato a la fascinación por la vida artística de Madrid, que las revistas me presentaban en sus aspectos más atractivos. Yo era la perfecta imagen del jovencito colonizado y, al reconocerlo ahora, no pienso aceptar el menor reproche. Bastante hacía intentando edificar mi propia cultura con todos los esfuerzos imaginables, buscando a ciegas, sin la ayuda de nadie. Sería injusto exigirme que, encima, aprendiese a ser nacionalista por correspondencia.

¿Quién podía pedirme, además, que entrase por las buenas en la apreciación del teatro progresista? Se estaba desarrollando en ámbitos universitarios o politizados a los que yo no tenía acceso. De momento, tenía que contentarme buscando los mejores espectáculos en los escenarios comerciales, y debo reconocer que la búsqueda no resultó infructuosa.

Con todo cuanto pueda decirse contra el teatro profesional nadie podrá negar que tuvo su grandeza y, por otro lado, nada me anunciaba que estaba asistiendo a sus estertores. Montajes de José Tamayo o Luis Escobar, obras como *La muerte de un viajante* o *Las Meninas*, me demostraban que no siempre el éxito mayoritario era símbolo de mediocridad, del mismo modo que no siempre era bueno lo minoritario. (Por olvidar esta máxima, mi generación se aburrió lo indecible en los teatros.)

También el reinado de la gran figura escénica fue un privilegio que recuerdo con nostalgia. Tuvo, después, sus detractores, pero ninguno superó la magia de los grandes. Recuerdo la aparición de Irene López Heredia, haciendo de Clitemnestra, en el mismo espacio escénico donde tanto me había impresionado la Medea de Nuria Espert. Nada sabía yo de doña Irene —¿a qué pretérita edad pertenecía?— pero nunca olvidaré su poderosa imagen curtida en el trabajo de muchos años, moldeada con el polvo de numerosos escenarios, agotada en penosos bolos por los pueblos de España y emergiendo continuamente como un homenaje a la experiencia. ¿Qué no diré de otras figuras de parecida talla? Pertenecían a una raza que, seguramente, se ha perdido. Porque en el futuro los actores estarían más preparados y acaso habrían leído más libros, pero pasarían por el escenario sin dejar tanta huella en mi ánimo ni en el de nadie.

Todavía quedaba un público que mantenía la costumbre de acudir periódicamente al teatro. Era un personal tenido por selecto. En relación al de los cines de barrio, se me antojaba una especie de aristocracia. Bien decían mamá y Cornelio que asistir al teatro era una excelente ocasión «para vestirse». En cambio, los textos progresistas aseguraban que aquel público fiel era conformista y retrógrado y estaba conduciendo al teatro a un callejón sin salida. Con lo que vengo exponiendo, se entenderá que debería pasar algún tiempo para que yo apreciara aquellos matices. De momento, seguía fascinado por el ritual, aunque fuese de derechas. Al fin y al cabo, ¿qué otra cosa era la realidad que me envolvía?

Aquel teatro vivía de acontecimientos convertidos en tradición: el discurso del autor la noche del estreno, la celebración de las cien representaciones, con lucidos fines de fiesta a los que acudían todas las figuras que trabajaban en los demás teatros de la ciudad; el homenaje a la figura principal, con una representación de parecido signo... Además, el teatro marcaba el paso de las estaciones. El verano era la época de las obras clásicas representadas al aire libre y, en el apartado popular, el tiempo ideal para los vodeviles, lo que se llamaba «teatro refrescante», en general obras abyectas que sólo servían para crear situaciones más o menos picantes —de una picardía «tolerable»— o dar motivo a que el cómico se quedase en calzoncillos y una presunta actriz jugase a la insinuación exhibiéndose en *negligée*. La verdadera temporada se abría con los albores del otoño, cuando la caída de la hoja y un poco de lluvia aconsejaban buscar la comodidad de los locales enmoquetados, con olor a té con pastas. Después, los consabidos Tenorios —Mario Cabré, Enrique Guitart, Alejandro Ulloa—, acompañados por los puestos de las castañeras, marcaban los primeros fríos. En diciembre, con la fiesta de las modistillas, venían al Poliorama las dos grandes damas de la copla, Concha Piquer y Juana Reina, llenando hasta la bandera a base de tronío y sabor popular. Llegaban las fiestas navideñas, con el papel agotado porque las familias, después de ágapes que se prolongaban durante toda la tarde, decidían lucirse con un espectáculo de buen tono. Pasado Reyes, cabalgaba sobre los teatros la temida cuesta de enero: a nadie le quedaba un duro y muchas compañías aprovechaban la ocasión para irse con el drama a otra parte. Al acercarse la primavera, se producía otro letargo con las tinieblas de la Semana Santa, pero no tardaba en desvanecerse con el repique de tapaderas y cencerros que caracterizaba la llegada del Sábado de Gloria, y entonces el teatro imitaba a la naturaleza, reverdeciendo y floreciendo como nunca. Todavía osaba competir en expectación con el cine. Leía yo en los artículos de *Triunfo* la crónica de los estrenos madrileños: «Se alza el telón sobre la gran fiesta del teatro.» Al enumerar las figuras que saltarían a los escenarios de la capital, empezaba a contar los días que faltaban para la llegada a Barcelona de aquellos espectáculos. Y me indignaba comprobar que algunos de ellos llegaban sin las figuras principales, señal inconfundible de que en Madrid nos consideraban provincia.

Así se convertía el teatro en otro barómetro del tiempo que transcurría. Y yo iba contando sus jornadas con el mismo fervor que, en otro tiempo, conté los meses que faltaban para la llegada de las películas más recientes. Que ya no eran sólo las americanas, pues *Triunfo* también me abría los ojos al cine que se estaba haciendo en el resto del mundo. Leyendo las crónicas de los festivales de Cannes y Venecia me enteraba de la existencia de cinematografías exóticas y aprendía a calibrar los últimos movimientos que estaban cambiando la fisonomía del cine moderno, al tiempo que iniciaban una visible revolución de las costumbres.

Ningún movimiento nos era tan familiar como la *nouvelle vague*. Se anunciaba como el cine de los jóvenes, el de la audacia, el que iba contra el cine de papá, y, naturalmente, el que vería todas sus películas irremisiblemente prohibidas en España. Después, resultó que los periodistas aplicaron el concepto Nueva Ola a diestro y siniestro, y hasta el habla común se apoderó de él. Y se dio la curiosa paradoja de que, para los empleados de la editorial, yo era un «jovencito Nueva Ola» sin haber visto ninguna de sus películas.

Seguíamos rezagados, malviviendo en la cola de la civilización. Hacía ya tres años que Brigitte Bardot escandalizó al mundo enseñando su sabroso pompis, era el año en que Jeanne Moreau rozaba los límites del escándalo con la aportación de una sexualidad libre, desinhibida, en la prolongada secuencia erótica de *Les amants*, que pasó por el colmo del descoco. El tipo de experiencia que los cinéfilos viajados comentaban en voz baja por los cine-clubs barceloneses.

Pero todas estas cosas las aprendía en una revista de importación. Se trataba de *Cinémonde* y no la conseguía sin algunas penalidades, porque, antes de llegar a los quioscos, debía pasar la revisión de la censura y sólo se ponían a la venta aquellos números que no incluían ningún atentado contra la moral. Como sea que lo francés siempre fue para los puritanos sinónimo de erotismo, los ejemplares de la revista se fueron quedando en la aduana y al final se interrumpió su venta, como había ocurrido con tantas otras revistas. Pero los cinéfilos de corazón habíamos recibido el mensaje: si las cosas importantes estaban ocurriendo fuera, se imponía la necesidad de intercambiar continuamente noticias del exterior. Algunos se suscribieron a *Cinémonde* y a su rival *Ciné Revue*. Por suerte, aquellos afortunados no eran egoístas y hacían circular sus tesoros bajo mano, de modo que los hijos de la prohibición íbamos conociendo lo que se nos prohibía y sintiendo su falta con mayor fuerza e indignación. Es cierto que así ocurrió en muchos sectores de la resistencia política, cuyo solo conocimiento continuaba estando tan lejos de mis posibilidades. Mi forma de resistencia era la cultura, ganada palmo a palmo, anhelada cuando no la tenía, como una permanente batalla contra la esterilidad. Y eran sus cartas las únicas que podía jugar para ir adquiriendo, poco a poco, mi importancia.

Faltan pocos días para que lleguen los dieciocho años y, con ellos, una nueva década. Dice la tieta Victoria que ya soy un hombrecito. ¿Qué es esta entelequia? Y, sobre todo, ¿qué sugiere, qué amenaza? Ser un hombre hecho y derecho no me ofrece garantías de convertirme en lo que tanto espero. El futuro es una incógnita demasiado atroz. Sólo el pasado me acoge, me abriga y me da consuelo. El niño se resiste a morir. Era muy cómodo serlo. Era muy bonito el polvillo de las hadas. Pero conviene no añorarlo. Si la vida ha de empezar, necesito una transfusión de sangre para emprenderla. Al pensar en ella, tengo ganas de llorar. ¡Cómo! ¿No lo deseaba tanto? La vida está aquí, por fin. Llega pletórica de dádivas, pero cada una conlleva una exigencia. Lástima que cada una implique la muerte de algo anterior. Por esto lloro, sin duda. Si el polvillo de las hadas se diluye no tendré nada para llenar mis pobres venas.

Sigo escribiendo en mi diario que el tiempo es mi enemigo, y el tiempo, para confirmarlo, devora las horas, los días, las semanas con la misma ferocidad que ha devorado los años. ¡Qué cantidad de espejismos han construido los que iban de los quince a los dieciocho! Salto entre ellos, a su través, encima y debajo, los brinco, los bailo, me los estoy pateando; recorro los días cargado de cancioneros baratos y discos de la Callas, películas americanas y novelas de Gide, versos de Shakespeare y poemas de Sagarra, todo mezclado, todo en inglés *so so*, en francés *comme ci comme ça*, en latinórum macarrónicum, y en italiano catalanizado; todo sin orden ni concierto, acumulándose, repeliéndose acaso, Clitemnestra y Medea contra Marilyn, Faulkner contra Platón y ambos contra James

Dean, el alma en el Peso de la Paja y los ojos en la Academia, un oído en el Liceo y el otro en las coplas del callejón, opuesto contra contrario, blanco contra negro —nunca gris, color que niego—, Dios y el Diablo, Amor y Muerte, Mentor y Telémaco, el Tiempo engendrándose a sí mismo, el Tiempo pariendo un presente que, de pronto, ya es pretérito de dolor; cumplí dieciséis años y no fue el fin del mundo, alcancé los diecisiete, y el siglo había llegado a 1959, sólo me quedan unos días de la vieja década, con ella se irá mi adolescencia como se fue mi infancia, se acerca el instante adulto y el deseo pugna por estallar, el deseo agobia, entorpece, se repite hasta la saciedad provocando el desahogo solitario que acaso no lo sea por estar tan lleno de presencias, por estar tan abarrotado de fetiches...

Han llegado los dieciocho años, en el calendario se anuncia la década de los sesenta, mi soledad va cimentando una masturbación de multitudes, tantos rostros, tantos cuerpos tienen cabida en ella. Aunque intensa, se revela a la postre insuficiente: un solo cuerpo, un solo rostro bastarían para hacerla inmortal. Nada indica que pueda serlo. Palpita en mis venas el polvillo de las hadas. Mientras, mi multitudinaria masturbación me convierte en el último aborto de las brujas que, en un aquelarre insensato, jodieron con Peter Pan.

Existen para el escritor temas apasionantes y temas indiferentes, zonas de la memoria que apetece convertir en literatura y ámbitos cuya evocación no interesa en absoluto. En este último apartado incluyo siempre el servicio militar. Es difícil imaginar un período más estéril en la vida de un joven como yo. Fue la única experiencia que no me sirvió absolutamente para nada. Ni para bien ni para mal, ni para blanco ni para negro. Ni sufrimientos ni alegrías ni triunfos ni fracasos.

Nada. Fue una etapa prematura, como tantas cosas en mi vida, pero más indeseada que ninguna otra. Y aunque todo el mundo aseguraba que saldría de ella hecho un hombre, lo cierto es que el sentido de la hombría que los demás consideraban tan necesario no me interesó en absoluto. Siguiendo un conocido chiste, le pedí a la Virgen de Siracusa: «¡Que me quede como estoy!», y la Virgen atendió mi súplica. Pero aunque hubiese ella deseado lo contrario habría vencido yo, porque siempre he tenido cierto garbo para decirles a las *madonnes* de cualquier plaza: «Mira, guapa: cuídate de mi futuro en el cielo, que de mis cosas en la tierra me ocupo yo.»

Y a fe que el servicio militar era una cosa de lo más terrenal. Tan a ras de tierra quedaba, que no veía la posibilidad de sublimarla. ¿Qué ciencia podía ofrecerme? Ninguna que pudiera servirme para el futuro, mucho menos para mis ensoñaciones. Nunca había entrado en ellas acción militar alguna. Todo lo contrario: de los famosos jinetes del Apocalipsis era la Guerra el que me inspiraba más terror. Recordaba unas estampas de Durero impresas con un título no menos impresionante: *Apocalipsis cum figuris*. A poco que pensara en aquellas terribles visiones me ponía a la defensiva. Sabía que, a las malas —o a las pésimas—, era posible vencer al Hambre y encontrar remedios contra la Peste (a lo mejor la penicilina); en cuanto a la Muerte, era un mal tan inevitable como el paso del tiempo. Convenía aceptarla y esperar que llegara cuanto más tarde mejor. Pero me hallaba completamente indefenso ante la guerra porque dependía de la locura de los hombres y ésta era inmensa e incurable, según me daban a entender diariamente las noticias de los periódicos y las conflagraciones que estallaban en mi propio entorno. Tampoco me faltaban causas de temor en los libros. Cuando miraba más allá de mi siglo veía constantes repeticiones de aquel alarmante fenómeno, todo lo cual me inducía a pensar que era la forma más constante de la humana estupidez. Me lo confirmó, en cierta ocasión, un artículo sobre el cine bélico español que desenterré de una vieja revista comprada en los Encantes. (*Primer Plano*, que parecía de cine, pero como databa de 1942 despedía un tufillo fascistón.)

«... Valores eternos de la raza, ¡qué bien los recogen las películas guerreras de hoy! Hay, en la producción española, fortaleza, entusiasmo, orgullo, esperanza, ¡fe! Hasta hace poco, el cine tomó de la guerra sólo el fondo necesario, con preferencia sobre los más desenfadados enredos amorosos. Las películas yanquis bien claro lo dejaron al descubierto. Las películas de guerra no surgieron entonces para servir a ésta, sino que se sirvieron de ella para un provecho particular y ambicioso. Bastante al descubierto está hoy el procedimiento, y muy conocidos han quedado los que fueron sus organizadores. Cuando el médico de *Cuatro de Infantería*, de Pabst, al amputar la pierna a un herido grave, deplora que "se nos haya terminado el éter", ¿no inmortalizó toda la miseria de un engranaje social corrompido? ¡Síndrome negativo! Es compendio de todo ello, la cobardía... ¡La cobardía! ¿Es que no era falta de ánimo y valor la constante que dominaba en todos los argumentos, echando a rodar sólo para arremeter contra la guerra y hacerle el juego a la banca judía? Además, en ellas no asomaban en ningún momento los aeroplanos paseándose en escuadrillas bajo el azul espléndido; ni los acorazados ni los torpederos descubrían las hermosas perspectivas plásticas de su majestuosidad sobre los mares; ni era posible encontrar el mentón alto de los soldados que, en escuadrones de orgullo, desfilasen su conciencia de saberse forjadores de destinos...»

Aquellas descripciones me pusieron los pelos de punta, recordándome otra época en que alguien intentó inculcármelas como verdad fundamental. Era precisamente el tipo de retórica que se impartía en las clases de Educación Política que nos veíamos obligados a soportar los meritorios de la Harry Walker, después de ocho horas de trabajo. Ya he dicho cómo me resistía a ellas, más a causa del tedio que de una concienciación para la que no me habían preparado. En semejantes condiciones era lógico que mi imaginación se negase a alimentar, desde un principio, el placer de la guerra. Entre mis juguetes, nunca hubo ninguno de carácter bélico (y éste sí es un detalle que tenía que agradecer a mis padres). Nunca me imaginé a mí mismo pegando tiros, ni conquistando posiciones en batallas cruentas ni enarbolando una bandera como aquel héroe de Iwo Jima, que me hacía pensar: «¡También son ganas, con lo que pesará el asta!»

Con tales antecedentes era lógico preguntarme qué se me había perdido a mí en el servicio militar. Es posible que lo supieran quienes me habían reclamado. Yo continúo sin averiguarlo tres décadas después.

La papeleta llegó con los dieciocho años. En rigor, todavía no me tocaba vestirme de caqui, pero no tuve más remedio que seguir los consejos de papá. Se había pasado los años cincuenta recordándome los peligros de una guerra civil si moría Franco, y remató la década haciendo todas las gestiones necesarias para que, llegado el óbito, no me mandasen al frente. Siguiendo su propia experiencia, el mejor destino era la Brigada Topográfica del Estado Mayor Central porque me permitiría quedarme tan tranquilo en la retaguardia, dibujando planos, mientras los demás se mataban en las trincheras. Pero, a fin de obtener aquel destino en tiempos de guerra, tenía que fastidiarme en tiempos de paz y firmar para tres años, que se dice muy pronto. Por otro lado era preferible que me enrolase yo antes de que lo hicieran los demás, así que pedí mi ingreso como voluntario, palabra que, en este caso, no puede resultar más irónica. Treinta y seis meses rindiendo servicio a la patria era un plazo mucho más largo de lo que mi patriotismo podía desear. De todos modos, tuve la suerte de ser aceptado en un cuerpo con fama de macanudo. Al parecer, tuvieron muy en cuenta mi valioso currículo como estudiante de dibujo lineal. Para que vea el mundo cómo funcionan esas cosas.

La posibilidad de elegir destino evitaba a mi madre uno de los traumas favoritos de la época: que me mandasen a tierras del moro, probabilidad en absoluto remota teniendo en cuenta que la inicial de mi apellido era de las más altas. Pero debía de estar muy harto de la vida familiar, pues llegué a desear ardientemente que me enviasen a Sidi Ifni, donde nadie pudiera venir a visitarme en mucho tiempo. Tampoco descarto que la idea de pasearme por los desiertos y tomar té con menta en zocos exóticos me atrajera poderosamente, por recordarme las viejas películas de legionarios y cantineras. Cuando me expresaba en tales términos, mi padre me trataba de idiota y mamá de tarado mental. Y solía terminar sus insultos con un conato de lloriqueo y la famosa frase: «Cómo se nota que no eres madre.» Evidencia que, por otro lado, no me hallaba en disposición de rebatir. Imposible, también, ponerme a investigar sobre mi grado de idiotez. Si acaso, tales insultos sólo conseguían aumentar mi deseo de largarme con viento fresco. Y no a la morería: al mismísimo Polo Norte si España hubiera tenido allí un protectorado.

Dispuesta a sufrir por todo, mamá pasó revista a los aspectos de la vida castrense que pudieran implicar algún peligro para mi integridad. La cuestión de las guardias la tenía obsesionada. ¿Qué madre no ha oído hablar de reclutas que se habían quedado dormidos ante una garita, y fueron fusilados como castigo y ejemplo? Incluso se comentaban casos mucho más estremecedores: por culpa del recluta dormilón, las feroces hordas enemigas, generalmente formadas por sarracenos, habían penetrado en el cuartel pasando a cuchillo a todo el batallón. Por supuesto, eran historias fáciles de adaptar a nuestra circunstancia: debido a mi despiste, me dormiría a los diez minutos de permanecer inmóvil, y los comunistas, los anarquistas y algún que otro masón, entrarían en el cuartel al mando de la Pasionaria y acuchillarían a todos los pobres reclutas que no tenían la culpa ni de la crueldad de los seculares enemigos de la patria ni de mi inconsciencia...

Al llegar a este punto, papá perdía la paciencia:

—¡Que haga guardias, caramba! Bastante le hemos arreglado el asunto. Se va a Madrid un mes y medio...

—Piensa que es un pobre sinusítico y el clima de Madrid es muy frío...

—¡Si ni siquiera va a campamentos! Estará en el Ministerio de la Guerra, a cuatro pasos de la Cibeles. Y en enero le tendrás en Barcelona, con la posibilidad de comer y dormir en casa. ¡Menudo chollo! Nada, nada, que haga guardias. A ver si así se hace hombre de una vez.

—¿Y ha de elegir el mes de diciembre para hacerse hombre?

—No le dará tiempo —decía la tía Florencia, aferrada a su hueso de jamón—. Se morirá antes, de una embolia provocada por la sinusitis, el pobrecito.

En aquella ocasión no me importó que se pelearan. Yo acababa de recibir el mensaje y corrí a adaptarlo a mis necesidades. Mamá estaba dispuesta a llevar el mantón al Monte cuantas veces fuese necesario para que los mimos de la infancia tuviesen continuidad durante el servicio militar. Sería cuestión de aprovechar su disponibilidad.

—Lo primero que tienes que hacer es enterarte de si se pueden comprar las guardias. Si es así, te juro por la salud de quien tú sabes que te las compro todas. Lo único que te pido es que mires si te las dejan un poco baratas. Vamos, que si hay guardias de rebaja, mejor que mejor.

No era consciente del alcance de sus palabras. Si estaba dispuesta a comprarme unas cosas, también podía comprarme otras. Es decir: casi todas. Un noventa por ciento de libertad. Nos lo dio a entender un cabo o un brigada o uno de aquellos mandos cuya jerarquía nunca llegué a aprender del todo. Nos dijo más o menos que en todos los cuarteles había gente interesada en que los reclutas de posibles hiciesen alguna comida fuera. O más de una comida. Vamos, que cuantas más comidas mejor. Al parecer, era un ahorro que beneficiaba a alguien, aunque nunca supe exactamente a quién. Tampoco me importaba demasiado. Mientras me dejasen en paz, como si querían comprarse un seiscientos con el importe de mi rancho.

Como solía ocurrir, papá tenía razón en una cosa (en las otras no, pero en una por lo menos la tenía). Era cierto que podía sentirme afortunado con mi destino. El cuerpo no se limitaba a ostentar un título imponente; además, estaba formado por hombres preparados, de considerable nivel cultural y con tendencia a tratar a los reclutas como personas. Al parecer, este último detalle era de suma importancia en aquella época.

—Es un cuerpo como no hay dos —proclamaba papá.

—Eres idiota, marido mío. ¿Cómo va a haber dos, si sólo hay uno?

Entró la tía en la discusión, después mi hermano, al final Ana María, también la Paqui. Incluso cabía alguna reflexión de José Santos. Yo les miraba a todos y pensaba con cierto alivio que, al cabo de pocos días, me encontraría en Madrid, libre de ataduras. Si digo que empezaba a ilusionarme la disciplina castrense, se comprenderá que estaba muy necesitado de un cambio urgente. Pero no era tan ingenuo como para no suponer que el tal cambio podía ser sangriento. Al fin y al cabo, el servicio militar implicaba una serie de pruebas íntimamente relacionadas con el machismo que yo había detestado siempre en mis compañeros de juegos, en los hombres de las empresas donde había trabajado y en los gustos de las masas. Cualquier psicoanalista argentino me habría informado que estaba perpetuando el desafío contra la autoridad paterna; pero cualquier jovencito de mi naturaleza sabe que, para conocer las facetas más notorias de su sensibilidad, no es necesario recurrir a psicoanalistas, ni argentinos ni peruanos. (¿Anticipo mis recuerdos? Creo que la mezcla entre Freud y Túpac Amaru no empezó a imponerse en España hasta una década después.) En cuanto a mi actitud ante el servicio militar se trataba simplemente de un sentido práctico asegurado desde siempre por vías indirectas, pero eficaces. Las de intentar que los inconvenientes me aprovechasen en lo posible. Y así conseguí sentirme muy ilusionado, no por los tres largos años que iba a durar mi contrato, sino por la posibilidad de vivir en Madrid y sentirme integrado al esplendoroso mundo que intuía en las crónicas de *Triunfo*.

Por tantos condicionamientos, recibí con un salto de alegría el telegrama que me ordenaba incorporarme al día siguiente. Fue, en verdad, un salto muy meritorio, porque me hallaba en la cama, a treinta y nueve de fiebre, y al punto me olvidé del termómetro y me precipité a hacer la maleta con tal apresuramiento que me olvidé una guía del Museo del Prado que me había regalado Amparo y, una vez en Madrid, tuve que comprarme otra con el consiguiente descalabro para mi economía.

Pero me sentía tan feliz que escribí con mayúsculas descomunales en mi diario: «¡ME VOY A MADRID!» Así de rotundo, y así de ilusionado.

Todos los recursos almacenados durante una vida de oposición al prójimo se desencadenaron a partir del momento en que puse los pies en un miserable vagón de tercera y decidí que, ocurriera lo que ocurriese, a mí no me jodía ni Dios Padre. En realidad, me iba muy contento, sumamente excitado ante la posibilidad de una vida nueva, pero no creí oportuno que mi familia descubriera mi fortaleza. Allí estaban, en el andén, llorando unas, dándome valor otros, pero perdiéndose todos a lo lejos como una parte de mi vida que ya no podría volver. Pues aunque el servicio militar me dejase como estaba, mi primera estancia en una ciudad extraña tenía que enriquecer necesariamente mi carácter, modificándolo en muchos aspectos sustanciales que tardaría mucho tiempo en reconocer.

Aquel viaje fue un aperitivo apto para desalentar al más valiente. Duró unas cuarenta y ocho horas. ¿Las exagero? Es posible. Derecho no me falta. Era tal la incomodidad de aquel vagón destartalado, tan intenso el frío filtrado por una ventanilla rota, que el viaje quedó en mi recuerdo como un vía crucis con detenciones en cada estación y horas enteras haciendo el ridículo en algún descampado. Sólo un agobio me ahorraron: no se trataba de un vagón abarrotado de reclutas alborotadores y pestilentes, como en las películas de guerra o de refugiados. Viajaba con dos únicos compañeros: uno de ellos quería ser pintor, luego poseía una cultura pictórica considerable. El otro era sastre, pero sus padres tenían una importante pastelería en la calle Muntaner, así pues era un joven de buena familia, revestido con la finura y el poder que entonces atribuía yo a estos especímenes de la mejor sociedad. Al parecer, éramos los únicos reclutas que Cataluña enviaba a aquel reemplazo. Es decir: éramos tres originales.

Pasamos el viaje ateridos de frío y con los huesos machacados a causa de la incomodidad de los bancos de madera. Tenía entonces la Renfe una gran pericia en el diseño de estos vagones de tortura, infernales ingenios que hubieran envidiado los más siniestros verdugos de los plomos de Venecia. Tuvimos tiempo suficiente para desarrollar nuestros respectivos conocimientos. Creo recordar que leí tres libros de Camilo José Cela, mientras Enrique Beltrán dibujaba mi retrato y, a continuación, doscientos o trescientos paisajes que imaginaba al otro lado de la ventana, enmohecida y vacilante al trote cansino de aquel asno en forma de tren.

Cuando llegamos a la estación de Atocha ya no teníamos huesos: se habían quedado reducidos a polvo. Para colmo, caía un día plomizo, lleno de brumas, y el esplendoroso Madrid que yo estaba acostumbrado a admirar en las películas no aparecía por ninguna parte. Nos metimos en barrios oscuros, tétricos, en busca de una pensión que resultó simplemente barojiana. No me sedujo en absoluto la idea. Una cosa era adaptar la literatura a la vida y otra muy distinta hacer el primo. Puestos a mitificar hubiera preferido con mucho la mitología del Ritz.

Con mis dos compañeros realicé todos los pasos que se suponen a un visitante convencional y, como éstos, tomamos instantáneas destinadas a inmortalizarnos, si bien de manera un tanto raquítica pues eran fotos en blanco y negro, de tamaño parecido a un cromo de los que salían en los chocolates Juncosa. Dependiendo de tal modo de la técnica, nos retratamos delante de la Cibeles, la Puerta de Alcalá y hasta remando en el estanque del Retiro, donde por cierto me salieron ampollas por culpa del remo.

Al cabo de unos días nos presentamos en el Ministerio de la Guerra, para nuestra inscripción.

Al punto supe cómo tendría que actuar a partir de entonces. En la escuela había aprendido dos cosas: curas y maestros iban contra mí, luego era necesario vencerlos. En el servicio militar me enfrentaría a un colectivo hostil por principio. Partía de la base de que iban a fastidiarme, así que afilé las garras y las tuve a punto, bajo los guantes que me protegían de las crudas mañanas del invierno madrileño.

Quiso la suerte que mis astucias no fuesen necesarias en un primer momento. El edificio no correspondía en absoluto al aspecto amenazador que mi imaginación otorgaba a cualquier cosa que se pareciera a un cuartel, tal como los había visto en las películas. Por el contrario, se me antojó un edificio de gran prestancia y el hecho de esperar entre jardincillos me pareció un detalle digno de escribir una carta a *Destino*, destacándolo.

También me fijé en que los oficiales que pululaban a nuestro alrededor iban muy atildados y no nos hablaban a nosotros a gritos ni nos trataban de hijos de mala madre. Todo lo contrario: se les notaba que habían estudiado algo y, sobre todo, que habían leído algún libro. Me lo demostró un simpático oficial de unos treinta años. Al verme leer mientras esperaba en la cola empezó a dar vueltas a mi alrededor, bajando la cabeza hasta ponerla a la altura del libro. Yo tuve un poco de miedo, porque siempre había oído decir que la cultura no está bien vista en los sitios donde se enseñan las artes de la guerra, pero no tardé en comprender que la curiosidad del oficial era un buen signo.

Para entretenerme en la cola, había sacado de mi mochila una edición en bolsilibro de la novela de Hemingway *The Sun Also Rises*, que en aquel caso se titulaba *Fiesta*, como la película que había interpretado Ava Gardner y no nos llegaba nunca por razones de censura. Yo temía que el oficial se dispondría a ejercer las funciones de aquel odiado organismo, pero no fue así. En realidad, le admiraba que pudiese seguir una novela en inglés, idioma que él dominaba a la perfección. Se quedó practicando conmigo durante mucho rato y esperó a que me pusieran en la espalda una vacuna contra no sé cuántas cosas. Después, me llevó a almorzar a una tasca típica situada enfrente del ministerio, justo donde hoy se encuentra el Café del Teatro. Durante la comida charlamos animadamente sobre cosas del mundo del espectáculo, y al llegar a los postres ya éramos amigos. Yo diría que me cogió mucho aprecio, porque me llevó en varias ocasiones a un cine-club llamado Urbis y hasta al teatro de la Zarzuela a oír ópera, lo cual, acostumbrado al Liceo, me parecía un contrasentido.

La actitud de aquel joven se me presentó como una revelación. Resultaba que también en el servicio militar la cultura podía ser un distintivo de ejemplaridad, algo que me hacía crecer en importancia a ojos de los demás. Decidí que en adelante la utilizaría en mi favor. Nadie podría reprocharme que convirtiera en un cheque en blanco lo que tantos esfuerzos me había costado alcanzar. Al mismo tiempo comprendí lo que me había perdido por no ser aplicado durante mis años de infancia. Si me hubiera decidido a serlo, habría ganado el respeto de mis profesores y aquellos años no hubieran contenido tantos y tan repetidos rechazos por parte de los demás.

En otras palabras: al pensar que podía ser el listo del cuartel me di cuenta de que, con un poco de esfuerzo, habría dejado de ser el idiota de la familia.

Es tan suya la imaginación, que no tarda en reconvertir sucesos y personajes, sometiéndolos a las leyes más disparatadas de la novelería. Es posible que mi indisciplina fundamental no me produjera tantos dolores durante mi infancia y, desde luego, es casi seguro que no me produjo ninguno durante el servicio militar. Si aquel amable oficial acababa de coronarme como listo del año significaba que el título en sí mismo me ahorraría muchas angustias futuras.

Lo cierto es que estaba exento de las del presente gracias al proteccionismo de mamá, que extendió sus alas en aquella ocasión más que en ninguna otra. Demostró su buena voluntad después de mi primera noche en un dormitorio colectivo. No era en absoluto siniestro, y ni siquiera demasiado incómodo en comparación a los que acogerían a muchos jóvenes de mi edad en aquel mismo momento. Recuerdo un espacio inmenso, con numerosas camas y un centenar de reclutas desnudándose para acostarse. Esta visión bastó para aterrorizarme. Acostumbrado a compartir la cama con mi anciana tía, la presencia de aquellos cien muchachos se me antojó una profanación. Algo íntimo, delicado, se había perdido en el camino entre Madrid y Barcelona. Me hallaba en el seno de una colectividad, que era lo que siempre había odiado. Y una vez más se impuso el recuerdo de papá en los lejanos días de la posguerra: una figura ridícula, en calzoncillos y camiseta y con la posibilidad de que saltasen los enrojecidos testículos que tanto asco me habían inspirado. Ésta era la imagen que aparecía siempre que pensaba en una cofradía masculina y la que aquella noche me hizo sufrir intensamente.

Dirá poco en honor de mi espíritu de resistencia que al día siguiente buscase el primer momento libre para desplazarme hasta el edificio de la Telefónica. Llegaba con un plan perfectamente tramado. Mamá no se dejaría impresionar por mi horror a las multitudes, mi aversión por las cofradías masculinas o cierto asco provocado por el tufillo a pies y a sudor rancio que invadía el dormitorio colectivo. Me quedaba el pretexto definitivo, el que mejor puede influir en las preocupaciones de una madre sufriente: la salud.

Recurrí a mi tono más lastimero para decir:

—Mamá, se dejan una ventana abierta...

—¡Dios mío! —exclamó ella—. ¿Te toca el aire?

—De pleno. Estoy en medio de la corriente.

Oí cómo se lo contaba a papá, gritando desesperadamente. No faltaron los gemidos de la tía Florencia. Creo que incluso llantos. Hasta la Paqui exclamaba: «¡La sinusitis del Ramonet! ¡Nos lo matarán vivo!» Y yo encontré encantador que, siendo una simple realquilada, se preocupase como si fuese de la familia.

El resultado de aquella conversación fue óptimo. Al día siguiente recibí un giro postal que me permitía buscar una habitación en la parte más castiza de Madrid. Y como sea que exageré el precio, todavía me quedó dinero para pagarme comidas y cenas fuera del cuartel.

La verdad es que no tuve una mili muy esclavizadora, pues sólo tenía que presentarme por la mañana y me quedaba el resto del día para el cine, el teatro y los museos. Con lo cual ocurrió que, en lugar de servir a la patria, serví a mis intereses culturales; pero no tuve el menor remordimiento porque, en un futuro, la patria necesitaría chicos que hubiesen visto treinta veces una película de Orson Welles o estudiado las obras de Quevedo en la Biblioteca Nacional o escrutado en sus menores detalles los cuadros de Goya y Velázquez. Y si la patria no necesitaba chicos así, pues peor para ella. Significaba que no era patria ni era nada.

De todos modos, todavía quedaba alguna pequeña obligación que necesitaba quitarme de encima para sentirme a gusto. Estaban las clases de teoría, que me aburrían soberanamente. Alcanzaba a comprender que me era absolutamente necesario aprenderme la cuestión de las insignias, porque si me cruzaba con un oficial y no le saludaba podía caerme lo que llamaban un «paquete». La verdad es que no llegué a aprendérmelas nunca, de manera que igual saludé a quien no debía dejando de saludar a quien debiera, pero como nunca me castigaron no me preocupé de averiguarlo. Más bien me ocurrió lo contrario: siempre que me dirigía del cuartel a casa coincidía con reclutas que se cuadraban a mi paso y se llevaban la mano a la visera en señal de saludo. Los pobres me tomaban por un oficial, pues la insignia de la Brigada Topográfica era una estrellita de cuatro puntas. Al principio, me produjo una profunda sensación de orgullo, convenciéndome de que había ingresado en un cuerpo que no era en absoluto vulgar. Al cabo de dos días estaba francamente harto de tanto devolver saludos. Sólo ansiaba llegar a la pensión y vestirme de paisano para lanzarme a explorar Madrid sin tener que saludar a nadie.

Deudos y amigos dijeron, después, que estaba disfrutando de una mili regalada, pero lo cierto es que me la gané a pulso. Cada ventaja era el resultado de pequeñas intrigas, nimios intercambios, compras y ventas poco importantes en apariencia, pero básicas para la economía de quienes se sometían a ellas. Mis compañeros barceloneses y yo aprendimos sobre la marcha que siempre hay alguien más pobre. Nunca faltaban reclutas de pueblo que, a cambio de unas monedas, pelaban las patatas que me tocaban aquel día. Siempre aparecía quien estaba ahorrando para irse de putas y hacía las guardias de los demás para reunir el dinero necesario. Y creo que, gracias a mi madre, jodieron mucho los reclutas de aquella promoción, porque lo cierto es que no pelé ni una patata, ni hice una guardia ni llevé recado que no me cuadrase.

Pero quedaba un último esfuerzo que ni siquiera mi madre podía evitarme: aquella pesadez que llamaban la instrucción. No es que fuese muy drástica, pero un mínimo esfuerzo sí exigía, y yo no estaba dispuesto a hacerlo. En realidad, llegaba extenuado al campo de entrenamiento, sito en un descampado de la colonia del Niño Jesús. Salíamos a las nueve en formación más o menos perfecta, haciendo aquella cosa tan absurda que llamaban marcar el paso y que nunca conseguí dominar. Pero esto, con ser difícil, no era lo peor. Una vez en el descampado, nos hacían formar en fila india sosteniendo el fusil con una sola mano. Por culpa de mi estatura yo era el penúltimo (al que me seguía no sé cómo lo aceptaron, porque ya era directamente liliputiense). Entre el frío y el fusil se me quedaba la mano literalmente paralizada, y si me preguntaba de qué me servía tanto ceremonial llegaba a la conclusión de que estaba haciendo el primo.

Mientras el cabo o el sargento o el coronel, o lo que fuese aquel señor, iba pasando revista a los reclutas más altos, yo improvisaba una situación de emergencia. Examiné rápidamente mis posibilidades interpretativas. En el centro parroquial destaqué haciendo de cojo. En el Estudio de Actores me enseñaban a fingir todo tipo de convulsiones. Y en mi más remoto pasado había conseguido engañar a una calle entera fingiendo las más variadas enfermedades, incluido un infartillo. ¿Sería posible que hubiese perdido la práctica precisamente cuando tanto la necesitaba?

El oficial se estaba acercando al apéndice de la cola. Sólo quedaban tres altos por revisar. Me concentré con todas mis fuerzas. Debía demostrar que mis lecturas sobre el método Stanislavski no habían sido en vano. Me figuré que aquella escena pertenecía a una película de guerra con joven airado y de tendencias antibelicistas. James Dean la habría interpretado de maravilla. No, no era un buen ejemplo: a James Dean le habrían echado del ejército por gilipollas. Era un papel más adecuado para Brando, que también era rarillo pero inspiraba respeto. ¡De ninguna manera! ¡Jane Wyman! Ella haciendo de ciega en *Obsesión.* Pero no podía fingirme ciego. Esto me hubiera obligado a vivir con los ojos cerrados durante tres años. Necesitaba una dolencia de ida y vuelta. Una epilepsia que no fuese exactamente epilepsia. Un calambre, acaso. Convulsiones de endemoniado, tal vez.

El oficial de no sé exactamente qué graduación se estaba acercando. Mi mano empezaba a agarrotarse. La sangre me subía a la cabeza. El fusil vacilaba. El cabo o no sé qué estaba a dos altos de distancia. Mi boca se contraía. La mano estaba definitivamente agarrotada. Se negaba a sostener el fusil. Ya no podía hacerlo. Se caía, se caía...

Emití un aullido pavoroso. El fusil cayó al suelo mientras mi mano quedaba completamente tiesa. Tuve que servirme de la otra para aguantarla. Al mismo tiempo, la boca viajaba hacia el lado izquierdo y un ojo iba de arriba abajo, en completo descontrol. Eso debían de pensar los demás. Yo lo controlaba perfectamente. No era más difícil que cualquiera de los ejercicios de mímica que nos obligaban a practicar diariamente en el Estudio de Actores.

Debo decir en honor de los cabos —o sargentos o comandantes o mariscales—, que tuvieron un comportamiento admirable. No se les ocurrió siquiera que debía verme un médico. Aceptaron mis palabras, que fueron por cierto apocalípticas. Optaron por creer a pies juntillas que aquellos espasmos me sobrevenían cada vez que sostenía un peso superior a mis fuerzas. Con patetismo conmovedor expuse el diagnóstico de un médico cuyo consultorio situé en la remota Santa Coloma de Gramanet. Dije que el hombre había sido muy categórico: cualquier esfuerzo podía afectarme gravemente el cerebro y éste mandaría instrucciones a los nervios, deteniéndolos ipso facto.

En este punto exclamó, admirado, un profesional:

—¡Releche! ¡Cuánto sabe de cirugía este recluta!

A partir de aquel día me utilizaron para ir a comprar bocadillos y cervezas, y como sea que el bar quedaba un poco lejos en aquel barrio a medio construir, me entretenía leyendo los periódicos y paseando por el Retiro, que prodigaba las más hermosas visiones del final del otoño. Después, me quedaba sentado en una piedra, mientras mis compañeros sostenían el fusil y hacían todas aquellas cosas increíbles que les obligaban a hacer. Yo creo que los primeros días me miraron con malos ojos, pero al final ya no les quedó más remedio que acostumbrarse, de manera que todos mis días fueron placenteros y no tuve que realizar esfuerzo alguno en lo que me quedaba de instrucción. Bueno, tuve que aprender a disparar un tiro al aire y marcar el paso para el día de la jura de bandera, pero pensé que, en comparación a los demás esfuerzos que exige la vida militar, esto era un mal menor y siempre podía servirme por si se me ocurría aprender a bailar sevillanas o algo por el estilo.

O sea que me hubiera podido unir a Ferrando y Guglielmo para cantar: *Bella vita militar!* También podía haber exclamado «¡Viva la Pepa!», pero me hubiera parecido impropio, dadas las circunstancias.

Si aquel período sirvió para algo sólo fue para marcar el comienzo de mi idilio inacabado con la villa de Madrid. Me enamoré perdidamente de la ciudad instalándome en lo que entonces se consideraba el corazón de su casticismo. Tenía alquilada una habitación en la calle Mesón de Paredes, a un corto paseo del Rastro. Por la noche, las calles adquirían una magia especial: la luz de antiguas farolas rompiendo una bruma intimista; un brillo oscuro en el empedrado, como si lo hubiesen teñido de betún. Era un paisaje urbano fascinante, el de aquellas calles desiertas: una visión propia de las películas del expresionismo alemán que solía devorar en los cineclubs. Cuando a la mañana siguiente me dirigía al Ministerio de la Guerra, desfilaba ante mis ojos una humanidad palpitante que me recordaba a la que conocí, de niño, en los aledaños del Peso de la Paja: repartidores de pan, barrenderos, basureros, porteras, vecindonas activas y, como era de esperar, una lotera que pregonaba la fortuna con décimos adquiridos seguramente en el mostrador de la mítica Doña Manolita. Y aunque no cantaba el «mañana sale», la consideré muy digna de las coplas que habían alegrado mi infancia. Por si algo faltaba, me hice amigo del sereno. Era un tipo muy dichara chero, con su bigotito propio de los años cuarenta y un acento que dejaba a don Hilarión en profesor de lengua inglesa. Cada noche, cuando me retiraba después de los cines o los teatros, me soltaba largas charlas sobre el género chico, y yo me sentía como en aquellos tiempos de la radio, cuando no había descubierto a Wagner y me emocionaba con *Doña Francisquita* y *Agua, azucarillos y aguardiente.* (Miguel y yo seguíamos una emisión titulada *Atril de la zarzuela* que nos ilustraba sobre las quisicosas de aquel género pasado de moda.)

Gracias a las imágenes del barrio, por el conjuro de su vocerío, me sentí impregnado de madrileñismo, actitud que, por cierto, no encontraba interlocutor válido en la dueña de la casa, una remilgada viuda de clase media que se las daba de señorona y detestaba todo lo referido al mundo popular. Pertenecía a ese tipo de señoras madrileñas, conformistas, anticuadas y con tendencia a reunirse con otras de su estilo para irse a tomar un chocolate y después al teatro, siempre que la obra fuese fina y no atentase contra las buenas costumbres. Era un tipo de fauna impensable en Barcelona: gentes del quiero y no puedo, funcionarios de tercera categoría con sombrero de fieltro roñoso y ellas con renard apolillado. Tenía un poco más de tono mi patrona, aunque no demasiado. Lo que no escamoteaba era el palique, especialmente cuando me contaba las hazañas de un familiar que había combatido en Marruecos. Mamá la llamaba constantemente para aconsejarle que me tratase con mano dura y, sobre todo, que me obligara a tomarme el cola-cao cada mañana para llegar al cuartel bien alimentado. ¿Que me negaba?, pues a reñirme. Pero la señora Brígida no era una mujer severa, antes bien pertenecía al tipo de madres frustradas, esas que están dispuestas a encontrar en cualquier jovencito cariñoso el sustituto ideal del hijo que nunca tuvieron. Como yo era experto en zalamerías, me gané su confianza absoluta y ella, a modo de recompensa, me permitía hojear su colección de *La Esfera* y *Mundo Ilustrado*, que era un placer con tantas suripantas de la *Belle Époque* y señoronas que tomaban los baños en San Sebastián y ese tipo de cosas que había puesto de moda la resurrección del cuplé. Y al cabo de una semana ya me daba mermelada y croissant calentito, por lo cual siempre asocio el Madrid antiguo con el suculento aroma de aquella repostería.

Ignoro si alguien advirtió que *Garras de astracán* era un canto de amor a la villa de Madrid, vista siempre con los ingenuos ojos de un forastero que no dejaba de descubrir pequeñas maravillas a cada esquina. En el caso de la novela, trasladé mis sentimientos al adolescente Raúl, que recorre los diversos aspectos de la ciudad alimentando la melancolía del solitario. Podría suscribir ahora todas sus impresiones vagamente poéticas sobre la belleza del otoño madrileño, la animación de sus calles, y el constante ir y venir de las gentes. Destaqué entonces que aquel bullicio constituye siempre una fuente de asombro para el barcelonés, acostumbrado a una circulación más austera. En realidad, era una afirmación que evoca las reacciones de mi madre al encontrarse aprisionada entre la multitud que bajaba por Montera y la que subía desde la Puerta del Sol. ¡No se lo podía creer! Y cuando entramos en el metro y la envolvió una multitud todavía mayor, le entró tal ataque de risa que no hubo manera de detenerla.

En aquel primer viaje lejos de Barcelona me sorprendieron las mutaciones del cielo, las coloraciones sometidas a la voluntad del otoño, pero al mismo tiempo la condición capitalina de Madrid. Me dejé deslumbrar por la monumentalidad de sus edificios como si fuese un paleto. Caminaba por la Gran Vía con los ojos siempre en alto y la boca abierta, embobándome ante los enormes carteles de los cines y admirándome de que hubiese tantos en una misma avenida. Iba recitando los nombres de los artistas expuestos en las marquesinas y me apuntaba las películas que deseaba ver, que eran todas, incluidas las españolas. La fascinación por mis antiguos fetiches continuaba dominándome y conduciendo todos mis pasos. Todavía guardo ejemplares de la guía de espectáculos que compraba para subrayar los que me interesaban, una guía raquítica, con portada a dos colores y aun mal impresos. Pero a través de sus páginas amarillentas recupero mis correrías de aquellos días, percibo la intensidad de mi ilusión y comprendo por qué conseguí sobrevivir a pesar de todas las presiones. Pero también he conservado el cuaderno donde anotaba las películas que veía diariamente. Iniciado un 21 de junio de 1958, dejé de utilizarlo a finales de 1961 y ocupa treinta y cinco páginas de apretada caligrafía. No es mal número para indicar la abundancia de películas y obras de teatro que llegué a ver en aquellos años, pero al mismo tiempo expone la repetición de muchas de ellas. No veía menos de cuatro veces las que eran mis preferidas y algunas, como *Gigi* y *Tía Mame*, hasta diez. (Naturalmente, se lleva el récord *Al este del Edén*, con un número de cuarenta repeticiones.) Al mismo tiempo, rotulaba en mayúsculas los títulos que más me habían impresionado y, en casos muy especiales, anotaba algún adjetivo. Así, un día 27 de noviembre, saliendo del María Guerrero escribí junto al título de la obra el adjetivo «inolvidable». Se trataba de *El jardín de los cerezos*.

Aquel cuaderno tan amado, sometido a tantos mimos como si fuese humano, me sirve actualmente de pantalla donde se proyectan imágenes de mí mismo en aquel tiempo madrileño y en todos los que vinieron antes o después. Es así como el cine recupera, una vez más, su función de supremo coordinador de la memoria, incluyendo al servicio militar en parcelas que no le corresponden en absoluto. ¿Qué tendría que ver el Ministerio de la Guerra con Eleanor Parker haciendo de mezzosoprano paralítica en *Melodía interrumpida*?, preguntarán los incrédulos. Y yo contestaré que todo encajaba porque la memoria tiene vocación de coctelera y del mejunge que produce surgimos continuamente tal como fuimos y tal como pretendíamos ser.

Me recuerdo con mi prenda llamada loden, mi sombrero tirolés y la bufanda calada hasta la nariz saliendo de un cine para meterme en otro, mientras el cielo anunciaba nieve y yo anhelaba que la promesa se realizara, porque nada podía ser tan bonito como el Retiro completamente nevado. Camino por locales que ya no existen, recordando películas que hoy poseo en mi videoteca, como si cumpliese la acendrada voluntad de la hormiguita que, en las floridas horas del verano, supo guardar para un invierno tan dulce como puede serlo la memoria cuando accede a ser piadosa.

Paseo por esos cines de Madrid tan parecidos a los de mi barrio barcelonés: el Pez, cuya ubicación ni siquiera recuerdo, el Doré, cuchitril cuya taquilla parecía mezclarse con los puestos de verduras, o el Pleyel, que, según supe después, abundaba en viejos verdes que metían mano a los chicos, igual que en el Carretas, donde contaban que, además de metemanos, había pajilleras. Pero seguía siendo tan poderosa mi fascinación por las imágenes del cine que ni siquiera me daba cuenta de aquellos hechos. Y al revisar ahora mi cuaderno, comprendo que era imposible pensar en el sexo cuando estaba viendo *Almas sin conciencia* de Fellini o *La vida alrededor* de Fernando Fernán-Gómez. No había mano en el mundo capaz de apartarme de aquellas obras que aprendía a considerar parte fundamental de mi aprendizaje en la calidad.

En mis largas caminatas, me dejaba deslumbrar ante el Madrid que había visto en el cine. Era la época en que una serie de comedias de parejas con aires modernísimos imponían la imagen de una capital abierta, airosa y decididamente cosmopolita. Como era de esperar, también busqué los ambientes cinematográficos y teatrales que tanto me apasionaban al soñar con ellos desde mi ciudad. Seguía con pelos y señales las crónicas de *Triunfo*. Decía una de ellas: «José Suárez ofreció una cena en el Centro Asturiano en honor de Luis César Amadori, pues le debía una fabada desde hace dos años...» No me pareció muy sofisticado aquel convite, pero afortunadamente informaba Tocildo: «El abrigo de visón de Silvia Pinal deslumbraba. Es tan blanco, que rechazaba la luz de los focos.»

Me extrañaba en gran manera la pompa que rodeaba a los estrenos del cine español, cualquiera fuese la película. ¿Cómo era posible? En Barcelona sólo iba a verlos la cuñada del acomodador, y aún porque tenía la entrada gratis. En Madrid, por el contrario, congregaban la flor y nata de la industria, y yo, lejos de reprobarlo, me apiñaba entre la multitud para ver entrar las estrellas con sus visones, estolas y capas, que parecían princesas mismamente. Llegaba por la Gran Vía el frío de la sierra, que es cortante como una cuchilla de hielo, pero no me dolían prendas, porque a base de arriesgarme pude comprobar que era cierto que Paquita Rico se había cortado el pelo y llevaba patillas. Procuraba ponerme debajo de los focos que, además de calentarme, me permitían ver mejor la cara de las estrellas, porque cuando atravesaban el pasadizo formado por los admiradores miraban todas hacia la luz para quedar regias, las tías.

También me dedicaba a recorrer los lugares donde sabía que podía ver a las estrellas en carne viva. Me quedaba a la puerta de Las Ventas porque sabía por el No-Do que iba siempre Ava Gardner a enardecerse con los toros y, en ocasiones, con algún torero. Como nunca conseguí verla, acudí al Corral de la Morería, que era un sitio muy famoso, de flamencas y flamencos donde también iba mucho ella. Pero tuve mala suerte porque aquella noche estaba en un cóctel del Ritz, así que me apresuré a llegar antes del cierre, pero tampoco pude localizarla, si bien comprobé la bondad de los porteros de hotel de lujo porque uno de ellos se apiadó de verme aterido de frío junto a un árbol y me dio unos churros calentitos, que eran gloria pura en aquellas circunstancias.

Pero seguía yo con mi manía de ver a las estrellas, aunque no fuesen tan importantes como Ava. Iba de un lado a otro buscándolas, y si no fui a recibir a Lola Flores en su tumultuoso regreso de las Américas fue por faltarme dinero para el taxi. Pero cumplía a rajatabla con los sitios a los que podía ir a pie, desde Riscal, donde acudían todas las estrellas y alguna petarda, hasta Pasapoga, donde iban muchas petardas y alguna que otra estrella. Pero mi sitio de espera favorito era Chicote, el local en que las estrellas recibían el agasajo postinero, que decía el chotis. Hacía allí lo que me negaba a hacer en nombre de la patria: guardia permanente. Tenía la nariz amoratada, de tanto frío, pero en un témpano me hubiera convertido a cambio del autógrafo de una estrella. Y ni siquiera esto: me bastaba con verlas pasar o ver cómo tomaban, en el interior del local, sus cócteles fabulosos. Lamentablemente, unos visillos muy gruesos protegían a la fauna dorada del resto del mundo. Pero yo seguía esperando pacientemente, sin resultado, porque una vez que coincidí con una estrella de las de verdad, ella salió del coche precipitadamente, tapándose la cara con el abrigo para no enfriarse, y entró en Chicote como alma que lleva el diablo, de manera que nunca supe si había visto a Sofía Loren o a Charlton Heston.

Al comprobar que me estaba vedado el Madrid suntuoso decidí disfrutar plenamente de todos los aspectos del Madrid popular, que entonces era muy pacífico y agradable. Tomaba mis dos comidas en un pequeño restaurante de la calle Echegaray. Me habían contado que era el corazón del barrio chino, pero, conociendo el de Barcelona, con las putas exhibiéndose en plena calle, aquella zona me parecía una prolongación del convento de las Descalzas Reales. Pese a toda mi ciencia barriobajera, debía de ser muy ingenuo, porque lo único que seguía viendo en las calles peligrosas eran los carteles de algún cine, y ante ellos me detenía, igual que en mi niñez, prescindiendo del uniforme que lucía para gloria y orgullo de la Brigada Topográfica del Estado Mayor Central.

Pero lo que no variaba jamás era mi asistencia a las películas, algunas de las cuales repetía una y otra vez, como era mi costumbre. Seguía siendo el equivalente de ir a visitar a los buenos amigos. Cuando llegaba a la pensión, me dormía con la cabeza llena de escenas prodigiosas y me sentía el joven mejor acompañado del mundo. Mi hermano se asombraba de que pudiese entusiasmarme con Horacio y al mismo tiempo conmoverme con una película cursilona como *Un trono para Cristy*, pero en el terreno del gusto yo continuaba poniendo una vela a Dios y otra al diablo.

Nunca como entonces necesité comprobar que había dejado amigos en Barcelona. Ellos, al escribirme, me demostraron que tenía muchos más de los que creía. Todas las chicas de la editorial me escribían para contarme las pequeñas cosas de cada día, y Amparo, como siempre, se ocupaba de explicarme las mayores. Decía que mi ídolo Roglá andaba como un loco detrás de los reyes de Tailandia, que visitaban Barcelona. Seguía mi vida bajo el imperio de las pequeñas cosas, y comprendía cuán importante era no perderlas nunca. Pero si éstas eran predominantes, no excluían en modo alguno aquellas de las que dependía mi formación. Amparo me aconsejaba ir todos los días al Prado, consejo al parecer fundamental. Fui repetidas veces pero llegó un momento en que creí que las Hilanderas eran mis primas y pensé que me tocaba descansar. Pero mi amiga seguía mandándome consejos porque al prescindir, como yo, de la cultura catalana pensaba que la verdadera instrucción sólo podía hallarse en la capital.

Calificaba a Barcelona de sobria y austera... («Más sobria y austera desde que a mis manos llegó tu carta, porque nunca me pareció tan cierto que las comparaciones no favorecen nunca. No te has equivocado al imaginar cómo te envidiaba.») Al releer aquellas cartas recupero cosas que me maravillaban y a las que, sin embargo, no daría hoy la menor importancia. Al parecer Amparo y yo habíamos mitificado las mesas del Gijón y las llamadas Cuevas Sésamo, así que yo me dejaba caer por ambos locales, con la esperanza de adquirir experiencias provechosas. Tomaba una mesa y me dedicaba a escuchar lo que se hablaba en las demás, y cada libro que comentaban los sabios lo iba anotando en un cuaderno y al día siguiente me iba a la Casa del Libro, pero resultaba que ninguno de aquellos títulos estaba editado y a los autores no les conocía ni el sepulturero de su pueblo. No era caso de desanimarme. Regresaba al día siguiente al Gijón o a las Cuevas Sésamo, volvía a aguzar el oído e iba anotando cosas de gran importancia para mi formación literaria, si bien es cierto que lo más interesante que oí comentar era si vendía más Mercedes Salisachs que Miguel Delibes o viceversa. Pero yo estaba maravillado de todos modos, porque por fin veía hombres que tenían cara de cultos e iban siempre con un libro bajo el brazo, que es como entonces creía que debían ir los intelectuales de verdad. También me llenaba de asombro ver en las calles de Madrid muchos más policías de los que jamás viese en las de Barcelona, y muy especialmente a la entrada del teatro donde se representaba *Yerma,* con Aurora Bautista. Era la primera obra de García Lorca que veía en mi vida, y aunque no me impresionó demasiado me llevó a la lectura de otras obras y así pasé largo tiempo influido por el *Poeta en Nueva York.* Como en algunos de sus poemas venía citado Walt Whitman, busqué uno de sus títulos en las librerías de libros prohibidos y por una cita del traductor supe que existía Edgar Allan Poe y que era necesario leerlo aunque a veces tuviese la impresión de estar viendo una película de Boris Karloff. Pero lo importante era que continuaba saltando de una experiencia a otra y que cada una se anunciaba más valiosa que la anterior.

Mi primera estancia en Madrid terminó como un sueño que los dioses programaron a plazos demasiado cortos. Pegué el tiro reglamentario, procurando que la culata del fusil, al rebotar, no me rompiese la mejilla, que es lo que al parecer le había ocurrido a algún recluta o a muchos. Como cerré los ojos no sé si el tiro dio en el blanco, pero no importaba un comino porque se trataba de cubrir un expediente y nada más. Después vinieron mamá, la tía Florencia y mis hermanos a verme jurar bandera, y todos me encontraron muy marcial, a excepción de Ana María, que me vio patoso. Pero tampoco me importó demasiado, porque al fin y al cabo no pensaba dedicarme a aquel oficio. Y no le preocupaba más a mamá, cuyo único interés radicaba en la propia ciudad de Madrid. Cierto que ella y la tía Florencia se decepcionaron al ver que la Cibeles era tan pequeña (siempre pensaron que era como las pirámides), pero pronto se reconciliaron con Madrid gracias a otros monumentos que consideraban mucho más «de capital» que todos los que teníamos en Barcelona. Y aunque ambas se sentían catalanas por adopción y aragonesas por nacimiento, tuvieron que reconocer que en Madrid todo era más grande. Y aquella impresión de colosalismo agresivo la hicieron extensible a los escaparates de la calle Serrano e incluso a los productos de una frutería de Atocha. Observaban la mercancía como si fuesen tesoros y la iban ponderando en términos de gigantismo. «¡Qué plátanos, tía! —decía mamá—. Como ésos no los hay en Barcelona.» Pero constituyó una decepción para ella no poderse vestir de chulapona y pasearse por las vistillas entonando un chotis al son de un organillo. En su defecto, nos fuimos todos a Zaragoza, de paso para el pueblo. Eran mamá y las tías muy devotas de la Virgen del Pilar, así que fuimos a rendirle pleitesía, y en mi caso a sugerirle que subiesen un poco las temperaturas, porque la ciudad estaba helada como una antártida y a la tía estuvo a punto de darle un repente. Como teníamos que esperar el tren de Nonaspe, que no salía hasta altas horas de la madrugada, nos metimos en un cine y vimos tres veces una comedia de Abbe Lane titulada *Susana y yo,* que no vería nadie más en el mundo. Terminada la última sesión, nos fuimos a esperar a una salita de la estación con el consiguiente peligro de morir helados.

Pasamos unos días muy nevados en Nonaspe —había tanta nieve que parecía uno de mis sueños de infancia— y de allí regresamos a Barcelona. Volvía a encontrar mis calles amadas, los rincones que me habían visto crecer, la inolvidable melodía del barrio. Definitivamente reintegrado a mi realidad, empezó el largo transcurrir de los muchos meses que me esperaban para terminar mi contrato con la patria. Pero había firmado por tres años y tuve que pasarlos acudiendo cada mañana a la Brigada, que estaba en la azotea de Capitanía General. Desde mi ventana vislumbraba un magnífico panorama que empezaba en la basílica de la Merced e incluía los pintorescos tejados de la Barcelona antigua. Era todo muy bonito, muy típico y que ni pintado para mi romanticismo, pero a cambio tenía que trabajar de vez en cuando. Mis deberes consistían en garabatear planos de la región de Gavá que nunca servirían para nada. Mucho mejor, en realidad. De haber estallado una guerra, Franco habría perdido muchas batallas en aquella zona, tantas carreteras equivoqué y tantos caminos pasé por alto. Y si algún puente había, creo que dibujé un depósito de agua en su lugar.

Diré como atenuante de mi ineptitud que no tenía yo la cabeza para planos. Mi atención estaba concentrada en los distintos aspectos de la cultura griega, que me dedicaba a estudiar cuando el brigada no vigilaba. Escribía pequeños comentarios a las obras de Esquilo, Sófocles y Eurípides, y forjaba cosas tan insólitas como la lista de premios Nobel, Pulitzer y Goncourt con la intención de leerlos todos un día u otro. Y aun tuve la suerte de inspirar gran simpatía a cierto oficial que se parecía mucho a Mario Vargas Llosa, circunstancia que no utilicé para cosas pequeñas que podía solucionar mamá, empeñando sus alhajitas. Picando siempre más alto, conseguí que el oficial me permitiera utilizar unas cabinas de idiomas reservadas al uso de los superiores. Y así practiqué mi inglés y mi francés con la ayuda de las técnicas más avanzadas, que ninguna escuela podía permitirse en aquellos tiempos.

O sea que si algo tengo que agradecer al servicio militar es que pude cultivar mis aficiones al tiempo que servía a la patria, aunque no sé si exactamente como ella esperaba. Pero mi raigambre popular me consolaba, decidiendo que el que da lo que puede no está obligado a más. Mientras así obraba, mamá seguía comprando todas las guardias menos una, que tuve que hacer a regañadientes en un piso que la Brigada tenía en un callejón cercano. En realidad me limitaba a atender un teléfono que nunca sonó, pero aquella misión me parecía tan arriesgada, comprometida y valiente como hacer guardia en la línea Maginot, de manera que supliqué o acaso ordené a mamá que no me hiciese pasar nunca más por semejante trance. A partir de entonces, mi vida se redujo a la de un vulgar oficinista, con la única excepción de algunas salidas ocasionales para llevar a casa de unos oficiales el pan que les daban en el cuartel.

Son ésas las únicas cosas que recuerdo de aquel período de mi vida que, en principio, estaba calculado para convertirme en hombre hecho y derecho. No ocurrió así, como se ha visto. Entré como un niño y salí convertido en dos niños. El primero estaba acostumbrado a conseguir todos sus propósitos, el segundo aprendió sobre la marcha a evadirse de las obligaciones que su nueva situación le deparaba. Salí licenciado en nuevas astucias y sin saber exactamente qué me había ocurrido ni dónde había estado. No me quedaron remordimientos. Dios sabe que aquélla era la única manera de sobrevivir.

Mientras todo esto ocurría, llevaba ya tres meses en el Estudio de Actores, donde esperaba convertirme en ídolo de multitudes sin dejar de ser el intelectualillo más inquieto que jamás se vio en el Peso de la Paja.

En el Estudio de Actores se me presentó la oportunidad de convivir con miembros de mi generación y entrenarme en el diálogo con gente que tenía intereses parecidos a los míos. Éstos partían del cine, pero se prolongaban hacia todas las materias del arte y la cultura. Me pareció una actitud muy innovadora, pues era creencia general que los actores son seres primitivos, movidos por inspiración divina o por un talento natural jamás contaminado por las exigencias del cerebro. Si las crónicas no mentían, todos los intérpretes españoles se habían ido haciendo sin instrucción de ningún tipo, durante años de preparación práctica, empezando por papeles pequeños y, aun antes, con un largo meritoriaje en compañías famosas. Aquella escuela de la práctica, que después he aprendido a valorar, me parecía entonces propia de un sistema subdesarrollado, aparte de poco eficaz. Cuando hubiese quemado mi juventud pateando míseros teatruchos de provincia, ya no me querrían en Hollywood ni para hacer de abuela de Thelma Ritter.

En contraposición a la actitud tradicional, el Estudio se jactaba de entregar a sus actores preparados para primeros papeles, y no precisamente de los más sencillos: «Aquí tiene usted un Otelo. Mañana le serviremos un Peer Gynt. ¿Necesita una Titania? El mes que viene estaremos en disposición de servirle una Nora perfecta. Además, todos nuestros alumnos han leído a Faulkner, lo cual les capacita para aproximarse al papel desde un punto de vista intelectual.»

Las aulas dispuestas para albergar mi nuevo aprendizaje presentaban el atractivo añadido del inconformismo ambiental: se trataba de dos amplias naves pertenecientes a un antiguo almacén, situado en el barrio de Sarriá, en una calle de nombre pintoresco —Trinquete, ya ve usted—, en una zona formada por descampados o chalecitos de una planta. En cuanto al interior del estudio, disponía de tres o cuatro estancias, además de las dos naves principales, pero eran éstas las que constituían el verdadero centro de nuestras actividades. Como eran tan espaciosas y estaban completamente vacías, nos permitían actuar con total libertad: podíamos escondernos en un rincón en busca de intimidad o saltar desaforadamente de un lado para otro cuando los ejercicios nos exigían expansionarnos. La ausencia de vecinos permitía todo tipo de excesos, incluida la posibilidad de gritar hasta el límite de nuestras fuerzas. Era lo que yo necesitaba para sentirme realizado, ya que consideraba los aullidos el requisito indispensable de la rebeldía y la permisividad.

Era director y maestro del Estudio un entrañable joven con acusado complejo de genialidad. Tenía por modelo a Orson Welles, cuyo físico se complacía en imitar, especialmente en sus aspectos más obesos. Aparte de este detalle, nunca llegué a conocer con exactitud la vida y orígenes de Fernando Espona, aunque por sus conocimientos y tendencias era lícito situarlo en el cine-clubismo y, acaso, la universidad. Tenía como socio al director cinematográfico Julio Coll, que gozaba de gran prestigio gracias a la película *Un vaso de whisky*, considerada el no va más de la modernidad por introducir la música de jazz en el cine español y el colmo de la osadía porque exponía la vida y los asuntos de un gigoló, que era un personaje muy verde para la moral de entonces.

Entre los créditos del señor Coll figuraba el de haber sido crítico de teatro y jazz en *Destino*. Aunque nunca aparecía por el Estudio, su nombre era toda una garantía para los interesados: implicaba la posibilidad de actuar en una de sus películas. Más exactamente, se daba a entender que el Estudio era una especie de vivero dedicado a la formación de futuros protagonistas y, como sea que el señor Coll era un director en la onda, se daba por descontado que de allí no podía salir un solo intérprete con aires antiguos. Ni siquiera clásicos.

El sistema educativo se proclamaba deudor del famoso Método, teoría difundida por el Actor's Studio de Nueva York y basada en las teorías del ruso Constantin Stanislavski. Se pretendía la absoluta inmersión del actor en el personaje, tal como hacían Marlon Brando, Paul Newman y el espectral James Dean, además de otros nombres menos conocidos aunque tanto o más prestigiados. La abundancia de tics interpretativos que generaron estos intérpretes era motivo de frecuentes ironías por parte de los actores tradicionales. Según ellos, el Método funcionaría sin duda con obras referidas a asuntos yanquis, pródigas en descaro, y con personajes inclinados a la neurosis y el histerismo, pero podía resultar risible si se aplicaba al teatro clásico español.

A Fernando le gustaba ilustrarnos con el suculento anecdotario de las grandes figuras del Método. Como sea que la base era mimética, nosotros lo éramos también. Si Brando practicaba el yoga, nosotros nos poníamos inmediatamente en la postura del loto. Si Monty Clift se había mostrado poco respetuoso con sus primeras actrices, nosotros maltratábamos a la que tenía la desgracia de correspondernos como pareja. Nos volvíamos salvajes, temperamentales, intempestivos y hasta exóticos. (¿No hablaba Brando del atractivo de la mujer oriental?) Lamentablemente, otros ejemplos resultaban más difíciles de imitar desde nuestra circunstancia. Para preparar su personaje de paralítico en la película *Hombres*, Brando se encerró a convivir con treinta parapléjicos durante un mes. Otra actriz del Método, Joanne Woodward, llevó su preparación hasta el punto de encerrarse en un manicomio. Por lo menos esto aseguraban nuestros profesores. Lo que ignoro es si alguno de mis condiscípulos se sometió a experiencias tan drásticas. Yo no disponía de tiempo. Una mañana entera sirviendo a la patria en Capitanía y una tarde en la editorial me obligaban a dejar el manicomio o el centro de parapléjicos para los actores yanquis. Tenía que confiar en mis propias emociones, que no eran escasas ni en absoluto perezosas.

La obsesión por vivir el papel, así como el abuso de tales vivencias, llevaban a algunos a decir que los actores del Método acababan por interpretarse a sí mismos. Casualmente yo no había hecho otra cosa a lo largo de toda mi vida. Ahora, me disponía a sobreactuarme.

Vivía entonces la obsesión favorita de todo adolescente airado: deseaba una moto sobre todas las cosas del mundo. No una Vespa, cuyo aspecto se me antojaba ridículo, sino uno de aquellos gigantescos monstruos mecánicos que solía pilotar James Dean. Para no desmentir la fatalidad de todos los adolescentes del mundo, me encontré enfrentado al rechazo familiar. Además de agredirme con la frase «Cuando seas mayor de edad», recurrían a un amplio archivo de coacciones que yo intentaba combatir haciendo todas las muecas y visajes de un actor pasado de rosca. No me sirvieron de nada. Mis padres me recordaron los infinitos sufrimientos que producían a muchas familias los chicos motorizados. Redactaron un espeluznante catálogo de muertes posibles. No contentos con tan funestas premoniciones, me echaron en cara sus propios sufrimientos cuando sonaban las nueve y media de la noche y aún no había vuelto a casa. Temían que me hubiese matado haciendo de paquete en la moto de Roglá o Ramón Gómez. Yo insistía con la heroica persistencia de mis dieciocho años. Ellos se resistían sabiendo que no necesitaban recurrir a la heroicidad: les bastaba con recordarme que, aunque ya llevase un jornal a casa, éste no bastaba para mantenerme. Mientras dependiera de ellos, mientras estuviese bajo su mismo techo, debería atenerme al refrán que más odiaba: «Quien paga manda.» Para rematar semejante afirmación de autoridad, controlarían mis llamadas telefónicas, porque temían que la decisión de la moto me la hubiese inspirado aquella extraña fauna que los padres suelen llamar «malas compañías».

Pintoresca acusación, por cierto, al ir dirigida a alguien que no disponía de compañías, ni malas ni buenas. Alguien cuyos únicos amigos continuaban siendo las sombras de la pantalla.

Estaba viviendo todos los tópicos de la adolescencia, aunque pasados, una vez más, por la deformación del cine de los sábados. En cualquier caso, el papel de incomprendido siempre se me había dado estupendamente, de modo que, siendo desgraciado, era también feliz porque continuaba trasladando la ficción a la vida real. Y por si me olvidaba de vivir mi personaje en el hogar, el Estudio me brindaba la oportunidad de llevarlo hasta las últimas consecuencias cada tarde. Con sólo descender la rampa que conducía a las salas de ensayo, podía ser incomprendido, rebelde y, sobre todo, muy salvaje.

Las ceremonias del Método resultaban tan pintorescas como la pretensión de que Brando era buen actor sólo por seguirlas. Nos desmadrábamos cuando lo exigía el texto, y más aún cuando éste no existía. Desarrollábamos motivaciones para aplicarlas a la conducta de nuestros personajes. En las celebradas clases de improvisación, cabían todos los excesos. Improvisar un desengaño, un júbilo, un atisbo de desesperación y, al final, alcanzar la histeria pura. En este punto no cabían límites: ya he dicho que la ausencia de vecinos nos permitía aullar a placer, luego aullábamos hasta quedarnos afónicos. No sabíamos hasta qué punto nos serviría todo aquello para salir a un escenario, pero resultaba muy útil para quemar energías. Era un desahogo tan importante como ir en la moto de Roglá, echar todo el cuerpo hacia atrás y romper a gritar al modo vikingo.

La búsqueda de identificación con el personaje conllevaba algunas exigencias primordiales. Antes de pasar al ensayo, nos encerrábamos en la sala de concentración. Era ésta un recinto con las paredes revestidas de corcho y dos camastros donde debíamos pasar una hora completamente a oscuras, intentando poner la mente en blanco en una búsqueda que se parecía mucho a la exploración de ignoro qué Nirvana. El Método no pudo con mi obstinada fantasía. Pasé horas enteras en la sala de concentración con la mente siempre ocupada. Los pensamientos acudían en tropel. Las ideas me invadían. Intentaba no fijarme en ninguna de ellas, eliminarlas, pero en el esfuerzo acudían nuevas ideas, y así sucesivamente. Buscando la serenidad me desesperaba por no conseguirla, y lo que en principio era un proceso de relajación acababa en ataque de nervios y un intenso complejo de culpabilidad provocado por mi ineptitud.

Cuando se suponía que ya estábamos relajados y con la mente dispuesta a recibir la del personaje, nos sometíamos a un ejercicio muy raro, destinado a estimular nuestros reflejos. En una sala adyacente a la de concentración, me ponía de cara a la pared y otro alumno me iba golpeando con una regla en la espalda cada vez más rápido; yo debía contestar una frase estúpida a cada golpe que afectase uno de mis puntos vitales. Aseguraban que era una técnica perfecta para desarrollar todas las facultades del cuerpo, pues todas debían estar alerta en la suprema ceremonia de incorporar a otro ser ante la cámara. Como siempre me había sucedido en el pasado, ninguna de mis funciones estuvo tan despierta como la sexual y, casualmente, la sexualidad era uno de los temas preferidos del director, que en esto demostraba una morbosidad casi viciosa. Nos exhortaba a exponer detalladamente nuestra vida íntima mientras formulaba todo tipo de conjeturas sobre las de los demás alumnos. Además, nos organizaba sesiones de psicodrama y, dos veces por semana, sesiones de psicoanálisis colectivo. Era la ocasión ideal para proyectar nuestro exhibicionismo y vomitar todos los demonios interiores. Salían a la palestra los secretos mejor guardados de cada uno: enamoramientos, masturbaciones, fetichismos, complejos de inferioridad, neuras, traumas infantiles y hasta edipismos. De no haber mediado el pretexto de Stanislavski, era para creer que aquellos cursos estaban patrocinados por el doctor Freud.

El Método, así entendido, solucionaba muchos de mis problemas de identidad, transplantándolos a los personajes que me correspondía estudiar. Llegaba un momento en que el afán de introspección podía resultar arriesgado por falta de base científica. Era inaudito que nos diesen textos de Jung y Adler para establecer las características de los personajes. No parecía demasiado peligroso mientras nos limitásemos a trazar tipos, pero ya era mucho más grave cuando utilizábamos todos nuestros recursos emocionales en la creación de núcleos de comportamiento. Nos poníamos a prueba de un modo descarnado. Hacíamos fichas donde apuntábamos todas nuestras reacciones y las que habíamos transplantado al personaje. Al enfrentarme ahora a una de aquellas cuartillas, no consigo recordar qué pretendí exactamente, pero retrocedo horrorizado al comprobar cuánto ponía de mí mismo. Me obligaba a experimentar tantos sentimientos, tantas sensaciones, que acaso coloqué alguno que no había experimentado nunca. Anoté: «Para Depresión he cogido el núcleo de la Muerte. Conseguí llorar.» «Mal el sentimiento de Asco. Demasiado teatral. No conseguí vomitar.» «Bien el sentimiento de Horror: he cogido como tema el cuerpo de mamá descuartizado por los leones.»

Notaba que mi entrega a aquellos ejercicios me producía un importante desgaste emocional, pero compensaba el pensar que era indispensable para encarnar a personajes «de rebelde». Por esto me sentí profundamente desilusionado cuando, en vez de la chaqueta de cuero y la moto supersónica, me dieron una sábana para usarla a guisa de toga. Así ataviado, me subieron a un podio y estuve cinco meses con el brazo en alto, recitando el discurso de Marco Antonio al pueblo de Roma, tras el asesinato de Julio César. Lo cierto es que la inmortal perorata no daba para muchas complejidades psicológicas; bastaba con afectar un doble juego, y convencer al pueblo de que iba a favor de los conspiradores cuando, en realidad, les estaba azuzando contra ellos. Aunque entonces no caí en la cuenta, aquella adjudicación también encajaba con el afán mimético del director, porque era mucha casualidad que, entre tantos personajes como llegó a crear Shakespeare, nos hiciera aprender el único que interpretó Marlon Brando.

La frecuentación de la escuela tenía, cuando menos, una ventaja: me llevaba a interesarme por lecturas que, de otro modo, no me hubiera planteado; y no sólo las que trataban de la teoría estricta de la interpretación, teatral o cinematográfica, sino también temas más generales y, naturalmente, guiones y textos dramáticos. Igual que siempre me ocurrió con todos los asuntos de la cultura, una cosa me guiaba a otra, y si todos los caminos no llevaban a Roma, lo cierto es que conducían a lugares igualmente provechosos, algunos de los cuales iban a influirme decididamente. Sabiendo que no podía perder el tiempo, lo aprovechaba al máximo, más allá de las exigencias del arte interpretativo. Cuando el ocio lo permitía, me encerraba en el despacho para devorar artículos del Diccionario Literario Bompiani. Además de ayudarme en mis prácticas de italiano, me deparaba la oportunidad de conocer las síntesis de las grandes obras de la literatura, e interesarme por ellas en aras de una lectura posterior y más completa.

Ya no me contentaba con el horario de clase: pasaba en el Estudio todos mis ratos de ocio. Era un segundo hogar, preferible al primero; era el ambiente que me permitía evadirme del absurdo familiar y al mismo tiempo de mis ocupaciones en la editorial, que empezaba a considerar banales en comparación con las cosas que estaba aprendiendo a diario.

En el estudio iba encontrando poco a poco mis propios rincones, madrigueras a cuyo amparo poder leer en paz hasta que llegaban los demás alumnos y empezaban las clases. Un compañero, Víctor Israel, me dijo que si buscaba rincones tan estrambóticos me saldría una ratita que se me zamparía a mí y al libro. Noté que aquel hombre ya maduro, siempre amable y cariñoso, seguía la tónica general de hablarme con un lenguaje propio de parvulario. Aquella actitud me orientó sobre mi verdadera situación en la escuela. En rigor, era el benjamín. A pesar de mis dieciocho años, a pesar de mi uniforme militar, seguía condenado a interpretar el papel de niño mimado. Mi egotismo tenía campo en qué satisfacerse, pero también terreno para el autocompadecimiento, porque el papel de niño resultaba un tanto incómodo en mis relaciones con los alumnos más admirados y, ¿por qué no?, íntimamente deseados. Era el grupo de los mayores. La élite del alumnado.

No es que alardeasen de superioridad, pero eran superiores a mis ojos. Procedían de la alta burguesía, contaban con algunos logros en el terreno intelectual y sus intereses eran, lógicamente, más elevados que los míos. Sabía que algunos de ellos tenían acceso a los círculos culturales y políticos más evolucionados de la ciudad. Ignoro si éste fue el caso de Jorge Herralde y Carlos Durán, que pasaron por el Estudio antes de mi llegada, pero sus carreras posteriores me autorizan a suponer que fue así. Los que se quedaron ejercían su superioridad sin proponérselo, pero como yo había decidido sentirme inferior, el efecto era el mismo. Seguramente anticipo varias historias si destaco que, tres décadas después, Marc Martí se convertiría en un amigo magnífico, pero en aquella época era el modelo que yo contemplaba a distancia, otorgándole categoría estelar. No la tendría en la Metro Goldwyn Mayer, pero en la calle Trinquete su jerarquía era absoluta. La compartía con Salvador Jané, otro joven a quien Espona preparaba intensamente a guisa de esperanza blanca del Estudio. Se les unió más adelante un apuesto mozarrón, de aspecto agitanado, llamado Daniel Martín, el único alumno que consiguió acceder al cine en serio. Debutó protagonizando la película de Rovira Beleta *Los Tarantos* y, durante dos décadas, continuó rodando películas en estudios españoles e italianos con bastante frecuencia.

¿Aumenta el tiempo el atractivo de ciertos arquetipos? Alguna ventaja había de tener el odiado monstruo. La aureola con que Fernando rodeaba a sus jóvenes leones se mantiene intacta al cabo de los años, como la encarnación exacta y precisa de lo que yo consideraba entonces la imagen más deseable del joven moderno —ropa cara, moto, referencias de alto standing—, pero también como el anuncio del actor nuevo, inquieto, informado, y con el físico que los comentaristas daban en llamar «europeo». En este aspecto, Marc y Salvador eran la negación de lo carpetovetónico: eran altos y esbeltos, con facciones angulosas y aspecto deportivo. Tantas semejanzas no impedían ciertas diferencias de carácter que les permitían optar a papeles radicalmente distintos. Salvador era el introvertido oficial, cuando no el místico; Marc cargaba con los papeles violentos y Daniel, por sus caracterícas étnicas, con los decididamente furiosos. Todos ellos dentro de las exigencias de complejidad y retorcimiento que era la tónica de los personajes elegidos por el retorcido Espona.

No andaba yo tan sobrado de amigos ni me sentía tan seguro de mí mismo como para no aspirar a la intimidad de aquellos jóvenes. Ninguno me negó su simpatía, justo es decirlo, pero las características que acabo de apuntar me impedían aproximarme a ellos con la habitualidad deseada. Al no conseguirlo, experimenté una necesidad urgente de escapar a su irradiación. Continuaba sintiéndome inferior a ellos en muchos aspectos, y ésta era una certeza que todavía me costaba mucho soportar. A modo de resistencia, busqué refugio en mi rincón de los libros. Al mismo tiempo, me impuse la obligación de forjarme una imagen. Recurrí de nuevo al prototipo del rebelde, bien que debidamente intelectualizado. Quedaba muy bien parecer retraído e incluso hosco. Vestía mucho farfullar las palabras y no mirar nunca a los ojos del interlocutor. La soledad también era de buen tono. Era lo más adecuado para sugerir una intensa vida interior. Así, de cara a los mayores no parecería un niño, sino un incomprendido. Y Peter Pan me felicitaba cada noche porque contribuía a modernizar sus acreditadas lecciones.

La superioridad de los mayores se me hizo más evidente cuando éstos se convirtieron en paladines oficiales de las dos primeras damas del Estudio. Ellas se llamaban Irmi y Brigitte y eran alemanas. Llegaban, pues, de ámbitos que habíamos aprendido a considerar civilizados. Este detalle las revestía con una capa de fascinación añadida, pero sería injusto si me limitase a considerar su atractivo a la luz del exotismo. Ambas tenían lo que entonces dábamos en llamar clase, si bien la repartían desde frentes muy distintos. Irmi era rubia, delicada de apariencia hipersensible. Resultaba ideal para personajes como Blanche Du Bois: damas etéreas, extraviadas en mundos ilusorios, en pugna constante con la cruda realidad. En cuanto a Brigitte, respondía a un prototipo más duro, casi acerado. Tenía un rostro extraño: facciones gruesas, marcadas, tal vez violentas. Era un rostro complejo, de los que entonces me gustaba atribuir a las mujeres superiores. Una belleza determinada por la inteligencia. Encajaba con el modelo femenino impuesto por Jeanne Moreau. También me emperré en que se parecía extraordinariamente a Gunnel Lindbolm, la actriz que hacía el papel de criada muda en *El séptimo sello.* Impresionado por las primeras películas de Bergman, con sus rostros de intrincada complejidad, idealicé a Brigitte como la actriz bergmaniana por excelencia.

Gracias a Irmi y Brigitte, mi idea de la mujer empezó a moverse hacia prototipos internacionales, contra el modelo racial hispano, que consideraba reaccionario y anticuado. Daban al mismo tiempo una idea de comportamiento liberal que no podía ser más deseable en mi búsqueda de la modernidad. Por las noches, se quitaban la acomplejada máscara impuesta por el Método y se convertían en compañeras de mis admirados primeros actores. O sea que aquellas relaciones cerraban *en beauté* el círculo de lo excepcional.

Compartíamos atisbos de espiritualidad cuando nos juntábamos en un espacio de reunión y descanso que llamábamos el bar, a causa de una precaria barra que parecía sacada de uno de aquellos locales con sabor tropical que tanto prosperaban en la época. En aquella salita nos mostrábamos distendidos, abiertos no tanto al descanso cuanto al intercambio. Se entablaban fecundos diálogos, todos relacionados con nuestro aprendizaje y enriquecidos con temas culturales cada vez más exigentes. Estábamos cambiando a marchas forzadas, incluso en los aspectos más elementales de la mitomanía. Nuestra evolución podía medirse día a día. Ya no dependíamos de los actores que nos gustaban sino de los que quedaba bien que nos gustasen. De uno de los muros colgaba un enorme tablero donde podíamos tachonar sus fotos, así como escenas de las películas consideradas imprescindibles para nuestra formación. Inevitablemente irían a parar allí las fotos de las películas de la *nouvelle vague*, junto a las de los actores del Método y, por supuesto, la Monroe, convertida en musa de intelectuales desde que siguió sus famosas clases con Lee Strasberg. Aunque cada alumno aportaba su recorte favorito, esperábamos con ansiedad que alguno de los pudientes regresara de algún viaje al extranjero trayendo consigo revistas caras, que ofrecían fotos firmadas por autores prestigiosos. En el nuevo orden de preferencias ya no nos referíamos a una foto de tal o cual película. Empezábamos a conocer la importancia de Richard Avedon, Cecil Beaton, Clarence Sinclair Bull y otros fotógrafos que habían convertido el arte del retrato en una experiencia más valiosa que cualquier recorte para uso de adolescentes fetichistas. Y fue una de las grandes aportaciones de los alumnos más avanzados incorporar a nuestro tablero obras de Cartier Bresson y Man Ray, que sustituían la dorada mística del cine de los sábados por imágenes que reflejaban la realidad del hombre contemporáneo, e incluso su angustia.

Dejar nuestra foto preferida en el tablero equivalía a depositar un exvoto, pero al mismo tiempo expresaba la necesidad de compartir nuestros descubrimientos con los demás compañeros o asimilar ávidamente los que ellos traían de sus viajes. El que llegaba de París había estado en el cine Le Mac Mahon, viendo las películas que soñábamos. El que tenía acceso a los cócteles literarios hablaba con afectada familiaridad de Caballero Bonald, Carmen Martín Gaite o García Hortelano. Nos deslumbraba que aquel afortunado se refiriese a ellos utilizando el nombre propio, como años antes me había deslumbrado que Mary Martin llamase «Jimmy» al difunto Dean. Sin embargo, había una diferencia considerable: mientras aquella desgraciada jamás llegó a alternar con ninguno de sus ídolos, mis nuevos amigos habían tenido la oportunidad de intercambiar opiniones con los intelectuales de moda y recoger información de primera mano. Así, podían llegar al Estudio aconsejando que era absolutamente necesario leer *Nuevas amistades* y buscar con urgencia en las trastiendas de libros prohibidos la novela de Juan Goytisolo *Para vivir aquí*.

En más de una ocasión arramblé con algún libro que los mayores dejaban olvidado en la barra del bar, textos cuya existencia desconocía, cuyas innovaciones jamás me había planteado. Por el mismo sistema, llegó a mis manos un ejemplar de *Cahiers du Cinéma*, el primero que vi en mi vida. De manera involuntaria, vislumbré un camino completamente nuevo de la apreciación cinematográfica. (Curiosamente, aquel número estaba dedicado a Bertolt Brecht, autor que tenía poca cabida entre los fanáticos del Método, pero cuya importancia no podíamos ignorar. Gracias a las fotos del Berliner Ensemble y sus montajes canónicos, gracias a los bocetos de Caspar Neher para la representación del *Puntila*, pude intuir una imaginería que me adentraba en la revolución plástica de aquella parte del siglo.)

Estaban ocurriendo muchas cosas, en todas partes, y aunque a nosotros siempre nos llegaban por vías muy indirectas, presentíamos que iban a afectarnos poderosamente en el futuro. Al mismo tiempo, la dificultad de recibirlas nos inspiraba el esfuerzo por asimilarlas y la rapidez en digerirlas. También estaba cambiando a toda velocidad el orden de mis lecturas. Cuando ya tenía a todos los clásicos de la literatura presuntamente dominados, empezaba a preguntarme de qué iban a servirme algunos de ellos en las cambiantes condiciones de 1960. ¿Cuál podía ser la utilidad de *El paraíso perdido* para enfrentarme al mundo moderno? ¿Qué servicio podían rendir a mis nuevas inquietudes *Los héroes*, de Carlyle, o *Mis prisiones*, de Silvio Pellico y otros títulos incluidos en la famosa lista de los cincuenta títulos imprescindibles para el lector culto?

Los mayores atendían a mis nuevas necesidades sacando continuamente a la palestra autores que sólo conocía por referencias, como Marguerite Duras, Alain Robbe-Grillet o Carson McCullers. Las ediciones de Bibilioteca Breve, promovidas por Carlos Barral, anunciaban un proyecto literario de vastos alcances que me parecía urgente conocer, al tiempo que su formato me orientaba hacia un nuevo criterio estético: las imágenes de una escuela de fotógrafos realistas sustituían a las viejas portadas de colorines chillones y dibujos copiados del cine.

No había yo conocido una revolución interior tan profunda desde la época del Joven Inquieto. Me estaba abriendo a un mundo presidido por la innovación, la novedad y la inquietud. Al mismo tiempo, me asaltaba la necesidad de apresurar todas aquellas revelaciones. Tenía prisa, mucha prisa, porque aquellas cosas estaban sucediendo en el mundo a una velocidad estremecedora. La nueva década empezaba a exigir sus derechos y no era sensato desoírlos, porque en la vida de cada ser humano sólo se produce una década excepcional. Estaba en mi mano decidir si aquélla me pertenecería.

Cierto día, llegó al estudio un adolescente con aspecto de divinidad griega. Su belleza no era una invención fruto de mis tendencias mitómanas. Era una verdad objetiva, elogiada por todos. Me hallaba enfrentado a una novedad absoluta. Hasta aquel momento había conocido rostros lindos, ojos gachones, perfiles acertados o bocas resultonas. El caso de Roberto era más rotundo: compendiaba todas las posibilidades del atractivo masculino en su más alta manifestación de equilibrio. Era clásico en el sentido exacto y preciso; era un guapo en su acepción más ortodoxa. Llegaba a tal extremo que no me atreví a sentirme inclinado por él. Tanta perfección sólo podía ser fuente de disgustos.

Con semejantes atributos tenía que caerme mal desde el principio. Diré en mi favor que era un sentimiento recíproco. Nos mirábamos a distancia y siempre por encima del hombro. Le consideraba altivo, orgulloso, creído. Cuando lo comentaba con otros alumnos me decían que él pensaba lo mismo de mí. Así pasamos varias semanas despreciándonos mutuamente. Nos cruzábamos en la sala de concentración sin dirigirnos la palabra. Coincidíamos en un ensayo y evitábamos mirarnos. Fernando comprendió la situación rápidamente y la examinó bajo su habitual prisma morboso. ¿No sería que me gustaba el chico y me obstinaba en no reconocerlo? Me rebelé con todas mis fuerzas contra esta idea. Insistí en que era un creído. Espona opinó que tenía motivos para serlo; más aún: con tanta apostura estaba autorizado a ser un tirano.

La realidad era mucho más simple de cuanto estábamos aventurando. Roberto y yo éramos los benjamines de la escuela y a los dos nos complacía el papel. Nos estábamos disputando el trono de la bisoñez, como críos en lucha por acaparar los mimos de los mayores.

Permanecí ausente del Estudio durante los casi dos meses que duró mi etapa de instrucción en el servicio militar. Después de jurar bandera, me devolvieron a Barcelona para pasar las Navidades en casa. Aquel año de 1960, la Navidad se llamaba *Ben-Hur*. Quiso la casualidad que en la cola del cine coincidiera con Roberto. Como lo tenía delante, me vi obligado a saludarle. Se sucedieron algunas frases referidas a las mejores películas de las fiestas. Descubrí que, fuera del estudio, el chico era menos estirado. Vestía muy bien. La trenka verde musgo era bonita. Me daba un poco de fastidio pensarlo. Equivalía a reconocerle una superioridad. Otra más, porque con aquel rostro derrotaba al más pintado. Para mí era un trágala. No veía el momento de perderle de vista. La cola parecía no terminar nunca. Estaba obligado a soportarle. Él comentó que llevábamos el mismo sombrero. Era cierto. El tirolés de siempre, el de la plumita. Muy a la moda.

Me lo quité para alisarme el pelo. Acto inconsciente, sin duda. Vana pretensión de galanura, acaso.

—¡Anda! —exclamó Roberto—. ¡No te han rapado al cero!

—¿Por qué habían de raparme?

—Por la mili. Siempre se ha visto que a los quintos los dejan mondos y lirondos, como a Silvana Mangano en *Jovanka.*

Me molestó profundamente que me comparase con una actriz. Me molestó incluso que me tomase por un vil recluta. Me molestaban tantas cosas que llegué a la conclusión de que la verdadera molestia era «él».

—Estoy en la Brigada Topográfica del Estado Mayor Central. Ni nos rapan ni nos hacen ir todo el día de caqui. Cuerpo de élite, chico.

Se quedó muy impresionado, pero no calló. Parecía deseoso de estar a buenas conmigo.

—Después de la instrucción te quedas ya en Barcelona, ¿verdad?

—Estás tú muy enterado.

—En la escuela se sabe todo. Es un nido de chismorreo.

Acabábamos de llegar a la taquilla. Pensé librarme de mi compañero pretextando que me gustaba ver el cine desde muy cerca de la pantalla, a una distancia que poca gente podía soportar. Fue una casualidad que a él le ocurriera exactamente lo mismo. Por pura educación tomamos dos butacas juntas. Apenas nos dirigimos la palabra durante el No-Do y los anuncios. Pocos minutos antes de empezar la película me dirigió una sonrisa deslumbrante. Parecía dispuesto a seguir siendo simpático. Ya era algo. No resulta agradable compartir tres horas y media con un creído. Temí lo peor cuando volvió a ponerse serio. Al punto reparé en que se trataba de la seriedad que fingen algunos cuando quieren contar un chiste sin que el otro sospeche que lo es.

—¿Sabes qué le dijo Sofía Loren a su marido cuando se iban a la cama?

Negué con la cabeza.

—«Ponte, Carlo, Ponte.»

Era el chiste más idiota que había oído en mi vida, pero me hizo soltar la carcajada más escandalosa que se habría oído en aquel cine. Él se contagió. Reíamos los dos como locos y en el peor momento. En la enorme pantalla acababan de aparecer la Virgen y san José pasando el censo de los romanos. Seguía yo riendo por lo bajo mientras aparecía una estrella sobre los tejados de Belén. La observaban, con devoción, tres reyes de guardarropía. A continuación salieron unos pastorcillos, con pinta de inspirados. Al verlos tan cursis, Roberto susurró:

—¡Óstima, tú! ¡Si parece la felicitación del sereno!

Allí fue Troya. Solté una risotada más clamorosa que la anterior. A mi lado, Roberto tenía el rostro exacto de la inocencia. Su fingida gravedad acentuaba mi diversión mientras la altisonante música de Miklos Rosza proclamaba que nos hallábamos ante un momento sublime de la historia de la humanidad. Acababa de nacer el Mesías. Lástima que yo no paraba de reír. No podía. Tuvieron que colaborar las protestas del público y la linterna del acomodador, que nos amenazó directamente, posándose sobre nosotros un buen rato.

Transcurrió la proyección sin mayores incidentes que mis bostezos. La peripecia espiritual de Ben-Hur me iba pareciendo inacabable y desproporcionada. Sólo el rostro de Roberto conseguía entretenerme. De vez en cuando le observaba de soslayo. También él a mí. Al cabo de un momento nos examinábamos sin el menor pudor. Yo me preguntaba si habría en toda Barcelona unos cabellos tan negros. Eran puro betún. Su piel, por el contrario, era muy blanca, cual corresponde a una escultura de mármol, pero no carecía de vetas rosadas. Las mejillas parecían encendidas a perpetuidad. ¿Era un sofoco o la encantadora consecuencia de un natural sanguíneo?

El mutuo examen continuó durante el intermedio. Mientras charlábamos sobre temas de cine, yo me daba cuenta de que aquel rival tan odiado era un prodigio de simpatía; era llano, natural, dispuesto a abrirse en todo momento. También percibí un detalle que su actitud en el Estudio había mantenido oculto: hablaba un catalán sorprendentemente puro: el catalán incontaminado de los pueblos. Porque, para mayor asombro, aquella belleza tan clásica y elegante provenía del terruño. Y no de una aldea del Peloponeso, como era lícito suponer, sino de algún remoto rincón de la provincia de Tarragona que nunca conseguí ubicar. «Ascendencia imperial —pensé yo inmediatamente, sin temor al ridículo—. Éste sí tiene cara de romano, y no los de la película.»

¿De qué extrañarse? Lo más parecido a un romano que había sabido encontrar la Metro era un inglés llamado Stephen Boyd.

Con semejantes reflexiones acababa de sacar a Roberto de la realidad, incorporándolo a una dimensión desde la cual podría mandar a gusto sobre mis sentidos o ser esclavizado por mi necesidad de mitómano, según decretara la ficción. De momento, la imperial Tarraco mandaba sus mensajes y el reclamo de la naturaleza los suyos. El sonrojo que ocupaba permanentemente las mejillas de Roberto sólo podía deberse a las exigencias de la vida campesina. Era, pues, un natural, un genuino. El buen salvaje ocupando una butaca de patio en un cine de lujo.

—¿Tú crees que en la segunda parte enseñarán la cara de Cristo? —preguntó.

—No creo. Los Cristos, en cine, no resultan.

—Sería antes. Ahora están rodando un «Rey de Reyes» con Jeffrey Hunter y no me dirás que no es el tío más guapo del mundo.

Guardé silencio. Empezaba la segunda parte y no quería que me llamasen de nuevo la atención. En cambio, despertaban la mía los últimos comentarios de Roberto. Acababa de elogiar la belleza de un hombre y se quedaba tan tranquilo. No podía pedirse mayor candidez en la forma, mayor naturalidad en una declaración por otro lado natural; sin embargo, yo empezaba a buscarle implicaciones morbosas. Se me estaba imponiendo una de las costumbres más arraigadas del gueto: descubrir a toda costa de qué pie cojeaba mi flamante compañero. No fueron necesarias las averiguaciones. Un muchacho tan simple no permitía el doble juego. Por el contrario, estaba ansiando desvelarlo en atención al mío.

Cuando terminó la película teníamos cara de agotamiento. Sobre todo yo. Demasiada religión para alguien que buscaba la amenidad del *peplum* y el paganismo de sus cuerpos. Demasiadas pretensiones para un tema que me había acostumbrado a asociar con la simpática elementalidad de los cines de barrio.

—¡Jopé con la madre y la hermana! —exclamé—. Entre ellas y el Cristo casi se llevan la película.

—¡Menudo rollo! —dijo Roberto—. Cuando muere Mesala se acaba el tomate. Para mí que la censura ha cortado muchas escenas.

—No creo. La chica es muy sosa. No me la imagino en sostenes por las casas de lenocinio de Jerusalén.

—No me refiero a la chica. Para mí que han cortado las escenas de amor entre Ben-Hur y Mesala.

Me detuve, con cierto asombro. Esas cosas no se decían a las tres horas de iniciar una amistad. No en aquella época. A no ser que uno quisiera quitarse la máscara, sin prejuicios ni dilación.

—Es que están liados —insistía Roberto—. Por eso le da a Mesala esa rabieta, si no, ¿de qué? Un odio tan gordo sólo se acumula cuando tu amigo te hace una canallada.

—Que no es eso, Roberto. Que Ben-Hur es un nacionalista judío y el otro un imperialista romano. Que todo va de política, leche.

—No, chico, no. A nadie le da una rabieta tan gorda por cosas del nacionalismo ese. Tiene que haber una pasión. Seguro que es eso que en la radio llaman «pasiones encontradas».

Estábamos avanzando por el vestíbulo con grandes dificultades, inmersos en un gentío en el que se mezclaban los que salían con los que esperaban para la nueva sesión. Íbamos a paso de tortuga. Roberto insistía en su teoría sobre los amores secretos de Ben-Hur y Mesala. Es cierto que en el fondo son muy evidentes, pero entonces no quería dejarme convencer. Era una mariconada y yo me había pasado la tarde presumiendo de chico formal. El tipo de chico que honra a un cuerpo de élite del Ejército español.

En un momento determinado, Roberto me dio un pellizco en el brazo:

—¿Sabes qué te digo? ¡Vamos a conocer la opinión del respetable público!

No me dio tiempo a detenerle. Se caló el sombrero a la altura de la frente, y, poniendo cara de circunstancias, abordó directamente a una elegante matrona que parecía esperar a alguien.

—Señora, soy reportero de *El Correo Catalán.*

Me quedé de una pieza. Aunque la gente me arrastraba, no quise perderme aquella escena.

—¿Es una encuesta? —preguntó la señora, palpándose el renard—. ¡Ay, qué ilusión! ¿Saldrá mi foto y todo?

—Se la vendrán a hacer a la verdulería, señora.

—Oiga, joven, yo no soy verdulera.

—Era una forma de decir, señora. En inglés, verdulera significa baronesa. ¿Okay?

La osadía de aquel chico me dejaba perplejo. Creí que el suelo se abría bajo mis pies cuando le oí preguntar con todo el aplomo de un profesional de la noticia:

—¿Usted cree que Ben-Hur y Mesala son maricones?

La señora se quedó petrificada. Insistió Roberto con tono más grave:

—Concretamente: ¿cree usted que la censura ha cortado la escena en que Ben-Hur da por el saco a Mesala? ¿O es al revés? ¿Hace Ben-Hur de activo, ya que es tan peludo y musculoso?

La señora exhaló un grito, luego otros. Al punto acudieron su marido y dos hijos con sus respectivas esposas. ¡Bien decía la Metro que *Ben-Hur* era la película de toda la familia! Sólo que aquélla estaba en pie de guerra. Mientras una de las chicas atendía a la histérica dama, los tres hombres avanzaban hacia nosotros con expresión amenazadora. Feo asunto. Yo no había mantenido una pelea en toda mi vida y no pensaba debutar en fechas navideñas. Agarré a Roberto del brazo y echamos a correr por el atiborrado vestíbulo, sorteando gente, pisando a muchos, mientras los tres energúmenos nos lanzaban las más violentas imprecaciones.

Seguimos corriendo por el bulevar hasta perder el aliento. Nos metimos en una cafetería, muertos de risa. Imposible contenerla. Reímos durante mucho rato. Nos tomamos un batido. Luego otro. Empezamos a intercambiar confidencias. Acabamos confesándonos aficiones: eran las mismas, a excepción de la lectura. Roberto aseguraba que prefería aprender de la vida. Deseaba vivirla intensamente: empezaría comiéndose la ciudad a bocados y acabaría por devorar el mundo. Era una intención parecida a la mía, pero él pensaba aplicarla desde una posición esencialmente lúdica.

—Nunca volveremos a tener diecisiete años —dijo—. Hay que aprovecharlos al máximo.

—Yo tengo dieciocho —dije—. Y tengo ganas de que terminen. Es una edad muy jodida.

—Porque no has aprendido a divertirte. Deberías empezar hoy mismo. ¿Por qué no rematamos la noche en el teatro? A mí me gusta mucho la revista.

—Y a mí. Pero ese Ben-Hur me ha dejado sin un duro.

—Convido yo. Y a cenar también.

—¿Qué pasa? ¿Eres niño rico?

Trazó un primer esbozo de su vida. Un par de años atrás, sus padres vendieron todo lo que tenían en el pueblo y, con el producto de la venta, alquilaron un bar en Barcelona. Ésta fue su providencia. En cuanto se ponía el mandil para servir desayunos le llovían las propinas a cántaros. No satisfecho con semejante diluvio, echaba mano de la caja y se quedaba unos billetitos. Sacó un fajo para demostrarme que no mentía.

—Puedo tenerte como un rey durante quince días seguidos.

Yo había vivido aquella situación, lejos, muy lejos, en mi infancia, cuando era un niño aprovechado. Llegaba el Niño Rico a la escuela y gastaba en mis caprichos todo el dinero que le daba su madre. ¡A cuántos pasteles me había invitado y qué feliz me sentía yo, haciendo rabiar a los otros niños!

—Estoy destinado a ser un mantenido —dije, con sorna.

Le conté la anécdota del Niño Rico.

—Es normal —dijo Roberto—. Para eso estamos los amigos: hoy invito yo y mañana tú.

Me parecía encantador por su parte que le quitase importancia, habida cuenta de que para mí la tenía, y mucha, la cuestión del dinero semanal.

—Yo no estoy en disposición de corresponder —dije—. Tengo que entregar mi sueldo a mis padres.

Siguió sin darle importancia. Parecía muy contento. También lo estuve yo. Fuimos a un espectáculo del Paralelo, no una revista excepcional sino un tingladillo de emergencia montado con unos chavos alrededor de tres o cuatro artistas más o menos conocidos. Algo para ganar dinero rápido, supongo. Pero salía una mulata sensacional, Gina Baró, que nos conmocionó con sus convulsiones vertiginosas y luego salía a la pasarela una *vedette* entrada en años y en carnes, que arrastraba un visón de pacotilla, mientras voceaba una de las canciones pícaras que entonces se nos antojaban el colmo de la frivolidad:

Los hombres son tan crueles
que no pueden comprender
que unas joyas y unas pieles
vuelven loca a la mujer.

A partir de aquel día menudearon nuestras salidas nocturnas. Nos escapábamos cada noche con una sola finalidad: regresar a la misma función en los mismos teatros del Paralelo. Formaban parte de una tradición que mi padrino me había enseñado a amar cuando me llevaba, de niño, a los espectáculos del Cómico y el Arnau.

Era un placer inconmensurable escuchar a la Bella Dorita, con tantos años y tanta historia a cuestas. Su veteranía era tan legendaria como la del propio Paralelo, y hasta corrían chistes y acertijos sobre su verdadera edad. Seguramente la acentuaba, consciente de que era un atributo a su favor, y no lo contrario. Era una soberbia matrona experta en el cultivo de la sicalipsis. Su fuerte era el doble sentido, aplicado a todas las formas de la naturaleza que pudieran recordar a un falo. ¡Lo que podía conseguir, explicando cómo se comía una berenjena! Y por si algo olvidaba, salía Escamillo, con su simpatía irresistible, su garbosidad de sarasa imperial, nacido para reírse a gritos del mundo y sus complejos. Pantalones ceñidos como una modelo de Dior para un corpachón ya entrado en carnes; chaquetillas pletóricas de lentejuelas, capas inmensas que al ser arrastradas se llevaban todo el polvo del escenario. Cantaba Escamillo *Los cojines del Rajá* o narraba con doble sentido —o con todos los sentidos posibles— la historia de aquel sultán de aficiones sospechosas («le gusta que le den, que le den, que le den»).

Era gracia descaradota, sensualidad procaz, genio de callejón que estallaba plenamente en el dúo entre Escamillo y la Dorita. ¡Dios, cuánto arte en unos pocos gestos y unos cuantos navajazos de intencionalidad! Veíanse obligados a esgrimir todos sus recursos profesionales destinados a burlar la amenaza permanente del censor, que acudía por sorpresa a comprobar si se habían respetado los cortes decretados por la censura previa. La Dorita contaba que era dueña de una gruta y aconsejaba a Escamillo que se hiciese espeleólogo para penetrar en ella. El dudoso macho contestaba que la gruta de la hembra podía estar muy húmeda y ella le aconsejaba que se pusiera chubasquero. Escamillo ponía entonces sus pícaros ojos allí donde Dios le puso la virilidad y, mascando cada sílaba, contestaba que un buen espeleólogo no usaba impermeable porque le haría resbalar en el descenso.

No podía pedirse mayor deleite que aquella constante transgresión a cargo de artistas convertidos involuntariamente en abanderados de la libertad. Tenían que ganarse al público, mientras combatían a los funcionarios de la represión, cambiando el texto según la circunstancia. Así se explica que volviésemos cada noche, porque siempre era un texto distinto, siempre un arte renovado al ritmo de la emergencia. Un arte que bordeaba constantemente los límites del genio.

Mientras las artistas del Paralelo nos asombraban con sus trucos impuestos por necesidad y perfeccionados en el contacto diario con el público popular, el Estudio de Actores nos iba moldeando a la imagen más o menos exacta del actor intelectual. La síntesis del Método resultaba particularmente adecuada para las obras de Tennessee Williams, que ofrecían una amplia gama de personajes de marcada complejidad: homosexuales reprimidos, menopáusicas neurotizadas, solteronas insatisfechas y hasta algún tarado mental. Había tela para las características de cada alumno. Como yo no tenía talla física para hacer del brutal Stanley Kowalski, me adjudicaron el hermano de *El zoo de cristal.* No tardé en enamorarme del personaje. Casaba a la perfección con el papel de incomprendido que estaba representando en mi vida privada y, por si fuese poco, manifestaba muy hermosas opiniones sobre el paso del tiempo y la soledad, que ya eran entonces mis dos temas recurrentes. Pero, además, Tom era un muchacho que optaba por huir de una madre opresiva y un entorno familiar agobiante y destructor. Algo que acaso tendría que hacer yo en el futuro.

Cada vez que salía a ensayar el monólogo final de Tom se me agolpaban las lágrimas y sentía una profunda ternura en el pecho. Mientras me dirigía a pie por la avenida que me llevaba de la editorial al Estudio, repetía en voz baja aquellas palabras que tanto me emocionaban: «Yo no fui a la luna, fui mucho más lejos porque el tiempo es la distancia más larga entre dos lugares, intentando hallar en el movimiento lo perdido en espacio...»

Estaba presintiendo que algún día, en alguna ciudad lejana, yo también sentiría la misma nostalgia de Tom. Tendría en mis manos la verdadera libertad, pero añoraría las dulces cadenas de una ciudad y un tiempo que nunca podrían volver:

«Viajé mucho, por todas partes. Las ciudades corrían ante mí como hojas secas, de brillantes colores, pero arrancadas de la rama...»

Ese monólogo, que la memoria rescata a pedazos treinta y tres años después de haberlo aprendido, me ayudaba a mitificar las partes más entrañables de mi vida, colocándolas en un futuro que ya entonces tenía un poderoso matiz literario. Y yo lo alimentaba cada tarde, cuando recitaba mis frases desde las mil posibles puestas en escena que imaginaba para el triste Tom: aferrado a una botella de whisky, paseando por una ciudad portuaria con el saco de viaje al hombro, escuchando jazz en algún tugurio pestilente... Todo era posible para una imaginación que atacaba desde tantos frentes.

En realidad, estaba viviendo tres personalidades a la vez: para ir al Estudio me vestía de rebelde, los domingos me disfrazaba de pijo y cada mañana me ponía el uniforme caqui para ir a Capitanía. De los tres papeles fue el primero el que más me apasionó y, en definitiva, los personajes que en adelante me confió Espona se iban ajustando a él.

Cuando dejaba de ser Tom, me dedicaba a descubrir los poderes de la noche. Calculaba Roberto su botín de propinas y, viendo que era óptimo, corríamos de nuevo a los teatros y cabarets del Paralelo. Seguíamos entusiasmados con las endiabladas convulsiones de la mulatona, y la convertimos en nuestro ídolo de aquella temporada. Siempre el mismo número, después otros números parecidos en los mismos locales. La repetición diaria nos permitía pasar por hijos de potentado. ¡Qué cómico nos parecía el respeto de los acomodadores al vernos llegar entrada en mano! Como el teatro estaba casi vacío a causa de la cuesta de enero, se nos notaba todavía más. Los artistas nos dedicaban la función, ya por conocernos de sobras, ya porque agradecían que pasásemos por taquilla cada noche. Después del espectáculo corríamos hasta El Molino, que estaba a cuatro pasos. Llegábamos a tiempo de ver los últimos cuadros o, por lo menos, el que daban en llamar «La apoteosis», no sin cierto sentido del humor involuntario, pues se trataba de una imitación de los grandes «finales» del Lido de París reducidos a un escenario de dimensiones ínfimas. Pero la falta de espacio se resolvía mediante la acumulación: era difícil reunir mayor número de plumas, plumeros, marabúes y lentejuelas por milímetro cuadrado. ¡Qué cansina, fatigada imitación de la alegría en el desfile de los artistas! ¿Cuántas veces habrían realizado los mismos pasos entonando con sus voces de cazalla la consabida loa a El Molino? Aullaba el público su fervor, alimentado durante años de asistencia. Allí estaban las grandes emperatrices del descaro: la imperecedera Maty Mont, la furiosa Mary Mistral, tigresa indiscutible de la escena, la artificial Gardenia Pulido, a quien se anunciaba pomposamente con el título de Miss Frivolidad (lo había ganado en algún certamen, pero nadie sabía cuál). Ninguna de las tres dejó de enloquecernos, en tiempos distintos, en años que circulaban ferozmente sobre ellas y sobre nuestra memoria de espectadores. Y aún nos vencía a todos Johnson, el grande, el mágico, el soberano indiscutible. El que a los gritos de «maricón» que le lanzaba algún gallito, contestaba señalándole, desafiante: «Serás mío.» La loca oficial y, sin embargo, adorada por todos, querida como algo propio y cada vez más entrañable. El Johnson del vestuario estrambótico, el de las lentejuelas, las capas de raso, y los sombreros de plumas tan descomunales como los de la primera *vedette.*

Nadie llenaba las noches de los cachondos como los artistas de El Molino. Lo llevaba doña Vicenta, personaje mítico que sostenía su negocio a guisa de institución. Y esto fue sin duda para nosotros, una institución del mismo modo que para los puritanos era el último bastión de la indecencia. ¡Bendita fue la indecencia en aquel yermo de hipocresía beata! Nos complacía violar todas las reglas que mantenían la ciudad en permanente estado de buena esperanza. No la queríamos para nada. A la dignidad que la vida cotidiana nos ofrecía, preferíamos con creces el deshonroso Molino. En sus filas se alteraba nuestra sangre, perdíamos los modales, vibrábamos con el entusiasmo general. Y tenía mucho mérito, porque ninguna de las cosas que sucedían sobre el escenario era susceptible de alterar nuestra libido. No nos guiaban las mismas motivaciones de los viejos verdes de primera fila, con la baba cayendo por la temblequeante barbilla, cuando alguna *vedette* les acariciaba la calva desde la pasarela. Tampoco nos identificábamos con los universitarios que jugaban a hacerse el macho gritándoles groserías a las coristas o insultando a los bailarines-locaza. No teníamos que demostrar nuestra ansiedad sexual ni ganar credenciales de virilidad. Éramos admiradores inofensivos, aunque nunca silenciosos. Por el contrario, nos uníamos al griterío que reclamaba a Mary Mistral un pelo del higo (¿es cierto que ella se retrató peinándoselo?) o de los que exigían que la rumbera diese de una vez «el bollazo». Nadie mejor para tal empresa que la caribeña. Solía ser oronda, pero el público se hacía la ilusión de que estaba jamona. Sus meneos eran apoteósicos. No digamos la que se armaba cuando empezaba a hacer girar el pubis, dirigiéndolo hacía el público mientras cantaba «Se lo doy, se lo doy, se lo doy». Repicaba el timbal a cada bollazo y los hombres del público se levantaban a saltos, enardecidos para recoger aquel sexo imaginario que caía sobre la platea. Siempre en ley de rumberío petardón, iba saliendo ella de escena sin dejar de cantar:

Cómemelo, cómemelo, cómemelo
que está maduro mi pomelo...

Con la impunidad que nos prestaba nuestra absoluta falta de deseo, nos fingíamos adictos del alterne. Envalentonado por su fajo de billetes, Roberto ordenaba una botella de champaña, como si fuésemos dos fabricantes de Sabadell. Venían las dos descorchadoras más simpáticas, la Lina y la Rita, mujeronas avezadas a soportar a mucho juerguista malasangre. Muy lindas se las prometían por tener dos clientes jóvenes, y aunque ya se hacían ellas pocas ilusiones, se permitían la osadía de elegir entre broma y broma. Decía la Lina: «Para mí el guapísimo, para ti el guapete.» Roberto me abrazaba, entre risas, cogía mi cabeza y la introducía en la pechera de la Rita. «Tú ponla caliente —me decía—. Luego, la dejamos con las ganas...» Me hundía la cara hasta los pezones de la descorchadora y me bañaba el cogote de champaña mientras ella gritaba: «Jodidos de mierda, os vais a hacer marranadas a vuestra cama.»

Pero no terminábamos en la cama porque habíamos aprendido cuán joven puede ser la madrugada. Nos fascinaba la idea de frecuentar a los verdaderos artistas, tomar un chato de vino con ellos, compartir sus juergas hasta el alba. Pero la realidad era muy otra: al apagarse las candilejas se apagaba con ellas el brillo de las lentejuelas, las estupendas *vedettes* se enfundaban unos pantalones raídos y los deslumbrantes chicos del coro un vulgar tabardo mientras la sastra guardaba los atuendos que nos habían cautivado desde el escenario.

Seguíamos a las estrellas hasta una enorme cervecería, que fue muy sofisticada en los años treinta, según me contaban mis padres. Pero a tan altas horas de la madrugada, y en pleno invierno, era un lugar triste, mal iluminado, por cuyas mesas discurrían los artistas con un vaso de vino malo o un quinto de cerveza. Deambulaban con una apatía que hubiera resultado insospechada una hora antes, cuando evolucionaban frenéticamente sobre el escenario. Sin maquillar, con la piel tan fatigada, ofrecían un aspecto patético. Iban de un lado a otro, intercambiándose pitillos, billetes de lotería, información sobre pensiones. Ellos y ellas exponían sus historias sentimentales, generalmente desastrosas. Y a nosotros nos gustaba hacerles de confidentes porque esto equivalía a ser colegas y, al final, sentirnos profesionales. Repartíamos simpatía, nos reíamos con su poca gracia, suspirábamos con sus accesos de ternura. También coqueteábamos, aunque con la esperanza de no ser tomados en serio. Siempre había alguien que se quedaba cautivado con Roberto, y en más de una ocasión fue el gran Johnson. Era como decir el Rey, ya se ha indicado, pero también era un monarca que, al quitarse la corona, quedaba como una caricatura de lo que él mismo caricaturizaba. Allí estaba siempre, ante un café con leche, con las ojeras pintadas, un poco de carmín en los labios, las manos, huesudas y ensortijadas, acariciando un perro lanudo tan viejo como él.

Hablaba un pésimo castellano salpicado de italianismos propios de Festival de la Canción Mediterránea, por lo cual siempre pensé que sería un catalán que simulaba no serlo. Todo lo contrario de Escamillo, que soltaba todas las catalanadas con un entrañable deje de tieta y el temple de una verdulera de la Boquería.

Al gran Johnson le gustaba acariciar a Roberto. Se extasiaba ante su rostro. Ponderaba el saludable color de sus mejillas. Era natural. No habiendo estado en el Louvre ni en los Uffizi, es dudoso que hubiera visto jamás una obra de arte como él.

—¡Qué belleza de bambino, madonna santa! ¡León, leoncito, que te pongo io una jaula!

Roberto se volvía hacia mí, muerto de risa.

—¿Qué quiere decir?

—¡Un piso, Roberto! ¡Que te pone un piso! —exclamaba yo, tragando coca-cola.

—Un piso e una torre de la Sagrata Famiglia, leonazo. ¡Dio, qué melena ti ha donato la mamma naturaleza! No pienses male, que sólo constato. ¡Uy, que finura de cabeglio! ¿O es postizo? Non e niente postizo, no. Es seta, velluto, brocato. ¡Oig, se me enreda con el aniglio! ¿Ti piace, bandarra? Te lo regalo. Ti lo ofro. Préndetelo, belleza, préndetelo.

Seguía yo la broma examinando con exagerada atención aquel cristal de culo de vaso:

—¡Pero si es un rubí!

—¡Para lo que sirve! Los gioielli no dan la felicità, bambino. Te lo dice Johnson, que ha tenido el oro y el moro. Gioielli grandissimi, así, como el pugno. Pietre preciosisime. Diademe, cogliari, braseleti, de tutti un poco. ¿Y crees que Johnson es felice? Non es niente felice porque al caerse el telón le falta un leonazo como tú.

Roberto no paraba de reír. Tenía que salir yo en su defensa.

—Cuidado, Johnson, que está liado con un ministro más leonazo que él.

—Pues vieni tú, orejitas, que también tienes un polvo.

—Yo tampoco puedo, que soy muy macho.

—Tanto megliore. Machos hacen falta porque en el giorno de hoy todos los uomini son mariconi.

—¿Todos, Johnson?

—Tutti, tutti, tutti.

Aprovechando que la Rita nos mandaba a hacer marranadas a otra parte, elegíamos nuestro segundo hogar, que era el Estudio. Siempre había una llave escondida en una trampilla, por si alguien necesitaba ensayar a altas horas de la madrugada. Todos sabíamos que a los mayores no se les ocurriría esperar el alba recitando el papel de Bruto, pero tampoco ignorábamos que solían recibir el sol en agradable compañía. Las visitas nocturnas al Estudio constituían, pues, un hecho ampliamente conocido, si no aceptado, por la voz oficial.

Durante nuestras visitas, Roberto y yo contradecíamos a la Rita: ni marranadas ni sexo. Pasábamos largas horas en silencio, a veces nos quedábamos abrazados mientras yo hablaba de lo último que había leído y él se dormía plácidamente, con aquella sonrisa tan ingenua que yo había aprendido a apreciar. Era la ternura que se apoderaba de él en ocasiones especiales de hipersensibilidad. Como cierto día, en el Liceo, cuando una Mimí y un Rodolfo especialmente inspirados le hicieron saltar las lágrimas en el fragmento «La staggione del nostro amore». Igual que otra noche en no recuerdo cuál cine-club, viendo *La strada*, cuando Gelsomina se emocionaba ante la vista del mar, bajo los maravillosos acordes de Nino Rota. Por esas cosas, estaba yo descubriendo en Roberto a un ser completamente inédito en mi vida. Alguien a quien ansiaba proteger: alguien a quien guiar. Era en cierto modo el mismo sentimiento que me despertaba mi hermana. E, igual que ella, me llamaba «Tete». Y me gustaba, me gustaba mucho, porque es la palabra que usábamos los niños barceloneses para definir el lado más entrañable de la fraternidad.

En el Estudio nos limitábamos a ser hermanos de la misma edad. Ninguno de los dos le enseñaba nada al otro pues ambos teníamos todo por aprender. En estas condiciones el mundo se comparte, se intercambia: es por fin un mundo a dos, pero excluye toda forma de dominio. Hacíamos juntos las clases de dicción, aprendíamos juntos los papeles, entrábamos siempre de la mano en la sala de concentración y, desgraciadamente para nuestros estudios, nos pasábamos el rato hablando de nuestras cosas.

Cada día veíamos más próximo el momento del gran debut. Vivíamos los rodajes de las películas españolas con una intensidad tal que diríase que estábamos participando en ellos. Espona nos comunicaba diariamente los avances en los preparativos de la próxima película de Julio Coll (1). Se trataba de una historia de prostitutas, un guión con grandes posibilidades malogradas, después, por la censura. El grueso del reparto estaría formado por los alumnos más preparados del Estudio. Recordando la edad en que me llevaron a la puta, le dije a Roberto que en la vida de estas señoritas siempre hay jovencitos inexpertos, de manera que teníamos asegurado un papel y, además, de gran lucimiento. Si todos reaccionaban como yo ante su primera experiencia sexual, tendríamos ocasión de aplicar nuestra gama de histerismos al completo.

En espera de ese momento, Roberto continuaba rascándose el bolsillo para hacerme conocer todos los secretos de la gran noche barcelonesa. Nos había sido concedido el privilegio de encontrar belleza en las partes malditas de una ciudad tan anodina durante el día. Aprendí a amar otro rostro de mi ciudad: ese rostro que se contraía en las muecas más sórdidas, los mohínes más patéticos y, para nosotros, deslumbrantes. Aspectos inesperados de la transgresión, que nos iban configurando en interminables paseos por las callejas oscuras del Barrio Chino, en largas charlas por las primeras cavas de jazz, y sobre todo en un constante ir y venir por ambientes parecidos a los del Paralelo y, a veces, más canallescos.

Gracias a Roberto, un afán lúdico invadía mi vida. Me volvía alegre, pendenciero, cada vez más decidido. Yo, que nunca pegué un puntapié a un balón, que jamás me subí a un árbol ni arrojé una pedrada a otro niño, me encontraba ahora inventando todas las travesuras que sólo la coartada de la edad

(1) *La cuarta ventana.*

me permitía aplicar impunemente. Aspiraba a la gamberrada inofensiva, al exhibicionismo descarado. Quería hacer reír a Roberto constantemente, como él me llenaba de risas todo el tiempo. Su amistad me abría a la vida paso a paso, sin dejar el menor terreno por explorar. Aun a riesgo del error, aun a costa de la pifia, era necesario ir siempre hacia adelante.

¡Curiosos caminos, los del morbo! Buscando una existencia aventurera, depositábamos nuestra admiración en personajes que agonizaban al final de la aventura. Seducidos por la luz de las candilejas, frecuentábamos los teatruchos cuyos escenarios ni siquiera estaban iluminados por la luz de un candil. Espacios mediocres, tablaos escasos, pistas diminutas por donde desfilaban los artistas que fueron o los que aspiraban a ser, con escasas esperanzas, justo es decirlo porque valían muy poco.

Nos entusiasmaba ver siempre a los mismos artistas en la Bodeguilla, especie de nido de arte a cuya entrada había un amplio puesto de tapas, embutidos y otros manjares en penoso estado de conservación. En el interior, un local escuálido, con mesas agrupadas alrededor de un escenario de reducidas dimensiones. Solíamos instalarnos en un altillo que el camarero recomendaba a los elegidos, porque se veía mejor el montaje, como dicen en la actualidad los escenógrafos de prestigio. No era el caso, pues en el escenario sólo cabía un telón pintado con una pandereta, una guitarra o la mismísima Giralda. Predominaba el sabor andaluz: mantones colgados por las paredes, carteles de toros y hasta una reja con claveles reventones de plástico natural. Circulaban la manzanilla, el fino y la sangría, pero en las tapas coincidían todas las regiones de España. El halago a las patrias chicas era imprescindible en aquellos locales donde solía reunirse, los domingos, un amplio contingente de inmigrantes.

Sonaba una raquítica orquestina de las de mucho metal y timbaleo. Dirigía un maestro viejecito, que debió de estar muy alto y cayó en aquel pozo, o simplemente que nunca subió y permanecía allí, dirigiendo ineptos desde la era de la Chelito.

Gustaba mucho que abriese la función un pasodoble de alto aire. Salía un flamencón avejentado que hacía posturitas con una bola de cristal y, según cómo, le daba al zapateado con muy mala pata. «¡Que salgan las tías!», aullaba algún macho incontenible. Y la mariquita remataba su taconeo, indignada, porque no había sido comprendida la magnitud de su arte. Entonces iniciaba la orquestina los turbulentos compases de *La danza del fuego*, y salía de estampida una aprendiza de gitana que se ponía a hacer extraños ademanes brujeriles alrededor de una hoguera hecha con ristras de papel colorado, mientras el maquetista diseñaba sinuosos arabescos con sus brazos. Se les aplaudía por cortesía. En realidad, su número estaba más visto que el tebeo. Durante años había sido muy común en las variedades de los cines de barrio.

Salía, después, una pareja de joteros, que siempre bailaban *Gigantes y cabezudos*, con la partitura irreconocible a causa de las manipulaciones de la orquesta. Pero era inevitable que alguien gritase un «Viva Aragón», y la gente aplaudiera a rabiar por considerarlo entrañable, ya que de todas las regiones incluidas en el amplio abanico de la inmigración, la aragonesa era considerada la más noble, bravía e íntegra en su trato con los demás pueblos de las Españas.

Puesta la orquestina en tesitura de modernez, atacaba algún bolero de gran moda. Aquí se enardecía la parroquia, porque irrumpía, toda tentación, la vocalista, enfundada en un vestido negro como Gilda y con un repertorio de boleros archisabidos y, por culpa de ella, archidestrozados. Y no podía faltar la guapetona de Antequera, la que imitaba a la Piquer o a Juana Reina sin quedarse en ninguna de las dos. Y el niño de bronce, con cintura de jacinto, culín tipo manzana y repertorio copiado de Antonio Amaya. El niño que esperaba al fabricante de textiles que le pusiera un piso y, mientras, desgranaba las penas de amor de doña Juana la Loca y los jipíos del «pescaero». El niño que fue envejeciendo sin fabricante de textiles a su vera y acabó sus días en un asilo miserable o en cualquier hospicio de mala muerte. Afortunado él, en el fondo. Otros, ni eso tuvieron.

Podía haber mucho más en aquellas variedades, pero la mezcla no cambiaba mucho. Solía terminar con la orquesta a bombo y platillo, anunciando la gran apoteosis con intervención de todos los artistas de la compañía. «Vamos a cantarles / nuestra despedida / al ritmo del amoooor...»

Disfrutábamos apoyándonos el uno en el otro, como si estuviésemos borrachos de verdad. De repente, sentía muy cerca la mejilla de Roberto, la notaba encendida, anhelante, y no me gustó. Podía asegurar que estaba esperando mi entrega. Al punto me ponía alerta: no quería repetir una vieja historia. Nunca más. Había aprendido a odiar la complicación de los sentimientos. Quería diversión, locura, el goce máximo de los sentidos para adormecerlos, después, en una inconsciencia absoluta. Un limbo de sombras extravagantes, que me divirtieran sin exigirme reflexionar.

Nos adentrábamos en las callejas del Barrio Chino, colgábamos monigotes en el trasero de las furcias más gordas, corríamos como una exhalación ante la ira de sus macarras, entrábamos en un tablao flamenco, Roberto se arrancaba por peteneras, yo tenía que sacarle rápidamente, porque siempre había alguien que se lo quería tirar y así huíamos por las estrechas callejuelas, riendo a gritos, hasta llegar a la Bodega Bohemia.

Era una especie de colmado muy antiguo, donde todo aparecía estrecho y encajonado. Podía haber sido un tablao de gitanillos que empiezan; en realidad, era un espacio dedicado a la actuación de artistas acabados desde mucho tiempo atrás. No podía hablarse de viejas glorias, porque nunca fueron conocidos más allá de aquellas paredes. Allí sí, allí congregaban a un público entre entusiasta y morboso que podía pasar del cariño al sarcasmo con asombrosa crueldad. Eran juguetes rotos, como los llamó años después Manuel Summers. Ancianos de ambos sexos que salían a la pista a entonar su postrer suspiro en forma de canción. Viejos, en fin, con un pie en la tumba y otro en la muerte.

Salía la impar Carmencita, envuelta en un chal raído y la partitura en la mano. Avanzaba con paso solemne, casi de puntillas sobre una alfombra de nubes parnasianas. Parecía inmersa en el éxtasis del arte. De pronto soltaba una tos sospechosa en una soprano de tanta altura. Al llegar junto al piano, se dirigía al público, sin abandonar su altivez:

—Elegante público de este coliseo: hoy estoy muy mal de voz, acatarrada estoy, así que cantaré algo sencillo, que no me requiera un esfuerzo del que no dispongo. —Y al pianista—: Maestro, *La Traviata.*

¿Lo he contado alguna vez? Pues me repito. En el delirio que arrastra la memoria, esas atracciones de la noche barcelonesa se acumulan como un río tumultuoso cuyo caudal me envuelve, me arrolla, convirtiendo el recuerdo en náufrago de sí mismo. Navegan por ese caudal un sinfín de máscaras grotescas a las que no puedo renunciar. Todo lo contrario: ¿cómo no pensar que esa pobre gente ocupó también un momento de mi vida?

Salía, por fin, ¡Oh, Gran Gilbert! —siempre se hacía llamar así, con la interjección, reclamo permanente de su gloria—. Era una decrépita fotocopia de Matusalén, un anciano maquillado de *cocotte* que empuñaba un enorme abanico de plumas mientras, con voz desbaratada, invocaba los tópicos más sobados del París galante...

Margarita «Gutier»
del París de Musset...

Diríase una urraquita que hubiera almacenado en un frasco mágico todos los aromas de un universo tan antañón que ni siquiera él mismo pudo conocerlo. Entre los aullidos desconsiderados del público, sus recuerdos muy Segundo Imperio parecían invocar un desesperado derecho a la ilusión, mientras su perfil aguileño y aquel gaznate tan arrugado como el de un pavo navideño emergían entre un océano de plumas, gasas y joyas de papel.

Acabado el número, se acercaba a nuestra mesa, con la pretensión de fingir el alterne. A cambio de una simple copa de champaña se ponía seductor con nosotros y nos trataba de guapetones, plural que me halagaba en gran manera por incluirme en el lote de los privilegiados como Roberto.

En aquel momento se anunciaba la actuación de Mary Alda.

¡Oh, Gran Gilbert! la recibía con expresión de asco:

—¡Toma! Ahora nos mandan callar para que cante la diva. ¡Puaf! Influencia que tiene. Si no, ¿de qué, morenos?

Se intercambiaron miradas de altivez. Jugaban a la eterna rivalidad que el vulgo atribuye a los artistas, pero yo estaba convencido de que fingían, y que, en su decrepitud, se respaldaban unos a otros. Porque ya no tenían nada que ganar, y cuando todo se ha perdido, la rivalidad sólo es una parodia de sí misma.

Mostraba Mary Alda el perfil más alucinante que yo había visto en esperpento alguno y el cuerpo más desgarbado de toda la fantasmagoría nocturna. El público la acogía con una salva de aplausos salpicada con imprecaciones burlonas y hasta chistes de mal gusto. Se notaba la presencia de los no habituales: matrimonios burgueses, mediocres, aburridos, que buscaban en la miseria ajena un minuto de animación que ellos eran incapaces de crear en sus vidas innecesarias.

Prescindiendo de todo, Mary Alda erguía el cuerpo, se estiraba como una jirafa y entonaba su canción inmortal:

Rema, rema, marinero
Rema, rema sin cesar...

Al punto la coreaba el público. Todos remábamos con ella, todos inclinábamos el cuerpo hacia adelante, luego lo echábamos hacia atrás, a punto de caer de las sillas, mientras repetíamos a voz en grito: «Rema, rema, marinero.» De pronto, en un gesto de soberana indulgencia, Mary Alda soltaba los imaginarios remos, interrumpía su navegación y abandonaba la pista. A los pocos segundos, la teníamos junto a nosotros, buscándole pleito a ¡Oh, Gran Gilbert! Sólo que éste había decidido recobrar sus orígenes áulicos y los demostraba besándole la mano, en una sobreactuación de la galanura:

—Sublime como siempre, querida. A tu lado, la Barrientos era una aprendiza.

—Nunca tuvimos el mismo repertorio —decía Mary Alda, sin abandonar su altivez.

¡Oh, Gran Gilbert! la invitaba a sentarse. Ella, más que aceptar, concedía.

—Querida, permíteme que te presente a unos conocimientos.

—Hemos sido presentados. —Y, dirigiéndose a mí añadió, con expresión mayestática—: ¿No fue en palacio, gallardo joven?

—En efecto, Mary Alda — murmuré yo—. En el cotillón de anoche.

—¿De qué palacio habla esa borracha? —gritaba, desde el mostrador, la Carmencita. Y para tapar a los otros dos, iniciaba su peculiar versión de la habanera de *Carmen*.

El amor es un ave rebelde
¡ay, la madre que la parió!

—Ya no hay palacios —se lamentaba ¡Oh, Gran Gilbert!—. Los que estuvimos en los de verdad, nos acordamos porque ya no existen *plus*. Recuerdo cierta ocasión, en el Campo del Moro. Se acercó Su Majestad y me suplicó: «Mi reino por una canción tuya, ¡Oh, Gran Gilbert!» Y le dediqué mi famosa creación *El relicario* ante aquella corte tan llena de boato, rumbo y prosopopeya.

Roberto no sabía callarse ante errores tan descomunales.

—Te equivocas, ¡Oh, Gran Gilbert! La de *El relicario* era Raquel Meller.

—A la Raquel se lo enseñé yo. Vino un día a verme al camerino del Liceo, donde me hallaba cantando un Manrico que tuvo gran renombre. Yo a Raquel no quería recibirla, porque la consideraba del género ínfimo. Pero el gran Nijinski, que había venido a recogerme en su Bugatti para ir a jugar al mus en el refinado casino de Montecarlo, me dio una gran lección de modestia: «Recíbala, *mon ami*, que no hay género pequeño si el artista es grande...»

Roberto me advirtió por lo bajo:

—Oye, Tete: esta frase la dice el empresario de la Sarita, en *El último cuplé*.

Le pedí que disimulara. ¿Para qué desengañar a alguien que se iba adentrando en el delirio? ¿Para qué desposeer al delirio de sus derechos indiscutibles?

—Recibí aquel día dos lecciones de modestia: porque, después de lo que acababa de aconsejarme Nijinski, la gran Raquel, divina como era, cayó de rodillas a mis pies y, con su inigualable vocecita de jilguero, suplicó: «Tienes que salvarme la vida, inmenso Gilbert. Me han amenazado con echarme del Doré si no encuentro un número de éxito asegurado. Por la costurera de la reina, he sabido que cantaste en una palaciega ocasión un pasodoble que va muy bien con mi voz y talante. ¡Préstamelo, *je te'n prie!*» Extendí yo mi mano para ayudarle a incorporarse y, cuando la tuve a mi altura, que era la que en paridad le correspondía, le dije con magnánimo acento: «Excelsa Raquel, no has de ser tú menos que Cléo de Merode o Liane de Pougy. Si bien es cierto que el maestro Padilla escribió para mí esa partitura que aquí guardo...»

—¿Aquí o en el Liceo? —preguntó Roberto.

—¿Qué dices, guapetón?

—Antes dijo que esto ocurrió en su camerino del Liceo.

—¡Pues en el Liceo, coño!

—Ah, bueno.

—... en el Liceo o aquí o donde fuera, el caso es que entregué a Raquel la partitura de *El relicario* y ella, musa impar, la elevó a las alturas que la han hecho inmortal. Ya veis que no me duelen prendas. Y es que así éramos los grandes artistas de aquella época. Hermanos, nunca rivales; compañeros tanto en la vida como en la muerte. *Hélas!*

Aplaudimos con fervor la anécdota pero al punto se arrepintió Mary Alda de haberlo consentido. No estaba dispuesta a que le robasen protagonismo. Se puso en trance de llanto y cuando Roberto, alarmado, se interesó por la razón de sus lágrimas, exclamó ella:

—Me han dejado bien «achafada» los barbudos esos del Fidel Castro...

—¡La Fidelona! —terciaba el Gran Gilbert—. ¡La Fidelona!

—¿Qué te han hecho los barbudos, Mary Alda?

—Me han bloqueado el algodón de mis posesiones y hasta que me llegue la primera remesa no tengo para caviar. Y, mira, que las cinco criadas se queden unos días sin caviar tiene un pase, pero una servidora, sin caviar, se muere de hambre...

Roberto echó mano de su cartera:

—¿Te conformarías con un bocadillo de chorizo, Mary Alda?

—¡Ay, niño, sí! ¿Cómo has adivinado que es mi plato preferido cuando escasea el caviar?

Se incorporaba la suprema Mary Alda con su habitual tirantez, pero contenta con su bocadillo de aquella noche y orgullosa por una invitación en la que ¡Oh, Gran Gilbert! no podía soñar.

Él la siguió con una mirada de desprecio:

—Siempre será una pedigüeña. ¡Una dama suplicando bocadillos en lugar de tiaras! ¿Dónde se ha visto?

—¿No aceptarías tú otro? ¿Un bocadillo y una botella de tinto? ¿Te sirve, Oh, Divino?

—Eso sí, porque ofreciéndomelo tú no es pedir, que es convidar.

Se alejaba también ¡Oh, Gran Gilbert!, no sólo aquella noche sino muchas más. Se aleja ahora por el fondo perdido de la memoria, y es una sombra vana, insustancial, en ese cortejo de sombras infelices porque sólo existen para mí y sólo para mi placer aspiro a revivirlas.

Pero aquella noche, Roberto seguía flotando en su maravillosa ingenuidad.

—¿Tú crees que estuvo en Montecarlo con Nijinski?

—Seguro, Peque. En Montecarlo, Niza y Aristos (1).

Andaba yo lleno de anís, aquel día. Estaba extrañamente conmovido por el dolor de los demás. Algo que mi egotismo no podía soportar.

—No quiero volver a ese lugar, Roberto. Me hace sentir demasiado vulnerable.

—¿Pues no dijiste un día que esa gente te divierte?

(1) Célebres cines barceloneses de programación conjunta. *(N. del e.)*

—Me rompen el alma. Su fracaso me horroriza y al mismo tiempo su perseverancia me lleva a admirarles. ¡Creen tanto en lo que hacen! Ese placer que encuentran actuando me parece denigrante y, al mismo tiempo, me fascina. ¿Y si el verdadero secreto del arte sólo consistiese en disfrutar con él? ¿Y si esos pobres esperpentos consiguen vivir el arte en una medida superior a la que podemos sentir nosotros, los preparados? En el fondo de la miseria y la basura, ese íntimo momento de arte justifica, a lo mejor, toda una vida.

—¡Mira que te salen bien los discursos!

—¡Qué va! Pedante que soy.

—Ya que has leído tanto, explícame, ¿por qué llegamos a ser tan contradictorios los humanos?

—Los humanos me importan un pito. Sólo quisiera saber por qué soy tan contradictorio yo.

Dejábamos atrás a aquella pobre gente, cruzábamos la Rambla, nos introducíamos en el otro lado del Barrio Chino para rendir nuestra obligada visita a la fantástica Esmeralda, la dueña del Sans-Souci. En la gran noche de la patacada, ella era nuestro personaje preferido. Decían que estaba liada con una bailarina egipcia de gran renombre, detalle que encendía nuestra imaginación sin agotarla: aunque hubiese estado con una humilde bordadora su poderío no habría disminuido en absoluto.

Era una mujer de gran importancia: exuberante, marimacho, sargentona pero, al mismo tiempo, con una feminidad desgarrada, que se rompía de puro usarla a porrillo, y una ternura que sabía poner sobre el mostrador con un desparpajo único a la hora de reír con sus clientes, a la hora de llorar con ellos, y por ellos también. Se proclamaba con todos los derechos la gran madre de todos los huérfanos de la farra.

Nos había tomado cariño, según decía, y yo siempre supe explotar ese tipo de debilidades. Nuestra llegada alteraba el ritmo del local: invadíamos el mostrador, manipulábamos los discos, nos convertíamos en dueños y señores, sin la menor consideración. En días de gentío, Roberto ayudaba a servir las mesas, mientras yo me dedicaba a destripar la obra de Kafka con algún poeta borracho. Cuando éramos cuatro gatos, la Esmeralda se ponía nostálgica y nosotros aprovechábamos para entrar al asalto en el prodigioso arsenal de sus recuerdos.

—*Esmeralda, explican's marranades...*

—*Ai, criatura, sempre m'agafeu amb la figa xopa...*

¡Qué singular, el catalán de la Esmeralda! Era rabanero, chillón, plagado de castellanismos y, sin embargo, sonaba atlético, rotundo, hermoso. Revelaba algo que sólo hallé después en Italia, en la olvidada lengua de las *popolane*: la belleza de lo impuro, los infinitos matices del mestizaje.

Singular como su jerga era la propia Esmeralda. Se preciaba de ser amiga de todo el mundo, significando con ello que el mundo empezaba y terminaba en su establecimiento. No era de las que guardan secretos. Todos sus parroquianos formaban parte de un prodigioso catálogo del que ella podía servirse para aleccionar a los demás. En realidad, era una cotilla con moraleja. Largaba todo cuanto nuestra bisoñez podía asociar con el escándalo. Lesbianas de la buena sociedad barcelonesa que se dejaban caer por el bar, contando dolorosas pasiones no correspondidas. Aristócratas envejecidos, que penaban por algún chulillo con pocos escrúpulos a la hora de pedir y demasiados a la de otorgar. Siempre cantos de amor dolorido, desiertos del alma, anécdotas que, en el fondo de la lujuria, encerraban un tributo a la desesperación. Y una noche en que yo me burlé de un famoso abogado que sufría martirio por un gitanillo de mala voluntad, la Esmeralda se puso furiosa. Me encaró con mirada de tigre a punto de saltar por encima del mostrador:

—¡Cuidadito, so capullo! A mi bar no vienes tú en plan de

juez. Vamos, que te pongo de patitas en la calle. Todo el que viene aquí a llorar es amigo de Esmeralda, y para los amigos siempre tiene que haber un «¡chitón!». Si yo juzgase lo que oigo tendría que poner el cierre. Nadie va a llorar a un sitio para que venga luego un aguafiestas a echarle sermones. Eso para los curas, que bastante lo necesitan. ¿Qué le voy a decir a Alfonso? ¿Que ese chulo le va a arrear cuatro navajazos para robarle la cartera? Y cuando viene la Isabelón con todos sus visones, y se me agarra a la botella, que tienen que venir a buscarla de su casa porque no hay dios que la arrastre, ¿qué sermón le voy a echar? ¿«Deja de pensar en esa guarra, que es gilipollas, que te está chupando la sangre, mujer, que es una cursi de Liceo y nunca hará nada que la desmerezca ante los suyos y menos ir de tortillera por la vida»? ¡Ya ves tú! Si no tengo el valor de decirle que se está matando por una basura humana, ¿cómo tendré el cinismo de criticarla? Ni yo ni nadie en este local, ¿me oyes? Aquí, pocas bromas. Además, ¿qué sabio era aquel que dijo «en mi coño y mi jaranda nadie manda»?

—Ninguno —decía yo, riendo—. Te lo has inventado tú, Esmeralda.

—Pues lo invento para significar que cada uno hace lo que le da la gana con lo que Dios le puso entre las piernas. Y yo te digo, pipiolo, que el que juzga no es amigo de Esmeralda. Mucha desvergüenza hay por el mundo que no es la de los que penan por amor, precisamente. Y apúntatelo para cuando te hagas mayor: a criticar, al Paseo de Gracia. A las señoronas de entrepierna fina, que se la abren a todo quisque menos a sus maridos. A la pollita de misa de doce, con el chocho limpio y el alma más negra que una sotana. Al cura follador y a la monja mamona. A esos, sí, por aparentar lo que no son... Pero a los clientes de Esmeralda, ni tocarlos, que tienen mucha humanidad dentro y la llevan muy maltratada. Además, si te vuelves a poner moralista, no vas a sacarme ni una anécdota más.

Pero siguió contando todas las que yo quise, porque aprendimos su lección de no ser moralistas y, en última instancia, pensábamos lo mismo que ella a pesar de mi desliz. Y sabíamos consolarla cuando ella decidía que ya le tocaba ponerse triste y dar rienda suelta a sus propias angustias, expresadas en recuerdos siempre vagos. Algo sobre un bar en Marsella y una mujer en Lyon. Algo sobre madrugadas mortificando el alma en interminables rondas por los bares más secretos de París. En tales ocasiones, sacaba su botella de Pernod y ponía canciones de Edith Piaf.

—¡Desgarraos, rediez! No se puede escuchar a esa santa con estas caras de panoli.

En el mostrador de la Esmeralda nos reveló la Piaf nuevas facetas del drama de vivir. Fue un significado místico: aquellos alaridos tenían algo de ritual y el bar de la Esmeralda era su santuario. Son lugares ideales para descubrir esas voces destinadas a estremecer el alma. Nunca un salón, nunca un escenario lujoso, jamás los ambientes inventados para anular el desgarro, para reducir la pasión a un destello metálico. La Piaf monstruosa, la corsaria, forajida Piaf, se escucha en bares que no limitan el derecho de admisión. Cuevas, grutas, madrigueras en cuyos muros suena esa voz como el constante gemir de un prisionero.

Llegaban los solitarios habituales, los forajidos de la madrugada. Llegaban tambaleándose, formulando jipíos, batiendo palmas al son de aquel acordeón encerrado en *el juke-box*, de aquella voz de cristales rotos, de cristales pisados por un pie descalzo, lleno de llagas previas. ¿Cómo serían los pies de la Piaf? ¿Cómo son los pies de todos los heridos del alma? Son pies que ya no pueden sostener un cuerpo. No sólo han pisado cristales: se han limpiado en vómitos de borracheras sangrientas, han sorteado basuras, han pisado brasas encendidas. Así el lento, tambaleante caminar de los clientes. La Esmeralda nos contaba las guarradas de media Barcelona, mientras aquellos ignorados fantasmas pasaban por el mostrador, convirtiéndose por un instante en pasquines que anunciaban la escoria de la vida. Pero no eran necesariamente despojos de la sociedad, antes bien pintores, músicos, poetas, y otros hijos de la extravagancia. Ninguno conocido, a decir verdad; tampoco ansiosos por otra cosa que no fuese dejarse caer, exhaustos, en cualquier rincón. No había trato de la carne en el Sans-Souci: sólo meditabundos mascando el humo, apagando la asfixia a tragos de Pernod. Era un mundo opresivo que ejercía sobre nosotros una extraña fascinación. Yo, que siempre había admirado a los vencedores, permitía que los derrotados me convirtiesen en su nuevo confidente.

Mientras vivíamos así la madrugada, ingresaba por la tarde en el Estudio el mismísimo Fiódor Dostoievski. En realidad, su llegada era previsible. ¿Qué otro autor podía ofrecer papeles más adecuados para el desquiciamiento? En la calle del Trinquete, Raskólnikov, adaptado de la novela al teatro, había de hallar, si no a sus mejores intérpretes, sí a los más dispuestos a desquiciarse con él. Por sus exigencias dramáticas, tenía que ir a manos de alumnos a quienes ya se daba por preparados para debutar en la nueva película de Julio Coll. No creo que yo pintase mucho en aquel tinglado porque, de todas las condiciones exigidas, sólo contaba con el desquiciamiento y esto me bastaba para continuar fisgando en el universo de Tennessee Williams. El único cambio que se me exigió fue abandonar los suburbios del rebelde Tom para encarnar a Lord Byron en la encrucijada de cierto *Camino real.* Era un nuevo viaje que no carecía de fascinación. En fin de cuentas, permitía que el poeta coincidiese en la ruta con Don Quijote, Giacomo Casanova y Margarita Gautier. Ninguno de estos personajes me seducía tanto como él: su personalidad fue un mazazo que me dejó turulato durante los próximos meses. Aquella vez me apliqué en serio: pasé varias semanas arrastrando la pierna derecha arriba y abajo del Estudio, hasta que Espona me dijo que ya cojeaba más que el propio Byron. (No dejaba de ser curioso que me confiasen un personaje víctima de cojera, cuando apenas un año antes había triunfado en la calle Montalegre haciendo de paralítico. Sólo quedaba esperar que, en una próxima ocasión, no me hiciesen salir en silla de ruedas.)

Los mayores estaban ensayando algunas escenas del guión cinematográfico de *Los hermanos Karamazov.* Las mujeres se disputaron con uñas y dientes el papel de Grushenka mientras los hombres se peleaban por hacer de Dimitri. No recuerdo si yo llegué a hacer siquiera de campesino en la escena del juicio; la omisión sería lógica porque, a pesar de todos mis esfuerzos para ser retorcido y ambiguo, no había conseguido desarrollar aquellos «misterios del alma eslava» a que solían aludir los comentaristas de literatura.

En cambio, a Roberto le correspondió con todos los merecimientos el personaje de Alioska, el santito de la novela. Yo contemplaba sus ensayos sentado en el suelo, literalmente embobado ante aquella perfecta encarnación de la bondad. Me sentía muy orgulloso de él y detesté a Espona cuando le mandó una serie de ejercicios durísimos para corregir su acento catalán que, debido a su origen rural, era de alivio. Me parecía cruel sobrecargar de trabajo a un ser tan encantador toda vez que podía doblarle cualquier actor de habla castellana.

De pronto, sonó la voz de alarma. Algo estaba ocurriendo para que yo me olvidara de las más elementales exigencias críticas en favor de alguien que me cautivaba. Debería andar con más cautela. Si mi sentido de la objetividad era anulado por el sentimiento, éste tenía que ser mucho más fuerte que el derivado de una simple corriente de simpatía. Volvía a establecer una dependencia que en otro tiempo me había causado numerosos problemas. No podía permitirme el lujo de afrontarlos de nuevo. Y sin embargo estaban allí, latentes, torturadores. Por otro lado, eran imprescindibles para sacar adelante el personaje que me habían adjudicado.

Durante unos días me concentré en los aspectos más tumultuosos del alma byroniana. Abrí de par en par mi sensibilidad a un mundo de sensaciones contradictorias, muy parecidas a las que venía percibiendo en los últimos tiempos. La experiencia romántica acababa de incorporarse a mis vacilaciones favoritas y germinó en mi interior tantas y tan explosivas motivaciones que influyó poderosamente en mi carácter y en mis escritos. Aunque no me lo hubiera exigido el movimiento romántico en su totalidad, me lo exigiría el monólogo de Tennessee Williams, que tomaba los aspectos más oscuros de Byron para convertirlo en un ángel de la muerte.

Mi personaje expresaba sus tumultuosas sensaciones ante la pira que consumía el cadáver del poeta Shelley. De repente, la cabeza se resquebrajaba y aparecía el cerebro. Él lo tomaba entre sus manos y lo iba estrujando, mientras recitaba un diálogo que no igualaría el más experto carnicero. Cuando había terminado de estrujar la masa encefálica, nos reservaba una nueva sorpresa: su amigo Trelawny se acercaba al cadáver y, de entre las costillas cercenadas, rescataba el corazón de Shelley.

Buscar motivaciones para semejante escena constituía un desafío, que asumí recurriendo a mi inspiración más directa: el cuerpo de Roberto, consumiéndose en una pira junto al mar invernal, exigido por la acción. No sentía el menor placer estrujándole el cerebro, tan convencido estaba de que contenía pocas ideas de valor, pero acariciarle el corazón me producía un estremecimiento inconmensurable, porque contenía el amor que yo tanto odiaba. Así pues, retorcía aquel órgano sensiblero, y lo iba apretando con todas mis fuerzas hasta dejarlo hecho añicos.

Mientras ensayaba aquellas encantadoras acciones en mi rincón favorito, los demás alumnos seguían merodeando por los abismales parajes de Dostoievski. También allí había drama para dar y tomar. La escena más codiciada por los temperamentales pertenecía a la que era, por otra parte, mi novela preferida: *El idiota*. La síntesis efectuada para la escena resultaba sencillamente sacada de madre. El animalesco Rogochin acababa de asesinar a la cortesana Nastasia Filipovna. Al comprender los verdaderos alcances de su crimen, tenía un ataque de locura y se arrojaba sobre el cadáver, irrumpiendo en todo tipo de histerismos. En aquel momento hacía su entrada el príncipe Miskin, símbolo de la pureza y la bondad que no son de este mundo. Al contemplar el atroz destino de su mejor amigo y de la mujer a la que ambos amaban con locura, se arrojaba sobre los dos cadáveres y, por si algo faltase, caía víctima de un ataque de epilepsia. Enfermedad que era, por cierto, uno de los ejercicios más apreciados en las clases de improvisación. Mucho más que mis lecciones de cojera, pese a que yo las hacía divinamente, a semblanza e imitación de los mejores cojitos de la historia. (Personajes que, además, siempre me han inspirado una gran ternura.)

Tengo que agradecer a estos ejercicios aquella práctica en los ataques epilépticos que, si no me sirvió para acceder al papel del Idiota, me fue de tanta utilidad para no hacer el primo durante el servicio militar.

Sigue pareciéndome aburrido hablar de esta infructuosa etapa de la vida. Cierto que la estaba soportando por las mañanas, pero la olvidaba cada tarde, no bien colgaba el uniforme en el armario y me dirigía a la editorial y, acabado mi trabajo, a las clases del Estudio. Por la noche, Roberto me ayudaba a quitarme la levita de Byron mientras él se despojaba de la sotana de Aliosha, y la vida volvía a estar en nuestras manos sin otras ficciones que las que nosotros quisiéramos imponerle.

Como él seguía tomando dinero del bar, podíamos permitirnos las diversiones más variadas. Después de consumir las noches, necesitábamos devorar los días permitidos por nuestras ocupaciones. Asistíamos a todos los estrenos teatrales o cinematográficos. Subíamos al Tibidabo, repetíamos seis o siete veces nuestras atracciones preferidas, cenábamos en los merenderos de la Barceloneta, alternando con unos gitanos catalanes que tocaban sus vibrantes rumbas y bailaban por la playa a pecho descubierto. Empezábamos, después, nuestra ronda nocturna, desviándonos poco a poco de las rutas del Paralelo para acceder a locales de la parte alta de la ciudad, donde se celebraban tertulias literarias, recitales poéticos y hasta conciertos de guitarra. En lugar de las canciones picantes de El Molino oíamos recitar a García Lorca; en vez de temas festivaleros, escuchábamos canción francesa. Nos rodeaban muros cargados de dibujos abstractos, caricaturas, fotos de intelectuales ilustres, todo envuelto por una humareda que aplastaba y seducía al mismo tiempo. En uno de aquellos lugares, el Estudio García Ramos, nos regodeábamos con un montón de nuevas amistades que nos daban horas enteras de charla para no dirigirnos la palabra a la noche siguiente, según les daba o según bebían.

Cuando terminaban los teatros nos llegábamos a la terraza del restaurante La Luna, situado en plena Plaza de Cataluña. Ese local fue sustituido más tarde por una entidad bancaria, como tantos otros, pero en aquella época era el punto de reunión de los cómicos que trabajaban en los teatros del centro. También acudían conocidos periodistas, autores noveles, escenistas empedernidos, gente de la radio y un curioso, ecléctico grupo de socios de entidades que se empeñaban en mantener viva la llama del teatro organizando conferencias, tertulias y mesas redondas. En las mesas de La Luna todos se conocían, todos se besuqueaban, todos se alababan y acababan todos despellejándose vivos para volverse a besuquear después.

Desde nuestra mesa, Roberto y yo observábamos con fa/nática admiración el ir y venir de aquellos personajes y personajillos cuyos nombres habíamos visto tan a menudo en las páginas teatrales de *Triunfo.* Pero en aquellos momentos no éramos simples lectores, sino aprendices de profesionales ansiosos de darse a conocer a sus futuros colegas. Nos manteníamos inmóviles como estatuas de sal para que ningún movimiento delatase nuestro bajo origen. Albergaba yo la esperanza de que nos diesen atribuciones de señoritos del Liceo, tan modosos aparecíamos y, sobre todo, tan bien vestidos. Porque debo aclarar que Roberto, a falta de ocupación más provechosa, se había preocupado por aprender a vestir de manera elegante y muy al día, y me estaba enseñando a mí. Además, yo llevaba las primeras gafas de mi vida, que eran de la ponderada marca Amor y me daban, según mi amigo, un aire interesante. El mejor calificativo, por cierto, para consolar a quienes, no siendo guapos, aspiran a ser pasables.

En aquella terraza conocimos a un jefe de claque que solía darnos entradas para el teatro con la sola condición de que aplaudiéramos el mutis de una primera actriz o el grito destemplado de un primer actor. Era un sistema muy impuesto en aquella época, cuando la vanidad de los divos no podía depender del humor, la apatía o la timidez del público y necesitaban que alguien iniciara un aplauso, para estimular al resto.

El jefe de claque estaba muy introducido en el ambiente: tenía lo que suele llamarse «la fiebre de las tablas», especie de enfermedad, picazón o vicio que produce un indefinible fanatismo por todo cuanto rodea al fenómeno teatral, desde lo ensayos a la última copa de los actores una vez terminada la función.

—¿Y vosotros a qué os dedicáis, tan bien vestidos? —preguntó cierta noche—. Parecéis figurines de Serrano trasladados a esta layetana urbe.

—Ahora no somos nada —contestó Roberto—, pero seremos actores.

—¿Y dentro de cuántos siglos, si puede saberse?

—En cuanto el señor Tennessee Williams abra los ojos y vea el talento que corre por Barcelona.

—Cautela, pimpollo. Dicen que ése, más que en el talento, repara en los culos.

—Es verdad —dije yo—. Lo han visto en los baños de San Sebastián dándole a la manivela.

—Abreviando, que es gerundio: se os tirará y, después, si te he visto no me acuerdo.

Roberto se echó a reír con aquel descaro que le salía travieso:

—Bien empleado estará si amanecemos en Broadway.

—¡Caray con el morenito! Pues no tiene agallas. Pero a ver, ¿en qué quedamos? ¿Actor o puto quieres ser tú?

—Puto si se requiere para ser actor, porque lo de actor ya está decidido. ¿No ve que lo llevamos escrito aquí en la frente? ¿No lo lee?

—En la tuya sólo leo «gilipollas». Porque eso que quieres hacer es tan antiguo como el teatro y, desde siempre, se ha sabido que no rinde tanto como promete. Salvo algunos culos muy afortunados, a la mayoría los han dejado destrozados y de tan vistos han quedado aborrecidos. O sea que, si quieres ser chapero, mejor te pones en la puerta de un hotel de lujo, que en el teatro los sueldos son mínimos hasta para el puterío.

De vez en cuando regresábamos al Paralelo para frecuentar a otro tipo de actores que se reunían en el bar del Español, justo a la entrada del Barrio Chino. Era una parte de la profesión mucho más depauperada que los de La Luna. Actores de cuatro chavos, si no menos. Actrices avejentadas, que nunca pasaron de secundarias. Personajes gastados que se llenaban la boca presumiendo de una gloria que pudo ser y nunca fue ni sería ya. Algunos estaban en paro, otros pernoctaban en las pensiones más baratas de la ciudad porque no daban para más sus raquíticos sueldos. Los más padecían las vicisitudes de prolongadas giras por España, interminables trayectos por pueblos, ciudades e incluso corrales donde se iban dejando pedazos de vida. Algunos eran personajes muy conocidos en el mundillo madrileño. Lo cierto es que sus rostros me sonaban por haberlos visto con pelucón y traje de antiguo en alguna superproducción de la Cifesa que transcurría en Valladolid cuando era corte o en la guerra de la Independencia cuando la detuvo Agustina o algo por el estilo. Pero aquella noche no nos recordaban su esplendoroso pasado, si lo tuvieron. Por el contrario: se nos representaban como la imagen viva del fracaso.

Pero Roberto continuaba mirando el mundo desde su ingenuidad, casi conmovedora:

—¡Óstima, Tete! —exclamó—. Estamos en el mundo de la fama.

—¡La fama, la fama! —exclamó el jefe de claque—. Eso es mierda que dura un solo día. Ninguno de éstos ha llegado a conocerla y a estas alturas sólo conocerán la que quieran darles las necrológicas. Pero os puedo hablar de nombres que sí estuvieron en la cumbre. ¿Qué os evoca el nombre de don Ricardo Calvo? ¿Y el gran Vilches? Ni vosotros los conocéis, queriendo ser del oficio. Ya ves tú lo que es la fama, morenito: malo quien no la conoce, malo quien la ha conocido y tiene que acostumbrarse a vivir sin ella el resto de sus días.

No podía soportar aquel ambiente. Empujé a Roberto hacia la calle. ¿Para qué seguir dando crédito a la agonía? Estábamos vivos, éramos jóvenes, nos sobraban años para alcanzar nuestros propósitos. ¿A qué dejarnos impresionar por el fracaso ajeno? Todo cuanto la noche desarrollaba a nuestro alrededor formaba parte de un mundo que no nos concernía. El fracaso tenía que quedar encerrado entre sus límites.

Pese a todo, no pude evitar que aquel encuentro hiciese mella en mi ánimo. Así que dije a Roberto:

—Mal oficio hemos elegido, Peque.

—No seas cenizo, Tete. Piensa que ésos no tienen el método Stanislavski. En cambio, nosotros, dos cursos más y de Sarriá a Broadway. Y de allí a Hollywood, como los grandes.

—¿Tú crees, Peque?

—Yo creo, Tete.

Fuimos a recibir el amanecer en el diván del Estudio. Roberto enumeraba los papeles que le gustaría interpretar en Broadway, sin olvidarse de incluir un musical. Yo me distraía repasando las fotos que llenaban el tablero. Allí estaban las figuras que nos deslumbraban desde la pantalla: buenos o malos, todos poseían una cualidad especial, que nos atraía. Todos eran excepcionales en algún sentido. Y aunque intentaba imaginar mi foto colgada entre las suyas, no sabía encontrarle excepcionalidad alguna más allá del cariño desaforado que me tenía a mí mismo. En pocas palabras: el niño más mono de la calle Ponent no tenía por qué ser el heredero legítimo de Gérard Philipe.

Fue como si Roberto adivinase mis pensamientos:

—Sabes una cosa, Tete, yo no te veo a ti de actor.

—La verdad es que yo tampoco.

—¿Por lo que ha dicho el de la claque?

—No ha dicho nada que yo no supiese. Me basta con mirarme al espejo: me falta talla. Puedo ser un buen actor, pero nunca el primero.

—No digas esas cosas, que me pones triste.

—No tienes por qué. Pongamos que llego a ser un excelente segundón. ¿Crees que esto podría satisfacerme? Me he pasado la vida soñando con los grandes ídolos. Si tengo que renunciar a ser uno de ellos, seré un desgraciado. Y aunque sea muy bueno el papel de Laertes, siempre envidiaré al cabrón que hace de Hamlet.

—¡Es que picas muy alto, Tete!

—Lo máximo. De niño, me acostumbraron a ser protagonista. ¿Por qué iba a conformarme con menos?

Roberto quedó pensativo por un instante. Me abrazó con gran ternura, al decir:

—Yo sí seré el primero. Y cuando me encuentre bien instalado en la cumbre te tomaré de representante.

—¿Y por qué representante?

—Porque así no nos separaremos nunca.

—Es cierto. Nunca debemos separarnos.

Al sentir sus brazos relajados sobre mis hombros, sentí también que no reinaba entre nosotros la tranquilidad habitual. Empezamos a hablarnos sin mirarnos a los ojos, y cuando las miradas coincidían las desviábamos al instante. Señal de que había cosas que ocultar.

Me veía obligado a entrar en casa de puntillas para no hacer el menor ruido. Temía que apareciese de repente la sombra de la tía Florencia en camisón. O no tan de repente: desde hacía algún tiempo ya no se levantaba para cerciorarse de que el hombre de la tele se había ido al apagar ella el aparato. Vigilaba estrechamente la hora de mi regreso, como hacía por la tarde con las llegadas en taxi de mamá. Era una vigilancia agobiante, la de la vieja, un acecho que escondía una buena parte de chantaje moral, pues me echaba en cara su inquietud constante, el miedo a una desgracia, el terror ante las manecillas del reloj y el infarto que le sobrevendría inevitablemente por todas esas cosas reunidas. Le hubiera resultado mucho más sencillo confesar que todos sus padecimientos se veían recompensados por el placer de contarle a mamá la hora de mi llegada y el estado lamentable de mi rostro, en especial las ojeras. Luego mamá iniciaría su propia tanda de reproches y yo me encontraría enfrentado de nuevo al absurdo que presidía nuestras relaciones. Sin contar lo exasperante de una libertad vigilada a aquellas alturas de la vida.

—No debes preocuparte —decía mi hermano, con gran dulzura—. Ya se sabe que, en esta familia, son todos lunáticos.

Pronunciada por alguien que disfrutaba de una bien ganada fama de sensatez, aquella afirmación no carecía de valor. Más aún: era definitiva y confirmaba la legalidad de mi hastío.

Mientras en el Estudio me preparaba para ser Lord Byron, mis dos hogares continuaban mostrándome los diversos rostros de la mediocridad. En el piso de la calle Ponent seguía imponiendo mamá sus gritos desaforados y sus constantes peleas con mi abuela, pero también un nuevo contencioso con mi padre, por si alguno faltaba. A éste le acometía de vez en cuando la necesidad de cambiar la decoración del piso, ocupándose él mismo de la pintura. Como ésta era de fabricación propia, tenía que probar las mezclas de colores, y no se le ocurría mejor lugar que las paredes del pasillo, de manera que las teníamos llenas de pinceladas, todas variopintas. Se indignaba mucho mamá cuando empezaba a descubrir brochazos rojos o azul cobalto justo alrededor de la consola, pero esto no era nada comparado con la última aportación de papá al arte pictórico. Como sea que había visto en algunas revistas de decoración los gigantescos murales que adornaban las casas de los ricos, se creyó un Tiépolo y pintó en el comedor un enorme paisaje que, por si fuera poco, iba cambiando periódicamente.

Siendo un apasionado de la técnica del trampantojo, le gustaba crear visiones que favoreciesen la impresión de que en aquel oscuro entresuelo teníamos un enorme balcón abierto sobre el mundo. Durante algún tiempo tuvimos la iglesia y el rompeolas de Sitges vistos desde unos arcos en cuya repisa brillaban unos tulipanes pintados con colores fluorescentes. Demostraba, así, papá su añoranza por los felices días que vivió pescando en el mar de la blanca Subur, pero cuando la nostalgia se fue, no tuvo mejor capricho que trasladar al comedor una visión cinemascópica de lo que él consideraba los monumentos más prestigiosos de la antigüedad. Cogió entonces varias fotografías y pintó un mural donde aparecían el Coliseo, la Acrópolis, una basílica paleocristiana y un extraño, inverosímil cucurucho que se parecía en algo a un campanario románico de planta lombarda. Con el propósito de rematar aquella estrepitosa demostración de miedo al vacío, se incluía en primer término una columna salomónica envuelta en una especie de gigantesco velo agitado por el viento.

—Es una mezcla de surrealismo y clasicismo —solía contar papá a las visitas—. En el mundo en que vivimos, donde todo es tan poco poético, nos conviene vivir rodeados de arte. Por esto me dispongo a pintar en el armario del vestíbulo unas escenas de la Biblia y, en las vidrieras, el escudo de la casa Moix en distintos colores. Y si derribamos este muro, quedará el comedor más amplio y podré pintar el Cristo de Dalí a tamaño gigante.

En otro orden de cosas, el piso de las tías rendía su propio tributo al absurdo medieval. El comedor se había convertido en una especie de taller desde que el hermano del pueblo, el llamado *oncle*, se acostumbró a venir con sus dos hijas los domingos por la tarde. Como sea que una de ellas trabajaba en el almacén de una renombrada editorial, se llevaba material para hacer horas extraordinarias. Así reuníanse cinco personas en el comedor, plegando resmas de papel, doblando folletos u ordenando portadas de novelas de Agatha Christie. Cuando este trabajo terminó, la pequeña industria estaba ya montada. Fue necesario buscar nuevos encargos: nada menos que anillas de paraguas. Las cosían a montones, aquellos improvisados obreros, y, para entretenerse, hablaban de aspiradores, planchas automáticas, cafeteras exprés y batidoras Turmix. Era como si dos mundos coincidiesen en un choque estrepitoso, mostrando el anverso y el reverso de una realidad que se fingía próspera a costa de esconder sus aspectos más paupérrimos.

Yo no ignoraba que esta contradicción se estaba adueñando de nuestras ciudades. ¿Cuántas familias estarían realizando parecidos trabajos dominicales, precisamente a la misma hora que en los cines de lujo el noticiario No-Do pregonaba el triunfo de la industrialización?

Mientras en casa la realidad se revelaba en forma de anillas de paraguas, yo me llevaba a mi hermana a un cine de bolsillo donde se reponía *Romeo y Julieta,* en la versión de Castellani que tanto me impresionó cinco años atrás. Resultaba extraño, muy extraño, retroceder en el tiempo y ser de nuevo aquel triste adolescente que descubrió, por verdadero azar, todos los caminos que podía abrirle el lenguaje de Shakespeare. ¡Cuánto había cambiado desde entonces! La película conservaba toda su belleza, pero el cine que había visto posteriormente, la literatura teórica que había devorado, me llevaban a buscar defectos, y a encontrarlos. Compliqué a Ana María en un largo debate sobre la escasa validez del «teatro filmado» y a medida que iba hablando comprendí que ni siquiera en la percepción de la belleza continuaba siendo el mismo ni podría volver a serlo.

Resulta pasmoso comprobar cómo la mente juvenil avanza de la fascinación a la crítica, cómo aprende a superar el deslumbramiento en provecho de la reflexión. Pero no es un paso que se efectúe sin dejar un trauma destinado a marcarnos para siempre: es la nostalgia por la maravillosa sensación de aquella primera vez; es el adiós al prodigioso, inexplicable flechazo cuyo impacto nunca se verá anulado por las ventajas de la comprensión.

Paralelamente a estas experiencias se estaba afianzando en mi interior la tremenda voluntad de la literatura. Me animaba constantemente el señor Mateu, siempre convencido de que, si excavábamos en mi batiburrillo mental, podríamos desenterrar alguna idea aprovechable. Ignoro si serían las mejores aquellas que me llevaban a intentar deslumbrarle con mis ensayos sobre el teatro de Aristófanes, como tiempo atrás hiciera al mostrarle una traducción de Leopardi. Acaso de una manera muy taimada había logrado establecer un delicado equilibrio entre la obligación del crítico y la devoción del lector. Si a los dieciocho años lo que más me apetecía era la lectura de Byron y el conocimiento del movimiento romántico, también es cierto que eran autores no prescindibles y, desde luego, muy presentables. De manera que podía comparecer tranquilamente ante el señor Mateu con mis últimos trabajos, que consistían, como era de esperar, en traducciones de poemas de Byron, especialmente los de la serie *Hours of Idleness*, donde hallaba continuas referencias a mi propia melancolía, el dolor ante la fugacidad de la juventud y a los primeros estragos del amor. (¡Aquellos *adieus* a implacables damiselas *sans merci*!) Al mismo tiempo, el eclecticismo que caracterizó la adolescencia de mi ídolo me permitió consagrarme con auténtico gozo a mis primeros juegos literarios: me divertía traducir los fragmentos de Dante, Tasso o los trágicos griegos que él había vertido al inglés. Y ya puestos a jugar, me pareció el colmo de lo pintoresco descubrir su traducción del *Romance de la toma y caída de la ciudad de Alhama*, en términos que, conociendo el original, no podían dejar de divertirme:

Woe is me, Alhama!

Así andaba yo, traduciendo romances de segunda mano y prodigando suspiros en *stanze* de cosecha propia, plagados todos de humor involuntario, hasta que el señor Mateu me cogió en uno de sus apartes y, con expresión socarrona, exclamó:

—¡Mira que llegas a ser disperso! ¡Ahora te ha dado por Lord Byron!

—No será mal poeta... —decía yo, desconfiando, como el día en que sometí a su consideración mis traducciones de Leopardi.

—En absoluto. Sólo puede ser malo cuando se le imita mal. Voy a serte sincero: te estás acostumbrando a unos plagios que suelen desembocar en la cursilería. A lo mejor te convendría más leer *El Jarama.*

La leí, y también *La hora del lector*, de Castellet, que me introdujo con precisión extraordinaria en el conocimiento de novelas que me afectaron como lector pero sin rozarme siquiera como escritor en ciernes. Una cosa era lo que el cerebro dictaba, otra lo que mi exaltada disposición me inclinaba a seguir. Si por lecturas fuese, tendría que haber copiado a Polibio y, por supuesto, a Plutarco: ganas de hacerme el historiador no me faltaban, sobre todo si se trataba de imitar las crónicas anteriores al nacimiento de Cristo, pero lo cierto es que no me importaba tanto la crónica sesuda cuanto su reconversión pasional. Así que me arrastraba por los rincones traduciendo las poesías de Byron y dedicándole mis propios poemas: versos estos que la prudencia me aconsejó no publicar cuando ya las editoriales hubieran publicado cualquier porquería que llevase mi nombre (¡y debo reconocer que algo de esto hicieron en alguna ocasión!). No sé yo si serían poemas malos, pero eran, en todo caso, excesos de un adolescente autodidacta; respondían a la exasperación del fetichista, y no se molestaban en tomar precauciones. Se me imponía el sueño de las ruinas de Palmira, el recuerdo de los sinuosos brazos de Nuria Espert invocando venganza bajo la luna; las hazañas de Alejandro, los apolíneos rasgos de Roberto descaradamente comparados con esculturas de Miguel Ángel, la exuberante sonrisa de Roberto asociada con la exultación de un amanecer de estío, la contagiosa simpatía de Roberto encumbrada en multitud de celebraciones de signo declaradamente hedonista...

¡Maldito Roberto! ¿Qué pintaba él en mis poesías? ¿Por qué tenía que aparecer siempre al final de mis asuntos?

No conseguía comprender dónde terminaba la vida y dónde empezaba la literatura. ¿O eran, en realidad, una misma cosa que nunca aprendería a desmenuzar completamente?

Eran temas que no podía compartir con Roberto, en razón de su voluntario analfabetismo. Por suerte para mis aspiraciones, Amparo y Ana María continuaban revisando mis escritos y celebrándolos a menudo, no tanto por valores en los que no podíamos atinar ninguno de los tres, sino porque correspondían a sus propios impulsos y sublimaban los problemas derivados de la edad difícil, o fomentaban ensueños románticos, que también ellas estarían alimentando.

Amparo me acusaba a menudo de desorden mental. Consideraba un desperdicio mi tendencia a no terminar nunca las narraciones que emprendía. Ignoro si llegué a contarle que, en realidad, seguía siendo una víctima propiciatoria del caos que me había rodeado desde niño y que sólo en mis largas noches de estudios dispersos en el piso de la Diagonal había conseguido superar medianamente. Pero ahora el caos se complicaba a causa de las experiencias y sensaciones que había acumulado en los últimos tiempos. ¡Quería expresar tantas cosas a la vez! Nada menos que todas las que bullían frenéticamente en aquel ámbito que pomposamente daba en llamar «vida interior». No sólo era ésta muy rica: era, básicamente, neurótica, y exclusivista. Al pasar el mundo por mi propio tamiz, consideraba que todo cuanto le había ocurrido a la raza humana era mi propio acontecer, por consiguiente me consideraba millonario en vivencias y no existía ninguna que no fuese digna de pasar al papel. Además de las poesías tributarias de lo sensorial —un rostro, un suspiro, una tenue melodía— iniciaba aquellos conatos de obra narrativa siempre inconclusa. Estaba a mitad de un cuento, me cansaba de él, empezaba otro apresuradamente, lo abandonaba también para concentrarme en alguna descripción cuyo tema me pareciese más adecuado a mi estado de ánimo, o más necesario para las urgencias de la cultura universal.

Rendía culto al sentimiento expresado en imágenes fijas. Si convertía en argumentos determinados aspectos de la desolación —playas desiertas, jardines abandonados, ruinas antiguas— no conseguía narrar, sólo plasmar impresiones que me hubieran impactado. Cuando me impuse la necesidad de desarrollar alguna historia tuve que recurrir invariablemente a personajes beneficiarios de aquellas impresiones. Como sea que todavía conservaba el recuerdo de una adolescencia desamparada, me conmovía sobremanera imaginar personajes jóvenes, necesariamente apuestos, preferiblemente tullidos y, siempre, abandonados a la soledad.

Después de muchos esfuerzos de concentración llegué a poner el punto final a mi primer cuento largo (por su extensión y características estaba más cerca de la *blessed and beautiful nouvelle*, pero yo no lo sabía entonces). Se trataba de un tributo a todos los fetichismos que acabo de apuntar. El título era previsible —«El final del verano»—; el protagonista, inevitable: un adolescente paralítico, triste, solitario y perteneciente a una insólita raza de superdotados mentales. Poseía una belleza semejante a la de las esculturas romanas de mi preferencia y pasaba la vida consagrado a la cultura en una lujosa cabaña donde había reunido infinidad de objetos relacionados con el arte superior. Ese niño ideal recibía periódicamente la visita de una niña cursi y tonta que sin duda sería trasunto de las que yo veía deambular por la platea del Liceo y seguían pareciéndome tan inalcanzables. Imagino que me vengaría poniéndola como a un pingo, porque el admirable efebo prefería quedarse en su silla de ruedas y ella lloraba en el tren, como correspondía a aquella época en que me apasionaba poner trenes en mis relatos para simbolizar la agonía de los sentimientos.

Aquella novelita era la típica historia que un adolescente fantasioso debía escribir, no para liberarse de fetichismos sino más bien para reforzar los que le servirían a lo largo de su carrera.

Mis primeros escritos registraban necesariamente los impactos del cine, formulados ahora en clave mayor. La llegada de las primeras películas de Antonioni y Visconti me había acercado a claves narrativas que, aun siendo dispares, necesitaba convertir en prosa, costumbre esta que ya nunca me abandonó. Mi educación había sido básicamente visual, en consecuencia mi prosa visualizaba la realidad como si fuese una cámara, sistema provechoso y acaso eficaz cuando la influencia llegaba por vía directa, pero dudoso cuando intentaba plasmar soluciones estéticas que no había visto. Con tanto leer sobre las obras determinantes del cine moderno, mis escritos se convirtieron en literatura de segunda mano, o incurrieron en todas las trampas de la retórica. No me amedrentaba ante las grandes palabras, las frases rimbombantes, los epítetos pomposos, antes bien me parecían la parte más brillante del quehacer literario. Si no bastaba para salvar una obra en su totalidad, era la más apta para aportar algunas bondades a determinados fragmentos de la mía.

Como de costumbre, el señor Mateu me recibió dispuesto a ejercer de maestro (para suerte mía, dicho sea de paso).

—Este texto confirma mis primeras impresiones. Tú tienes de poeta lo que yo de bombero. En cambio, creo que puedes ser un buen narrador. Te lo fío a largo plazo, por supuesto. En cuanto consigas ser tú mismo.

—Perdone, pero no le entiendo.

—Este texto no eres tú, sino las cosas que te gustan. De vez en cuando asoma tu personalidad y uno piensa: aquí hay un escritor en potencia. Desgraciadamente, lo ahogas bajo un catálogo exhaustivo de referencias literarias.

Me tendió mi original. Al hojearlo, quedé muy desilusionado.

—¡Si hay más correcciones que texto! —exclamé.

—Esto debería halagarte. Te estoy tratando como a un profesional. Y no hablo en broma. A este despacho llegan muchos originales que han pasado ya por Amparo y otros lectores. Nadie se molesta en corregirlos si no valen la pena. De vez en cuando surge una intuición. Yo la tuve contigo hace tiempo. Si perseveras y consigues interesarme no te dejaré escapar, por la cuenta que me trae. Tenemos una buena colección de novelas y no andamos muy sobrados de buenos textos. Lo sabes tú mejor que nadie, ya que ni en la imprenta lo manosean tanto.

—No piense mal. Es para comprobar si al corrector de estilo se le ha pasado algo por alto. Porque, ¡mire que llegan a necesitar retoques esas traducciones!

—Sé un poco más modesto. Antes de referirte a los textos de los demás piensa en los tuyos. El corrector de estilo tendría que pasar muchas horas con ellos. Te recomiendo que le pidas consejo de vez en cuando.

—Un momento, jefe. Sepa usted que a los ocho años ya no hacía faltas de ortografía. En realidad, era lo único que me salía bien en la escuela. (¡SNIFF!)

—No estoy hablando de ortografía. A nadie que le guste verdaderamente la literatura le importa si Galdós escribía Zaragoza con dos eses o si Azorín acentuaba correctamente. Tu problema es otro: mezclas distintos niveles de lenguaje sin ton ni son. ¿Qué te hace pensar que un adolescente de hoy habla con lenguaje del Siglo de Oro? Y esa chica de la alta burguesía suelta algunas expresiones barriobajeras. En la página siguiente te sale un lenguaje preciosista, que pertenece a otra novela. Demuestras poseer mucho vocabulario. Adueñate de él, pero no lo dilapides.

—Me enamoro de las palabras. ¿Qué mal hay en ello?

—Estamos en lo mismo de antes. A mí, como lector, no me interesa saber cuáles son tus palabras favoritas. Tu relación con el diccionario de sinónimos no debe trasladarse a la narración...

Llamaron a la puerta. Era Amparo, con su carpeta de asuntos del día. El señor Mateu destapó su pluma estilográfica, señal de que se disponía a iniciar su verdadero trabajo. No el de maestro, sino el de dueño.

—Volveremos a hablar cuando hayas escrito veinte narraciones como ésta. Ni una línea más. Tú ya me entiendes.

No le entendí; por tanto, no me conformé con sus consejos. Una novela corta distaba mucho de contentar mis afanes. Todas las lecturas de mi vida marcaban previamente una ambición desaforada. Yo nunca fui buen lector de narraciones cortas, a excepción lógica de las piezas que consideraba indispensable conocer. Mi idea de la narrativa tendía a la totalidad de la novela decimonónica. Me interesaba particularmente la estructura de las grandes sagas, las robustas historias que permitían múltiples bifurcaciones, mostrando con todo detalle la evolución de los personajes engarzados en un rosario de acontecimientos históricos donde no podía faltar una guerra o algún otro tipo de alteración social. Aspiraba a los vastos ciclos narrativos que permitían desarrollar el gran tema del Eclesiastés: «Generación va, generación viene, pero la tierra permanece.» Esta permanencia era mi obsesión y estaba representada en la patria chica, el terruño, la ciudad, la calle. El tiempo configurando y desfigurando ambientes y personajes. El tiempo convertido en materia narrativa.

Me puse manos a la obra para pergeñar un gran proyecto literario que tenía su modelo en *Guerra y paz*. Evidentemente, seguía sin ir sobrado de humildad. Tampoco falto de optimismo. De acuerdo que escribir una novela como aquélla era difícil, pero en modo alguno me parecía imposible. En fin de cuentas, si alguien lo había conseguido, otro podía repetirlo. Y esta máxima, que estampé en mi ánimo, hizo reír al señor Mateu:

—Claro que puede repetirlo, cuando ese alguien se llama Tolstói, pero, si se llama Ramón, lo mejor que puede hacer es intentar salir airoso imitando los cuentos de Tolstói. ¡Trabajo le doy, de todos modos!

—¿Y eso qué significa?

—Lo que dicen los italianos, hijo mío: *«Qui va piano, va lontano.»* Aquí lo solucionaríamos diciendo llanamente: «Quien mucho abarca, poco aprieta.»

No le hice caso. Empecé a redactar las ochocientas primeras páginas de una extensa saga familiar centrada en la amistad entre dos jóvenes. Empezaba explicando el desarrollo de la burguesía barcelonesa desde la revolución industrial hasta la guerra civil. Como la fuerza de la novela dependía del contraste de los dos protagonistas, uno era rico y otro era pobre, uno moreno y otro rubio, uno acababa representando a la burguesía fascista y otro al anarquismo popular. En última instancia, uno se parecía a Ramón y el otro a Roberto.

Pasé muchas horas estableciendo cronologías y tomando notas de ambiente. Tantas notas conseguí acumular que podría haber escrito varios ensayos sobre las guerras carlistas, el advenimiento de la revolución industrial, la historia del ferrocarril en Cataluña, la reforma agraria en la región de Vic, la vida cotidiana de los campesinos gerundenses y los usos, costumbres y festividades de la Barcelona romántica. Con tantos ambientes, personajes, situaciones y unas copiosas reflexiones finales sobre el destino de la humanidad, la novela podía dar lugar a una serie apta para dejar a mi modelo Tolstói en un vulgar guionista de telefilmes.

Debo reconocer que plantearse un proyecto de esta envergadura a los dieciocho años, y más aún meterse de lleno en él, implica una determinada concepción de la narrativa que futuras influencias consiguieron variar muy poco. Todo lo contrario. En adelante, incorporé a mis preferencias a los novelistas que obedecían a aquel punto de vista, y hallé su máximo exponente en Thomas Mann. Fue un deslumbramiento total y, como resultado, una ofuscación. No tuve la astucia de aplicar los consejos del señor Mateu y decidí que alguien debía escribir una segunda parte de *La montaña mágica*. Si a los dieciocho años conseguía coronar aquella gesta, no tendría que esperar ni dos días para ocupar el lugar que el jefe me tenía prometido en su colección «La hoja perenne».

En realidad, era un estudiante de armónica plagiando a Wagner. Iba configurando mi personalidad paraliteraria a base de materiales dispersos, todos influidos por cada nuevo descubrimiento, y todos difíciles de ensamblar entre sí. Igual me ocurría en el Estudio de Actores. Mis actividades no podían ser más dispersas: seguía ensayando mi obsesivo monólogo byroniano y leyendo a la vez a Faulkner y a Tácito, a

Kafka y a Plinio el Viejo. Asimilaba, escribía y soñaba despierto. En la asimilación, la escritura y el ensueño aparecía y reaparecía Roberto, que se estaba configurando como el gran protagonista de mi novela. Siendo ésta la historia de una amistad desarrollada a lo largo de más de medio siglo, no podía sino reproducir la nuestra. Proyectaba sin darme cuenta un final que pudiera parecer una copia de *Old Acquaintance* (1), película de la que, sin embargo, no tenía siquiera noticia. Mis dos héroes acababan reconciliados después de distintas pugnas ideológicas expuestas a lo largo de dos o tres mil páginas. Eran ya muy viejecitos, se habían muerto más de setecientos personajes y ellos brindaban a la lumbre del hogar para decidir que mi amistad con Roberto era *ad vitam aeternam*. Si bien se mira, tonto sería el lector que no lo hubiese comprendido desde el primer capítulo.

No puedo decir que yo fuese más listo, toda vez que seguía sin aceptar la preponderancia de Roberto en mi obra y, sobre todo, en mi vida.

Cada madrugada desembocábamos en el Jamboree, la mítica cava de la Plaza Real, que satisfacía nuestra necesidad de sentirnos identificados con la literatura del jazz. Nos complacía hundirnos en aquella umbría humareda, nos poníamos melancólicos, acaso dramáticos por el conjuro de una voz acariciadora que, además, pertenecía a una dama de color, requisito indispensable para culminar nuestra mitomanía. Se llamaba Gloria Stuart, creo recordar. Poseía el don del *swing* y a medida que avanzaba la noche iba ganando en la capacidad de melancolía que requiere un blues cuando aspira a estremecer. Nos gustaba idealizarla como reina del misterio, mujer con pasado, hechicera secreta. La veíamos deambular entre

(1) Interpretada por Bette Davis y Miriam Hopkins, conoció una segunda versión: *Ricas y famosas*, con Jacqueline Bisset y Candice Bergen.

las mesas, siempre con un vaso en la mano, absorta en sí misma o concentrada en el lamento del saxo, sin reparar en nada más. Aunque a veces sí. A veces se acercaba a un negrito de increíble belleza que se dejaba acariciar la mejilla, con la autosuficiencia de quien se sabe dominador de la situación. Iba siempre impecablemente vestido, como un pequeño lord del jazz. No parábamos de hacernos conjeturas acerca de su relación con la divina. Podía ser la de madre e hijo, podía ser también la de una mujer madura con un efebo de sospechosa disponibilidad...

En una de aquellas interminables madrugadas yo había bebido demasiado, contra mi costumbre. El ambiente favorecía que mi borrachera adquiriese los tonos literarios más adecuados. Gloria cantaba un estándar de Cole Porter, adaptado a sus propias necesidades: apoyarse en las frases con extrema delicuescencia, prolongarlas hasta el ocaso, y acabar languideciendo lentamente, como en una dulce manifestación del letargo. Había en todo ello una salpicadura de erotismo. Me complacía imaginando cómo sería amar a la cantante mientras mis ojos vacilaban buscándola entre las brumas. De pronto, se detuvieron en el efebo negro, que se movía entre la bruma, con un ritmo endiabladamente seductor. Llevaba un traje blanco y una camisa azul celeste, de cuello abierto, y recibía sobre su pecho la luz difusa de los focos. Era Antinoo embetunado. Acaso un elemento más de la puesta en escena y, desde luego, no el menos cautivador.

A punto estaba de mitificar definitivamente a la criatura, cuando Roberto me clavó las uñas en la mano, al tiempo que me dirigía una mirada furiosa.

—¿A que encuentras al negrito más guapo que yo? —exclamó entre dientes—. ¿A que te acostarías con él?

Me quedé perplejo. Era una demostración de celos ridícula, que sólo podía tomarme a broma. Opté por seguirla.

—Más guapo que tú, imposible. Ni ése ni nadie. Dime: ¿cuántos museos hay en el mundo? Tendrías que contarlos todos para encontrar tu equivalente. Mira si te lo fío largo.

Mareado como estaba, me arrodillé y recité una confusa declaración de fe en los valores de la estética griega.

—Estás loco —exclamó él, recuperando su sonrisa—. Pero no te reñiré porque los locos me encantan. Mucho más si me dicen que soy guapo.

De pronto, en la incesante orgía de sensaciones imprevisibles, apareció un destello de sinceridad. Algo que me impulsaba a desear la intimidad de aquel ser prodigioso. Por un instante, el mundo, las personas, la música, todo sobró. Necesitaba estar a solas con él, en algún lugar que sólo nos perteneciera a los dos: nuestro refugio ideal para la última copa de la madrugada. El Estudio. El diván. El tablero con las fotos de nuestros artistas favoritos.

No aseguraría yo que mi decisión le cogiera por sorpresa. Al contrario: era como si me hubiese impulsado a la borrachera, sabiendo que sólo desde sus desvaríos sería capaz de obedecer al deseo que me estaba dominando. Incluso procuró que el delirio no me dominase completamente, pues, al llegar al Estudio me empujó a la ducha y dio el agua fría a toda marcha. Y fue lo bastante cuidadoso para arroparme con sus brazos mientras me secaba.

Al cabo de un rato estábamos cómodamente tendidos en el diván, hojeando revistas de cine. Pero en aquella ocasión no comentábamos las fotos, ni hacíamos propósitos sobre las películas que veríamos juntos si algún día viajábamos a París. Había un tema que pesaba sobre todos los demás. Y ninguno de los dos se atrevía a abordarlo.

Roberto abrió el diálogo:

—¿Te gustaría ser mi confidente, Tete?

—Hace tiempo que lo soy... —dije.

—Pero nunca te he contado mis sueños.

—Siempre los cuentas en las clases de psicodrama.

—Pero me guardo el mejor. Porque sales tú.

—Prefiero que no me lo cuentes. Temo estar ridículo.

—Ambos hacemos los papeles que vimos en el cine el día en que nos conocimos. ¿Te acuerdas?

—Ben-Hur y Mesala. ¡Menuda la armaste con aquella gordinflona del renard!

—Más la armaría. Yo soy Mesala, en mi sueño. Capaz de todo menos de morir. La carrera termina felizmente. Salimos los dos con vida. Y, ¿sabes?, no te dejo escapar.

—Sólo hay un fallo: yo no tengo carnet de conducir.

—¿Y eso qué significa?

—Que no puedo pilotar ni una triste cuadriga, Peque.

¡Maldita la frase brillante! ¡Jodida, estúpida obligación de pronunciar la frase ingeniosa! Incluso ante un alma que se estaba abriendo, un espíritu que me reclamaba. Pero acaso había sinceridad en mi frase. Con o sin carnet, yo no podía pilotar nada. Ni siquiera aquella nave apasionante que Roberto estaba fletando sólo para mí. Eran tiempo y esfuerzo perdidos de antemano. ¿Cómo dominar un timón que inspira tanto miedo? ¿Cómo capitanear una navegación que te sobrepasa desde el principio?

—Quiero decir que me gustan las mujeres.

Él se echó a reír sin la menor malicia. Era, sencillamente, la traviesa risotada del colegial que pesca a su compañerito en un embuste.

—Ya se te pasará, Tete. Dicen que esas cosas las cura la edad. Pero no podemos esperar tanto. Siempre has dicho que te gustaba el papel de Romeo. La verdad es que no has aprendido mucho de él... A los catorce años ya estaba casado. Tú estás a punto de cumplir los veinte y no puedes disculparte alegando que no tienes esposa a mano.

Era una declaración que bastaba para rebajar a mi amigo ideal, colocándole a la altura de las mariconas más detestadas.

—¿Te acuerdas de la mulata que tanto te gustaba? Puedo hacer lo mismo que ella, sólo para ti. —En este punto se contoneaba y revolvía como una rumbera de lo más vulgar—. ¿Te da reparo que sea un hombre? También esto puede arreglarse. Si me escondo el pito entre las piernas sólo verás el pelo, como un sexo de mujer.

Volvió a contonearse, ahora como una reina del *strip-tease*. Por un momento recordé a las modelos de las revistas de *Paris-Hollywood* que mis compañeros de la Harry Walker utilizaban para sus onanismos en el váter. ¡Cómo! ¿En esto tendría que convertirse mi adorado amigo? ¿En fetiche para uso de viejos? Le detuve con un gesto violento:

—Por favor, Roberto. No mezcles las cosas.

No era él quien las mezclaba, sino yo. Del mismo modo que al acercarme a las muchachas de mis sueños aparecía como en una sobreimpresión el sexo de la puta, al mirarle a él me asaltaban todas las imágenes que había aprendido a asociar con la mariconería: hombres con afeites grotescos, felaciones en las casetas de la playa, ligues en un retrete público...

Aquellas imágenes habían hecho tanta mella en mí, que borraron la idealización de la pareja de amantes griegos. Ni el erasta ni el erómeno servían para arrancarme de un pozo donde sólo veía vicio y degradación.

Pero había, además, una verdad fundamental: yo no quería comprometer mi tranquilidad en un lazo tan incomprensible. Y, sin embargo, mi tranquilidad estaba comprometida. Pero esto formaba parte de las cosas que nunca reconocería. Aquella noche sólo se me ocurrió una manera airosa de salir de la situación:

—Piensa que estoy haciendo la mili.

No era, en verdad, una frase afortunada, y él supo aprovecharse.

—Lo dices como si yo fuese la novia que dejaste en el pueblo. ¿Por qué eres tan ridículo a veces? ¿Por qué no te decides a hacerte hombre?

He aquí un curioso razonamiento: hacerse hombre haciéndose marica.

Fue entonces cuando tomó mi cabeza con sus manos y me dijo que me quería. Yo cerré los ojos. Todo fue muy pacífico. Viví un instante parecido a una bendición. Nuestros labios estaban a punto de rozarse, casi lo consiguieron. De pronto, me libré de él con un empujón. Fue a rebotar contra el tablero de los artistas. Su rostro destacaba entre todos los demás, porque estaba vivo aun a mi pesar. Creo que derramó unas lágrimas. Cabe esta posibilidad porque era sincero. Lamentablemente, no era sinceridad lo que yo estaba deseando.

Se había hecho de día. Por primera vez en mucho tiempo regresamos a nuestras casas en taxis distintos. Un sol enclenque, paliducho, se posaba sobre el ocre de los chaletitos decimonónicos. Pronto los dejamos atrás, pero no percibí a cambio de cuáles. Casas, edificios, árboles, transcurrían entre el letargo que me inspiraban el sueño y el alcohol. Sólo percibía una parte de mi cuerpo, la parte que exigía sus derechos cuando menos lo esperaba la voluntad. No podría quejarse aquella madrugada. A pesar de todos los pesares, llevaba mucho rato empalmado.

En los días que siguieron decidí que había ido demasiado lejos al afectar que Roberto era mi hermano. Ya tenía uno que, además, no ofrecía el menor peligro contra lo que yo llamaba mi integridad. Un hermano normal, luego un espejo de imitación. Se había disipado completamente la animadversión que en otros tiempos sentí hacia él. Ya no constituía una amenaza para mi reinado familiar. No era alguien que se interponía entre yo y el mundo, sino un pobre ser a quien el mundo se obstinaba en derrotar. Un ser que irrumpía en mi vida inspirándome el sentido de la compasión.

En su encierro de eterno convaleciente, Miguel entrenaba su talento múltiple en manualidades de las que entonces se aprendían a domicilio gracias a los ponderados cursos por correspondencia. Sin duda era más práctico que yo, pues en lugar de enfrentarse a un idioma para entender los anuncios de las películas americanas se aplicó en el estudio de la electrónica siguiendo unos cursos de Escuela Radio Maymó que se anunciaban por todas partes desde nuestra infancia. Era para nosotros un anuncio tan emblemático como el de la leche condensada La Lechera, el chocolate Nestlé y el Cola-Cao. Miguel estaba muy ilusionado al imaginarse bajo los rasgos del muchacho que aparecía en los periódicos montando una radio de galena; también porque llegó un paquete con unas tarjetas del curso, impresas a su nombre, y un montón de accesorios para poner en práctica las lecciones. Nada más lejos de mis intereses y comprensión que aquel rastrillo montado alrededor de unas simples ondas, pero el fetichismo de los objetos acabó por inspirarme una curiosidad ilimitada y Miguel tuvo que recordarme severamente que sus herramientas no eran para jugar.

Con semejante arsenal a su disposición, Miguel podía construir una radio de las de verdad. Me dijo que sería para mí, para que pudiera escuchar las retransmisiones del Liceo en la cama, sin ser molestado, y yo le contesté que se la prestaría de vez en cuando para que escuchase los conciertos del Palau, ya que él era más sinfónico que operero. Le emocionó mi oferta tanto como a mí me había emocionado la suya, y entonces me dijo que haría algo que sólo pudiese utilizar yo, por ejemplo una linterna para iluminar los seis pisos cuando regresaba a casa de madrugada. Tales ofrecimientos me ayudaron a comprender que Miguel necesitaba sentirse útil, como los demás chicos de sus años; que lo necesitaba con una urgencia desesperada. Meses antes, me había escrito a Madrid, manifestando su decepción por no encontrar empleo en una agencia de publicidad, pero, al final, declaraba: «Mis dibujos gustaron "a manta" y me dijeron que era un trabajo muy fino y muy limpio.» Sé que este reconocimiento le satisfizo, pero no por ello dejó de sufrir. Si buscar empleo había constituido una humillación tan fuerte para mí, el mismo trago tuvo que ser todavía más terrible para aquel pobre tullido. Le imagino recorriendo puertas, con su monstruoso zapato ortopédico, torciendo la pierna, procurando que no se le notase el aparato de los meados. ¡Cuánto apuro para disimular, con los pliegues del abrigo, el sospechoso círculo que se dibujaba de manera permanente en los pantalones! ¿Qué jefe de personal iba a darle su aprobado? Empezábamos a padecer la dictadura de las apariencias. Alguien que torcía el pie y, además, iba siempre húmedo inspiraba menos confianza que un imbécil con su corbatita francesa y su pullover gris. Acaso Miguel fue consciente de su limitación, tal vez supo a partir de un momento determinado que una cosa era trabajar en el centro parroquial, rodeado de gente que le adoraba, y otra muy distinta ser considerado válido en la sociedad de los perfectos a ultranza.

A partir de entonces, aceptó trabajos que no le exigían salir de casa, entre ellos colorear figuritas de plástico que representaban indios y soldados americanos con destino a un juguete llamado Fort Apache, o algo por el estilo. Mientras así malgastaba su talento, la enfermedad iba derivando hacia soluciones extremas, de las que yo no me enteraba, y no porque me las escondieran sino porque, sencilla y llanamente, prefe ría no enterarme. Tenía miedo de que la ternura recién descubierta acabase por hacerme daño. Aquel niño tan odiado cuando mi padre me lo ponía como ejemplo del machito sano y normal, revelaba, en su clausura, aspectos de sensibilidad tan profunda como la que yo me atribuía a mí mismo, si no más. Seguía manifestando en muchas cosas el carácter obstinado, que en los años de la infancia tuvo que desarrollar para sobrevivir ante el despotismo que yo ejercía sobre la familia, pero a partir de los dieciséis años se había vuelto de talante dulce, y en todas sus actitudes revelaba una envidiable serenidad. Lo comprendí al leer sus poemas, extensos coloquios con Dios, sublime melodía, un tanto desplazada en el seno de un hogar donde la divinidad era, como mucho, una pintoresca superstición mantenida entre gritos, aullidos y rosarios mal rezados.

Miguel había hablado a sus íntimos con cierto interés de su proyecto de abrazar el sacerdocio. Nunca me lo comentó y, si lo hizo, no consigo recordarlo. A treinta años de distancia, esas cosas se olvidan o se cuentan mal. Es incluso posible que mis apreciaciones ternuristas, descubiertas con tanto retraso, acabasen convirtiendo a Miguel en el oso de peluche que nunca tuve. Sólo me ha quedado el recuerdo de un ser entrañable, un ser que estuvo a mi lado sufriendo intensamente sin que yo acertara a ver el alcance de sus padecimientos. O acaso lo supe y lo oculté astutamente. Mi elemental sentido de la defensa me hacía sentir que mi vida tenía que continuar a cualquier precio.

¿Qué extraño monstruo era yo, capaz de pasar por alto las grandes injusticias de la vida mientras éstas se iban desarrollando implacablemente a mi alrededor? Mi hermano languidecía pintando soldaditos por cuatro chavos y, en cambio, yo continuaba estrujando el cerebro de Shelley en una playa invernal.

Hallándome en tales reflexiones, y en el remordimiento que, pese a todo, tenían que producirme, fui con mamá a uno de los numerosos médicos que, en aquella época, trataban mi indomable sinusitis. Al salir de la visita, aprovechamos para sentarnos a tomar un tentempié y entablar una conversación de la que últimamente andábamos muy necesitados.

Aquella tarde mamá se quejaba de todo. No podía soportar el acoso de la tía Florencia. Estaba enfurecida con la Yaya porque, al pedirle un adelanto de la semanada para el médico, tuvo que escuchar la típica reprimenda tratándola de derrochona. Además, papá estaba emperrado en pintar la Sirenita de Copenhague en la cocina y había manchado de pintura hasta las ollas y cacerolas. Y, para colmo, estaba la salud de Miguel, cada día más crítica y menos comprendida por los diversos médicos que le trataban.

La llevé a un bar de tapas recién inaugurado o, mejor dicho, restaurado. En otro tiempo fue un local de mucho sabor modernista pero lo habían convertido en una de aquellas impersonales decoraciones funcionales, con las paredes forradas de madera laminada, lámparas fluorescentes y mostrador de metal. Un horror que a mamá le pareció el colmo de la sofisticación.

Se acercaba una camarera muy joven. Era rubia y lucía un uniforme rojo bastante ceñido. Además, tendía al contoneo. Poseía, en fin, todos los atributos que podían despertar la agresividad de mamá...

—Mira «eso» que se acerca. Menuda lagarta debe de ser, con ese meneo... —cuando la chica estuvo a nuestro lado le dirigió una sonrisa de sádica profesional—. Vamos a ver, preciosa, ¿qué puede darnos que no nos mate del tifus?

—Mamá, no digas esas cosas...

—Digo lo que me da la gana. ¡Porque mira que en ese mostrador tienen cada reliquia...! Dígame, mona, ¿las empanadillas son de este año? Pues una. Y la cerveza procure que no esté fermentada. ¿Caracoles pides, hijo? No sé qué decirte de la salsa: desde aquí parece diarrea. ¡Por mí, come lo que quieras! ¿Sabe usted, señorita?, si en casa le diésemos esa bazofia nos la tiraría por la cabeza. ¡Ustedes sí que entienden! Cogen el cubo de la basura, lo ponen en el mostrador, lo iluminan con un foco bien moderno y todos picamos como imbéciles. —Cuando la camarera se hubo ido con nuestro pedido, añadió—: ¡Qué antipática es! Ya me dirás tú qué le costaba sonreír.

De repente exhaló un profundo suspiro:

—Ay, Señor, quién tuviera veinte años, y lo pasao, pasao.

Ignoraba entonces que aquel despliegue de madrileñismo verbenero incluía una fatalidad. Para trasmitírmelo con toda propiedad, sacó el Winston de las ocasiones muy especiales y contrajo sus hermosas facciones. No parecía molestarle que se le notase una comprometedora arruga vertical en el entrecejo.

—¡Veinte años y rehacer lo hecho, hijo mío!

—Exageras un poco, mamá.

—¿Que exagero? ¡A buena hora me pescaban en lo mismo! Con el palmito que yo tenía. La más guapa de la calle, eso lo saben todos. Pero no tiene mérito, porque el mundo está lleno de guapazas que son imbéciles. Desde luego, no me cambiaría por esa joven que nos ha servido. ¡Fíjate qué andares de gandula! Menos mal que no hemos pedido leche, porque tendríamos que esperar a que ordeñase la vaca.

—Mamá, ¿por qué tienes tanta manía a las chicas jóvenes?

Hubo un largo silencio. No contestaba. Repetí mi pregunta. Otro prolongado silencio. Regresó la camarera. Conmigo era muy simpática. Me sonreía abiertamente. Mamá tuvo que soportarlo, pero cuando la chica se hubo alejado un poco, exclamó, casi a voz en grito:

—¡Encima puta! Y no me contradigas, niño, que a las mujeres de esa calaña se las descubre enseguida. ¡Como un día me traigas a casa un pendón así, saltáis los dos por la ventana! Y no te rías de tu madre, que es muy feo.

—Si no me río, mamá. Es que me divierte pensar que sea yo el sensato de esta mesa.

—¡Pues sí que te va a ti la sensatez! En otras cosas deberías demostrarla. Por ejemplo, en el apego a tu madre. Porque, vamos a ver: ¿qué te he hecho yo para que te muestres tan arisco? Siempre he sido sincera contigo. ¿Acaso te he escondido lo mío con quien tú sabes? Nunca. Siempre te he dicho: esto es así y esto es asá: lo tomas o lo dejas, que para eso eres mayor. Siempre te he tratado como a una persona. En cambio, sé que tú me tienes por desordenada, mala administradora, histérica y adúltera...

—Es que eres adúltera, mamá.

Omití intencionadamente que también era las otras cosas, porque eran las que más podían molestarle.

—Pasa por alto lo del adulterio. No tengo que dar explicaciones a nadie. Tu padre me las ha hecho pasar de todos los colores, me ha puesto los cuernos con todas las que le ha convenido. He llorado mucho por él, y tú lo sabes. Pero llega un momento en que una mujer no puede más de aguantar y aguantar. Y si es mujer de verdad, mujer de temple y no esclava, tiene que seguir adelante y rehacer su vida donde mejor le convenga... Señorita: haga el favor de cambiarme la cerveza. Está muy caliente. No sabía yo que servían caldo de gallina con etiqueta de la Damm.

La camarera hizo una mueca de fastidio. Mamá no tenía razón, pero el cliente siempre la tiene, de manera que tuvo que aguantarse a regañadientes. Yo intenté reanudar la conversación donde la habíamos dejado. Era difícil recobrar el hilo, pero no imposible.

—¿Pero tú, a papá, le has querido alguna vez?

—Le he querido mucho. Con locura, vamos. Lo que pasa es que ya no me acuerdo. Fue al principio, muy al principio. Le tenía un delirio. Y es que no sabes tú lo guapo que era. Bueno, guapo no, pero muy de impacto; vamos, chuleta, de comerse el mundo. Tú porque lo ves ahora, que de tanto rascarse los granos de la cara parece un Ecce Homo, pero si miras la foto de cuando nos casamos verás qué pareja formábamos. Lo nuestro fue muy intenso y duró lo que tenía que durar. En esto no tengo que decir ni tanto así, porque no hay más agua que la que corre y sanseacabó. Sólo lamento haberme casado tan joven. Eso no lo volvería a hacer por nada del mundo. Tú no sabes los años que he sacrificado en ese entresuelo de la calle Ponent. Lo que fue sacar la casa adelante. ¿Que no la he sacado mejor? Será que no servía. Para lo que me pagan, bastante he hecho... Señorita, hágame el favor, esta empanadilla es de hormigón armado. No sé, cámbiemela por unas almejitas.

—¿Decías, mamá?

—Que no me volvería a casar, ni joven ni vieja. Es que no ha sido vida, hijo mío. Siempre me ha faltado algo. Cuando vosotros erais pequeñitos y yo me quedaba cosiendo hasta la madrugada pensaba en esas cosas que me faltaban, algo que entonces no sabía explicar porque todavía era muy joven y pensaba que las cosas cambiarían...

—¿Algo que querías ser, mamá?

—Pude haber sido una gran modista. No te rías, que es verdad. Una modista de alto estilo, de firma. «Modas Ángela», no Angelina, como me llaman las ordinarias del barrio. ¡Mira que he llegado a coser y mira que han salido de esos dedos cosas bonitas! Imagínate si todo esto hubiera sido para mi propio taller de confección. Eso que hoy en día llaman *boutique*, yo lo he llevado aquí, en la cabeza, durante mucho tiempo. Si no me hubiera casado, si hubiera podido salir de la calle Ponent cuando todavía era joven, habría luchado como una leona y te juro que habría alcanzado mis propósitos. Un gran negocio, no esa miseria que tiene tu padre, con tantos humos y tanta solera, y al final ni un duro en el banco. No, hijo, no, yo tendría un negocio en la parte alta, una *boutique* distinguida, decorada de cine, para un público de lo más selecto. Que algunas buenas profesionales cosieran para mí y yo paseándome por el probador, dando conversación a las marquesas...

—¿Marquesas, mamá? ¡No te conformas con poco!

—Nunca hay que conformarse con poco. Te lo digo yo, que lo hice y he pagado el error todos estos años. Con tan poco me he conformado, que he llegado a no tener ninguna ambición. Y tenía muchas, hijo mío. Podría haber llegado muy lejos por mis propios medios si no me llego a casar, si no te tengo a ti, ni a la nena ni al pobre Miguel... Señorita, ¿esas almejas vienen en autostop o qué? ¡Menuda cachaza tiene! ¡Qué poca gracia le ha dado Dios! Gracias, guapa, y a ver si se espabila porque con esta parsimonia arruinará el negocio...

—Mamá... no deberías meterte con ella.

—Es que me desespera. ¿Cómo se pueden tener esos años y gastar tanta desgana? ¡Si yo volviera a tenerlos! Me comía el mundo, hijo. No dejaba un pedazo para nadie...

—Mamá, hace rato que quieres decirme algo y todavía no comprendo de qué se trata.

—Que hay que vivir, hijo mío. Que no dejes que nadie te corte las alas. Que a mí me las cortaron y todavía maldigo al que empuñó las tijeras, sea tu padre o la madre que le parió, es decir tu abuela que, dicho sea de paso, es una bruja. Así de claro.

Yo tragué saliva.

—Por eso mismo, mamá, porque hay que vivir, siento que estoy perdiendo el tiempo. Yo no me aclaro conmigo mismo

Tendría que contarte algo que es de vital importancia para mí. Algo de lo que nunca hemos hablado, pero que sin duda presientes. Cuando papá dice que preferiría tener un hijo muerto antes que maricón...

—Tu padre no sabe lo que es tener un hijo muerto. Y Dios quiera que no tenga que saberlo...

—¡Lo otro, mamá, lo otro!

—Preferiría que no me lo dijeras.

—Es que tú no sabes...

—No hace falta. Sea lo que sea, hoy en día todo se cura... Dale tiempo al tiempo. Como lo del rock and roll, ¿te acuerdas? Te visitó el curandero de la calle de Trafalgar y fue agua de mayo. Nunca has vuelto a dar aquellos saltos propios de *l*ironcete... Por cierto, esa almeja se arruga cuando le echas limón. ¡Señorita! Hágame el favor: esta almeja se arruga.

—No señora, está lisa. Como acabadita de salir del mar.

—Mira, niña, cuando yo digo que se arruga, es que se arruga.

—Mire, señora, la única almeja arrugada que hay en este local es la suya.

Mamá se quedó de piedra. Seguramente fue la única vez en su vida que alguien la hizo callar.

Cuando salimos del bar, todavía despotricaba contra las chicas jóvenes. Por suerte, el taxista le echó un requiebro y así pudo llegar a casa hecha un cascabel, pese a que debía enfrentarse al espionaje de las tías en el balcón, a la enfermedad de mi hermano en el salón y a las neuras de papá en el otro piso. Ante la amenaza de las consabidas discusiones, opté por dejarme caer en la butaca de Miguel, delante del televisor. Permanecí largo rato hipnotizado por unas imágenes cuyo contenido no me molestaba en advertir. La sintonía íbase perdiendo a lo lejos, superada por el desarrollo de mis pensamientos y el recuerdo de la conversación en el bar.

La conclusión más evidente era que mamá escondía un embrión de mujer importante arruinada por su circunstancia, como tantas otras que iría conociendo a lo largo de mi vida.

Muchos años después, confesó a Ana María algunas quimeras que me iluminaron sobre los hondos motivos de su fracaso: se había pasado la vida soñando con llegadas espectaculares a los más insólitos lugares. No importaba cuáles fueran: sólo la sensación que despertaba ella. Todo el mundo se volvía a mirarla, todos la halagaban, no había nadie que no se disputase su conversación, que no buscase su compañía. Veíase encumbrada con esas llegadas apoteósicas, que empezaban con el sabor de los locos años veinte y, después, se adecuaron a la parte más rica de la época del estraperlo, para culminar, en los años sesenta, con el vasallaje de un elegante colectivo de viudas y viudos cuyas fiestas solía frecuentar.

Muy a menudo me decía Roberto que mamá era maravillosa, nada nuevo teniendo en cuenta que lo mismo venía repitiendo Cornelio desde su adolescencia. Ella solía ser encantadora con los encantadores y, casualmente, todos los que repartían encanto eran homosexuales. Lógicamente, les deslumbraba. Roberto sostenía que podía haber sido una réplica de la Tía Mame, adorable personaje que la novela, el teatro el cine convirtieron en prototipo homosexual por excelencia. La frívola, excéntrica, moderna, refinada, explosiva, tierna amorosa solterona que todos los homosexuales hubieran deseado ser. Pero Roberto se equivocaba en su apreciación debiera haberlo notado por el cariño con que mamá le distinguía: ella era, sin advertirlo, la perfecta madre de homosexual, no sólo por su talante de dominadora feroz sino por su capacidad de encarnar todos los sueños del hijo. Ninguno de mis amigos dejaría de adorarla a perpetuidad, ninguno dej ría de elogiar su empaque («¡Señora Angelina, qué guapa está hoy!») y, en resumen, tendría que confiar en ellos para seguir comulgando íntimamente con las ruedas de molino que ella misma había creado. Lástima que, al obstinarse en no reconocerlo, se privaba de disfrutar su papel en plenitud.

En un terreno mucho más serio, era también la mujer que acababa de hacer oídos sordos al problema que yo me planteaba con mayor angustia. No comprendí su juego. Ella tenía que saber que la solución no estaba en manos del curandero de la calle de Trafalgar, del mismo modo que a ella no le devolvería ninguna echadora de cartas la juventud que había desperdiciado encadenada de por vida a mi padre.

De todos modos, no podía reprocharle que no asumiera lo que yo mismo me negaba a asumir.

Aparté la mirada del moderno televisor, y mis ojos describieron una panorámica alrededor de aquellos seres, prisioneros de tantos atavismos. Volvía a oírles en sus eternas discusiones, volvía a percibir el tímido silencio de Ana María, la resignada dulzura de Miguel, y me invadió una extraña oleada de amor que no excluía un odio inconmensurable. Yo continuaba empeñado en creer que el tiempo no pasaría, que todos seríamos así durante toda la vida, pero también deseaba que los años pasasen de una vez, quería verme instalado lejos del aprendizaje, sabiéndolo todo, ordénandolo todo, disponiendo por fin de mí mismo sin la aparatosa colaboración de los demás.

Empezaban a envejecer a mi alrededor los seres amados, mientras yo sentía en mis labios el beso de Peter Pan, palpitando como una herida que sólo otros labios más maduros podrían cerrar. Acaso ese beso fuese el mío propio, sobre un espejo perfumado. Un delirio que también pasaría, años después, a mis novelas como una perpetua obsesión jamás realizada...

Aquella noche descubrí que volvía a estar solo. Una soledad fruto de la inteligencia, creía yo. Me equivocaba rotundamente: era una soledad fomentada por la mentira. Volvía al ataque el niño que se negaba a crecer.

Paseé por los viejos cines, me entretuve rebuscando en librerías de lance, acabé en la madrugada del Estudio, enfrentado al tablón de los actores. Allí estaban todos mis fetiches, congregados en la constelación que me había acompañado desde siempre. Nada importaban los cambios de estilo ni la evolución de mis exigencias. Antes, me fascinaban las *glamourosas* películas americanas, ahora el exigente cine europeo; ayer, las estrellas de Hollywood; hoy, las sesudas damas de la *nouvelle vague*, pero en cualquier caso todos me ayudaban a deformar la realidad. Era exactamente lo que estaba haciendo con Roberto. Confiaba excesivamente en las comodidades del amor platónico. El erasta y el erómeno paseando por el ágora cogiditos de la mano. Era el tipo de sueño que no comprometía: el mismo que alimenté en Ampurias. Mármoles blancos para relaciones blancas. No entraba el sexo ni por error. Siempre la misma deformación. La belleza abstracta, disociada de la vida. Pero ésta volvía a reclamar sus urgencias a través del amor de Roberto. Mortificaba, porque se inmiscuía en un altercado de sentimientos superiores o tenidos por tales.

¡Cuánto tiempo tardaba en llegar la vida! Y, sin embargo, se encontraba al alcance de mi albedrío: sólo que me negaba a aprovecharla de una vez y por todas. No podía culpar a la vida de mis retrasos. Por una vez que hallaba otra persona capaz de comprender todas mis aspiraciones, levantaba una barrera insalvable entre los dos. Tanto tiempo buscando al compañero ideal y ahora que lo tenía allí, presto a la entrega absoluta, me negaba a asumirlo en toda su integridad.

No podía engañarme con sucedáneos, aunque fuesen entrañables. Mi hermano no era el equivalente de Roberto. Ana María se limitaba a solucionar mis necesidades culturales o de entretenimiento. También estaban las chicas, por supuesto; las adorables chicas de mis intentos de reforma. Había retrocedido ante ellas porque me exigían una responsabilidad. En este aspecto, no diferían tanto de Roberto. También él me la estaba exigiendo. Me obligaba a tomar una iniciativa, si no a lanzarme al asalto tumultuoso. Pero había una diferencia: él me gustaba más que todas las chicas del mundo.

Luego ésta era la verdad. La única que importaba.

Vinieron entonces torturas inimaginables. Actué igual que el día del Fin del Mundo: para no soportar el dolor me encerré en la ficción. Era la añagaza propia de quien no se soporta a sí mismo: me ponía otra vez la máscara del macho que, irónicamente, retrocedía a la hora de probar que lo era. Entonces más que nunca se me imponía la obligación de cumplir con una chica, demostrando que mis ya famosas pretensiones tenían razón de ser; pero el recuerdo de Roberto, su rostro magnífico, su sonrisa ofrecedora, turbaban mis sueños y me imponían una odiada excitación. No me conformaba colocándole en mi universo onírico, es más: me resistía a hacerlo. Sería aceptarle. Una cosa eran los lejanos atletas de las revistas, a quienes podía reverenciar a guisa de capricho; otra muy distinta alguien que existía de verdad, que era una verdad. Probablemente lo más verdadero de cuanto me rodeaba.

Con esta carga de indecisiones, me dirigí una noche al bar de la Esmeralda. Suele ser un tópico muy socorrido el de esas pecadoras con alma de madraza. Abundan en las novelas de quiosco y en las películas de aventuras: la dueña del *saloon*, la cabaretera que tiene un corazón tan grande como para consolar a todos los vaqueros de la frontera. Puestos a tener, la Esmeralda tenía el desgarro y la sinceridad de la Seña Rita. Las cantaba claras y sin tapujos. Tal vez por esta causa —una nueva ficción, un nuevo encubrimiento— era la única persona a quien podía confiar mi lucha. Puesto que había sufrido en su propia carne las contradicciones de una sexualidad anómala, sabría ir más allá del tópico.

—Ese chico te quiere, Ramoncito. Te lo digo yo, que he visto llover mucho. Mira si ha llovido ante mis narices, que el agua me ha inundado la casa. Porque conozco el mundo y sus diluvios te lo digo claramente: ese crío te quiere con locura. Conque deja de hacer el gilipollas y aprovecha, que el mercado está muy mal.

—Me lo pones muy negro, Esmeralda.

—Al contrario: te lo pongo así de claro: tíratelo de una vez, leche, que lo está esperando.

—Olvidas una cosa: yo no soy homosexual ni lo seré nunca.

—No me hagas reír, que me escoño viva. ¿Y a qué vas a los bares de ligue? ¿Esperas que te den un vale para el sorteo de una lavadora?

—Voy para... experimentar con mis sentimientos.

—Pues no experimentes tanto, que te llamarán Madame Curie.

—¡No tolero que me hables así! Para que lo sepas: este mundo me repugna.

—En cierta ocasión estuve a punto de echarte de mi casa, y ahora te arrojaría de cabeza al mar. ¿Es que no pertenezco yo a ese mundo? ¿Es que no soy tortillera? Mira tú qué claro te lo digo: ni homosexual femenino, ni lesbiana ni esas cursiladas que dicen las remilgadas de ahora. Tortillera, bollera de las de siempre. Y no me he muerto, como puedes ver. Al contrario, he vivido las horas más felices que puedes imaginar. Y atrocidades sin cuento también, eso no lo niego, porque hay mucha niña esaboría que te da mala vida desde el momento que le echas el ojo hasta que la olvidas, ahogada en aguardiente. No te digo que sea una vida fácil, al contrario; es muy, muy dura, pero más lo sería soñar con ella estando en el otro bando. Uno es lo que es, y si eres íntegro lo asumes y si no te hundes y, además, arrastras contigo a quien tienes al lado. Porque te digo una cosa: cuidado con acercarte a una mujer, porque puedes hacerle mucho daño. Y eso sí que sería criminal.

—Una mujer me salvaría.

—¿Hundiéndola tú a ella, hijoputa? Vamos a suponer que consigues hacerla feliz en la cama, y es mucho suponer. ¿Cuánto tiempo crees tú que vas a repetir la heroicidad? La puedes tener engañada haciéndole cada noche el salto del tigre, pero un día u otro te saldrá lo que llevas dentro. ¿Qué ocurrirá cuando te dé el telele? Tú estás un día en el cine, con tu mujercita, y aparece en la pantalla un galán que te enciende. ¡Anda, que estarás muy contento, mirando a la que tienes al lado! ¿Cuánto tiempo tardarás en volver a las andadas? Ponlo cortito. Mira que conozco a muchos casados, cargados de hijos, que se pasan las noches puteando por esos bares mientras la mujer está en casita haciendo calceta. Te lo digo otra vez: hijoputa, si haces esto.

—¿Y qué soy si hago lo otro? ¡Una locaza, como las que hacen el ridículo en esos bares!

—Más pena que todas las locas del mundo inspiran los que, siéndolo, se fingen machos. Notarios, abogados, médicos, gente de crédito, que nunca les supondrías un desliz, y ahí los tienes, arrastrándose como perras calientes detrás de los chaperos, y, encima, llenos de remordimientos, y reconcomidos por la ira. Mira, hijo, en este mundo todo tiene un pase menos la hipocresía. Se puede ser homosexual como se puede ser bombero, pero lo que no se puede ser es tonto. En lugar de tanto libraco, métesela de una vez a ese niño y verás cómo te suben los colores a la cara, que la tienes color crema catalana, de tanto comerte la mollera.

Por supuesto, una conversación de este tipo no impulsa una decisión, ni salva una vida. Sería demasiado sencillo. Muchos heridos de la noche solucionarían sus formidables dramas gracias a los consejos de una maritornes comprensiva que les lee las actas de la revelación. No, esas cosas sólo suceden en las novelas de exiliados espirituales. En la vida real, la madre putativa es aventajada por la madre auténtica, aquella cuyo ejemplo sea luz y guía.

Mi madre real, y no la del Barrio Chino, me daba la solución sin saberlo: aconsejándome sin tapujos, antes bien con una desesperada declaración de impotencia. A ella le habían cortado las alas. Debía impedir por todos los medios que hicieran lo mismo conmigo. Tenía que negarme a la mutilación.

Entonces me detuve, y decidí hacer frente a la verdad.

Yo era un idiota. No hubo imbécil mayor en toda la historia de la imbecilidad. Era un cretino. Era un deficiente mental, para ponerlo suave. Hasta mi madre me lo decía, sin decirlo. «Vive, hijo, vive, que son cuatro putos días.»

En la madrugada del Barrio Chino decidí que nadie me mutilaría. Me dirigiría a Roberto entero, y ya sin trabas. Él, que tantas cosas me había regalado, recibiría el obsequio de mi estupidez por fin sacrificada. De sus cenizas, y en nombre de la vida, surgiría mi sexo adulto.

El día que cumplí diecinueve años, llegó Roberto cargado con un regalo que en rigor era un intercambio, pues yo le esperaba con el firme propósito de estabilizar nuestra relación en los términos que él deseaba.

—¿Es de reyes o de aniversario? —pregunté, sopesando el voluminoso paquete que me ofrecía.

—Ni hablar de reyes, Tete, porque ya eres mayor. A ver si a partir de ahora te decides a hacerte hombre de una vez.

Tras besar efusivamente a mi madre dejó el paquete en el suelo. A pesar del cuidado embalaje, se notaba perfectamente que era una guitarra, otro sueño largo tiempo acariciado que Roberto se encargaba de convertir en realidad. Merecía que le dedicase de una vez el salto que iba a cambiar mi vida. Tenía bien ganados mis diecinueve años, ya que era él, precisamente, el destinado a mejorarlos.

—Yo también tengo un regalo para ti —dije—. Pero quiero entregártelo en nuestro refugio, de madrugada. Los dos solos, como siempre.

—¿No te resulta molesto volver al Estudio después de lo de la otra noche?

—Al contrario. Lo estoy deseando con toda mi alma.

Noté que sus ojos relampagueaban, porque mis noticias no podían ser tan secretas como yo pretendía. Cuando alguien demuestra tanto nerviosismo, no se supone que está pidiendo una cita para hablar de Kant, y de haber sido así Roberto me hubiera pedido la guía para averiguar dónde se hallaba esa calle. Este dato no decía mucho en su favor, pero al mismo tiempo no tenía por qué afectar el prestigio que más me interesaba en él. Era una criatura nacida para el amor. Era el redentor de mi causa más perdida. Exigirle más habría sido una estupidez.

Roberto estaba eufórico; yo, esperanzado. Llamamos a Miguel para escuchar su veredicto sobre la segunda parte del regalo; se trataba de diez partituras de las canciones que más nos habían gustado en los últimos tiempos y, muy especialmente, las cautivadoras melodías de la película *Orfeo negro*, que solíamos cantar a viva voz de madrugada, por las callejas del Barrio Gótico, cuando nos apetecía sentirnos deliciosamente tristes. (Decía una: «Tristeza, adiós, tristeza, / perdida en Carnaval.» Y la otra: «Azul, la mañana es azul / el sol, si le llamo vendrá.»)

Mientras yo me arreglaba, Roberto se entretuvo un rato con mamá, intercambiando frivolidades. Le utilizaba ella como solía hacer con Cornelio: puro diálogo de reina. Si era demasiado atrevido el estampado de una tela, si no resultaría muy extravagante una pamela para ir a la boda de una amiga del pueblo. Naturalmente, ella no hacía caso de ninguna opinión, pero le gustaba que se la dieran como confirmación de su buen gusto. Roberto, igual que Cornelio, la reconfortaba con atisbos de una sensibilidad ausente de su vida cotidiana. Era el punto de frivolidad que nunca existió en el Peso de la Paja. Por otro lado, ella empezaba a intuir que ya no estaba en edad para que un albañil gritara requiebros a su paso, pero sí en el momento justo para que cualquier homosexual la reconfortara confirmando su perfecto estado de conservación.

Roberto prometió que la acompañaría al Liceo cualquier tarde de ballet clásico (yo detestaba y detesto esos espectáculos; me daban y me dan mucha risa los tutús de las sílfides y las mallas de los alocados principitos). Nos costó mucho que mamá nos soltase de sus garras. Fuimos a cenar a una extraña tasca situada en la antigua judería: estaba llena de toneles, embutidos colgando y fotos de pintores. Roberto no cesaba de hablar y reír, como siempre. Yo me sentía muy excitado. No veía el momento de llegar al Estudio. Me preocupaba saber cómo reaccionaría él ante mi propuesta, pero todavía más cómo podía reaccionar yo. Al margen de aquellos resquemores, tuvimos una deliciosa velada que Roberto propuso prolongar tomando una copa en un local nuevo del Ensanche. Había fijado una cita con Toni, un chico del Estudio a quien acabábamos de adoptar como amigo, no sin ciertas reservas por mi parte, porque si hubo alguna vez una loca directamente escapada de las verbenas de Sodoma, ésta era él. Sin embargo, no me repugnaba como los demás, gracias a la carga de surrealismo que manifestaba en todas sus historias. Presumía de reyecito del París *chic*, aseguraba que había estado trabajando como bailarín en el Lido y el Folies y que a sus pies se habían postrado reyes y maharajás que ya no existían. Se vanagloriaba de tantas excentricidades y se las creía con tal convencimiento, que era capaz de divertir a los más remisos. Como último detalle digno de aplauso destacaban sus rasgos orientales, que se preocupaba de resaltar con un maquillaje adecuado. Así, los labios le quedaban gruesos y abultados, como siguiendo el estilo Bardot, y sus ojos parecían dos almendritas, como quiere el tópico. Por tal razón dimos en llamarle «la Suzy Wong» con la mejor de las intenciones. Al fin y al cabo, contaba entre sus excentricidades la de pretender que había nacido en el gineceo de la Ciudad Imperial de Pekín.

El local elegido por Roberto era uno de esos bares de copas que llamábamos «ambiguos», por la condición de su clientela. Se había convertido en punto de encuentro de intelectuales progresistas y algún que otro homosexual de alto nivel. También abundaban las lesbianas elegantes y situadas: vástagos de las grandes familias o profesionales de reconocida valía. A algunas de ellas las habíamos visto por el bar de la Esmeralda, pues todas la conocían y respetaban, del mismo modo que los homosexuales masculinos, por selectos que fuesen, no desdeñaban conocer los ámbitos más bajos del gueto. Descender hasta el fondo no implicaba necesariamente quedarse en él. Una incursión, unos billetes, una noche de sexo y, de madrugada, regreso a palacio.

En el Whisky Club, el comportamiento de todos se hacía más conforme a su posición social. Era un recinto con clase. Mientras los bares de la ciudad intentaban ponerse al día con vulgares decorados funcionales, abundantes en materiales sintéticos y con una penosa tendencia a la uniformidad, algunos clubs privados volvían los ojos hacia la tradición británica: cómoda, acogedora y muy respetable. Así el Whisky Club, con su suelo enmoquetado, paredes tapizadas con tonos pálidos, lámparas de mesa que esparcían una luz tenue, y sillones amplios y confortables, calculados para la conversación civilizada y el ligue hipócrita. En cada compartimiento colgaban grabados de rancio sabor británico: escenas de cacerías con campiñas verdes y milords ataviados con casacas rojas.

Por suerte para nuestra autoestima, Roberto y yo nos habíamos puesto muy elegantes: blazer, corbata y mucha gomina en el pelo. Además, como en mi solapa ostentaba el escudo de un *college* inglés, podíamos pasar perfectamente por hijos de buena familia (otra cosa nos hubiera mortificado, entre aquel público tan primoroso).

Roberto comentó en voz alta a Toni que estábamos celebrando mi aniversario y la chinita transmitió la información a cierto caballero de mediana edad que llevaba un rato observándonos. Estábamos sin duda entre gente bien nacida, porque el viejales decidió unirse a nuestra celebración, ofreciendo el champaña. Entablamos un animado coloquio sobre temas supuestamente refinados y al poco rato nos hallábamos compartiendo la mesa con otros dos hombres: uno era cierto crítico de arte, de aspecto vulgar y atuendo más bien mugriento. El segundo era un poeta llamado Jaime Gil de Biedma que, según me contaron, gozaba de gran renombre en los círculos literarios más exigentes. Debo confesar que jamás había oído hablar de él. No era la suya una fama espectacular, sino un renombre de calidad. Me dijeron que su fuerte era la literatura anglosajona, así que nos enfrascamos en una conversación sobre no recuerdo qué autores. ¿Podría ser que aquella noche me hablase ya de Christopher Isherwood, autor perfectamente desconocido entonces en nuestras latitudes?

En cualquier caso, antes o después, me hizo llegar un ejemplar de *Prater Violet* que incluía recortes de la prensa británica con alguna información sobre el autor. (El tiempo les ha dado un tono amarillento, pero sobreviven en la biblioteca de Ventalló.)

Jaime y sus compañeros pretendían prolongar la noche en los bares del Barrio Chino. Roberto se negó a acompañarles. Alegaba que me había prometido terminar la noche en el Estudio; yo advertía en sus miradas que lo estaba deseando ardientemente y esto me hacía estallar de dicha. Puesto que ambos nos hallábamos en tan favorable disposición, decidimos cumplirla de una vez. Nos estábamos despidiendo, con el consabido intercambio de números de teléfono, cuando hizo su aparición un interesante personaje a quien los demás llamaron Rubén (por un decir). Era un hombre de elevada estatura, esbelto, muy delgado, rostro huesudo y ojos deslumbrantes. Se trataba de un fotógrafo cubano muy respetado en el ambiente. Tendría unos treinta años, aunque esta cuestión siempre fue uno de los secretos mejor guardados de la Cuba en el exilio. (De hecho, Rubén pasó más de dos décadas con el rostro exactamente igual que aquella noche, y aunque unos hablaron de pacto con el diablo otros aseguraban que la cirugía estética tuvo mucho que ver en el asunto.) En cualquier caso, era un personaje cautivador, con su pelo cardado a la manera de Jean Cocteau y un vestuario bohemio, nobilizado por cierta distinción natural. Camisa de pana blanca, un *foulard* de Dior y un chaquetón de ante que alguien se había encargado de arrugar con un gran sentido de la exquisitez.

Poseía el don de la conversación y, por ello, era una réplica del flautista del cuento. Como a tal le seguíamos Roberto y yo, entusiasmados y a ciegas, mientras nos arrollaba con un caudal de información del que nosotros carecíamos por completo, pero información referida a todas las materias de nuestro interés. Empezó por el cine de los años treinta, siguió con los grandes mitos de Broadway, las anécdotas sobre la Rive Gauche parisina en los años veinte, y el vestuario de Erté para los grandes montajes de Diaghilev. Entre él y Jaime cruzaron un montón de nombres que nosotros no conocíamos o en cuya importancia no habíamos reparado. Así supimos que debíamos añadir a nuestros intereses la vida y obra de Gertrude Stein, Scott Fitzgerald, Coco Chanel, Marinetti, Brassaï y un extenso catálogo transmitido en un lenguaje tan esnob que no podía sino cautivarnos. Jaime hablaba de sus viajes por las costas asiáticas, Rubén comentaba las fachadas *art-déco* de las salas de juego de Macao, después pasaban a recordar lugares malditos de París, evocaban un concierto de jazz en el Madison de Nueva York y hasta casas de prostitución infantil masculina en Beirut. Había un sinfín de adjetivos e interjecciones que adquirían de repente usos distintos a los aprendidos: una vieja película italiana de Assia Noris era «encantadoramente *camp*», un primer plano de Greta Garbo era «poderoso», Hedy Lamarr era «Lamarvelous» y Mae West era «delirante». (Un año después, Néstor Almendros me decía desde París: «Es curioso: el adjetivo "delirante", que tú usas en tu carta, es el mismo que yo utilicé el otro día, después de ver en la Cinemathèque el *Shangai Express* de Marlene-Sternberg.») Rubén había vivido en todos los lugares y en todos había conocido a la mejor gente. Nos sonaba delicioso su acento cubano, exóticos sus modismos e hipermoderna su sintaxis, plagada de giros anglosajones. Todo ello daba a la conversación un tono que no dejaba de sorprendernos, y que sólo degeneró cuando Gil de Biedma hizo determinadas alusiones al tema de los intelectuales cubanos en el exilio. Fue una situación verdaderamente incómoda. Desembocó en ataques directos que convertían a algunos nombres de la cultura en reaccionarios, si no fascistas. Era, el de Jaime, un ataque que podía suscribir cualquier intelectual progresista de aquella época, en debates que solían terminar como el rosario de la Aurora. La defensa del castrismo estaba a la orden del día. No recuerdo si Joan Oliver había publicado ya su famoso poema *Cuba ja no serà una illa*, en todo caso era típico de aquel agitado momento en que la política se infiltraba con fuerza en todos los ámbitos de la cultura. Pero a Rubén no parecía importarle demasiado aquel tipo de polémicas: era un indiferente que se escudaba en la imagen del artista como mensajero favorito de las musas y, además, había salido de Cuba antes del cirio de Fidel; así que, volviéndose hacia nosotros, empezó a hablarnos de su ídolo y modelo, Jean Cocteau, dejando los recuerdos caribeños para otras ocasiones. Éstas no tardaron en llegar y nos aprovecharon extraordinariamente, ya que en su apartamento escuchamos por primera vez a Celia Cruz, Beni Moré y Toña la Negra, y hojeamos ejemplares del *Bohemia* de antes de la Revolución y trabamos conocimiento con los textos de crítica cinematográfica de Guillermo Cabrera Infante de los últimos años cincuenta.

La charla se estaba prolongando a medida que reconocíamos más puntos afines. Los conocimientos de Rubén y nuestro afán de saber iban encajando como una cadena de eslabones perfectamente trabados. Sin darse cuenta, tanto él como Jaime estaban sirviendo a mis propósitos en un doble sentido. Además de iniciarme en una sensibilidad cosmopolita, me demostraban que en aquel ambiente podía hallar referencias culturales no sólo susceptibles de apasionarme, sino de servir ampliamente a mis propósitos. Bastaba con buscar a las personas adecuadas.

Respiré, aliviado, porque aquella demostración rasgaba definitivamente el velo que me separaba de Roberto. Lo que me disponía a ofrecerle, lo que él estaba ansiando recibir, no sería motivo de vergüenza, ya que, a fin de cuentas, nos avalaba el prestigio de la cultura. Si aquella noche hacíamos el amor, no seríamos como dos seres vulgares: seríamos como Marais y Cocteau. Sólo quedaba que nos decidiéramos a aplicar aquellas teorías recuperadas (¿acaso no las había alimentado yo mismo, en otro tiempo, como forma de autojustificación?). Era necesario llegar de una vez al Estudio y rematar el glorioso día de mi decimonoveno aniversario abrazados en nuestro diván.

Pasó otra hora y Roberto no se acordaba de su promesa. Estaba a punto de recordársela, no sin lícita impaciencia, cuando Rubén se me adelantó con una invitación a tomar una copa en su apartamento. Roberto me miró con expresión de cordero degollado, contrito acaso por anteponer aquella oportunidad a nuestra cita. En el fondo, también yo la prefería: adivinaba que resultaría provechoso para ambos cultivar la amistad del cubano. Lo nuestro estaba decretado: podía ocurrir, tranquilamente, dos horas más tarde. Fuimos, pues, con Rubén a una casa situada en una calleja de Gracia, justo detrás del edificio donde, años después, rendiría yo muy provechosas visitas al poeta Espriu.

El apartamento nos pareció tremendamente original por hallarse en el sótano, y decididamente maravilloso por los muebles y objetos que contenía. Nunca habíamos visto nada parecido. Nos sedujo que no fuese muy grande: esto lo acercaba a la disposición de refugio íntimo que siempre habíamos deseado poseer. Comprendía un dormitorio, una cocina, un baño y un gran espacio-estudio, resultado de la unión de dos habitaciones. Nos impresionó mucho que dispusiera de chimenea. También nos sedujo el baño, por el toque romántico de la decoración: estores venecianos en las dos ventanas, una antigua bañera de esmalte con rosas pintadas, tulipas de cristal tornasolado, un espejo con marco de caoba que imitaba tallos de gladiolo, estanterías del mismo estilo, para conservar cosméticos franceses y, en las paredes, copias de efebos desnudos retratados por Rubén a lo largo de sus viajes. En el dormitorio, nos deslumbró un gigantesco lecho con ornamentos de un estilo que Rubén llamaba *art-nouveau* y que, en realidad, se hallaba representado en numerosos edificios que veíamos a diario sin prestarles la menor atención.

A medida que íbamos avanzando, quedábamos más y más deslumbrados ante la variedad de objetos que Rubén había conseguido acumular sin moverse del mismo estilo. En todos dominaba la curva y la adaptación del mundo vegetal: había un par de biombos de refinada marquetería, peanas que sostenían enormes tiestos de mayólica de cuyo interior saltaban como cuchillos las hojas de las kentias o se enmarañaban las de algún helecho, plantas emblemáticas de los interiores *art-nouveau*, como supimos después. Pero había mucho más: tinteros, cuencos, jarrones con monturas de plata, pasquines de las grandes actuaciones de Sarah Bernhardt, y una acumulación de pequeños prodigios que convertían aquel reducido espacio en un escogido almacén de arte. Puedo afirmar que, a partir de aquella noche, todas las casas que conocí me parecieron horteras y carentes de gusto.

Además de experto fotógrafo, Rubén era un avanzado del gusto. Pertenecía a ese tipo de sofisticados que intuyen las modas antes de que se produzcan. Recién iniciados los años sesenta se adelantaba a todos los *revivals* que se producirían a lo largo de la década. Cuando las mejores familias arrojaban a la hoguera de San Juan cuadros y esculturas pompiers, así como muebles *art-nouveau*, él los buscaba en los traperos, por si alguno se había salvado. Los críticos cinematográficos anatematizaban el cine americano y él convertía en fetiches a los grandes protagonistas de la era dorada. Su trayectoria cosmopolita y un olfato finísimo le habían hecho oler lo que se llevaba en lugares clave como París y Nueva York, y había aprendido a valorar con una extraña mezcla de ironía y nostalgia fenómenos que hasta entonces se consideraban pasados de moda. Mucho antes de que conociéramos el famoso artículo de Susan Sontag sobre la percepción *camp*, Rubén la aplicaba con un delicioso estar de vuelta, edificando altares a divas tan sospechosas como María Montez, Bette Davis y Hedy Lamarr. En cuanto a Marlene, también idolatrada por Gil de Biedma, sólo había una persona que conociese mejor sus ángulos de luz: era Néstor y vivía en La Habana, angustiado bajo el régimen castrista. Según las últimas noticias, estaba intentando obtener un visado de salida sin conseguirlo. Se decía, también, que vivía muy neurotizado por este asunto. Sufría, en resumen.

Aquella noche no fui con Roberto al Estudio de Actores. Tampoco a la siguiente ni las que fueron llegando. La fascinación por Rubén hizo de nosotros sus más fieles seguidores mientras él se convertía en inesperado cicerone de nuestra propia ciudad. Nunca vimos tanta arquitectura como en aquellos días privilegiados. Rubén no se limitaba a mostrarnos los aspectos más evidentes del modernismo: nos introducía en edificios poco conocidos y que él había descubierto durante paseos interminables. Visitábamos panaderías, colmados, sastrerías, escaleras y patios interiores buscando siempre un friso, una cenefa, una escultura, un ascensor. Nos metíamos en anticuarios de poca monta, incluso en miserables traperos de barrio donde Rubén hallaba siempre objetos o revistas que enriquecían su colección. Por la noche, nos llevaba a cenar a lugares exquisitos, y después a algún club privado lleno de personajes como él. En pocos días, nos vimos introducidos en un mundo de sibaritas, un gueto de elegidos, donde la cultura y el refinamiento formaban una unidad insondable.

Pero yo empezaba a sentir una extraña congoja en mi interior. Advertía que entre Roberto y Rubén se estaba desarrollando una intimidad que me excluía. No afectaba sólo al intercambio intelectual, como pretendíamos los tres; era un romance en toda regla: unas palabras susurradas al oído para evitar que yo las oyera, un olvidarse de mi presencia, secretitos en la cocina, donde se encerraban largo tiempo con la excusa de preparar alguna cena rápida. Al regresar al salón, nuevas miradas, caídas de ojos y risitas de complicidad. Era el mismo juego que Roberto me dedicaba dos semanas atrás, en las madrugadas del Estudio.

Jamás llegaré a saber cómo empezó aquella relación, ni siquiera si fue antes o después de mis primeras sospechas. Bastante tuve que soportar cuando Roberto me comunicó que se iba con Rubén a Madrid por asuntos de trabajo. Cosa de pocos días, al parecer. Los justos en cualquier caso para que él los presentara como la mayor ilusión de su vida. «Un milagro, Tete. Un milagro del cielo. Nunca pensé que pudiera ocurrir nada tan bonito.»

Cuando regresó de su viaje, Roberto había cambiado de manera ostensible. Sin duda se consideraba culpable, y lo demostró de la manera más brutal. De pronto, terminaron nuestras reuniones en la clase de concentración. Para los ejercicios, buscaba a cualquier otro alumno, incluso a los que más detestaba. Si coincidíamos en el bar, me miraba con expresión compungida, sin atreverse a hablar. Si tropezábamos en la puerta, hacía lo posible por no mirarme. Y aunque yo intenté abordarle en más de una ocasión, su actitud dejaba entrever que no le apetecía tocar un tema que consideraba agua pasada. Mientras yo hacía el más espantoso de los ridículos, todos en el Estudio sabían que estaba viviendo con Rubén.

Cuando me lo contaron, me encerré en la sala de concentración. Sumido en la oscuridad, libre de sonidos, me eché a llorar.

Así supe que había perdido una batalla sin participar siquiera. A partir de aquel día, dejé de frecuentar a Roberto y Rubén para regresar a los bares de alterne, en cuyos rincones me iba consumiendo de celos y rabia porque sabía que en aquel preciso instante ellos estarían viviendo el tipo de relación que yo me moría por vivir. Permanecía pegado al taburete, con el codo apoyado en la barra, whisky en mano, sonriendo a todo aquel que entraba, como había visto hacer a los chicos de éxito. Pero nada aplacaba mi dolor ni curaba el insomnio que me mantenía despierto durante toda la noche, imaginando una y otra vez la felicidad de los amantes, dibujando todos los momentos de su intimidad convertida en obsesión permanente. Mi vida se hundió en la nada. No se me ocurrió mejor solución que agotarme en interminables paseos nocturnos y regresar a los bares para ofrecerme al mejor postor. Pero cuando alguien me aceptaba, yo retrocedía, asqueado, porque nadie tenía las virtudes de Roberto ni el carisma de Rubén, y el mundo me parecía vulgar e inconsistente sin ellos dos.

Aunque no quería regresar a los lugares que solía frecuentar en compañía de Roberto, mis pasos me llevaron inevitablemente a la gran madre de todos los huérfanos del Barrio Chino. Llegué al Sans Souci tambaleándome y con una angustiosa opresión en el pecho. Debía de presentar un aspecto deplorable, porque la Esmeralda abandonó el mostrador para recibirme, aunque mejor sería decir que me recogió. Elegimos una de las mesas del rincón, precisamente la que había ocupado tantas veces con Roberto, mientras algún chalado nos recitaba poesías de cariz revolucionario.

La Esmeralda intentó quitarle hierro a la situación, hablándome de sus últimas adquisiciones musicales. Su querida, la bailarina egipcia, le había mandado unos discos de cierta compatriota llamada Oum Kalsoum. La Esmeralda intentó distraerme contando que en los países árabes consideraban a aquella cantante de gafas oscuras la equivalente de la Piaf. Yo no atendía aquella información ni ninguna otra. La lejana voz de Oriente me parecía un lamento más doloroso que todos los que había oído en mi vida. Supliqué un pernod. La Esmeralda no me lo negó, como habría hecho en otras ocasiones, llevada por su criterio de madraza. Era lo bastante lúcida para comprender que lo necesitaba. Así de simple: que el ardor entrase por la garganta para ahogar en lo posible las llamas que me estaban quemando por dentro.

Escuchó mis balbuceos cruzada de brazos y con la colilla de Gauloises colgándole de los labios. En su mirada no había rastros de conmiseración o sentimiento alguno que ella pudiera considerar gratuito. No le parecía yo nada original. No veía en mí a la primera víctima del amor. Era un delirio que había visto muchas veces, y seguramente mejor interpretado.

—Mira, niño, te está bien empleado por panoli.

—Que no estoy para sermones, Esmeralda.

—¿Pues qué has venido a buscar? No me engañes, porque en el fondo sólo te engañarás a ti mismo. Tú quieres que te diga lo que esperas oír, lo que tú ya sabes. Y te lo diré porque te he cogido cariño. Te diré que has hecho el primo, Ramoncito. Que no te has enterado de nada. Pues, ¿no veías lo que tenías al lado? Un guapo de los que no salen hoy en día; un chico que era un sol, simpático, buena persona, más listo que el hambre y que, encima, estaba colado por ti. No había más que mirarle. Se derretía oyéndote hablar... Y, mientras él esperaba, tú venga con tus manías: «No soy homosexual, no soy homosexual.» Pues, hijo mío, peor para ti porque, sin ser homosexual, te las estás pasando tan perras como si lo fueses. Y eso, si me lo permites, es ser tonto del bote.

No pude contenerme más. Dejé caer la cabeza sobre la mesa y me eché a llorar. Ya no sentía nada. Sólo el frío del mármol en la mejilla, la amargura de aquellas lágrimas y los vigorosos brazos de la Esmeralda, que se apresuraba a cogerme la cabeza, como acunándola. Abandonaba su actitud de severidad para dedicarme todo tipo de frases cariñosas, mientras sonaban los lamentos de la Oum Kalsoum, aquella nueva exorcizadora, descubierta en el momento más propicio a la soledad.

Caminé mucho. Recorrí las míseras callejas, tantas veces compartidas con Roberto, cuando me entrenaba en mi primer experimento de la alegría. Nunca había vivido una experiencia como aquélla, una experiencia en la que el hecho de ser joven adquiriese privilegios sobre todas las facetas de la vida. Nunca fui tan feliz junto a otra persona y, en rigor, nunca me había enamorado con tanta fuerza. Tenía razón la Esmeralda: ¿por qué no asumirlo si, de todos modos, lo estaba pagando a un precio tan elevado?

Fui caminando hacia la parte alta, quería llegar al apartamento de Rubén, y una vez allí armar la gorda. Me imaginaba aporreando la puerta desesperadamente, derribándola a patadas (gritó Reth a Escarlata: «Si quiero entrar en esta habitación, ninguna puerta podrá impedírmelo»), creando alguna situación destinada a cargarles con la parte de remordimiento que les correspondía. Todas las posibilidades del ridículo pasaron ante mis ojos en una rápida sucesión de imágenes compulsivas. Me estaban permitidos todos los recursos del melodrama, desde el menos digno hasta el más abyecto. Pero ni siquiera me quedaban fuerzas para ponerlos en práctica. Mi paseo me había llevado a una plazuela impersonal, sin ningún aliciente capaz de adornar un poco mi dolor. Nada. Sólo aquel bancucho, unos arbolitos recién plantados, un quiosco cerrado y unas casas de apartamentos de corte más o menos moderno. Permanecí allí mucho rato, mientras la ciudad pasaba del silencio de la madrugada a los primeros signos del nuevo día. Lloraba abiertamente, sin temor a ser visto. ¿Qué podía importarme la opinión de los demás? El dolor me dominaba por completo. Ninguna experiencia me había preparado para aquel golpe. Nadie me había explicado el verdadero sentido del desmembramiento. Que así me encontraba ahora: con todos los miembros cortados, escindidos del tronco. En cuanto a éste, era poco menos que nada. Si acaso, un pedazo de res colgado del gancho, en un matadero.

No recuerdo cómo conseguí llegar hasta el piso de las tías. A pie, seguramente, pero ¿con qué piernas? Apoyándome en los muros de las casas, pero ¿sin manos? Llegué arrastrando un cuerpo que no sentía, un cuerpo que se derrumbó a los pies de la vieja Florencia, que estaba esperando en camisón, en pleno ejercicio de sus funciones de espía.

Entre ella, la Paqui y mi hermano despertaron a toda la escalera. Alguien que disponía de coche fue a buscar a mamá. Sólo a ella, porque Miguel, muy cautelosamente, había aconsejado por teléfono que no le dijeran nada a mi padre. ¡Bendito ángel! No sabía cuál era mi mal, no podía sospechar qué me ocurría, porque en su mundo de bondad era impensable que cupiese todo lo que yo estaba viviendo, pero en cualquier caso presentía que se trataba de algo tan anormal que ni siquiera la reconocida tendencia al absurdo de mi padre podía asumirlo. En cuanto a mi abuela, diría que todo se soluciona con unas gotas de agua bendita.

Recobré la conciencia en la cama de la tía, reservada siempre a los enfermos por ser la más ancha. Seguía con la mirada enturbiada, no paraba de llorar. Sostenían mi mano dos manos cálidas, afectuosas, que me recordaban otro tiempo, otros lugares, unos ámbitos pertenecientes al niño que se estaba muriendo dentro de mí. Eran las manos de mamá, las mismas que actuaron en otros momentos de mi vida, como siempre que necesité protección, empuje o consuelo. Únicamente esa sensación, portadora de tantos recuerdos maravillosos, me ayudó a balbucear que necesitaba ayuda.

Pedí un psiquiatra. Una, dos, tres veces lo pedí ante el desconcierto de mi madre y, al poco, ante su desesperación. La oía sollozar a mi lado, gimiendo que no entendía nada, que

Dios no le había dado luces para descifrar qué me ocurría; a mí, que lo había tenido todo, a mí, que, puestos a tener, estaba viviendo la mili más regalada que jamás vivió un recluta barcelonés.

Cuando los demás nos creen tan afortunados, explicar el dolor se perfila como una empresa condenada al fracaso.

En sus habituales paseos de exploración por las tiendas del barrio, mamá había visto la placa de un psiquiatra. Se acordaba perfectamente porque, llevada por su sentido de la lógica, comentó en más de una ocasión: «¡Lagarto, lagarto! Ojalá no lo necesitemos nunca.» Aquella mañana, aferrada al teléfono, mientras una enfermera consultaba el libro de visitas, pudo explotar a satisfacción su mejor registro popular afirmando: «Nadie puede decir de esta agua no beberé.» El melodrama en que mi vida se había convertido derivaba, así, hacia el sainete. Sonó todo el repertorio de frases populares destinadas a convertir mi estado en anécdota. Las de mi abuela fueron las más rotundas: «Esos hijos tuyos siempre tienen enfermedades de rico.» Para mi asombro, papá le llevó la contraria, pues no ignoraba que también había pobres que estaban como un cencerro. Empezando por él.

Aunque seguía sumido en un estado de semiinconsciencia, recuerdo a la perfección el despacho de aquel doctor. O acaso era tan parecido a los despachos de cualquier doctor de antes o después que la memoria los mezcla todos en una imagen rutinaria, unificada y siempre amenazadora, toda vez que representan una alteración del libre curso de la vida.

Pero aquel psiquiatra, vecino nuestro, destaca en la memoria más allá del decorado y al margen de cualquier característica personal. Fue el hombre que me trató peor que a una bestia.

Desde el momento en que intuyó el origen de mis males, se esfumó de su rostro el menor indicio de simpatía. No se molestaba en fingir. Algo en mí le repugnaba. Me lo dijo abiertamente, sin darme tiempo a explicarme: yo era víctima de una aberración que era necesario extirpar sin tardanza. Más que problemas de la mente, padecía un cáncer del alma. No quiso conocer antecedentes ni buscar causas ni combatir orígenes. Era una vergüenza radicada en el presente, un oprobio que me hundía desde él, convirtiéndome en un corrompido.

Estaba hablando de no sé cuántos métodos aptos para cambiarme. Habló de electroshocks. Era el sistema más eficaz para atajar un mal tan arraigado. Y de haber existido una autopsia terapéutica, a buen seguro que me la hubiese aplicado también aquel criminal.

Le miré sin verle, como le había estado oyendo sin posibilidad de escucharle. En mi cerebro desquiciado sólo acertaba a comprender la necesidad de mantenerme aferrado a la dolencia que me ligaba a Roberto. Extirparlo era como borrarle a él de mi memoria. Lo último que deseaba.

—No quiero cambiar —dije, tartamudeando.

El doctor se quedó atónito. Tuve que repetir varias veces mi propósito hasta que, por fin, estalló:

—¿Te das cuenta de lo que eres? ¿Sabes el nombre que reciben los que son como tú?

—Sí. Pero no quiero cambiar nada. Sólo recobrar a mi amigo.

Casi a punto de llorar, le supliqué que me aconsejase. Intenté exponerle todos los pasos que me habían llevado a adoptar aquella decisión, todos los escollos que había tenido que salvar para aferrarme a mi decisión. Pero a medida que yo farfullaba mis palabras, con tremenda dificultad y gran dolor, el rostro de aquel hombre se iba encendiendo en una ira descomunal. Me reprendió severamente en nombre de la sociedad, en defensa de mi pobre madre y, por fin, en el consabido nombre de Dios. Pasó de la reprimenda al insulto: yo era el azote de Dios, el propio diablo, caído por propia voluntad, maldito por sus merecimientos. ¡Otra vez la religión! ¿Podía ser tan fuerte como para vencer a la ciencia en su propio terreno? El discurso de aquel hombre era una variante de los insultos que me vi obligado a soportar cierta tarde de Viernes Santo, pero entonces me lo soltó un camarero analfabeto; en cambio, ahora salía de labios de una persona culta. Alguien que se ganaba la vida curando el espíritu de los demás.

Mandó llamar a mamá, que esperaba en la sala de visitas. No se mostró en absoluto afable con ella, ni siquiera compasivo. Desprecio total. Al fin y al cabo, había parido al monstruo.

—Su hijo no quiere la curación. Al contrario, pretende hundirse más. Si como científico es mi deber reprobárselo, como católico tengo que echarle de mi casa.

Mi madre no supo qué decir. Lo del catolicismo debió de impresionarla mucho más que mi enfermedad. Era el signo de una amenaza cósmica. Y el doctor la confirmó al exponerle los rasgos básicos de mi podredumbre, las horribles características de mi vicio.

Ellas bastaban para justificar que un católico furibundo nos pusiera de patas en la calle, como si estuviésemos apestados los dos.

Caminábamos a paso lento. Mamá repetía una y otra vez su desconcierto. Murmuraba que no entendía nada, que no podía creer en las palabras del doctor, que Dios nos castigaría a todos por mi culpa. Y, de repente, se desmoronó. No podía esperar a que llegásemos a casa o no quería que mis hermanos la viesen en aquel estado o le daba todo igual. Rompió a llorar en medio de la calle. Era muy impresionante asistir al derrumbe de una mujer de su temple. Mucho más ver que las palabras se negaban a salir de sus labios y, cuando lo conse guían, era a borbotones, con razonamientos inconexos. Sumido en mi propio desconcierto, navegando en mi letargo, sólo llegué a entender una súplica: «Cúrate, por el amor de Dios, cúrate.»

Yo era incapaz de oponer resistencia. Llevaba demasiadas horas dándole vueltas a la situación, midiendo cada palabra, buscando un sentido a todas mis acciones del pasado. Estaba dispuesto a que hicieran conmigo lo que quisieran. No me opondría a ninguna de sus maniobras. Podían implicarme en el largo itinerario que espera a los enfermos incurables, ya que otra cosa no era, en realidad.

Así fue como volví al curandero de la calle de Trafalgar y me sometí a todas sus maniobras, incluidas unas friegas con agua bendita y no sé cuántos besos a estampas del Niño Jesús de Praga ataviado con distintos trajecitos de su rimbombante vestuario. Pero cada vez que el curandero me ponía la mano en la cabeza para empezar la oración del que todo lo puede, yo rompía en un llanto interminable y sentía unas ganas atroces de vomitar, sin conseguirlo. Con tales síntomas, el buen hombre diagnosticó que todavía era más moderno que la última vez que estuve en aquella casa.

Siguieron las visitas inútiles a médicos y curanderos que no lograban apartarme un ápice de mi estado letárgico. Volvía a saltar de la ciencia a la superstición, de los últimos avances técnicos al subdesarrollo más absoluto. Pasábamos horas interminables en las salas de espera, mamá intercambiando opiniones con otras madres y yo observando a los pacientes que, a su vez, me miraban con ojos tan nublados como los míos. ¡Qué estremecedor desfile de espectros en aquellas salitas mediocres! Rostros incoloros, bocas torcidas, ceños en perpetuo combate, manos que de pronto se convulsionaban sobre el regazo, risitas frenéticas, grititos infantiloides... Era un catálogo del despropósito en cuyas páginas yo acababa de ingresar, y aun sin derecho. Los otros enfermos eran paranoicos, esquizofrénicos, psicópatas, chiflados, majaretas o mochales. Yo era un depravado. Ellos eran carne de frenopático. Yo, carne de galera.

En una de aquellas pavorosas salitas, mamá hizo amistad con una señora que mantenía conexiones con el Altísimo por la vía más directa: los curas. Desde mi silla, oía yo exaltar las virtudes de cierto sacerdote, que tenía algún cargo en no sé qué orden. Aunque seguía en mi marasmo particular y con la razón huida, comprendía que mamá acababa de picar el anzuelo. Nadie podría reprochárselo. Yo ni siquiera me lo planteé. Era como un muerto en vida, un zombi que avanzaba en la dirección indicada por los demás. Lo único cierto es que mi vida se estaba convirtiendo en un viaje de circunvalación. Había salido de los curas y regresaba a ellos. Me había escapado de las garras de Dios y Él volvía a atraparme. Al parecer, no había solución.

No pensaba poner nada de mi parte. Aquella entrevista fue un mero trámite, algo que debía soportar para tener contenta a mamá o, cuando menos, para que durmiese tranquila, en la certeza de haber probado todos los remedios posibles para la salvación de su hijo. Una vez asumido que esto no era posible, me dejaría en paz.

De momento, accedió a hacerlo invitándome a merendar en una cafetería muy cercana al coquetón estudio de su dibujante.

—Hijo, quiero pedirte una cosa que, a lo mejor, te parecerá un poco rara...

Yo me encogí de hombros, indiferente a cualquier nueva petición. Abierto como estaba a lo más irracional, incluso me sentía dispuesto a aceptar un viaje a Lourdes.

—Intenta ser feliz —dijo mamá, casi en un susurro—. Te lo suplico. Inténtalo por todos los medios, porque no lo vas a tener fácil. Te lo digo yo, que conozco el mundo. Por fuera, los invertidos son todo cascabeleo, pero de puertas adentro son muy desgraciados y hay muchos que envejecen más solos que la una.

Tenía que reaccionar contra la trampa que suponía colocar mi futuro bajo parámetros tan siniestros que podían arruinarlo para siempre. Así pues, me atreví a preguntar:

—¿No has sido tú desgraciada sin necesidad de ser lesbiana?

Ella desvió la mirada. O no le interesó mi pregunta, o la consideraba demasiado obvia.

—Insisto: sé feliz. Me va la vida en que lo seas.

Desplegaba una ternura, casi un fervor, que no podían dejar de conmoverme. Tuve que contenerme para no echarme a llorar, y ella debió de comprenderlo, porque hizo exactamente lo mismo. En los últimos días había batido su propio récord de lágrimas. Para romper cualquier tentación, siquiera un simple gimoteo, se dio ánimos golpeando la mesa con el guante, y cambió de tema:

—Viniendo hacia aquí he visto que en el Montecarlo ponían una de la Sofía. Teniendo en cuenta que hace tiempo que no vamos al cine juntos...

—A ti nunca te ha gustado la Sofía.

—Antes no, porque era más ordinaria que lo que se tira. Pero después de aquélla con Cary Grant se ha vuelto elegantísima. En la del Montecarlo sale vestida por Balmain, que ya sabes que me gusta porque consigue ser extremado sin dejar de ser sencillo.

Después de aquella película tan sofisticada, estuve varios días en cama, sumido en un letargo interminable. Pasaba horas enteras abrazado a la guitarra que me regaló Roberto. Mi hermano solía decir: «Menos mal que no es una armónica, porque ya la habrías aplastado.» Él seguía allí, con su bata de felpa, pintando sus miserables soldaditos, buscando en la radio músicas que me gustasen. A veces me leía en voz alta piezas sueltas del volumen *Las mil mejores poesías de la lengua castellana.* Escogía las más sencillas, las más digeribles, porque sabía que mi mente estaba muy lejos de todo cuanto pudiera parecerse a la reflexión. Pero nada conseguía distraerme: permanecía con la mirada fija en el techo horas y horas, y él iba repitiendo «Ay, señor, ay, señor» y me acariciaba dulcemente, mientras yo percibía aquel olor a meados que me devolvía a las viejas, amadas calles del Peso de la Paja. Y aunque el sol de la Diagonal entraba a raudales por la galería, nada compensaba la ausencia de aquellas tinieblas lejanas donde quedaron enterrados todos los sueños de la infancia.

Ni siquiera aquella evasión me servía ya. Sin darme cuenta, los últimos años me habían enriquecido en mil pequeñas cosas y todas ellas pendían sobre mi cabeza, definitivamente instaladas, dañándome o beneficiándome, pero en última instancia informando de que yo era otra persona. Era de ella de quien debía ocuparme: era menester que le procurase su alimento cotidiano que, además, tenía que ser el de siempre: sus libros, sus películas, sus óperas, todo cuanto la había ayudado a subsistir hasta entonces.

Me negaba a regresar al Estudio por miedo a encontrarme con Roberto, pero también a causa de ciertas noticias que consideré decepcionantes para mi porvenir artístico. Me contó la Suzy Wong que Marc, Salvador y Daniel acababan de ser elegidos para intervenir con pequeños papeles en una nueva película de Coll titulada *Los cuervos.* La elección no podía ser más merecida: eran altos, guapos y habían trabajado duro. Pero el deseo de mostrarme objetivo no me aliviaba de una dolorosa humillación: yo no había sido considerado ni para aparecer como figurante en una escena de multitudes.

Ya no era la dificultad de alcanzar el estrellato lo que más me mortificaba. Era la inequívoca sensación de que no iba a ninguna parte. Estaba siendo víctima de una cadena de costumbres que presentaban muchos aspectos entrañables. El encuentro diario con los primeros amigos de mi vida, el apasionamiento del intercambio cultural, el plácido paseo desde la editorial al Estudio, por la avenida festoneada de espléndidos palacios que no tardaron en desaparecer bajo la piqueta de demolición... todo estaba íntimamente ligado a las evoluciones que descubría en mi interior y que servían de alimento a lo que sería mi futuro. Sin embargo, ninguna de aquellas sensaciones tenía nada que ver con la vocación artística. Estaba usurpando un lugar que no me correspondía. En tales circunstancias, quedar excluido de la película de Coll, o de cualquier otra, era una suerte de justicia poética.

Cité a Espona en un bar alejado del Estudio. Estuvimos hablando durante largo rato. No era el caso de referirnos a mis progresos, puesto que eran inexistentes. Prefería escuchar una amplia relación de defectos como el mejor sistema de afirmarme en mi renuncia. Pero Fernando se limitó a exponer lo ya sabido: mi dicción era deficiente para el teatro contemporáneo y simplemente imposible para Shakespeare. No era algo que pudiera solucionar un buen aprendizaje ni una preparación exhaustiva. Mis deficiencias tenían un origen fisiológico: para hablar con corrección necesitaba extirparme las vegetaciones, que estaban muy ramificadas, complicándose, además, con la sinusitis crónica.

Volvió a saltar como un resorte la obstinación del niño mimado. Siempre que me hablaban de aquella intervención, tan habitual en la época, armaba tales escándalos que los de casa desistían de llevarme al médico por puro cansancio. Igual había ocurrido con los dientes: cuando mamá se atrevió a sugerir el uso de un aparato para que pareciesen menos draculinos, temblaron todas las calles anexas al Peso de la Paja. Tampoco en este caso supo reaccionar mi familia y, ahora, debía maldecirlos porque no se hubiesen mostrado más severos, resistiéndose a mi dictadura y obligándome a aceptar ciertos sacrificios destinados a mejorarme.

Pero era absurdo hacerle reproches al pasado. Aquélla era la deficiente educación que había recibido, y me correspondía cambiarla sobre la marcha, como tantas otras cosas negativas de mi vida. Si no lo hice aquella tarde fue porque el mal rato de la operación ya no me compensaba en absoluto. Habiendo interpretado el dolor en el Estudio, poseía datos suficientes para imaginar lo que serían unos garfios enormes arrancándome las vegetaciones de cuajo. ¡Que se lo hicieran a la santa madre de Marlon Brando! Así de claro. O no tanto, en realidad.

Si yo hubiera estado seguro de mis poderes, habría soportado la amputación de un brazo, en la certeza de que siempre podría ganar un Oscar haciendo de manco. ¿Dónde estaban, sin embargo, mis poderes? Simplemente, no existían. Tenía muy claro que me faltaba aquel magnetismo, aquel *something little extra* que caracteriza a las grandes figuras. Con mi renuncia no hacía sino confirmar las impresiones que comuniqué a Roberto meses atrás. Si me miraba en el espejo, seguía sin ver reflejada la imagen de un primer actor. Y la posibilidad de quedarme en segundón me horrorizaba como el peor de los destinos.

Aquella decisión, que afectaba sobremanera a mi futuro, me indicó que estaba recobrando el dominio de mí mismo. Tardé unos meses en alcanzarlo plenamente, pero la vida es implacable con los románticos: nos va llenando de cosas que, al final, acaban ocupando aquel vacío que creímos imposible de llenar. Así, al recuperarme de la infinita melancolía que me mantenía aferrado al lecho, me puse a buscar la ayuda de mis viejas defensas, empezando por el conocido recurso de la soledad, ahora elegida desesperadamente porque sólo en ella, desde ella, conseguía recobrarme como había sido.

Al punto advertí el peligro de aquella decisión. Implicaba no salir nunca del pozo, seguir cultivando al maldito niño eterno, aquel monstruito que, en el fondo, también era el responsable de mi fracaso con Roberto. Para sobrevivir después de un gran letargo, no podemos aferrarnos a lo que fuimos, antes bien debemos decidirnos de una vez a ser lo que seremos.

Me encaminé hacia la nueva posibilidad embarcado en la idea que me sugerían continuamente mis poetas románticos: «*The eternal spirit of the chainless Mind*», según Byron; el espíritu que, liberado de cadenas, se interioriza al máximo en la construcción de sí mismo. Nada más noble pero, al mismo tiempo, nada más difícil, toda vez que debía conseguirlo partiendo del desconcierto.

La enemistad que el tiempo me demostró desde siempre, se hacía más evidente a medida que me acercaba a los veinte años. Era ya un número respetable, si no aterrador. Me obligaba a iniciar todas las empresas posibles, tan convencido estaba de que las horas me huían de las manos, llevándose a cada vuelo una nueva oportunidad. Necesitaba escribir a un ritmo más veloz que el del tiempo, salir a página por minuto, expresar más reflexiones por segundo. Mi diario íbase ampliando de tal modo que las anotaciones de un solo día alcanzaban la extensión de un capítulo de novela. Me abrumaba la pretensión de dejar huella de todos mis actos, pretensión que yo mismo rechazaba como un acto de vanidad y narcisismo. Sin embargo, mi lucidez era de corta duración; al cabo de un rato, perdonaba mi desliz, disfrazándolo de victoria sobre los estragos del tiempo.

Continuaba mi diario afirmando que el tiempo era mi asesino, a una edad en que nada me autorizaba a pensar así. Ya que lo pensaba, era el momento de decidirse a actuar con firmeza, mediante la única forma de acción que yo conocía: la literatura. Pero estaba en aquella edad en que las opiniones envejecen de un día para otro y las intenciones se borran con cada nueva información. Mi saga novelada había dejado de interesarme. Doscientas páginas perfectamente mecanografiadas en la Underwood de la Médica sólo servían para demostrarme que estaba haciendo pura arqueología. Nada de cuanto escribía guardaba relación con mi realidad, ni tampoco con las novedades literarias agrupadas en la emblemática cuadra de la Biblioteca Breve. Llevado por la ambición de ponerme al día no me percaté del verdadero sentido de la obra que acababa de interrumpir: la extensa gradación temporal, así como la acumulación de sucesos, personajes y ambientes, podía serme útil para entrenarme en la técnica narrativa. No importaba que la fórmula fuese tradicional, luego anticuada: debí haber perseverado en nombre de la práctica buscando el conocimiento del oficio antes de lanzarme a la desintegración del texto pregonada por la literatura de la modernidad. Las influencias externas me arrojaron una vez más al viejo debate entre lo que debía y lo que quería hacer. Necesitaba adquirir la práctica de una humilde Scherezade, y en cambio soñaba con alcanzar las proezas del *nouveau roman.*

Por aquella época vivía también obsesionado por la película de Fellini *La dolce vita,* que había revolucionado a la opinión pública, convirtiéndose en la más oscura de todas las bestias negras de la censura. Debido a su enorme repercusión era imposible que un cinéfilo no la conociese en sus menores detalles. Éstos llegaban a través de los innumerables artículos periodísticos que la presentaban como «caso público». También podía acceder a ella por los distintos intentos de hacerla pasar en España en forma novelada, intentos a los que sucumbiría inevitablemente el señor Mateu, como otros editores ávidos de sacarle tajada al escándalo.

Ya se ha dicho que, a base de leer ensayos sobre las películas prohibidas, me las sabía de memoria y aspiraba a adaptarlas a mi literatura, una literatura de segunda mano que, sin embargo, reflejaba mis profundas inquietudes de aquel momento, mis obsesiones más arraigadas así como el híbrido que, entre todas ellas, estaban fomentando. De todo cuanto había oído contar sobre *La dolce vita* me seducían especialmente sus aspectos de retablo y su condición de denuncia de los males de la sociedad contemporánea. Llegaba a mi vida en el momento más adecuado. Retomé inmediatamente la pretensión de construir gigantescas estructuras narrativas, pero, escarmentado por mi experiencia previa, huiría de las historias añejas para centrarme en la corrupción de la España de 1962. Confesé a mi diario que, además de la película de Fellini, me inspiraban el *Satiricón*, el *Decamerón* y *El diablo cojuelo.* Seguía sin andar sobrado de modestia, máxime cuando añadí a mis propósitos el proyecto stendhaliano de la novela como espejo a lo largo del camino. Sin embargo, el propio Stendhal se vio sometido a una maniobra de modernización cuando convertí su espejo en una cámara fotográfica, según me sugerían las frases iniciales de la novela de Christopher Isherwood *Adiós a Berlín* (*«I'm a camera...»*, decía el texto.) Quiso la casualidad que me acercase a esta obra por motivos exclusivamente carnales: existía una versión cinematográfica de la misma, prohibida como de costumbre entre nosotros. Por su nacionalidad británica y su escasa, si no nula, espectacularidad, no hubiera tenido la menor posibilidad de interesarme de no haber estado interpretada por el mismo actor que despertó mi pasión años antes, haciendo de Romeo en el filme de Castellani. Para mayor acumulación de casualidades, Jaime Gil de

Biedma estaba traduciendo aquella novela del mismo autor que él me había enseñado a apreciar en el Whisky Club. Pero ésta es una información que me llegó treinta años después, gracias a la iluminación de Pere Gimferrer, como suele suceder en estos casos (1).

Se habían conjurado los astros para que yo combinase el espejo y la cámara, dispuesto a azotar a la sociedad corrupta con mi flagelo implacable. No me detuve a considerar que nadie me mandaba meterme en camisa de once varas. Aquel mundo que me era hostil no había tenido todavía el valeroso escritor capaz de ponerle los puntos sobre las íes. Acababa de nacerle a la sociedad un nuevo Petronio que, además, había visto muchas películas de Minnelli y Welles y lo sabía todo sobre la estética decadentista de Visconti.

Al señor Mateu le encantó la idea de mi novelón, que llevaba, además, un título bíblico. Permítame silenciarlo el lector por temor al ridículo. Sí diré, en cambio, que pocas veces tuvo la literatura española un aprendiz de diecinueve años que reuniera tal acumulación de vicios por página. Debido a que no tenía ninguno en mi vida, me dediqué a inventar los más inimaginables a lo largo de una peripecia coral que pronto comenzó a desbordar en dimensiones a mi abandonada saga familiar. Durante varios meses, la novela se convirtió en mi única razón de vivir. Y ella iba viviendo, que era lo importante. Al margen de cualquier otro logro, su sola existencia bastaba para justificarme. Cuando menos conseguiría poner punto final a algún proyecto.

Hablando de finales, ninguno me atormentaba tanto como el que viví con Roberto. ¿O acaso debo decir que *todavía* me atormentaba? Tenía que llegar el olvido para curarme y,

(1) Más adelante, *Adiós a Berlín* dio lugar al musical *Cabaret*, adaptado a su vez al cine.

sin embargo, yo no lo deseaba. Las dulces horas del pasado, con sus diversiones tan parecidas a la felicidad, constituían un legado precioso, que me obstinaba en acariciar con una complacencia muy parecida al masoquismo espiritual. Ya no podía decir que yo existía en tanto que amaba, sino que «era» en tanto que sufría como un perro. Semejante confusión, trasladada a la literatura, dio como resultado espectaculares escenas de desengaños ambientados en mis escenarios favoritos: crepúsculos melancólicos, finales del verano lluviosos y plúmbeos, turbios amaneceres en los angostos callejones del Barrio Chino después de borracheras directamente abocadas a la desesperación. En cuanto a la soledad, se daba por descontada. Era huésped permanente de mis delirios.

La experiencia en el Estudio me había servido para confirmar que mi aprendizaje precisaba compañía. Era más urgente que nunca en aquellos años afortunados en que los jóvenes de mi generación sintieron desesperadamente la necesidad del diálogo. Como no sabía cuál necesitaba y seguía sin tener a nadie que me lo indicase, busqué el que mejor solucionaba mis deficiencias afectivas. Lo encontré en la amistad de otro amable joven, alejado del ambiente en que me había movido hasta entonces; se llamaba Gonzalo y era hijo único, tal vez mimado como yo pero mucho más responsable y equilibrado. Su padre era un alto cargo de la Renfe que entró en relación con mi familia a raíz de determinados trabajos. Papá cogió al vuelo —¿desesperadamente?— aquella ocasión que, en muy poco tiempo, nos permitiría remontar la empresa y sacarla de la crisis en que se hallaba sumida a base de atender únicamente encargos de tipo particular. Lo que en principio se limitó a ser una relación de tipo laboral, acabó convirtiéndose en una buena amistad entre mis padres y los de Gonzalo. Al cabo de poco tiempo, los señores Yagüe pasaron a convertirse en apreciadísimos componentes de mi entorno familiar.

Gonzalo y yo compartíamos el afecto por los mitos del espectáculo, especialmente los que nos habían marcado en la infancia. Él era uno más entre los niños que Peter Pan ató a la butaca de un cine de barrio para que se les llenasen los ojos con imágenes destinadas a no abandonarles jamás. Siempre supieron actrices como Bette Davis o Judy Garland que su recuerdo se mantenía gracias a la adoración de ese público de nostálgicos que encontraba en las viejas glorias sospechosas madrazas en potencia. En este aspecto, Gonzalo y yo no nos limitábamos a compartir recuerdos; además, intercambiábamos los que no eran comunes. Como él era un madrileño trasplantado a la vida barcelonesa, me hablaba continuamente de espectáculos que había visto en la capital y que yo comparaba con las crónicas leídas en *Triunfo*. Yo le hablaba de los buenos tiempos del Paralelo, tal como me lo habían transmitido mis mayores. Era un intercambio de fetiches de infancia basados en la originalidad del localismo.

Terminadas para siempre las excursiones nocturnas con Roberto, compartí con Gonzalo los domingos teatrales. En cuanto a las salidas al cine, se nos unían a veces Amparo y mi hermana. Para sorpresa de todos, regresó el Joven Inquieto, que ya distaba mucho de constituir un peligro para mi tranquilidad. Sin pretenderlo, nos convertimos en un grupo perfectamente avenido, que no imponía reglas a sus miembros. Si a Gonzalo y a mí nos enloquecía asistir a las revistas del Calderón, el Joven Inquieto se iba a tomar su correspondiente dosis de cine alemán mientras Ana María y Amparo se quedaban en una cafetería, hablando de literatura. Sólo en alguna ocasión se rompía el equilibrio debido a una inesperada afición de Gonzalo: el fútbol. No es que le gustara: era un forofo. Más todavía: le daba por acudir al campo de juego con bastante frecuencia. A mí me parecía muy extraño que un joven que estaba estudiando la carrera de arquitectura y tenía gustos muy refinados en materias cinematográficas y teatrales pudiese participar de la misma afición que la portera del piso de las tías y los hombres que bebían carajillos en los bares de mi barrio.

Mucho tuvo que batallar Gonzalo para convencerme, pero el caso es que cierta tarde le acompañé al Camp Nou, recinto sagrado del club de mis mayores, como aseguran los manuales que tratan de estos asuntos. Lo cierto es que la visión de una multitud vociferante me dejó literalmente horrorizado. Ignoro si trances como aquél contribuyeron a la caída del Imperio Romano o fueron su resultado, lo único cierto es que yo me sentía como un indefenso doncel que cierta tarde, paseando por el foro, descubrió horrorizado la primera avalancha de los hunos, abriéndose paso entre las prestigiosas estatuas del pasado. Cierto que nunca pasaron de Milán las huestes de Atila, pero el símil me servía de todos modos para justificar mi estancia en el reino de las masas. Decidí que el tormento sólo duraría una hora. Fue el tiempo que pasó Gonzalo contándome el significado de los diversos lances que efectuaban los jugadores. Una vez hube reconocido el mérito de conseguir que una vulgar pelota entrase en una simple portería, le supliqué que aprovechásemos el intermedio para ausentarnos educadamente. Si tomábamos un taxi, alcanzaríamos a ver una obra de Félicien Marceau dirigida por Adolfo Marsillach, mi ídolo de entonces y de mucho después. Lamentablemente, Gonzalo estaba muy interesado en aquel partido, que era del Barcelona contra el Madrid o algo parecido (¿era, de verdad, tan importante?). Claro que el pobre muchacho no conocía mis recursos, largamente practicados desde niño y acentuados por las clases de improvisación en el Estudio. ¿Acaso no había conseguido pasar por epiléptico en el servicio militar? Mucho más fácil era fingir un mareo que derivara hacia el sofoco y, por último, hacia una sonora taquicardia. Estaba claro que no me sentaba bien el fútbol, y muy bien el teatro, de manera que abandonamos el campo y vimos la obra de Marceau, que se llamaba *El huevo* y no era ni fu ni fa. Dijo después Gonzalo que era en justo castigo a mi perversidad, castigo que se duplicaba al perder la ocasión de ver el primer partido completo de mi vida. Seguramente, será un buen desagravio para mi amigo el saber que sigo sin haber visto ninguno, treinta años después. Ni completo ni a medias, ni en el campo ni en el televisor ni en medio alguno. Y sigo confundiendo con lícito orgullo el nombre de Johan Cruyff con una marca de queso suizo.

En honor de Gonzalo diré que fue una víctima comprensiva, que no me guardó el menor rencor; por el contrario, continuamos viendo revistas, variedades y otros espectáculos musicales a cuál más lleno de plumas, lentejuelas y demás arreos propicios a la ensoñación.

Y cierto día de primavera, cuando el dolor ya no era mortal, mamá me confesó que, durante aquellos meses, Roberto había llamado a diario interesándose por mi salud. Al expresar mi indignación porque no me lo hubieran comunicado, alegó ella que el propio Roberto se lo había prohibido, con el noble propósito de ahorrarme sufrimientos. Lo consideré un detalle digno de alma piadosa. Roberto debía de saber que resulta cruel rematar a un moribundo.

Cuando el amor termina, siempre deja pendiente una duda: ¿fue realmente amor? En cada uno de mis paseos desesperados por las calles solitarias de mis ciudades, he ido asumiendo mi incapacidad para formular un diagnóstico. Y si esto ha sido así a lo largo de los años y la experiencia, ¿cómo podía ser de otro modo en aquel primer desliz?

¿Era amor de verdad lo que tanto me había hecho sufrir? Tenía pendiente aquella averiguación, y sólo podía llevarla a cabo poniéndome a prueba de la manera más cruel. Era necesario ver de nuevo a Roberto, enfrentarme a sus hechizos, estudiar mis reacciones una a una. Si no había remedio quedaba, por lo menos, la posibilidad de conocerme a fondo.

Sus llamadas me ofrecían una excusa inmejorable. Debía agradecerle su interés y, por otra parte, no tenía intención de perder su amistad. Mi carácter se había fortalecido lo suficiente para aprender a separar las cosas buenas, quedarme con ellas, disfrutarlas y soportar las que me hicieran daño.

Me citó en el apartamento. Rubén estaba de viaje; circunstancia ésta que nos ofrecía la oportunidad de mantener una larga conversación, considerar, revisar, acusar tal vez, y, en último término, perdonar. No fue necesario. Después de abrazarnos efusivamente, pasamos a hablar de nuestros temas comunes: el Estudio, las últimas películas, incluso los recientes invitados al programa *Gran Parada*, porque los temas de la televisión ya empezaban a imponerse en las conversaciones y la memoria de las gentes.

Me enseñó a continuación las últimas novedades que Rubén había traído de sus viajes: discos de Mistinguett y Chevalier, en edición de coleccionista, revistas de físico masculino, fotos de los años treinta y, sobre todo, un precioso recipiente de cristal tallado con la firma del señor Lalique. Cuando ya habíamos pasado revista a nuestros mitos de siempre, me puse repentinamente serio y él debió de comprender que lo estaba necesitando porque no dudó en imitarme.

—¿Sabes que tienes una madre maravillosa y que te adora?

—Claro que sí. Todos los que me habéis hecho daño sois maravillosos y me queréis bien. Espero que siga siendo así durante el resto de mi vida. No podría soportar que me hiciera daño alguien que no me quisiera.

No había en mis palabras el menor asomo de acusación, si acaso un punto de ironía, y él debió de captarla, porque se apresuró a afirmar:

—Fue contra mi voluntad. Yo no podía hacer otra cosa.

—Claro que no.

—¿Cómo va a saber uno cuándo va a enamorarse ni quién será la persona de su vida?

—Nadie puede saberlo.

—Pero uno sí sabe quién es la gente a quien quiere de verdad. Y yo te digo, Tete, que eres mi mejor amigo y lo serás siempre.

—Y yo te digo, Peque, que siempre serás mi mejor amigo.

Esta declaración sincera no evitó que pensase para mis adentros: «Hasta que el tiempo traiga a otros. Y otros. Y otros detrás de ellos.»

Salimos a disfrutar las bondadosas noches de la primavera. Fuimos a cenar a uno de los merenderos de la Barceloneta, junto al mar, y los gitanillos habituales nos tocaron sus rumbas haciendo girar la guitarra y bailaron en la playa a torso desnudo y yo le conté a Roberto que había aprendido a tocar canciones de Brassens y Brel con la guitarra que él me había regalado y quise añadir que aquel instrumento se había convertido en mi mejor amigo, sustituyéndole a él, en cierto modo. Pero me parecía rizar el rizo de la sensiblería, de manera que opté por enfocar nuestra reconciliación desde ámbitos estrictamente racionales. Al cabo de poco rato, habíamos recobrado la confianza hasta tal extremo que él ya me hacía confidencias sobre su vida matrimonial (así la llamaba, ¡qué le iba yo a hacer!).

—¿Sabes una cosa? Cuando uno está liado es bueno que el compañero esté ausente unos días. ¡Oye! ¿Te estás riendo de mí?

Era cierto; me había reído, pero sin maldad.

—Es que hablas como un marido burgués. ¿No irás a pedirme que te acompañe a echar una cana al aire?

—Desde luego que no. Soy un chico fiel. Además, sé valorar las cosas buenas y veo que las que me han llegado son inmejorables. De verdad, Tete, estoy muy enamorado. Nunca imaginé que se pudiera querer tanto a una persona.

Tuve que acusar el golpe. Escuché pacientemente una detallada lista de todas las virtudes de mi rival. Yo me lo había buscado. Me estaba poniendo a prueba, y a fe que estaba saliendo airoso. Sufría, sí, pero lo justo. Todavía un poco. Pero nadie tenía derecho a exigirme una contención total.

De todos modos, Roberto comprendió que acababa de poner el dedo en la llaga. No intentó rectificar. Tal vez me quería demasiado para no hablar con claridad.

—Perdona, sé que tú estás solo... pero lo cierto es que no haces nada para remediarlo. Tu indecisión te pierde. ¿Cómo vas a encontrar a alguien, si ni siquiera reconoces tus verdaderas inclinaciones? ¿Cuándo sabrás de una vez lo que quieres?

Dejé una pausa destinada a sorprenderle. Al cabo, declaré solemnemente:

—Por fin sé lo que quiero. Y a partir de ahora, nadie me hará bajar del burro.

—¡Esto sí que es una novedad! —exclamó Roberto, afectando aplausos—: ¿Te has aceptado sin traumas?

—Con todos los traumas, todos los remordimientos, todas las torturas que puedas imaginar, pero me he aceptado. ¿Verdad que no es una mala decisión para estrenar mis veinte años?

Y estuve a punto de añadir: «Pásmate, porque me he aceptado para tenerte a ti y te he perdido porque soy tonto del culo.»

Tras apurar dos jarras de sangría, caminamos por la playa con los pies descalzos, sorteando los desperdicios que sobresalían en la arena. Roberto no paraba de reír. Seguía siendo el ser más simpático, el más tierno, el más humano que había conocido en toda mi vida. Y ahora, libres de complicaciones, era mi amigo de verdad. Mi gran camarada.

Corrimos por la arena, nos revolcamos, brincamos, entonando ritmos cubanos. Después, subimos por la Rambla, consumiendo helados a todo pasto. La madrugada estaba exultante en aquella época del año: nos mezclamos con aquella multitud variopinta, saltamos el agua de las mangueras de riego y vimos despuntar el día. Y cuando las floristas empezaban a abrir sus puestos, dijo Roberto:

—¿Sabes, Tete? Rubén y yo te ayudaremos a encontrar un compañero. Quiero que pases el mejor verano de tu vida. Y que aprendas a disfrutar del sexo de una vez, porque te juro que no sabes lo que te estás perdiendo. Entre nosotros: desde que descubrí esta verdad, he cambiado hasta de piel.

Mientras Roberto se preocupaba por mi realización en la cama, yo seguía realizándome con los pretextos de la cultura. En los últimos meses venía ejerciéndola por vía epistolar con una joven de mi edad llamada María Dolores Torres. Era una amiga de Amparo, una «inquieta» que se presentaba con las mejores credenciales: era fanática de todos los aspectos de la cultura y le gustaba escribir «por encima de todas las cosas del mundo». Debía de gustarle mucho, porque sus cartas eran torrenciales declaraciones de todos los principios imaginables y copiosas exposiciones de cuantas dudas podían agitar un alma que estaba descubriendo los absurdos del mundo y se debatía contra ellos. Su lucha no era en absoluto cómoda. Provenía de un ambiente muy humilde —una de las calles del Barrio Chino— y, según supe después, de un ambiente familiar conflictivo. Ignoro si esta circunstancia llegó a influir en su carácter, pero es seguro que influyó en sus luchas más íntimas. Al igual que yo, había descubierto en la cultura una forma de superar sus orígenes. Su lucha para conseguirlo representaba una gesta cotidiana que no he dejado de admirar desde entonces:

«He pasado por todas las etapas que creo son comunes a los jóvenes y, más aún, a los de nuestra época. Me he educado en un colegio de monjas —ya sabes lo que esto significa: misa matutina, comunión diaria y, a los doce años, el deseo furibundo de meterse a monja—. Bien, como todos —casi todos— he dejado de creer en algo que mi razón combatía. Me aparté de la Iglesia y de todo cuanto con ella se relacionaba. Viví bastante tiempo en lucha conmigo misma, creyéndome culpable por mi falta de fe, por la pérdida de mi ingenuidad. Hice todo lo que pude por creer, te lo aseguro. Y hubo momentos en los cuales volví a sentir lo mismo que experimentaba de pequeña. Pero fueron sólo momentos, y hubiese sido absurdo pensar que aquello iba a durar, que la simple autosugestión de un instante iba a permanecer en mí indefinidamente. Creía que un día u otro volvería a sentir la fe. Lo deseaba ardientemente, y leía, leía todo cuanto caía en mis manos, sin darme cuenta de que cada libro, cada lectura que ensanchaba el campo de mis conocimientos, hacía crecer mi escepticismo. Yo estaba decidida a hacer "algo", e hice un último llamamiento a mi voluntad, a fin de poder lograr una pequeña victoria sobre mí misma. Comencé a asistir a las reuniones de un grupo llamado "testigos de Jehová", que basan toda su creencia en la Biblia. Iba con la mejor voluntad del mundo, dispuesta a creer cuanto me dijesen, a pasar por alto sus contradicciones, sus argumentos pueriles, a ver en ellos únicamente bondad y amor al prójimo. Pero, qué quieres, yo no tengo la culpa de ser tan calculadora, de diseccionar de este modo todas las actitudes, todas las intenciones...»

María Dolores no se limitaba a cultivar el vicio de la escritura. Iba a por todas y en todos los terrenos. Nada más lógico: en aquella época, una verdadera inquietorra nunca se dejaba seducir por una sola opción. Poco antes de conocernos, me escribía Amparo a Madrid: «Me pregunta mi amiga si sabes qué hay que hacer o adónde hay que ir para optar a un puesto de secretaria de productor cinematográfico.» Supe así que María Dolores era una cinéfila de primer orden, que perseguía todas las películas, era asidua de varios cine-clubs y pasaba sus noches en vela redactando críticas que nunca verían la luz. Era tan infatigable como yo, pero a mi tendencia a sumirme en el sentimiento romántico, y a dejarme seducir por la fatalidad, ella oponía una actitud decididamente realista, así como una capacidad de análisis poco común.

El eclecticismo que nos caracterizaba marcó el tono de nuestro primer encuentro. Quedamos citados un domingo por la mañana, con el propósito de visionar *Noches blancas* por cuarta o quinta vez. Si el refugio del cinematógrafo era previsible, no podía serlo menos la película elegida. He recordado en algún lugar que hasta 1961 la censura sólo había permitido tres títulos de Visconti, y aun los más inofensivos. Estábamos hambrientos de cine de autor y de aquél en particular. Sin embargo no era ésta la única causa de nuestra admiración por la película, como tampoco lo fue antes la que habíamos sentido por la novelita de Dostoievski en que se basaba. Nos conmovía la pequeña peripecia del soñador enamorado de una joven desconocida que, a su vez, penaba por un ausente. Lástima que éste acabase por reunirse con ella, para desesperación del pobre iluso. En cuanto a nosotros, soñadores inmaduros, reaccionamos como era de esperar. Nos reconocimos en aquella exaltación de la quimera y, a fin de perpetuar nuestra identificación, nos quedamos con una frase que tardaríamos muchos años en olvidar: «¡Dios mío! Un minuto de amor, ¿no basta para llenar toda una vida?»

Con el tiempo, aprendimos que aquel minuto no bastaba porque el amor ideal, trasladado a la vida, se esfumaba para dejar paso a otros, destinados también a consumirse para ser sustituidos a su vez. El paso del tiempo nos enseñó a recordar con expresión sarcástica los melancólicos sueños de aquellas matinales de domingo, así como nuestra admiración hacia las películas «que hacían pensar». Las vivíamos con intensidad poco común, comentando sus mensajes mientras inspeccionábamos los abigarrados puestos del mercado de libros viejos de San Antonio, aquellos míticos *encants* donde mi generación encontró sus grandes tesoros en cromos, tebeos, libros, sellos y postales. Era el indiscutido paraíso del papel, una jauja que nos permitía elegir un volumen destinado a ampliar nuestra formación y, al mismo tiempo, sumergirnos en el pasado, buscando los amados fetiches que alegraron tantas parcelas de nuestra ingenuidad. No nos había abandonado completamente esta rara virtud: si acaso estaba cambiando de signo. Ya no nos entusiasmábamos por los tebeos de la Bruguera, pero nos exaltábamos con parecido ímpetu observándolos con el fetichismo de la cultura superior y los coleccionábamos con avidez, desentrañándolos en sus más profundos significados (o, por lo menos, los que creíamos abarcar).

Si los sábados teníamos cine-club y los domingos por la mañana cine de estreno, durante la semana intercambiábamos cartas con periodicidad casi diaria. No importaba que el día anterior hubiésemos pasado horas enteras discutiendo sobre cualquier tema. Sabíamos que nuestra mejor capacidad de expresión estaba en la palabra escrita y a ella nos consagrábamos casi con frenesí. Los textos de María Dolores aumentaban en interés día a día: eran constantes preguntas sobre el significado de la vida, las contradicciones de la sociedad, la búsqueda de la libertad y las más eclécticas manifestaciones del arte. Sólo ella era capaz de consumir cuatro cuartillas analizando una película checa *(Romeo y Julieta en las tinieblas)* y, al mismo tiempo, hacer un análisis sobre los progresos más recientes de Sofía Loren («Mi Sofía»). ¿Demostraba en su actitud rasgos de vecindona? No podía ser de otro modo. Antes de acceder a los fórums de los entendidos, había mamado también el cine en los locales de barrio, y, en su acérrima devoción por la actriz, buscaba un ejemplo de superación constante y sublimación de los orígenes (de *popolana* a princesa, podríamos decir). Resulta divertido anotar para la crónica que, años después, aquella Loren sofisticada vino a Barcelona para presentar su libro de cocina y María Dolores la acusó en *Fotogramas* de haberse convertido en un producto burgués y artificioso en perjuicio del esplendor popular de sus comienzos.

El lento, accidentado camino de María Dolores hasta introducirse en el mundo del periodismo forma parte de una historia que, como otras iniciadas en este libro, ya no me pertenece. Sí me perteneció en aquella época, cuando ella era una parte esencial de mi formación y mi afecto. Raras veces he encontrado a un ser más estimulante. Era capaz de combinar un análisis del castrismo con una amplia disertación sobre la pintura del Greco y sorprenderme, de improviso, con salidas de esta índole: «Cuando me dijiste hace días que pensabas fugarte a París, me puse verde de envidia. La verdad es que yo envidio a todo aquel que bate sus alas en dirección a la ciudad del Sena. ¿Sabes qué haría yo si pudiera ir alguna vez? Pues dedicarme a recorrerla de punta a cabo, comenzando a caminar a las siete de la mañana y siguiendo así, sin descanso, hasta la madrugada. Debe de ser magnífico contemplar la salida del sol sobre París desde lo alto del Sagrado Corazón.»

¡Luego teníamos a otra romántica que se escondía tras su tesón de luchadora! Era una innovación extraordinaria en el índice de las mujeres que habían acompañado mi vida: mujeres poderosas o que se habían visto obligadas a serlo como reacción contra un mundo regido por los hombres. Como era de esperar, aquél era el arquetipo más afín a María Dolores. Era inevitable que admirase a la precursora Escarlata O'Hara, cuyo tesón la marcó a los diez años, según contaba: «Es curioso; a pesar de ser yo tan pequeña, fueron las escenas que tú nombras las que me produjeron mayor conmoción. En especial, la de Escarlata cuando el juramento de "A Dios pongo por testigo que no volveré a pasar hambre".»

Ignoro si María Dolores hizo el mismo juramento en algún momento de su vida, pero le cuadraba formularlo, cambiando los vastos campos de Tara por las estrechas callejas de nuestros barrios, y los vastos cielos del Sur por el mísero retazo de noches sin estrellas que atisbábamos más allá de los paupérrimos edificios.

Entre las listas que nos cruzábamos a modo de credenciales figuraba la de los «Personajes preferidos de la literatura universal». (¡Dios mío, qué deliciosamente ingenuos éramos todavía, a pesar de nuestras pretensiones!) También en este campo tenía María Dolores una opinión muy precisa: «Te advierto que soy tan romántica como la que más, pero no incluiría a Romeo y Julieta en mi lista. La obra es un verdadero placer para la sensibilidad, pero le falta profundidad. En cuanto a Ofelia, me encanta, pero prefiero el afán de justicia de Antígona y el brío y la ambición de Lady Macbeth. Quizá desde tu punto de vista masculino admires en la mujer la suavidad y el romanticismo, pero a mí me interesan más la entereza y la voluntad de salir adelante, que las actitudes platónicas, por bonitas que sean.»

El «punto de vista masculino» que me atribuía María Dolores era muy peculiar. Como a ella, me admiraban sobremanera las heroínas fuertes, las supervivientes de todas las tempestades, como mi madre o la Esmeralda. Hembras revestidas con escamas de acero pero al mismo tiempo vulnerables, siempre impulsadas por la mezcla de cerebro y corazón, de ambición y sentimiento que caracterizó a las heroínas épicas del cine de los sábados. Algo como lo que Reth Butler le decía a la cortesana Belle Watling, la única mujer de Atlanta que se atrevió a lucir cabellos teñidos de rojo: «Estoy considerando las diferencias entre tú y Escarlata. Las dos sois obstinadas, emprendedoras y con éxito en los negocios; pero tú tienes corazón, Belle, y eres sincera.»

María Dolores acompañaba sus escapes románticos con una profunda meditación sobre Papini —al parecer, yo le había prestado *Gog*— y aprovechaba para arremeter contra la imagen del ejército americano y de América entera a partir de una lectura del bestseller *De aquí a la eternidad.* Escribía su crítica abundando obsesivamente en palabras como «denuncia», «alegato» y «rebelión», así como otros conceptos, igualmente rotundos, que nunca desterraría de su vocabulario esencial.

No recuerdo si ya empezaba entonces a demostrar su sentido de la ironía, justamente famoso años después. Es posible que ni ella ni yo lo tuviéramos aún. El mundo se presentaba bajo tintes demasiado dramáticos para ironizar sobre él. Éramos excesivamente sinceros y confiados para aspirar al sarcasmo: nos faltaba estar de vuelta y, básicamente, estar asqueados. Para defendernos, luchábamos con las únicas armas de que podíamos disponer: convicción, testarudez y la certeza de que el futuro nos haría cada día mejores. Nunca entenderé de dónde sacábamos tiempo para hacer tantas cosas a la vez y aprender tantas otras. El afán por ser iba estrechamente ligado al afán por construirnos. No podíamos existir en la prosperidad si no era creándonos a nosotros mismos como seres nuevos a partir de la penuria.

Fuera de aquel empeño, ¿qué teníamos? Absolutamente nada. Aunque pretendían vendernos un mundo teñido de colorines, seguíamos viviendo en el blanco y negro de un lejano anteayer. Éramos dos jovencitos desgarbados, desclasados, desprotegidos: los más extrañados de todos los extraños en el paraíso. Nuestros nombres reales, María Dolores y Ramón, están hoy borrados, porque ni siquiera entonces nos gustaba tenerlos, mucho menos ser lo que los nombres indicaban. Lo de comportarnos como extraños a todo se convirtió en un oficio que no caducó al pagar las últimas facturas de la adolescencia.

Tampoco dejamos de frecuentarnos en las noches locas de los últimos años sesenta, cuando Barcelona decidió estar viva. Las gentes de aquella época —los cinéfilos, *la gauche divine*, los de la cultureta— tal vez llegaron a tenernos un instante, pero nunca nos retuvieron. Siempre logramos escapar para ejercer de extraños en otras esferas. Pero esta fuga pertenece a otra época, a la eclosión de la década recién iniciada. Mientras el milagro de la evolución no se producía, María Dolores continuaba escribiendo sin parar:

«A mí me encanta escribir. Es más, creo que si no escribiera no sería yo misma. Sin embargo, no creo tener facilidad. No vayas a pensar que es falsa modestia. No soy hipócrita, pero es que siento unos enormes deseos de decir "algo", algo importante, trascendental, y a la hora de verter mis pensamientos en unas cuartillas no encuentro las palabras, y si las encuentro, carecen de significado sobre el papel. Creo que lo que me ocurre es que carezco de experiencia. Yo soy de la opinión de que únicamente se puede escribir sobre aquello que se ha vivido. Y yo... ¡he vivido tan poco! A pesar de todo, no me preocupo demasiado, y sigo pensando que algún día escribiré algo realmente bueno. Aunque sólo lo sea para mí. En realidad, es sólo mi opinión la que me importa.»

Cuando conseguimos aferrar la libertad de los años sesenta, aquella María Dolores se convirtió en Maruja Torres. Todavía hoy releo sus cartas de 1962 con una emoción que los años no han conseguido mermar. Reencuentro la rebeldía feroz, la hipersensibilidad, el coraje, el sentido de la libertad que caracterizan sus escritos posteriores. Y nunca dejo de recordar que, a los veinte años, ya era una mujer excepcional.

Nos seducían los amores amargos. En cuanto a la soledad, ya se ha visto que era muy amiga nuestra. En una carta donde criticaba una mala representación de *El alcalde de Zalamea*, Maruja comentaba, de paso, la adaptación cinematográfica de *Aimez-vous Brahms*, melodrama muy *chic* de la señorita Françoise Sagan, con asunto de amoríos entre señora mayor y jovencito sensiblero. Maruja demostró que su corazón podía ser el de una flor de barrio cuando reprodujo, para enseñanza mía, las frases que Anthony Perkins dedica a Ingrid Bergman: «La acuso a usted de vivir condenada voluntariamente a la soledad, a la resignación, a la autocompasión, de cerrar los ojos al amor. La condena será la peor de todas: la completa, la absoluta soledad.»

¡Qué chica aquella! ¿Pues no iba apuntándose frases por los cines? Bueno, era exactamente lo mismo que hacía yo, como el lector recordará. Y conste que no éramos los únicos. Los verdaderos cinéfilos íbamos con el cuaderno de notas siempre a punto, a la caza de la frase profunda o siquiera brillante. No nos quedaba otro remedio para conservar viva la memoria de las películas. Nada anunciaba que un día podríamos tenerlas en casa. Nos convenía seguir siendo hormiguitas ahorradoras para el largo invierno que todavía nos deparaba el franquismo.

La desolación de los sentimientos era un tema que yo tenía de plena actualidad después de mi experiencia con Roberto y los desastrosos meses que siguieron. En tales circunstancias, era lógico que Maruja y Amparo me mandasen constantes anotaciones referidas al tema. La frase del soñador de Dostoievski se estaba quedando obsoleta ante los extremos ilimitados de desesperanza intuidos en el amor, preferentemente a partir de las películas de Antonioni. Sólo una de ellas se había estrenado en España, pero conocíamos el contenido de las restantes a través de revistas como *Film Ideal* y, naturalmente, *Cahiers du Cinéma.* (Otras películas nos llegaban gracias a las sesiones especiales del Instituto Italiano, del mismo modo que en el Francés podíamos ver títulos de aquella nacionalidad prohibidos para su exhibición normal. Nunca elogiaremos bastante la función que ejercieron los institutos extranjeros en aquellos años en que la represión llegaba al extremo de negarnos incluso una Filmoteca. Constituyeron una especie de pulmón artificial, como siempre ocurre en los países tercermundistas.)

La incomunicación era un tema que nos apasionaba frecuentar, pues lo considerábamos una parcela esencial de nuestras excursiones por los desiertos del alma. A fuerza de comentar sus manifestaciones extremas acabábamos forjando un catálogo de infortunios. Nos puso sobrealerta Cesare Pavese a través de su novela *Mujeres solas,* adaptada al cine por Antonioni. Por la cuenta que les traía, Amparo y Maruja hicieron suyo el personaje de Clea, la mujer que antepone su carrera al amor de un hombre. Yo encontré mucho mérito a semejante renuncia porque el galán era Ettore Manni en su momento más inspirado, pero ellas no se conformaban con la trampa de la apostura, y vieron en la actitud de Clea una determinación, una afirmación de personalidad que valía su peso en oro. «No hay mujer más desgraciada que la que es superior al hombre con quien se acuesta», decía aquella dama. Ellas se apropiaron de la frase con singular delectación. Yo la suscribí sin tardanza, porque sabía que la infelicidad es hermafrodita.

Éramos tres jovencitos pintorescos: nos dirigíamos hacia el amor, mortificándonos con el fracaso de los demás. De momento yo había iniciado mi carrera amatoria poniéndome en carne viva, contabilizando fracaso tras fracaso, y en este rosario de rituales funestos me hallaba con veinte años cumplidos.

Sentía una angustia tan profunda como voluble: era de ida y vuelta pero resultaba particularmente acerada cuando decidía permanecer en mí más de lo previsto. Vivía prisionero del lamentable aislacionismo que me llevaba a solucionar mis problemas por medio de la masturbación. Volvía a sentir remordimientos por su causa, hablaba de ella como de un vicio que me era imposible dominar. Cuando la necesidad no me atacaba, iba yo en su busca. Me preguntaba ingenuamente si era esta práctica la que me hacía sentir cansado y apático, sin ganas de emprender nada. Era una pregunta deliciosamente primitiva, pero en modo alguno gratuita: al fin y al cabo los curas y la tía Florencia me habían acostumbrado a creer que a los niños masturbadores se les secaba la médula, o podían acabar encadenados en la punta del pararrayos de un convento cercano al Peso de la Paja. Tales temores infernaban mis noches de veinteañero. Si incluso el onanismo era capaz de generarme remordimientos, significaba que la realización sexual me estaba vetada en todos sus aspectos. Comprendía cuán monstruosos eran los logros de mi educación familiar: habían conseguido retrasar mi madurez a base de atavismos.

No dejaba de ser divertido pensar que mi estado parecía estar dándoles la razón a los moralistas, porque lo cierto es que seguía avanzando por el mundo como un fantasma. Aparte de mi novela no tenía ningún trabajo fijo: abandonaba las cosas a medio hacer, dejaba lecturas sin concluir, salía del cine ofuscado por los aspectos más enloquecidos de la ficción, deseando formar parte de ella como nunca me ocurriera antes. Era una fiebre que me asaltaba en todo lo referido a personajes de fugitivos y, muy especialmente, a los aquejados de una nueva dolencia conocida como «exilio interior». Su base era tan libresca que la hice mía para mejor convertir la ansiedad en alta literatura. Después de ver la adaptación americana de la *Fanny* de Marcel Pagnol me sentí dominado por la ira y la impotencia. Me identifiqué con el personaje de Marius, el joven marsellés que vive obsesionado por la idea de embarcarse hacia tierras lejanas. No era en absoluto rebuscado asociar las zonas populares de Barcelona con los barrios portuarios de Marsella. De resultas, yo podía ser perfectamente Marius y alimentar una idéntica voluntad de huida. Motivos no me faltaban. La ciudad se me estaba quedando pequeña. Mis amigos, tan anhelados en otro tiempo, se convertían en un solo rostro continuamente repetido. Eran como los cromos de la infancia, pero sin el encanto de la sorpresa que pudiera producirse al abrir un nuevo sobrecito.

Cargaba con un equipaje de fantasías que me impulsaba a inventar historias, a crear conversaciones y situaciones que repetían la esquizofrenia de mis paseos adolescentes. Pero mis nuevas ambiciones provocaban nuevas dudas. Aun sintiendo intensamente el deseo de la evasión, no podía precisar hacia dónde me conduciría. Seguramente pretendía irme de mí mismo, llevado por una extraña incapacidad de afrontar la vida. Lo estaba descubriendo en todo lo referente a mi actitud ante la enfermedad de Miguel. Hacía todo lo posible por desinteresarme de él, como si no existiera. Lamentablemente, continuaba existiendo con una persistencia cada vez más dramática.

De pronto, me imponía a mí mismo una nueva racha de lecturas amalgamadas sin orden ni concierto. Mi manía más reciente era la música, luego buscaba los libros que pudiesen explicármela. Había pasado la fiebre propia de todos los adolescentes solitarios: Dostoievski y Herman Hesse en literatura, los impresionistas en el arte pictórico, Miguel Ángel y Rodin en escultura y, por fin, Vivaldi, Chopin y *Carmina Burana* en la música clásica. Pero la adolescencia había quedado atrás, por más que me obstinase en cultivar su espíritu. Disponía de influencias más complejas y exóticas que las que caracterizaban a los demás jóvenes de mi edad, acaso porque mi exilio interior me ofrecía una mayor cantidad de puertas tras las que perderme. De todos modos, continuaban mandando la arqueología y la historia, pero los continuos desplazamientos al pasado no siempre servían a mis necesidades de serenidad. Todo lo contrario. Saltar de Marco Aurelio al Egipto copto o al arte maya en el plazo de unas horas rendía más servicios a la neurosis que a la cultura. Aquélla presidía todos mis actos. La velocidad, la acumulación y el fervor que habían caracterizado mis aproximaciones *naïves* a la cultura me estaban sobrepesando. Las ideas se repelían mutuamente en mi cerebro. Acababa de leer un libro y decidía dar un largo paseo para meditar sobre su contenido, como solía hacer en otro tiempo. Ya no lo conseguía. La reflexión se me estaba negando. Era una insoportable sensación de impotencia. Volvían a arrastrame las dudas y el atolondramiento. Cuando se me escapaba el contenido de los libros de filosofía, no se me ocurría atribuirlo a mi desconocimiento de su terminología básica. Bastaba eso para hacerme sentir un fracasado. Volvía luego a los poetas románticos. De los ingleses pasaba a los alemanes, y me detenía en Francia, especialmente en libros teóricos que me permitían abarcar aquel movimiento en su totalidad. Seguía triunfando en mis percepciones la fascinación por la figura de Byron, convertida en un espejo de todos mis problemas. Decía él en cierto verso: «Soy joven y siento que el mundo no fue hecho para mí.» No era necesario ascender a las altas cumbres de la Jungfrau para alcanzar una conclusión tan reveladora. Escribió él a raíz de su trigésimo tercer aniversario: «¿Qué me han dejado todos esos años? Nada, excepto treinta y tres.» No hacía falta tampoco desplazarse a las brumas de Venecia para experimentar aquel sentimiento de fracaso. Bastaba con ser joven, bastaba con preguntarme si el tiempo me había dejado algo más que veinte años míseros en unas manos vacías. (Lo dijo el profesor Bauer a la pizpireta Jo: «Sólo puedo ofrecerle estas manos vacías.» Y ella contestó: «Ya no lo están.» Conclusión: los personajes de mi infancia seguían teniendo más suerte que yo.)

De vez en cuando, la necesidad de la sabiduría regresaba como un haz luminoso que no tardaba en apagarse. *El inmoralista,* de Gide, me produjo una sacudida emocional considerable. Era un personaje que correspondía al que se estaba desarrollando en mi interior. Subrayé cosas que, hoy, no reconozco: *«Being no more and never having been.»* ¿Por qué esa frase?, me pregunto al hojear aquel ejemplar, después de treinta años. Es inútil bucear en la memoria. Es como si una vez superada mi angustia de entonces, hubiese borrado la literatura que la respaldaba.

Confirmo también, como uno de los disparates más ofensivos de aquella época, que me vi obligado a leer a Gide en su traducción inglesa. La explicación es sencilla, a la vez que desoladora: la censura consideraba al idioma francés demasiado accesible, luego prohibía la importación de sus autores más excesivos, incluso para la venta en librerías minoritarias.

Al margen de su utilización cultural, acababa de descubrir en los idiomas extranjeros una forma de protección contra el mundo exterior. Ofrecían la posibilidad de extrañamiento que estaba necesitando. De repente, me descubría escribiendo en inglés las partes más comprometidas de mi diario. Es lógico pensar que temiese una interferencia de los de casa, pero lo es más suponer que utilizaba palabras ajenas para expresar cosas que en ninguna de mis dos lenguas me hubiera atrevido a confesar, ni siquiera a mí mismo.

Estaba sumido en un proceso de turbación constante, que no parecía provocado por causa alguna. Ni siquiera por un desengaño de amor porque, en el fondo, no me daba por vencido. Al contrario: la pasión reaparecía de vez en cuando, presta a atacar. Con una tenacidad completamente perversa, alimentaba la esperanza de que Roberto y Rubén acabarían por romper un día u otro. Les estaba acechando como una araña, igual que en otro tiempo hiciera al perseguir a Alberto para separarlo de mi padrino. Recuperaba un papel que no por secundario era menos agradecido. Las influencias de las malignas del cine hacían su efecto. En el fondo era un enfermo de desesperación que, en lugar de reconocerla abiertamente, esperaba curarla con la desgracia de los demás.

Brinqué de alegría cuando supe que Rubén y Roberto se habían peleado. Me lo confirmaba este último en una carta que se pretendía patética y que, sin embargo, quedó como una especie de ataque contra mi estado civil: «Te lo digo sinceramente: a veces te envidio de veras porque no tienes a nadie...» Lo interpreté como una muestra del cinismo propio de quienes lo tienen todo: no sólo se permiten aconsejar; además son capaces de convertir las carencias ajenas en una ventaja. Así, proseguía Roberto: «Tú no sabes lo complicado que es estar enamorado, es *dificilísimo*. Te recomiendo que no lo hagas nunca, pues así estás mucho más tranquilo y tienes todo el tiempo para ti solo. Por otra parte, te diría que no me hicieras mucho caso.»

No se lo hice. Todo lo contrario: busqué la posibilidad de que encontrase en mí lo que acababa de perder. Era evidente que en su carta hablaba con el despecho que produce un fracaso sentimental. Una cita a tiempo haría que la situación revirtiera en favor mío. No vacilé en quedar con él para almorzar aquel mismo día en una cafetería de moda, de las que tanto le gustaban.

Se presentó acompañado de Rubén. Del brazo y por la calle, como quien dice, porque no dejaban de prodigarse mimos sin importarles la opinión de los demás. Así supe que se habían reconciliado, los muy viles. Fue la primera de sus múltiples reconciliaciones a lo largo de dos tumultuosas décadas, pero aquélla me afectó especialmente pues dijeron que, para celebrarla, se iban a pasar una semana a París. Parecían dispuestos a matarme de un ataque de envidia, porque después de restregarme por las narices su enojosa felicidad pudieron ver allí todo el buen cine que yo soñaba: *Marienbad*, *Kane*, *L'aventura*, *La dolce vita* y otros títulos emblemáticos de aquel momento.

Como mis intentos de malignidad no tenían porvenir, me pareció más práctico mostrarme bondadoso. Decidí entonces quererles como pareja y aprovecharme de su constante compañía para remediar mi soledad. Gracias a esta nueva actitud reencontré en Rubén las virtudes que en otro tiempo había apreciado, las que me deslumbraron igual que a Roberto. No fue menos práctica la actitud de Rubén. Con aparente sinceridad, y hasta una pizca de emoción, manifestó que estaba muy satisfecho de nuestra renovada relación porque le daba la impresión de haber recuperado a un amigo. Revertí una vez más la situación en mi favor, concluyendo que salía beneficiado de ella, pues recuperaba a un maestro aunque, por su culpa, perdiera a un amante. Así pasaba de ser tarántula a demostrar una abnegación sin límites. Era Bette Davis disfrazada de Genoveva de Brabante. Sin darme cuenta, me sentí obligado a proteger aquel amor sublime. Me convertí en el ama de cría de la pareja. Pero cuando les dejaba en su dichoso apartamento, me iba a beber a solas al bar de la Esmeralda y entraba en un estado de profunda melancolía escuchando una vez tras otra el mismo disco de la cantante egipcia de gafas oscuras.

Mi propio disco empezaba a parecer rayado, pero la Esmeralda lo escuchaba con paciencia infinita:

—Qué cosas tan raras tiene el ser humano, Esmeraldísima. Nunca hubiera creído, tiempo atrás, que llegaría a apreciar a alguien que me arrebatase a Roberto. Y sin embargo es así. Todo aquello pasó y ahora puedo estar satisfecho de que haya quedado una amistad tan sólida.

Después de oírme contar lo mismo diez veces seguidas, la Esmeralda optaba por contestarme exactamente lo mismo que llevaba contestando durante una hora seguida:

—Demuestras nobleza de alma y esto siempre es bueno. Hará que te sientas mucho mejor.

—¡Eres burra, Esmeralda! —exclamaba yo, recuperando el sentido práctico de mis viejos barrios—. ¿De qué me sirve tanta nobleza ni tanta alma? Mientras la demuestro, me hundo más y más en la soledad. Y tengo que acostarme solo mientras esos cretinos se lo pasan bomba en su nidito de amor.

Vomitaba todo mi despecho mezclado con frases de buena voluntad, y regresaba solo a casa, y a solas me dedicaba al dudoso deporte de la consunción. Pero al día siguiente me reunía con mis dos amigos, dispuesto a aprender los aspectos más selectos de la cultura de la frivolidad.

En esto continuaba revelándose Rubén un vivero incesante de referencias. El mundo de los grandes fotógrafos no tenía secretos para él, sobre todo los que se habían dedicado a la moda y al desnudo masculino. Me emocionó comprobar que guardaba ejemplares de las revistas de culturismo culpables de mi robatorio en la lejana época del Domund. A él, por su parte, le asombró que un muchacho de Barcelona conociera la nómina de los principales modelos que conmovieron su juventud. Roberto comentaba, divertido, que hablábamos de aquellos chicarrones como si de figuras del cine se tratase. No estaba completamente equivocado. En realidad, creábamos una especie de *star-system* con los atletas que cité hace ya muchas páginas: Clarence Ross, Bob Delmonteque, Ed Fury, Glenn Bishop, Richard Allan, entre otros. Conocíamos, además, los estudios que los tenían contratados: Bruce of Los Angeles, Western Guild, Lon of London... exactamente igual que sabíamos para qué productoras trabajaban las grandes estrellas. Aquellas agencias solían recurrir a la venta por correo de las fotos de sus atletas: se solicitaba un catálogo que era una reproducción de los contactos y el cliente marcaba las elegidas. Es casi seguro que Rubén recurrió a aquel sistema en más de una ocasión, cuando todavía vivía en Cuba y era un adolescente. Yo nunca lo probé por temor a que los de mi casa, poco dados a la discreción, me abrieran el correo y descubriesen de repente a unos jovencitos con los cojones colgando, pues una de las características del servicio por correo era que, salvadas las exigencias de la exhibición pública, sus atletas pudieran salir sin los taparrabos que solía pintarles algún *bragetone* americano.

Todo esto sonaba provocativo en la época y constituía, a no dudarlo, un acto de liberación. ¿Cómo no iba a serlo si lo más desnudo que se veía en España eran las esculturas de San Sebastián y los Cristos de la Semana Santa sevillana? Y aunque nunca conviene desdeñar el valor erótico de estos fetiches, hay que estar muy de vuelta para apreciarlo en toda su magnitud. Cabe destacar que, años después, los fotógrafos especializados en el desnudo masculino serían reconocidos como grandes maestros en los libros que estudiaban el desarrollo de la homoerótica. Incluso en esta apreciación fue Rubén un gran precursor, pues ya les reconocía sus méritos en 1962, cuando se les consideraba simples tributarios del escándalo. Pero todavía se adelantó más cuando nos mostró daguerrotipos de artistas decimonónicos, como Emile Bayard, o Thomas Eakins, que, además de muchachos desnudos, retrató a Walt Whitman (naturalmente, aproveché esta circunstancia para alcanzar la cuadratura del círculo, decidiendo que el sexo y la cultura no tenían por qué ir necesariamente separados).

Nos impresionaban muy especialmente las controvertidas escenas de Wilhelm von Gloeden, el barón prusiano que consiguió desnudar a casi todos los adolescentes de Taormina. Sus fotos llegaron paralelamente a la novela de Roger Peyrefitte *El exiliado de Capri*, cuyo contenido homosexual se adornaba con la coartada de la estética más exquisita. Así también las fotos del barón: sus desnudos contenían referencias a la antigüedad clásica, personificada en las escuetas piezas de vestuario con que se tocaban sus juveniles modelos. Una coronita de laurel, un chal con grecas bordadas, unas sandalias olímpicas... pero los cojoncitos siempre al aire, que es lo que importaba en fin de cuentas.

No era difícil adivinar que Rubén alimentaba el deseo de ser un nuevo Von Gloeden. En adelante utilizó a su amante con los mismos propósitos: le retrató desnudo en incontables ocasiones, demostrando que el amor y el voyeurismo no se excluyen, antes bien se complementan, máxime cuando el cuerpo de Roberto no tenía nada que envidiar a los más hermosos y atléticos corpachones censados en la Taormina del XIX.

Las veladas en el apartamento no se limitaban a lecciones de desnudo masculino. Ya he dicho que Rubén era básicamente un hombre culto y un hombre de gusto, de manera que sus *boutades* fueron de gran utilidad en aquel momento particularmente vulnerable de mi aprendizaje. Las nociones de la cultura estaban cambiando. Frente a la ortodoxia que percibía en los amigos más politizados, flotaba en el extranjero una especie de alivio del luto encarnado en la valoración de los fenómenos subculturales, y las nuevas tendencias empezaban la recuperación del pasado inmediato, y la mitificación de la nostalgia. Rubén no llegaba a la osadía de los teóricos, se limitaba a convertir aquellas actitudes en un modo de vida, que sin duda encarnaba épocas que le hubiera gustado vivir. Tenía los ojos puestos en el Londres de los años treinta, guardaba revistas legendarias como *The Tatler, The Sketch* y *Vanity Fair,* adoraba a artistas como Noel Coward, Ivor Novello o Sack Buchanan, y era un gran especialista en la obra de Cecil Beaton, como se podía esperar dado el ascendiente que siempre tuvo este fotógrafo sobre los exquisitos. Por cierto que su retratos de famosos del cine nos sirvieron de introducción a un catálogo más amplio de grandes excéntricos del arte que iban desde una enloquecida Edith Sitwell a un efervescente Marqués de Cuevas, pasando por los nombres puntales de aquella sociedad de entreguerras que continuaba siendo el modelo más ambicionado por cualquier homosexual distinguido. Igual que todos, Rubén sentía gran fervor por el musical americano, que nosotros sólo conocíamos a través de las películas. Pero ni siquiera en esta afición podía ser él como los demás, así pues sólo aceptaba títulos como *My Fair Lady* o *No, no, Nanette*, que resucitaban el esplendor de sus épocas favoritas, en lugar de rendir culto al gusto de las masas americanas, cuya vulgaridad no se le escapaba. En su casa conocimos la existencia de los grandes *gentlemen* de la escena londinense, de cuando un bastón y un sombrero de copa tenían el valor de una melodía irreprochable. El mundo de Cole Porter ilustraba este sentimiento mejor que ningún otro. Habíamos conocido su obra deformada en tardes de guateque o por orquestas malévolas, con coros que adecuaban el esplendor inicial a ritmos más banales. Rubén nos enseñó que Porter no era sólo el autor de *Noche y día*. A través de obras como *Nympth Errant* y *Anything Goes* descubrimos el punto exacto del refinamiento, el sabor del cosmopolitismo y el valor de una ironía de la que me apropié a partir de entonces.

You're the top!
You're the Colosseum.
You're the top!
You're the Louvre Museum.
You're the Nile.
You're the tow'r of Pisa.
You're the smile
On the Mona Lisa.

El «estar de vuelta» era un concepto al que Rubén recurría constantemente. Se daba por cierto que un ser refinado no podía sucumbir al gusto común, pero podía apreciarlo, disfrutarlo incluso, si lo observaba desde una determinada distancia crítica. En realidad, era una percepción que tenía mucho de coartada. ¿Cómo podía gustarle a uno lo mismo que les gustaba a las porteras? Simplemente, convirtiendo la sensación primaria del placer sensorial en meditación crítica y aceptación irónica. El gusto popular quedaba así ennoblecido gracias a una extraña dosis de ternura —o mejor condescendencia— mezclada con el desprecio que se deriva de toda actitud aristocrática. Así, podíamos deleitarnos con los melodramas más detestables de la rumbera Ninón Sevilla, y aplaudir letras de boleros que, en otro tiempo, habíamos despreciado:

Vende caro tu amor, aventurera,
paga el precio y el dolor de tu pasado
y aquel que de tus labios la miel quiera,
que pague con brillantes tu pecado.

Cuanto más cutre era el producto, más ganaba en la reconversión. Y así quedaba yo autorizado a apreciar las mismas cosas que las vecindonas, pero sintiéndome superior a ellas porque me entusiasmaba con Machín estando de vuelta y ellas hacían lo mismo sin haber ido a ninguna parte. En realidad, aquello no era más que sublimar mis fetiches de infancia sin sentir remordimientos culturales. Otra cosa serían, más adelante, los remordimientos políticos, porque lo cierto es que el intento de conciliar a Carlos Marx con Judy Garland tenía tela

Aquella acumulación de experiencias hacía que, al salir del apartamento de Rubén, todo me pareciese vulgar, anodino, y muy «de ida». Al mismo tiempo, me servía para contrarrestar la severidad de los preceptos culturales que asimilaba en los cine-clubs, en la revista *Índice* o en mi correspondencia con Maruja y Amparo. La misma severidad que me inculcaba Gil de Biedma cuando se ponía serio y accedía a hablarme de Coleridge, Keats o Eliot. Pero no siempre ocurría así, porque durante aquellos días primeros de nuestra amistad él no buscaba un contertulio, que le sobraban, sino un chico capaz de divertirle. Pretendía la charla amena que podían procurarle los habituales de ciertos bares y, aunque yo presumiese de ser más culto que los demás, no dejaba de ser uno de ellos.

Tardé mucho en confesarle mi vocación literaria, tan grande era el respeto que él me inspiraba. Había asumido que su prestigio no se limitaba al de un brillante conversador, ni mucho menos al de un generoso caballero que se dedicaba a acompañar jovencitos a la salida de los bares. Cuando menos, no fue así en mi caso. Por su instigación leí poetas a los que no volví a acercarme en el futuro, y, al mismo tiempo, completé las informaciones que me estaba proporcionando Rubén. Pero, además, Gil de Biedma tenía una educación de gran señor y la demostraba. Igual que a Rubén, le encantaba todo lo concerniente a la excentricidad británica; sin embargo, las informaciones que nos brindaba eran seguramente más útiles porque él efectuaba su aproximación desde un prisma intelectual. Le complacía en extremo la chismografía selecta de los años locos; pasaba de una sesuda disertación sobre los diarios de Leonard Woolf a las anécdotas sobre la famosa anfitriona Lady Ottoline, el excelso círculo intelectual que logró reunir a su alrededor y la violenta pasión que sintió por el excéntrico August John. ¡Con qué extraordinaria riqueza de matices ironizaba Gil de Biedma sobre aquellos personajes! Sin embargo, prefería las historias relacionadas con el mundo sofisticado del Madrid de los años cincuenta, ambiente que sin duda había conocido en profundidad. Su anécdota favorita estaba protagonizada por Celia Gámez: «Cuando le preguntaron cuáles eran las dos cosas que prefería en la vida, ella contestó: "¡Los tíos y el *Lamento indio* de Rimsky Korsakov!"» Se la oí referir cientos de veces a lo largo de los años, junto a algo que le dijo Raquel a Alfonso XIII en no recuerdo qué ocasión. Y no era éste un *coté* que reservase para las madrugadas, a la salida de los bares, antes bien podía convertirlo fácilmente en tema de conversación durante una larga sobremesa. Eran rasgos de brillantez no siempre apreciada por quienes esperaban encontrar en él a un sesudo disertador sobre las dificultades del quehacer poético, tema que, por otro lado, dominaba como nadie. Es cierto, no obstante, que podía decepcionar a quienes esperaban el discurso o la lección fuera de horas. Recuerdo que, avanzados los años sesenta, cierto poeta madrileño, de los jóvenes de entonces, llegó a Barcelona con la ilusión puesta en la posibilidad de conocerle. No sé cómo se verían esas cosas desde la república de la poesía, cuyos entresijos desconocía y continúo desconociendo, pero lo cierto es que Gil de Biedma pasó toda una cena hablando de su anecdotario de siempre, presidido por la gran Gámez y dominado por la égida de Marlene. Aquella salida de tono constituyó un rudo golpe para el novísimo, que encontró excesivamente frívolo al «maestro», como aquellos chicos de Madrid llamaban entonces a los escritores de más edad y reputación.

Pero no era esto lo que Gil de Biedma intentaba ser durante aquella cena, ni tampoco intentó serlo nunca, que yo recuerde. Vivía plenamente las contradicciones que configuran a los personajes únicos. Por fortuna para quienes hemos tenido la suerte de frecuentarlos, no se pasan veinticuatro horas al día sentando cátedra. Eso no es ser grande; es ser pedante. Y de sujetos de este tipo andan llenas todas las culturas, como pude descubrir después de muchos años aguantando tostones injustificados. ¿Para qué engrosar con nombres amados una lista que nunca dejo de considerar ridícula?

Creo que fui verdaderamente afortunado al conocer el lado divertido de personajes comúnmente encorsetados por los tópicos de la cultura. ¿No constituía un raro privilegio que el severo poeta Espriu aceptase descender de su mausoleo oficial para comentar con entusiasmo los valores de una novela como *Sinuhé el egipcio*, tan denostada por culpa del éxito?

Ponía Espriu en sus elogios un delicioso entusiasmo que pocos le hubieran supuesto, tal vez porque pocos recuerdan que el genio no busca siempre sus gustos en la arteriosclerosis que la cultura oficializada ha decidido considerar genial.

Cuentan que las últimas frases que Espriu pronunció antes de morir eran de recomendación para que alguien le grabase una serie televisiva sobre la vida de Giusseppe Verdi. Es posible que si hubiese pedido que le grabasen un programa de señoritas ligeras de ropa, la *cultureta* se hubiese muerto del pasmo. En cambio, Gil de Biedma, que se reía abiertamente de este tipo de carcamales, no fue tan cuidadoso con su reputación. No lo necesitaba.

Josep Madern, Ana María Moix, Joaquina y Juan Marsé y Rosa Sender le acompañaron en sus últimos días como le habían estado acompañando en sus últimos años. No quise inmiscuirme en una agonía que el enfermo deseaba íntima, solitaria, secreta. Me limité a cumplir su último encargo de amigo: prestarle *El expreso de Shanghai* y *The Devil is a Woman.* Es cierto: no se preocupó de dejar para el siglo un último rasgo de pedantería. Es un gesto, una travesura que honra a su inteligencia y a su *esprit* incomparable. Como todos nosotros, mantenía vivas unas imágenes que en su juventud le habían deslumbrado: imágenes de frivolidad, si se quiere, pero imágenes que, asimiladas, se convirtieron en retazos de vida. Se había pasado muchas cenas intentado convencernos de que Marlene era un travestí y el único personaje de la historia contemporánea que podía atribuirse el papel de dandy. Se iría al otro mundo reteniendo como letanía última la inmortal proclama: «He necesitado muchos hombres en mi vida para llamarme Shanghai Lili.» Fue un gesto de elegancia no epatar a la humanidad cerrando los ojos sobre unos versos de Milton, antes bien percibiendo entre las tinieblas la generosa despedida de una vampiresa cósmica, iluminada como sólo sabían hacerlo los técnicos de la Paramount en aquel furtivo instante en que el mundo se pareció al cine y no al revés.

Advierte, lector, que te estás moviendo entre difuntos. Empezamos a depender de la amabilidad de mis cadáveres. ¡Qué singular desfile avanza sobre la noche de la memoria, como cierta noche funesta avanzó el cortejo de Dionisos sobre los tejados de Alejandría para anunciar que el dios abandonaba a Antonio!

¿Sabrás calibrar, lector, esta insigne cosecha de la Muerte, este elenco que reúne lo más florido de la gente que atravesó mi vida? ¡Qué desfile de nombres admirados! Les contemplo donde mejor cuadra a su grandeza: el *american bar* de un lujoso hotel de Atenas. ¿Les cuadra? Sólo el panorama exterior: la Acrópolis, al otro lado de un cristal tan gigantesco como la añorada pantalla del Cinerama. En cambio, su interior pudiera parecer el de cualquier local semejante situado en una de esas ciudades *glamourosas* que solía soñar a los catorce años. Si no es así: ¿qué demonios estoy haciendo en uno de esos bares tan absurdos? Esas barras peripuestas, esas mesas endomingadas se alzan por encima de los restos de la antigüedad convertida a su vez en un diorama iluminado que sólo varía según el sitio: terrazas de Túnez, cúpulas de Estambul o alminares de El Cairo. Son tal vez los decorados de aquel Teatro de los Niños cuyos personajes dominaba a mi antojo, moviéndolos como en este libro estoy moviendo a mis difuntos.

Prefiero siempre el llamado *cocktail-time*, cuando se reúne ese conglomerado indescifrable al que llaman «sociedad cosmopolita». Soy observador y no observado; soy *voyeur*, nunca intérprete. Deslizo vagamente la mirada por animados rostros en los que no me fijo, hago oídos sordos a conversaciones que no me afectan. A lo mejor me he peleado con mi compañerito; él se ha quedado en la habitación, resistiendo, mientras yo, resistente más tozudo, me empeño en mortificarme durante horas en ese bar-diorama, mezclando el exterior más clásico con la bebida más literaria.

A mi lado, el pianista aporrea piezas estándar, de eternidad asegurada. ¿Por qué tienen un *revival* las canciones y no los amados seres que tanto las amaron? Siempre sirven *Las hojas muertas.* Ya no se escriben canciones así, del mismo modo que no se hacen películas como las de antes. Es probable que ya no sea necesario. ¿Para qué, si se han integrado de tal modo a mi experiencia cotidiana? Son melodías de un París en blanco y negro (un París de cine-club) cuya fascinación no se pierde completamente aunque el piano elegante sustituya al acordeón de las esquinas mojadas (un París de Piaf). La memoria y la tristeza se dan la mano gracias a las viejas canciones de éxito asegurado en el interior de la memoria. Su recuerdo se convierte en una cadena de actos masoquistas. ¡Si incluso *El tercer hombre* suena a *hit-parade* moderno cuando lo aporrea el del piano! Regresan, así, los melancólicos acordes de la canción francesa, la que solía cantar Gil de Biedma cuando, es cierto, todavía conservaba Europa un rastro de belleza. («Tú que cantabas la heroicidad canalla / el estallido de las rebeldías / igual que llamaradas...») *La mer* también sirve. Y el *Coin de Rue,* siempre. Y *L'Âme des poetes.* Lo pregunté hace ya meses, cuando empecé a escribir este libro: ¿Qué fue, oh sí, qué fue del alma del poeta? ¿Es cierto que, mucho tiempo después de desaparecer él, su canción suena aún por las calles? ¿También en ese bar de Atenas? Nunca aquí. Si acaso en Monastiraki, siempre en Odos Pandrossou. (Lo he dicho, hemos ido a invocar, por Jaime Gil de Biedma, el momento en que fue feliz.)

Tenía que sonar inevitablemente *Las hojas muertas*. Ese pianista conoce todos los trucos del corazón. La nostalgia sí es lo que era, en muchos casos. Un matrimonio mayor avanza hacia la pista, se cogen a la manera antigua, como en un baile de exhibición: severos, precisos, extraordinariamente elegantes y al mismo tiempo tiernos, porque es cierto que *c'est une chanson que nous ressemble.*

En la barra, los típicos yanquis, desplazados en realidades que nunca les afectan. ¿Cómo podría afectar a su tierra de bisontes la íntima poesía que nace de las ruinas de Europa? Además, ya no son aventureros legendarios: son ejecutivos, obreros especializados, magnates complicados en negocios con el Próximo Oriente. (¿Cómo es posible que suene ahora *Angelitos negros* en un *roof-bar* de Atenas? Ese pianista es un viajado.) Y además, tantos japoneses. Están en todas partes. ¿Y eso? En las películas de mi adolescencia sólo salían como enemigos de Errol Flynn, o lo máximo como samuráis de Kurosawa.

Me río de mí mismo al verme cumpliendo la mitología de tantos aficionados a la literatura más artificial: el *dry-martini*, el piano tristón, la tristeza sentimental, el masoquismo de la memoria. ¿Qué sabrán ésos? Gente de *american bar*. Tampoco son de la generación perdida: siguen siendo los del petrodólar. Su única tristeza depende de una decisión de la Casa Blanca. Caso perdido para la poesía.

Estoy interpretando ficciones que, de niño, veía en la pantalla. Llegará de un momento a otro Ava Gardner, bajo el nombre de Cynthia o Lady Brett, me pedirá fuego con voz insinuante, comentará «Ese negro toca el saxo con el alma» y después pasearemos por la orilla del Sena y acabaremos destrozándonos mutuamente a los pies del Kilimanjaro.

¿He dicho ya que al otro lado se ve la Acrópolis iluminada? Da igual. Esos *american bar* nunca cambian. Sólo los posavasos: el perfil de Atenea, el rostro altivo de un Ramsés, una pagoda o la serpiente emplumada, según la ciudad, según la cultura. La modernidad los ha hecho tan repetidos como ella misma. Es la suprema uniformidad de los mediocres que han quedado con vida.

Sólo mis difuntos son distintos. Tienen la egregia prestancia de los portadores de sueños. En su honor, ya no presenta la Acrópolis el colorido de postal con que se empeña en revestirla la luminotecnia. Es la hora bruja que propicia la gran panatenea de mis muertos. Se apagan los siniestros ecos del dios cristiano. Interesa regresar a los luminosos campos de la moral pagana. He otorgado a mis muertos categoría de poetas, galardones de héroes, pira de tetrarcas. Es un lujo tener en una sola vida a tan maravillosos muertos. Es un privilegio que, aun siéndolo, o por serlo, me hunde. ¿Adónde os fuisteis, malvados? ¿Por qué me dejasteis cuando os ofrecía tantas cosas la vida y tantos prodigios las ciudades?

Se amalgaman ahora en esta cabalgata que alterna deudos con amigos, amados con admirados, añorados todos.

¿Y si no fuese así? ¿Y si fuera que están muy solos los difuntos, que no tienen permiso para reunirse (¿reunión clandestina en un camposanto?), y si resulta que para toda la eternidad navegan en solitario por un universo plagado de terrores? Cuántos de los que van saliendo en este libro están ya en esas esferas donde todo alucina ¿Quién me protegerá de ella? Es la oscura nebulosa, la fatídica constelación que me asalta por las noches, que invade mi sueño por sorpresa convirtiendo la memoria en una condena. Siento la presencia de los muertos desde que empecé este libro. En su sabiduría popular decía la tía Florencia: «Cuando me muera te arañaré desde el otro mundo.» No es necesario. Todos ellos arañan con su ausencia, todos hurgan en mis entrañas con el amor que me tuvieron y el amor que indefectiblemente les profesé. Fueron a cobijarse en esta ruina prodigiosa, donde nació en otro tiempo lo que más he amado de mi civilización. Es un deber recuperarla para esas muertes egregias. Está sonando el sistro que anuncia el comienzo de la procesión. «Que avancen con cuidado —me dice Ana María—, que no pierdan el ritmo. Piensa que es muy severa Palas Atenea y muy rencorosa con quien le falla.» Fiel hermana: en esta celebración hay mucha gente tuya. Mujer incomparable: acompaña en su descenso a los amados seres de ayer, y si esos ojos estuviesen vacíos —lo están las cuencas de los difuntos— cede gustosa al perro Sinuhé para que ejerza de lazarillo. Y vosotros, incomparables partícipes de mi presente, amigos todos, ayudad, ayudad también al triunfo de los muertos ilustres. ¿Quién de entre todos vosotros no tiene ser querido en el cortejo?

Ya suena el sistro. Avanzan ellos, lenta, serenamente, por ese camino que lleva del hogar de Palas Atenea a los edificios del Ágora, donde esperan, sentados en gentil idilio, el erasta y el erómeno de mis sueños más jóvenes. ¡Sugerente idilio! La masturbación se mezcla con la muerte. Acaso un bautismo de semen podría devolver la vida a esos rostros yertos. No hace falta. Avanzan empujados por su propio prestigio, iniciando la más hermosa de todas las ceremonias. Ya el ritmo se fija en la elegancia suprema de lo clásico. Que les entreguen liras, siringas, flautas y caramillos. ¿Quién de todos ellos no es diestro en la música?

Descienden con exquisita parsimonia, marcando rítmicamente la danza ceremonial, ataviados con ligeras túnicas, mantos de púrpura, los cabellos tocados con jacintos o racimos de uva dorada.

Intensa luminosidad que, de improviso, es interrumpida por el feroz relámpago de una divinidad adversa. Acabo de volcar el *dry-martini*, la negra nebulosa de las noches se abalanza feroz sobre mis sueños, hay un fragor de oscuro Apocalipsis quebrando la sublime clarividencia del cielo clásico. Todo se vuelve atroz, inmisericorde, como la religión que pretendieron inculcarme los monjes negros. Su crueldad se abate incluso sobre el prestigio de mis difuntos. Se abre el último de los siete sellos, criaturas ambiguas tocan las siete trompetas, cae sobre el mundo esa estrella cuyo nombre es amargura. Señal inconfundible de que el dios cristiano ha fijado su dedo sobre el siglo.

Hay algo pavoroso en este valle por el que avanza mi infeliz cortejo. Peñas quebradas, callejas embrujadas, siniestros pozos donde agonizan las víctimas de la Peste Negra. Es el retablo de la agonía, el catálogo de las figuras deformes, la tremenda hoguera donde diablos monstruosos torturan a las almas clavándoles tenazas, garfios, arpones y puñales. Es el mismo retablo en cuyos cuadros la Muerte inicia ya su danza, a los acompasados sones de un timbal lento, insistente, feroz...

Los veo allí, contra esas nubes oscuras, avanzan todos juntos y la Muerte austera les invita a bailar. Quiere que se cojan todos de la mano y avancen en una larga hilera. Caminan solemnemente, así cogidos. En cabeza va la Muerte, empuñando la guadaña y el reloj de arena. Se van alejando, alejando lentamente en la claridad del alba, hacia un mundo desconocido, mientras la lluvia lava sus rostros...

¿Está lavando esa agua negra el rostro de mis difuntos? Ninguno avanzó con la cara tan limpia como exige el dios cristiano. Todos hicieron algo que les impide ingresar en el mierdoso cielo de los castos. Siguen bailando la Danza de la Muerte, al son de los timbales, preludiando nuevos desastres, llamándonos, llamándome, arañando el alma, convirtiendo el horror en una nueva manifestación de la memoria...

Treinta años antes vino la muerte a visitarnos y era tan estúpida, la mala bestia, que ni siquiera supo responder a mis preguntas más elementales: ¿Por qué Miguel, de todos los benditos del mundo? En el orden cósmico, en el jodido, repugnante orden de la Creación, ¿qué explicación lógica tenía el calvario sufrido por aquel pobre ser? ¿Qué dios criminal podía someter a semejante prueba a un niño que había pasado dieciocho años sufriendo para seguir con vida y que, desde todos sus sufrimientos, supo desarrollar un talento y una sensibilidad superiores?

Los personajes de mis novelas me roban de nuevo la palabra y, puesto que intenté hacer que se expresaran de la mejor forma posible, es acaso lógico que la muerte de mi hermano suene mejor a los lectores de *El día que murió Marilyn* que en mi triste recuerdo de hoy. El recuerdo era mucho más cercano cuando empecé a escribir aquella novela: apenas habían transcurrido cuatro años y la llaga no se había cerrado. En la actualidad, la evocación tiene que partir de la literatura. Está mediatizada por un desdoblamiento previo.

En mi diario venía anunciando la proximidad de esa muerte día tras día, siempre como una evidencia que me obstinaba en no reconocer. La ocultaba detrás de las películas, la escondía bajo un montón de libros, se me quedaba agazapada entre multitud de reflexiones sobre Camus, el existencialismo, la política cubana, todo lo que en aquel momento podía impresionarme más que la muerte de un ser querido. Pero había un grito espantoso en mi interior que se rebelaba contra aquella atrocidad y que todavía hoy se niega obstinadamente a la comprensión.

Un buen día perdió el sentido, empezó a dar unos saltos parecidos a los de un epiléptico y a proferir unos gritos espantosos, sin previa advertencia, sin que nadie lo esperase (por lo menos no aquel día, pues el fatal desenlace estaba planeando como una espada sobre la cabeza de Miguel desde que vino al mundo). Los doctores hablaban una vez más de espina bífida, pero yo sólo entendía muerte. Se lo llevaron a la Clínica del Pilar, a una habitación donde se percibía la negra sombra del desahucio. La extraña piedad de los médicos decidió prolongarle la vida. Empezó un tratamiento de una crueldad inenarrable. Por razones que escapan a mi ciencia, tenían que clavarle unas enormes agujas en la médula sin posibilidad de anestesiarle. Cuando vi las agujas estuve a punto de desmayarme: eran como dagas. Sufría el pobre niño a lo vivo aquellos pinchazos monstruosos, y después se quedaba inconsciente, pero sólo en apariencia. En su letargo, continuaba con aquellos saltos y convulsiones y, cuando se interrumpían, su respiración entrecortada producía una extraña forma de eructo que se iba prolongando lánguidamente, hasta que de pronto cambiaba de ritmo, y volvían a empezar las convulsiones.

Mientras mis padres y las tías recitaban sus plegarias inútiles, Miguel aullaba en aquella habitación, y siguió así hasta que su agonía resultó demasiado espectacular para la tranquilidad de los otros enfermos. Lo devolvieron a casa, pero no a la de la Diagonal sino al viejo, entrañable piso de la calle Ponent, nunca tan oscuro como aquellos días. Era el piso que nos vio crecer, el de las felices, divertidas Navidades y las noches de Reyes con paja en el balcón para los camellos y una botella de champaña para los pajes.

Nunca supe si aquel traslado se debió a motivos sentimentales o porque, tratándose de un entresuelo, sería más fácil bajar el ataúd. Cuando la muerte se mezcla con causas técnicas, todos los disparates son posibles. Yo estaba en disposición de decirlos en mayor cantidad que nadie, mientras desarrollaba mi propio desbarajuste mental. Confundía todos los sentimientos que me estaban acechando. El daño, la angustia, incluso el terror. La realidad se me representaba en tres planos distintos. Yo era un espectador sufriente y a la vez me desdoblaba en otra persona que actuaba de testigo, observando mi dolor desde bambalinas. Era como si alguien hubiese escrito un pésimo guión colocándome de narrador ideal. Ni siquiera en la muerte de otro ser perdía mi protagonismo.

A ratos me sentía hundido en una sensación de vacío infinito que nada ni nadie podía colmar. Mis sentimientos revelaban todas sus contradicciones en una situación que los sobrepasaba ampliamente. Busqué como siempre refugio en el cine, en esta ocasión con un marcado cariz masoquista. Reponían *Bambi*, de modo que fui a llorar con las peripecias de los animalitos para ahorrarme las lágrimas en la vida. Era dulce y doloroso recordar cómo habíamos sido Miguel y yo doce años antes, cuando imitábamos a los personajes de la película en nuestros juegos. Se desarrollaban bajo las sábanas, en cualquiera de nuestras camitas gemelas. Preferíamos, con todo, incorporar a los ratoncitos de *La Cenicienta*. Yo era Gus-Gus, el gordinflón. Miguel era Jack, cuyo rostro enjuto de pícaro encajaba perfectamente con su delgadez. Entregado a mi papel, yo disfrazaba mucho mi voz, la hacía más pastosa, seseaba. Seguramente, muchas deficiencias de mi pronunciación provienen de aquella lejana época. ¿Y si resulta que no pude ser actor por culpa de Walt Disney? Siempre seduce poder culpar a alguien de nuestras deficiencias, y la seducción era particularmente requerida cuando sentía la necesidad de amontonar cosas que me apartasen de la idea obsesiva de la muerte. En cualquier caso, los amados personajes ya no me servían, o sólo servirían, en el futuro, para la nostalgia más dolorosa. Se convertirían en pobres recuerdos del pasado, rémora miserable de una felicidad demasiado sencilla para perdurar entre las complicaciones de la vida.

Imposibilitado para enfrentarme a la realidad bajé una vez más al fondo de un mundo de ficciones, cuyo centro era yo. Volvía la complacencia en la introspección, como un destornillador que yo mismo hundía en mi alma, haciéndolo girar incansablemente.

Recuerdo que me quedé mirando fijamente al gato. La impasibilidad de aquella bestia me recordaba la mía propia. Yo sabía que tenía corazón, que tenía sensibilidad, pero no conseguía reaccionar como esperaba. Me imponía un dolor más espectacular. ¿Pretendía programar la propia muerte? Tenía anotado de antemano lo que debía sentir. Buscaba recuerdos de sensaciones horripilantes a fin de provocarme una lágrima, de alcanzar el desahogo que me era tan necesario. La tía Florencia llegaba de la cocina, conteniendo también las lágrimas. Contra su costumbre, no estaba gestera, no sobreactuaba: diríase que acababa de cargar sobre sus espaldas la responsabilidad que se echaba en falta à los otros miembros de la familia. «Tu madre está desesperada, tu padre anda llorando por la cocina. Yo es que no quiero llorar para no darles más pena.»

¿De dónde venía aquel acceso de cordura? Apenas se permitía frases como «Se nos acaba, se nos va...», expresiones por demás tópicas, completamente necesarias en esos casos en que la desesperación llega a influir en la sintaxis.

Aquella muerte parecía imposible. Tres días antes Miguel y yo comentábamos la canción que pensábamos votar en un nuevo programa televisivo. Nos sentíamos muy unidos alrededor de aquel artefacto. Albergábamos por fin un propósito, un interés común largamente aplazado. Y luego una cadena de recuerdos, como si él supiese ya que se iba a morir y quisiera comunicármelos: un documental sobre Hong Kong que le había impactado, aquel chico alto de la escuela a quien ambos teníamos tirria, juegos perdidos, remembranzas dulces y, en consecuencia, más amargas aún...

Por fin los gritos de mis padres anunciaron que Miguel había dejado de existir. No quedaba sitio para la literatura: era un dolor expresado llanamente, de manera tan cruda que me hizo estremecer más que cualquier drama ocurrido nunca en aquella casa. Durante el breve, estricto momento que duró la muerte —un flash y, luego, el aullido— mis padres perdieron la imagen absurda con que yo les había revestido y fueron dos criaturas patéticas, indefensas, que consiguieron helarme el corazón. Volvía a ser cierta la voz popular: la muerte de un hijo tiene que jorobar mucho.

Fueron llegando todos los seres que habían poblado nuestra vida, personas a quienes no veía desde los lejanos días de la infancia, amigos y vecinos pertenecientes a un pasado que se iba perdiendo en la memoria. Todas las tiendas del barrio, todos sus oficios, estuvieron representados en un lento desfile al que se unieron los jóvenes del Centro Parroquial, chicos y chicas de la edad de Miguel y que en los últimos tiempos le habían tratado más que yo. En el testimonio de aquel grupo conocí algunas de las facetas más irónicas de la Muerte: las aportaciones de los demás a la identidad del difunto. Cada uno contaba anécdotas destinadas a revelar una faceta que desconocíamos. ¿Tan alegre era? ¿Tan atrevido? ¡Si a nosotros nunca nos dijo que le gustaba el hockey! Sorpresas, revelaciones, pruebas que, pese a su importancia, no sobrepasaban a la idea principal: que Miguel era muy querido, casi venerado y, para muchos, su pérdida fue irremplazable. (Pero incluso en el cariño siempre hay ladinos: un amigo se quedó con muchos discos que Miguel le había prestado; otro, con sus tebeos de *Diego Valor* y *Hazañas bélicas*, debidamente encuadernados. Querían guardar un recuerdo, decían. Lo cierto es que me jodieron la biblioteca y la discoteca, todo a la vez.)

Por culpa de la Semana Santa el entierro no pudo celebrarse con la puntualidad deseada. Hasta en esto tuvo mala suerte el pobre Miguel. Quedó exhibido en una diminuta habitación que mamá solía utilizar como probador. Para evitar la fetidez de la muerte echaban continuamente una colonia barata, mezclada con un líquido parecido al que usaban en los cines de posguerra. Revuelve a veces mi recuerdo aquel perfume, acaso más desagradable que la peste que intentaba combatir. Únicamente el rostro del difunto consolaba a los más desesperados porque expresaba una suerte de irónica serenidad que resaltaba la belleza de sus rasgos. Sólo entonces percibí que, durante toda su vida, había sido un muchacho muy apuesto, seguramente el más guapo de los tres hermanos. Mientras contemplaba su rostro macilento, de aquel color que los catalanes llamamos «mierda de oca», recordé vagas referencias de su cuerpo desnudo, cuando éramos muy pequeños y jugábamos bajo las sábanas y nos toqueteábamos con absoluta inocencia. Pensar en aquel sexo, yerto bajo la mortaja, me llevó a cuestionarme muchos detalles de mis desviaciones posteriores, hasta que decidí que cualquier especulación en este aspecto empezaba a sobrepasar todos los límites permitidos. No era de ley iniciar un conato de psicoanálisis utilizando como pretexto a un pobre difunto que «todavía estaba caliente», como suele decir el pueblo.

Pero también el dolor sobrepasaba mi resistencia, de manera que dejé el velatorio y busqué auxilio en las luces de la ficción. Mientras la Yaya empalmaba un rosario tras otro, yo estaba viendo un espectacular montaje de *Doña Francisquita.* Si algún remordimiento tuve, lo vencí a fuerza de teoría. Aquella noche, yo era un hombre que empezaba y Miguel un adolescente muerto. La vida tenía que continuar. Y ésta era la única verdad que me importaba.

En mi memoria quedó para siempre un pobre niño enfermo cuya imagen tuve que eliminar para sobrevivir, como me habían enseñado los libros y las películas. Tenía que eliminar el recuerdo de sus eructos horrísonos, la visión de su cuerpo brincando en un lecho empapado de sangre y orín, sus alaridos cuando aquellas enormes agujas le taladraban la médula. Y para completar las lecciones de la muerte, una última visión que me confirmó el absurdo básico de la vida: para introducir el ataúd de Miguel en el nicho los sepultureros tuvieron que sacar a golpes de pala el último difunto de la familia. Aparecieron los despojos de la tía Custodia. Aquel ser a quien tanto quise había quedado reducido a un montón de maderas podridas, clavos oxidados y harapos que el viento arrastraba cansinamente, sin demasiado interés.

Tantos horrores sólo tuvieron una ventaja.

Papá nunca volvió a decir que prefería un hijo muerto antes que maricón.

La pérgola de Nunca Jamás se levantaba ahora en los vastos dominios de la nada. Al igual que el cuerpo de la tía Custodia, el de Miguel no tardaría en derivar hacia aquel montón de escombros repugnantes entre los que jugueteaban los gusanos y otras bestias de innoble ralea. En adelante, sólo quedaría el vago recuerdo de alguien que pasó por mi lado sin que yo llegase a conocerle, y esta consideración me hace temer que he actuado así con todos los personajes de mi vida. Como si nunca hubiesen importado ellos, sino ellos en relación a mí y, más adelante, en relación a mi obra literaria. Tal vez este presentimiento, por demás horrible, sería la explicación de mi infelicidad permanente, porque nadie es feliz a solas y mucho menos alguien que tiene tanta hambre de felicidad como yo.

Tras la muerte vinieron las preguntas, pero ninguna tenía respuesta, y sólo las profesiones de ateísmo de Maruja demostraban con pelos y señales que Dios no podía existir ya que sólo era un vulgar patrocinador de injusticias. Era la coartada que yo estaba necesitando, completada con el supremo refugio del humor. Ana María y yo pasamos varios días haciendo chistes negros sobre la muerte. Tras la encarnizada lucha entre el dolor y su válvula de escape, me forcé a comportarme como un hijo ejemplar. No me costaba mucho: la entereza de mamá ante el trance más doloroso de su vida me llevaba a admirarla mucho más allá de cualquier mixtificación literaria. No era necesario recurrir a las grandes heroínas del cine o de la copla para ver de una vez en ella a uno de esos soberbios ejemplos de resistencia cabal que, en adelante, me llevaron a admirar y a respetar al sexo femenino aun por encima del mío propio. En cuanto a papá, quedó ante mis ojos como lo que siempre había sido: un buen hombre fracasado en muchas cosas y que ahora se veía enfrentado a un golpe que le sobrepasaba por completo. Pero con el tiempo aprendí que nada nos sobrepasa, en realidad, que todos los golpes de la vida, aun los más infames, tropiezan con la suprema resistencia de la especie; esa última fuerza, ese increíble vigor que nos convierte en rocas infinitamente superiores a los dioses que las crearon.

Aliviar el dolor de mis padres fue una consigna que pareció contagiarse al resto de la familia. Una suerte de extraña camaradería volvió a unir a las cuñadas, aunque aquello no constituía la menor novedad en sus largos años de convivencia. Estaba yo acostumbrado a que tan pronto fueran amigas del alma como enemigas encarnizadas. Por otro lado, aquella suerte de armisticio no escondía las carencias que la muerte de Miguel dejaba entre nosotros. Sin su presencia, ya nunca volvería a ser igual el soleado piso de las tías, ni tendría sentido para mí pasarme largo rato ante el televisor, viendo aquel programa llamado *Escala en Hi-Fi* que escenificaba números musicales con actores haciendo el play-back. Quedaba marcado como uno de los programas preferidos de Miguel, luego se convertiría en un perpetuo viernes de dolor, aunque se emitiera en domingo. Si la actitud de mis padres me demostraba la fuerza perenne de los vivos, el recuerdo de Miguel se encargaría de recordarme la innecesaria gratuidad de la vida, contagiada incluso a la cotidianidad de los *mass media.*

En *El día que murió Marilyn* imaginé que los padres del niño difunto copulaban para revivirlo a base de semen, imagen esta que nunca me preocupé por analizar, tan clara resultaba y, además, tan inoportuna. En la vida real yo me hubiera contentado con vivificar a mi hermano con una transfusión de mi propia sangre, aprovechando que Peter Pan había dejado en mis venas el polvillo de las hadas, ese que sólo poseen los niños eternos. Pero la opción a la eternidad empieza y termina en uno mismo, no es transferible, como no lo es la vida. Y la vocación de eternidad de Miguel estaba en otro mundo. Por lo menos, esto se encargaban de repetir machaconamente los curas y algunas beatas amigas de mi abuela: «Era demasiada bondad para la Tierra. Por eso Dios le ha llamado junto a sus ángeles.» Paparruchas, en realidad; retórica vil, ennoblecida únicamente por la retórica espiritualista que el propio Miguel había depositado en sus poemas, uno de los cuales ilustró su recordatorio, a guisa de mensaje final y acaso estremecedor por todo cuanto intuía.

Este recordatorio, que los años y la humedad de Ventalló han ido destrozando, empezaba diciendo: «Poesía premiada con el primer premio, en el Concurso organizado por la Junta Directiva del Centro Catequístico de Nuestra Señora de Belén y que fue compuesta por Miguel Moix Meseguer, poco antes de su sentido fallecimiento.»

A continuación, se reproducía el poema de mi hermano, abierto con una cita de *La vida es sueño*:

PESADILLA

Habló un poeta en un libro
de una vida muy singular,
en la que el vivir y soñar
era el mayor empeño,
pues según él, cualquier hombre
sólo por haber nacido
caía siempre perdido
en la espesura del sueño.
Esto lo dijo un poeta
pero yo no puedo creer
que la vida pueda ofrecer
reposo tan placentero,
pues ya no sería vida,
el soñar, siempre soñar,
y sólo poder despertar
con el suspiro postrero.
Yo veo de otro modo
el móvil de nuestro vivir,
yo creo que hay que sufrir
aun cuando se esté muerto,
como sufre el que navega
sin hallar jamás la orilla.
La vida es una pesadilla
que hay que vivir despierto.

MIGUEL MOIX MESEGUER

La profunda espiritualidad de un pobre tullido había sido una simple tregua en un mundo enrarecido desde tantos años atrás. No tuvo que pasar demasiado tiempo para que el absurdo volviese a dominar nuestras relaciones, cada vez más arcaicas, cada vez más salvajes. Los continuos piques, las peleas por nada, los insultos repetidos y multiplicados, me iban alejando progresivamente de aquellas personas. La ternura que el recuerdo deposita sobre ellas no ha de cegarme sobre lo mortificante que entonces me parecía su trato. Nada era lógico, todo contribuía a formar una cadena de irrealismo que me iba estrangulando. Empezaba a comprender que, si aspiraba a alcanzar la madurez, me convenía abandonar el hogar cuanto antes. Si aún me resistía a hacerlo era por lo que implicaba de corte brutal con el pasado. Pese a todos los espejismos de la evolución, continuaba empeñado en creer que el tiempo no transcurriría, que todos los aconteceres se conjugarían en un presente eterno y que, por consiguiente, todos seríamos siempre como en aquel momento. Yo podía crecer, desarrollarme, evolucionar, podía ser lo que soñaba y luchar por ello, pero a mi alrededor permanecerían todos en su lugar, inalterables, con sus años milagrosamente preservados.

Mi pensamiento variaba a cada momento y las ideas sobre la huida seguían el mismo ritmo. Ahora pensaba en escapar a París, después a Londres, acto seguido recordaba que en el inmueble de Rubén se alquilaba un estudio por mil pesetas al mes. Este último proyecto se convirtió en idea prioritaria: podía alquilarlo a base de mucho ahorro y, una vez instalado allí, escribiría tres novelas que me permitirían huir al extranjero. Mientras esto no ocurría, el desorden continuaba dominando mi cerebro del mismo modo que regía los actos de mis familiares. Era conveniente regresar con urgencia a las viejas muletas, seguir caminando con la ayuda de la cultura.

Todas mis reacciones continuaban supeditadas a la experiencia literaria. Cada libro me provocaba sentimientos avasalladores, siempre útiles por más que fuesen contradictorios. Me apasionó de tal modo la lectura de Camus que decidí escribir un ensayo sobre él, pero de pronto caí en la cuenta de mi inferioridad y no me atreví a sentarme ante la máquina. Al cabo de un rato, me invadía un urgente deseo de superación: estimulado por las críticas de Maruja, me ponía a escribir, incansable, fervorosamente, pero no tardaba en regresar el miedo: ¿qué podían ser mis textos, comparados con las obras criticadas? Me tranquilizaba: no tenía por qué ser tan bueno. Un primer ensayo era un primer ensayo, después de todo. Al cabo de un rato volvía a estar convencido de que triunfaría en mi empresa. Regresaba a la idea de mi novela. Avanzar en su redacción era lo único importante. Escribía folio tras folio, escupía las ideas más dispares, me internaba en laberintos de los que me era imposible salir. Aunque intentaba domar mis reacciones dando a mi novela la lógica que me habían enseñado los grandes autores, volvía a caer en el fracaso. Y tan vertiginosa era mi caída que Maruja se sintió obligada a mandarme una breve nota, escrita a mano, sin florituras, con el sólo propósito de ayudarme: «¿No necesitas un poco de serenidad y tranquilidad durante estas semanas, en lugar de dedicarte a escribir lo que te propones? Guárdalo, pero procura serenar tu mente antes de mezclarte en más abismos. Me parece que eres inteligente y muy sensible, extraordinariamente sensible, pero te falta base donde apoyar tu espíritu. Perdona el sermoncito. A pesar de todo, te comprendo.»

Vino después un largo período en que mis veinte años no se reconocían a sí mismos. Cuando las canciones de Juliette Gréco tomaron el relevo de los himnos de Peter Pan, me arrojaron a sueños que ni siquiera el cine tenía previstos. La adolescencia, ávida de inquietudes, se acomodaba fácilmente a todas las posibilidades de la evasión y aprendía a sublimarlas, pero un veinteañero necesitaba otras: ya de nada le servían los viejos fetiches, si no aprendían a sofisticarse. Incorporé a mis sueños el tono de las pesadillas: sentimientos rotos, desengaños profundos, vacíos existenciales que me llegaban con voces humeantes, carrasposas, ecos de mujeres que lo habían vivido todo y, por tanto, ya no creían en nada. Sus canciones me impulsaban a creer que yo mismo estaba de vuelta de todos los desengaños. Sin tiempo todavía de haber absorbido a los grandes filósofos, estaba viviendo una irrisión de sus doctrinas. Principalmente la de Prevert: otoños de la vida, otoños del alma, inviernos del amor. Y el tiempo, con su paso feroz, arrasándolo todo.

Regresó entonces Ana María a mi vida, de una manera más intensa porque, paradójicamente, era más triste. Desarrollaba ella una profunda melancolía, que, en mi ensimismamiento, no supe asociar con las dificultades propias de la adolescencia. Ella iniciaba un período que yo acababa de dejar atrás, y mi egotismo permanente me impedía retroceder para recordar cómo había sido. Ejercía mi papel de mentor con un Telémaco femenino que posiblemente necesitaba comprensión antes que cultura. Ignoro si supe verlo así. Ana María se había convertido en una obligación de tipo cultural, no sé hasta qué punto provechosa; una hermana fantástica que no me hablaba de sus novios sino de las novelas de Ana María Matute, nuestro ídolo de entonces y para siempre. Sin calcular que nos separaban cinco años definitivos en las vidas de cada uno, le inculqué un sentido de la vida basado en la tristeza, si no en la tragedia. Era el sentimiento que me correspondía a mí, el que durante los últimos años me había convertido en un viejo prematuro. Me había salido una hermana estudiosa, sabia, y esto me llenaba, me llenó siempre de un orgullo saludable, pero ignoro si fueron también beneficiosas las abstenciones a que mi influencia la sometió. Del mismo modo que yo no había tenido infancia, y ni siquiera tuve adolescencia, acaso con mi proteccionismo impedí que la tuviese ella. Y aunque es cierto que le di muy buenos ratos, en la medida de mis aficiones, no lo es menos que cuando llegaron los malos momentos yo no estuve allí para compartirlos.

Ignoro en qué medida pudo edificar sus defensas y cuál era la fuerza de las mismas. Porque, en última instancia, Ana María no tenía la misma suerte que yo: no llevaba en sus venas y hasta el fondo de su ano la sangre de Peter Pan. Esos cataclismos sólo se producen una vez cada generación.

Amparo y Maruja seguían acompañándonos en nuestros viajes al fondo de la melancolía. Los cuatro nos enfrentábamos a los continuos desafíos del mundo interior con la sola ayuda de la literatura. Lo cierto es que nuestra iniciación tenía mucho de heroica. Nos arrojábamos sin flotadores en el piélago de la cultura existencialista o lo que de ella quedaba o la risible rémora que nos estaba llegando por referencias. Comprábamos en nuestra trastienda preferida las ediciones sudamericanas de Sartre y la Beauvoir, buscábamos referencias literarias maduras en algunas revistas especializadas y, cuando no alcanzábamos a comprenderlas, nos conformábamos con su síntesis en la canción. Encerrados en el estudio de Ana María, entre la densa humareda de los cigarrillos que la publicidad nos había enseñado a devorar, mezclábamos las discusiones de índole literaria con la audición de discos de Jacques Brel, Brassens, Leo Ferré y, sobre todo, Juliette Gréco, cuando hacía la melancólica exaltación de Saint-Germain-des-Prés:

Me dices que todo cambia
las calles te parecen extrañas
e incluso el café con leche
no es como a ti te gusta.
Es porque yo soy otra,
es porque tú eres otro.
somos los dos extraños
en Saint-Germain-des-Prés.

Yo solía recurrir al auxilio de mi guitarra, convertida en instrumento cultural gracias a los modelos que imitaba. Pocos géneros musicales hubo en el mundo que dispusieran de textos tan extraordinarios. Letras que nos hablaban de la nostalgia por el tiempo que pasó, baladas tristonas, a veces desesperadas, en las que los llamados «poetas de la canción» lanzaban al mundo el mensaje auténtico, vivo, inescapable, que habían venido acumulando a lo largo de aquella experiencia única. Del mismo modo que el existencialismo se convirtió en la doctrina de toda una época, marcó para cuatro humildes jóvenes el primer paso hacia su reconocimiento personal.

Cuando mamá me sorprendía tonteando con mis angustias, solía decir.

—No te hagas el existencialista, niño, que se te ve el plumero.

En la voz popular, existencialista significaba desaliñado, incluso sucio, rarote. Los mismos epítetos que me hubiera dedicado en la época de mi afición por el rock, pero lo que entonces fue un simple reflejo de la moda ahora era una intensa necesidad de reconocerme y aun de mortificarme porque el reconocimiento no me gustase.

La obsesión por la huida estaba configurando su meta mientras yo trasladaba los ensueños de París a las cuerdas de mi guitarra. Si conseguía arrancarles notas que sonasen a francés me sentía tan recuperado como si entendiese los mamotretos del señor Sartre. Y más que la música, siempre el más imposible de mis sueños, me motivaban las palabras, que llegaban como una letanía subyugante, firmada por el señor Apollinaire:

J'ai écouté longtemps tous ces chants et ces cris
qu'eveillait dans la nuit la chanson de Paris...

Con ese cargamento de sueños alquilados seguía acudiendo diariamente a la editorial, desconcertando a mis compañeros, complaciéndome en hacerlo, utilizando mis rarezas como un arma desesperada para provocar ya no su interés, como antes, sino el mío propio, que se iba perdiendo en el desajuste de la introspección.

Se me hizo evidente la necesidad de analizar mis ideas, llegar hasta el fondo para sacar a flote todas mis contradicciones. Me devanaba los sesos en aquella exploración. Me sentía como un pedazo de corcho navegando a merced de varias corrientes distintas. ¿Creía verdaderamente en mis recién adquiridas ideas sobre el comunismo y la negación de Dios? Tal vez todo formase parte de una pose planeada para deslumbrar continuamente a los demás, para demostrarles que por fin era adulto. Me movían excesivamente los motivos externos. Comprendía que tenía que librarme de ellos si quería hacer algo en serio. Cuando me enfrentaba a mi diario personal, estallaban todos mis problemas básicos: no conseguía la sinceridad anhelada, me perdía en un afán exhibicionista tanto más insólito cuanto que iba dirigido a mí mismo. El corazón me decía: «Escribe una frase brillante, es la ocasión que ni pintada.» Y tenía que luchar con todas mis fuerzas para escapar a la tentación de un lucimiento por otro lado perjudicial y no requerido. ¿Pues no buscaba, en la privacidad de mi diario, la ocasión ideal para mostrarme al desnudo y aprender de la experiencia? Ni siquiera en aquel espejo íntimo era capaz de arrancarme las máscaras que había llevado durante toda mi vida. Al reconocerlo, volvía a sufrir y a reprimirme.

Mientras la cultura me llevaba al desconcierto, la vida seguía obligándome a la picaresca, y el señor Mateu la propiciaba disculpando mis numerosas faltas, cuando no ocultándolas a los ojos de los demás. Pero llegó un momento en que eran ya demasiado crasas para permitir el disimulo, de manera que el hombre se puso en actitud de jefe y me obsequió con una reprimenda antológica. Supe, después, que pretendía hacerme reaccionar y aunque yo estaba incapacitado para hacerlo reconocí que no le faltaba razón. ¿Cómo no iba a reconocerlo? Había aprendido a quererle como a un padre porque era así como se había portado conmigo, pero ya se ha visto que mis reacciones ante la autoridad paterna solían ser conflictivas y aquel caso no podía constituir una excepción. Así pues, tomé sus mejores consejos como una nueva manifestación de la autoridad y, durante un tiempo, hice todo lo contrario de lo que esperaba de mí.

A pesar de todo, no me desamparó. Había decidido que le interesaba como escritor en ciernes y, a cambio de esta lejana posibilidad, toleró al insoportable esbozo de adulto en que me había convertido. Cuando la revista *Picnic* dejó de publicarse, demostró su excelente voluntad colocándome en otros departamentos de la editorial. Fue un gesto magnánimo que no obtuvo la respuesta adecuada. Pasé por distintas mesas demostrando en todas ellas mi absoluta inoperancia. Aun así, el señor Mateu se mantuvo en sus trece: me inventó un cargo de vendedor de libros y, a fin de que pudiera desplazarme hasta los más remotos pueblos de Cataluña, puso a mi disposición un seiscientos y me inscribió en una academia de conducción, con la esperanza de que sacaría el carnet a la primera. Recibí tres suspensos en las prácticas; en consecuencia, tuve que pasarme más de tres meses dando vueltas por la ciudad junto a un instructor que me miraba con ojos atónitos, pues no podía creer que un chico tan leído llegase a ser tan torpe con el volante. Seguía siendo un hijo bastardo de los años cincuenta.

Pero incluso en Barcelona era ya demasiado tarde para continuar hablando de aquella década. A fuerza de insistir, la era moderna había conseguido que traspasaran la frontera algunos de sus logros. No eran muchos, pero se notaban. A falta de otra cosa, el panorama de nuestras ciudades se afinaba para ponerse a tono con el mundo. Incluso la geografía de mi infancia había desaparecido y, lentamente, inexorablemente, iría desapareciendo la de mi adolescencia. Empezaban a asomar signos de riqueza que confundíamos con síntomas de civilización. La gente se estaba volviendo más artificial. Sólo veía a mi alrededor actitudes postizas, gestos estereotipados, mohínes parecidos a los que proponían los *mass media.* Incluso las vecindonas habían cambiado. Perdían en desplantes, y empezaban a hablar con el refinamiento postizo de las locutoras de televisión. Ya no decían: «Joder, doña Emilia, mañana lloverá.» Decían: «Hay unas masas de estratocúmulos que se deslizan sobre Barcelona, señora Pepa.» (En cambio, el chiste «Reina un fresco general procedente de Galicia», referente a Franco, todavía pertenecía a la espontaneidad del acervo popular.) La propaganda oficial nos vendía un mundo más próspero y luminoso. En tan opíparas circunstancias, quien se negase a la felicidad era un borde. No recuerdo si me dejaba engañar completamente. Sin duda no me engañaba en absoluto, porque seguía subrayando las frases de Charles Dickens que, referidas a la época de la Revolución Francesa, caracterizaban con gran precisión la que yo estaba viviendo: «Era la edad de la sabiduría, era la edad de la locura, era la estación de la luz, era la estación de las tinieblas, era la primavera de la esperanza, era el invierno de la desesperanza, teníamos el mundo ante nosotros y no teníamos nada...»

Ésta era la época que me había tocado vivir y, a las contradicciones de mi ser, debía sumar las suyas. Sólo mi familia continuaba tan absurda como siempre y sólo mis necesidades de huir de ella obedecían a mi voluntad. Por lo demás, seguía flotando a merced de una corriente que no distinguía ni me importaba distinguir. Volví a la ineptitud que me había caracterizado durante la adolescencia y, por volver a ella, traicioné continuamente la confianza que el señor Mateu había depositado en mí. Porque era un desastre como aprendiz de conductor y un fracaso como vendedor de libros.

Frente a la apatía que me dominaba, el pequeño mundo de Roberto y Rubén continuaba aportándome las dosis de diversión necesarias para justificar muchas de mis represiones. Repudiando el mundo homosexual en sus matices más crudos, me acogía a sus aspectos más respetables mientras me mordía el alma por no atreverme a alcanzar ninguno de los dos. En todo caso, Roberto y Rubén representaban a la perfección todas las ventajas del amor sabiamente organizado: el que construye, el que aprovecha. Reproducía en ellos la historia que siempre había admirado en mi padrino y Alberto. En casos así, me veía obligado a aceptar que una relación entre hombres era digna de salvar con extraordinaria dignidad los prejuicios que yo le oponía por culpa de las mariquitas de la playa. Traspasado el mero terreno del ligue, la relación entre hombres podía alcanzar cotas de fidelidad y respeto mutuo que bastaban para despertar mi admiración. Era el caso de mis dos amigos. Indudablemente, tenían que amarse de verdad. Cuando Rubén se ausentaba por motivos de trabajo, Roberto se hundía en una melancolía que no podía ser fingida. Para consolarle de su ausencia, le propuse vivir intensamente la noche de Barcelona, como en otros tiempos. Nos acompañó la Suzy Wong, que seguía contando sus fantasmadas, haciéndonos reír como siempre, tanto se las creía. Nos confió que la estaban disputando el Folies y el Lido, pero no sabía por cuál decidirse. Al final, se quedó en el Estudio, destrozando a Chéjov. Y Roberto dijo que le estuvo bien empleado, por indecisa.

En cambio, nosotros acabábamos de decidir que la noche era nuestra y que, en la inconsciencia reencontrada, no tendrían cabida ni la dicha ni la tristeza: nada que pudiese reclamar a su opuesto. Estuvimos en sitios que llevaba mucho tiempo sin frecuentar: el Whisky, el Sans-Souci, el Bambú... Por un momento, se me antojó que el tiempo retrocedía, que estábamos de nuevo en el verano anterior, con mi estancia en el Estudio y las inútiles salidas que se prolongaban hasta el alba. Volvía a sentir la huella del tiempo aplastando mis percepciones, impidiéndome apreciar los dones del presente. Éste sólo me servía para meditar sobre el ayer. También percibía atisbos de madurez en mi forma de observar los lugares del pasado. Me sentía investido con la autoridad suficiente para decidir que los mismos ambientes habían dejado de interesarme. ¡Ínclita demostración de mi sentido de la responsabilidad! ¿Regresaba mi antiguo puritanismo o era un simple acceso de sentido práctico? Sin duda estaba sublimando de nuevo lo que el sexo podía ofrecerme y lo que yo anhelaba en realidad. Era imposible que en lugares como el Bambú o el Nagasaki existiera alguien capaz de proporcionarme la relación maravillosa que buscaba. Al mismo tiempo, estaba muy lejos de buscarla porque la historia de Roberto continuaba mortificándome, no sin aportar alguna sublimación basada en la grandeza del dolor. Por otro lado, esconderme una evidencia seguía siendo mucho más cómodo que aceptarla.

A veces, la envidia que sentía por Roberto y Rubén se transformaba en duda sobre la conveniencia de una relación como la suya para el desarrollo de mi personalidad. En los últimos tiempos, Roberto hablaba como Rubén, tenía sus mismos gustos, copiaba sus posturas, se expresaba con idénticos giros cubanos salpicados de anglicismos. Me indignaba aquel proceso de anulación y, al mismo tiempo, pensaba que por lo menos servía para que Roberto adquiriera una personalidad de la que antes carecía. En realidad era un tema que me obsesionaba sin herirme, por tanto no vacilaba en meditar continuamente sobre él. ¿Ganaba Roberto al absorber la personalidad del otro o, por el contrario, perdía por cuanto ese proceso implicaba su desaparición total? Mi sentido de la lógica me decantaba hacia la primera posibilidad. Un chico tan vacío necesitaba de aquella influencia y, si no la llevaba a extremos alarmantes, podía resultarle benefactora. A condición de que, llegado el momento, Roberto supiese independizarse; de lo contrario nunca se encontraría a sí mismo, como siempre les ocurre a los débiles de carácter... Y si me obsesionaba tanto todo lo referido a la personalidad es porque, sin duda, era mi problema, no el de Roberto ni el de cualquier otro. Pues mientras me consumía en este tipo de meditaciones, ensayaba constantemente mi firma en cientos de papeles. ¿Qué intentaba demostrar con aquellos garabatos? Algo de mí mismo que no acababa de encontrar, que no acababa de reconocer. Quería encontrar un signo que me caracterizase, luego no tenía carácter en absoluto.

Cuando me entregaba a largas divagaciones sobre esos problemas, Roberto se echaba a reír sin la menor consideración:

—De verdad, Tete, si los libros dejan el coco de la gente como el tuyo, hago bien en leer lo menos posible. Y tú debes hacer lo mismo. Hace tiempo que te lo vengo diciendo: tus problemas son de cama. Estás más necesitado de un compañero que yo de que me toque la lotería del Niño.

—¡Qué tonterías podéis decir a veces los demasiado felices! ¿No ves que mis problemas no puede solucionarlos un compañero? Mientras continúe soñando con el príncipe azul estaré perdido. Soy como un trapecista que siempre ha trabajado con red. Necesito demostrarme a mí mismo que puedo saltar al vacío sin contar con ella.

—El día que te retiren la red te darás un castañazo que tendremos que recogerte con pinzas.

La vida se estaba encargando de retirarme cuantas protecciones me había dado y todas las que pudiera pergeñarme yo

La vida me estaba revelando aspectos inesperados cuya importancia iría en aumento durante los próximos meses. Empezó a confirmarlo mi diario:

«De momento, me olvidaré de mi novela. Es necesario que escriba acerca de lo que actualmente está ocurriendo a mi alrededor. Percibo una atmósfera cargada de presagios. Ayer, paseando con Roberto por los claustros de la catedral, descubrimos una agitación fuera de lo normal. Preguntamos qué ocurría. Uno de aquellos hombres me dijo: "Nos han despedido a los obreros de cinco fábricas porque queríamos un aumento de sueldo. Lo único que pedimos es la oportunidad de hablar con el señor obispo para que interceda." Mal asunto. La casa de Monseñor estaba acordonada por la policía y algunos trabajadores intentaban persuadir a unos sacerdotes de que les dejasen entrar. Nos fuimos a paso rápido. En las evocadoras callejas del Barrio Gótico los policías agresivos se mezclaban con los turistas, que no entendían nada. ¿Cómo pude percibir semejante sensación de violencia en un lugar tan bonito? Sentí un miedo espantoso, incontrolable, y al mismo tiempo un extraño enardecimiento mezclado con el deseo imperioso de que la situación se precipitase hacia el caos. Me siento encerrado en una cárcel del pensamiento. Las huelgas de Vizcaya no nos han sido reveladas hasta dos meses después de iniciadas y, aun así, suavizándolas al máximo. Me asombra comprobar que me estoy preocupando por mi país. Es una novedad. Pero, en cierto modo, no deja de ser lógico. ¿Cómo puedo seguir evadiéndome de cosas que me afectan tan directamente? En los últimos tiempos me doy cuenta de que vivo rodeado de gentes reacias al régimen. Tan pronto abren la boca, se les nota. Nadie está contento a mi alrededor. En cuanto a mi familia, parece resignada, si no contenta. Es inútil que les exponga mi indignación contra los últimos desmanes de la censura. El señor Mateu está que trina. Yo sólo puedo decir que cada día les odio más. Desde el día en que los participantes en el Congreso de Editores se levantaron todos a la vez, como protesta, al tomar la palabra el ministro de censura, empecé a concebir esperanzas de una pronta liberación. Bien: las medidas que ha adoptado el gobierno han sido todavía más drásticas. De momento nos han prohibido dos novelas por escenas amorosas completamente inofensivas (¡ni siquiera de carácter sexual!). ¡Menuda escabechina haría yo si me dejasen! Ardo en deseos de quemarlo todo, y al mismo tiempo sigo atemorizado por lo que dice papá sobre las posibilidades de una nueva guerra civil...»

Aquel 25 de mayo de 1962 no corríamos el menor peligro y, aun de ser así, era imposible percibirlo conviviendo tan estrechamente con Roberto. Crío encantador, de todos modos. Dulce, tierno, divertido, tan digno de ser feliz. Y lo era mucho, qué duda cabe. Pertenecía a ese tipo de personas que han nacido para la dicha. Sólo ellos saben atraerla en dosis masivas mientras los tristes nos vamos convirtiendo, sin darnos cuenta, en permanente reclamo de la infelicidad.

Rubén regresaba de sus viajes cargado de regalos para su niño, pero también lleno de informaciones sobre los temas más avanzados. Lógicamente, nos contaba en sus menores detalles los maravillosos espectáculos que había visto en las grandes ciudades europeas:

—Algo está a punto de cambiar en los próximos años. Se nota en el ambiente. Vais a ver cómo los años sesenta serán definitivos en muchas cosas.

—El gran cambio se producirá en París... —dijo Roberto.

—En Londres. Es una ciudad en plena efervescencia —dijo Rubén.

Pero yo seguía rasgueando mi guitarra, sin la menor ilusión:

—Será en París, será en Londres, porque lo que es aquí...

—¡Ah, no! Aquí no —dijo Roberto—. Aquí nunca pasa nada...

—En efecto —dije—, nunca pasa nada de nada.

Siguieron los amables días del verano llenos de sucesos, aventurillas, novedades que no me afectaban. Era evidente que algo tenía que ocurrir en mi vida. Algo capaz de conmoverla, poniéndola boca abajo. Mientras yo pensaba que ese algo sería mi huida, Roberto insistía en que tenía que ser el amor. Y aunque yo lo anhelaba en lo más profundo de mi ser, volví a sustituir aquella necesidad por una lista de prioridades. ¡Qué abuso sería consagrarme a la búsqueda del amor cuando me quedaban tantas cosas por aprender!

—¡No digas más estupideces! —exclamaba Roberto, casi irritado—. Entre los amigos de Rubén te buscaremos un compañero, un amigo para que pases el mejor verano de tu vida. Nunca he entendido tu predilección por el invierno. ¿No ves que la gente es más guapa en verano? ¿No ves que sonríen más y mejor? Sólo tú pareces avinagrado. ¿Por qué no aprendes a sonreír de una vez? Tenemos que ayudarte. De verdad, Tete, quiero que aprendas que la vida puede ser un verano constante. La vida es maravillosa, es lo más grande que tenemos, y tú sigues sin enterarte.

Muchos años después, Miriam Gómez y Guillermo Cabrera Infante me dijeron que Roberto había muerto de sida, en París. Necesité mucho tiempo para aceptarlo. Al final tuve que rendirme a la evidencia. Era uno más en la larga lista de seres maravillosos aniquilados por aquella enfermedad criminal. Recordé su himno a la vida, pronuncié todas sus palabras, una a una, sin temor de equivocarme. Imaginé sus rasgos prodigiosos minados lentamente por el sufrimiento. Evoqué su simpatía, su ternura, transmutada en un angustioso diálogo con la muerte. Era difícil que la muy cabrona encontrara una presa más valiosa para destrozarla con sus garras. Nadie debió de sentir horror más grande que Roberto ante la sensación de que se estaba apagando la vida que tanto amaba. Y en poco le consolaría pensar que su prodigioso rostro, de efebo griego, sería la más hermosa calavera de todos los cementerios de París.

Murió seguramente un día de invierno. Habían pasado treinta años. En todo este tiempo yo había aprendido a diseñar mi sonrisa, y a disfrutar con ella, pero la suya ya no volvería a iluminar los fogosos días del estío ni a vivificar con su optimismo aquel delicado, quebradizo instante de vida que se llamó juventud.

EPÍLOGO EN NUNCA JAMÁS

(1993)

Ramón Moix Meseguer descubrió su juventud en uno de esos *quais* de París que la memoria presenta siempre mojados por una lluvia obstinada. Precisamente en aquél donde desemboca la rue de la Huchette y en cuya esquina se reunían los *beatniks*, existía una librería muy famosa entre los jóvenes, y centro de peregrinación de los espíritus cultivados porque en otro tiempo fue visitada con asiduidad por los grandes santones de la literatura. Se llamaba entonces Le Mistral Bookstore, en homenaje a Gabriela Mistral, pero su dueño la bautizó dos años después con el nombre de Shakespeare and Company, en honor de la legendaria librería de Sylvia Beach en la calle del Odéon. La librería que, además de otros créditos, ingresó en la inmortalidad al publicar la primera edición del *Ulises*.

Le Mistral se hallaba situada a pocos metros de la diminuta capilla ortodoxa de Saint-Julien-le-Pauvre, situación que permitía a los románticos asombrarse ante el sublime panorama de los atardeceres brumosos sobre Notre-Dame. El señor George Whitman, americano con alma de bohemio europeo, había convertido un humilde edificio con apariencia de siglo XVII en reino de los libros, su mayor dedicación a lo largo de más de medio siglo. Pero además de aquel paraíso, anárquicamente dispuesto, la librería era el lugar de residencia provisional de los jóvenes que llegaban a París empujados por sus sueños artísticos o sus sueños *tout court*.

Ramón llegó un día de otoño, impulsado por la influencia de Néstor Almendros, que ya llevaba un año residiendo en París. Justo es precisar que no le recibía sin haberle expuesto antes las dificultades que le esperarían al llegar a París: «Mil francos es bastante para vivir dos meses, sin lujos, pero no para más. Dar lecciones no es fácil, yo tuve mucha suerte al encontrarlas, según me dicen. ¿Qué títulos tienes tú para enseñar? Creo que lo de pinche de cocina en restaurantes sería muy duro para ti. Tengo un primo manchego que trabaja en uno de ellos, él podría orientarte. Yo creo que lo mejor es que vengas (sin contar con tu trabajo en Barcelona) y veas las posibilidades por ti mismo. Hay mucha competencia.»

En efecto, era tanta la competencia que el recién llegado no conoció siquiera la oportunidad de fregar platos en el más miserable de los restaurantes griegos del barrio. Siempre bajo los auspicios de Néstor, se encontró limpiando chimeneas por varias casas situadas alrededor de Saint-Julien hasta que expandió su radio de acción y cruzó el Sena, de manera que los franceses pudieron verle dejando como chorros de oro las chimeneas de algunas casas de la zona del Châtelet. De nuevo se encontraba Ramonet ante el dilema que se le presentó años atrás en una imprenta barcelonesa: la diferencia entre los que hacían el trabajo limpio y los encargados del trabajo sucio. En rigor, el trabajo de las chimeneas resultaba más que sucio: era decididamente guarro. De todos modos, bastaba para darle de comer y, con un poco de ahorro, frecuentar los cines de arte y ensayo que se agrupaban, como una promesa de felicidad, alrededor de la Sorbona.

Como le ocurrió en su adolescencia, seguía encontrando en la noche un aliado y una forma de redención. En la librería se olvidaba de todos sus apuros al tiempo que entraba en contacto con personajes que estaban configurando el nuevo rostro de la cultura mucho más allá de los estrechos límites en los que él se había movido hasta entonces.

La librería tenía un extraordinario servicio de préstamo gratuito con la sola condición de tomar únicamente tres libros a la vez y comprar uno por cada seis tomados en préstamo. Había en la planta alta una nueva sección donde se custodiaban los tesoros acumulados a lo largo de los años y, entre ellos, la colección personal de la señora Beach. Reinaba allí la entrañable atmósfera de una biblioteca popular gracias a una serie de lectores empedernidos que tomaban asiento y dejaban pasar las horas consumiendo cigarrillos y páginas de volúmenes de difícil localización en cualquier otro lugar. Pero, a partir de las ocho de la noche, el local quedaba cerrado a los extraños y se convertía en feudo de los residentes.

Se ha dicho al principio de este libro: los fugaces inquilinos ocupaban los camastros del primer piso con la sola condición de dejarlo todo como estaba, poner un poco de orden en la librería y desaparecer hasta la noche siguiente.

Iban llegando uno por uno, acaso en pandilla, con sus mochilas y sus guitarras, no sin antes efectuar una ronda por los tugurios del barrio, Cameléon, Chez Aurélie, Habana... A partir de aquel momento los milagros de la promiscuidad y la liberación se manifestaban en las formas más anticonvencionales que jamás pudo imaginar un jovencito del Peso de la Paja.

Muchos de aquellos jóvenes llegaban de periplos por tierras moras, otros de Nueva York, concretamente del Village, pero en modo alguno estaban adscritos al culto a la América oficial, la gran sede del conformismo, que en otro tiempo recibió Ramón por medio de las cartas de Mary Martin. Era inútil hablar con aquellos fugitivos de la América que le había deslumbrado en el querido cine de los sábados. Ahora le correspondía la actitud opuesta: los Estados Unidos representaban el compendio de todas las alienaciones, eran los culpables de todos los males de la humanidad. Íbase obsesionando Ramón por el análisis de la decadencia, mientras sus jóvenes amigos expresaban la angustia de asumirla. Conscientes de la inutilidad de los valores que regían la Gran Sociedad de Johnson, ellos buscaban la libertad por el camino de la anarquía, justificada en la tremenda amenaza que solían denunciar sus testigos más lucidos: «Un orden tan perfectamente terrible que amenaza convertirse en una solución peor que el mismo caos.» No se trataba ya de bohemios al uso: parecían vagabundos en el sentido más estricto de la palabra. Sus doctrinas se justificaban a través del viaje. En sus aspectos de desplazamiento a través del tiempo y el espacio, el viaje era la última posibilidad de combatir una inercia que les angustiaba. Su catecismo y a la vez su crónica era *En el camino* de Jack Kerouac; la música de su liturgia seguía siendo el jazz a grandes dosis. Su objetivo era casi nirvanístico: desechar todos los bienes enojosos y consagrarse a las vivencias elementales, al disfrute de las sensaciones básicas... y algunas otras pertenecientes a los paraísos artificiales. Hablaban con fervor de los escritores de la generación perdida, los «exiliados» a países exóticos; adoraban a Henry Miller, Lawrence Durrell, Carson McCullers y Edith Sitwell. Sin conocer la canción de la Gréco, habían sabido seguirla bien: tomar el amor en su momento presente y despreocuparse del después. Tampoco existía un «más allá» del cigarrillo de marihuana, fumado en colectividad a altas horas de la madrugada. Practicantes del amor libre, sabían, con todo, guardarse fidelidad. Nadie supo jamás a ciencia cierta cuánto tiempo puede durar el amor, pero mientras durase era para ellos una ley inviolable, que no toleraba incursiones ajenas.

En la sala central, desde cuyos ventanales se percibe el panorama nebuloso del Sena y Notre-Dame, se celebraban reuniones que se prolongaban hasta el alba y tenían retazos de distintas liturgias de las que cada uno de los presentes era diácono particular: liturgias del jazz, de la canción popular americana, del flamenco, del canto hebraico. Cuando un moderno trovador llamado Fred improvisaba unos aires populares del viejo Sur de los Estados Unidos, algunos oriundos escuchaban extasiados, otros escribían poemas, todos se dejaban conmover por una emoción que no tenía nada de pose. Estos jóvenes de diecinueve, de veinticinco años, sentían en lo más hondo de su anarquía desaforada la nostalgia de las cosas elementales y era tal vez en esta contradicción donde residían las causas principales de su inconformismo. Oponiéndose al tiempo y a las realidades que el tiempo impone, deambulaban de un país a otro, de un cafetucho a otro del gran París, desdeñando todas las verdades de una sociedad metálica, repulsiva y aprisionadora. Ellos eran los nuevos poetas de una era apocalíptica.

Ramón aprendió mucho durante aquellos días. Era un aluvión de sensaciones que le llegaba de procedencias tan distintas que le hacían alucinar, expresión nunca mejor utilizada por cuanto sus amigos desaparecían cada noche del mundo real envueltos en sus nubecillas de marihuana y sometidos a las más propicias ensoñaciones. Había una larga práctica de aquel arte, porque no todos eran jóvenes ni podían presumir de inexperiencia. Solían llegar algunos representantes de una anterior generación de fugitivos, antiguos rebeldes a quienes aquellos muchachos daban tratamiento de mitos. La *big mamma* de la librería en aquellos meses era una poetisa llamada Tatiana, que estaría ya en sus cuarenta años y llevaba veinte recorriendo el mundo. Siempre vestía de negro, y llevaba colgado del cuello un collar de huesos que había comprado en la India y le servía para improvisar las más increíbles historias sobre magia blanca, moteada de negro en algún caso. Ella se encargaba de preparar los cigarrillos de marihuana, distribuirlos y medir cuidadosamente el tiempo que cada uno de los iniciados empleaba en la succión. Y la verdad es que el jovencito del Peso de la Paja tuvo que succionar mucho, ante la indignación de los demás, que no podían imaginar cómo la romántica España podía enviar a alguien tan torpón. E iba diciendo él: «A mí no me hace nada, a mí no me hace nada», hasta que empezó a contar que veía el templo de Luxor al otro lado de la ventana y los demás comprendieron que le había hecho demasiado.

Si es cierto que Ramón veía el sol de Egipto rasgando las brumas de la noche parisina, no lo es menos que los demás veían cosas igualmente exageradas en cuanto combinaban el porro con el espiritismo. Y bien hacían, pues era su única posibilidad de hablar con Napoleón, sentirse acunados por Gertrude Stein o recorrer las playas de Cefalonia en compañía de Lord Byron... o cuanto menos esto era lo que declamaban a gritos, en medio de sus delirios y convulsiones. Y hasta había una histérica que se pretendía en brazos de James Joyce, para gran envidia de los demás, que tenían al *Ulises* como objeto de culto, aunque yo dudé de que alguno lo hubiese leído hasta el final.

Tatiana presidía aquellas ceremonias en actitud de sibila antigua. Igual que ellas, tenía un pelo muy largo, rojo, enmarañado, y no hablaba nunca. Sólo leía libros de política y economía. Se decía que lo había leído ya todo y por eso se interesaba por aquellas cosas tan raras. Su marido, George, tenía fama de ser el último de los auténticos poetas malditos. Publicaba poesías de espíritu entre panteísta y antibelicista en revistas de poca tirada, si acaso tenían alguna. Cultivó durante todo el invierno una infección en el cuello que le supuraba y le impedía afeitarse, haciéndole parecer una verdadera piltrafa humana. Contribuía a ampliar aquel efecto el gato escrofuloso de Tatiana, una bestia a la que Ramón temía como al diablo, porque solía introducirse en su camastro con las costras supurando. Pero al final decidió que el pobrecito bicho no era más desastroso que sus compañeros, y acabó por cogerle cariño.

George y Tatiana ocupaban la sala grande, la de los libros nuevos, con el balcón abierto sobre el Sena. Si su larga experiencia les garantizaba el respeto de los jóvenes, sus largos itinerarios por tierras islámicas les otorgaban una autoridad que hubieran querido para sí las mejores agencias turísticas.

En contraste con aquel pasado viajero, George no salía nunca de la librería. Por las noches, cuando todos los demás se promiscuían en los camastros del cuarto más pequeño, Tatiana encendía una radio de enorme caja cilíndrica y sintonizaba emisoras magrebíes que emitían canciones de la Feruz y otros ídolos locales durante horas y horas. Aquellos lamentos, las continuas toses tuberculosas de George y los ronroneos del gato escrofuloso eran lo último que Ramón oía antes de quedarse dormido, bajo la pacífica influencia de un porrito que, por fin, le sentaba bien.

De todos los locos reunidos en la librería aquel invierno, eligió como amigo y confidente a un joven judío, hijo único de una inmejorable familia de Boston. Procedía de Alemania, donde acababa de cumplir el servicio militar. Conviene decir que elegirle como amigo no era una decisión en absoluto difícil ni, por otro lado, generosa: tanto por su carácter como por su cultura, aquel joven predisponía al afecto; y, de no estar más escaldado que el gato de Tatiana, Ramón habría decidido que jamás había conocido a nadie que predispusiera tanto al amor.

Ostentaba con impar gallardía el nombre soñado durante tantos años: Alexander. Además, ofrecía un rostro completamente clásico, como el de Roberto hacía muy poco tiempo. Y si fuese lícito anticiparse a los hechos, podría decirse que, años después, al contemplar una foto de aquel judío de pelo rizado, Jus Segarra dijo, con asombro, que se parecía extraordinariamente a un actor catalán llamado Enric Majó, de quien Ramón no tenía la menor referencia en la época de la librería.

Era Alexander un ser tan especial como exquisito. Viajaba con su guitarra y un centenar de discos de jazz que ya le habían acompañado durante el servicio militar (solía decir que no podía separarse de ellos, porque le inspiraban seguridad; y Ramón bromeaba diciéndole que obraba igual que Linus con su manta). Para completar su aureola de genuino, Alexander era un poeta que se obstinaba en permanecer oculto para el mundo. Escribía poemas en cinco idiomas y los rompía después de habérselos leído a varios amigos, alegando que sólo los que comulgaban con sus elevados principios tenían derecho a inmiscuirse en las partes sagradas de su ser. Alimentaba el proyecto de desplazarse a las islas griegas, especialmente a la de Creta, donde se estaban formando comunidades de jóvenes pacifistas. Mucho complacía a Ramón aquel destino, pues las divinas tierras griegas, cualesquiera que fuesen, eran el lugar que estéticamente correspondía a Alexander. Pero éste no se contentaba con la idea de quedarse allí. Era sólo un paso para contribuir a la gran causa del pacifismo yendo de camino a Israel, donde pensaba trabajar en un kibutz, ayudando, así, a la causa del pueblo elegido.

Mientras Ramón contribuía a la causa de los franceses limpiándoles las chimeneas, Alexander le inculcaba la necesidad de prolongar en otras tierras aquella huida iniciada en el Peso del Paja. Alguien le contó en alguna ocasión que todas las personas deben buscar un río misterioso que se halla situado en un lugar desconocido, acaso en el lugar más remoto de un país cuya existencia ignoramos también. Sólo el hallazgo de este río ayuda a alcanzar la plenitud, le habían dicho. Y como Ramón no había hallado la suya en los márgenes del Llobregat, estaba dispuesto a seguir las instrucciones de Alexander, buscando el río místico en las lejanas tierras que había soñado desde su infancia. En realidad, se acogía al ritual del viaje como única posibilidad de ampararse en la acción, de esconderse en ella. Exactamente lo mismo que habían hecho los autores románticos que iluminaron su adolescencia. Y fue precisamente entonces, en una fría madrugada de París, cuando Alexander le leyó las frases finales del *Retrato del artista adolescente*, de Joyce, cuyo espíritu le influiría durante el resto de su vida:

«Salgo a buscar por millonésima vez la realidad de la experiencia y a forjar, en la fragua de mi espíritu, la increada conciencia de mi raza. ¡Antepasado mío, viejo artífice, ampárame ahora y siempre con tu ayuda!»

¿Dónde estaban, sin embargo, los verdaderos antepasados de Ramón Moix Meseguer? Su causa no podía ser la de Alexander, ni su búsqueda la misma. Los mundos insólitos, tantas veces soñados, proporcionaban una posibilidad de huida, pero en modo alguno un refugio permanente. Trabajar en un kibutz, tocar la guitarra por las playas de Creta, representaba huir de la única búsqueda capaz de sustentarle: las ruinas de Europa, dispuestas a enviarle los mensajes que le permitirían construirse a sí mismo, no como soñaba sino como debía ser.

Los dos amigos representaron a la perfección la comedia de los amantes platónicos, favorecidos, además, por los escenarios que sólo una ciudad como París puede ofrecer a los soñadores de raza. Celebraban largas conversaciones paseando de madrugada por las calles de Saint-Germain, tomaban café en algún restaurante griego, hacían amigos en las calles de los argelinos, y se llegaban a un local de la Montaigne de Sainte-Geneviève donde veían bailar a las entrañables tortilleras.

Eran noches fecundas en ideas compartidas, instantes de coincidencias destinadas a perderse porque todos aquellos jóvenes eran aves de paso por el cielo de París, golondrinas inquietas que no tardarían en levantar el vuelo hacia los grandes centros de curiosidad eterna: Egipto, Grecia, la Italia del Renacimiento...

Ramón Moix Meseguer cumplía en París el viejo sueño de sentirse amigo. Todo el mundo podía serlo de cualquiera en aquella ciudad que no hacía preguntas ni pedía explicaciones. La Orilla Izquierda era la patria ideal de jóvenes como él. Tenía la sensación de que allí estaba naciendo su década. La completaba asistiendo a las clases de la Alliance Française o colándose como oyente en algunos cursos de la Sorbona. Allí se encontraba con la mayor variedad de tipos que había visto en su vida. La mezcla de razas y nacionalidades le fascinaba continuamente y su vieja necesidad de hacer amigos se cumplía sin problemas porque todos estaban deseando lo mismo que él.

Mientras los extranjeros le hacían sentirse un rey en París, Ramón sentíase esclavo de los franceses. Los franceses le hicieron ser consciente de que no era una persona sino un número más en una categoría humillante llamada inmigración. Cuando ya no quedaban chimeneas que limpiar, llegaron algunos retretes y, por fin, las nauseabundas cocinas de un restaurante chino situado a cuatro pasos de la librería.

A pesar de aquellas repetidas manifestaciones del cutrerío, sentíase vibrar intensamente con los viejos fetichismos que París desarrollaba con una generosidad, un esplendor jamás imaginados. Hacía largas colas para descubrir, en los diminutos cines de arte y ensayo, los títulos fundamentales que el franquismo le había vetado. Al entrar en las librerías del Barrio Latino, enloquecía ante la abundancia de material exhibido en libro de bolsillo: todos los que antes se veía obligado a buscar a escondidas estaban allí libremente expuestos, leídos y comentados por todo el mundo. Sentía por primera vez la grandeza de la libertad aplicada a sus aficiones, sin necesidad de especular sobre ella, sin manipulaciones de ningún tipo. Era un bien tan cotidiano como el aire que respiraba y la deliciosa lluvia que resbalaba sobre su rostro cada mañana.

Seguía así la vida revelando sus impactos, generalmente centrados en las películas. Néstor Almendros le había escrito en una de sus cartas: «Han abierto una nueva Cinemateca en el Palais de Chaillot, con pantalla, sonido, butacas, etc... extraordinarios. Ahora, pues, hay dos sesiones paralelas: tres en el viejo edificio de la rue d'Ulm, tres en el Palais de Chaillot. En estos momentos se están dando dos grandes retrospectivas: una del cine japonés (desde el mudo hasta ahora), otra del americano. Las películas americanas vienen en copias nuevas, directas del negativo original. Son copias increíbles de limpieza y perfección, tanto que uno no cree ver películas antiguas. Ayer vimos *The Crowd* (*El mundo marcha*, en España) y *Bringing Up Baby* (*La fiera de mi niña*, en España, si no recuerdo mal), de Vidor y Hawks respectivamente. ¡Dos cañonazos! Hawks es un monstruo de los ingenios. ¡Qué miopía la de los intelectuales de los años treinta y cuarenta, que preferían las pedanterías de los Duviviers y los Carnés! También vi *La calle 42*, un musical fabuloso. Te hubiera enloquecido.»

Añadía otras informaciones («Lee la novela *Gestos* de mi amigo Severo Sarduy, otro exiliado cubano. Es estupenda»), pero eran las cinematográficas las que apasionaban a Ramón. Bastaron para convencerle de emprender aquel viaje. Probablemente ningún aprendiz debió jamás tanto a las viejas películas. Era una pasión constantemente renovada y tan vasta como los conocimientos que le quedaban por poseer.

Cierta noche de aquel invierno descubrió entre el público de la Cinemateca a un viejo conocido. Era un niño particularmente lindo que vestía mallas verdes, muy ceñidas, y un sombrerito del mismo color. Llevaba, además, un puñal que servía para cortarse las venas y dar su sangre a los niños que no querían crecer. Y aunque era el suyo un atuendo un tanto extraño, nadie parecía fijarse en él. Ramón lo atribuyó al admirable sentido de la libertad típico de la ciudad de París, así como el auge del disfraz en las nuevas modas que estaban revolucionando su época. Por otro lado, todo el mundo sabe que Peter Pan siempre va vestido de la misma forma.

Transcurrió la proyección de *Eva al desnudo* entre el apasionamiento de los cinéfilos y el delirio de las mariquitas adeptas al culto de Bette. A la salida, Ramón fue al encuentro de su amigo de siempre.

—Francamente, Niño Eterno, no sospechaba yo tu interés por la obra de Mankiewicz.

Peter Pan se encogió de hombros, con cierta displicencia.

—¡Psé! No es que me entusiasme. Encuentro que abusa mucho del diálogo. Esto convierte a sus productos en una lamentable contribución a la estética del teatro filmado.

Continuó Peter Pan esgrimiendo conceptos desdeñosos, que dejaron a Ramón profundamente dolido. Mankiewicz era uno de sus ídolos más recientes y él seguía actuando como el más esforzado paladín de la gente a la que admiraba. Así que exclamó, en tono airado:

—¿Sabes qué te digo? Tú serás un niño muy mítico, pero de cine no tienes ni puñetera idea. ¡Hala!

Le daba igual que Peter Pan se ofendiera. No se puede ir por el mundo durante tantos siglos despreciando la obra de Mankiewicz. En rigor, no se puede ir por el mundo llamándose Peter Pan y expresándose como los críticos barceloneses. Pero como sea que Ramón le tenía afecto y en otro tiempo recibió su sangre milagrosa, decidió ayudarle recomendándole un famoso número de *Cahiers du Cinéma* dedicado al cine americano. Peter Pan anotó cuidadosamente la referencia en un cuadernito de color verde, como sus mallas y su gorrito.

—Y si con esto no aprendes, Niño Eterno, puedo aconsejarte una monografía que salió en *Positif.*

—Es que yo soy más de *Cinema Nuovo* —dijo Peter Pan—. Las aproximaciones de Guido Aristarco me parecen más serias que las de esos franceses.

¿Resultaba que Peter Pan se había vuelto marxista? Sólo faltaría que se arrancara con un discurso sobre Brecht o Piscator. Pero no eran aquéllas sus intenciones. Por el contrario, estaba en onda de seductor.

—¿Sabes una cosa, Ramoncito? Hace mucho, mucho tiempo que no hacemos el amor.

—¡Es que, chico, me han pasado un montón de cosas en los últimos años!

—Lo sé. Yo estaba allí, observando.

—Es verdad. Tú siempre estás *where the action is.* Eres muy considerado, niño Peter.

Peter Pan se entristeció de golpe.

—La verdad es que me desprecias porque has cumplido veinte años.

—Yo no te desprecio.

—Que sí, que sí.

—¡Que no, coño!

—Pero no quieres hacer el amor conmigo, que viene a ser lo mismo.

—Sí que quiero, Peter Pan. Aunque sólo sea para convencerte de que Mankiewicz es un gran director.

Ramón pensó que presumiría mucho con sus compañeros de la librería presentándose del brazo de Peter Pan y exhibiéndole a guisa de conquista. Ellos tenían que recurrir a los porros y al espiritismo para resucitar a sus favoritos, en cambio él podía disfrutar de un mito en carne viva. Y eso no hay *beatnik* que lo haya conseguido nunca.

Continuaron conversando por las viejas calles, reflejándose en los charcos de la lluvia reciente. Se maravillaba Ramón de que Peter Pan pudiese resistir el frío con tan liviano atuendo, pero al punto recordó su fogosidad inmortal. Así, paseando, paseando, llegaron al *quai* de la librería y Peter Pan quiso detenerse junto al Sena para contemplar el reflejo de Notre-Dame en sus aguas cabrilleantes. Ramón le dijo que la iglesia se veía mucho mejor desde el sofá situado junto a la ventana. Era el que le servía para meditar durante largas horas. El rinconcito de su absoluta propiedad.

—¿Has fumado alguna vez un porro, Peter Pan?

—Pero ¿qué dices, Ramoncito? ¿Acaso no sabes que el porro lo inventé yo?

Entraron por fin en la librería y Ramón le enseñó unas viejas ediciones de James Barrie que hablaban de las aventuras del Niño Eterno en el país de Nunca Jamás. Pero Peter Pan dijo que aquel autor era un puritano, porque había omitido la verdad sobre sus relaciones con el capitán Garfio y el despecho que éste sintió cuando él prefirió fugarse a Shangri-la en compañía de Kim de la India. O sea que en el fondo todo era una cuestión de celos y cornamentas, como un día le dijo Roberto a Ramón refiriéndose a la historia de Ben-Hur y Mesala.

Así subieron al altillo, dispuestos a seguir conversando en el sofá maravilloso, junto a la ventana. Ocurría sin embargo algo muy extraño. Todo estaba en silencio: habían desaparecido los habituales, se habían esfumado los efluvios del porro, era como si un cataclismo se hubiese llevado a todos los seres que formaban el nuevo mundo de Ramón.

Sólo había un personaje. Era un jovencito ataviado con un abrigo muy elegante. Tenía los ojos más grandes que Ramón había visto nunca. Estaba sentado en el raído sofá, acariciando el gato escrofuloso y limpiándole las legañas, con la autoridad que sólo tienen los licenciados en gatomaquia. Era el Niño del Invierno, que acababa de recordar mi vida mientras yo me hallaba visitando la iglesia de Saint Julien-le-Pauvre. Tenía los años que yo tuve en aquel glorioso año de 1963, y de su trato con el gatito emanaba una sensación de paz que maravilló al propio Peter Pan. En cambio, Ramón no pudo disimular su cólera. Aquel joven tan atildado no podía pertenecer al grupo de sus amigos. Era como un niño mimado que acabase de dejar el colegio para ir a jugar entre realidades que le sobrepasaban.

—¿Qué demonios hace ese chico ocupando *mi* sofá?

—Ese chico no ha nacido todavía.

Ahora, Peter Pan pretendía jugar al absurdo. Se estaba tomando a sí mismo por el Sombrerero Loco, la Liebre de Marzo y el Conejito del Reloj. Así que dijo Ramón:

—Niño Peter, aunque seas extravagante de nacimiento no puedes hablarle así a alguien que se considera un ser pensante.

—Es la verdad —dijo Peter Pan—. A este chico le faltan diez años para nacer.

Yo estaba subiendo por la estrecha escalera de peldaños siempre vacilantes. Por la mirada del Niño del Invierno comprendí que me había entretenido más de lo previsto. Era posible y, sobre todo, lógico. Estaba recuperando mi París de treinta años atrás, y cada rincón me asaltaba con un caudal de profundas nostalgias y dulces evocaciones.

—¡Qué tardón eres, Terenci! —exclamó el Niño del Invierno— ¡Tanto tiempo para ver una iglesia tan pequeña!

—Me he detenido en uno de los *bouquinistes* del Sena. Había unas revistas de *Cinémonde* de 1963. Son muy difíciles de encontrar hoy en día. Sale toda la gente que me gustaba en aquella época...

No pude terminar mis explicaciones. Acababa de descubrir que Ramón Moix Meseguer me estaba mirando con los ojos tan abiertos como los del Niño del Invierno. Eran esos ojos que sólo se tienen una vez en la vida.

—¿Quién es ese tío que acaba de entrar? —preguntó, extrañado, el tal Ramón.

—Ese tío eres tú —le dijo Peter Pan.

Noté que me observaba con atención. ¿Decepcionado acaso? Nunca lo supe. Nunca lo sabré.

—¡Ése qué coño voy a ser yo! —exclamó Ramón, despreciativo.

—Eres tú en 1993 —dijo Peter Pan.

Ramón y yo nos quedamos mirando fijamente. Me volví hacia el Niño del Invierno, que acariciaba al gato en señal de despedida. Pero no se le escapó que mi atención estaba concentrada en algo que él no podía ver.

—¿Qué estás mirando? —preguntó.

—Esa extraña pareja, los que están al lado de mi camastro de entonces, junto a los libros de Sylvia Beach.

—Allí no hay nadie. Sólo libros.

—Hay alguien que se llamaba Ramón.

—Estás mogollónibus loco —dijo el Niño del Invierno, con la ternura que suele depositar en sus intentos de ironía—. Seguro que te dispones a hablarme de algún amigo muerto.

—Nunca supe si era amigo o enemigo. Sólo recuerdo algunas cosas aisladas de él. Recuerdo que se parecía mucho a ti. Le gustaban las Navidades nevadas y acariciaba a este gato escrofuloso, exactamente igual que tú.

Desde su rincón de 1963, Ramón le dijo a Peter Pan:

—Llévame lejos de aquí. Me deprime saber lo que ocurrirá

dentro de tantos años. Además, ni siquiera tú puedes saberlo, por mucho que presumas.

Sólo yo pude ver cómo Peter Pan levantaba el vuelo, con el joven Ramón aferrado a sus muslos. Les vi alejarse sobre los techos de París. Les vi volar por tierras extrañas, ciudades imprevistas, calles y avenidas que sólo estaban en los sueños. ¡Cuántas cosas arrastraba en su vuelo aquella pareja ideal! Se llevaban a Quintin Durward y a David Balfour, a Ivanhoe y a Miguel Strogoff, al capitán de quince años y al pequeño lord y a la irascible señorita Moby Dick... Volaban con ellos las perversas del *peplum* y Steve Reeves, fundador de la ciudad de Roma y vencedor de los persas en Marathon... Se esfumaban las tinieblas que rodeaban las feroces montañas donde reinaba Antinea, la penumbra del templo de Amón entre cuyas columnas tentó Nefernefernefer a Sinuhé, el prodigioso rostro de Lillian Gish sobre la diminuta pantalla del cine-club...

—¿Y todos esos quiénes eran? —preguntó el Niño del Invierno.

—La gente que pobló mi vida hace ya demasiados años.

—Oye, por lo que veo has tenido muchos amigos de lo más guay.

—Muchos, gracias a Dios. Ahora se los lleva ese muchacho a quien tú no puedes ver. Ojalá sepa aprovecharlos. Ojalá sepa hacerlos suyos.

Ramón era muy joven. Tan joven como el Niño del Invierno. ¡Le quedaban tantas cosas por vivir! Le quedaban películas, libros, ciudades, sueños amontonados en la desesperada necesidad de sobrevivir al tiempo. Todo estaba en sus manos, en aquel lejano invierno de 1963. Pero le esperaba también un vértigo que sólo desde mi presente he aprendido a controlar.

Dije entonces al Niño del Invierno:

—Vámonos de una vez, te lo suplico. Estos recuerdos me hacen mucho daño. No puedo soportarlos.

Así, bajamos a la librería y vi que todo continuaba igual que en 1963. Seguía el mismo, idéntico, señor George Whitman, con su manta sobre los hombros, dando conversación al mismo joven de aspecto bohemio. Exactamente igual estaban distribuidos los libros y las fotos de los escritores famosos que frecuentaron las tertulias en tiempos que incluso anteceden a los míos. Supe entonces que era mi última visita a aquel lugar. Era ya demasiado dolor para un solo libro.

—Algún día te contaré por qué, cierta mañana, decidí que quería ser escritor.

—Cuéntamelo ahora, anda.

—Es una historia muy larga y me coge muy cansado. Ese chico que acaba de irse podría contarla mejor que yo, porque en su vuelo se lleva otras cosas muy importantes. La alegría y la rabia del vómito literario, el éxtasis de los errores juveniles, la fuerza que nos impele a dar un puntapié al sacrosanto coño de la Creación...

El Niño del Invierno me miró con aquellos ojos increíbles, dispuesto a seguirme la broma:

—¡Qué chico tan aprovechado! ¿Y qué te deja a cambio?

—Poca cosa. El deseo de recobrar la frescura de aquellos primeros tiempos, la ingenuidad, la insolencia, la impagable sensación de que no había nada que perder y que todo estaba por ganar a cada paso. La frescura de ayer, en la desmesura de los orígenes. En el descaro primordial que fue el verdadero origen de la vida...

—¿Eso no lo has dicho antes? —preguntó el Niño del Invierno.

No podía negarlo. No lo negaré.

¿De qué serviría, en fin de cuentas?

Decidí, entre lágrimas, que la repetición era lo más valioso que podía dejar a este hijo, hermano, compañero hallado al fin. Acaso el último espejo de un juego multiplicado hasta el infinito, un desplegable expuesto en el interior de un laberinto desde cuyo fondo el tiempo nos va mandando una última, enternecedora imagen: la de aquel adolescente orejudo que, en una lejana mañana de invierno, salvó los límites del Peso de la Paja dispuesto a luchar con todas sus fuerzas para que, cualquier día en cualquier lugar, adquiriese algún valor su pobre discurrir sobre la Tierra.

FIN DE *El beso de Peter Pan*

Ampurias-Madrid, invierno de 1992
Barcelona, otoño de 1993

EPÍLOGO

TERENCI MOIX: LA VIDA COMO LITERATURA

Por Carlos Castilla del Pino

1

Tuve noticias de Terenci Moix hace muchos años, a través de sus crónicas italianas en la revista Destino.

Por entonces no era fácil en este país nuestro el que alguien proyectase hacer de su vida literatura. No estaba el horno para bollos de tales excentricidades. Se hacía literatura como se podía ir a la oficina, dicho sea en una generalización de la cual se podrían extraer algunas excepciones, como las de González Ruano o Foxá, y el intento, frustrado a este respecto, de Cela. Una sociedad en silencio, y sólo con islotes para el humor, no posibilitaba tampoco esa tremenda extravagancia que es hacer inseparables vida y literatura, como en más lejanos tiempos lo lograron Valle y Gómez de la Serna, entre nosotros.

Independientemente de los condicionamientos sociales de entonces —la política, la Iglesia—, parece claro que, tomando conciencia de un cierto reduccionismo, siempre se puede diferenciar dos tipos de escritores: unos, para los cuales hay en su vida una parte que ocupa la literatura; otros, para los cuales la vida parece ser en su totalidad literatura. En el fondo remiten a dos maneras muy dispares de vivir el quehacer literario. Creo que la referencia, entre los primeros, a Thomas Mann o, entre nosotros, a Galdós, o en la actualidad a Vargas Llosa, y entre los segundos a los citados Valle y Ramón, o fuera de nuestras fronteras a Proust o Kafka o Fernando Pessoa, permite dar una idea de lo que quiero significar con esta distinción. Los primeros son escritores por lo general madrugadores, que trabajan metódica-

mente de seis a once o doce de la mañana. Los segundos... no tienen hora: hacen literatura cuando escriben y cuando no escriben.

Repito que se trata de una simplificación, ya lo sé, pero que puede tener un cierto valor heurístico.

En todo caso, es cierto que en los primeros hay una relativa disociación —la vida por una parte, la literatura por otra—, mientras en los segundos no hay disociación alguna, porque su vida se define por su literatura. Que conste que no trato en modo alguno de hacer juicios de valor, sino de exponer un hecho.

Terenci Moix pertenece a esta segunda hornada de escritores.

Ignoro si en Terenci Moix esta indistinción entre vida y literatura fue una opción, en el sentido estricto del término, o un proceso en el que se halló sin demasiada conciencia de dónde estaba. Me siento tentado a pensar que fue esto último, un espacio en donde se encontró sin buscarlo premeditadamente.

El lector atento de cualquier libro de Terenci Moix tiene la inmediata experiencia de que en él no hay distinción entre vida y literatura, y eso aunque, como le ocurrirá a la mayor parte de sus lectores, ignoren cosas concretas de la vida del autor. Lo demuestran, sin embargo, sus relatos. Lo demuestran también sus memorias, indistinguibles en lo esencial de su obra narrativa.

Hoy puede decirse que Terenci Moix es, en vida, personaje. Pero decir esto no basta: personaje lo es cualquiera: todos somos personajes más o menos perfilados en nuestra vida social. Terenci es, en vida, personaje literario.

La pregunta que me he hecho durante estos días, cuando conozco más, aunque no lo suficiente, su obra, es la siguiente: ¿cuál es el significado de esta indisociada vida/literatura?

2

Permítanme unas palabras acerca de mi teoría del sujeto, que viene a cuento para una ulterior interpretación.

El sujeto es un aparato del organismo capacitado para construir sistemas o registros de yos.

El sujeto aparece, a lo largo del día, como yo funcionario, yo amigo de éste y de aquél y del otro, yo hijo, yo escritor, yo padre, etcétera, por lo que concierne a su vida pública y privada. En su vida íntima —yo distingo entre vida pública, vida privada y vida íntima— emergen todos sus yos fantásticos, procedentes del sujeto fantaseador, que no limita su tarea al ámbito de la iconografía fantástica sino que la traspasa y la convierte en actuación: el yo masturbador, el yo travestí, el yo "director de orquesta" o "actor de la Comédie Française"...

Cada yo está al servicio de la comunicación, y se saca, por decirlo así, a colación en la situación adecuada.

Un sujeto es socialmente potente en orden a la adaptación si le es posible dar vida a esta multiplicidad de yos. El sujeto es el que mantiene la unidad en la disociación, en el desdoblamiento, en la pluralidad de estos yos, a veces diametralmente opuestos. El sujeto resuelve la contradicción aparente entre los diferentes registros.

Adaptación es versatilidad del sujeto para disponer en cada momento del registro adecuado en el conjunto de yos. O sea, del yo que se precisa.

Por las razones que sea, y en las que no puedo entrar en este momento, hay sujetos imposibilitados de esta versatilidad, y entonces o se marginan y se introvierten o se adhieren a uno o a muy escasos registros de yos que le bastan para vivir y que, además, gracias a ello sobreviven.

Un ejemplo de éstos es Terenci Moix. La supervivencia de Terenci Moix resulta precisamente de esa reducción, merced a la cual ha hecho de la literatura, de la creación, la única razón de vida.

El caso de Terenci Moix lo interpreto, pues, como resultado de la impotencia, impotencia para la versatilidad y la adaptación, y que se compensa, para sobrevivir, en la búsqueda de su identidad y afirmación de sí mismo en un solo e hipertrófico yo: el yo literario. Su vida como sujeto queda subsumida en su vida como literatura. Desde la im-

potencia inicial de la reducción a la potencia de una vida como historia literaria. Desde un Ramón increado al Terenci por él mismo forjado. El proceso es, pues, como sigue: inadaptación e impotencia / descubrimiento de un yo / identidad y potenciación. La literatura como expresión de su yo literario tiene, en este caso, carácter de cura, carácter salvífico. Porque gracias a la escritura literaria Terenci Moix logra su identidad, es decir, ser, y a partir de ella la comunicación. Esa comunicación expandida que es su relación inacabable con el lector.

3

Por esta razón se puede decir que la historia literaria de Terenci Moix es su biografía, toda su biografía. Su vida no es más, ni es nada menos, que la entrega a su obra literaria. El Peso de la paja *es tanto unas memorias cuanto —como ha dicho Pere Gimferrer— la historia de una vocación, sustentada en la historia de la formación de una personalidad. Y el conjunto de su obra narrativa se me aparece como una* Bildungsroman, *una novela de formación, y sus memorias la narración de su itinerario y su aprendizaje.*

Este proceso de fusión de vida y literatura acaece a partir de un descubrimiento, el del lugar desde el cual la vida de uno puede convertirse en literatura y en pensamiento y, por tanto, en conocimiento. En Kierkegaard, por ejemplo, fue la angustia; en Kafka, lo onírico; en Pessoa, la soledad.

Ese lugar es en Terenci Moix la vida erótica. Desde su vida erótica Terenci Moix se proyecta a la literatura y en la literatura. Porque el Eros es su gran descubrimiento. Naturalmente que en él, como en todos, el Eros habría de descubrírsele en algún momento y de alguna forma. Pero, a diferencia de la mayoría, una vez aparecido el Eros en su vida, Terenci Moix lo convierte no en un compartimento estanco de su existencia, en el que se penetra algunas horas al día, como un registro más del yo, para los momentos de intimidad, sino en instrumento de conocimiento. El cine de los sábados, El beso de Pete

Pan *son, con independencia de la anécdota, una teoría erótica del conocimiento. Es aquí, y sólo aquí, donde encuentro un nexo con la obra de Sade y con la obra misma de Freud, por lo menos la que precede a* La interpretación de los sueños. *Para Sade, para Freud, para Terenci Moix, su indagación no es, estrictamente hablando, sobre la vida erótica del hombre, sino, invirtiendo los términos, del hombre como ente erótico. Compárese la obra de Freud con la de su contemporáneo Kraff-Ebing: lo que este último pretende ofrecernos con su inmenso catálogo de perversiones en su* Psychopatia sexualis *es una taxonomía (porque, a decir verdad, no hay teoría) de la vida erótica. En Freud, como en Sade, como en Terenci, se reinvierten las categorías y el Eros se constituye en instrumento para el conocimiento del hombre, es decir, del mundo. No es que Terenci sea un* Homo eroticus, *es que la Realidad se le ofrece* sub specie erotica, *y como un conjunto de mundos posibles, todos ellos de naturaleza erótica.*

ÍNDICE